COLEÇÃO RECONQUISTA DO BRASIL (2ª Série)

150. DICIONÁRIO DO FOLCLORE BRASILEIRO - Luis da Camara Cascudo
151. RECONHECIMENTO DO RIO JURUÁ - General Belmiro Mendonça
153. POLÍTICA GERAL DO BRASIL - José Maria Santos
154. O MOVIMENTO DA INDEPENDÊNCIA 1821-1892 - Oliveira Lima
155. O IMPÉRIO BRASILEIRO — 1821-1889 - Oliveira Lima
156. VIAGEM AO BRASIL — Maximiliano Pierre de Wied Neuwied
157. DIARIO DE UMA VIAGEM AO BRASIL - Maria Graham
159. O MARQUÊS DE PARANÁ - Aldo Janotti
161. UM SERTANEJO E O SERTÃO - Ulisses Lira de Albuquerque
162. DICIONÁRIO MUSICAL BRASILEIRO - Mário de Andaade
163. CRÔNICA DE UMA COMUNIDADE CAFEEIRA - Paulo Mercadante
164. DA MONARQUIA À REPÚBLICA- George C. A. Boehrer
165. QUANDO MUDAM AS CAPITAIS - J. A. Meira Penna
166. CORRESPONDÊNCIA ENTRE MARIA GRAHAM E A IMPERATRIZ DONA LEOPOLDINA - Américo Jacobina Lacombe
167. HEITOR VILLA-LOBOS - Vasco Mariz
168. DICIONÁRIO BRASILEIRO DE PLANTAS MEDICINAIS - J. A. Meira Penna
169. A AMAZÔNIA QUE EU VI - Gastão Cruls
170. HILÉIA AMAZÔNICA - Gastão Cruls
171. AS MINAS GERAIS - Miran de Barros Latif
172. O BARÃO DE LAVRADIO E A HIGIENE NO RIO DE JANEIRO IMPERIAL - Lourival Ribeiro
173. NARRATIVAS POPULARES - Oswaldo Elias Xidieh
174. O PSD MINEIRO - Plinio de Abreu Ramos
175. O ANEL E A PEDRA - Pe. Hélio Abranches Viotti
176. AS IDÉIAS FILOSÓFICAS E POLÍTICAS DE TANCREDO NEVES - J. M. de Carvalho
177/178. FORMAÇÃO DA LITERATURA BRASILEIRA -2 vols. - Antônio Candido
179. HISTÓRIA DO CAFÉ NO BRASIL E NO MUNDO - José Teixeira de Oliveira
180. CAMINHOS DA MORAL MODERNA; A EXPERIÊNCIA LUSO-BRASILEIRA - J. M. de Carvalho
182. A REVOLUÇÃO DE 1817 E A HISTÓRIA DO BRASIL - Um estudo de história diplomática - Gonçalves de Barros Carvalho e Mello Mourão
183. HELENA ANTIPOFF - Sua Vida/Sua Obra - Daniel L. Antipoff
184. HISTÓRIA DA INCONFIDÊNCIA DE MINAS GERAIS - Augusto de Lima Júnior
185/86. A GRANDE FARMACOPÉIA BRASILEIRA - 2 vols. - Pedro Luiz Napoleão Chernoviz
187. O AMOR INFELIZ DE MARILIA E DIRCEU - Augusto de Lima Júnior
188. HISTÓRIA ANTIGA DE MINAS GERAIS - Diogo de Vasconcelos
189. HISTÓRIA MÉDIA DE MINAS GERAIS - Diogo de Vasconcelos
190/191. HISTÓRIA DE MINAS - Waldemar de Almeida Barbosa
192. INTRODUÇÃO À HISTÓRIA SOCIAL ECONÔMICA PRÉ-CAPITALISTA NO BRASIL - Oliveira Vianna
193. ANTOLOGIA DO FOLCLORE BRASILEIRO - Luis da Camara Cascudo
194. OS SERMÕES - Padre Antônio Vieira
195. ALIMENTAÇÃO INSTINTO E CULTURA - A. Silva Melo
196. CINCO LIVROS DO POVO - Luis da Camara Cascudo
197. JANGADA E REDE DE DORMIR - Luis da Camara Cascudo
198. A CONQUISTA DO DESERTO OCIDENTAL - Craveiro Costa
199. GEOGRAFIA DO BRASIL HOLANDÊS - Luis da Camara Cascudo
200. OS SERTÕES Campanha de Canudos - Euclides da Cunha
201/210. HISTÓRIA DA COMPANHIA DE JESUS NO BRASIL - Serafim Leite. S. I.
211. CARTAS DO BRASIL E MAIS ESCRITOS - P. Manuel da Nóbrega
212. OBRAS DE CASIMIRO DE ABREU - (Apuração e revisão do texto, escorço biográfico, notas e índices)
213. UTOPIAS E REALIDADES DA REPÚBLICA (Da Proclamação de Deodoro à Ditadura de Floriano) Hildon Rocha
214. O RIO DE JANEIRO NO TEMPO DOS VICE-REIS - Luiz Edmundo
215. TIPOS E ASPECTOS DO BRASIL - Diversos Autores
216. O VALE DO AMAZONAS - A. C. Tavares Bastos
217. EXPEDIÇÃO ÁS REGIÕES CENTRAIS DA AMÉRICA DO SUL - Francis Castelnau

EXPEDIÇÃO ÀS REGIÕES CENTRAIS DA AMÉRICA DO SUL

COLEÇÃO RECONQUISTA DO BRASIL (2ª Serie)
Dirigida por Antonio Paim, Roque Spencer Maciel de Barros e Ruy Afonso da Costa Nunes. Diretor até o volume 92 Mário Guimarães Ferri (1918-1985)

VOL. 217

Capa
Cláudio Martins

Tradução
Olivério M. de Oliveira Pinto

EDITORA ITATIAIA LTDA
BELO HORIZONTE
Rua São Geraldo, 67 - Floresta - Cep: 30150-070 - tel.: (31) 212-4600
Fax.: (31) 224-5151
RIO DE JANEIRO
Rua Benjamin Constant, 118 - Glória - Cep: 20215-150 - Tel: (11) 252-8327
e-mail: editoraitatiaia@uol.com.br

FRANCIS CASTELNAU

EXPEDIÇÃO ÀS REGIÕES CENTRAIS DA AMÉRICA DO SUL

EDITORA ITATIAIA
Belo Horizonte - Rio de Janeiro

2000

Direitos de Propriedade Literária adquiridos pela
EDITORA ITATIAIA LTDA
Belo Horizonte - Rio de Janeiro

Impresso no Brasil
Printed in Brazil

ÍNDICE

CAPÍTULO I

PARTIDA DE FRANÇA. - GORÉE. - RIO DE JANEIRO.

Partimos de Paris a 22 de abril de 1842, e, depois de havermos estacionado em Bennes, chegamos a Brest, na manhã de 25; os dias seguintes foram aproveitados em percorrer a cidade e seus arredores. Visitamos sucessivamente o presídio, o castelo, o hospital da marinha e o jardim botânico. Este jardim, como também o Museu de História Natural, contém muito pouca coisa; é cuidado apenas por forçados, entre os quais havia um negro condenado a ferros, por ter querido libertar um escravo da Martinica e transportá-lo para uma colônia inglesa.

A vegetação mostrava-se ainda pouco desenvolvida; entretanto, os rochedos dominados pela fortaleza estavam cobertos de uma grande umbelífera de flores amarelas. O botânico da expedição encontrou, também, ali, o *Cotyledon umbilicus*, cujas pequenas corolas verdoengas começavam a desabrochar.

Desde nossa chegada a Brest, onde estivemos, conforme as instruções do governo, à disposição do Sr. Almirante Grível, Prefeito Marítimo, ocupamo-nos com o embarque do material da expedição no brigue de guerra *DupeLitThovars*, o qual nos deveria conduzir ao Brasil. Comandava esse navio o Capitão de Corveta da Grandière que, sob qualquer ponto de vista, só tivemos motivo para elogiar, durante toda a travessia.

Fizemos vela a 30. Íamos empreender uma viagem cujos perigos conhecíamos, sendo-nos fácil prever que, pelo menos, alguns dos nossos estariam fadados a não mais rever o solo pátrio, assim, não foi sem profunda emoção que vimos as costas da França afastarem-se de nós, cada vez mais.

Na altura do cabo de São Vicente, a sessenta léguas, da costa, algumas aves vieram refugiar-se a bordo, entre as quais um andorinhão de cauda bifurca, um maçarico e uma andorinha de garganta cor de ferrugem.

Assim que nos sentimos melhorados do enjôo, entregamo-nos ao estudo dos animais marinhos; assentado na frente do navio, um homem se ocupava continuamente em pescá-los, conseguindo para nós algumas espécies interessantes: hiáleas; medusas, etc. Uma destas últimas tinha a forma de um cogumelo; quando se lhe tocava, contraía-se fortemente: sua consistência era extremamente mole, a matéria gelatinosa que a cobria muito transparente, e a superfície salpicada de pequenos pontos brancos, rodeados de um círculo pardo; em sua periferia prendia-se uma dezena de filamentos cor-de-rosa. Nadava ora com a coroa para cima; ora de lado, ora completamente virada. Era considerável a quantidade de mucosidade por ela produzida. Todavia, os moluscos que atraíam particularmente nossa admiração eram as fisálias (1), que receberam dos marinheiros o merecido nome de *galeras*, por causa da maneira graciosa com que nadam, usando à guisa de vela a crista que as encima, enquanto os numerosos tentáculos vão procurar, a um metro de profundidade os animálculos de que se alimentam. Todo seu corpo é azul celeste, com uma linha cor de púrpura ao longo da crista; a parte inferior é, guarnecida de duas espécies de filamentos, uns longos e esverdeados; debruadas, de violeta, outros mais curtos, formados de gotículas, ou semelhantes a rosários e ornados de variegadas cores: Tocando-se nos grandes tentáculos, experimenta-se uma queimadura semelhante a produzida pela urtiga.

A 12 de maio, pela primeira vez depois de nossa partida de França, avistamos terra; eram dois ou três rochedos apontando no horizonte e conhecidos pelo nome de *Ilhas Selvagens*. Ao raiar do dia seguinte estávamos em frente de Santa Cruz de Tenerife. A terra que se erguia ao nosso lado apresentava aspecto dos mais sombrios; via-se um imenso amontoado de picos e de cumes escabrosos, que me lembravam o aspecto da lua, tal como a representará as cartas deste satélite. O mar estava muito agitado, pelo que o comandante anunciou não poder enviar à terra mais do que uma embarcação, onde havia lugar apenas para mim e mais outro membro da expedição. Essa notícia produziu em meus amigos inexprimível tristeza, tão impacientes estávamos por ver novas terras. Combinou-se que a sorte deveria decidir qual deles seria meu companheiro; tendo ela recaído no Sr. Deville, descemos ambos para o bote. Alcançamos a costa com dificuldade, pois o mar arrebentava com fúria nos degraus de pedra que servem de desembarcadouro.

Fomos recebidos pelo Sr. Brétillard, filho do agente consular de França, que então se achava de licença. Na cidade, que é muito bonita, chamou-nos particularmente a atenção uma fonte existente no largo. Vimos também uma igreja, notável pelos ornamentos em madeira entalhada, e onde se guardam as bandeiras tomadas pelos habitantes; por ocasião da tentativa mal sucedida do Almirante Nélson. Apesar do calor excessivo, a maior parte dos espanhóis usava um grande xale; as mulheres traziam chapéu preto, de forma pontuda, por cima de um pedaço de pano verde, ou branco, que lhes cobria a cabeça.

Os habitantes das classes mais humildes apresentam-se apenas vestidos; os soldados trajam uniforme branco; mas não têm sapatos. Vimos poucos cavalos, mas muitos burros e jumentos, e alguns dromedários, trazidos da África. A vegetação da ilha é das mais pobres; pertence inteiramente ao tipo tropical. Vêem-se miseráveis bananeiras, algumas palmeiras delgadas, e, de longe em longe, alguns tufos de laranjeiras, bem como uma ou duas dracenas. Havia também cactos cobertos de cochonilhas. Em Tenerife encontra-se com grande frequência, mesmo na Ilha da Madeira, o

(1) Não se trata propriamente de moluscos, mas de animais inferiores, do grupo dos Celentéreos: conhecem-se nas costas do Brasil pelo nome de caravelas. (N. do Trad.).

pássaro tão conhecido sob o nome de canário; todavia, em estado de liberdade ele é muito diferente do que criamos em gaiola. Nas ilhas estes últimos são muito procurados, sendo trazidos da Europa. O canário amarelo de topete, que se perpetua em domesticidade, é uma variedade artificial, produzida pelo clima e pelo cativeiro. Isso prova, de maneira vitoriosa, o princípio da mutabilidade; porquanto, se a importação do pássaro não fosse fato comprovado, ninguém nele reconheceria o fringílida verde de que procede.

À tardinha, afastamo-nos rapidamente dessas montanhas de extravagantes contornos, desses cabeços meio ocultos pela névoa e do célebre pico cujo vértice, acima das nuvens, era quase sempre a única parte visível (1).

A noventa léguas de terra capturamos uma toutinegra e uma andorinha. Se bem que estivéssemos a cinqüenta léguas da costa africana, cobriu-se o navio de areia fina, como se o vento dela se houvesse impregnado ao atravessar o grande deserto. Asseguraram-me que este fenômeno já havia sido observado oitenta léguas ao largo. Numerosos peixes voadores e alguns tubarões foram os únicos animais que avistamos até o dia 19 quando entramos no porto de Gorée (2).

É certamente essa colônia uma das mais miseráveis de todo o mundo. A numerosa população comprime-se num rochedo quase despido de vegetação; a cidade é pequena, e as casas, amontoadas umas sobre as outras, são construídas em rochas basálticas. A cal vem da Gâmbia, onde é fabricada queimando conchas marinhas. As ruas são estreitas e tortuosas, e a casa do governador está situada no largo, em posição agradável. O mercado é bem abastecido apenas de peixe, extraordinariamente abundante nessa costa. Entre os objetos expostos à venda, vi vários produtos do baobabe, tais como, por exemplo, o "*pain de cinge*" (pão-de-macaco), matéria esponjosa que envolve as sementes e o líber da mesma árvore, o qual é utilizado na Europa, como o da tília, no fabrico de cordas muito resistentes. A população de Gorée consta quase que inteiramente de mulatos e negros; o preto lustroso da pele destes últimos, pela sua intensidade, impressionou-me vivamente, dando também lugar a que um dos companheiros a si próprio incessantemente perguntasse por que motivo haveria Deus feito homens de tal cor. O forte está construído sobre um rochedo talhado a pique de um lado e de difícil acesso pelo outro, principalmente por causa dos 30 graus marcados pelo termômetro.

Pudemos estudar a sua formação basáltica que se estende sob o forte a sudoeste da ilha, banhada pelas águas do mar. Ela se apresenta sob o aspecto de colunas irregulares. As camadas que se superpõem a esta base, partindo do fundo para a superfície, compõem-se de: um tufo de argila bolar de contextura muito fina e friável, arenosa e de cor amarela, misturada freqüentemente com óxido de ferro; de uma camada de argila semelhante, porém mais compacta, mole, leve e fina, e de

(1) *Tomando-se a média das observações de Borda, de Lamanon, de Dumoulin e de Deville, pode-se dar ao pico de Teyde uma altura de 3.707 metros; Cordier atribui-lhe 3.742 metros, e de Buch 3.641.*

(2) *Gorée, pequena ilha do oceano Atlântico, muito próxima de Dacar.* (N. do Trad.).

uma, outra camada argilosa, ainda mais densa. Essas três camadas são utilizadas para polir o cobre a bordo dos navios; cozem-nas também ao forno, onde adquirem a aparência de tijolos. Vem em seguida um depósito ferruginoso, recoberto pela areia superficial da praia; nos declives, através desse depósito, aparece o basalto.

A areia dos pontos mais elevados alimenta mofino gramado de uma espécie de *Cynodon*, de folhas ciliadas; nos basaltos da vertente setentrional observamos em grande quantidade touceiras de *Datura stramonium*, que repartia os poucos punhados de terra vegetal ali existente com uma outra planta igualmente cosmopolita, da família das papaveráceas, a *Argemone mexicana*.

As únicas árvores da ilha, exceção feita de um pequeno baobabe encontrado no largo do Mercado, acham-se todas no jardim do governo. São em primeiro lugar, três ou quatro baobabes do mesmo porte do que acabamos de mencionar; depois, uma dezena de cássias de longos cachos de flores amarelas e folhagem elegantemente recortada; finalmente, duas figueiras de espécie particular. Destinava-se esse jardim à multiplicação das plantas úteis da Europa e das Índias, não sabendo eu porque foi transformado em depósito de madeiras de construção.

Para concluir esta nota sobre Gorée e seus habitantes, devo acrescentar duas palavras sobre as mulheres de cor, cuja reputação de beleza não pude compreender e que apenas me pareceram notáveis pela extravagância dos trajes. Habitam geralmente casas de construção mourisca, sem janelas para a exterior.

Encontramos em Gorée o governador interino do Senegal, Sr. Capitão de Navio Bouët, que ali se achava a passeio.

Tivemos grande curiosidade de conhecer na intimidade algumas povoações africanas, pelo que, na tarde mesma do dia da chegada, uma embarcação nos conduziu ao ponto de terra firme mais próxima, pertencente ao reino de Dacar. O desembarque foi bastante difícil por causa dos rochedos ferruginosos que existem espalhados ao longo da costa, e contra os quais as ondas se vêm quebrar com muita força. A praia estava juncada de detritos de conchas e plantas marinhas.

Mal havíamos desembarcado e já encontramos alguns objetos interessantes, tais como um grande polvo, astérias de cor vermelha, algumas esponjas, diversas bonitas volutas, etc. Dentro de pouco, toda nossa atenção era absorvida por imensos baobabes, que pudemos admirar à vontade todo o resto do dia. Tivemos a curiosidade de medir um desses contemporâneos da criação, e achamos-lhe 6 metros de diâmetro. Asseguraram-nos que para o interior havia árvores, ainda bem maiores; por causa da estação, já se achavam completamente destituídas de folhas. O tronco havia perdido em todas o entumescimento característico das bombáceas, e, fato notável, junto destes gigantescos vegetais que resistiram à ação de tantas causas de destruição, não se vê nenhum rebento: como se uma única geração tivesse sido suficiente para perpetuar-lhes a espécie por todos os séculos vindouros. Essa árvore gigantesca foi pela primeira vez descrita por Adanson, pelo que os naturalistas em sua honra criaram para ela o gênero *Adansonia*.

Penetramos em breve no interior da aldeia que constitui a capital desse reino de negros; os detritos de peixe que lhe cobrem literalmente os arredores exalam o cheiro mais infecto; as choças são construídas de palha e têm um grande teto cônico. Constam de um cômodo único, destinado a alojar toda a família, que dorme em esteiras; de móveis há apenas uma arca para os objetos preciosos, tais como armas, e às vezes um grande pilão, onde as mulheres socam o milho, que é com o peixe, de que a baía é um reservatório inesgotável, o único alimento da população. A vestimenta dessa gente a maior parte das vezes consiste em uma peça de algodão, com que se envolvem mais ou menos completamente, e quase todos têm em torno do pescoço, ou nos membros, colares de forma extravagante, feitos de couro; que eles chamam "grisgris" e a cujo respeito têm idéia supersticiosa. Esses grisgris contêm versículos do Alcorão e são considerados como preservativos contra diversos males, ou contra os perigos de guerra. As armas dos negros são a zagaia, espécie de longa lança, o punhal e o arco; se possuem fuzis, o que é raro, guardam-nos com religioso cuidado, muito embora estejam quase sempre em condições de não poderem ser utilizados. Com dinheiro francês adquirimos facilmente algumas amostras desses objetos. Ao nos aproximarmos da mesquita, que fica situada debaixo de enorme figueira e é uma espécie de cortiço feito de esteiras, e um pouco mais espaçoso do que as outras construções, gozamos de um espectáculo dos mais curiosos. Frente à porta estava sentado o rei, tendo de cada lado um mouro, que, pelo turbante verde, reconhecemos serem marabus. Esses doutores tinham nas mãos tábuas da lei, em tudo semelhantes às de Moisés; em torno do chefe via-se grande quantidade de negros, sentados ou de cócoras, a maioria com tangas e pontudos bonés, mas alguns inteiramente nus. Em breve ficamos sabendo que assistíamos ao julgamento de um ladrão, e, com efeito, víamos o acusado de cócoras no meio da roda. Soubemos depois que o julgamento terminara aplicando-se ao culpado número suficiente de vergastadas. Sua majestade desculpou-se por não nos ter vindo receber, em virtude da gravidade de suas funções. Nosso passeio nos levou depois a ruas ladeadas de esteiras feitas com as folhas de uma gramínea que cobre todo o país na época das chuvas. As choças e as tulhas são igualmente cobertas com esteiras da mesma espécie, sustentadas de distância em distância por esteios de palmeira. Percorremos depois o campo, visitando ainda duas outras aldeias, subordinadas ao mesmo governo; dirigimo-nos finalmente para o ponto da praia onde havíamos desembarcado quatro horas antes. Como a noite se tornasse muito escura e não aparecesse a nossa embarcação, tememos que houvesse surgido algum mal-entendido. Tínhamos começado a dar tiros de espingarda para orientar os nossos companheiros no caso de haverem desembarcado noutro ponto, quando eles apareceram. Dentro de poucos minutos remávamos com força para alcançar o brigue. Durante essa curta travessia, pudemo-nos convencer da prodigiosa quantidade de peixe que povoa essas águas; só se vendo a enorme agitação que produziam ao redor de nós, comparável à da água em fervura. Um dos passageiros chegou a receber forte rabanada de um peixe grande, por se ter inclinado à beira da chalupa. Ser-me-ia impossível exprimir a alegria que experimentei pisando pela primeira vez o continente africano, onde tudo para mim era tão novo. Tendo estudado durante longos anos a raça africana transplantada na América, eu sempre ardentemente desejara conhecê-la em seu próprio país, livre e independente.

Confesso, todavia, que essa experiência não fez mais do que confirmar as idéias que eu tinha sobre o pequeno desenvolvimento intelectual desta variedade da raça humana. Como na América, encontrei-a aqui embrutecida pela bebida e as mais absurdas superstições; cômica em seus movimentos, lembra-nos a cada passo o macaco. O fato é que, livre na África ou escravo no Novo Mundo, o negro é sempre preguiçoso, dissoluto, ladrão e mentiroso. A extrema facilidade com que se submete à escravidão prova nele a ausência de um dos mais nobres atributos da alma humana. Forçado ao cativeiro, o negro engorda, ao passo que o índio da América se deixa morrer.

Para o naturalista, o estudo fisiológico do crânio prova o fato que a seguir descrevo e é confirmado pela observação de todos os dias. Nos primeiros anos da existência o negro apresenta um desenvolvimento intelectual mais ou menos equivalente a uma criança de raça branca; mas aos doze anos, há no primeiro um retardamento na marcha do progresso, enquanto na última se observa um desenvolvimento contínuo. Essa atividade de crescimento nos primeiros dias da existência é, de resto, peculiar às raças inferiores. Não se conclua porém que aprovo a escravização dos africanos, pelo fato de considerar sua raça moralmente inferior ao tipo branco; sei compadecer-me dos seus infortúnios tanto como qualquer outro e talvez, tenha até contribuído para a sua libertação em nossas colônias, por considerá-los mineiros que devemos proteger e não oprimir.

Pouco importantes foram as coleções feitas nesse dia; a constante humidade do navio não nos permitiu, conservá-las. A vegetação, embora pouco ativa naquela quadra do ano, despertava-nos grande interesse. Entre as plantas mais notáveis que nos foi dado observar, encontram-se duas ou três espécies de palmeiras, uma das quais produz frutos do tamanho do punho e tem no país o nome de *coco-yolof*; uma belíssima espécie de *Calotropis*, de flores cor-de-rosa claro, e manchadas internamente de púrpura. Esta árvore é cultivada nos cercados das habitações, sendo conhecida vulgarmente pelo nome de *faphton*; atinge à vezes 5 a 6 metros; não obstante ter de ordinário menor altura. Colecionamos ainda alguns cactos, um dos quais, de ramos achatados e cheios de espinhos perigosos, produz grandes flores amarelas cor de limão, de par com frutos piriformes, violáceos e de sabor bastante agradável. Em volta de todas as moradias novamente encontrávamos aquela mesma leguminosa que já havíamos admirado no jardim de Gorée. Finalmente, víamos por toda parte mamoneiras arborescentes, enquanto aqui e ali fazia-se notar uma *Euphorbia*, igualmente lenhosa.

No dia seguinte, deixamos muito cedo o brigue e, acompanhados de alguns oficiais, dirigimo-nos para a costa ao reino de *Haann*, país nesta ocasião em guerra com Dacar; alguns dos nossos fizeram uma excursão até a aldeia *BeLair*. Todos esses pontos demasiado se parecem com a vila de Dacar para que sobre eles tenha de estender-me; direi apenas que o primeiro estabelecimento visitado estava situado em escarpada elevação e não era constituído por mais de cinco ou seis casas, rodeadas de acácias.

A seguir, perdemo-nos com alegria pelos campos; entregando-nos à busca dos produtos naturais da região. Preveniram-nos que haveríamos de encontrar muitas cobras, mas uma só não se apresentou aos nossos olhos. Em compensação, os *Gecarcinus*, ou caranguejos terrestres, conhecidos vulgarmente por *tourlourous*, abundavam em extremo. Uma das pessoas que nos acompanhavam, não tendo notado que eles entravam lateralmente nas tocas, concluiu, muito seriamente, que habitavam buracos menores que eles próprios. Se foi coisa fácil fazer grande carnificina desses infelizes caranguejos, o mesmo não aconteceu com uma espécie de ave noturna, que de longe podia ser tomada por corvo, mas que nos foi impossível examinar de perto. Havendo um dos companheiros de viagem atirado num grande lagarto que avistamos por entre as pedras, afirmou-nos tê-lo visto cair, ao passo que eu estava certo de o haver visto refugiar-se numa cavidade da rocha. As buscas que fizemos depois vieram provar que ambos tínhamos razão: tendo o chumbo amputado a cabeça do réptil, o tronco continuou a correr até alguns passos adiante.

A vegetação de Haann pareceu-nos mais vigorosa do que a que tínhamos observado em Dacar. As árvores sobretudo eram mais numerosas e os baobabes ainda maiores. Na areia da praia coletamos, afora grande número de plantas marinhas que o mar lançava ali continuamente, várias amarantáceas de folhas carnudas, uma portulacácea de flores cor-de-rosa e, principalmente, uma magnífica *orobrancácea*, cujas longas corolas amarelas saíam da areia em feixes e que o Dr. Weddell reconheceu depois ser *Phelipaea lutea*; era ela parasita de uma espécie pertencente à primeira das famílias acima mencionadas. Vieram também juntar-se às nossas coleções alguns insetos; citarei apenas *cicindelas*, *tagenias* e vários outros *Heterômeros*. Há nas lagoas de Haann e do Cayor quantidade prodigiosa de certa espécie de sanguessuga, que se fornece às repartições do Estado à razão de 5 francos o cento, mas que seria possível obter pela décima parte desse preço. Tem ela o corpo alongado, fino, de uma cor oliváceo-pardacenta, e formado de 79 segmentos; ao longo do dorso estendem-se duas faixas longitudinais vermelhas e, de cada lado, uma amarela; a parte inferior do corpo é amarela com uma linha lateral preta. Vimos uma variedade com salpicos vermelhos nos lados.

No curso desse passeio, detivemo-nos no meio de um deserto arenoso, para almoçar; só então verificamos, com grande desapontamento, que se tinham esquecido de mandar sal entre as provisões trazidas pelo grumete. Por uma sorte singular, passou nesse momento um mouro a cavalo, levando consigo uma pequena provisão daquele condimento. Propusemos-lhe que nos vendesse um bocado, em troca de pão; mas, tal era a sua desconfiança, que não houve meio de nos passar, o artigo comprado antes de lhe pormos nas mãos o objeto solicitado em pagamento. Cito este fato só para dar a medida do estado de moralidade em que vivem essas criaturas do deserto.

Era dia alto e o mar se tornara mais agitado; só com enorme dificuldade conseguimo nos acercar das canoas, por causa dos rochedos que já pela manhã haviam sido grande obstáculo ao nosso desembarque. Safamo-nos não pouco borrifados e às dez da noite nos achávamos de novo a bordo. Soubemos que durante o dia os marinheiros tinham ido pescar na baía, caindo nas redes um tubarão, que foi morto a paletadas de remo; no ventre acharam-lhe nove filhotes vivos. O brigue pôs-se à vela durante a noite, e rapidamente nos afastamos das terras da África.

Como esperávamos, ao nos aproximarmos da linha equatorial, surpreenderam-nos as calmarias. Só pelos que por isso passaram pode ser avaliado o imenso tédio que se apodera dos passageiros ao ver as velas penderem flácidas dos mastros, ou se agitarem com violência, a intervalos irregulares. Durante muitas horas a superfície do mar se mostrava lisa como a de um espelho, mantendo o navio na mais absoluta imobilidade. A muito custo se sentia, à tarde, ligeira brisa; mesmo na ponte, ou sob a tolda, onde o termômetro marcava 30 graus, abafávamos de calor. Nossa atenção concentrava-se toda em alguns lindos moluscos, e nos vários zoófitos que, de quando em quando, ofereciam uma variante à monotonia de nossa situação. Certo dia, porém, nossos olhos de naturalista foram agradavelmente surpreendidos pelo aparecimento, à volta do navio, de número considerável de conchas chamadas *Janthina*, tão notáveis pelo colorido azul violáceo. Mantinham-se na superfície do mar, suspensas, por assim dizer, a uma massa vesiculosa branca, que lhes servia de bexiga natatória, e cujo ar talvez lhes fosse facultado expelir, para descer em meio mais denso. De outra vez, encontramos um desses corpos de aparência espumosa com um feixe de numerosas palhetas roxas no lado inferior, ovalares e ligadas na base umas às outras por um pedículo. Vista ao microscópio, a superfície dessas lâminas pareceu-nos coberta de pequenos tubérculos avermelhados, que provavelmente eram ovos. O animal é destituído de opérculo e apresenta colorido violáceo como a concha; a cabeça é longa e possui dois tentáculos.

Atravessando o Atlântico, é freqüente cruzar-se um grande banco de plantas marinhas, constituído quase inteiramente de sargaços; não tivemos a sorte de encontrá-lo, apesar de lhe vermos alguns indícios, representados por detritos desse fuco, cujos cachos se parecem, de longe, com uma esponja. De uma feita, demos com uma multidão de pequenos moluscos, dos chamados *Claucus*; são de cor azul intensa no lado superior, e apresentam vivíssimos reflexos prateados; em baixo têm a forma de um lagarto e circulam rapidamente na superfície das águas, por meio de ondulações. De cada lado do corpo prendem-se três ou quatro brânquias formadas de tentáculos numerosos, semelhantes a leques. Fizemos aprofundado estudo da organização desses seres singulares, examinando-lhes os diferentes orgãos por meio das lentes de poderoso microscópio. O gânglio cerebral é distintamente trilobado, envolvido por uma cápsula córnea, que vale por verdadeiro crânio, o que me faria aproximar esses animais dos Cefalópodos, na série natural dos seres organizados. Há, para trás da primeira brânquia e do lado esquerdo do animal, um orifício por onde ele pode, à vontade, fazer sair um órgão muito alongado; em forma de intestino e percorrido internamente por um vaso corado, com a extremidade virada em gancho; é, com toda probabilidade, o órgão reprodutor. Na parte zoológica de minha viagem tratarei mais pormenorizadamente da organização dessas curiosas criaturas.

Bandos numerosos de golfinhos apareciam às vezes em torno da proa do navio, mostrando acima da superfície do mar seus focinhos pontudos; mas era principalmente quando o navio se achava em movimento que se comprazíam em atravessar-nos a esteira, com a rapidez do raio.

Matéria para observações cheias de interesse tornou-se também para nós o estudo do hemisfério austral do céu. Não podíamos contemplar sem admiração essas brilhantes constelações que se erguiam à nossa frente, à medida que o navio progredia em sua marcha para o sul. Ao mesmo tempo, porém, víamos, com algum pesar, desaparecerem velhas conhecidas a cuja contemplação nos habituáramos, todas as noites. Se o Cruzeiro-do-Sul prende mais a atenção do que a estrela polar, ele todavia não tinha para nós o atrativo das recordações; porque amamos todas as estrelas, como a amigos da infância. O Sr. d'Csery estudava também a marcha de nossos cronômetros. Comparando-os com os de bordo, que estavam confiados ao Sr. Colosse, oficial de grande merecimento, tive logo a triste certeza de que estavam muito longe de merecer os elogios que lhes foram feitos quando no-los entregaram.

A 30, soprando por fim a brisa, aproximamo-nos rapidamente da linha equatorial, onde os astrônomos do Pai Linha ("Père la Ligne") vieram tomar a altura do sol. Do jornal de um dos companheiros de viagem extraio a descrição da burlesca cerimônia posta sempre em prática nestas ocasiões.

"1º de Junho. – *Segunda operação dos astronômos da Linha.* – Ficaram todos convencidos de que chegamos aos domínios de seu senhor, e irão certamente comunicar-lhe este resultado de seu trabalho, porquanto, logo depois, uma chuva de feijões e de água salgada, proveniente de uma nuvem acumulada no cesto da gávea, vem nos anunciar estarmos próximos de um grande acontecimento. Com efeito, vê-se descer do mastro grande um vulto negro que, chegando à ponte, montado num cavalo curiosamente improvisado, dirige-se ao comandante: era um mensageiro do pai Trópico, com uma carta pedindo ao capitão para enviar a lista dos neófitos de bordo, e anunciando-nos sua honrosa visita para o dia seguinte. A epístola, aliás muito tola, vinha acompanhada de duas galinhas e meia dúzia de ovos tirados às provisões do capitão, a quem se pedia para aceitá-los. No dia 2 passamos a Linha; tudo estava pronto para a festa; armou-se uma tenda, com pavilhões; um engradado de galinhas foi convertido em altar. O que é de rigor aí se encontra, inclusive um menino de coro; uma saliência especial representa o banco traiçoeiro em que deve sentar-se a vítima. Finalmente, chega o cortejo à capela; compõe-se do senhor e senhora Linha, ambos de óculos, do cura, do barbeiro, do lustrador, do moleiro, do saboiense e dos policiais. Aparece então Netuno escoltando um regimento de grumetes nus, pintados de preto e encadeados, aos quais um marinheiro aplica vigorosas chicotadas. Entretanto, antes de mais nada, cumpria batizar o nosso próprio navio, que não havia até então, passado do hemisfério boreal. Isso é feito despejando um jarro d'água fria na cabeça da figura de proa e fazendo o capitão pagar, em nome do navio, determinada multa. Não nos quitaríamos todavia a tão baixo preço, porquanto afora a multa, fomos obrigados a passar sucessivamente pelas mãos do barbeiro, que nos lambuzou de cola a título de ensaboar-nos; pelas do lustrador, que engraxava de preferência os sapatos brancos, bem como as meias e as calças; depois pelas mãos caiadas do moleiro, que nos entregou aos soldados para nos conduzirem ao cura, a quem competia a iniciação, ato final da cerimônia. O cura, mediante certa oferenda, condescendeu em nos dispensar da inundação, salpicando-nos apenas algumas gotas d'água na manga, ato que era religiosamente observado; mas enquanto isso,um balde despejado de cima, através da musselina da tenda, vinha tornar a cerimônia singularmente mais húmida. Certo homenzarrão, passageiro de bordo, viu abrir-se subitamente o banco em que estava, caindo em cheio dentro d'água, ao mesmo tempo que dois ou três baldes eram despejados sobre sua cabeça, e uma bomba de incêndio, manobrada por dois possantes marinheiros, jorrava-lhe água em pleno peito. Finda a cerimônia principal, instalou-se a confusão geral, na qual se misturavam oficiais, passageiros e marinheiros; era de quem mais despejasse água, e durante perto de duas horas a bomba não cessou de lançar torrentes de água salgada. Mas, finalmente, veio o cansaço; o jantar que terminou a festa deve de ter deixado, se não me iludo, impressões bastante agradáveis à maioria dos participantes. A ponte de comando foi iluminada e dançou-se até meia-noite".

Durante a noite o mar apresentava o mais esplêndido espetáculo: a esteira do navio reluzia qual rasto de fogo, os movimentos das ondas aumentando o brilho da massa fosforescente. Admite-se geralmente que este fenômeno é devido à presença de grande número de animálculos marinhos. Não obstante, repetidas vezes examinamos a água num microscópio com o aumento de 1.200 vezes, sem obter nenhum resultado.

A 13 avistamos Cabo Frio, ordinariamente o primeiro ponto do continente americano que se avista quando se vai para o Rio de Janeiro. Mas, como o vento se tornasse contrário nesse momento, fomos forçados a bordejar para dele nos aproximarmos. O navio foi desde então rodeado por numerosas aves marinhas, entre elas especialmente, uma procelária, a que chamam *damier*, em virtude do agradável contraste formado pelas duas cores da plumagem. Acompanhavam o navio a nado e eram pegadas a anzol. Sacrificaram os marinheiros grande número dessas infelizes, cujas peles, talhadas à semelhança de pendões, pendiam de todo cordame. A 17, pela madrugada, o vento se torna mais favorável, e rapidamente nos leva para o sul da entrada da baía do Rio de Janeiro. Só por entre névoas podemos distinguir os picos que margeiam a costa. À esquerda do boqueirão pelo qual devíamos passar erguia-se um grande mamilo cônico, chamado Pão-de-Açúcar, cujos flancos são talhados quase a pique. Asseguraram-nos que ali, tentando galgá-lo, perdera a vida um inglês. A série de cumes que se estende a oeste deste rochedo, apresenta em seus contornos perfil bastante extravagante, que lhe valera o nome de Gigante Deitado. O céu cobriu-se inteiramente e era através de espessa cerração que víamos avultar as sombras gigantescas de que não podíamos tirar os olhos fascinados, a despeito da chuva torrencial.

Já ficara atrás o farol; dentro em pouco, por entre a bruma, penetramos na estreita barra, passando sob os canhões de vários fortes, que não nos pressentiram, e indo jogar a âncora em frente à cidade do Rio de Janeiro. No porto não havia então um só navio francês, toda nossa esquadra, tendo seguido para o Prata, em consequência aos acontecimentos de Montevidéu. Fundeamos entre uma bela fragata, americana e o paquete inglês chegado poucos dias antes. Via-se não longe um pontão dessa última nacionalidade, destinado a receber os negros apreendidos dos navios negreiros, até o competente julgamento. Não é sem espanto que se pode conceber que as autoridades brasileiras tolerem semelhante atentado à inviolabilidade de seu território.

CAPÍTULO II

ESTADA NO RIO DE JANEIRO. - EXCURSÕES BOTÂNICAS PELOS ARREDORES.

Enquanto aguardávamos a permissão para saltar em terra, estivemos a admirar a posição feérica da grande capital, encaixada entre montanhas de formas extravagantes, e em parte ainda cobertas de matas, por entre as quais apareciam de todos os lados magníficas plantações. A multidão de edifícios de que é formada a cidade apresenta imenso desenvolvimento ao longo de uma espécie de península que avança pela baía, vasta bacia onde se comprime uma densa floresta de mastros e flamulam pavilhões de todos os países.

Cessou por fim o nosso impedimento, e, não obstante o pesar com que deixamos o comandante e a oficialidade do *Dupetit-Thovars*, foi com intensa alegria e singular emoção que pusemos pé no solo encantado do Brasil.

Nessa mesma tarde instalamo-nos no Hotel Pharoux, casa francesa em que se reúnem quase todos os estrangeiros e cuja posição à beira da baía e no ponto preferido do porto, permitia-nos descortinar uma das mais belas vistas do mundo.

Gastamos os primeiros dias da nossa permanência no Rio em percorrer a cidade e fazer desembarcar o material da expedição. A praça do palácio, situada próxima à casa que habitamos, é enfeitada por uma fonte bastante bonita. No lado oposto do porto ergue-se a morada imperial, cuja arquitetura é das mais modestas; noutro lado da mesma praça fica o mercado principal da cidade. Os produtos oferecidos à venda estão aí expostos com muito cuidado e asseio. A imensa variedade de peixes ali encontrados diariamente deu-nos o pressentimento de que teríamos a possibilidade de fazer belas coleções ictiológicas. Achamos também lá alguns belos pássaros da terra; mas por eles nos pediram preços muito elevados. Entre esses pássaros, vi vivo pela primeira vez o *Musófago roxo*. Vim a possuir, mais tarde, um musófago pertencente a esta espécie. A plumagem deste pássaro, de cor verde desmaiada, está sempre na maior limpeza, distinguindo-se principalmente pelas magníficas nódoas vermelho-carmesim que tingem uma parte das penas das asas. As penas do topete estão sempre levantadas, a menos que isso só aconteça quando ele se sente inquieto ou espantado. Seus movimentos são vivos e bruscos; não obstante, conserva-se imóvel durante as horas mais quentes do dia. Deixa-se amansar facilmente, parece muito inteligente, mas sempre tímido,muito medroso de cães, macacos e outros animais. Faz muitas vezes ouvir uma espécie de grunhido; o canto, particularmente curioso, é uma sucessão de gritos que articula com uma força inacreditável; é possível ouvi-lo de uma a outra extremidade da rua. Não canta senão cinco ou seis vezes por dia, mas os negros estão convencidos de que ele o faz de hora em hora. Dão-lhe os ingleses da costa de Guinéo nome de *hour bird* (pássaro da hora). Começa a cantar esticando sempre a cabeça para diante, por um preâmbulo que se poderia imitar por cu, cu, depois do que, após um instante de silêncio, repete vinte a vinte e duas vezes, articulando com clareza, cuc, cuc, cuc, cuc. Quando o calor é demasiado, ele dorme com as asas entreabertas, a fim de que o vento possa agitá-las levemente. Os negros *nagôs*, em cujo país a ave é comum, dão-lhe o nome de *aluco*, ao passo que os brasileiros chamam-na de *napoleão*. Alimenta-se de bananas, como o nome está a indicar. Entretanto, não se sabe porque, algo haveria de existir para inspirar repugnância nos hábitos de tão lindo pássaro; mas é absolutamente certo que ele, pelo menos em domesticidade, submete duas vezes o alimento à ação digestiva, devorando continuamente seus próprios excrementos. Como acontece com a maioria das aves reunidas sob a denominação de *Trepadoras* (1), ele nunca faz mais que, empoleirar-se. Parece-me que os *turacos* e os *musófagos* substituem na África os surucuás da América, havendo entre ambos muitos pontos de contato.

A Rua Direita é a mais larga da cidade, e, além disso, apesar do nome, uma das mais tortuosas. A Rua do Ouvidor passa por ser a mais bonita; é ocupada principalmente por franceses e possui belas casas de negócio. Muitas vezes visitamos esta via pública, que nos lembrava um pouco Paris, pela beleza de algumas de suas lojas.

Como todas as ruas do Rio, é ela detestavelmente pavimentada, o que explica o dano causado aos veículos de construção européia, por isso mesmo raros. De cada lado da rua há um passeio, formado de grandes lájeas irregulares. As lojas dos fabricantes de flores de penas eram as que mais nos despertavam a atenção, porque não existem senão no Rio. Entregavam-se a este trabalho numerosas operárias, que expõem os seus artigos, admiráveis pelo brilho das cores, em grandes armários de vidro, diante dos quais ordinariamente se detêm numerosos oficiais de marinha. É nessa rua que fica quase todo o pequeno comércio de luxo; tudo quanto aí se vende custa pelo menos o dobro do que custa em França. Outras ruas correm paralelas à do Ouvidor, assemelhando-se mais ou menos com ela em aspecto, ou pelo menos na alegria. A cada uma está afeto determinado ramo de comércio. Os europeus ricos do Rio habitam quase todos a parte meridional da cidade, em belas casas distribuídas ao longo da costa da baía, em frente a magnífica vista. Dá-se a este bairro o nome de *Botafogo*; dele são apêndices a *Glória* e o *Catete*. As casas a que nos referimos há pouco são construídas em granito e raramente têm mais de dois andares. O interior delas é espaçoso e disposto de maneira a permitir a livre circulação do ar. As janelas têm quase sempre caixilhos; mas, no andar térreo estes são muitas vezes substituídos

(1) As aves Trepadoras constituem na velha classificação de Cuvier uma ordem natural, incluindo numerosos grupos que os progressos da ornitologia tornaram independentes, quais sejam os Piciformes (pica-paus), Psitaciformes (papagaios), Cuculiformes (anus), etc. (Nota do Trad.).

por rótulas de ripas cruzadas em losangos muito estreitos, de modo a permitir que as mulheres possam tomar conhecimento do que se passa na rua, sem serem muito visíveis aos que estão de fora. Lareiras não se conhecem, a ponto de uma brasileira contar-me, com toda seriedade, que a coisa que mais lhe chamara a atenção por ocasião de uma visita feita a uma família inglesa moradora na Serra dos Órgãos, foi uma espécie de buraco na sala, onde se fazia fogo. O mobiliário é como o da Europa; em quase toda casa há um piano, que se vê ou se ouve, ainda nas mais humildes, porque o brasileiro tem gosto natural pela música e sabe aprendê-la sem mestre, embora nunca se torne musicista. Os instrumentos são na maioria importados da Inglaterra, mas alguns vêm da Alemanha, ou dos Estados Unidos.

As igrejas do Rio de Janeiro não se destacam nem pela sua arquitetura, nem pelas suas dimensões, mas na sua maioria brilham pelo luxo extraordinário da ornamentação interior; o ouro e a seda existem nelas em profusão, ouvindo-se também, às vezes, em dias de festa, música passável. De resto, é essa uma condição indispensável para conseguir fiéis, no Rio de Janeiro, onde o sentimento religioso é bem mais raro do que na própria Paris. Há na capela do imperador, dois ou três italianos de voz feminina e que se podem igualmente ouvir em outras igrejas. Chegou ao extremo a mania de celebrar festas; uma semana não se passa em que haja uma ou duas. Acredito que os dias feriados são mais numerosos do que os consagrados ao trabalho. Vêem-se sempre e de todos os lados procissões a percorrer as ruas, e bandeiras flutuarem nas janelas; foguetes de artifício são lançados a cada momento, pois os brasileiros os mandam vir da China em quantidades imensas, tal é a sua paixão por eles. Se à noite, por ocasião de uma destas festas, passeamos pelas ruas, somos a cada momento assustados pelo estampido de bombas que caem aos nossos pés, ou pela claridade viva das rodas, acesas da sacada por alguma senhora; por toda parte, em plena rua, ainda que das mais frequentadas, flamejam grandes fogos de artifício; também não é raro que o zelo nacional improvise barracas iluminadas para abrigarem bandas de música. Essas bacanais prolongam-se durante toda a noite e é fácil imaginar a insônia e a irritação nervosa que se apossam do viajante, se a tudo isso acrescentarmos os berros dos negros em honra ao santo do dia.

Certa vez, levados pela curiosidade, entramos numa igreja em que nos pareceu realizar-se algo interessante; admirávamos duas longas filas de pessoas empunhando enormes círios, quando fomos abordados pelos maceiros que nos fizeram segurar uma daquelas luminárias, fazendo-nos tomar, quiséssemos ou não, a mesma atitude dos demais. Ignorávamos ainda completamente a língua da terra e nada podíamos compreender da cena em que passamos a figurar como atores. Depois de nos havermos mutuamente contemplado durante alguns instantes, com indefinível expressão, aproveitamos um momento em que o encarregado das velas tinha a atenção presa noutro ponto, para encostar cuidadosamente nossas candeias à parede e sorrateiramente nos esquivarmos a passos largos, jurando que noutra nunca mais cairíamos. Uma hora depois, vimos os portadores das velas, vestidos com uma espécie de capa e reunidos em procissão, passearem gravemente pelas ruas da cidade.

Visitamos também os dois teatros principais do Rio, o de São Pedro d'Alcântara e o Théatre Français. O primeiro é grande e oferece de fato bela aparência; as representações, óperas e às vezes bailados, são feitas em português. O teatro frances é iluminado miseravelmente a velas de sebo; é, além disso, ordinariamente mal servido de atores, que representam *vaudevilles* de cenas parisienses. Estava então na moda a *Grâce de Dieu*. O imperador e as duas princesas suas irmãs frequentavam esses dois teatros. O camarote imperial é muito bonito; fica de lado e ocupa o espaço de quatro camarotes comuns. Quando vazio é fechado por uma cortina que se afasta para o lado nas ocasiões em que sua majestade assiste ao espetáculo, e só depois de haver ele ocupado seu lugar; o espetáculo segue-se então imediatamente. Em rigor, não há no Rio, para espairecer, mais do que um lugar, o Passeio Público. É um belo jardim de aspecto ligeiramente botânico, situado à beira da baía e fora do centro comercial; ostenta, pouco acima do nível do mar, um admirável terraço pavimentado de granito e terminado em cada extremidade por formoso pavilhão. Nada mais agradável do que passear nesta plataforma nas noites de luar claro. Passamos ali horas a escutar o ruído das ondas a se quebrarem aos nossos pés e haurindo a exalação balsâmica dos jardins, onde vicejam as árvores mais belas dos trópicos. Ninguém porém espera encontrar numerosa sociedade, nem a frequência feminina que em qualquer outro país animariam esse lugar encantador. As brasileiras raramente saem de casa, e é só nas procissões, nos teatros, ou nos bailes, que podemos contemplá-las à vontade. Há no jardim de que me ocupo algumas árvores belas, entre as quais uma soberba palmeira de folhas em leque (*Borassus flabelliformis*), duas espécies de árvores do pão e várias lindas paineiras (*Bombax*). No Hotel Pharoux estivemos apenas pouco tempo para os nossos trabalhos era preciso mais espaço do que pode oferecer uma casa pública, além de que o nosso sono era ali freqüentemente perturbado pelos gritos de um infeliz escravo, que se castigava para nos compelir a ir embora. É de notar-se que os maus tratos infligidos pelo homem aos seres que o cercam estão em relação direta com a sua semelhança com estes últimos; assim, aos animais domésticos, tais como o gato e o papagaio, etc., outra coisa não recebem de sua parte senão carícias, ao passo que o cavalo e principalmente o cão, muito mais chegados à sua intimidade, e de quem recebe mais benefícios, já se tornam alvo de suas sevícias. Contudo, que são estas ou aquelas chicotadas aplicadas nestes últimos, em confronto com os castigos infligidos aos indivíduos de sua própria espécie situados em condição inferior? Para estes impõem-se chicotes gigantescos, constroem-se expressamente pelourinhos para supliciá-los, e a menor falta em que incorram não parece ter recebido a devida punição antes que as carnes se lhes dilacerem e o sangue lhes corra. Compreende-se assim que os romanos, cujos escravos eram brancos e em tudo a eles semelhantes, houvessem chegado a verdadeiro luxo de crueldade, a ponto de se comprazerem com o espetáculo dos últimos estertores da agonia de seus irmãos.

Durante a nossa permanência no Rio de Janeiro, o Sr. Taunay, Cônsul de França nessa cidade, nunca deixou de procurar por todos os meios facilitar nossa tarefa; foi graças a ele que conseguimos ocupar a casa deixada vaga pelo Ministro da Rússia, o Barão de Langsdorff. Esta casa era de propriedade da senhora Baronesa de Sorocaba, uma das damas da melhor sociedade do Rio, e sempre disposta a dispensar aos estrangeiros benévola acolhida.

A 30 já, nos achávamos instalados na nova residência, onde só havia motivo para estarmos radiantes. Edificada numa elevada colina e ao lado da formosa capela da *Glória*, a ela se tinha acesso por meio de uma avenida forrada de areia e fechada por linda grade de ferro. A casa era grande, cômoda e espaçosa; instalamos nosso gabinete de trabalho e as vastas salas foram imediatamente transformadas em laboratórios de zoologia e de botânica. Sem sair de casa, gozávamos de vista deliciosa; altas montanhas se erguiam à nossa frente umas sobre as outras, com a base coberta de magníficas florestas de palmeiras e os vértices desnudos, toldados a cada passo por nuvens ralas. Dominando essa cadeia, erigia-se a ponta do *Corcovado*, que das montanhas dos arredores do Rio é a mais digna de nota. Ao norte, a cidade se estendia com o seu aqueduto, visível por entre a floresta e cercado pelas montanhas; dos outros lados era um prazer espraiar a vista sobre as numerosas sinuosidades da baía, contar as ilhotas que dela emergem, e repousar depois os olhos nas flotilhas esparsas, a se balouçarem na superfície de suas águas. Mais perto de nós, erguia-se a capela branca da *Glória*, situada num morro, do qual se destacava como uma estátua de mármore, sobre um fundo de verdura. Finalmente, em nossa volta, agrupavam-se lindas palmeiras, cujos penachos sombreavam as janelas e cujos troncos se viam cheios de parasitas.

"Teria sido difícil", diz o Sr. Weddell, "encontrar melhor campo do que o nosso jardim da *Glória* para o estudo das plantas comuns do Rio; é como se elas ali tivessem feito *rendez-vous*. Mas, em meio de tantas novidades, revi algumas plantas bastante minhas conhecidas, havendo alguns pontos que me recordavam vivamente o solo europeu. Lá encontrei de novo grandes *Sonchus* de flores espinhosas, o *Anagallis arvensis* de flores alvas, o morrião, cuja haste é guarnecida de uma fila de pêlos, as espigas filiformes da *Digitaria sanguinalis* e do *Cynodon*, o *Stachys arvensis* e, principalmente, *Bidens tripartita*, ou planta muito a esta semelhante; todas essas criaturas que eu menosprezava em sua terra natal aqui aparecem como minhas amigas, a ponto de muitas vezes desviar-me para não, esmagá-las".

Ao desencaixotar os objetos, contidos em nossos volumes verificamos com satisfação que apenas poucos tinham sofrido com a viagem; o mais maltratado tinha sido o daguerreótipo; mas no que respeita à farmácia ocorrera terrível acidente, com a explosão dos vidros que continham o bromo e o iodo; a humidade havia ocasionado também alguns estragos nas armas, nas roupas de cama, havendo se quebrado também a maior parte dos vidros destinados a conter animais. Entretanto, ficamos bastante contentes por se terem as perdas limitado a objetos de tão pouco valor. Nossa primeira visita, tinha sido ao Sr. de Saint-Georges que, na qualidade de encarregado de negócios, substituía o Sr. de Langsdorff, então de viagem na Europa; ele nos recebeu com a maior amabilidade, e obteve em nosso favor, do governo imperial, todas as facilidades possíveis para a execução de nossa viagem. Durante todo o tempo da expedição encontrei-o sempre disposto a usar de sua influência em nosso benefício. Já me referi ao Sr.Taunay, cônsul honorário de França, que, por suas virtudes antigas, adquirira no país uma ascendência ilimitada. Nas partes mais centrais, do império, diziam-me os brasileiros: vosso cônsul não é um homem, é um santo. Foi com este homem de bem que fizemos nossa primeira excursão nos arredores da capital do Brasil. Levados por ele fomos a São Cristóvão, residência do imperador. Tínhamos saído com a idéia de fazer numerosas coleções de história natural; mas, no que diz respeito ao reino animal, ficamos completamente desapontados, porque a muito custo conseguimos ver dois ou três pássaros, dos mais comuns no país, e reunir uma dúzia de insetos insignificantes. Travamos nesse mesmo dia conhecimento com o Sr. Riedel, botânico alemão, que estava à testa do estabelecimento hortícola do palácio do imperador, e havia feito longas viagens no interior do continente, em companhia do cônsul geral da Rússia; mostrou-nos ele o jardim, que é bastante grande, e parece muito lucrar com sua hábil direção; as novas plantações que ali fizera estão muito bem tratadas e se compõem de plantas do mais subido interesse. Tendo-lhe o Sr. Weddell entregue uma carta do Sr. de Jussieu, ele lhe fez a promessa de auxiliá-lo em suas investigações; tais promessas não foram porém cumpridas, sem dúvida porque as suas ocupações não o permitiram. Acha-se, o palácio em boa situação; é bastante espaçoso, um dos lados olhando para encantadora piscina rodeada de estátuas e provida de animais aquáticos. Deixando São Cristóvão, tomamos o caminho das montanhas, pois já tardava que contemplássemos uma destas florestas tropicais de que tanto tínhamos ouvido falar. "Nossa expectativa", diz o Sr. Weddell; não foi desmentida; entretanto, não era isso senão o prelúdio do que veríamos, mais tarde". Não havia tempo para nos afastarmos muito; mas quanta satisfação experimentamos com o pouco que vimos nesse dia! Para o europeu, habituado às florestas monótonas de sua pátria, compostas quase exclusivamente de duas ou três espécies diferentes de árvores, o espetáculo de uma mata virgem é verdadeiramente fascinante; uma floresta onde só a natureza trabalha na obra de destruição, em que a árvore morta cai sob seu próprio peso e vai nutrir com sua substância outros vegetais nascidos espontaneamente de suas ruínas, em que o luxo da produção é de tal ordem que ao ver tantas formas diferentes agrupadas de maneira mais insólita, tem-se a impressão de que duas criaturas da mesma espécie não existem nesse conjunto surpreendente. O pensamento se perde ao encarar essas árvores gigantescas que para expandir a folhagem e desabrochar as flores se erguem a altura tão prodigiosa, como se quisessem dominar as plantas mais humildes situadas na vizinhança. Essas, entretanto, vão buscar apoio em seus troncos rijos; unem-se em feixes, para mutuamente se susterem, entrelaçam-se de mil maneiras, trespassam muitas vezes com seus sugadores a casca espessa e esponjosa das vizinhas, subindo graças a esses meios até os mais altos cimos, onde expandem os ramos floríferos, e não raro asfixiando com seu amplexo o tronco que as sustenta. Essas graciosas plantas, a que se dá o nome de cipós, emprestam às florestas equatoriais fisionomia muito particular e são às vezes em número tão considerável que tornam a passagem inteiramente impossível; só à força de machado ou golpes de facão consegue-se abrir caminho; têm geralmente os caules nus e a aparência de um cordame suspenso às árvores por elas enlaçadas. Todavia, estas florestas primitivas se vão tornando raras nas imediações do Rio de Janeiro; são incessantemente atingidas por incêndios e dentro de poucos anos os mandiocais e as bananeiras terão substituído as *Cecropia* e as *Lecythis*. É indispensável ter admirado com os próprios olhos as perspectivas que a cada momento detêm o viajante, para delas se fazer uma idéia. Esta é bem, para o artista, a terra prometida. No segundo passeio tomamos o rumo de sudoeste, seguindo pela praia até a capela de Copacabana.

Marchamos sempre sobre rochas de granito ou gnaisse-graníticas, de estrutura listada e endurecidas com granadas compactas, róseas ou vermelhas. Esta rocha notável fica situada na própria orla marítima e mantém com o horizonte uma inclinação de 55 graus. Pelo caminho encontramos quartzo amorfo. Fez-nos essa excursão travar conhecimento com uma região bastante curiosa. No meio do areal encontramos uma infinidade de espécies de cactos de formas as mais esquisitas; nos pontos mais expostos aos raios do sol formigava a *Cicindela nivea*, enquanto nas rochas sobre que estava edificada a capela colecionamos alguns anelídeos e vários crustáceos.

Visitamos muitas vezes Praia Grande, cidade situada do outro lado da baía e para onde se vai por meio de barcos a vapor, em movimento incessante. Explora-se lá, com o auxílio da pólvora, os granitos que servem para as construções do Rio; mas estes trabalhos, mal conduzidos, fazem perderem-se muitas pedras. Erigiram esse subúrbio à categoria de cidade, sob o nome de Niterói, fazendo-o a sede do governo da província; um pouco acima, e do mesmo lado, demora o pequeno vilarejo de São Domingos.

Durante toda nossa permanência no Rio o tempo se manteve invariavelmente bom e a temperatura era das mais agradáveis, lembrando a do mês de junho nos arredores de Paris. Apesar disso, os habitantes afirmavam não haver experimentado, desde muito tempo, inverno tão rigoroso. É verdade, porém, que às vezes caíam desses aguaceiros tropicais, de que as nossas tempestades da Europa não dão mais que pálida idéia.

São numerosos os insetos nocivos; desde a chegada, importunaram-nos os mosquitos; as pulgas abundam em quase todas as casas e não tardou que tivéssemos de travar relações com as baratas; que são dos insetos mais incômodos nos países quentes. Por fim, em nossas excursões, fomos encontrar o bicho-de-pé, ou pulga penetrante, que se intromete através da pele, depositando aí os ovos, cujo crescimento ocasiona grande coceira. Os negros são muito hábeis em extrair esses importunos hóspedes: utilizam a ponta da agulha, colocando depois pó de tabaco na cavidade deixada pela retirada do animal.

Dentro em pouco os membros da expedição deram início aos seus trabalhos particulares. Enquanto o Sr. d'Osery e eu determinávamos a posição exata do Rio, fazíamos pesquisas sobre o magnetismo terrestre, ou seguíamos a marcha do termômetro e do barômetro, o Sr. Deville percorria os arredores da cidade, à procura dos animais terrestres mais interessantes e o Sr. Weddell ocupava-se ininterruptamente com o estudo da magnífica flora da região.

Devo consignar aqui os resultados principais desses diversos trabalhos, a começar pelas nossas observações sobre física do globo, observações que remetemos, o Sr. d'Osery e eu, à Academia de Ciências, em fins de 1843.

Duas espécies de observações mereceram particularmente nossa atenção, durante os dois meses completos (julho e agosto de 1843) que passamos no Rio de Janeiro. As primeiras, que chamaremos meteorológicas, disseram respeito à marcha diurna e lunar do barômetro, à do termômetro livre e do higrômetro, em correspondência com o estado do céu e outros fenômenos atmosféricos visíveis; as segundas foram exclusivamente magnéticas e tiveram por fim determinar os principais elementos da força diretriz da terra. Segue abaixo o resumo dos resultados gerais a que nos conduziram nossas observações.

I - METEOROLOGIA

Nosso observatório meteorológico estava instalado numa pequena sala situada ao rés-do-chão à altura de 18m,63 acima do nível do mar, conforme medimos rigorosamente com o barômetro.

Tinha esta saleta uma única janela, que olhava para o sul e vivia constantemente aberta. Por força de sua orientação o sol nunca nela penetrava; a atmosfera em que se achavam os instrumentos tinha a temperatura exata do exterior à sombra, achando-se de fato nas mesmas condições; toda corrente acidental de ar era, por fim, cuidadosamente evitada.

Tínhamos nesse cômodo, em experimentação contínua, um barômetro de nível constante de Ernst; suspenso ao teto, um psicômetro do Dr. August, de Berlim; um higrômetro de Saussure e um termômetro livre, com a escala gravada no próprio vidro. Todos estes instrumentos, com exceção do higrômetro, de Saussure, que só devia ser observado ao meio-dia, eram consultados cinco vezes em cada 24 horas, a saber: às nove da manhã, ao meio-dia, às três da tarde, às sete da noite e à meia-noite. Às mesmas horas observava-se o estado do céu, do ponto de vista da presença ou ausência de nuvens, e do grau de condensação destas últimas, de acordo com a terminologia de Howards. Finalmente, algumas séries de observações semi-horárias de todos esses elementos, durante o período de vinte e quatro horas, permitiram apreciar-lhe a marcha e estudar as leis de sua variação.

Barômetro. - Obtivemos a variação horária do barômetro no Rio de Janeiro, a princípio por meio das observações quotidianas a que acabamos de aludir, depois por duas séries, de vinte e quatro horas cada uma, em que a altura da coluna barométrica era anotada de meia em meia hora, e finalmente por meio de várias outras séries diurnas ou noturnas, de doze e treze horas consecutivas, e compostas igualmente de observações semi-horárias.

Eis aqui os resultados gerais desse trabalho:

1º - Duas *máximas* e duas *mínimas* são apresentadas pelo barômetro em cada período de vinte e quatro horas. Há uma máxima e uma mínima para o período diurno, como há também uma máxima e uma mínima para o período da noite.

2º - Para o período diurno a máxima ocorre às dez horas da manhã. O barômetro mantém-se então estacionário durante mais ou menos meia hora, subindo depois, a princípio devagar, e depois cada vez mais rapidamente, durante as meias horas seguintes, até duas horas depois do meio-dia. A esta hora o movimento descendente se torna mais lento, até as quatro horas da tarde, quando a coluna apresenta a sua altura mínima. Após curta parada, ela recomeça a subir, lenta a princípio, porém depois mais depressa, até às dez horas e três quartos, ou às onze horas, momento da máxima noturna. Novo movimento descendente se observa depois das onze horas, continuando-se até as quatro e meia da manhã, hora do mínimo. A coluna volta então a subir até as dez horas da manhã, repetindo-se a seguir o mesmo, ciclo de oscilações.

3 º - A máxima diurna (dez horas da manhã) é sempre mais elevada que a da noite (onze horas da noite), ao passo que a mínima diurna (quatro horas da tarde) é mais baixa do que a mínima da noite (quatro e meia da madrugada) ; por essa dupla razão, vê-se que o período diurno tem maior amplitude do que o da noite. Quanto aos valores numéricos dessas amplitudes, os do período diurno variam entre 1m,50 e 3m,20; mas o valor médio, que é o mais ordinário, oscila entre 2m,50 e 2m,60. A oscilação noturna está compreendida entre Om,68 e 1m,80.

4 º - A maior altura barométrica por nós observada foi a de 26 de julho, às nove horas da manhã; a coluna atingiu nesta ocasião 774m,04, o que teria dado, às 10 horas, momento do máximo, 774m,20 aproximadamente. A menor altura foi marcada pelo barômetro às três horas da tarde de 2 de agosto, quando era de 757m,60. Dessas indicações não era possível tirar as mesmas conclusões que na Europa, no que diz respeito ao estado da atmosfera; às nove da manhã de 26 de julho o tempo era feio e o céu coberto de nuvens; às três horas de 2 de agosto ainda continuavam assim. Entretanto, em tempo aparentemente muito bom e sol bastante claro, o barômetro mantém-se frequentemente muito baixo, enquanto a coluna se conserva elevada nos tempos cobertos e até debaixo de chuva. Durante os tufões, e particularmente por ocasião dos redemoinhos provenientes dos abalos atmosféricos, como no caso dos pampeiros de La Plata, vimos a coluna mercurial subir muito rapidamente, mormente tomando em consideração a altura média do dia. Este fato foi particularmente muito sensível a 2 de agosto.

5º - Por mais que suba a coluna barométrica num dado dia, ela nunca encobre a variação horária, que se observa com regularidade nas mesmas horas; a máxima e a mínima ocorrem nas horas habituais do dia, variando apenas a diferença entre elas e também as relações das diversas alturas correspondentes às diferentes horas do dia. Seja qual for, a causa determinante do equilíbrio da coluna mercurial, devemos admitir que ela atua sobre todo o sistema, aí incluídos os movimentos que lhe são próprios. De modo que, quando ela sobe ou desce, arrasta consigo o princípio de suas oscilações internas. Quanto à altura da média de todo o período diurno, é ela obtida, muito aproximadamente, tomando a altura da coluna ao meio-dia.

O barômetro foi também empregado por nós em algumas mensurações hipsométricas. Serviu-nos, por exemplo, para medir o pico mais elevado da cadeia de montanhas que circunda o Rio de Janeiro. Calculando a altura desse pico, chamado Corcovado, com o auxílio das tábuas de Ottmanns, que aplicávamos em nossas observações barométricas, encontramos para altura desta montanha 694 metros acima do nível do mar.

Higrometria. - A cidade do Rio é muito úmida, como também toda a porção da baía que lhe fica adjacente, estando sempre o ar muito perto do ponto de saturação. O higrômetro de cabelo nunca desce ali abaixo de 6 por 100, chegando a atingir 90 graus e até mesmo 94 graus.

Como já foi dito, o psicômetro de August era examinado cinco vezes por dia. Esperávamos que esse instrumento, cujo princípio é muito racional e para cujo uso foram publicadas na Alemanha tábuas especiais, nos permitisse, após nosso regresso, apresentar quadros do estado higrométrico do ar no Rio de Janeiro, durante as diferentes horas do dia, nos meses de julho e agosto. Em todo caso, os diversos valores deste elemento meteorológico corresponderão a séries paralelas das alturas barométricas obtidas nas mesmas horas e à temperatura do ar.

Pusemos também em funcionamento dois pluviômetros, um junto à casa que habitávamos e o outro sobre o telhado; a distância vertical entre estes dois instrumentos era de 12 metros, aproximadamente. Isso nos serviu para verificar a diferença existente entre a quantidade de água colhida na superfície do solo e a da que cai a uma certa altura.

No mês de julho, por exemplo, o pluviômetro superior recolheu 54 metros de água pluvial e o inferior 58. Durante o mês de agosto não foi possível obter a diferença exata, em virtude de um acidente sobrevindo em um dos instrumentos.

Termômetro. - As séries de observações semi-horárias do termômetro livre, e bem assim as leituras quotidianas, feitas cinco vezes cada vinte e quatro horas, demonstraram muito claramente que o máximo de temperatura de cada dia se verifica às duas horas e meia da tarde; a coluna termométrica em seguida desce, porém, lentamente e muito pouco, até seis horas e meia da manhã do dia seguinte, meia hora mais ou menos depois do nascer do sol, que é o momento da temperatura mínima. Ademais, é muito fraca a diferença entre a máxima e a mínima. O mesmo sucede com relação às diferenças de temperatura entre um dia e outro. A temperatura mais baixa observada no correr do mês de julho foi de 17 graus; a mais alta de 22°,4. Todas as mais, na sua grande maioria, variaram entre 19 e 21 graus. A média geral do mês é sensivelmente 19°,5 ou 20 graus.

No mês de agosto, a uniformidade de temperatura é ainda maior, se isso é possível; a mínima observada foi de 18 graus, a máxima de 24 graus. Todas as outras oscilavam entre 19 e 21 graus, donde ser ainda a média 20 graus, ou coisa muito próxima.

Durante os dois meses de, que nos estamos ocupando, a temperatura da noite é inferior de 1 grau, quando muito, à temperatura do dia. Poder-se-á ter idéia deste fato sabendo que às seis e meia da manhã, hora da temperatura mínima, o termômetro marcou 18°,7, 20°,9, 19°,0, ou outros valores muito aproximados. Essa temperatura tão pouco variável não é influenciada pelo estado da atmosfera, ou pela quantidade de nuvens existentes nas suas camadas superiores.

Procuramos também saber qual a temperatura acusada por um termômetro introduzido na terra a determinadas profundidades, e se essa temperatura era sujeita a variações; verificamos que um termômetro colocado num buraco de 0m,33 (1 pé), marcava constantemente 23°,5. É sabido que, na opinião de certos observadores, a temperatura obtida em tais condições pode ser considerada a média geral do ano.

11 - MAGNETISMO

Nossas observações magnéticas no Rio de Janeiro compreendem a medida da declinação e a de inclinação da agulha; as observações necessárias para o cálculo da intensidade da força exercida pela terra, por meio do número das oscilações executadas pela barra imantada em determinado espaço de tempo; finalmente, o estudo das variações diurnas da declinação.

1°) *Declinação* — Determinamos, com toda exatidão possível, o azimute compreendido entre o meridiano geográfico do Rio e a vertical de uma mira fixa, que era a torre de uma das igrejas da cidade. Esta determinação foi feita por meio de alturas correspondentes de estrelas e do sol. Uma vez conhecido aquele ângulo, com a aproximação de alguns segundos, observamos repetidas vezes, no mesmo dia ou em dias diferentes, o ângulo formado pelo axe magnético da agulha de declinação com a vertical da mira. Levantamos as indicações das duas pontas da agulha e as duas últimas do círculo horizontal da bússola; finalmente, viramos a agulha e o microscópio, para corrigir os erros provenientes da divergência dos dois axes (de figuras magnéticas) da agulha, e da do axe óptico da luneta, por meio de sinais passados pelo cruzamento dos fios. A média de todas estas observações, aliás muito vizinhas uma da outra, deu para a declinação oriental da agulha imantada 0°35'25",o que significa que a ponta austral da agulha (a que se dirige para o norte) fica 35'25" a leste do meridiano geográfico do Rio de Janeiro. Esse resultado, comparado com os que foram obtidos anos atrás, mostra que a agulha se aproxima cada vez mais do meridiano geográfico, fazendo presumir que dentro de pouco a declinação será nula.

2°) *Inclinação* – Medimos a inclinação pelos dois métodos ordinários: o método direto, em que o limbo é colocado no próprio meridiano magnético; e o método indireto, em que o limbo é sucessivamente fiado em dois planos verticais, perpendiculares entre si. Ao empregar cada um destes métodos, lemos sempre as indicações tanto da ponta alta como da ponta baixa; em cada plano de observação, colocamos o lado dividido do limbo à direita e depois à esquerda; viramos por fim a agulha e invertemos os pólos para cada um desses planos e para cada posição nos ditos. Os dois métodos conduziram-nos a resultados muito aproximados, cuja média dá para a inclinação no Rio 12°42', quer dizer que no Rio de Janeiro a ponta austral da agulha forma com o horizonte um ângulo de 12°42'.

Resulta este número de um conjunto de nunca menos de 350 leituras no limbo vertical.

3º) *Intensidade magnética* – Fizemos oscilar no Rio de Janeiro duas agulhas por nós ensaiadas em Paris, antes de nossa partida. Cada uma delas nos forneceu duas séries, cada série compreendendo cerca de 350 oscilações de amplitudes decrescentes, de 35 a 5 graus. Essas amplitudes foram marcadas de dez em dez oscilações, assim como a hora, que anotávamos em segundos e décimos de segundo. Foi também observada a temperatura do começo e do fim de cada série. Assim nos deveria ser possível, na volta da viagem, comparar os resultados das experiências análogas feitas em dois lugares diferentes, e daí deduzir a lei das intensidades da ação magnética da terra sobre a linha percorrida, depois de termos submetido os números achados às sabidas correções de amplitude e de temperatura.

4º) *Variações diurnas da declinação* – A bússola de Gambey estava solidamente instalada sobre o rés-do-chão numa câmara isenta de qualquer objeto de ferro capaz de atuar sobre a agulha magnética. Com este instrumento praticamos várias séries de observações: duas delas duraram vinte e quatro horas consecutivas, durante as quais anotávamos cada meia hora a posição da agulha; várias se prolongaram pelas doze horas do dia; outras enfim abrangeram porções mais restritas do dia ou da noite. Liam-se as indicações das duas pontas, marcando-se ao mesmo tempo a situação da agulha e a amplitude de suas oscilações de uma e de outra parte de sua função média durante a observação. Os resultados desse trabalho vão a seguir.

1º. A agulha de declinação no Rio experimenta um movimento diurno: ela oscila diariamente em torno de sua posição média e esta oscilação, conquanto de amplitude pouco considerável, é ainda assim bem acentuada.

2º. O movimento da barra, livremente suspensa, apresenta vários períodos muito distintos: a princípio é completamente imóvel durante a noite, isto é, desde as sete horas e meia ou oito da noite, até as cinco e meia da madrugada. A esta hora ele começa a se pôr lentamente em movimento, tomando a ponta austral da agulha a direção de leste; às sete horas a ponta austral volta lentamente para oeste, durando este segundo período de sete às nove horas e meia. Começa então um terceiro período, durante o qual a ponta austral volta novamente para leste; é mais curto do que o anterior; e dura somente de nove e meia às onze horas. De onze horas às quatro e meia da tarde, a extremidade austral da barra imantada dirige-se para oeste: é o grande período do dia; depois, de quatro e meia às seis horas, verifica-se novo movimento para leste; finalmente, às seis horas da tarde começa o sexto e último período, durante o qual a ponta se dirige lentamente para oeste até as sete e meia da noite, momento em que a agulha volta a se conservar imóvel pelo resto da noite.

3º. O valor numérico da amplitude de cada período é muito variável; nos números obtidos em cada série de observações, houve sempre diferenças, e às vezes bastante consideráveis, em comparação com a grandeza mesma daqueles números. Ter-se-á idéia do valor das excursões da agulha, examinando a seguinte série, cuja marcha nos pareceu bastante normal e que, aliás, muito se aproxima da maioria das demais.

Na primeira coluna damos o valor de cada período em milímetros e frações decimais de milímetros, tal como é obtido imediatamente pela leitura dos nônios do próprio instrumento; mas, na realidade, não se têm assim senão as medidas dos arcos descritos pela agulha, contadas sobre a tangente traçada no ponto mediano do arco médio; numa segunda coluna, transformando os números precedentes, damos as excursões da barra imantada em minutos e segundos, posto que na referida transformação admitimos poder-se sem erro confundir os arcos de oscilação com as tangentes respectivas. Finalmente, medimos cuidadosamente o raio do círculo descrito pela extremidade da barra; este arco era de 0m,241.

SÉRIE DE OBSERVAÇÕES DE VARIAÇÕES DIURNAS FEITAS NO RIO DE JANEIRO EM 7 DE AGOSTO DE 1843

Indicações dos períodos	**H o r a s desses períodos**	**Ponto do horizonte para o qual marcha o ponto austral**	**Amplitude da excursão em milímetros**	**Amplitude da excursão medidas angulares**
1º período	De 5 às 7hs. da manhã	leste	0,16	2'16''939
2º período	De 7 às 9 hs. e 1/2 da manhã	oeste	0,21	2'59''733
3º período	De 91/2 às 11 hs. da manhã	leste	0,26	3'42''526
4º período	De 11 da manhã às 4 e 1/2 da tarde	oeste	0,32	4'33'878
5º período	De 4 e 1/2 às 6 hs.	leste	0,17	2'25''498
6º período	De 6 hs. às 71/2 da noite	oeste	0,15	2'8''380

Só em segundo tempo, pela inspeção pormenorizada das séries em si, poder-se-á ver como se comporta a agulha nos diferentes momentos de cada excursão e bem assim o grau de aceleração ou retardamento de seu movimento, em cada instante.

Eu tinha também de me ocupar com os preparativos para a partida, pois não tardaria muito que nos tivéssemos de lançar através das regiões tão pouco conhecidas que se estendiam à nossa frente. Descansava às vezes dessas diferentes ocupações em agradáveis passeios ao *Corcovado* e à *Tijuca*. Mas, como é ao reino vegetal que os arredores do Rio devem o maior interesse que despertam, penso dever dar a palavra ao nosso botânico, a quem o leitor seguirá com prazer, em suas várias excursões.

"O mês de julho, diz ele, foi utilizado principalmente na colheita de plantas dos arredores, continuando a coleção que eu já tinha começado nos últimos dias do mês passado. Neste trabalho prestou-me grande auxílio meu bom e excelente amigo Dr. Ildefonso Gomes, homem tão inteligente quanto desinteressado, com o qual tive a felicidade de travar conhecimento poucos dias depois de nossa chegada. O estudo por ele feito das localidades e do habitat da maioria das plantas do Rio tem-me sido extremamente precioso e a bondade com que me tem tratado fará penosa nossa separação. Passei uns quinze dias em sua casa de campo; não só para estudar o lugar, que é muito rico; como para ficar mais perto do *Corcovado* e de dois outros pontos que eu muito queria visitar.

Seria difícil encontrar casa mais pitorescamente situada do que a que possui o nosso doutor em *Catumbi*, para onde, desde os primeiros dias, me mudei, com armas e bagagens. O caminho, que aí conduz, parte da margem direita da estrada de *São Cristóvão*, penetrando logo na mata, apertado entre montanhas; termina adiante, sob a sombra de grandes palmeiras, e ladeado por um belo córrego cheio de plantas aquáticas. Aí começa a plantação; entre duas cercas de um feijão arborescente (*Cajanus flavus*), uma trilha nos leva a rústico aqueduto, de onde cai sem interrupção uma chuva fina, que alimenta inúmeras produções vegetais, com as quais me apressei em travar conhecimento. Deste ponto uma subida forte leva-nos dentro em pouco à casa de morada, que é construída de acordo com o modelo adaptado geralmente no país: um corpo principal bastante baixo, cercado de um lado por grande varanda e, do lado oposto, encostado à montanha. Das janelas de meu quarto, eu podia descortinar a qualquer hora uma dessas admiráveis vistas de montanhas e florestas, onde se destacam as hastes longas das palmeiras, cujas grandes folhas penadas balouçavam ao menor sopro do vento, fazendo reluzir aos raios do sol os lustrosos folíolos. O doutor levou-nos a correr sua propriedade e me mostrou as tentativas que tinha feito para aclimar nela várias plantas úteis. O clima variado do Rio se presta à cultura da maioria das plantas; fiquei verdadeiramente admirado ao ver quantas plantas diferentes, oriundas das regiões mais longínquas, aí cresciam lado a lado. Assim é que se vê, em quase todos os jardins, misturando sua ramagem à copa das árvores indígenas, crescer a *Casuarina* da Nova Holanda, com a sua aérea folhagem, ao lado dos *Aleurites*, das *Sterculia* e da mangueira do Velho Continente.

A natureza do terreno de *Catumbi*, ordinariamente úmido, é particularmente propício à cultura da bananeira, de que observei três ou quatro variedades muito distintas. Uma delas, a chamada bananeira nanica, alcança quando muito a altura de 2 metros; produz, na verdade, frutos pequenos, mas de delicioso sabor. As outras variedades diferem principalmente pelo tamanho dos frutos, dos quais os maiores são os menos estimados. Os negros têm verdadeira paixão pela banana, podendo fazer dela sua alimentação exclusiva. Confesso que lhes acho o sabor um tanto insípido, embora não seja propriamente desagradável; prefiro as laranjas, que sendo igualmente abundantes, têm a vantagem de com seu suco acídulo, aplacar a sede que o calor do clima incessantemente acarreta. Seria impossível, sem escrever todo um volume, falar de todos os frutos do Brasil; infelizmente, porém, é esta a estação menos favorável a este gênero de estudo. Assim é que ainda só de nome conheço a *pinha*, a *manga*, o *abacate* e uma infinidade de frutos indígenas, tais como a *goiaba*, cujas folhas grossas se vêem à beira de quase todos os caminhos, o *araçá*, o *cambucá*, a *jabuticaba*, etc., etc.

Percorri com alegria a rampa de uma montanha plantada de mandioca, cujas grossas raízes fornecem, mediante muito fácil preparo, abundante farinha, usada universalmente aqui, de par com a farinha de milho, em substituição às farinhas de cereais de nosso país. Essas plantas não podem ser vantajosamente cultivadas senão nos lugares elevados. Para arrancar a mandioca, um negro segura-lhe a haste com as duas mãos e puxa com facilidade para fora da terra fofa as duas ou três grandes raízes portadoras da reserva nutritiva. Estas raízes são então raladas, à mão, ou no moinho, submetendo-se depois a pasta assim obtida a uma forte pressão, que a separa da parte líquida, tornando-a apta, após ter sido desmanchada com as mãos e passada na peneira, a ser torrada num tacho de ferro. A farinha de mandioca é grosseira de consistência e, excetuando-se a cor, parecida com a pólvora para canhão. A maneira habitual de se servirem dela é polvilhando os alimentos. As plantas da mandioca lembram um pouco a mamoneira, ou os erablos, muito novos.

Vi muitas videiras carregadas de frutos de agradável aspecto, mas de detestável sabor; penso, aliás, que esta é a regra. É difícil atinar com a razão disto; talvez não se preste a devida atenção à época mais favorável ao corte, que sem dúvida influi na qualidade dos frutos. Todos os legumes europeus aqui prosperam, especialmente nesta estação; deram-me a impressão de serem tão bons como os do outro lado do Atlântico. Devo todavia observar, como exceção ao que acabo de dizer, que a batata é difícil de cultivar, pelo que provém dos Estados Unidos quase todas as exigidas pelo consumo local. Abundam também as hortaliças indígenas, mas bem pequeno é o número das que se avantajam às de nosso país, a ser mesmo que existam algumas comparáveis às nossas. Já me referi à mandioca, que ainda se utiliza sob mil formas diferentes da que indiquei acima. Devo mencionar também as raízes de várias espécies de *Dioscorea* ou batata doce, algumas atripliceas, cujas folhas se usam à guisa de espinafre, a *Malva esculenta* (1), cujo suco mucilaginoso passa por muito nutritivo, e finalmente diversas espécies de palmitos. Um destes Cocos *oleracea* é muito abundante nas cercanias do Rio de Janeiro; dois pés foram derrubados por mim quando estive em *Catumbi*. O sabor do broto, é um pouco amargo, mas apesar disso agradável. Um outro, bem mais estimado, há muito tempo não se colhe mais na região; os brotos que tive ocasião de provar vinham do Rio Grande.

A primeira excursão que fizemos foi ao *Corcovado*; atingimos-lhe o cume após uma caminhada fatigante de duas ou três horas, porquanto eu tinha preferido ir a pé, afim de ter mais facilidade para herborizar durante o caminho. Na maior parte do percurso, enquanto acompanha o viaduto, a estrada é excelente; mas, à meia altura da montanha, em *Paineiras*, onde o aqueduto não é mais coberto e se divide numa infinidade de ramificações que serpeiam pela encosta, captando outras tantas nascentes, ela dele se desvia repentinamente, tornando-se mais íngreme e indo terminar num grande cabeço de granito quase liso, que é o cimo do Corcovado. Se se teve a sorte de escolher para fazer a ascensão um dia bom, é-se bem pago da fadiga pelo soberbo panorama que se descortina do alto do cabeço a que acabo de me referir; deste posto elevado os contornos da baía são perfeitamente visíveis, assim como a configuração das numerosas ilhas que emergem de sua superfície e a vasta cidade que fica de permeio. De outro lado, a serra da *Tijuca* com os seus picos ex-

(1) Ou seja o quiabo, largamente usado como ingrediente de muitos pratos da culinária indígena ou afro-brasileira. (N. do Trad.).

travagantes, a *Gávea*, o *Bico-de-Papagaio*; depois, como que em baixo de nós, ali onde a montanha se torna quase vertical e apresenta um precipício de várias centenas de metros de profundidade, o Jardim Botânico, as restingas de Copacabana, com suas lagoas de água salobra, o mar. Acompanhando a costa pelo lado esquerdo, a vista é por um instante detida pelo *Pão-de-Açúcar*, que limita de um lado a entrada da baía e cujas fortificações se vêem, finalmente, por cima destas últimas, nos longes do horizonte, divisam-se nitidamente as restingas de *Taipu* e de *Maricá*, cujas riquezas vegetais são muito gabadas. Algumas das vistas que se desfrutam na primeira metade do caminho, tão deliciosas quão variadas, são, no mais alto grau, dignas do pincel de um artista; mais, de uma vez lamentei, durante o passeio, a minha insuficiência nesta arte, que me faria mais tarde rever todas aquelas belas cenas da natureza. A vegetação é das mais ricas; embora estivéssemos na estação menos propícia às coletas botânicas, foi a muito custo, que pudemos trazer, eu e o negro que me acompanhava com uma grande cesta à cabeça, tudo quanto tínhamos colecionado. À medida que se sobe nosso interesse aumenta. A princípio, são as plantas próprias dos terrenos cultivados que juncam os fossos e cobrem as cercas marginais, ou brotam por entre as pedras. *O Bidens*, de que já falei, e cujos impertinentes aquênios se seguram às roupas, aparece por toda parte, acompanhado de um *Argeratum* de flores lilases (*A. conyzoides*) e de uma *Borreria* de flores brancas, reunidas em compacto capítulo. Por toda parte, com especialidade nos lugares úmidos, vêem-se uma *Oxalis* rasteira, de flores amarelas, semelhante ao O. *stricta* da Europa, e um *Hydrocotyle* de folhas cordiformes, cuja umbela fornida encima longo pedúnculo. Nada direi de quatro ou cinco gramíneas digitadas, a que com igual cabimento poder-se-ia aplicar o epíteto de *vulgaris*. O estudo das cercas é mais interessante. As que são inteiramente artificiais compõem-se ordinariamente de uma espécie de mimosácea cujas flores ainda não conheço, e cujos ramos flexíveis e extremamente vivazes se deixam entrelaçar de tal maneira que chegam a formar, graças aos espinhos de que são possuidores, um muro efetivamente intransponível pelos ladrões; ou senão de algumas espécies de cactos dos generos *Pereskia* ou *Nopalus*. Observei duas espécies do primeiro: uma é um arbusto de belas flores cor-de-rosa, guarnecido de formidáveis espinhos; a outra é uma trepadeira, de frutos amarelos comestíveis. Diversas bromeliáceas são utilizadas com o mesmo fim e produzem efeito muito pitoresco. É menos frequente o emprego, para dividir as terras, da Agave vivipara (1), à semelhança do que na Europa se faz com a Agave americana. À medida que nos distanciamos das habitações, a vegetação se modifica pouco a pouco; as beiras do caminho são ocupadas por duas outras espécies de malváceas lenhosas e de flores amarelas, pertencentes ao gênero *Sida*. Delas a mais comum é *S. carpinifolia* que parece um olmo anão; é muito usada na medicina doméstica do país e sua madeira serve para se fazerem os melhores palitos. Pormenor digno de ser assinalado, em se tratando de um país onde, por assim dizer, a toda hora se tem na boca um desses pequenos instrumentos. De par com essas plantas vulgares, outras se encontram não menos comuns:

(1) *Vulgarmente conhecida por piteira.* (N. do Trad.)

a *Urena lobata*, de flores roxas e frutos espinescentes, duas ou três labiadas dos generos *Hyptis* e *Phlomis*, acompanhadas frequentemente pela *Leonoros cardiaca* de nossa terra, aqui extremamente abundante, e pelo *Stachys arvensis*, já referido como uma das plantas mais comuns nos lugares cultivados. Há muita coisa interessante nas cercas que ladeiam o caminho; seu primitivo esqueleto parece ter desaparecido completamente sob o amplexo das novas criaturas que ali vieram instalar-se. Por toda a parte observa-se uma espécie de amarantácea de flores alvas, coriáceas, reunidas em pequenos capítulos globulosos, cujos pedúnculos longos e delgados penderiam, não fosse o apoio conferido pelas vizinhas; uma outra planta da família é trepadeira, como as nossas clematites, fazendo-se notar pelas flores inumeráveis, brancas e rodeadas por uma espécie de invólucro de pêlos. Muitas outras plantas, pertencentes às mais diversas famílias, dão ainda às margens da estrada aspectos dos mais agradáveis; mas, as mais notáveis são, incontestavelmente, as pertencentes às famílias das Compostas e das Sapindáceas. Na primeira destas famílias podem citar-se como os mais frequentes os generos *Baccaris* e *Perdicium*; na segunda, os generos *Urvillea*. Ao lado destas devo citar também algumas leguminosas muito encontradiças, tais como as *Dalbergia*, as *Bauhinia*, etc., além de duas ou três malpiguiáceas, cujos frutos alados, em grandes cachos pendentes, são do mais belo efeito.

Nenhuma família nos disputa a atenção mais insistentemente do que a das euforbiáceas; não se dá um passo sem encontrá-las. Por toda a parte vêem-se moitas acinzentadas de *Croton*, com o verde das folhas mudando em alaranjado, ou senão os caules volúveis das *Delechampia*. Enquanto esmagamos com os pés espécies pequenas, difíceis de descobrir por causa da cor verde de suas inflorescências, balança-se acima de nossas cabeças a folhagem densa da *Aleurites trilobata*, planta assaz espalhada na beira do caminho. Nos muros úmidos e sombrios do aqueduto crescem plantinhas mimosas, cuja frequência todavia acaba se tornando fatigante. Estão nesse caso uma pequena Begonia de flores róseo-brancacentas e vários fetos dos gêneros *Anemia* e *Adiunthum*. Em certos pontos a montanha se ergue a prumo do lado do caminho, oferecendo à vista um rochedo cinzento e inacessível; aí é que se comprazem algumas espécies grandes de *Cactus*, cujos longos ramos sulcados e espinhosos rastejam como serpentes, e às vezes se encurvam, para voltar à posição natural, quando porventura se tenham deslocado da rocha, sob seu próprio peso, ou por culpa da tempestade. Quando se chega aproximadamente a meio caminho na subida da montanha, várias trilhas se oferecem ao explorador; duas conduzem ao cimo, tomando a princípio direções diferentes, mas reunindo-se em seguida; as outras levam a diferentes pontos da encosta, acompanhando quase sempre alguma das numerosas ramificações do aqueduto. Todas essas trilhas despertam no viajante grande interesse; também as percorri todas, umas após outras, e, posso dizê-lo com prazer cada vez maior. No primeiro dia, porém, o desejo de chegar ao cume fez-me escolher necessariamente uma das duas primeiras, por serem mais diretas. Este caminho afasta-se do aqueduto no lugar chamado *Paineiras*, onde se encontra, como já tive ocasião de dizer, um dos reservatórios comuns dos canais secundários; existem neste ponto cinco ou seis casas, para onde nos dias feriados, afluem os excursionistas do Rio, com as suas cestas cheias de provisões. Neste ponto a brisa vinda do mar chega através de uma aberta entre as montanhas, tornando a atmosfera muito agradável, principalmente quando se está sob o calor produzido pela subida forte. Temse, aliás, bem perto, o reservatório onde matar a sede comodamente. Não obstante, fui nesse lugar atormentado por uma nuvem de *borrachudos*, espécie de mosquito cuja picada é quase tão desagradável quanto a dos pernilongos, e menos fácil de evitar por causa do vôo silencioso. Acima de *Paineiras* a mata é admirável; penetrando no seu interior, pude saciar-me à vontade com o espetáculo de um desses lugares em que o homem parece nunca ter pisado; e onde dir-se-ia que a terra não basta para alimentar todos os filhos da floresta, por isto obrigados a lutar entre si, tirando os fracos a subsistência dos mais fortes, ou senão contentando-se com a umidade da atmosfera que os rodeia. Difícil é fazer-se idéia do pitoresco efeito que produz a associação, por vezes extravagante, dos vegetais epífitas; a árvore parasitada não raro desaparece inteiramente sob sua folhagem; às vezes chega a morrer, continuando todavia de pé, sustentada pela rede de cipós que a seguiam, como os mastros do navio são presos pelo cordame; até que enfim, ruindo-se-lhe a base, todo o edifício desaba, nada restando em breve daquele amontoado de seres. Nessa ocasião vi pela primeira vez alguns fetos arborescentes, verdade é que bastante pequenos, os grandes tendo pouco a pouco desaparecido. Derrubei dois, de espécies diferentes, e com tal sensação de prazer, que não mais me admirei de que outros antes de mim se sentissem tentados a praticar a mesma ação.

"Chegando ao cimo do monte, a cena repentinamente mudou; em lugar da bela perspectiva em que tanto me deliciara, vi-me no meio de um espaço vazio, onde apenas, se encontravam, aqui e ali, os restos de algum tronco meio carbonizado: um incêndio tinha acabado de destruir esta parte da mata. Atravessamos apressadamente esta cena de desolação, para irmos gozar do panorama cuja contemplação nos aguardava no pico terminal.

"O imperador D. Pedro I gostava muito de fazer este passeio; diz-se que ele o fazia, a cavalo, todas as manhãs. Conta ainda a história que ele descia a montanha sempre a galope, exercício imprudente que lhe valeu certo dia a fratura de um braço, mas que não o impediu de recomeçar a mesma façanha mal se tinha restabelecido. Havia ele feito construir no pico uma balaustrada de ferro; mais tarde, porém, a roubaram, restando agora apenas quatro ou cinco barras verticais. Outro ponto do *Corcovado* que explorei com indizível satisfação acha-se situado no trajeto do aqueduto descoberto, chamado de *Paineiras*. Ele efetivamente daí parte para buscar, nos flancos de uma outra divisão da montanha, o contingente de várias fontes, terminando num reservatório que recebe os canais tributários, e onde a natureza ostenta tudo quanto pode criar de mais elegante em matéria de ornamentos botânicos. Quantos fetos de recortada folhagem, e quantos licopódios descobri eu nas rochas a pique que dominam a estrada em quase toda extensão! Quantas *Peperomia* de folhas carnudas e quantas gesneriáceas de flores cintilantes! Semelhante à agora descrita; e talvez ainda mais rica, é a localidade a que se chega seguindo o caminho que se separa à direita do aqueduto principal, a pequena distância do segundo par de pirâmides geminadas. Chegando ao reservatório que por assim dizer termina o caminho, meti-me pela mata; acompanhando o curso de um regato que serpeava num leito de pedras distribuídas em tal desordem, que ele era forçado, aqui e acolá, nas anfratuosidades, a cindir-se em pequenas cascatas, ou a deslisar suavemente sobre as convexidades lisas, para estreitar-se logo depois, perdendo-se momentaneamente nos profundos interstícios.

"Sobre a superfície úmida da rocha, pendiam por toda parte as frondes semitranslúcidas das himenofíleas, por entre as quais rastejavam pequenos licopódios de cor verde pálida, capazes de serem tomados por hepáticas, se não se fizesse reparo na delicadeza de sua estrutura. Ao lado desses vegetais tão mimosos, disputando-lhes por vezes a mesma pedra, enganeham-se os caules ásperos das *Dorstenia* de sombria folhagem, ou as folhas lisas das aráceas trepadeiras, cujas longas raízes todavia preferem a casca suberosa dos grossos troncos vizinhos.

"Aqui e acolá, apoiando-se nos ramos de alguma árvore, uma gramínea arborescente projetava-se ousadamente no espaço vazio; atravessando a distância que a separava do suporte semelhante, situado na margem oposta do regato, e balouçando na atmosfera úmida os festões graciosos e longos; depois, como se esse quadro já não fosse bastante sedutor, sobre aquela ponte frágil que a mais leve aragem fazia mover-se, cresciam duas ou três *Billbergia*, que embora se mantivessem a custo em tão estreito sustentáculo, desabrochavam suas lindas corolas escarlates. Não me animei a romper esse harmonioso conjunto. Outras bromeliáceas maiores seguravam-se às reentrâncias mais insignificantes das velhas árvores, enquanto noutros troncos seculares, já sem vida, e caídos às vezes de través entre dois rochedos, medravam os fetos e viçavam as orquídeas, infelizmente destituídas de flores nesta estação. Dos flancos destes rochedos pendiam muitas belas espécies de *Peperomia*, os caules cilíndricos e articulados de uma cactácea do gênero *Rhipsalis* e as longas frondes estreitas de um gracioso *Nephrodium*. Detiveram-me ainda outras inúmeras riquezas, passando eu todo o dia a vagar por entre essas cenas inebriantes.

"Pouco depois da excursão ao Corcovado seguiu-se uma visita à Tijuca; foi feita a cavalo e durou dois dias. Passamos o primeiro numa casinha situada nas montanhas, a pequena distância do mar, e na noite do segundo dia estávamos de volta em Catumbi.

"Só um hábil pincel seria capaz de representar tudo quanto não me cansei de contemplar durante esse passeio. A meia distância entre o Rio e a serra; isto é, a cerca de duas léguas do primeiro, acha-se uma fonte pública de água ferruginosa. Esta água é muito rica em sal e tem um gosto stíptico; em toda parte onde ela pode derramar-se o chão tomou a cor característica de ferrugem.

"Não longe desse lugar, vi com alegria um grande valo cheio das grandes corolas amarelas de *Limnocharis Humboldtii*. O ponto mais elevado da Tijuca tem cerca de 40 metros de altura mais do que o Corcovado, mas o caminho está longe de ser tão praticável; não pensamos em galgá-lo, pois, além do mais, o tempo nos era escasso. Visitamos também várias lavouras desta região, toda ela semeada de bonitas casas de campo; a mais interessante de todas era a de madame Moke, inglesa rica moradora no país já há alguns anos e parenta de um dos professores do nosso Museu, de quem eu trouxe uma carta de recomendação. Espero ter tempo para aproveitar, o convite que ela me fez para passar alguns dias em sua casa, onde o que principalmente se cultiva é o café. Passa esse café por ser o melhor do Brasil; é secado de modo especial e parece que daí em grande parte provêm as suas qualidades. Recebi também convite para permanecer algum tempo na morada da falecida senhora condessa de Roquefeuille,oferecimento que eu gostaria de poder aproveitar, mas para o que receio que me falte o tempo. Nas imediações deste lugar fica um dos sítios mais belos do Rio de Janeiro, o conhecido no país pelo nome de Cascata. É dos quadros mais belos que se possa ver; o lençol de água é bastante largo e se quebra sobre uma mesa de pedra, 25 ou 30 pés abaixo do ponto em que se dá a queda. A vegetação circunjacente concorre para aumentar ainda mais os encantos do espetáculo; chamoume principalmente a atenção a magnífica *Erythrina corallodendron*, cujas flores têm um colorido vermelho escarlate muito vivo, e uma urtiga arborescente, carregada de frutos brancos e globulosos.

"Dizem haver ainda no meio dessas montanhas um outro atrativo para o viajante; é uma casinha, habitada por quatro ou cinco filhas de um santo padre não pertencente mais a este mundo, e que parece ter querido afastar deste último a sua prole o mais possível. Quando por aí passamos, andavam por entre o capim criancinhas semi-nuas, pelo que me perguntei se estas moças teriam se dedicado à educação da infância. Muito perto, um lindo regato murmurava por entre duas rampas rochosas, atapetadas por uma mimosa capilária de folhagem leve e caules lustrosos.

"Alguns dias depois, fiz uma excursão tanto mais interessante quanto me fez travar conhecimento com uma vegetação, que eu não tinha ainda visto em parte alguma, e tão diferente das anteriormente encontradas, que eu quase me acreditaria transportado noutro país. Em verdade nada fere mais a atenção do que o aspecto das restingas, que se podem definir como faixas de terreno chato, compreendidas entre o mar e as montanhas, que descem até elas. As restingas têm de fato uma largura dependente de maior ou menor distância da base da montanha; são muito pouco elevadas acima do nível do mar, o bastante todavia para não serem jamais por ele invadidas. Vezes frequentes, quando têm extensão considerável, apresentam lagoas de água doce ou levemente salgadas, formadas essencialmente pelas águas das montanhas; a estas é que particularmente cabe a denominação citada. A que explorei em primeiro lugar chama-se *Copacabana*, do nome de uma bonita capelinha situada no alto de um cômoro, no meio da planície. O caminho que a ela nos conduz começa à direita da extremidade de *Botafogo*, insinuando-se logo em seguida entre duas montanhas, uma das quais, à esquerda, tem o nome de morro do *Telégrafo*, ou da *Babilônia*. É na saída desse desfiladeiro que se encontram os restos de um antigo forte português, de que ainda se vê um velho pórtico muito bem conservado, bem como a base dos dois bastiões que flanqueavam. Vê-se, ainda hoje, no bastião da esquerda, uma amostra dos canhões que o guarneciam, defendendo com êxito esta parte da costa, se não fossem eles talvez mais fáceis de abordar do que se imagina.

"Passada a fortaleza e após uma rápida descida, achamo-nos nas areias brancas da restinga; é então que a vista desvenda com curiosidade a vasta planície, onde não se ergue uma só árvore, mas apenas alguns grupos de arbustos, espalhados aqui e ali, surgindo da areia como pequenos oásis e compostos de plantas diversas, pertencentes principalmente às famílias das Mirtáceas, Gutíferas e Leguminosas. Entre as da primeira merece referência especial, pela sua elegância, a *Feliciana*, de pétalas carnudas, branco-azuladas, e longos estames vermelho-carmesim; também, pela abundância, a *Pitanga*, com sua folhagem reluzente e lindos frutos vermelhos. O que dá, todavia, fisionomia particular a esse lugar, são os numerosos cactos, cujos ramos espinhosos em cada canto se vêem, alteando-se às vezes a três metros, ou mesmo mais. Alguns sobem retilíneos, ramificando-se a altura variável da base, de modo a formar um maciço quase regular; brotam-lhes, nos ângulos, bonitas flores alvas, ou se não frutos, de vivo colorido vermelho-carmesim e sabor acídulo, muito agradável. Outros, menos robustos, com três a cinco quinas nas hastes e nos ramos, produzem frutos menos suculentos do que os precedentes. Rastejam sobre o chão, erguendo apenas a parte terminal, ou, no caso de encontrarem perto algum arbusto em cômoda situação, apóiam-se nele, acompanhando-lhe o tronco até certa altura; destacam-se, então, para estender os galhos, que pendem sob seu próprio peso, ou se agarram ainda em algum outro sustentáculo. Finalmente, uma última espécie, amiga principalmente das escarpas dos rochedos, possui caule pouco ramificado, com doze ou quinze arestas e entumescida gradualmente desde a base, como uma clava. É ordinariamente, curvada na parte inferior e contornada em espiral; nascem as flores no meio de um longo chumaço de algodão, eriçado de cordas rijas e situado na parte superior de um dos sulcos da haste. Passou-se o dia em colecionar todas essas preciosidades, indo eu passar a noite numa casinha alegremente situada no sopé da montanha. Por infelicidade, porém, não me foi possível gozar, senão em parte, da hospitalidade ali oferecida; algumas dúzias de pulgas vieram pertubar o meu repouso, dir-se-ia que para compensarem, com suas importunações, a ausência completa de mosquitos. No dia seguinte, trepei com unhas e pés num gigantesco e negro rochedo, com que durante a noite eu tinha sonhado, por tê-lo visto na véspera, à semi-obscuridade da tarde. Erguia-se ele a uma altura de trezentos a quatrocentos pés, em direção às vezes vertical. Aí é que conheci a *Vellosia candida*, de caule arborescente e flores quase tão grandes como as do lírio e não menos brancas que elas, encontrando também, pela primeira vez, uma *Barbacemia* de flores negro-purpurinas e folhas lineares. Pude admirar as grandes moitas de *Pitcairnia* e de *Aechmea*, suspensas às anfratuosidades das rochas e prontas a derramarem sobre mim, quando nelas me apoiava para subir, toda a água acumulada na base das folhas. Várias espécies de palmeiras são ainda peculiares a estas restingas; achei duas pertencentes ao gênero *Diplothemium*. A falta de caule aéreo dá a estas plantas configuração muito especial.

"Seguindo a costa durante algum tempo, cheguei ao lugar ocupado pelo Jardim Botânico, que visitei. O nome de jardim botânico é muito mal aplicado, embora o lugar esteja muito bem conservado, graças às somas consideráveis que lhe sacrifica anualmente a nação. Ele não passa de um viveiro, onde as plantas estão distribuídas sem nenhuma classificação. Uma boa parte é reservada ao cultivo do chá, que parece desenvolver-se bem; as folhas são colhidas uma vez por ano e preparadas segundo os processos usados na China. As plantas foram trazidas desse país, juntamente com um certo número de chineses que, ao que dizem, até bem pouco tempo se ocupavam especialmente de sua cultura. Vários outros produtos interessantes prosperam também no estabelecimento em questão. Chamou-me a atenção, antes de tudo, uma magnífica avenida de árvores-do-pão, de que trouxe comigo diversos frutos, com o fito de fazer experiências culinárias; a árvore-da-borracha, o cravo da Índia, e um certo número de palmeiras exóticas, de que consegui algumas amostras. Encontrei-me com o subdiretor das plantações, um bravo inglês que me prometeu arranjar os frutos de uma magnífica espécie de família, vendo que eu os fitava com olhos ávidos, mas sem esperança de alcançá-los, devido à altura. Fiz o propósito de, caso me sobrasse tempo, fazer uma segunda visita a esse jardim.

"Tive de interromper durante algum tempo minhas explorações, para cuidar da secagem das coleções já feitas e começar a arrumação das que se encontravam em bom estado. Mais de uma vez exasperei-me com a incessante umidade que, zombando de todo cuidado, prejudicava o aspecto de minhas plantas, fazendo-as não raro cair aos pedaços. Não poucas vezes também, revistando um pacote guardado desde alguns dias, encontrei ninhos dessas terríveis formigas brancas, muito conhecidas pelo nome de térmitas (1) e a que nada resiste. Para defender desses destruidores hóspedes objetos de valor é uso servirem-se de caixas de folhas-de-flandres, pois só os metais são capazes de tornar vãos os esforços desses insetos.

"Nos fins de agosto, vendo que a partida seria ainda adiada por algum tempo, resolvi empreender uma última e grande herborização, escolhendo certa localidade cuja riqueza me tinha sido muito gabada. Esta localidade onde eu esperava fazer grande coleta, era Maricá. Pude fazer com que o Dr. Ildefonso se decidisse a acompanhar-me, abandonando, com sua habitual generosidade, os seus interesses, para me ser agradável. Na véspera segui para a sua casa, a fim de no dia seguinte estar pronto bem cedo e podermos aproveitar a maré favorável para atravessar a baía. Após havermos almoçado às pressas, partimos. Os cavalos foram embarcados, não sem alguma dificuldade, numa *falua*, espécie de barco de um só mastro, movimentado por quatro remadores e provido atrás de uma coberta, destinada aos viajantes e aos cavalos. Ao cabo de uma hora estávamos em Praia Grande, onde só nos detivemos um instante na casa do Dr. Azambuja, genro do Dr. Ildefonso; depois, através da península em que se acha situada a povoação, volvemos rapidamente à praia, de onde seguimos até o sopé de uma pequena serra, que galgamos sob o sol ardente, para descer e tornar a subir, em busca do litoral oceânico, ou mais propriamente das restingas que o margeiam, e onde já poderíamos começar as nossas investigações. A primeira dessas restingas tem o nome de Piratininga. Entretanto, ia avançando o dia, só nos sendo possível lançar um olhar rápido sobre suas riquezas botânicas. Apesar disso conseguimos arrancar alguns galhos de uma formosa Andrômeda; cujas panículas brancas se viam por toda parte. Não tardou que deixássemos esses areais, à

1) *No Brasil universalmente conhecidas pelo nome vulgar de cupins.* (*N. do Trad.*).

procura de um abrigo para passar a noite; era muito tarde para pensarmos em alcançar Maricá, verdadeiro objetivo da excursão. Nosso doutor não ficou embaraçado durante muito tempo; lembrou-se logo que o ponto habitado mais próximo era Engenho do Mato, distante todavia ainda uma légua. Apressamos então nossas cavalgaduras e a curto prazo chegamos em frente de uma fazenda, destas que existem disseminadas numa grande parte do território brasileiro e onde se encontram alguns dos maiores ricaços do país. O nome do Dr. Ildefonso era um passaporte suficiente, pelo que, embora ele nunca tivesse vindo a essa localidade, o dono da fazenda nos recebeu como a velhos amigos. Pus em ordem a coleta do dia e tive ainda tempo para lançar uma vista d'olhos no primeiro engenho de açúcar que me fora dado conhecer. O proprietário fez-nos as honras da apresentação, explicando-nos o uso de cada peça; mas a máquina era de tal simplicidade que dispensava qualquer explicação. Dois enormes cilindros de ferro, movidos a força de burros, tomavam as canas trazidas pelos negros, espremendo-lhes o suco, que corria diretamente para as caldeiras onde é feita a evaporação. É um engenho de açúcar reduzido à sua mais simples expressão; o vapor ainda não chegou até aqui. Regalei-me com vários copos de caldo de cana, espremido naquela hora.

"Mal raiava o dia e já estávamos a cavalo, rumo à Itocaia, perto de Maricá, isto é, na fazenda mesma em que eu deveria passar a noite seguinte e se destinava a ser o centro de minhas pesquisas. Uma vez lá, esperava-me espetáculo de outro gênero. Penetrando na casa, onde, entre parênteses, um francês nosso conhecido estava encarregado da compra de nossos burros, e, por infelicidade também de nossas cangalhas, vi-me de repente no meio de um bando de negrinhos de todos os matizes, mais ou menos nus, que saltavam e cabriolavam nos corredores, quais camundongos numa gaiola. Eram os filhos dos escravos da fazenda, cuja multiplicação o bom diretor se comprazia em favorecer, dispensando-lhes até olhares paternais. Era o único de sua cor no meio de quatrocentos negros que ele governava despoticamente, zelando-os ao mesmo tempo como filhos. Os negros eram utilizados tanto nas plantações como nas fábricas de açúcar, de aguardente, ou de louça de barro, pertencentes ao estabelecimento. Tudo isso proporcionava ao marquês de Praia Grande, seu proprietário, uma renda anual de cinqüenta mil francos.

"Ser-me-ia difícil dizer o prazer que experimentei visitando a magnífica restinga vizinha de Itocaia, chamada Taipu. Essa localidade é de imenso interesse para o botânico. Quase toda a vegetação era, como eu esperava, nova para mim, pelo que tentei de fazer nela uma grande coleção. O terreno que a forma é parte pantanoso ou turfoso e parte arenoso; condição das mais favoráveis à variedade das espécies. Eu não me cansava de colher os belos ramos com flores escarlates das *Gaylussacia*, entre as quais cresciam as encantadoras e pequenas *Cassias*, de galhos caídos sobre a areia e enfeitados de flores amarelas; dos *Eriocaulon*, das *Utricularia*, cujas corolas pareciam suspensas por fios invisíveis e doiravam ao longe a restinga; enfim, dessas brilhantes *Melastomáceas*, cuja presença se nota por entre os mais densos matagais. Travei conhecimento com a árvore que fornece a resina chamada elemi, e com uma das numerosas ipecacuanhas fornecidas pelo Brasil. Ia alto o dia, sem que me fosse possível encontrar o negro encarregado de levar-me algumas provisões de boca. Tive, assim, de voltar à fazenda para matar a fome. Depois de apertar nas prensas os espécimes trazidos da minha excursão, deitei-me na hospitaleira esteira, que é no Brasil quase que o único colchão conhecido. No dia seguinte retomei a marcha para a grande cidade, atravessando uma soberba mata virgem que eu já havia visto dias antes e onde para logo decidi pôr os pés, com intenções hostis. Grande parte do dia despendi trabalhando nesse rico lugar, de modo que, quando pensei em voltar, verifiquei com pesar a impossibilidade de chegar ao Rio no mesmo dia. Seria inútil apressar os passos, até porque era-me forçoso acompanhar a marcha dos dois escravos que me seguiam, trazendo as coleções. Se, por um lado, perdi com essa demora, lucrei pelo outro; porque, ao passar pelo ponto em que, através de estreito canal, uma parte da baía penetra por entre as montanhas, para formar o chamado *Saco de Jurujuba*, vi-me subitamente diante de um espetáculo admirável, diante do qual esmaeceram todas as cenas até então presentes à minha imaginação. Meus olhos fascinados não sabiam como desviar-se da magia desse quadro. Como o firmamento houvesse escurecido após o pôr-do-sol, uma bruma tênue velava o contorno das montanhas; a superfície cinzenta e baça das águas que rolavam a seus pés harmonizava-se com ela de modo tão perfeito, as formas brancacentas e laceradas dos rochedos emersos de tal modo se destacavam sobre o fundo escuro do céu, que eu quase me julgaria transportado entre os gelos do pólo, se não fosse o ruído que fazia de quando em quando a haste suculenta de alguma planta tropical, triturada pelos dentes de meu cavalo impassível. Ia afastar-me, quando a cena repentinamente mudou; a montanha que ficava à minha frente pareceu escurecer um pouco, como se uma nuvem descesse sobre ela; pouco depois, no meio dessa mancha escura brilhou um clarão vermelho, que se fez cada vez mais vivo, estendendo-se também rapidamente. Dentro em pouco vasto incêndio envolveu toda a montanha, iluminando as sombras da noite e projetando ao longe, na superfície lisa da baía, longas esteiras de luz. Assisti à destruição de uma dessas florestas sem igual, que um dia, talvez bem distante, os filhos da terra chorarão com amargura.

"Quedando-me estático diante desse espetáculo não reparei que grossas gotas d'água haviam começado a cair, prenúncio de uma tempestade prestes a acrescentar-se ainda à majestade do quadro. Não esperei por esse novo ato; enrolei-me no meu poncho e, tão depressa quanto me permitiam as desigualdades do solo, rumei para a aldeia de Praia Grande, onde fui encontrar os dois negros que haviam tomado a dianteira. Como seria perigoso atravessar a baía com o tempo que fazia, decidi-me a passar a noite nesse lugar, pedindo hospitalidade ao Dr. Azambuja. No dia seguinte, sem contratempo, cheguei ao nosso palácio da Glória".

CAPÍTULO III

PERMANÊNCIA NO RIO DE JANEIRO. - ZOOLOGIA. - GEOLOGIA. - ESTABELECIMENTOS PÚBLICOS. - CONDIÇÃO MORAL DOS HABITANTES. - AGRICULTURA.

Se o mundo vegetal oferecia ao coleccionador resultados abundantes, já o mesmo não acontecia com o reino animal; a população numerosa que se adensa nos arredores do Rio de Janeiro já extinguiu quase inteiramente os mamíferos; alguns morcegos e dois ou três roedores foram os únicos representantes daquela classe que pudemos colecionar. As aves de plumagem vistosa, como os próprios papagaios, tornaram-se hoje muito raros nas vizinhanças imediatas da cidade. As espécies que conseguimos foram, principalmente: o *manaquim papudo* e o *militar*, o *tangará bispo*, a *procne tersina*, a *subideira pit-pit*, a *eufônia* de ventre castanho, diversas espécies de papa-moscas, bicos-grossudos, troglodites, lânios, cassicos, pica-paus, tiranos, etc. Uma excursão a Maricá deu-nos algumas rolinhas, uma ou duas cotingas, um pica-pau de barriga branca, a eufônia tietê, o ranfócelo de bico prateado, diversos cucos, pegas e papa-moscas, um maçarico, um pardaloto, etc. Obtivemos também beija-flores das espécies chamadas de Temminck, glaucops, rubi pequeno etc. Todas estas aves, aliás, são muito comuns nas coleções. Estudamos os parasitas de algumas dentre elas. A procelária do Cabo, que havíamos capturado logo ao entrar na baía, continha três, de espécies bem diferentes. As visitas diárias ao mercado valeram-nos numerosas coleções de peixes, cujas espécies fizemos desenhar todas, reproduzindo tanto quanto possível as cores naturais. Achamos também polvos e lulas, considerados aqui alimentos delicados. Entre os répteis, conseguimos numerosas espécies do genero das rãs, quase todas notáveis pela beleza do colorido. Uma tem o dorso cheio de grandes tubérculos; é verde no lado de baixo e azul nos flancos, onde existem manchas pretas, rodeadas de um círculo branco; as patas apresentam faixas escuras. Outra é verde claro, com a barriga branca e a garganta amarela, pontilhada de pardo; no dorso dois riscos pretos, longitudinais. Uma terceira é igualmente verde-claro, com os flancos ornados de máculas de cor amarela brilhante; o ventre é de cor branca desmaiada e as patas longas, marchetadas de amarelo. Uma quarta é branca, com nódoas alongadas e escuras nos flancos e no lado de baixo das coxas; estas manchas são rodeadas de um círculo amarelo. Uma quinta tem a forma atarracada e entumescida; é branca, mas coberta de riscas vermiculares escuras; os olhos e as palmas das patas são azuis. Uma sexta faz-se notar pelo grande tamanho; tem colorido verde-claro, com o ventre, os lados e a parte inferior das coxas amarelos, bem como a palma das patas. A sétima é bastante curiosa: é amarela, com o corpo marmorizado de preto; abaixo de cada pálpebra, um chifre pontudo; em baixo o corpo é branco, com riscas vermelhas na face inferior dos braços; a parte traseira do ventre, a inferior das coxas e os dedos internos de todas as patas são de um belo vermelho carmesim. Finalmente, uma outra espécie é verde, pontilhada de pardo, com a cabeça e a barriga avermelhadas; a parte posterior das coxas, os joelhos e os quatro dedos internos de todas as patas vermelhos. Todas estas rãs são encontradas nas árvores e fazem ouvir à noite as vozes mais discordantes. Répteis venenosos são muito raros nos arredores do Rio. Apesar disso, encontramo-nos com um pobre negro que era levado para o hospital, por ter sido mordido por uma cascavel.

Fizemos estudo particular de alguns dos insetos nocivos do país, tais como o *Bruchus* que destrói o milho, o *Pissodes*, que tantos danos ocasiona às figueiras e cuja larva, não só lhes destrói os frutos, como ainda a própria substância interna dos galhos.

As buscas realizadas entre os rochedos que ficam diante da Glória deram-nos várias espécies de crustáceos, de esponjas e de ascídios, uma aplísia e cerca de trinta espécies de anelideos, que desenhamos, após havê-los examinado ao microscópio. Eram raros os insetos brilhantes; só as borboletas nos deram espécies notáveis, tanto pelo tamanho como pela beleza das cores. Fizemos a anatomia dos seguintes coleópteros: *Buprestis gigas, Entimus imperialis, Passalus interruptos, Tenebrio gigos, Areodes Leachii, Elater sulcatus, Phanaeus splendidus, Phanaeus maculicollis e Canthon histrio*, bem como de diversas espécies de *Trigonostoma, Helops, Erotylus, Cratosomus*, etc. Coletamos, finalmente, um certo número de aracnídeos, com especialidade falsos escorpiões, cujas espécies nos trópicos são extremamente variadas. No que toca à geologia, pouco interesse oferecem os arredores do Rio de Janeiro; por toda parte a formação é granítica; a baía parece ser o fundo de uma cratera de sublevação; as cadeias formadas pelas montanhas da região parecem, na verdade, irradiar de um centro comum. Já vimos que o granito é utilizado na construção dos edifícios; uma parte da cal vem da Europa e outra é produzida por meio da calcinação das conchas calcárias. Também o Corcovado é formado de granito; no pico terminal, que é nu, a rocha se acha algo destruída pela ação do ar.

Aproveitamos as noites deixadas livres pelos trabalhos científicos, para retribuir as numerosas visitas que nos haviam sido feitas. Assim que chegamos, fomos recebidos, com a maior amabilidade, pelo corpo diplomático estrangeiro. Citarei particularmente entre seus membros, o internúncio Sr. Campodenico, os Srs. Hamilton, o Conde de Martins, o Cavaleiro de Rincon e o Sr. Hunter, os Ministros da Inglaterra, da Sardenha, da Espanha e dos Estados Unidos; os Srs. Vasconcelos, de Jaëgher, de Hable; o Comendador Merella, os Encarregados dos Negócios de Portugal, da Bélgica, da Rússia e de Nápoles. Os Srs. Carneiro Leão e Paulino de Sousa, Ministros dos Negócios Estrangeiros e da Justiça, dispensaram-nos a acolhida mais favorável, oferecendo-nos as maiores facilidades possíveis para a execução de nossa viagem. Entre os brasileiros que mais se interessaram por nós, mencionarei apenas o Sr. Lopes Gama, Conselheiro de Estado, o Visconde de Abrantes, hábil diplomata e bastante conhecedor da Europa, e o Senador Vasconcelos, geralmente considerado o primeiro estadista do Brasil. Deste conta-se que, sendo presidente da província de Minas Gerais, houve aí uma violenta revolta, na qual o povo investiu com fúria até as portas do palácio. Vasconcelos se achava absorvido em trabalhos importantes quando o ruído confuso de gritos chegou aos seus ouvidos; mandou seu ajudante de ordens verificar a causa dessa anormalidade; este, ao voltar, comunica-lhe muito alarmado: "O povo exige a cabeça de Vossa Excelência!" "Ah!", responde o presidente, sem interromper a leitura, "ide perguntar-lhe se não poderá contentar-se com a vossa". Não posso esquecer também o Sr. Alaíde de Moncorvo, diretor do Ministério dos "Negócios Estrangeiros"; o Sr. Visconde de São Leopoldo e o Cônego Januário da Cunha Barbosa. Este último passa por ser um dos homens mais instruídos do Brasil; eu lhe tinha sido recomendado pelo Sr. Visconde de Santarém, que em Paris representa tão condignamente os homens da ciência de Portugal. Sob os auspícios deste sábio eclesiástico é que fui recebido, com a mais significativa benevolência, pelo Instituto Histórico e Geográfico, que houve por bem admitir-me entre seus membros.

Esta sociedade já tem prestado relevantes serviços à história do Brasil, por meio de suas interessantes publicações e continua a desenvolver os maiores esforços para difundir o gosto pelas ciências nesse vasto país.

Já dissemos que o governo imperial nos concedera a mais plena proteção. Não se limitou a nos conferir uma portaria imperial, espécie de passaporte hoje concedido somente em raras ocasiões; mas ainda expediu ordens antecipadas para todos os pontos em que deveríamos passar. Todos os estabelecimentos do Rio abriram-se às nossas pesquisas, e foram postos à nossa disposição todos os seus documentos. Assim é que nos foi permitido tirar cópias das cartas guardadas no depósito do Ministério da Guerra, na biblioteca do Imperador e na do Instituto. Em resumo, por toda parte fomos alvo dos sentimentos mais solícitos. Fomos apresentados ao Imperador, no palácio da cidade, pelo Sr. de Saint-Georges, sendo logo convidados para um baile em São Cristóvão. Se, por um lado, sempre nos sentimos sensibilizados pelas benévolas atenções a nós sempre dispensadas pelo Imperador, não menos maravilhados ficamos à vista do esplendor de sua corte.

O 3 de setembro de 1843 é uma data memorável para a corte do Rio de Janeiro: naquele dia Sua Majestade D. Pedro II desposou uma princesa napolitana. Desde o raiar do dia, todas as ruas em que devia passar o cortejo achavam-se enfeitadas de cortinas, de bandeiras e de guirlandas, feitas de rosas e folhas de mangueira; no cais via-se um pavilhão muito elegante, tendo em cada lado um vasto anfiteatro cheio de mulheres em trajes festivos. O cortejo era numeroso, tudo demonstrando a alegria e a estima que têm os brasileiros pelo seu soberano. Da capela imperial, pôde a comissão científica apreciar comodamente os esplendores da festa. Muitos outros festejos celebraram-se nos dias seguintes, tanto na corte, como nas casas particulares.

Assistíamos também, com regularidade, aos bailes do Catete e dos Estrangeiros realizados todas as noites. Se bem que as mulheres brasileiras não se destaquem geralmente pela beleza, vimos todavia algumas bem bonitas.

Visitamos o Museu de História Natural, pequeno estabelecimento situado no Campo de Sant'Ana, fundado por D. João VI. Num país em que o reino animal foi tão ricamente dotado pela natureza, não é sem espanto que se vê uma representação tão mesquinha dos seres daquele grupo; haverá na coleção, quando muito, apenas um quarto dos animais do Brasil. Desperta interesse a sala consagrada às armas e aos ornamentos dos índios; mas a parte completa é, sem nenhuma dúvida, a referente ao reino mineral. Consiste principalmente na coleção que pertenceu ao célebre Werner, comprada na Alemanha e depois acrescida de séries interessantes de minerais do Brasil. A coleção de diamantes cristalizados é muito completa e apresenta formas notáveis. As numerosas séries geológicas dos terrenos, auríferos e diamantíferos, são igualmente dignas de acurado estudo. Dirige esta parte do estabelecimento um sábio monge, frei Custódio. Há no Rio várias bibliotecas públicas; a do Imperador é considerável e perfeitamente cuidada.

O Dr. Weddell fez estudo particular dos hospitais do Rio. Vamos dar-lhe, a palavra sobre o assunto: "O Rio de Janeiro possui diversos estabelecimentos desse gênero; mas, apenas um apresenta real importância, a Santa Casa de Misericórdia. Os outros, em número de três, dependem das confrarias semi-religiosas de Santo Antônio, de São Francisco de Paula e do Carmo. Possuem, cada um, de quinze a trinta leitos, não sendo admitido senão os membros da confraria a que pertencem. Ao visitar o primeiro desses estabelecimentos, aproveitei a vizinhança do convento do mesmo nome, para ver-lhe a parte acessível aos visitantes. A capela pareceu-me uma das coisas mais belas que jamais vira; é revestida interiormente de esculturas soberbas e dourada em todas as suas partes. Os ornamentos do altar-mor têm, segundo dizem, imenso valor, o que se explica pelas rendas enormes auferidas pela ordem, que é, de muito, a mais importante do Brasil. Atraíram-me também, pela sua disposição particular, a atenção, as catacumbas do convento; são grandes salas ou galerias, em cujas paredes estão cavadas grandes células, fechadas por uma lápide numerada e com capacidade para um esquife. Do terraço do convento, que é o ponto mais elevado da cidade, descortina-se um panorama soberbo.

"O estabelecimento da Misericórdia não é constituído por um estabelecimento único; afora a sede principal, compreende vários pequenos hospitais secundários, disseminados em diversos pontos da capital e destinados ao tratamento de afecções particulares, seja porque se tenha querido isolar certa categoria de doentes, seja em obediência a determinados requisitos de higiene. O edifício principal fica à esquina, de um largo bastante arejado, situado a sudoeste da cidade; seu aspecto é sombrio e de aparência pouco agradável. O número de doentes hospitalizados é de trezentos, dos quais duzentos homens e cem mulheres. Projeta-se aumentá-lo consideravelmente; não só já foi traçada a planta da nova construção, como até já se iniciaram os seus trabalhos; ao deixar o Rio, porém, verificamos, com pesar, que estes haviam sido suspensos. Visitei-lhe sucessivamente todas as salas, mas não foi das melhores a impressão que me deram; há grande falta de asseio, ao mesmo tempo que a luz, tão abundante no país, é sobremodo escassa. Foi prazer observar que não se fazia nenhuma diferença entre pretos e brancos; nesse asilo todos são iguais. Os leitos são baixos, de ferro ou de madeira, e guarnecidos de um só colchão, de palha de milho; somente nos casos em que o exija a natureza da moléstia, são aqueles substituídos por colchões de lã ou de crina; cortinados não os há em leito algum. As doenças cirúrgicas e as médicas são tratadas em enfermarias separadas, realizando-se nelas, todas as manhãs, os cursos de clínica, que são os únicos existentes no Rio. Houve o cuidado de separar os variolosos em sala a parte, ao passo que os tísicos ocupam pavilhão separado, no alto da colina que domina o local do edifício novo. Os outros hospitais especiais dependentes da Santa Casa de Misericórdia são o dos lázaros e o dos loucos. O primeiro está situado em São Cristóvão, numa colina exposta à brisa marítima; destina-se ao tratamento dos infelizes acometidos da doença conhecida pelo nome de lepra ou mal de São Lázaro; contém cerca de sessenta leitos, a metade dos quais ocupada por mulheres. As salas são pequenas, muito juntas e não menos desasseadas. O hospício dos loucos compreende dois pavilhões, colocados em agradável posição, na Praia Vermelha; um é ocupado por mulheres e o outro por homens. Conterão, ao todo, umas oitenta pessoas, na sua maioria de cor preta.

"Para o mesmo gênero de moléstias, está atualmente em construção, no mesmo local, um hospital muito maior; deverá ter capacidade para cem doentes.

"Não há no Rio nenhum hospital que se destine especialmente às parturientes.

"As doenças observáveis no Rio são de modo geral as mesmas que encontramos nas grandes cidades da Europa; bem poucas afetam fisionomia particular, podendo dizer-se que o número das moléstias endêmicas, diminui à medida que a cidade se saneia mediante medidas higiênicas. Esse fato vem sendo observado principalmente depois da vinda da família real para o Brasil, época em que o solo foi expurgado de inúmeras fontes de impureza, causadoras de doença. Daí para cá, e graças ao trabalho de desbravamento a constituição atmosférica se modificou, não mais se ouvindo, senão entre largos intervalos, as tempestades que desabavam sobre a cidade todas as tardes. Há, não obstante, um certo número de moléstias peculiares ao país; é de crer que haverão sempre de predominar, muito embora se possa ter a esperança de diminuir-lhes a freqüência. Entre estas deve ser citado em primeira linha o *mal de São Lázaro*, hoje mais exatamente conhecido sob o nome de *Elephantiasis Graecorum*, doença que se tinha tornado tão freqüente na Europa pela época das Cruzadas, a ponto de fundar-se uma ordem especial de cavalaria, para o tratamento dos enfermos dela atacados. A verdadeira lepra era aliás confundida então com um sem número de doenças cutâneas (1). Hoje essa doença é muito pouco espalhada na Europa, achando-se, por assim dizer, confinada aos países quentes e vizinhos dos trópicos; mas em parte alguma ela será observada com mais freqüência do que no Brasil. A natureza contagiosa que geralmente se lhe atribui, razão de se isolarem os doentes dela atacados, está longe de ser suficientemente demonstrada; parece todavia confirmado ser ela hereditária. Mas, no que diz respeito à impo-

(1) A lepra, também chamada morféia, é doença ocasionada por uma bactéria específica, conhecida comumente pelo nome de bacilo de Hansen e de caracteres muito aproximados das do bacilo de Koch, causador da tuberculose. (N. do Trad.).

tência, que geralmente se supõe acompanhá-la, essa manifestação é muito menos comum do que se tem dito. Podem ser atacados pela moléstia indivíduos de todas as cores e temperamentos; mas os de temperamento linfático, cuja constituição já é de si viciada, parecem particularmente predispostos. Os grandes calores parecem ser uma das causas determinantes de sua aparição; mas a qualidade dos alimentos parece atuar ainda mais fortemente; acreditando-se que a carne de porco tenha influência favorável sobre o seu desenvolvimento. A observação tem provado que os lázaros são muito mais frequentes nas províncias em que os porcos são alimentados com pinhão, que é o fruto da *Araucaria brasiliensis*, também ingerido pelos habitantes. O sítio principal das manifestações da doença é a face; mas se instala também noutras regiões, tais como as mãos e os pés. O aspecto do lázaro é repelente; basta ter visto um só deles para que não mais nos enganemos. O rosto parece alargado e a cor macilenta; os supercílios adquirem saliência extraordinária; as asas do nariz, os lábios e as orelhas se tornam notavelmente grossos, revestindo-se de tubérculos proeminentes, de cor lívida, muitas vezes, farinosos ora luzentes; as bochechas apresentam também grandes placas salientes e rugosas que acabam por ulcerar-se, tornando-se presa de uma gangrena lenta, cuja ação pouco a pouco corrói todas as partes atingidas, fazendo-as cair sucessivamente e ocasionando horríveis deformações. Curioso fenômeno que se observa no curso da moléstia, ou mesmo antes de se tornar ela completamente declarada é, segundo me disseram, a perda da sensibilidade da pele do antebraço, sem nenhuma lesão, da *miotilidade*. Essa insensibilidade é principalmente notável na região cubital, chegando a estender-se à face interna da mão; é ela de tal ordem que a aplicação de um ferro em brasa não desperta a atenção do paciente. Só a eletricidade parece ter alguma influência sobre o fluido nervoso, mas ainda assim, faz-se mister excitar um ponto circunscrito por meio de longa série de centelhas. Chegando em certa fase, todos os recursos terapêuticos são impotentes contra essa fatal enfermidade; é até de duvidar-se que a arte médica possua meios de combatê-la, ainda quando atacada no começo. Preconizaram-se contra ela numerosos tratamentos. Os mais racionais são, sem dúvida, os que, mediante emprego adequado dos recursos higiênicos, removem as causas perturbadoras até então atuantes, substituindo-as por circunstâncias diferentes.

"Assim é que a morada em lugar fresco parece preferível à exposição ao calor e à umidade, e que se deve substituir a alimentação usada por outro regime, com base em alimentos diferentes. Os antiflogísticos parecem produzir alguns benefícios no início da moléstia, ao mesmo tempo que alguns médicos dizem ter obtido vantagens com o emprego de mercuriais; neste caso, todavia, é de duvidar que se trate verdadeiramente de *elephantiasis*.

"A *Elephantiasis dos Árabes*, moléstia caracterizada por um espessamento extraordinário da pele das partes inferiores do corpo, encontra-se também com frequência no Rio de Janeiro, especialmente entre os brancos; mas nenhuma doença talvez se encontre com mais frequência do que a hidrocele, comum particularmente na população negra. A aparição súbita desta doença, em indivíduos sadios quanto ao mais, deve atribuir-se, talvez às fadigas que suportam esses desgraçados, aliadas ao calor e ao uso imoderado das bebidas fortes (1).

"A erisipela, especialmente dos membros inferiores era outrora muito frequente no Rio de Janeiro, onde pode dizer-se que era endêmica; tornou-se, todavia, muito mais rara, depois do saneamento da cidade.

"Outra doença, bastante comum no Rio, mas ainda assim, muito menos do que em outras províncias, como Pernambuco, Pará, etc., é o tétano traumático; moléstia fatal na generalidade dos casos, é observada quase exclusivamente entre os negros. A aguardente em altas doses, até o ponto de produzir a embriaguez, é empregada utilmente no tratamento desta afecção, e parece preferível ao ópio, que indicam os médicos europeus.

"As febres intermitentes existem no Rio sob todas as formas, mas raramente assumem o carater pernicioso que as assinala em alguns pontos da província, vizinhos muitas vezes da própria capital.

"Cumpre finalmente acrescentar a essa lista a hidropisia ou ascite, cuja frequência é todavia maior em alguns outros pontos do Império; esta é a afecção a que sucumbe a maior parte dos negros mortos de doença. É ela quase sempre essencial e desaparece com o uso dos diuréticos; às vezes, porém, é sintomática e incurável".

Acabamos de percorrer rapidamente a cidade do Rio e seus arredores; restanos dizer alguma coisa com respeito aos habitantes. Quando, da Europa, se chega pela primeira vez aos trópicos, fere-nos particularmente a atenção a variedade de coloração apresentada pelo revestimento cutâneo das pessoas que vemos em volta de nós. O Brasil, mais do que qualquer outro país, acha-se nesse caso; desde o primeiro momento ver-vos-eis cercados por pessoas de todos os matizes, desde o negro mais retinto, ao amarelo cor de cobre. Encontrareis representadas aqui umas cinqüenta tribos da África, reconhecíveis pelas diferenças apresentadas pelos sulcos que lhes tatuam o corpo, e também pela maneira com que foram limados os dentes. Vêem-se ali marinheiros malaios e chineses; acolá índios da Polinésia, pertencentes à equipagem de alguns baleeiros. Quanto aos brancos, procedem eles de todas as nações do mundo, nossos ouvidos sendo a cada momento impressionados por sotaques diferentes. O que menos encontrareis são os primitivos donos da terra; representados apenas por alguns mestiços, vindos como tropeiros, das províncias de São Paulo ou Minas. Os chamados propriamente brasileiros têm a aparência dos portugueses, seus ascendentes. São, aliás, geralmente pequenos, de tez morena e pouco vigorosos; seus traços são regulares e a inteligência bastante viva. Há, na maioria deles, mescla de sangue de cor, podendo dizer-se que em muitas localidades do interior toda a população é de negros ou mulatos. Não existe aqui qualquer preconceito de cor, vendo-se muitas vezes, na mesma família, crianças das cores mais discordantes.

É sempre difícil nos pronunciarmos sobre o caráter social de um povo, mor-

(1) A elefantíase é uma das formas mais comuns da filariose, moléstia ocasionada pela presença nos troncos linfáticos de nematódeos pertencentes ao gênero ***Filaria****, senão exclusivamente pela* ***Filaria bancrofti****. (N. do Trad.).*

mente em se tratando de uma nação que durante muitos anos nos acolheu da forma mais hospitaleira. Entretanto, é dever do viajante comunicar imparcialmente ao público suas impressões. Como todo povo jovem, são os brasileiros de uma extrema sensibilidade; mas a sua característica principal está numa bondade exagerada e mole, que degenera em verdadeiro vício. Havendo um atentado, todas as simpatias se voltam para o criminoso, que todos se empenham em poupar ao merecido castigo. E o crime se propaga à sombra desta impunidade. Entretanto, devo dizê-lo com toda franqueza, em qualquer outro país que estivesse sujeito a condições semelhantes, os atentados seriam mais freqüentes. O assassínio para roubar é quase, desconhecido no país; mas o homicídio por vingança é assaz comum em muitos lugares. O roubo propriamente dito chega a ser raro; mas a trapaça campeia sob todas as formas. O homem a quem poderíamos confiar sem risco uma fortuna não raramente nos procura surripiar alguns níqueis. A embriaguez é quase desconhecida no Brasil, mas o hábito de mentir é singularmente generalizado em certas classes, a ponto de podermos duvidar de que falem a verdade alguma vez. A hospitalidade é geral no interior, onde o viajante em quase toda parte é recebido com benevolência. O brasileiro não tem, nem de longe, a maldade que muitas vezes na Europa lhe atribuem; é, pelo contrário, sem nenhuma dúvida, o mais indulgente dos senhores de escravos. Não obstante, sei que os senhores, levados pela cólera ou pelo ciúme, infligem, às vezes, aos escravos castigos tenebrosos; mas também estou certo de que, se houvesse uma lei estabelecendo que o escravo só poderia ser castigado vinte e quatro horas depois da falta cometida, ele escaparia quase sempre à punição, ficando por assim dizer abolidos os castigos corporais. Criado entre escravos da mesma idade, o pequeno brasileiro cresce ao lado deles e permanece sempre na sua convivência. Os negros encarregados do serviço doméstico são muitas vezes melhor tratados do que os criados nas melhores casas da Europa. Na lavoura a sua condição é mais penosa; mas o trabalho a que estão obrigados é bastante moderado. De qualquer maneira é sempre muito menos duro do que o que se lhes exige nas colônias francesas e apenas igual à metade da tarefa imposta aos seus irmãos, nos Estados Unidos. De resto, no Brasil, só a benignidade dos costumes protege eficazmente os escravos, porque são letra morta as leis criadas em seu benefício.

O grande calor do clima, a desocupação, a falta de estudos e a praga da escravidão têm exercido a mais nefasta influência nos costumes do país; o próprio clero, longe de seguir o modelo elogiável do da Europa, não raro é o primeiro a dar o exemplo de deboche e desordem. Antes de deixar o Rio de Janeiro, dizia-me um dos chefes da Igreja, sem dúvida com algum exagero: Temos aqui um clero, padres porém não os há. Em todo caso esse clero, em que se contam honrosas exceções, tem pelo menos uma virtude, a da tolerância, que é maior do que em qualquer parte.

A extrema indolência da nação é um pouco disfarçada no Rio de Janeiro pela agitação de uma grande cidade em que o governo concentra todos os seus serviços; mas ela aparece a nu nas localidades do interior e até em muitas cidades da costa. Em tais lugares o vendeiro só por favor nos atenderá; o próprio dinheiro, não raro, se mostrará inútil, visto como, aos olhos dos habitantes, não paga a pena ganhá-lo com um pouco de sacrifício. Só o caráter prestimoso da gente nos poderá fazer conseguir o objeto de que precisamos. No Brasil, tudo vive cercado de dificuldades, e a coisa mais simples muitas vezes aparece como impossível. Quanto ao tempo, ele não tem nenhum valor; vê o europeu sua paciência sujeita às mais duras provas, até que, desanimado de lutar, acaba por se tornar tão impassível quanto os filhos da terra. Uma das causas que mais concorrem para atrasar a civilização dos brasileiros é a falta de educação entre as mulheres, e a maneira pela qual são elas excluídas de toda sociedade. Assim, segregado do convívio com as mulheres honestas, os jovens brasileiros inclinam-se muito freqüentemente ao vício do jogo. Seja a timidez natural das mulheres, seja o ciúme da parte dos maridos e dos irmãos, a verdade é que, muito raro é verem-se brasileiras na rua, e quase impossível entreter relações de sociedade com elas. Sei que no Rio os costumes se modificam dia a dia, sob este ponto de vista; mas estou escrevendo depois de ter residido no interior durante quatro anos.

O traço mais sombrio do caráter dos brasileiros é, sem contestação, o inveterado ódio que votam aos estrangeiros que se estabelecem no país, trazendo consigo a indústria e a atividade que a este faltam completamente. Os portugueses principalmente são execrados pelos filhos, por isso que, menos indolentes, sabem reunir em pouco tempo algum capital, à custa do trabalho. Por motivo semelhante é que na província de Minas as grandes companhias inglesas são muito impopulares, sob o fundamento de que elas arrancam o ouro oculto nas profundezas da terra. Deveriam, entretanto, os brasileiros compreender os grandes benefícios que devem aos volumosos capitais que elas derramam, em troca de um metal que os filhos do país seriam inteiramente incapazes de tirar por si.

O governo faz tudo quanto está ao seu alcance para realizar progressos reais, podendo dizer-se que, sob muitos pontos de vista, ele marcha muito à frente da população.

O sentimento de vaidade é muito pronunciado entre os brasileiros; não sendo hereditários, são raros entre eles os títulos nobiliárquicos; mas as patentes militares são distribuídas em profusão, como também as ordens da cavalaria.

No interior todos os brancos são, pelo menos, capitães de milícia, e todo lavrador aspira à placa de comendador.

Atravessando o oceano, todos os portugueses chegaram às colonias em categoria imediatamente superior à que possuíam na mãe-pátria; assim, o que gozasse legalmente em sua pátria do título de senhoria, toma ao chegar o título de excelência; quem tivesse o de vossa mercê adquire o de senhoria; o que de todo o mundo recebesse o tratamento de tu, passa a vossa mercê, de modo que o tutear-se desapareceu definitivamente.

Usam-se incessantemente os títulos mais faustosos; em certas cidades decoram-se do título de excelência todas as mulheres brancas, até as dos simples negociantes. A apelação redundante de ilustríssimo senhor é impressa de antemão à testa de todas as circulares; se vosso sapateiro não for um escravo do Congo, aconselho-vos a não declarar no endereço sua profissão, porque ele haveria de vingar-se em vossos pés do insulto que julgaria ter recebido. Em uma palavra, o título de senhoria se estende a todo o mundo, a não ser nas relações oficiais das autoridades.

Em sua vida íntima são os brasileiros de extrema frugalidade, o pão sendo considerado objeto de luxo na maioria das famílias e sendo substituído pela farinha de mandioca ou de milho, que, com um pouco de peixe, feijão e alguns frutos, formam a nutrição habitual.

Para o que concerne à população do Rio, não pude obter mais do que os seguintes informes positivos:

Em 1842 foram batizadas 5.692 pessoas, das quais 3.148 livres e 2.544 escravas; entre as primeiras havia 1.609 do sexo masculino e 1.559 do sexo feminino; entre os escravos, 1.385 eram homens e 1.219 mulheres.

Faleceram no mesmo ano 7.274 pessoas, das quais 3.993 livres (2.362 do sexo masculino e 1.631 do feminino) e 3.301 escravos, dos quais 1.993 homens e 1.308 mulheres; houve durante esse tempo 681 casamentos, dos quais apenas 72 entre os cativos.

No relatório do presidente da província para 1840, encontro as seguintes informações:

	Habitantes
População da província de acordo com os dados oficiais	407.212
Estimativa referente às partes de que não há dados positivos	25.000
População da cidade do Rio (compreendidas todas as paróquias do recinto da Cidade)	97.162
As oito paróquias exteriores ao recinto, mas pertencentes à municipalidade	39.916
	569.290

Calculando a população da capital do Brasil em 137.078 habitantes, parece-me ficar muito abaixo da verdade.

O número dos crimes cometidos durante o ano foi de 279, tomando neles parte 392 pessoas. Contavam-se nesse número 315 brasileiros e 77 estrangeiros, repartidos como se segue: 196 brancos, 5 de sangue indígena, 80 de cor e 111 pretos; 340 livres, 25 libertos e 27 escravos. Deste total; apenas 110 sabiam ler e 35 tinham recebido alguma instrução.

Em 1844 o governo avaliava a população da província do Rio de Janeiro em cerca de 450.000 almas, mais da metade das quais escrava. Na raça branca observa-se que o número de homens se sobrepuja ao das mulheres, o contrário acontecendo com referência aos índios, aos mulatos e aos negros e crioulos. Apesar da grande população européia que se aglomera da província do Rio de Janeiro, nela ainda se conta um certo número de índios. No município de Niterói contam estes com oitenta famílias ou fogos, afora 106 indivíduos estabelecidos no morro de São Lourenço; supõe-se que sejam restos de uma tribo de Tupiniquins, que ocupava, a região no momento da chegada dos portugueses. No de Cabo Frio, a antiga aldeia de São Pedro não conta mais do que dois ou três índios; mas avaliam-se os seus descendentes em 350 ou 400, espalhados pelos arredores. Eram originários dos Guaranis. No município de Campos, os índios, que haviam sido dispersados quando o conde de Linhares se apossou, em nome da coroa, do seu aldeamento de Santo Antônio de Guarulhos, foram novamente reunidos sob os cuidados de três capuchinhos italianos, no lugar chamado São Fidélis de Sigmaringá. Com a morte porém destes veneráveis missionários, a maior parte abandonou o aldeamento; hoje, trinta famílias de Coropós e oitenta de Coroados se acham reunidas no Curato da Aldeia da Pedra, enquanto cerca de quinhentos Puris, que vivem espalhados, alugam seus serviços aos lavradores, à módica razão de 40 cêntimos por dia.

Na aldeia de São Vicente Ferrer há também alguns Puris, bem como em Mangaratiba e Valença.

Tão difícil obterem-se documentos precisos sobre a população do Brasil que penso dever fornecer aqui as outras informações que pude colher sobre o assunto; são extraídas dos relatórios apresentados ao governo pelos presidentes das províncias.

Na província de Santa Catarina a população ascendia, em 1833, a 48.365 indivíduos, dos quais 23.366 homens e 24.899 mulheres; a população escrava não era senão de 7.981 homens e 5.038 mulheres, num total de 13.019 pessoas. População total, 61.384. Em 1838, essa província continha 63.624 habitantes, dos quais 47.966 livres e 13.658 escravos.

Em 1835, a província do Rio Grande do Norte era de 87.901 almas, das quais 38.719 homens livres e 38.972 mulheres da mesma categoria social; os escravos eram em número de 5.139 homens e 5.101 mulheres, ao todo 10.240 pessoas.

No mesmo ano a província do Piauí tinha 92.000 habitantes, dos quais 80.000 livres e 12.000 escravos.

No Espírito Santo a população montava a 26.080 pessoas, das quais 13.574 homens e 12.506 mulheres; esta população era composta de 16.847 livres e 9.233 escravos.

No referido ano, havia em Sergipe 167.387 habitantes, dos quais 45.606 homens livres e 68.131mulheres de idêntica condição, entre os escravos 25.969 homens e 27.681 mulheres. Ao todo, 113.737 pessoas livres e 53.650 escravas.

O Ceará contava em 1837, 199.510 habitantes, dos quais 179.292 livres (90.040 homens e 82.252 mulheres) e 20.218 escravos (10.058 homens e 10.160 mulheres).

São Paulo, em 1838, possuía 327.102 habitantes, dos quais 235.712 livres (114.660 homens e 121.058 mulheres) e 91.484 escravos (52.199 homens e 39.285 mulheres).

Terminarei, este capítulo com algumas notas sobre a agricultura na província do Rio de Janeiro. Entre os produtos, ocupa o primeiro lugar a cana-de-açúcar. Brito Freire, em sua obra intitulada *Guerras do Brasil* (livro I, pág. 47), ao tratar da província de São Vicente, hoje conhecida pelo nome de São Paulo, diz que foi dos indígenas que aí aprenderam a fabricar o açúcar da cana nativa, e que desse ponto é que se obtiveram os rebentos a cuja custa está hoje tão utilmente coberta toda a nova Lusitânia.

Lery, que esteve no Rio com Villegaignon, também diz que a cana-de-açúcar era indígena; mas o padre Gaspar da Madre de Deus, em suas *Memórias para a História da capitania de São Vicente* (livro I, pág. 103), diz que Martim Afonso a tinha feito vir da ilha da Madeira, para cultivá-la nos seus domínios. Gaspar Soares, autor da *Descrição geográfica da terra de Santa Cruz*, sustenta, por outro lado, que à cana-de-açúcar procede da ilha de São Tomé.

Pizarro, em suas *Memórias históricas do Rio de Janeiro* (tomo VII, pág. 69), acredita, sem todavia poder prová-lo, que os primeiros colonos que penetraram nos sertões interiores da capitania de São Vicente, aí encontraram esse útil vegetal; acrescenta que o comandante de Cuiabá, Antônio de Almeida Lara, a tinha mandado buscar nas margens do rio São Lourenço. Supõe-se geralmente que a cana-de-açúcar tenha sido trazida do Oriente pelos Sarracenos, sabendo-se que ela já era cultivada na Sicília pelo meado do século XII. Em 1166, Guilherme II, rei dessa ilha, fez presente ao convento de São Bento de um engenho de cana, juntamente com operários práticos na fabricação do açúcar. Não foi senão em 142 que a cana passou à Madeira, sob o reinado de D.Henrique.

No Brasil cultivam-se hoje diversas variedades de cana-de-açúcar. Pode calcular-se que a planta leva dezoito meses a desenvolver-se, sendo durante este período que ela produz bom açúcar. De modo geral, e excetuando o distrito de Campos dos Goitacás, o terreno da província do Rio é pouco favorável à sua cultura, de maneira que ela não rende mais que oito a dez por cento. Uma arroba de açúcar branco vale 2$600, a de açúcar mascavado ou escuro, 1$800 (1). Cem formas de melaço produzem sete pipas de aguardente, e trezentas arrobas de açúcar, e essa quantidade de produtos corresponde a cento e vinte carros de cana. A aguardente é, em média, vendida a 60$000 a pipa. A cana é plantada nos meses de março a maio, na mesma época do feijão e do milho.

O café, segundo Pizarro, foi transportado das Índias para a Brasil no reinado de D. Manuel; mas, pouco depois foi extirpado por ordem do governo, sob o pretexto de centralizar-lhe a cultura na Ásia, proibindo-se-lhe o cultivo na América, sob pena de morte. Mais tarde foi o café introduzido no Pará e no Maranhão, da colônia francesa de Caiena. Finalmente, sob o governo de Gomes Freire de Andrade, duas mudas foram levadas para o Rio de Janeiro por João Alberto de Castelo Branco, que ali fora exercer as funções de Chanceler da Relação. Foram confiadas aos capuchinhos italianos que as cultivaram num pequeno jardim ao redor da capela, onde prosperaram bem; é nesse lugar que hoje se acha o hospital do corpo dos Permanentes. Quando o vice-rei marquês do Lavradio veio ao Rio de Janeiro, ouviu falar dessas plantas e quis vê-las; para isso foi uma tarde à casa dos padres acompanhado de sua oficialidade e do negociante Hopman, que era muito interessado pela agricultura. Alguns rebentos foram conseguidos pelo último, que os plantou em seu jardim, em Mataporcos.

(1) É muito variável o valor do mil réis; por ocasião de minha viagem, era de cerca de 3 francos, hoje (julho de 1849) é, quando muito, de 2 francos e 50 cêntimos.

O bispo do Rio, D. José Joaquim Justiniano, que já vinha desenvolvendo muitos esforços para introduzir a cultura do índigo em sua fazenda de Capão, tentou também a do cafeeiro, distribuindo mudas a diversos eclesiásticos de sua diocese. Mas os primeiros que o cultivaram em grande foram o padre Couto, na estrada do Rio a São Paulo, e o padre João Lopes, no distrito de São Gonçalo.

O conego Barbosa, que me forneceu esses informes, chegou a ver as duas primitivas plantas, vindas de Caiena em 1782. Sessenta anos depois, em 1842, a safra do Rio de Janeiro era de cinco milhões quatrocentas e vinte e três mil arrobas, avaliadas em 1$.002:28,8$850.

O cafeeiro cresce até o sexto ano depois de plantado, começando ordinariamente a produzir a partir do terceiro. No Rio, plantam-no em filas, com a distância de dez ou doze palmos; mas a experiência demonstrou a vantagem de lhe dar maior espaço, de modo que os lavradores mais experimentados o plantam com uma distância de quinze palmos, o que significa que num quadrado de quinze palmos de lado haverá quatro cafeeiros, um em cada ângulo.

O cafeeiro vive geralmente doze anos, mas sua duração depende muito da qualidade do solo em que é plantado. Nas melhores circunstâncias, cada pé pode produzir de três a cinco libras, a partir do quarto ano; mas, não se deve contar com mais de duas ou três libras, em média. O preço do produto é muito variável; em 1843 as qualidades muito finas valiam cerca de 33$600, as de primeira qualidade 34$400, as de segunda 28$800 e as de terceira 14$200. Considerando toda a safra, dever-se-ia tomar como média aproximada o preço de 24$600.

Assim, supondo que existam quatro arbustos numa extensão de duzentos e vinte e cinco palmos quadrados, numa plantação de meia légua quadrada (ou quinhentas braças de lado), ter-se-iam cem mil plantas, que produziriam vinte e cinco a trinta mil arrobas.

O cafeeiro só dá uma colheita por ano; mas às vezes acontece que, por motivo de alguma anormalidade nas estações, todos os frutos não amadurecem ao mesmo tempo, dando lugar a que se façam duas, ou mesmo três colheitas, com três meses de intervalo.

Calcula-se que doze quartas de café verde produzem cinco quartas de café seco, o que, uma vez pronto para o mercado, se reduz ao peso de uma arroba.

Avalia-se em quatrocentos e cinqüenta a quinhentos milhões de braças quadradas a área ocupada pela cultura do café na província do Rio de Janeiro; cerca de dois terços dessa superfície acha-se já esgotada por essa cultura.

O cafeeiro pode ser plantado durante toda a estação chuvosa, mas, no Rio de Janeiro, a época mais favorável parece ser de setembro a dezembro. A colheita é feita ordinariamente de março a agosto, mas, às vezes, só se verifica em setembro ou mesmo em dezembro. A planta prospera principalmente nos morros pouco elevados e expostos à face leste; nos vales a folhagem é mais densa, mas o fruto menos abundante do que nos terrenos montanhosos. Na província do Rio começa-se a adaptar um novo método de preparar o café, que lhe dá maior valor nos mercados da França e da Inglaterra. Graças a esse processo a arroba (1) chegou a alcançar o preço de 5$000. Consiste o processo em descascar e lavar em reservatórios o café colhido em perfeita maturidade, a fim de libertá-lo de toda a parte mucilaginosa, secando-o depois em mesas de pedra, e assim limpando-o facilmente de todos os detritos terrosos; assim se evita que tome o cheiro resultante da fermentação.

O seguinte quadro dará idéia das colheitas da província do Rio no ano de 1842.

	Quantidade em arrobas	Valores em mil réis
Café	5.483.031	18.002:288$350
Açúcar	567.287	878:857$178
Fumo (34.357 rolos)	78.014	300:016$196
Algodão fiado	317	
Algodão bruto	24	5:978$768
Algodão em tecidos (5.025 varas)	—	
Arroz (38.830 alqueires)	—	141:509$523
Aguardente de cana (4.002 pipas)	—	220:682$620

No que respeita aos animais domésticos criados na costa do Brasil, direi apenas que os bois, em pé, pesam de nove a dezoito arrobas, ou doze arrobas em média. A carne é geralmente magra, calculando os magarefes que não vai além de oito arrobas, mais ou menos, o que retiram de um boi, entrando ainda naquele cômputo uma boa terça parte de ossos. Os chifres são de ordinário pequenos; supondo cortados rente com a cabeça, os dois pesam em média seis libras. Em 1842 exportaram-se no Rio 190.115 couros crus e 32.228 curtidos. Os carneiros em pé, têm cerca de quarenta libras de peso e podem dar uma arroba de carne. A lã perde neles a aparência que possui nas regiões temperadas, tornando-se verdadeiro pêlo: em menos de dois anos essa transformação se produz nos carneiros trazidos da Europa. Os carneiros da costa do Brasil são quase sempre brancos, ao passo que os porcos são, pelo contrário, pretos e de tamanho muito pequeno. Os cavalos ficam também aquém do tamanho que adquirem na Europa.

O clima do Brasil parece favorável à indústria da seda e, embora em parte alguma da América se encontre espontaneamente o *Bombyx mori*, possui o Brasil várias espécies grandes de *Saturnia* de asas vidradas, muito vizinhas de *Saturnia Cynthia* e *S. Mylitta*, cuja seda é empregada na China e em Bengala, desde muitos séculos. Várias pessoas se ocuparam ultimamente com a criação desses interessantes insectos; o Dr. Chavannes estudou-os no Rio de Janeiro e o Sr. Machado de Oliveira no Espírito Santo. Contudo, que eu saiba, ninguém ainda tentou essa criação em larga escala; apenas os ensaios em ponto pequeno demonstraram a possibilidade de

(1) *A arroba vale quatorze quilos e meio.*

criar essas espécies como o bicho-da-seda e durante todo o correr do ano, o que significa imensa vantagem.

Seguiremos particularmente aqui uma nota que no Rio me enviou o primeiro daqueles naturalistas.

A criação do bicho-da-seda pode ser feita nas parte quentes do Brasil, em domesticidade, isto é, em estufa, ou senão ao ar livre, nas árvores que lhes servem de alimento. Por infelicidade, no último caso, as lagartas estão sujeitas a serem devoradas pelos pássaros, ou, principalmente, atacadas pelos vespões e outros himenópteros que pululam nestas regiões. Poder-se-ia talvez contornar estas dificuldades, envolvendo as árvores com uma espécie de rede, de malhas mais ou menos apertadas. Na criação em domesticidade é necessário dispensar constantes cuidados às larvas quando novas, observando-se, apesar disso, uma mortalidade infinitamente maior do que entre os insetos criados ao ar livre. É , ainda de notar-se que, neste último caso, o desenvolvimento se processa de modo uniforme em todos os indivíduos, que atingem tamanho aproximadamente igual no mesmo lapso de tempo, ao passo que o crescimento das larvas varia muito, quando criadas em recinto fechado. Finalmente, os bichos-da-seda indígenas, notavelmente sedentários quando em liberdade, tornam-se, pelo contrário, muito mais vagabundos do que o *Bombyx mori*, quando criados em cativeiro.

Para conseguir o acasalamento, basta fixar a fêmea num pedaço de cortiça ou de *pita* (haste da *Agave vivipara*) que se suspende ao ramo de alguma árvore não muito alta; ao raiar o dia os machos virão fecundá-la. No dia seguinte começa a postura, finda a qual o inseto não tarda a morrer. O peso dos casulos frescos varia muito, por culpa principalmente da diferença que existe entre as crisálidas dos machos e das fêmeas. Encontram-se casulos frescos cujo peso varia ordinariamente entre 7 gramas e 8,8 gramas; mas o peso médio é de cerca de 5 gramas, donde serem necessários cento e oitenta a duzentos casulos para perfazer um quilo. A crisálida é quem entra com a maior parte, pois ela sozinha pesa entre 3 e 7 gramas. Para as crisálidas mortas e secas, são, necessários uns quinhentos casulos para fazer um quilo, o que significa pesar cada casulo cerca de 2 gramas. Depois de sofrerem a eclosão e perderem o primeiro envoltório, serão precisos mil casulos para completar um quilo, o que corresponde ao peso de 1 grama por cada um. Se esvaziados dos restos deixados pela lagarta e pela crisálida, serão precisos mil e duzentos a mil e quinhentos para completar um quilo, o que quer dizer que um casulo inteiramente vazio pesa de 7 a 8 decigramas. Entretanto, uma boa parte deste peso é formada pelo glúten que dá aderência aos fios e a uréia ou ácido úrico espalhado sob a forma de poeira brancacenta entre as camadas do casulo, isso, em última análise, reduz a seda pura a 3 decigramas e meio ou 4 decigramas. São, por conseguinte, necessários mais ou menos dois mil e quinhentos casulos para se obter um quilo de borra de seda crua, completamente limpa de glúten. Oito mil casulos de *Bombyx mori* não alcançam maior peso, donde se conclui que o bicho-da-seda indígena do Brasil produz quatro vezes mais seda que um casulo do bicho-da-seda comum, originário da China.

O mais comum dos bichos-da-seda brasileiros, durante três ou quatro noites sucessivas, põe cento e cinqüenta a duzentos ovos brancos, ovóides e achatados. Do oitavo ao nono dia perdem eles o achatamento, adquirindo uma coloração azulada; do décimo ao undécimo dia sofrem a eclosão, que pode ser todavia retardada de um ou dois, dias, no caso de uma queda da temperatura.

Duzentos e dez ovos recentemente postos pesam um grama; são pois precisos seis mil e seiscentos ovos para fazer uma onça. A lagarta recém-nascida tem 6 milímetros de comprimento, e atinge 8 a 10 centímetros, ao cabo de trinta ou trinta e cinco dias. Do trigésimo oitavo ao quadragésimo segundo dia começa a fiar o casulo, que fica pronto no fim de três ou quatro dias. A borboleta sai habitualmente da crisálida ao cabo de dois meses; mas em muitos casos leva muito mais tempo. A eclosão ocorre quase sempre durante a noite. Afigura-se-me provável que estes bichos-da-seda poderiam ser aclimatados na Argélia.

A pesca da baleia é praticada em grande parte das costas do Brasil, podendo calcular-se entre seiscentos e mil o número de cetáceos mortos durante cada ano. Informações precisas só pude colher com referência a pesca realizada nos arredores da Bahia.

A baía de São Salvador, ou de Todos os Santos, a cuja margem fica a cidade da Bahia, foi sempre o refúgio favorito das baleias. Afirmam os pescadores que elas entram todas as manhãs; mas nunca ali pernoitam.

A pesca começa todos os anos a 13 de junho e termina a 21 de setembro, com a captura, em média, de quinhentas a duas mil baleias. Essa indústria é, por assim dizer, monopolizada por um certo número de especuladores, que possuem grande quantidade de escravos. Quando a temporada lhes parece rendosa, aumentam material e pessoal, alugando embarcações e contratando homens livres.

São em número de cem a cento e vinte as embarcações empregadas nessa pesca; são leves, conquanto solidamente construídas. Têm de comprimento 14 a 15 metros, mas sua largura é pequena. Suportam bastante pano, mas têm apenas uma vela de grandes dimensões, que pode ser içada ou abaixada com muita facilidade, de modo a diminuir um pouco a velocidade da embarcação, quando isso se torne necessário para mudar de direção ou perseguir a presa. A equipagem consta de dez tripulantes. Os homens livres ganham 9$600 por toda estação, com direito, em cada dez dias, a dez quartas de farinha de mandioca, além de uma gratificação de 160 réis. Cada embarcação deve possuir um arpão, com três palmos de ferro; um facão de dois palmos e meio, de que o mergulhador se serve quando vai ferir a baleia debaixo da água; quatro ou cinco lanças de braça e meia de comprimento, para sangrá-la, nove arpões, guarnecidos cada qual de uma sólida espia de oito braças, a que faz continuação uma longa corda de cento e vinte braças, que se deixa correr, quando a baleia se põe em fuga, ou mergulha; finalmente, ela deve dispor de cordas bastante fortes para arrastar a baleia para a praia, quando ela já está enfraquecida ou, moribunda. O esquartejamento é feito por meio de facões de quatro palmos de comprido, e não exige mais que três homens para cada baleia. As caldeiras utilizadas no fabrico do óleo são de pequenas dimensões e geralmente cabem, em cada uma, nove baldes; são montadas sob vastos barracões, construídos em diversos pontos da costa.

Não se distinguem aqui mais que duas espécies de baleias: o cachalote e a baleia grande, ou simplesmente baleia. Está última dá oitocentas a mil camadas de azeite (cada uma com cerca de dez garrafas), mas o primeiro, frequentemente não dá mais do que trezentas a quatrocentas. Em média, o valor do azeite orça por duzentos a trezentos mil réis.

Dizem os pescadores que, todos os anos, a partir de 1 de junho, as baleias viajam para o norte, voltando para o sul depois de 21 de setembro, como se acompanhassem a monção.

Em São Salvador, a pesca da baleia dá ocupação a cerca de duas mil pessoas, calculando-se em 200.000 francos o rendimento que disso auferem. Estendendo o cálculo a toda a costa do Brasil, pode-se elevar a dez ou doze mil o número das pessoas que vivem dessa pesca durante a estação propícia; e a perto de um milhão (de francos), o capital por ela produzido.

A carne da baleia é comida pelo povo e aparece sempre posta a venda nos mercados; essa carne é coriácea, mas não é tida como nociva.

CAPITULO IV

PARTIDA DO RIO DE JANEIRO PARA O INTERIOR. CHEGADA A MINAS GERAIS.

Desde a chegada ao Rio, comecei os preparativos para nossa grande viagem, porquanto todo o mundo nos aconselhava deixar a cidade antes do mês de setembro, a fim de não sermos na região das montanhas surpreendidos pelas chuvas torrenciais que nesta época se iniciam; mas a organização da caravana oferecia grandes dificuldades, mormente pelo fato de sermos ainda muito bisonhos na língua portuguesa e conhecermos apenas os costumes da terra. Nosso armamento e o volume do material que tínhamos de transportar, exigiam cuidados de que dificilmente se fará idéia, principalmente levando em consideração o fato de que no Brasil tudo é feito com a maior lentidão e só se pode contar com qualquer coisa, depois de pronta.

Tomei a meu serviço um francês de nome Mayer, que já tinha viajado em várias províncias do Brasil e da Argentina, e além disso se recomendava pelo conhecimento que tinha das línguas portuguesa e espanhola. Devia ele, na qualidade de mordomo, tomar a direção da parte material da expedição. Contratei ainda mais alguns outros franceses, entre os quais um chamado Guilherme, antigo militar, grande literato e admirador entusiasta das doutrinas de Fourier, que havia resolvido, segundo dizia, a partir de então, levar uma vida exclusivamente intelectual, embora condescendesse às vezes em passar a escova em cavalos ou mulas. Destaquei-o particularmente para o serviço do barômetro, razão pela qual vangloriava-se de pertencer à seção científica da expedição. Passou a votar uma espécie de culto à sua preciosa bagagem, olhando sempre para ela com profundo respeito. A lentidão extrema de seus movimentos fez-me considerá-lo particularmente indicado para a guarda de aparelho tão delicado. Possuía extravagante erudição, entremeando as frases com sentenças tiradas aos filósofos de todas as idades, sentenças cujo sentido ele estava longe de compreender e eram aplicadas da maneira mais cômica. Em suma, para ser um grande filósofo, faltava-lhe apenas uma coisa: ser menos beberrão.

Vinha eu, desde muito tempo, à procura de cavalos, mas a questão mais séria era a compra da tropa que devia levar nossa bagagem, operação tanto mais difícil quanto nenhuma experiência tínhamos nessa matéria. Compramos a princípio vinte mulas, pelo preço de 60$000 cada uma (nessa época, cerca de 185 francos), deixando-as, até o dia de nossa partida, na fazenda de Itocaia, onde mandamos também construir as cangalhas e mais o restante para equipá-las. Cada animal, de acordo com a praxe do país, deveria carregar seis ou sete arrobas de trinta e duas libras portuguesas cada uma. Adquirimos também ponchos, grandes mantos de pano grosso, forrados de sarja, e que se vestem enfiando a cabeça através de um buraco em forma de botoeira, aberto no meio. As roupas protegem perfeitamente o corpo contra a chuva, sendo preferíveis a quantos mantos de borracha possam existir. Munimo-nos finalmente de botas, cujo cano alto sobe acima do joelho, protegendo a perna contra os espinhos e os insetos. Compramos também grandes sombreros e redes, para nos servirem de camas, no caso de ficarem inutilizadas as de ferro oco, que tínhamos trazido. Mandei também fabricar canastras adequadas às mulas e caixas de folha-de-flandres para as coleções. Durante estes preparativos, exercitávamo-nos no manejo das armas. No começo de setembro, já cuidadosamente acondicionadas as coleções destinadas ao Jardim das Plantas e tudo parecendo estar pronto, reunimos a tropa, com o fim de experimentar o modo pelo qual deveríamos carregar nela nossa bagagem. Com a nossa confiança de verdadeiros neófitos, nada seria mais divertido de ver-se do que o nosso espanto diante da primeira mula, no momento em que ela, ao receber a carga, corcoveou com violência, fugindo desabridamente e deixando espalhados por todos os lados os objetos que lhe tinham sido destinados. A segunda deixou-se cair em terra, assim que sentiu o peso da carga, o mesmo fazendo todas as seguintes, até a última. Mayer declarou que o fato não tinha explicação. Fiz, porém, vir um tropeiro da terra, que nos deu a chave do enigma. Nossas mulas nunca tinham transportado carga alguma, pelo que seria necessário fazermos nós a sua educação.

Por outro lado, tinham tais dimensões as caixas que nos fabricaram e tão pesada era a madeira empregada na sua construção que, mesmo vazias, pesavam mais do que a carga normal; não havia outro remédio senão fazer tudo de novo. Extenuado de aborrecimentos, sobressaltos e contratempos, fui, a 2 de outubro, atacado por uma febre perniciosa, que por pouco faria fracassar a expedição, antes mesmo que houvesse começado. Graças aos cuidados dos Drs. Weddell e Ildefonso, e ao emprego de grandes doses de quinino, senti-me dentro em pouco reviver; mas a minha convalescença foi das mais penosas; declarara-se uma gastralgia e extrema era a minha fraqueza. Não obstante, de todos os lados aconselhavam-me a abandonar a cidade, que se tornara muito insalubre sob a influência do excessivo calor, pelo que, no dia 12, à meia-noite, parti do Rio numa falua, até a qual foi preciso que me levassem carregado. Ao me dizer adeus, o Sr. Taunay mal podia disfarçar seus tristes pressentimentos, enquanto o bom Dr. Ildefonso fez questão de acompanhar-me até as montanhas da serra. Os Srs. Weddell e Deville vieram comigo, mas o Sr. d'Osery ficou no Rio, para acabar de organizar a expedição, à testa da qual deveria juntar-se a nós, ao cabo de alguns dias.

Violento temporal, que nos tinha retardado a partida, recrudesceu durante a noite. Nunca hei de me esquecer dos grandes sofrimentos por que passei durante esta primeira fase da viagem, que, como se vê, começava sob os mais tristes auspícios.

Às seis horas da manhã do dia 13 de outubro de 1843 entramos no rio Inhumirim, cujas margens são baixas, alagadas e insalubres. O curso do rio é muito sinuoso e atravessa matas muito densas, embora de árvores pouco elevadas. Às sete horas da manhã chegamos na povoação de Porto da Estrela, que é constituída de umas cinquenta casas, mal construídas e de mau aspecto; mas, há no lugar extraordinária atividade, devida aos numerosos comboios de tropas que nele aportam, provenientes de todos os pontos do interior, e trazendo as diferentes mercadorias que devem ser embarcadas, para continuar a viagem através da baía. Nesse lugar as febres são de tal modo frequentes, que o Dr. Ildefonso, em vista de meu estado de saúde, não achou prudente deixar-me nele permanecer, mesmo por pouco tempo. Fui assim compelido a montar imediatamente o meu cavalo, em busca de um ponto mais elevado. Tal era o meu estado de fraqueza que houve necessidade de me susterem sobre o animal. Eu não saberia exprimir os padecimentos que sofri este dia, em que me vi obrigado a percorrer uma planície de três léguas portuguesas, debaixo do sol ardente. Em cada abrigo que encontrávamos eu descia para descansar alguns instantes. Passamos por vários ranchos, espécies de coberturas sustentadas por esteios, e que servem de abrigo às caravanas de tropeiros, muitas das quais havíamos encontrado ao longo do caminho. Todos os homens que vimos nessas tropas estavam armados de fuzil e traziam uma grande faca. O caminho por onde íamos era tortuoso; dirigia-se quase sempre para o norte, inclinando-se de 5 a 10 graus para leste; era acidentado apenas por pequenos morros de granito recobertos de detritos gnáissicos. Ao meio-dia, alcançamos finalmente a fábrica de pólvora, onde fomos recebidos com a mais franca hospitalidade pelo general Pardal, diretor do estabelecimento. Nesse lugar pude fazer durante algumas horas, o repouso de que tanto necessitava; mas, depois do meio-dia, tive a tristeza de ser obrigado a me separar do Dr. Ildefonso, que voltou para o Rio de Janeiro. Não tenho expressões para traduzir o reconhecimento que devo a esta excelente pessoa pelos cuidados todos que teve comigo, durante a doença. A casa em que ficamos era situada na raiz mesmo da serra da Estrela, que por sua vez não passa de uma parte da cadeia de montanhas conhecida com o nome de Serra dos Órgãos. Como o vento da tarde me houvesse reanimado um pouco as forças, decidi-me a seguir o conselho de deixar quanto antes a região baixa e paludosa onde ainda nos encontrávamos, para subir a serra, cujos píncaros víamos apontar por cima de nossas cabeças. Pusemo-nos a caminho às cinco horas da tarde, rumo à casa do Sr. José Dias, para quem o general nos tinha dado uma carta de recomendação. Os outros lugares para os quais tínhamos apresentações semelhantes ficavam muito distantes para que nos fosse possível alcançá-los antes de anoitecer. Para chegar ao sopé das montanhas, tivemos de passar em frente da Mandioca, antiga residência do Sr. Langsdorff; vimos com pesar que essa habitação, outrora encantadora, já agora se achava em completa ruína. Passamos adiante por um pequeno hospital fundado pelo mesmo personagem, e depois nos internamos pela mata que cobre toda a cadeia de montanhas. A subida da serra foi muito fatigante, não só por causa da inclinação das encostas, como pela construção mesma do caminho, que é inteiramente pavimentado de largas pedras irregulares, sobre as quais escorregava a cada momento a pata de nossos cavalos. O meu, principalmente, só a muito custo andava, pois que me faltavam as forças necessárias para governá-lo. Nossa situação se tornou ainda mais desagradável em consequência de uma chuva fina, que nos veio surpreender quando íamos ainda a meio da viagem. Ainda assim, e a despeito dos meus padecimentos, não podia deixar de admirar as magníficas montanhas que nos rodeavam, sentindo um novo alento ao respirar o ar puro e fresco dessas alturas. Alcançamos por fim, ao cair da noite, a casa que todos desejávamos. Como o dono não estivesse presente, fomos recebidos pelo irmão, que nos fez estender colchões pelo chão e nos deu logo as boas noites. Os companheiros de viagem estavam mortos de fome; até mesmo eu, graças à mudança de clima, sentia uma necessidade de alimentar-me como há muito tempo não experimentava. Mas a mula que trazia nossos víveres tinha ficado atrás, e era visível que não poderíamos contar com o dono do pouso para conseguir o que quer que fosse para matar a fome. "A casa de José Dias, diz o Sr. Weddell, não foi convenientemente assinalada nos nossos papéis; haveremos de nos lembrar constantemente dos inúmeros esforços sempre infrutíferos que fizemos para fazer sentir a esse Dias que muito prazer teríamos em comer um de seus frangos, ou pelo menos alguns restos de seu queijo. Mas tudo debalde, ele nada nos ofereceu. Foi perder tempo contar-lhe que nos haviam recomendado dar alguma coisa ao nosso companheiro doente, para lhe aumentar as forças; ele permaneceu inflexível. A muito custo é que pudemos arrancar dele um miserável copo d'água, que repartimos ostensivamente entre todos, com a idéia de espicaçar-lhe um pouco o amor próprio. Por fim, descoroçoados, íamos já nos deitar em nossos colchões, quando um assobio bem conhecido nos anunciava que estávamos salvos: era a mula com as nossas provisões, pela qual há muito não mais esperávamos. Ceamos, imaginando que o nosso hospedeiro iria corar-se ao ver como esses afaimados apetites se atiravam aos comestíveis alheios à hospitalidade que lhe havia sido solicitada: muito longe disso, sentou-se também à mesa e compartilhou de nossa refeição".

A 14 de outubro, antes de deixar esse pouso em nada hospitaleiro, concordamos em que o Sr. Weddell iria procurar, num povoado vizinho chamado *Quartéis Novos*, o administrador da casa do major Koehler, para onde nos dirigíamos, e onde nos haviam prometido confortável estada. Deste passeio, que o fizera atravessar magnífica floresta, volta a ele em breve, com um bilhete para o caixa de Córrego Seco. Pusemo-nos então a caminho; a subida, embora mais íngreme em certos lugares do que a da véspera, oferecia maior firmeza às patas de nossos cavalos e mulas, não sendo mais calçada a partir do Alto da Serra, ponto de onde descortinávamos esplêndida vista, estendida por sobre as montanhas, até uma parte da própria cidade do Rio de Janeiro. Não tardou que avistássemos o ponto por nós visado. O aspecto da habitação nada tinha de encantador, pois, apesar de pertencer ao Imperador, que a havia emprestado ao major, ela não passava de uma choça miserável, de paredes cheias de fendas e janelas sem vidraças. À medida que galgávamos a montanha a temperatura tinha constantemente descido, de modo que já sentíamos frio em nosso pouso atual. Acomodamo-nos mal ou bem na nova residência, com a idéia de esperar a vinda do restante de nossa caravana. Os dias 17 e 16 foram consagrados ao estudo das produções naturais das redondezas. Minha saúde experimentava notável melhora e já me era possível distanciar-me um pouco da casa. É inexprimível o contentamento com que, em condições muito melhores, eu contemplava a vegetação pujante e vivaz que nos cercava. Mais da metade das espécies de plantas que agora encontrávamos era diferente das que tínhamos visto nas montanhas das cercanias do Rio de Janeiro. Os fetos arborescentes apareciam em muito maior abundância, mas as palmeiras eram mais escassas, com exceção apenas do *Astrocaryum Ayri*, fácil de reconhecer pelo caule eriçado de longos espinhos pretos. Os pássaros se tinham tornado muito mais numerosos, e víamos de quando em quando algumas espécies de brilhante plumagem. Mas a nossa coleção de insetos é que aumentava mais do que qualquer outra em exemplares interessantes. Capturamos, entre outros, várias espécies de lindos carabídeos, do gênero *Agra*, que víamos às tardes subindo pelos troncos das árvores, ou por entre as folhas enroladas, onde iam à cata de lagartas; *Ozenas* que, quando agarradas, fazem ouvir como os *Brachinus* dois ou três estalidos, espalhando ao mesmo tempo um forte cheiro de ácido azótico; *Ptilodactyla*, que encontramos no chão, próximo aos troncos podres, ou sobre os caules das plantas. Esses insetos marcham com rapidez; quando caem de costas, fazem duas ou três voltas céleres em torno de si mesmos e põem-se sobre as patas. Os *Pedinus* afluem em grande número aos lugares mais expostos ao sol; marcham com lentidão, mas, à semelhança dos *Membracídeos*, saltam com energia quando se tenta pegá-los. Colecionamos também, em paus podres, várias espécies de *Passalus*, de *Phileurus*, de *Globarium*, de *Ocopacientus*; à noite os escaravelhos *Pan* e *Enema* voavam freqüentemente na borda da mata, produzindo forte ruído, à custa do atrito do abdome de encontro às extremidades dos élitros.

Absorvidos nesses trabalhos, íamos já nos reconciliando com a nossa residência, a despeito de seu aspecto devastado quando, a 16, ao cair da tarde, recebi um recado do major Koehler, avisando-me que o Imperador tinha resolvido fazer obras na casa, pelo que no dia seguinte um personagem da corte nela devia se instalar. A 17, pela manhã, tivemos pois de deixar, não sem saudades, um asilo que nos haviam oferecido para passar toda a estação e no qual pensávamos pelo menos esperar a chegada de nossa caravana. O pouso modesto de então está hoje transformado na cidade de Petrópolis.

Para felicidade nossa porém antes de deixarmos o Rio, o cônego Januário nos tinha dado uma carta para um de seus confrades, morador duas léguas adiante. Durante o caminho vimos, pela primeira vez, a *Araucaria brasiliensis*, ou pinheiro do Brasil, que semelha imenso candelabro, e cujo cimo, agitado pelo vento, como que gira sobre si mesmo. O pouso de Samambaia, ou melhor Belo Monte, que agora demandávamos, pertencia ao cônego Correia. Foi, sob todos os pontos de vista, a melhor morada que encontramos desde nossa partida do Rio. Pareceu-nos que o cônego não ficou muito contente com a chegada de tantos estrangeiros; assim é que, embora nos tivesse recebido com todas as formalidades da polidez brasileira, nos fez sentir que sua casa, que aliás a nós se afigurava imensa, não tinha espaço para conter três pessoas a mais. Chamou um dos escravos e deu-lhe ordem para nos conduzir à venda, sujo botequim que havia na vizinhança, onde, à custa do nosso dinheiro, nos foi dado para dormir uma espécie de pátio, calçado e exposto a todas as intempéries. Tivemos de compartir esse tugúrio com vários negros e uma infinidade de cães, porcos e galinhas. É impossível narrar quanto me custou, sofrendo como estava, suportar todas essas misérias, tanto mais quanto o sono se me tinha tornado impossível pelos gritos e risadas imbecis dos negros, que passaram a noite a jogar cartas, em frente à porta. Entretanto, para ser justo, devo acrescentar que o cônego procurou compensar essa falta de hospitalidade no tocante à dormida por meio de muito boas refeições, que nos fornecia duas vezes por dia. Na hora própria um escravo vinha nos chamar, pondo os dedos na boca, por ver que nada compreendíamos do que ele nos dizia. Tratávamos então de segui-lo o mais depressa possível. Fazia-nos o cônego à nossa chegada uma longa fala, condimentada com os títulos de *Excelência* e *Senhoria*, que ouvíamos sem nada entender. A seguir nos púnhamos, a devorar o almoço, depois do qual éramos reconduzidos ao nosso refúgio.

O doutor, que havia aprendido algumas palavras de português em suas numerosas excursões pelos arredores do Rio, decidiu-se um dia, muito compenetradamente, a ser o nosso intérprete. Os mais engraçados quiproquós nos sucediam a cada momento; mas, ainda assim, vímo-nos desde então menos isolados do que antes. Em casa do Padre encontramos um jovem naturalista italiano, vindo na flotilha napolitana que trouxe a imperatriz, um português que andava em sua companhia, e mais ainda um parente do reverendo, moço de temperamento jovial e intrépido caçador. A venda em que estávamos pertencia ao Padre; nela se encontravam os artigos de primeira necessidade, proporcionando bons lucros ao seu proprietário, visto como as tropas fazem sempre parada no lugar. Afora estas *vendas*, encontram-se sempre, nesta parte do Brasil, ranchos ou barracões, dos que já tive ocasião de falar; já tínhamos passado por sete ou oito, depois de havermos partido do Porto da Estrela.

A localidade em que estávamos era bastante alta para fazer frio. Há nela belas plantas, mas poucos insetos. Estes, na sua maioria, pertencem a gêneros europeus, tais como *Stenus, Paederus, Omalium, Apion, Ptilinus*, etc. O Sr. Deville matou um bonito tangará e um surucuá de barriga amarela. Colecionamos também muitos beija-flores, geralmente muito raros nas imediações do Rio de Janeiro; zumbiam em grande número em torno das flores de uma espécie de solanácea, aqui mui-to abundante; eram de espécies bastante numerosas e nos deixavam chegar tão perto que era quase possível agarrá-los com a mão. Quando os espantávamos com um tiro, ou qualquer outro modo, momentaneamente desapareciam, mas não tardavam a voltar às suas árvores favoritas. Fazem ouvir com freqüência um grito breve, principalmente se experimentam qualquer emoção. Por essas alturas estávamos inteiramente livres de mosquitos; em compensação éramos agora terrivelmente atormentados pelos *carrapatos*, espécie de Aracnídeo. Esse animal, cujo corpo é achatado e duro, introduz na pele toda a porção anterior do corpo, o que obriga a arrancá-lo, com força, dando lugar a uma irritação muito incômoda e persistente. O Sr. Weddell colecionou nesse lugar uma série de fetos, novos para ele; vimos muitas vezes três ou quatro destas plantinhas vegetando sobre uma espécie arborescente da mesma família. Ele também achou alguns cipós muito singulares; um, particularmente, de 18 a 20 centímetros de largura para um comprimento de 30 a 40 metros, tinha o caule achatado como uma fita. Não foi sem grande dificuldade que ele conseguiu uma amostra das folhas dessa bela *Bignonia*.

Não mais podendo suportar aquela pocilga em que estávamos vivendo, resolvemos partir na manhã de 20 de outubro; mas soubemos, vivamente contrariados, que os animais não puderam ser encontrados. Gastou-se todo o dia em procurar os animais perdidos, mas à tarde fizemos uma excursão aos arredores, com o fito principal de observar certos pássaros que, ao dizer dos habitantes, se reuniam todas as tardes para dançar, em verdadeiras quadrilhas. Não tardou que descobríssemos o pássaro em questão, que outro não era senão o tangará, ou "manaquim-tié". Esse fato prova ainda uma vez a perspicácia admirável com que sabia Cuvier apreender as relações naturais dos seres vivos, por isso que, no método por ele adotado, os manaquins são colocados imediatamente ao lado dos galos-da-serra, que têm hábitos semelhantes, como foi observado por Schomburgk.

No dia seguinte encontraram-se os animais transviados, pelo que nos aprestamos para a partida. Ao nos despedirmos do cônego, ele nos deu duas cartas de recomendação,uma para Magé, primeiro ponto em que íamos tocar, e outra para Sumidouro, lugar situado uma légua mais adiante. No momento de montarmos a cavalo, apareceu um bando de foliões recrutados em todas as choupanas da vizinhança, com tocadores de música à frente e fazendo com estes barulho ensurdecedor. Acabavam de celebrar o domingo na venda como era de seu costume. Atravessamos belas matas, que se entreabriam freqüentemente, deixando-nos ver magníficas paisagens. São encantadoras estas perspectivas, mormente em região de montanhas. Passamos por várias *fazendas*, perto das quais, como de hábito, havia sempre no caminho uma *venda* ou *rancho*, com vários postes fincados em frente, a fim de terem os viajantes onde amarrar os animais. Numa montanha costeada por nós, a floresta ardia, ouvindo-se o estalar das árvores que tombavam como se fossem estampidos de mosquetaria. Pareceu-me o caminho espantosamente longo; entretanto só havíamos percorrido duas léguas portuguesas quando chegamos à fazenda de Magé, onde fomos encontrar o Sr. Weddell, que tinha seguido na frente, para anunciar nossa chegada ao morador do lugar. Mas o pobre homem não estava em condições de nos receber; havia já três dias que fora atacado de violenta disenteria, depois de haver perdido dois filhos, pela mesma causa, pois era grande a devastação que a moléstia ia fazendo nos arredores, juntamente com a escarlatina.

Instalamo-nos como foi possível em nossa nova fazenda, onde nos aguardavam ainda muitas outras contrariedades. Como fazia muito frio, os infelizes negros se lembraram de acender uma grande fogueira no salão que ficava em baixo do cômodo em que estávamos, vimo-nos toda a noite envolvidos pela espessa fumaça que passava através das frestas do assoalho. Todos estes contratempos fizeram com que tivéssemos a vontade de deixar Magé, logo depois de aí chegarmos. Sem embargo, a paisagem que nos rodeava era bastante bonita, estendendo-se de todos os lados matas frondosas. Empregamos o dia 22 em estudar, por entre a fumaça, os objetos que tínhamos colecionado. À noite, saímos para explorar os arredores; durante o passeio tivemos a atenção vivamente despertada pelo som produzido por um sapo de gigantesco tamanho, som que se assemelha, a ponto de nos enganar, com a pancada de um machado. Dão a esses reptis o nome de *ferrador*. O campo estava todo iluminado por uma prodigiosa multidão de vaga-lumes e de *Elater luminosos*. A 23 deixamos o pouso. Na carta de recomendação que trouxemos dizia-se que haveríamos de pagar com largueza; assim, fomos tratados de modo consentâneo. Deviam, sob todos os pontos de vista, ter ficado contentes com a nossa passagem, pois o doutor teve a satisfação de ver que os seus cuidados tinham salvado a vida do nosso hospedeiro. Teve porém de ouvir a história dos pequenos males de quatro ou cinco senhoras que habitavam a casa. Fez quanto pôde para contentá-las, testemunhando ao mesmo tempo o singular temor que têm os brasileiros pela vacina; pois, ao perguntar se era vacinada a criança que uma delas trazia, viu que esta logo se levantou e fugiu sem nada dizer, temendo decerto que se quisesse fazer à viva força aquela operação em seu filho. A 25 deixamos finalmente Magé, às dez horas da manhã, chegando duas horas depois em Sumidouro, onde fomos encontrar uma casa exteriormente muito limpa, mas escangalhada por dentro, como a maioria das casas da serra. Ao lado ficava a venda e, frente a esta, o rancho de rigor. O povoado de Sumidouro não tinha mais que duas outras casas habitadas, além da nossa, o que não o impedia de ser, naquela época, o lugar mais importante do caminho. Tínhamos à nossa disposição apenas um quarto, razão pela qual o doutor, para evitar o atravancamento do espaço, quis instalar-se numa espécie de galeria aberta que servia de antecâmara ao primeiro andar. Nosso hospedeiro, porém, que estivera ausente, acabava de chegar com a chave de uma porta existente na extremidade da galeria, dizendo-lhe: armai aqui as vossas redes e estejais à vontade. O novo cômodo oferecido ao Sr. Weddell era a capela.

Antes de irmos mais longe, lancemos um olhar retrospectivo sobre o caminho que tínhamos acabado de percorrer.

Desde que entramos na região das montanhas nossa direção era sempre para o norte, com uma inclinação de 10 graus para leste. A formação geológica era constituída de granitos eruptivos, de cumes arredondados e cônicos, recobertos por uma tênue camada de terra vegetal e, às vezes, de detritos gnáissicos. Passamos o primeiro afluente do Piabanha por uma ponte sem importância; atravessamos, depois, o leito principal do rio, cuja largura é de cerca de 10 metros, sobre uma ponte de madeira, do dobro de comprimento. O rio, que passa muito apertado, parece aumentar muito na época das grandes chuvas. A estrada, depois da primeira ponte, começa a acompanhar o rio Tamanti, que é atravessado várias vezes, ora por meio de pontes, ora a vau. Nesta parte observam-se as maiores diferenças no tocante à vegetação ou às condições topográficas. As montanhas graníticas se apóiam numa série de contrafortes alinhados com bastante ordem. Consideráveis jazidas de cristal de rocha, amorfo e um pouco leitoso, encontram-se de par com o granito. A terra vegetal, por vezes argilosa, tem cor amarela ou vermelha; é formada, evidentemente, de detritos do granito e contém, em grande quantidade, fragmentos de quartzo e minas pequenas de mica. O rio Piabanha circula entre montículos; tem a aparência de uma torrente e seu leito ora é muito largo, ora estreito. A direção da crista da serra, ou da linha divisória das águas, parece nesta região dirigir-se do norte para o sul. As cadeias e os contrafortes de abaixamento se entrosam uns com os outros, derivados da crista do relevo principal. A estrada de Magé a Sumidouro corre quase francamente para oeste, com um leve desvio para o norte.

O povoado do Sumidouro está encaixado entre altas montanhas que o cercam de todos os lados e fica numa profundidade de 60 pés; as águas límpidas do Piabanha, um dos afluentes do rio Paraíba, rolam com estrépito por entre rochedos, numa série de pequenas cascatas. A meu pedido, trouxeram-me o único peixe que, segundo dizem, se encontra nessas águas; tem o mesmo nome do rio e é bom para se comer.

Desde que deixamos o Rio de Janeiro, a farinha e os biscoitos passaram a substituir o pão. De carne nem mais se falava; mas havia galinhas em abundância, pelo que não tínhamos de nos queixar em matéria de alimentação. Fizemos excursões encantadoras pelas margens do Piabanha, que muitas vezes éramos obrigados a atravessar por cima dos troncos de árvores amontoados pelas enchentes. Seria difícil encontrar paisagem mais interessante do que a oferecida por essa torrente, que ora escachoa com violência de encontro aos grandes penhascos que se erguem em meio à sua passagem, e ora deslisa tranqüilamente através de uma série de canais, formados pela ação contínua das águas sobre a superfície dos rochedos.

A 25, tivemos a grande satisfação de receber uma carta do Sr. d'Osery, pela sorte do qual já nos achávamos bastante apreensivos; dava-nos a notícia de que a tropa tinha chegado finalmente a Porto da Estrela, depois de uma demora em Praia Grande, motivada pelo extravio de alguns animais, e que se aprestava para partir imediatamente. Enquanto esperávamos a chegada de nosso companheiro de viagem, aplicávamos o tempo em estudar os produtos naturais da região. Trouxe-me um negro uma cobra coral, notável pela sua bela cor escarlate. Tinham-lhe separado quase completamente a cabeça do corpo e parecia morta; mas, quando me pus a desenhá-la, começou a contorcer-se violentamente, e assim se manteve durante mais de uma hora. Os negros ainda nos trouxeram, em grande quantidade, exemplares do gorgulho imperial (*Entimus imperialis*), tão conhecido dos colecionadores por causa do brilho de seus reflexos metálicos. Descobrimos ainda uma porção de coleópteros quase microscópicos, da família dos *Pselaphidae*, tidos geralmente como peculiares à região temperada, mas que foram por mim encontrados abundantemente em toda parte da América tropical. Um desses insetos despertava interesse particular; era uma espécie de *Claviger*, que habita, como seus congêneres europeus, o ninho de uma formiga preta. Achamos debaixo de pedras alguns *Elmis*, enquanto um dos nossos conseguiu capturar um *Oxycheila tristis*, inseto encontrado nas rochas e que produz, quando capturado, um ruído bastante forte. Esta mistura de espécies tropicais com formas próprias dos climas temperados é característica dessas montanhas.

A vegetação tinha uma *facies* completamente exótica, facultando ao nosso botânico a coleta de lindos exemplares, entre os quais limitar-me-ei a citar uma soberba *Lobelia*, de flores cor-de-rosa agrupadas numa grande espiga de perto de dois pés de comprimento, e uma magnífica orquídea, com a altura de um metro e portadora de imensa panícula de grandes flores amarelas. Verificamos aqui o fato altamente interessante de que não existe um só grupo europeu de insetos que não tenha representantes no Brasil. Durante o verão, são estes encontrados na planície, ao passo que nas montanhas eles ocorrem durante todo o ano.

O estudo comparativo dos insetos e plantas da localidade em foco demonstra outro fato, digno de toda atenção; é que, ao passo que os primeiros apresentam aspecto nitidamente europeu, a vegetação, pelo contrário, conserva nessas altitudes, aparência inteiramente tropical. Na noite de 28 tivemos uma forte tempestade; no rancho fronteiro à nossa casa estavam acampados os negros, que dançavam à moda africana, misturando em singular contraste, seus bárbaros gritos de alegria aos rugidos da tormenta, ecoados pelas montanhas. Havia nas proximidades belas plantações de café; mas o fruto não é de boa qualidade, por causa da altitude e do frio do lugar. Afinal, no dia 31, tivemos, por um viajante, notícias de nossa caravana; tinha sido encontrada em Córrego Seco, mas, triste era sabê-lo, nas mais desastrosas condições. Três mulas e um cavalo tinham fugido do pasto na noite anterior; as cangalhas tão mal se adaptavam ao corpo dos animais que estes tinham sido cruelmente maltratados, a ponto de vários ficarem fora de serviço. À tarde, uma tropa de pessoas do país nos trouxe seis de nossas cargas, sem o que o Sr. d'Osery se teria visto na contingência de abandoná-las na estrada, por falta de meios de transporte. Nosso companheiro chegou à noite, acompanhado por um português moço chamado Castro, que ele conhecera no Porto da Estrela e que muito o havia ajudado nas suas aflições. Trouxe-nos a notícia desanimadora do desmantelo completo da caravana: muita coisa nos haviam já ensinado algumas léguas de marcha. As mulas eram muito novas e as cangalhas tinham sido feitas sem o menor conhecimento do assunto. Mayer não entendia coisa alguma da incumbência que aceitara; nossos *tocadores* europeus muito menos; mas estes, pelo menos, desempenharam-se com boa vontade.

Mal tinham deixado o Porto da Estrela e já as mulas despejavam as cargas no chão, ou se deitavam, sem que nossos homens, inexperientes, conseguissem fazêlas levantar. No primeiro dia não foram dados mais do que alguns passos. No dia seguinte, depois de mil dificuldades, fora possível contratar um tocador brasileiro; mas não tardou a abandonar o emprego, desanimado com o desarranjo da tropa. Por fim, a custa de esforços incríveis e graças ao auxílio do Sr. Castro, pôde o Sr. d'Osery trazer a tropa até Córrego Seco. Mas aí declarara nosso novo companheiro que ela teria de estacionar até o juízo final, a menos que tivéssemos com que pôr novos meios à sua disposição. Seis de nossas mulas chucras tinham sido trocadas por seis mulas experimentadas, com as respectivas cangalhas; mas não levou muito tempo para ver-se que nos haviam dado animais velhos e imprestáveis. Convencemo-nos de que, antes de tudo, era indispensável dar descanso à caravana, aproveitando o tempo para resolver de que maneira haveríamos de sair de semelhante embaraço.

Trouxeram-nos, nesse mesmo dia, um animal esquisito, conhecido entre os brasileiros pelo nome de "preguiçoso", ou preguiça; é muito comum nas matas e vive sempre sobre as cecrópias, de cujos brotos se alimenta. Os movimentos da preguiça são muito lentos, não tanto porém como se tem afirmado, e muito semelhantes aos do urso. O animal trepa com facilidade, agarrando-se energicamente aos ramos. Fizemos minucioso estudo anatômico desta espécie, que é conhecida entre os naturalistas franceses pela denominação de *Aï à dos brûlé*; é o *Bradypus gularis* de Buppel, e existe no Museu Britânico com o nome de *Yellow faced Sloth*.

A 1° de novembro, o Sr. Weddell foi ao encontro de nossa caravana, que ainda não tinha chegado. Em Magé já encontrou o bom Guilherme que tocava um lote, de cargueiros; estava no caminho, à espera de que alguém aparecesse para ajudá-lo a carregar os animais. Mais adiante, alcançou o Sr. d'Osery e o jovem Castro, que tocavam o grosso da tropa, e, depois, encontrou Eugênio, um de nossos franceses, que vinha à retaguarda, muito vexado, e não sem razão, porque a cada passo as mulas davam bruscas sacudidelas, disparando em galope desenfreado e pondo por terra a carga, à força de coices. Poder-se-á avaliar o grau de nosso desespero imaginando que eram os nossos instrumentos de astronomia, obras-primas da casa Gambey, as vítimas de tantos maus tratos. Afinal, na tarde deste dia, conseguimos reunir todos os restos da caravana; mas, na manhã seguinte, verificamos que duas de nossas mulas tinham fugido durante a noite. Uma delas foi encontrada, mas a, outra, animal de alto preço, não mais apareceu, como tampouco um tocador brasileiro, contratado na véspera e cuja afeição por aquela bela besta já tinha sido notada. Reunidos em conselho, deliberamos arranjar um tropeiro da terra, para que ele nos levasse a nossa bagagem até Chapéu de Uvas, que tem a fama de ser a capital dos burros e das cangalhas e onde nos asseguravam que haveríamos de reorganizar a nossa tropa.

Como não me permitisse o estado de saúde marchar com a mesma rapidez da caravana, ficou combinado que eu ficaria atrás com o Sr. Weddell, viajando em curtas jornadas, até o ponto marcado de encontro. A 5, tudo pronto para a partida, despedimo-nos do nosso hospedeiro, depois de saldarmos uma conta que nos fez pagar mais caro pela farinha de mandioca do que o melhor jantar em Paris. Durante o dia paramos, para descansar, na propriedade do Secretário, pertencente ao Capitão José Manuel. Aí encontramos um francês, que trabalhava no ofício de serralheiro: tinha naufragado no Peru e aqui arribara.

A vasta propriedade em que nos encontrávamos sustentava duzentos escravos e outros tantos animais de tropa; abrange vastas plantações de café e de cana-de-açúcar, possuindo usina própria para o beneficiamento da última. Grande aguaceiro nos reteve nesse lugar mais tempo do que desejávamos e tornou o caminho tão escorregadio que, quando tivemos de subir a ladeira que precede Pampulha, nossos cavalos caíam de joelhos a cada momento. Fomos, por fim, obrigados a descer e puxá-los pelas rédeas, não sendo sem grande dificuldade que alcançamos o alto da colina. Nas bordas da estrada crescia em profusão certa espécie de *Bougainvillea*, coberta inteiramente de magníficas brácteas cor-de-rosa, do mais belo efeito. Às cinco horas chegamos à Pampulha, após uma viagem de cerca de quatro léguas. Instalámo-nos num pequeno quarto sujo e úmido da venda, onde nos serviram muito boa refeição.

O dia 6 foi dos mais quentes; mas esse inconveniente foi esquecido facilmente, diante da magnificência dos quadros que nos foi dado contemplar. Atravessamos florestas imponentes, cortadas aqui e acolá por córregos, que formavam encantadoras cascatas. O caminho, muito mau, passava por entre rochedos. Vimos muitas aves e uma abundância extraordinária de borboletas vistosas. Descemos os últimos contrafortes da serra dos Órgãos, e depois de uma marcha de cinco léguas, chegamos às margens do Paraíba, que atravessamos numa balsa muito bem construída. Na margem oposta acha-se situada a cidade do mesmo nome, onde fomos recebidos com a maior hospitalidade na casa do Sr. Antunes, que nos apresentou sua mulher, polidez muito rara no país. O pai do dono da casa, que viajara muito pelo interior, deu-nos interessantes pormenores sobre as províncias que íamos percorrer.

Depois de Sumidouro, a direção do caminho é geralmente para o norte, ao passo que o das montanhas é de leste para oeste. Vimos numa barroca uma jazida de greda cinzenta com veios pardacentos e roxos, devidos à presença de óxido de ferro. Os granitos que formam sempre a composição geológica do país, apresentam alguns depósitos superficiais de argila. O solo é, de regra, uma terra vermelha, composta de detritos de rocha granítica. Desce-se até o Paraíba, atravessando uma sucessão de gargantas e espigões, sempre em direcção perpendicular ao eixo da serra. Nas proximidades do rancho da Encruzilhada, aparecem gnaisses bem caracterizados; têm cor cinzento-azulada e seus estratos, muito compactos, não têm mais do que duas ou três linhas de espessura. Esses gnaisses, sublevados evidentemente pelo granito, correm paralelamente ao axe do rio; seu mergulho é norte 15 a 20 graus oeste. Assim, as camadas são levantadas para o sudeste, a 15 ou 20 graus do sul. À medida que desce para o rio, as camadas de gnaisse se tornam menos inclinadas, aproximando-se mais e mais da verticalidade, até que, ao chegar ao rio, se tornam efetivamente quase verticais. Elas aí contêm grande quantidade de granadas, e apresentam, graças ao óxido de ferro, uma tonalidade avermelhada, ou mesmo, cor de ferrugem. Perto do rancho da Encruzilhada o mergulho das camadas é tal que ele corresponde a um ângulo de 3 ou 4 graus apenas com o plano vertical, tendo-se assim a prova de que o levantamento se processou do sul para o norte, isto é, de Porto Estrela para o Paraíba, erguendo as camadas cada vez mais, à medida que se chega mais perto deste último. O Paraíba corre em direção ao nordeste e tem o curso muito tortuoso; no ponto em que o atravessamos a correnteza é pouco rápida, mas diz-se que o contrário acontece durante a estação chuvosa, quando atinge, segundo no-lo informaram, a velocidade de doze milhas portuguesas por hora. Aliás, a largura e a correnteza do Paraíba variam conforme as localidades e as estações do ano. É ele muito encachoeirado, tanto acima como abaixo da cidade, constando que algumas de suas quedas têm de 4 a 5 metros de altura. Os rochedos, que se estendem até o meio do rio, tornam impossível a navegação.

De acordo com as informações que nos foram ministradas, os brigues podem subir o Paraíba, desde o mar até São João da Barra; desse ponto até a cidade de Campos só podem subir grandes barcaças ou faluas, e depois, até a Freguesia de N. S. das Dores, a navegação só é possível em simples canoas.

Em Ubá, que está situada a três léguas e meia da cidade de Paraíba, o rio se engolfa entre dois rochedos elevados e muito juntos um do outro. Já dissemos que a cidade de Paraíba se acha à margem esquerda do rio do mesmo nome. Foi construída num terreno cedido gratuitamente pelo marquês de Santo Amaro, que, segundo dizem, descende de um cacique índio; possui uma centena de casas, todas de um só andar, mas muito limpas. Parte delas está edificada em torno de um grande largo, enquanto as outras de construção moderna como as primeiras formam várias ruas, divergindo do centro principal. Por ocasião de nossa passagem pela cidade, haviam acabado de plantar na cidade uma grande quantidade de coqueiros. Vimos como se trabalhava ativamente na construção de uma bela ponte, destinada a substituir a que foi destruída pela última insurreição. Já três pilares se achavam construídos. A ponte deveria ter setecentos e vinte palmos de comprimento total, muito embora, naquela estação, a parte ocupada pela água não tivesse de largura mais de trezentos e sessenta palmos. Como todas as construções da cidade, era feita com um lindo gnaisse azul, extraído de uma pedreira nas margens do rio. É pouco importante o comércio da cidade; seria sem dúvida nulo, se a sua posição não a tornasse ponto de descanso quase necessário às caravanas que passam pela estrada de Minas. Há nos arredores muito belas plantações de café, de cana-de-açúcar e de milho. Construía-se também uma igreja na freguesia; segundo nos informou o cura, havia na aldeia novecentos e cinqüenta e um fogos.

Tínhamos o desejo mais vivo de examinar detidamente uma das grandes lavouras do país, pelo que nos decidimos a utilizar a carta de recomendação que nos tinha dado o Sr. Hilário de Andrada, um dos homens mais influentes e mais hospitaleiros da província. Ofereceu-se para ser o nosso guia um moço, parente do Sr. Antunes. O caminho que tínhamos de percorrer desvia-se um pouco da linha direta e tem pouco mais de quatro léguas. Deixamos às nove da manhã a família que nos tinha acolhido com tanta amabilidade, a ponto de nos fazer esquecer a falta de hospitalidade dos moradores de Estrela.

Percorremos a princípio uma légua de terrenos, em estado mais ou menos avançado de cultivo. Por toda parte em que penetrou a indústria humana, toma a natureza um aspecto triste, em comparação com a magnificência das florestas virgens; vêem-se por todos os lados os tocos dos gigantes abatidos, e os restos carbonizados que se encontram em cada canto atestam que a civilização veio precedida pelo incêndio. Erguem-se nos campos enormes ninhos de térmitas (cupins), alguns com mais de metro e meio de altura; por meio metro de diâmetro. São construídos de terra, têm consistência muito sólida e lembram grandes frades de pedra, de pontas arredondadas. Não tardou que deixássemos a leste a estrada grande, para entrar numa majestosa floresta, cujas abóbadas de folhagem faziam sombra densa por sobre as nossas cabeças, protegendo-nos inteiramente contra os ardores do sol. Em alguns pontos a mata era constituída de imensas touceiras de bambus, alguns dos quais altos de mais de 15 metros; sua leve folhagem, de cor verde claro, entrelaçava-se graciosamente, balouçando-se ao menor sopro do vento. Antes de chegarmos à casa do morador, atravessamos grandes plantações de cana e de café. Fomos cordialmente recebidos pelo Sr. Hilário, tão digno de referência pela sua bela presença, quanto pela polidez e simplicidade de maneiras. Essa propriedade possui cerca de duzentos escravos, um quinto dos quais mulheres. Destas, as que não são ainda casadas, moram numa divisão inteiramente separada. Cada casal recebe como dote um pedaço de terra, para cultivar como lhe convenha. Ficamos sabendo que, a despeito do bom tratamento dispensado aos escravos nesta fazenda, o número deles decrescia anualmente numa proporção de cinco por cento. A maioria das crianças morre de moléstias diversas entre quatro e dez anos de idade, explicando-se o deficit de natalidade em relação aos óbitos, pelo número menor de mulheres do que de homens. Um escravo nascido e criado na fazenda vale mais do que um negro trazido da África; este, porém, é preferível a um crioulo que tenha passado por vários senhores. O Sr. Andrada mostrou-nos sua propriedade com todo pormenor; levou-nos a ver seus engenhos, que são bem montados e providos de máquinas movidas a água, coisa que ali existe em abundância. As construções são belas e espaçosas, os jardins bem cuidados. Vimos com interesse particular um hospital, em que os negros são tratados com todos os cuidados possíveis. Os doentes, na sua maioria, estavam atacados de hidropisia.

Às nove horas da manhã do dia 8 deixamos a fazenda, começando por atravessar imensas plantações e avistando logo depois o Paraibuna, que marca a fronteira entre as províncias, do Rio de Janeiro e Minas Gerais. Essa circunstância não influiu pouco no prazer extraordinário com que viram meus olhos aquele rio, cuja largura, por ser a época de águas mais baixas, era pouco maior que a do Sena, na ponte das Tulherias. Corre ele num vasto leito de pedras escuras, que nesta estação de seca se achavam quase a nu. O caminho ladeia durante algum tempo as margens do rio; ao percorrê-lo, podemos admirar, nas árvores à beira d'água, bandos de periquitos, que enchiam o espaço com a sua algazarra.

Desde que deixamos o Paraíba, as rochas eram constituídas sempre de um gnaisse muito parecido com o granito. O Paraibuna corre para leste, com um desvio de 10 a 20 graus para o sul; serpeia entre margas de gnaisse, compostas nessa região de camadas muito torturadas e contorcidas, mas que no seu conjunto parece inclinarem-se para o leito do rio.

Passamos rente a um imenso rochedo de gnaisse granítico, cuja altura é aproximadamente de 150 metros e apresenta, de certo lado do rio, uma muralha vertical de cerca de 100 metros; esse lado é quase paralelo ao vizinho cotovelo do Paraibuna. Deve atribuir-se essa curiosa formação geológica a uma corrente, que teria tido aproximadamente o mesmo leito do Paraibuna atual, mas muito mais larga e impetuosa. Nenhuma planta crescia nesta vasta superfície, em que parece difícil que até os próprios lagartos se possam suster. Os granitos sobre que o rio corre têm cor preta, ou antes verde escura, provavelmente por causa da presença do óxido de ferro. Esse granito se parece muito com um gnaisse cujos estratos tivessem sido contorcidos de todas as formas por violentas revoluções. A temperatura das águas era de

23 graus centígrados, ao passo que a do ar era de 22°,2. A ponte do Paraibuna tinha sido queimada pela revolução de Minas, em 1842; ficaram os pilares de pedra. Trabalha-se agora na sua reconstrução. Deverá ter cinco pilares e as duas cabeceiras. Fizeram-nos pagar, para atravessar a ponte, um direito de trânsito, que atingiu a soma de 6 francos, pela passagem nossa e dos cinco animais de sela. É por meio de obstáculos desta natureza que se procura cercear a circulação numa região nova, onde o governo deveria, pelo contrário, empregar todos os esforços para facilitá-la. Mostrou-nos o encarregado da cobrança granitos e cristais de rocha rolados que tirara do leito do rio, e bem assim um pedaço de pedra calcária contendo pirita de cobre.

CAPÍTULO V

DE PARAIBUNA A OURO PRETO

A província em que acabamos de entrar é célebre em todo o mundo pela riqueza de suas minas; por infelicidade, porém, seus habitantes, absorvidos na exploração dessas riquezas do solo, deixaram a cultura dos campos em lamentável abandono. Como tínhamos uma carta de apresentação para um fazendeiro rico da zona, dirigimo-nos para sua casa, situada a cerca de três léguas do rio e meia légua à esquerda da estrada principal. Deixando a beira do rio, o caminho vira para o norte e começa logo a subir; dá muitas voltas e às vezes domina o rio. A terra vegetal apresenta uma cor vermelha, devido ao granito que lhe serve de base e de que foi originada. Logo ao subir a primeira rampa acima do rio, vêem-se no caminho fragmentos bastante grandes de mica branca; a seguir, o granito se torna verde carregado. O caminho sobe coleando até o rancho chamado Rocinha do Negro, distante do rio uma meia légua; sobe depois as sinuosidades da rocha, até que, vencidas estas, toma a aparência das estradas da Europa; pareceu-nos muito bonito, comparando com os que acabávamos de percorrer. Essa estrada é nivelada e notam-se no solo por ela percorrido fragmentos de quartzo, de feldspato e de mica. Atravessa-se mais adiante uma abundante jazida de quartzo hialino e compacto, chegando-se depois em granitos verdes, de grãos muito finos e da cor do anfibólio compacto. Num dos cotovelos da estrada encontra-se de novo o Paraibuna, que é atravessado numa leve ponte de madeira. O caminho, depois daí, sobe através de granitos verdes e chega a um rancho pertencente à fazenda que íamos visitar.

As cercanias da fazenda da Soledade parecem-se muito com as da que tínhamos acabado de deixar; os morros que a rodeiam estão plantados com café, cana-de-açúcar e milho; há cercas de distância em distância, para impedir que fujam os animais. As casas de morada, bastante grandes, estão dispostas de modo a formar conjunto muito agradável à vista, e limitado, de um lado, pelo Paraibuna, que é atravessado por uma ponte, fechado por uma barreira e, de outro, por uma série de morros arredondados. Podíamos ouvir o canto cadenciado das longas filas de trabalhadores negros que preparavam o solo para o plantio do algodão. Ficamos muito contrariados ao saber que o dono da casa, o Sr. António José da Silva Pinto, tinha saído a caçar na companhia de alguns amigos, o que nos pôs na contingência de esperar tristemente a sua volta durante várias horas. Todavia, haviam preparado excelente jantar, de que deveríamos participar, quando se ouviu o ruído de cavalos, anunciando a chegada de nosso hospedeiro, que vimos entrar rodeado de uma porção de cavaleiros e escoltado por negros, que traziam, pendurados em varas, diversos porcos do mato, mortos pelos caçadores. Era um bonito velhote, de nobre fisionomia cheia de franqueza, que nos tratou com a mais cordial hospitalidade. Durante a noite, o tempo mudou, começando a chover e fazendo-nos preocupados quanto ao dia seguinte; efetivamente, o escravo que trazia todas as manhãs nosso café anunciou-nos que chovia torrencialmente.

Ao meio-dia o tempo clareou e fizemos selar os cavalos; mas a tempestade recrudesceu imediatamente, pelo que tivemos de ceder às instâncias do nosso hospedeiro, passando com ele o dia, por sinal, que muito agradavelmente. Havia nesta fazenda cerca de duzentos escravos, cuja aparência de boa saúde e jovialidade chamaram a nossa atenção. Ficamos sabendo, com satisfação, que os castigos eram muito raros; o procedimento dos negros era ordinariamente excelente; não havia mesmo lembrança de casos de roubo. Entre estes duzentos escravos havia trinta casados, habitando cada casal domicílio independente. A maior parte dos outros vivia numa grande casa dividida em quartos de seis pés quadrados, contendo cada um seis indivíduos; as mulheres solteiras nunca saíam da casa do dono. Os casamentos fazem-se na igreja e são indissolúveis. Todas as crianças são batizadas, recebendo então o único nome pelo qual devem ser chamadas pelo resto da vida.

Os produtos, principalmente cultivados na fazenda, são o café, a cana, o milho, o arroz e o algodão. Colhe-se também índigo, que cresce espontaneamente, vendo-se ainda alguns pés de chá, que se conservam mais por curiosidade do que mesmo como artigo de comércio.

Um ano depois de semeado, é o algodoeiro um arbusto que começa a produzir, garantindo anualmente colheita abundante de capulhos, cuja fibra é fiada e tecida pelas próprias da casa. Os tecidos assim fabricados servem ordinariamente para o vestuário dos negros e ao fabrico de sacada para o café. São, no primeiro caso, tingidos de anil, ou com o sangue de drago, o *barrancá* ou o *curibá*. O preço da arroba de algodão, no pé, era em média de 4$000 (cerca de 12, francos). Cada arbusto é susceptível de produzir durante 20 anos. Acompanhamos com grande interesse as operações por que passa o café antes de ser entregue ao comércio. A planta nova, vinda da semente, não entra em franca produção antes do quinto ano; não obstante, já se colhem frutos a partir do segundo. A colheita é feita por mulheres e crianças, que transportam o produto, em cestos ou carrinhos, para um terreiro bem liso, onde o café é esparramado, para secar ao sol. O fruto é submetido em seguida à ação de imensos pilões movidos a água, ou por animais, a fim de que se lhe desprenda a casca; os grãos, depois de peneirados, são escolhidos pelos negrinhos, que deles separam todos os fragmentos e impurezas; são finalmente ensacados e enviados para o comércio.

O arroz e o milho formam quase toda a alimentação dos escravos. Planta-se o primeiro nas baixadas planas, não tão pantanosas todavia como as dos Estados Unidos. O segundo dá melhor nas montanhas e é ordinariamente plantado nos cafezais, nos intervalos existentes entre os cafeeiros novos; dá, em regra, cerca de cento e cinqüenta por cento e comido quase sempre sob a forma de farinha. Nos engenhos de açúcar, fabrica-se também aguardente, às custas do melaço resultante das operações de clarificação; usa-se mesmo, às vezes, o suco da própria cana, que se deixa fermentar durante três dias em grandes cubas de madeira, e que é, em seguida, submetido a uma só destilação. A aguardente feita com o melaço é perfeitamente clara e extremamente forte; mas tem sabor desagradável.

A 10, deixamos esta mansão hospitaleira, fazendo cinco léguas e meia de caminho por magnífica estrada e através de sítios encantadores, para cuja beleza contribuía o rio Paraibuna, que em grande parte do trajeto, tivemos de acompanhar. Passamos o arraial de Juiz de Fora e dormimos sobre tábuas numa espécie de hospedaria que, a 11, deixamos, depois de detestável almoço em desagradável contraste com a suntuosa mesa dos fazendeiros, de que éramos hóspedes. Tivemos este dia uma pequena contrariedade, das com que deve habituar-se o viajante que anda por essas regiões. Depois de longa caminhada, perguntamos a um transeunte a que distância estávamos ainda de Chapéu de Uvas, para onde nos dirigíamos; respondeu-nos que distaríamos quando muito uma meia légua. Uma hora mais tarde, como não aparecesse o povoado, interrogamos novamente um natural do lugar, que nos informou estarmos ainda a duas léguas e meia. Cito esse fato, aliás sem importância, somente para evocar as mesmas brincadeiras de mau gosto a que o estrangeiro se vê sujeito na Europa, e principalmente em Paris. Chegamos por fim ao vilarejo procurado, que se compunha de umas 15 ou 20 casas e onde, no rancho que precede a fazenda de Antônio Alves Pereira, fomos encontrar a nossa tropa, já descansando aí desde a véspera. Pouco tardou que nos metêssemos no meio dos camponeses do lugar, discutindo com eles o que para nós era o mais importante de todos os assuntos, a saber, a reorganização de nossa tropa.

Desde a saída da fazenda do Sr. Silva, começamos a atravessar solo gnaissico, cujos estratos, dirigidos do sul para o norte, mergulham de 8 a 10 graus para o sul; esse terreno é atormentado e encerra consideráveis camadas de quartzo bem estratificado. Na superfície encontra-se também terra vermelha, em estratos irregulares; aparecem, em seguida, justapostos ao gnaisse, granitos cinzentos em grandes blocos, às vezes porfiróides. Quarenta e oito horas de permanência na povoação demonstrou-nos a impossibilidade de nela reorganizar a nossa tropa, pelo que tomamos a resolução de adiar esse projeto para quando chegássemos em Barbacena. No Brasil, nada é possível conseguir no lugar em que nos encontramos; mas sempre nos garantem que, mais adiante, tudo será fácil. Pousamos no lugarejo chamado Pinho Novo, situado a meio caminho de Barbacena e onde tudo dá a impressão da mais extrema miséria. Deixamos a 14 este melancólico retiro, dizendo adeus, não sem grande sentimento de pesar, às belas matas virgens em que até então nos tínhamos achado. Antes de chegar à região dos campos, onde fica o rancho do Nascimento, devíamos galgar a serra da Mantiqueira, em cujo cume tem começo o grande planalto de Minas Gerais. Fizemos esta ascensão debaixo de grande chuvarada. A estrada não estando ainda concluída neste trecho, forçou-nos a tomar por um caminho muito mau que as chuvas tinham tornado muito escorregadio e quase impraticável, fazendo com que os nossos cavalos caíssem a cada passo, sob o nosso peso. Assim, foi com extraordinária alegria que atingimos o ponto culminante da serra, cuja altura, por meio do barômetro, verificamos ser de 1.000 metros, acima do nível do mar. Os campos diferem muito em aspecto daquilo que havíamos suposto; são formados de morros, quase todos da mesma altitude, e cobertos de vegetação herbácea, com exceção apenas de alguns pontos em que aparecem, à semelhança de oásis, pequenos trechos de mata. Entre as gramíneas, vêem-se por toda parte os ramalhetes lilases das flores de uma melastomácea; as lindas corolas róseas de uma encantadora *Pavonia*, e as pétalas amarelas ou vermelhas de várias espécies de bonitas leguminosas. As palmeiras, que nos tinham acompanhado até os limites da mata, desapareceram quase inteiramente; só a *Astrocarya* aparecia uma vez por outra, ou o *Cocos oleracea*, cultivado em alguns lugares. Nos arredores de Chapéu de Uvas, observou o Dr. Weddell um esplêndido representante desta família (*Attalea compta*), cujas vastas folhas verdes apresentam aspecto muito particular, devido à direção lateral dos dois lados. Mas o que tínhamos perdido de um lado, ganhávamos por outro. As *Araucaria*, essa soberba conífera da América Meridional, tornara-se de tal modo abundante, que, na orla de certas matas, chegavam a .constituir a vegetação quase exclusiva; reapareciam, não raro, nos capões situados no meio dos campos. As torres, da igreja de Barbacena foram por nós avistadas, assim que entramos na zona despida de florestas.

Na mata, havia só a estrada por onde viemos; nas planícies, pelo contrário, ela se divide em mil caminhos, cuja cor avermelhada os faz destacar por entre a vegetação. O caminho desce às vezes em grotas, mas, de modo geral, vai sempre subindo até Barbacena. Uma légua antes de chegar à cidade atravessamos, por uma pequena ponte coberta, o rio das Mortes, cuja direção nesse lugar é de su-sudoeste e corta a estrada perpendicularmente. Esse córrego, por intermédio do rio Grande e do Paraná, é um dos formadores do rio da Prata. O Registro Velho, situado perto da ponte, compõe-se de oito a dez casas, agrupadas à margem do rio.

A partir de Chapéu de Uvas o solo era constituído de gnaisse, de camadas fortemente inclinadas do norte para o sul. O Sr. d'Osery mediu inclinações de 40 a 5O graus. 0 terreno é violentamente enrugado e atormentado, contextura de que também participa a terra vermelha que cobre o gnaisse. Muitos fragmentos de um itacolumito muito friável são encontrados pelo caminho; estes fragmentos pertencem a planos do gnaisse, espaçados, paralelos e orientados de este para oeste. Começam estes itacolumitos a aparecer na vizinhança do rancho de Benfica. Ao nos aproximarmos da Mantiqueira achamos gnaisses e a passagem para o terreno de itacolumito; depois um terreno muito revolvido, onde este mineral forma filões no gnaisse e no granito. A fragmentação é em grãos grossos, dando à rocha a aparência de mosaico. Os gnaisses passam do vermelho ao violeta e ao cinza; sua estratificação é, em geral, do norte para o sul. A direção geral da serra é de nordeste a sudoeste, e a estrada que seguíamos é-lhe perpendicular. No cume da serra as camadas do gnaisse aproximam-se da horizontalidade, mergulhando um pouco para o sul. Depois, no novo caminho que começa no alto da montanha, a rocha apresenta ondulações, que correm para o nordeste. Encontra-se adiante a mesma formação gnáissica, fortemente sublevada e intumescida, com filões de itacolumito em forma de mosaico. Entre Registro Velho e Barbacena atravessam-se um ou dois filões de feldspato correndo de leste para oeste, e jazidas de marcas cinzentas ou pretas.

Impressionou-nos Barbacena pelo seu aspecto sorridente, apesar do capim que cresce nas suas três ou quatro ruas, e do seu reduzido número de habitantes; mas havia bem tempo que não víamos qualquer população. Passamos em frente de duas igrejas uma das quais, começada desde muito tempo, parecia fadada a nunca ser concluída.

Só ao entrar na cidade verificamos ter perdido as cartas de recomendação que nos haviam dado para diversos moradores. Vimo-nos muito embaraçados, descobrindo a muito custo um péssimo albergue, onde nos demos por muito satisfeitos, apesar de sua extrema sujidade. Fizemos uma visita ao vigário, que sabia alguma coisa de francês e graças ao qual fomos conduzidos a diversos dos principais habitantes do lugar. Contavam-se entre estes dois médicos; um deles, que dizia ter feito os seus estudos médicos na Europa, revelou-nos importante descoberta que acabara de fazer, da transformação de uma *formiga* em *musgo*!

Já um seu colega do Rio nos havia consultado sobre uma observação não menos curiosa: tratava-se da faculdade, por ele atribuída a certa árvore de sua vizinhança, de desviar a agulha imantada. Tentamos repetir a tal experiência em sua presença sem nada conseguir; mas ele não se deu por vencido, declarando que a bússola de Gambey não prestava para nada.

Barbacena não era, há cem anos atrás, mais que uma aldeia miserável de seis ou oito casas, chamada Arraial da Igreja Nova da Borda do Campo. Só em 1791, quando o marquês de Barbacena permitiu que lhe dessem o seu nome, passou ela a ter o título de vila, anexando ao seu patrimônio grandes propriedades, cedidas por um rico morador. Em 1841 foi elevada à categoria de cidade. A primeira igreja paroquial era no lugar chamado hoje Registro Velho, situado uma légua ao sul da cidade atual. Alguns habitantes da cidade nova, vitoriosos numa contenda que tiveram, em conseqüência de uma desinteligência com os de Registro, arrebataram a padroeira da igreja de Nossa Senhora da Piedade, colocando-a num pequeno templo de madeira, mais tarde substituído por uma igreja de pedra. A cidade é centro de uma paróquia que conta com cerca de 18.000 almas, aí inclusos os negros das fazendas.

A cidade sozinha tem perto de 4.000 habitantes. A água é escassa. O planalto de Barbacena, cuja altitude média é de 1.172 metros, dá nascimento ao Paraibuna, ao rio da Prata e, um pouco além da cidade, ao rio São Francisco.

A 18, pela manhã, recebemos a visita de um francês estabelecido desde alguns anos na cidade, onde tinha exercido a profissão de engenheiro, sendo, nessa qualidade, encarregado da construção de um trecho da nova estrada. Todavia, depois do movimento revolucionário que estalou em Minas, foi não só destituído do cargo, mas ainda preso. Havia três meses que tinha aberto uma loja, para a venda de fazendas, bebidas, etc. Parecia muito satisfeito com os seus negócios. Nosso compatriota, que se chamava Renaud, tinha viajado largo tempo em várias províncias do Brasil, e morado entre os Botocudos. Fez empenho em dar-me um vocabulário da língua desses selvagens, procurando ser-nos útil por todos os meios. Aconselhou-nos a não ficar muito tempo na baiuca para onde tínhamos consentido que nos levassem, e acabou por conseguir que nos instalássemos numa das melhores casas da cidade.

Cientificou-nos que havia as maiores dificuldades para a organização da nossa tropa em Barbacena. Isso porque, embora essa cidade seja o centro para o qual convergem as numerosas caravanas que vão e voltam das minas, por preço nenhum poderíamos nela encontrar nem mulas, nem cangalhas, nem tropeiros. Em Ouro Preto, porém, tudo isso seria, pelo contrário, muito fácil. Felizmente já tínhamos então feito a nossa experiência com referência a essas situações, pelo que declaramos que não deixaríamos a cidade senão depois de conseguir o nosso principal objetivo. Nesse meio tempo entregávamo-nos às investigações habituais. Pouca coisa de interesse oferecia o reino animal nos vastos campos que rodeiam a cidade. Às nossas coleções ornitológicas vieram juntar-se, apenas um pavó, uma alma-de-gato, um andorinhão preto, uma araponguinha, um jacu, alguns suiriris, bem-te-vis, cotovias e caga-sebos. Entre os reptis, achamos duas espécies de jararaca, que pertencem ao gênero *Trigonocephalus* e figuram entre as cobras mais perigosas do Brasil. Uma delas, capaz de atingir oito pés de comprimento, é conhecida pelo nome de jararacuçu. Colecionamos também diversas cobras coral, reconhecíveis pela bela cor vermelha que nelas sempre predomina. Pertencem a espécies muito variadas e são muito temidas, aliás sem motivo, pelos filhos da terra. Mais tarde, em Goiás, é que pudemos achar a explicação para o terror que elas inspiram; achamos, de fato, nos arredores dessa cidade, uma espécie nova de serpente, quase em tudo semelhante às que já conhecíamos, mas possuidora de dois dentes, inoculadores de veneno. As anfisbenas, conhecidas pelo nome de cobra-de-duas-cabeças, são espécies inteiramente inofensivas. Introduzem-se às vezes nas habitações, como também o faz uma grande cobra muito bonita, de colorido negro pardacento, com pintas dos lados, ventre branco, ladeado de manchas escuras e arredondadas.

Não farei menção a mais nenhum outro reptil, a não ser uma linda perereca verde, de tamanho bastante grande, ventre amarelo, flancos ornamentados de manchas alaranjadas e azuis, e patas marmorizadas de cores diversas. Nas cercanias da cidade descobrimos duas espécies de sanguessugas, capazes de prestar grandes serviços à medicina da terra. Uma delas, a *Hirudo asperata*, tem o corpo pontilhado, verde amarelado do lado de cima, com muitas linhas longitudinais escuras e às vezes interrompidas. A superfície do corpo é coberta de asperidades, em forma de pequenos tubérculos cônicos, pardo-amarelados; esses tubérculos, cujo número varia de dois a seis, são dispostos em linhas transversais. Os lados são brancacentos e transparentes; o ventre é de cor branca suja, com duas séries longitudinais de tubérculos; os segmentos do corpo são muito numerosos. A segunda espécie, *Hirudo ventralis*, é lisa, tem o lado inferior do corpo verde claro, com uma lista longitudinal preta na linha mediana, e sete faixas igualmente longitudinais, às vezes descontínuas, de modo a constituírem manchas alongadas e lunuladas, de cor lívida. Os flancos são amarelos; o lado ventral avermelhado, com algumas nódoas laterais escuras. Esta espécie é maior e especialmente mais comprida do que a primeira. Pudemos assegurar-nos de que, ambas possuem excelentes propriedades úteis à medicina.

O Sr. Weddell percorria os arredores, em busca de plantas; procurava acompanhar-se sempre das pessoas mais instruídas do lugar, a fim de conhecer as que pertençam à matéria médica do país. A maioria delas tinham emprego nas mordeduras de cobra; uma, porém, era muito temida, pelo uso que, segundo diziam, dela faziam os negros, para envenenar os senhores. Todavia, é de crer que esta planta tenha feito bem poucas vítimas, visto não ser outra coisa senão um espinheiro de flores dobradas. Cita Weddell, entre as plantas que colecionou, um bonito *Loranthus* de flores vermelhas e muitas lindas aráceas, uma das quais, achada numa mata pantanosa, tinha vários metros de altura; enquanto outra, chamada bananeira-do-brejo, produz um fruto muito estimado pelo seu sabor doce e agradável. Nos banhados dos arredores, ele achou um número bastante grande de utriculárias, dróseras e muitas lindas orquidáceas.

Do meu lado, eu fazia com o Sr. d'Osery interessantes excursões geológicas, de que darei o resumo. Forma a base do solo um gnaisse xistoso, ordinariamente vermelho e muito micáceo; é ele recoberto de uma espessa camada de humo vermelho ou amarelado-ocre, com leve porção de argila. Vêem-se por todos os lados grandes barrocas, algumas devidas aos trabalhos dos mineiros na extração do ouro, mas que na maioria são verdadeiras grotas cortadas a pique pela erosão das águas ou talvez por tremores de terra. Estudando o terreno situado no sul da cidade, reconhecemos um filão bem caracterizado de feldspato, dirigido para oeste 25 graus sul, e vários outros de, itacolumito, orientados no mesmo sentido e de superfície em mosaico. Numa ravina situada no mesmo lugar, observamos, a pouca distância do solo, margas cinzentas e brancas, e uma camada muito notável de uma espécie de turfa escura, contendo fragmentos carbonizados de vegetais. Esta camada tem cerca de um metro e cinqüenta centímetros abaixo da superfície do solo; ela corre para o noroeste e reaparece em várias outras ravinas, em cuja profundidade achamos também filões de quartzo em pedaços arredondados e rolados, dispostos em estratos no gnaisse e no xisto micáceo. Ficamos sabendo que a uma légua e meia mais ou menos ao sul de Barbacena, havia uma jazida de óxido preto de manganês e que meia légua para leste se extrai uma pedra muito mole e friável (talco verde e pastoso). É esta utilizada para fazer utensílios domésticos e para fazer pesos; foi também empregada às vezes na construção de edifícios, e particularmente em certos acabamentos arquitetônicos da igreja cujos trabalhos tinham começado.

O filósofo Guilherme teve aqui a fantasia de degolar um de seus companheiros de viagem, outro criado francês, perseguindo-o, uma bela noite, de sabre em punho. Como nos opuséssemos a este seu projeto, quis abandonar a expedição. Já havia eu percebido que esse pobre homem era sujeito a singulares alucinações, pelo que, quando me comunicou suas intenções, procurei dissuadi-lo. Pôs-se, então, a chorar, queixando-se de que tinha perdido a minha confiança, uma vez que sempre o deixavam na retaguarda, ao passo que o marinheiro Eugênio acompanhava o primeiro lote de mulas. Tive de lhe explicar a razão desse procedimento, que visava deixar sob sua guarda a mula carregada com o tesouro público. Atirou-se então aos meus pés e, batendo a cabeça de encontro à parede, jurou-me eterna fidelidade.

Começávamos a nos acostumar com a comida do país, ao feijão preto, à farinha de mandioca em vez de pão, e aos volumosos tubérculos de uma dioscoreácea chamada cará, usada em lugar da batata; mas, força é dizê-lo, tudo isso é singularmente mau e bem pouco próprio a restabelecer meu estômago doente. Aqui, como em quase todo Brasil, o doce é comido com queijo salgado. Os habitantes deram-me a impressão de serem amáveis, polidos e serviçais; não obstante, assegura-se que são comuns os assassinatos; alguns são possuidores de consideráveis fortunas. Observamos que, mau grado o calor excessivo, as pessoas de recurso tinham o hábito de se vestirem com enormes e pesadas capas. As mulheres, que deviam ter razões particulares para não escrever, têm o costume de se corresponderem por meio de flores, que mutuamente se enviam. Essa linguagem faz parte de sua educação. Durante o tempo de nossa estada em Barbacena caíram tempestades todas as noites; ambos os lados do horizonte eram então iluminados pelos relâmpagos mais fortes. Aqui, fiz trato com um dos primeiros tropeiros da terra, chamado Domiciano, a fim de que, por muito bom preço, nos transportasse toda a bagagem até Paracatu. Conservamos conosco apenas duas mulas cargueiras, destinadas a transportar os objetos mais indispensáveis e os instrumentos de que necessitávamos com maior freqüência. Contratei, para conduzi-las, um arrieiro muito inteligente, de nome José, que nos ficou prestando serviços perto de dois anos. Este homem, muito entendido em tudo quanto dizia respeito ao manejo de uma tropa, era filho de um índio e de uma mulata. São muito comuns aqui mestiços como este, havendo eu obtido a este propósito as informações que se seguem:

1 º - Os filhos de brancos com índias parecem-se com as mães; têm os cabelos duros e os olhos oblíquos.

2 º - O produto de um índio com uma negra chama-se caboré; tem cabelos encarapinhados, olhos oblíquos e cor bronzeada escura.

3 º - Os mestiços de índio com mulher caboré têm os cabelos quase lisos, ligeiramente frisados, olhos oblíquos e cor semelhante à do índio.

4º - O cruzamento desses mestiços com índios, parecem-se completamente, com os últimos, podendo considerar-se puro-sangue.

5 º - Os filhos de brancos com mestiços nº 1 têm a pele levemente cobreada, os cabelos duros e os olhos oblíquos.

6º - Os mestiços de branco com os do número precedente são brancos; os cabelos são lisos como nos europeus, mas sempre de cor negra carregada; os olhos ligeiramente oblíquos.

7º - Finalmente, o mestiço de um branco com o nº 6 pertence inteiramente à nossa raça.

No que respeita aos negros, muitas conversas com os lavradores afirmaram-me que os produtos se tornam brancos ao cabo de quatro gerações mestiças, ao passo que são necessárias cinco gerações para voltar ao tipo negro, o que representa bela prova a favor da progressão das raças.

A 28 de novembro deixamos Barbacena, achando-nos novamente em campos ondulados, interrompidos aqui e ali pelos capões de mato. Tomamos a estrada grande de Ouro Preto, embora fosse difícil nos convencermos de que esse miserável caminho, perdido numa rede de outros tão maus quanto ele, era a unica via de comunicação entre as duas grandes cidades. Na maioria das vezes só com ele acertávamos seguindo o rasto deixado pelas mulas. Atravessamos o ribeirão de Alberto Dias, afluente do rio das Mortes, que aqui corre diretamente para o sul, mas deve certamente desviar para o oeste, antes de unir-se ao último. Passamos este rio por uma ponte de madeira coberta, comprida de seis ou oito metros. Depois do rancho de Ressaquinha, atravessamos um córrego que despeja no Alberto Dias. A formação geológica observada nesse dia assemelha-se à de Barbacena. Às cinco horas da tarde, depois de uma marcha de sete léguas, chegamos à fazenda de Carandaí, que pertence à irmã de nosso tropeiro Domiciano e cortada pelo pequeno riacho do mesmo nome. Ao nos aproximarmos deste sítio encontramos pelo caminho fragmentos de quartzo de itacolumito e granito cinzento, de granulação muito compacta. Passamos no sítio o dia 29; porque, tendo verificado que se quebrara o nosso barômetro, tornou-se necessário mandar, a toda pressa, um portador em Barbacena, para trazer um dos que ali tínhamos deixado. A localidade de Carandaí é muito interessante, porque é muito aproximada do divisor das, águas do rio São Francisco e rio da Prata. O rio Carandaí tinha nesse lugar cerca de cinco metros de largura; medimos-lhe a correnteza e verificamos, em três experiências, que um flutuador gastava em média trinta e cinco minutos para percorrer um espaço de vinte e quatro passos.

Cunha Matos fala da interessante descoberta, nas margens deste rio, de um crânio gigantesco, provavelmente de mastodonte e coberto ainda de pêlos muito grossos e com palmo e meio de comprimento. Estavam cortados em forma de coroa e muito bem conservados. Esta descoberta, que parece ter sido feita em terreno argiloso, apresenta um fato curioso e quase inexplicável. É verdade que se têm descoberto, mais de uma vez, animais antediluvianos conservados intactos, pêlos inclusive, entre os blocos de gelo da Sibéria; mas, nos países quentes, nenhuma descoberta desta natureza já foi feita. Depois daí é difícil de explicar como em tais circunstâncias possam porções do pêlo do animal resistir à destruição, não só por efeito das causas naturais, mas ainda em virtude do ataque pelos seres variados que pululam nessas regiões. A 30, apesar da chuva que caía, pusêmo-nos em marcha muito cedo, em direção a Queluz, que ficava a seis léguas de distância. A estrada, cuja direção geral é para o sudeste, é má e muito difícil de seguir. A crista divisora das águas se encontra entre Taipa e Engenho. O rio Taipa verte no Carandaí e, por conseguinte, no rio da Prata. É um simples regato, que se atravessa a cavalo e não tem mais que dois metros de largura. De seu lado, o rio do Engenho, que é ainda mais estreito, lança-se no Paraopeba, que é um dos afluentes principais do rio São Francisco. Em Queluz fomos recebidos hospitaleiramente em casa do Coronel Inácio Barbosa, para quem trouxéramos uma carta de recomendação. A 1° de dezembro, saímos sem demora a conhecer a cidade, que se compõe de umas quarenta casas, alinhadas ao longo de uma rua única; das duas igrejas, uma tinha sido muito maltratada durante a última revolta. Às nove horas, montamos novamente a cavalo, para continuar nossa viagem em direção à capital de Minas. A cor do solo variava entre o vermelho e o violeta; entre Engenho e as margens do rio Atrás-do-Morro, encontramos um filão de minério de ferro, dirigido no sentido norte, 20 graus para leste. Atravessamos depois vários filões de quartzito itacolumítico, particularmente abundantes entre o Paraopeba e Bananeiras; saindo do Paraopeba, subimos uma rampa onde nos chamaram a atenção massas de siderocristos. Nas barrocas vêem-se, a pequena distância da superfície do solo, camadas de marga, entre as quais encontramos repetidas vezes a marga turfosa e preta dos arredores de Barbacena. A estrada é muito ruim e em muitos lugares esburacada pelas chuvas; dirige-se para o norte, descendo vales e subindo encostas, que freqüentemente contorna. O principal povoado por onde ela passa é a aldeia de Varginha. Nesse mesmo dia, passamos uma porção de riachos, afluentes todos do Paraopeba.

O doutor, que tinha ficado atrás, sofreu, caindo do cavalo, a luxação de um dedo. Só à noite nos pôde alcançar em companhia de um moço alemão que ele tinha encontrado, e que ia a Ouro Preto pedir ao Presidente a libertação de um seu compatrício, preso por ocasião dos últimos acontecimentos políticos. A 2, fizemos a ascensão da serra de Ouro Branco, por um caminho não somente difícil, mas até muito perigoso, visto como a pata de nossos cavalos resvalava a cada momento sobre a superfície untuosa e reluzente das rochas que constituíam a base da formação geológica. É principalmente próximo ao cume da montanha que o caminho sobe como se fosse uma escada talhada na rocha. Magnífica é a vegetação nestas altitudes; o Sr. Weddell sentiu-se de tal modo arrebatado pela beleza das plantas, que ficou assentado consagrar ele um dia inteiro na colheita de amostras, enquanto o Sr. Deville e eu continuaríamos o nosso caminho. Refere-se o doutor, com muita admiração, às Vellozias que abundam na localidade, e cujos troncos nus e esgalhados se erguem à altura de dois a três metros, para terminarem em feixes de folhas rijas e aceradas, por entre as quais aparece uma grande flor azul-violeta, muito semelhante na forma ao lírio cultivado.

Saindo de Queluz, tínhamos atravessado um terreno de cambiantes ora vermelhas, ora violetas, e sulcado de filões de quartzito em mosaico. Esta formação repousa sobre os gnaisses e os micaxistos que reaparecem mais longe. Estas últimas camadas estão muitas vezes subordinadas a camadas de siderocristos muito ferruginosos. A serra de Ouro Branco é formada de itacolumito xistoso, cujas camadas mergulham para leste de 20 a 25 graus. A direção geral da grande encosta que subimos é quase de leste para oeste; mas a serra parece voltar-se para o sul. No ápice da montanha parece estarmos numa cratera de sublevação, de seis a oito léguas de diâmetro. Nesse mesmo dia, tivemos de atravessar vários afluentes do São Francisco. A 3, muito cedo, parti para o sítio de Dona Vicência, deixando para trás, não só o Sr. Weddell, como já ficou dito, mas também o Sr. d'Osery, que resolvera permanecer no local, à espera do portador que tinha ido buscar o barômetro. Depois de termos andado, durante, uma meia légua, pela nova estrada, que serviria bem até para veículos, entramos de novo na estrada velha, que conduz às minas de topázio, e era má como de costume. Aparecem por toda parte os xistos teimosos e os itacolumitos; pouco depois encontram-se siderocristos, muito ricos em ferro. A mina de topázio de Capão é uma pedreira cavada em céu aberto e um pouco esboroada pela irrupção das águas pluviais. Está toda situada nos folhelhos talcosos que servem de leito ao topázio. Eu tinha o maior interesse pelo estudo dessa localidade; pusêmo-nos assim logo a trabalhar, o Sr. Deville e eu, ajudados por alguns negros, encarregados de extrair as pedras. Entre as diferentes substâncias acumuladas, nas camadas muito irregularmente superpostas, uma existe, análoga ao caulim, fácil de pulverizar entre os dedos e que serve de ganga imediata ao topázio; encontram-se também nelas cristais de quartzo e de ferro oligisto, espécie de talco terroso, impregnado de grande quantidade de hidrato de ferro, e cuja cor varia do branco ao pardo. Nossas buscas foram afinal coroadas de sucesso; descobrimos topázios, cujo valor era comercialmente nulo, mas muito importantes do ponto de vista científico. Eram cristais prismáticos, na sua maioria, cor de mel, mas às vezes de um belo colorido róseo. Encontram-se também na mina blocos de um talcito lamelar estratiforme, de cor cinzento-prateada, tingida de violeta, e incluindo numerosos cristais de pirita ferruginosa. Tínhamos examinado a mina e preparávamos para partir, quando chegaram nossos companheiros. Várias horas, passadas debaixo de ardente sol a estudar o lugar, despertaram em mim a curiosidade, de levar mais longe minhas investigações. Meu desejo era chegar no mesmo dia em Ouro Preto, a famosa capital da província de Minas. Combinamos por isso, o Sr. Deville e eu, seguir ainda uma vez na frente, deixando para trás os Srs. Weddell e d'Osery.

Antes, porém, de continuar o relato de nossa viagem, lancemos um olhar para a curiosa formação de Ouro Branco.

Quando se sobe a serra do Ouro Branco, vindo da cidade do mesmo nome, atinge-se, logo depois de passar o cume, uma espécie de cratera, uma de cujas paredes seria formada pelo flanco da montanha que se acaba de subir. A cratera geológica, cujo diâmetro é pelo menos de quatro ou cinco léguas, é irregularmente acidentada de valos e contrafortes, cobertos de uma rica vegetação de gramíneas, onde buscam nutrição rebanhos de bois. A sede da fazenda do Capão é composta de uma casa bastante grande e de um rancho. Está situada precisamente na cratera, cerca de três léguas de Ouro Preto.

A mina de topázio, hoje abandonada, no que se refere pelo menos à exploração regular, é, como ficou dito, uma espécie de pedreira aberta e se assemelha muito às numerosas barrocas que se vêem de um e de outro lado da estrada, desde Barbacena até Ouro Preto. Ela está rodeada de todos os lados pelas formações de siderocristos diversamente caracterizados, isto é, contendo quartzo e óxidos de ferro, em variáveis proporções. Este terreno de siderocristos repousa sobre o itacolumito e os xistos talcosos. Quanto à formação de topázio em si, é ela uma espécie de cascalho superposto a todas estas rochas e fortemente revolvido pelas águas. É aliás difícil, mesmo na mina, fazer-se perfeita idéia do que ela era a princípio, de tal modo as terras foram evidentemente escavadas pelo trabalho humano.

É muito complexa a composição do cascalho topazífero; na ravina são encontrados pedaços de quartzo de todas as qualidades, cristalizados e amorfos, minas de siderocristos diversamente ricas em metal, gnaisse friável, violáceo ou avermelhado, talcoxisto rolado e branco como prata, micaxistos amarelos e cor de ferrugem, argila ocrácea, mais ou menos rica em ferro e detritos feldspáticos micáceos. Encontra-se, por fim, uma espécie de ganga secundária, branca como farinha de trigo, muito semelhante ao caulim e proveniente de rocha feldspática primitiva. É sempre neste último componente do terreno que se encontra encaixado o topázio, juntamente com prismas de quartzo e euclases cristalizadas. Sua cor e aparência são ordinariamente semelhantes à do âmbar amarelo, e comumente se apresenta sob a forma de prismas quadráticos. O topázio, mediante fratura ou clivagem, conserva em suas duas extremidades superfícies planas, às vezes podem encontrar-se prismas com uma das extremidades talhadas em ponta de quatro faces; porém, é ainda muito mais raro serem as duas pontas talhadas desse modo. Os topázios violeta e róseos são muito comuns; são, pelo contrário, muito raros os brancos e perfeitamente límpidos. Foi sempre desta mina que se extraíram as euclases; mas não pudemos ver nenhuma à nossa passagem, parecendo ser hoje muito raro encontrá-las.

Os pedaços da formação em que há topázio são ordinariamente envolvidos por argila ocrácea, fortemente matizada de ferrugem e incluindo, empastados, fragmentos de quartzo, de siderocristos e palhetas de mica; parece evidente, em vista da composição do cascalho, que o topázio ali existe num depósito secundário. Jazem na própria mina pedaços de quartzo contendo grandes placas de ferro oligisto, ao passo que na formação de siderocristos que os envolve encontram-se, grandes amostras do mesmo metal, exatamente análogo ao da Ilha de Elba.

O caminho por onde seguimos ao deixar a mina de topázio é seguramente um dos piores do mundo; abandonado desde muito tempo, estava esboroado em muitos lugares, pelo que em qualquer outro país seria considerado impraticável. Nossa situação se tinha tornado ainda mais penosa em conseqüência dos constantes aguaceiros; mas escolhemos este caminho pelo fato de atravessar uma segunda mina de topázio, pertencente a um português velho, que há muitos anos a fazia explorar por escravos. Mostrou-nos este português uma coleção interessantíssima dos objetos mais notáveis por ele encontrados em suas escavações; havia nela prismas tão extraordinários pelas suas enormes dimensões quanto pelo brilho das cores, que variavam do mais puro branco ao amarelo alaranjado e do vermelho vivo ao violeta carregado. Admirei mais que tudo soberbas amostras de euclase, cujos cristais de grande dimensão se tornam cada dia mais raros. Consegui nesse lugar alguns prismas com duas pontas; depois, querendo alcançar a cidade antes de anoitecer, apressei-me em continuar a jornada. Entretanto, atrasado pelo incrível mau estado do caminho, só cheguei com escuro em Ouro Preto, a antiga Vila Rica.

Saindo de Capão, entra-se em terreno de folhelhos (*phyllos*), bem caracterizado; aparecem depois siderocristos de formas diversas e composição variável, a que finalmente se segue o itacolumito xistoso. Em alguns pontos da estrada os itacolumitos passam aos micaxistos; todos os estratos destas duas rochas são inclinados 35 a 40 graus sobre o horizonte e mergulham para leste. Ao nos aproximarmos de Ouro Preto, os siderocristos e o itacolumito se apresentam em placas enormes.

Não foi sem perigo que circulamos, com os animais exaustos de cansaço, nas ruas estreitas e tortuosas de Ouro Preto, cuja topografia é a mais irregular que imaginar se pode. Nessas descidas abruptas, as patas das cavalgaduras são apenas, seguras pelas pedrinhas angulares que servem de calçamento. Já se tinha tornado escura a noite e ainda vagávamos por este dédalo desconhecido, sem sabermos para onde nos devíamos dirigir, mas, interessados em descobrir alguma coisa que se pudesse chamar de hospedaria, já imaginávamos ter de dormir à luz das estrelas, quando um padre, ao passar por nós, verificando que éramos estrangeiros, acercou-se benevolamente de nós, oferecendo-nos os seus serviços. Graças a ele, fomos pouco depois alojados no pior albergue, do mundo, tal como nem na Espanha deverá existir um igual. Pela manhã, fomos à procura de um negociante francês, o Sr. Salvador, para o qual tínhamos uma carta. Ele estava ausente; mas, fomos recebidos muito amavelmente pela família, que procurou para nós uma excelente casa. À noite chegaram os companheiros, pelo que nos achamos todos novamente reunidos. Pouco, tardou que recebêssemos a visita do Major Andrea, filho do presidente da província, que vinha, em nome do pai, pôr à nossa disposição os serviços do governo. Só tivemos o que elogiar na polidez e excelentes maneiras desse jovem oficial. Conhecemos nesse mesmo dia o Sr. Claussen, naturalista dinamarquês, cujos vinte anos de pesquisas no Brasil proporcionaram tantas riquezas aos museus da Europa. Estava acampado a uma légua da cidade e continuava sempre em seus trabalhos. Instou para que visitássemos a Cachoeira, seu quartel-general, a quatro léguas da cidade. No dia 6 fizemos uma visita ao General Andrea. Seu palácio (assim é que se chama no Brasil a morada dos presidentes) tem uma forma algo parecida com a de um castelo feudal. Protegem-no três pequenas peças de artilharia.

Encontramos na pessoa do presidente um homem instruído e de maneiras muito simpáticas; ele nos prometeu utilizar toda sua influência para facilitar nossa viagem, promessa que cumpriu em toda linha. O General Andrea era filho de Portugal, e tinha feito as guerras da Península.

Ao saber do meu desejo de conhecer alguns dos botocudos que habitam a província, o general destacou imediatamente um portador às margens do rio Doce, com a ordem expressa de trazer dois dos melhor caracterizados. Fomos depois visitar os principais edifícios da cidade, entre outros, o palácio da justiça, que é um belo prédio e serve também de cadeia. No dia seguinte recebemos a visita do presidente, que nos deixou cada vez mais cativos pelo tratamento a nós dispensado. A província se achava, por esta época, na mais lamentável situação, dividida em dois partidos, que mutuamente se digladiavam, os Caramurus, ou imperialistas, e os Chimangos, ou liberais. Para manter a ordem em tais circunstâncias, era necessária toda energia por parte do presidente. À noite, fizemos uma excursão metalúrgica, visitando aquilo que um morador do lugar nos queria mostrar como sendo uma mina de mercúrio. Pouco nos custou certificarmo-nos de que a pretensa mina, situada mesmo às portas da cidade, outra coisa não era senão uma cova, onde em tempos idos se tinha lavado amálgama de ouro, de modo a terem ficado na terra algumas gotinhas de mercúrio. Não longe deste lugar, o Sr. d'Osery descobriu traços inequívocos de ouro, ao quebrar pedaços de grafita.

Organizamos nosso laboratório magnético; mas contrariava-nos vivamente a perturbação causada em nossas investigações pela massa ferruginosa contida no solo. A altitude de Ouro Preto parece ser de 1.590 metros; sua posição geográfica, deduzida das observações do Dr. Sellow, do *Capitão Lyon* e do astrônomo russo Rubzoff, é: 20°26'6" de latitude austral e 0°16'54" de longitude a oeste do Pão-de-Açúcar, situado na entrada da baía do Rio de Janeiro. Este último ponto está a 45°34'43" a oeste do meridiano de Paris. O forte de Villegaignon, tomado como base da posição do Rio de Janeiro pela *Connaissance des temps*, está a 45°30' a oeste de Paris, o que em medida de tempo corresponde a três horas e dois minutos.

O Sr. Deville fez alguns interessantes achados entomológicos, fazendo entrar para as suas coleções alguns carabídeos, entre os quais diversas espécies de *Galerita* e um magnífico *Helluo*. A temperatura era como a da Europa, custando a acreditar que estivéssemos sob os trópicos.

Passamos soirées muito agradáveis em casa de uma dama da cidade, a Sra. Ferraz, onde encontramos sociedade numerosa e muita elegância de maneiras. Por ocasião de um baile que ela nos proporcionou, tivemos oportunidade de ver pessoas bastante formosas. Recebíamos, a cada passo, novas provas da benevolência do governo brasileiro com relação a nós. O Sr. Vasconcelos, Chefe de polícia e irmão do Senador, viera oferecer-nos os seus serviços do modo mais cavalheiresco. Confiou-nos que nos registros policiais não havia mais do que seiscentos escravos inscritos, ao passo que noutros tempos seis mil cativos trabalhavam nas minas de uma só montanha. Há oitenta anos atrás, a diária de um escravo minerador era de oitenta réis; hoje ela é calculada em mais de quatrocentos réis. Excelentes qualidades possuem os habitantes de Ouro Preto; mas, ao cabo de breve permanência, reconhecemos-lhes graves defeitos, degenerados em hábitos, tais como o de jogar bombas a todo momento, o de se reunirem em grande número em torno das "madonas" encontradas nas esquinas, dando berros grandemente perturbadores do sossego dos viajantes.

Ouro Preto é hoje uma cidade de 11 a 12 mil habitantes, enquanto que outrora chegara a ter 30.000. Está edificada em solo de itacolumito.

A posição da capital de Minas foi decidida exclusivamente pela riqueza mineral do solo em que a construíram, porque, sob qualquer outro ponto de vista, seria difícil fazer pior escolha. Rodeiam-na de todos os lados elevadas montanhas, entre as quais se distingue ao longe o, Itacolumito, cujo pico é encurvado como um chifre, de ponta rombuda. Fizemos várias excursões nos seus arredores. Um dia, sentindo-nos fatigados, sentámo-nos à beira de um valado, verificando, ao nos levantarmos, a existência de um grande buraco, bem junto do lugar em que estávamos. Voltando ao mesmo lugar ao cabo de uma hora, vimos um negro a bater com força num objeto escondido por entre o capim; aproximando-nos verificamos que ele tinha acabado de matar uma enorme jararaca, no momento mesmo em que ela saía do buraco a que há pouco nos referimos.

Juntamos a cobra venenosa às nossas coleções, jurando sermos daí por diante mais cautelosos na escolha do lugar de pouso.

Atualmente, muito pouco ouro é extraído das localidades próximas da cidade, em cujo recinto ele não mais existe. Os depósitos auríferos hoje esgotados, mas outrora muito ricos, estavam contidos em filões de quartzo branco e muito duro, juntamente com outras matérias minerais.

Em vários pontos próximos da cidade, especialmente na estrada que vai para Mariana, vêem-se cortes por onde é possível apreciar a formação geológica do país. Verifica-se que os micaxistos e as *phyllas* estão subordinadas ao itacolumito, rocha esta que aparece em grandes placas bem estratificadas, principalmente ao sul da cidade, que é de onde se extraem as amostras conhecidas nos museus pelo nome de grés flexível.

O micaxisto passa muito insensivelmente a itacolumito, como se pode ver descendo de Mariana para Cachoeira. Os sideropsamitos acham-se superpostos ao itacolumito e não concordam com este em estratificação; apresentam-se em camadas muito delgadas e são com certeza posteriores à aparição dos filões auríferos, visto como estes últimos nunca penetram nos sideropsamitos, ao passo que atravessam os itacolumitos.

O itacolumito e o micaxisto mergulham para leste, formando com o plano horizontal ângulos de 20 a 25, ou mesmo 30 graus.

Os filões de quartzo, aurífero contêm piritas arsenicais, cuja decomposição origina as colorações verdes de arseniureto de ferro; contêm também manganês. Perto mesmo da cidade, na estrada de Mariana, achou o Sr. d'Osery um desses filões, que continha acidentalmente grafita. Encontram-se também turmalinas pretas e anfibólios em pequenos prismas. Os itacolumitos, como em geral todas as rochas sedimentares que se acham em justaposição, foram fortemente sublevadas na vizinhança dos filões auríferos. É na *canga*, rocha tumefata e ferruginosa, que se encontra a wawelite, cuja origem é positivamente plutônica, a despeito da opinião contrária de Eschwege. Quanto ao itacolumito, é impossível deixar de considerá-lo rocha metamórfica.

A 11, fizemos uma visita a Cachoeira, em companhia do Sr. Claussen. Este povoado, como já ficou dito, fica situado quatro léguas ao norte da capital, com a qual está ligado por boa estrada, cheia de magníficas perspectivas. Cerca de légua e meia e depois de forte subida, conhecida pelo nome de serra da Cachoeira, desembocamos repentinamente em pequeno caminho, que rodeia a montanha. A nossa direita estendia-se imenso vale, cujo fundo interceptavam os vapores da atmosfera, dando-lhe a aparência de um grande lago, de cuja superfície emergissem os inúmeros picos, de caprichoso formato. Por entre estes picos, divisava-se ao longe o Itabirito e, em plano mais próximo, o gigante do Caraça, cuja altitude é de 2.000 metros. Nos cumes que atravessamos crescia a vegetação mais luxuriante. Lá estavam as encantadoras *Vellosia* de flores brancas e violetas, os *Criocaulon*, as *Barbacenia* de flores aveludadas e, mais que tudo, as numerosas espécies da família das Melastomáceas, tão espalhadas nestas regiões. Entre estas belas plantas faziam-se ainda notar os fetos arborescentes, numerosas orquídeas, grandes Cassia de flores douradas, muitas *Luxemburgia, Kielmeyria, Echitis*, etc. Tivemos o ensejo de admirar essa paisagem magnífica em duas ocasiões e sob aspecto muito diferente. Na primeira vez o céu estava limpo e o sol dourava com seus raios todos os objetos; borboletas brilhantes redemoinhavam em torno das flores e bandos de passarinhos se ocultavam na espessura das folhagens. Ao passar esses mesmos lugares algum tempo depois, como nos pareceram eles diferentes! Pesadas nuvens escureciam o imenso vale, ao mesmo tempo que, em toda redondeza, os bramidos da tempestade pareciam fazer estremecer a base mesma dos enormes rochedos. Algo de medonho havia nestes sons, muitas vezes multiplicados pelo eco das montanhas. Os raios cortavam a cada instante o firmamento, e uma gigantesca árvore, cortada pela faísca, rolou de pedra em pedra, até o fundo do vale. A morte parecia descer sobre toda a Natureza; curvam-se as comas das árvores, como que para fugir à cólera dos elementos, ouvindo-se apenas, entre as vozes animais, o grito agudo dos periquitos retardatários, que procuravam descobrir um asilo protetor. Dentro de pouco despejavam as nuvens torrentes de chuva, verdadeiro dilúvio, como só podem engendrar as latitudes vizinhas do equador.

Destas alturas a estrada desce até um pequeno córrego, que corre para o norte. É um afluente do rio das Velhas e atravessâmo-lo numa ponte de madeira. Depois de passarmos dois morros, chegamos a Cachoeira, arraial de 600 a 700 almas, situada à margem do rio do mesmo nome, afluente também do rio das Velhas, por intermédio do rio Maracujá. A aldeia nada tinha de notável. Os antigos capitães-generais da província aí tinham construído um palácio, hoje abandonado. O governo conserva em Cachoeira uma pequena guarnição. Grande interesse para nós tinha só a casa do Sr. Claussen, onde ele tinha reunido uma enorme coleção de objetos dos três reinos da natureza. Nossa atenção ficou presa longo tempo na bela série de ossos fósseis descobertos nas cavernas da província. Compunha-se ela de 12.000 peças, entre as quais se viam, ao lado dos grandes tatus e dos formidáveis carnívoros, uma multidão de pequenos roedores, cujos dentes, em época muito remota, haviam deixado vestígios indeléveis nos ossos desses animais. O Sr. Claussen nos expôs uma engenhosa teoria, segundo a qual estes restos orgânicos teriam sido depositados nas cavernas em que hoje se acham há cerca de dez mil e quinhentos anos. Para ter idéia da imensidade da série das idades geológicas, basta lembrar que estes restos pertencem a uma época que se convencionou chamar moderna. O Sr. Claussen nos recebeu com a maior afabilidade, oferecendo-nos ainda diversos objetos de real importância para nós. Entre outras coisas, pôs à nossa disposição, com a maior generosidade, um belo herbário. Vimos, em casa dele, umas trinta caixas, inteiramente cheias de plantas preciosas que ali se naturalizavam, à espera de serem levadas para a Europa. O Sr. Claussen reuniu em sua casa um certo número de jovens, distribuindo a cada um deles uma parte especial das coleções.

Subindo a serra que separa a vila de Cachoeira da velha estrada de Ouro Preto encontram-se siderocristos, que parecem vir se colocar por cima do itacolumito. Na vertente oposta da serra, esta última rocha se mostra sensivelmente revolvida, mergulhando seus estratos para leste. Aliás, tem-se a impressão de que neste vale de Cachoeira as camadas, mergulham de todos os lados, o que lhe dá o aspecto de uma cratera geológica.

Encontram-se no caminho vários filões de quartzito atravessando o itacolumito; neles se acham englobados prismas de turmalina preta, bastante grandes, mas fragmentários e raramente terminados. No fundo de algumas grandes barrocas produzidas pelas águas, vê-se o itacolumito em transição para o gnaisse. Estes últimos se erguem quase verticalmente, têm cor vermelha e, por sua aparência, participam ainda da rocha precedente.

Depois de nossa volta a Ouro Preto, vários companheiros nossos fizeram uma excursão a Mariana, a mais antiga das cidades da província. Está situada a uma distância de duas léguas do capital e pode ter uma população de aproximadamente, 3.000 almas. O caminho que a ela conduz é muito bom, a princípio sobre terreno itacolumítico e depois sobre gnaisse.

Ofereceu-nos o presidente da província um excelente jantar de despedida. Em suma, só podemos conservar agradável recordação dos habitantes de Ouro Preto, que sob muitos aspectos nos pareceram mais adiantados do que os da maioria das cidades do Brasil. Nessa capital pudemos desfrutar a sociedade das mulheres, em muitas das quais reconhecemos esmerada educação.

Poucos dias antes de nossa partida, um ajudante de campo do presidente tinha sido mordido à noite por um escorpião. Pela manhã o braço estava muito inflamado, causando grande inquietação ao pobre major; mas tudo ficou em susto e ligeiro acesso febril.

A província de Minas Gerais está dividida em treze comarcas, as quais, por sua vez, se subdividem da seguinte maneira:

1ª) Ouro Preto, com três municípios: Ouro Preto (dez paróquias), Queluz (quatro), Bonfim (idem).

2ª) Paraibuna, com quatro municípios: Barbacena (sete paróquias), Pomba (duas), Presídio (quatro), São João Nepomuceno (seis).

3ª) Rio das Velhas, com quatro municípios: Sabará (onze paróquias), Pitangui (cinco), Curvelo (três), Caeté (três).

4ª) Rio das Mortes, quatro municípios: São João del Rei (cinco paróquias),

São José (cinco), Lavras (três), Oliveira (três).

5ª) Rio Verde, quatro municípios: Campanha (nove paróquias), Baependi (seis), Ajuruoca (três), Três Pontas (duas).

6ª) Rio Grande, três municípios: Tamanduá (duas paróquias), Formiga (duas), Piumi (uma).

7ª) Sapucaí, quatro municípios: Pouso Alegre (duas paróquias), Jaguari (uma), Caldas (quatro), Jacuí (quatro).

8ª) Cerro, três municípios: Cerro (seis paróquias), Conceição (três), Diamantino (cinco).

9ª) Piracicava, quatro municípios: Mariana (doze paróquias), Piranga (três), Santa Bárbara (quatro), Itabirito (quatro).

10ª) Jequitinhonha, dois municípios: Minas Novas (oito paróquias), Rio Pardo (uma).

11ª) Paracatu, dois municípios: Paracatu (três paróquias), Patrocínio (uma).

12ª) Paraná, dois municípios: Uberaba (três paróquias), Araxá (uma).

13ª) Rio São Francisco, três municípios: São Romão (três paróquias), Formigas (quatro), Januária (duas).

Não nos foi possível obter o quadro total da população, porque o publicado para o ano de 1842 não dá nenhuma informação referente a vinte e três paróquias. Excetuadas estas paróquias, havia na província 134.905 fogos ou famílias; entretanto, como a população das paróquias que faltam é avaliada em 23.000 fogos, pode calcular-se em 157.905 o número total das famílias da província de Minas Gerais. Nesta base, supondo-se uma média de cinco pessoas por família, teríamos para toda população a cifra de 789.025 habitantes. Darei aqui apenas a população dos municípios de que existia recenseamento completo.

Queluz .... 2.531 fogos
Barbacena .... 4.886 fogos
Pomba .... 2.097 fogos
São João Nepomuceno .... 2.731 fogos
Sabará .... 7.428 fogos
Pitangui .... 5.983 fogos
Caeté .... 3.668 fogos

São João del Rei	3.184	fogos
São José	2.572	fogos
Campanha	7.781	fogos
Baependi	4.244	fogos
Três Pontas	2.723	fogos
Tamanduá	3.249	fogos
Formiga	2.474	fogos
Piumi	1.458	fogos
Jaguari	1.878	fogos
Jacuí	4.393	fogos
Diamantino	6.890	fogos
Mariana	6.249	fogos
Santa Bárbara	3.446	fogos
Itabirito	3.541	fogos
Formigas	5.507	fogos

O número das escolas primárias era, em 1843, de cento e oitenta e cinco, com 6.571 alunos, dos quais 620 do sexo feminino; o das escolas secundárias era de 17, freqüentadas por 174 alunos. A despesa total com estes estabelecimentos era de 95:646$000.

A receita da província era de 330:576$000 e as despesas de 448:019$748, o que equivale a um deficit de 117:643$748, pagos pelo governo central.

Nesse mesmo ano de 1843 houve vinte assassinatos e cento e quarenta e nove pessoas foram submetidas a julgamento, por crime; desse número apenas quarenta e três foram condenados. Entre as sentenças proferidas, quatro foram de pena capital e duas de galés.

As célebres minas de ouro que valeram à província de Minas Gerais o nome que possui, foram descobertas em 1699, sendo também a origem de sanguinolentos combates entre os habitantes. Grande massa de gente afluiu de todas as partes para estas minas, cuja riqueza devia ser excessiva, visto como pela Carta Régia de 16 de novembro de 1714, cada trabalhador tinha de pagar ao governo um imposto anual de cerca de 130 francos. O fato é que, desde o ano, anterior, o quinto real havia subido a 12 milhões (Marve, Travels in Brazil); de 1730 a 1750 as minas atingiram a maior prosperidade e, segundo o autor que acabamos de citar, o quinto chegou em certos anos a 80 milhões. Em 1742 a capitação foi de 130 arrobas e 59 marcos. Em 1745, ela foi de 129 arrobas e 41 marcos.

Na obra do Coronel Accioli (*Memórias históricas e políticas da província da Bahia*, tomo V, 1843), encontro o seguinte quadro relativo ao quinto:

1752	56 arrobas	34 marcos	6 onças
1753	107 arrobas	50 marcos	6 onças
1754	118 arrobas	29 marcos	4 onças
1755	117 arrobas	58 marcos	0 onças

1756	114 arrobas	57 marcos	5 onças
1757	110 arrobas	53 marcos	5 onças
1758	89 arrobas	41 marcos	2 onças
1759	117 arrobas	15 marcos	1 onças
1760	98 arrobas	12 marcos	0 onças
1761	111 arrobas	59 marcos	4 onças
1762	102 arrobas	56 marcos	7 onças

Ao todo, incluídas, as frações aqui desprezadas, 1.145 arrobas e 21 marcos, ou sejam, por ano, 104 arrobas e 7 marcos. Multiplicando estes algarismos por cinco, teremos a quantidade total do ouro apresentado à administração, a saber, quase 521 arrobas e 37 marcos por ano. Mais de metade porém deste precioso metal era conservada fraudulentamente em pó, passando em contrabando. Assim, não se pode avaliar em menos de 1.043 arrobas a produção aurífera média daqueles, anos, o que dá um total de 11.473 arrobas. Por outro lado, o quinto teria rendido, de 1751 a 1757, perto de 3.000 arrobas de ouro (*Memórias históricas do Rio de Janeiro*, parte 2ª do tomo VIII), o que dá uma média de 8.108 arrobas por ano; parece, todavia, que a última parte daquele período foi menos produtiva do que a primeira.

Num trabalho do Sr. Eschwege inserido no tomo IX das *Memórias da Academia Real de Lisboa* (ano de 1825) encontram-se as seguintes informações referentes ao quinto arrecadado em diferentes anos:

1764	99 arrobas	1816	18 arrobas
1774	75 arrobas	1818	12 arrobas
1777	70 arrobas	1819	7 arrobas
1811	24 arrobas	1820	2 arrobas
1813	20 arrobas		

O total correspondente a estes cinqüenta e seis anos parece ter sido de cerca de 2.034 arrobas.

O decréscimo da produção deve ter sido efetivamente muito grande, porquanto Eschwege, que calcula em 80.000 o número das pessoas trabalhando nas minas no começo daquele período, diz ter ele baixado no fim a menos de 6.000.

Pizarro, ao resumir o histórico que dá sobre o assunto, supõe que de 1700 a 1819 foram legalmente fundidas no estado de Minas Gerais quantidades de ouro equivalentes a 553 milhões e meio (suponho que de cruzados), ou sejam 1.194.000.000 de francos. Mas, segundo a opinião de todos os autores que se têm ocupado deste assunto, esta soma não representa mais do que a metade da que foi realmente extraída das minas, o que faz subir aquela importância à cifra de 2.388.000.000 de francos. Estes resultados parecem não coincidir com os documentos que acabamos de apresentar, muitos dos quais foram tomados àquele mesmo autor; assim, conforme a avaliação para 1714, e tomando em consideração a extrema abundância, do metal na época do descobrimento das minas, pode supor-se que o quinto do rei não deve ter sido, em média, de menos de 10 milhões de francos por ano, desde 1699 até 1730 (exclusive), o que dá uma soma global de........................ ....290.000.000 de francos

De 1730 a 1751 temos 125 arrobas por ano, ou 2.875 arrobas, no valor de aproximadamente ....141.757.500 de francos

No seguinte período, de 1752 a 1762, achamos em média 104 arrobas e 7 marcos, ou sejam 1.145 arrobas e 21 marcos, valendo cerca de ....56.466.350 de francos

Os anos de 1754 a 1820 parecem ter produzido, em média, 36,33 arrobas; ou seja um total de 2.034 arrobas, valendo quase ....101.276.200 de francos

Total para o quinto, de 1699 a 1820 ....589.500.050 de francos

Ouro total apresentado à administração..2.947.400.250 de francos

Dobrando finalmente esta cifra, para incluir o ouro passado por meio de contrabando, temos...5.894.800.500 de francos

Não possuo nenhum dado certo sobre a produção do ouro depois de 1829, mas penso que não me afastarei muito da verdade, calculando-a em 20 arrobas anuais (1), o que faria, até o presente ano de 1849, a soma de ....28.594.000 francos.

Total do ouro produzido pela província de Minas Gerais 5.923.39.500

Se quisermos saber o valor de todo ouro extraído até hoje no Brasil, teremos que acrescentar àquela cifra a produção das ricas províncias de Mato Grosso, Goiás e Bahia, o que nos levaria a um total de 6 bilhões e meio. Deve-se, contudo, tomar em consideração que o metal não é puro, como temos suposto; seu título, pelo

(1) Só a mina de Gongo-Soco produziu (Quarterly Review, 1830), em quatro anos, 7.664 libras de ouro, no valor de 1.731 piastras, ou 9.174.300 francos; isso perfaz a média anual de 60 arrobas (59,87 arr.), durante esse período.

contrário, não deverá provavelmente ser avaliado em mais de 0,$75, o que significa uma redução de cerca de uma oitava parte daquela soma, cujo valor desceria assim a mais ou menos. . . . . . 5.687.500.000 francos.

Mac Culloch (*Dictionary of Commerce, 1839*) acha que a média da produção atual do Brasil não vai além de 1.500.000 piastras por ano, ou sejam 7.950.000 francos. Tenho razões para supor que o seu cálculo fica abaixo da realidade e penso não exagerar aumentando aquela cifra para, pouco mais ou menos, 11 milhões. As minas de Mato Grosso, embora só enviem pouco ouro para a costa, produzem-no em grande quantidade, conservando-o em pó. Não há ninguém que não se ocupe muito ou pouco, com este gênero de exploração, numa província em que seria talvez difícil levantar uma pá de terra, sem encontrar algumas parcelas do precioso metal. Goiás fornece também grande quantidade de ouro; também a Bahia o exporta em volume considerável, do qual quando muito a centésima parte paga, para sair, os direitos de dois e meio por cento. Faz pouco tempo, uma companhia conseguiu enormes lucros no Gentio, situado numa cadeia de montanhas, a 18 léguas do rio São Francisco.

Servi-me, em meus cálculos, somente dos documentos fornecidos pelo quinto; mas, posta de lado essa renda, há uma quantidade considerável de ouro auferida diretamente pela coroa dos trabalhos que ela própria faz executar para a procura de diamantes e que era cada ano deduzida, do custo destes últimos. Assim, segundo Pizarro, ter-se-ia achado dessa maneira, só nos anos de 1772 a 1794, cerca de 449.851 oitavas e 3/4; o que representa um valor de 4 milhões e meio. É até provável que o valor total desta parte não tenha ficado aquém de 25 a 30 milhões. Em conclusão, penso ter ficado, em meus cálculos, antes abaixo do que acima da realidade.

De acordo com Humboldt, a quantidade de ouro extraída no Brasil (1825) não iria além de 755.000 piastras; mas, este sábio viajante baseou seus cálculos pelo quinto, não levando também em conta o contrabando. Aliás, depois dessa época, os trabalhos adquiriram impulso bastante grande.

Eis em pormenor, o produto desses anos de riqueza:

1826	550 libras de ouro
1827	2.008 libras de ouro
1828	1.062 libras de ouro
1829	4.044 libras de ouro
Total	7.664 libras de ouro

De 9 de janeiro a 17 de fevereiro de 1830, extraíram-se 472 libras de ouro.

CAPÍTULO VI

VISITA ÀS MINAS INGLESAS. - SABARÁ. - PITANGUI.

A 17 de dezembro partimos de Ouro Preto. O presidente nos fez escoltar por três soldados de cavalaria, pertencentes à força policial do país, sendo um sargento, o outro furriel e o último simples soldado. O primeiro nos deixou pouco depois, sob o pretexto de doença, mas os outros dois nos foram de incontestável utilidade. Ficaram conosco perto de um ano, dando sempre prova de coragem e fidelidade.

Ao sair da cidade, visitamos o Jardim Botânico, muito interessante pelas suas grandes plantações de chá da Índia. Havia nele cerca de trinta e cinco mil pés dessa utilíssima planta, e já vinte e cinco arrobas de chá preparado tinham sido entregues ao comércio. Embora muito inferior ao produzido na Índia, não tinha gosto desagradável. O diretor do Jardim, velho surdo e estúpido, não podia compreender o interesse que nos despertavam essas culturas, procurando a cada momento desviar a nossa atenção para um pequeno castanheiro, uma enfezada amoreira e uma mísera *Thuya*. Afora o diretor, há ainda nesse estabelecimento um feitor, seis escravos e seis trabalhadores livres. As despesas totais variam entre 8 e 9 mil francos. Passamos a noite em Cachoeira.

A 18, como o Sr. Claussen nos propusesse uma visita às minas inglesas, partimos cedinho, na esperança de chegar no mesmo dia em Cata Branca, distante seis léguas. Deixando Cachoeira, a estrada faz uma volta para o sul, para voltar logo para oeste; em seguida, acompanham-se num espaço de duas léguas as margens do rio Cachoeira, que se atravessa cinco vezes a vau.

Lembro-me aqui do logro em que caiu um de nossos companheiros de viagem, que vinha há dias se exercitando com grande ardor em caçadas ornitológicas.

Tinha ficado atrás, varejando a mata, quando de repente deparou com duas aves magníficas, que se deixaram aproximar sem grande dificuldade; procurando pôr-se em posição conveniente para matá-las a ambas com um só tiro, levou o dedo ao gatilho, com o coração a bater. Qual não teria sido a sua alegria ao ver-se dono de tão belos exemplares? Montando incontinenti a cavalo, veio ter conosco a todo galope, mostrando-nos com orgulho... duas galinhas-d'angola domésticas.

A paisagem era das mais agradáveis. Chegados à aldeia de Itabira, atravessamos o rio Maracujá numa ponte ruim de madeira. Nesse lugar o rio é bastante profundo e tem uma largura de cerca de 33 metros.

Todo o dia tínhamos marchado em solo gnaissico; ao chegar à povoação apareceram filões de diorito. O mau estado da estrada tinha fatigado de tal modo os animais, que decidimos passar a noite na aldeia, onde o Sr. Claussen conseguiu para nós a hospitalidade de um de seus amigos brasileiros.

A 19, se bem que não estivéssemos a mais de légua e meia da nosso destino, não foi sem inquietação que contemplamos as altas montanhas que se elevavam perpendicularmente acima de nossas cabeças. O caminho a princípio se inclina um pouco para o sul; depois sobe a encosta da serra de Itabira, que se estende para o sudoeste. Logo no próprio povoado de Itabira começam as phyllas que se alternam com o itacolumito e que, nesse lugar, se apoiam diretamente sobre o gnaisse. Os xistos filádicos têm cores variadas e passam do cinza ao preto e do vermelho ao violeta. Esta formação, que é quase sempre pregueada e amarrotada, acha-se sublevada às vezes quase verticalmente; sucede-lhe o itacolumito, que continua até a mina, cavada ela própria nesta rocha. Vêem-se no ponto de junção montes de itacolumito, contendo camadas de ardósia e fragmentos destacados.

Antes de meio-dia tínhamos chegado ao termo da jornada, não pouco derreados pelo cansaço. Fomos recebidos do modo mais hospitaleiro pelo Sr. Champion, diretor da empresa, ao qual, na véspera, tínhamos enviado as nossas cartas de apresentação; com a mais cativante benevolência fez-nos as honras de uma das minas de ouro mais ricas do Brasil.

Após excelente almoço, fomos visitar a povoação, que nos impressionou pelo seu aspecto nitidamente inglês, sua extrema limpeza e seus jardins floridos em frente às habitações. Os escravos, em número de quatrocentos e cinqüenta, são notáveis pela robusta aparência e aspecto sadio. Os dormitórios por eles ocupados são altos, bem arejados e guarnecidos, em ambos os lados, de leitos dispostos em dois andares e perfeitamente limpos. Trabalham estes negros oito horas por dia, podendo dispor a seu talante do tempo disponível e recebendo pagamento por qualquer trabalho em que então se ocupem. Visitamos depois o hospital, onde travamos conhecimento com o médico inglês da empresa, que possuía algumas coleções de história natural por ele feitas.

Minha saúde ainda claudicante não me permitiu, com pesar o digo, visitar todos os trabalhos da mina, pelo que vou extrair do diário do Sr. Weddell a descrição que dela fizera, acrescentando-lhe apenas o resultado das observações científicas do Sr. d'Osery.

"Chegamos afinal aos trabalhos da mineração propriamente dita. Nossa atenção se dirige a princípio para a parte mais aparente destes trabalhos, que são os que se fazem na superfície do solo. Três imensas máquinas hidráulicas, cujas rodas motrizes têm cerca de quarenta pés de diâmetro, põem em movimento uma infinidade de pilões de ferro, que incessantemente trituram o minério, reduzido previamente a pequenos fragmentos pelos negros, que o trazem da entrada dos poços. À medida que a pedra vai sendo pulverizada pela queda dos pilões (stamps), uma corrente de água atravessa toda a massa, arrastando as parcelas mais leves, enquanto o metal e algumas outras substâncias de peso específico mais considerável se depositam, acumulando-se em quase sua totalidade no fundo dos pilões. As parcelas de ouro que porventura escapem, são retidas na sua passagem por um plano inclinado, em pedaços de pano colocados expressamente para este fim. Nova lavagem manual concentra ainda o produto, fazendo aparecer a poeira de ouro, que até então é, na maioria das vezes, invisível. Esse pó é tratado em seguida pelo mercúrio, cujo excesso se separa mediante pressão, através de uma pele de camurça. A amálgama sólida obtida por esse modo é submetida finalmente à ação do calor, que promove a volatização do mercúrio e deixa o ouro em estado de pureza. Hoje que a mina não é mais tão produtiva como antigamente, é necessário tratar quinze toneladas de minério para obter uma libra de ouro. Pela segunda lavagem, cerca de nove pés cúbicos do produto da primeira lavagem são reduzidos ao duodécimo de seu volume, sendo sobre este último que se faz atuar o mercúrio. A quantidade de pedra extraída por dia é aproximadamente de dezoito a vinte toneladas.

"Vestidos com grossas camisas de lã e munidos de chapéus de feltro breados de resina, penetramos na mina, guiados pelo Capitão William, velho mineiro de Cornwall; tínhamos cada qual uma tocha, que o vento nos queria disputar. Entra-se nesse mundo subterrâneo por uma estreita galeria de cento e cinqüenta pés de comprimento, com o fundo cheio d'água até a altura de um pé. A meio caminho, duas pessoas da sociedade deixaram-nos, fugindo da humidade dessa galeria, que é destinada a dar escoamento às aguas retiradas da escavação pelas bombas e cuja perfuração exigiu nada menos de seis anos de trabalho ininterrupto. Ao chegarmos à extremidade deste corredor, avistamos a luz do dia a 100 metros acima de nossas cabeças e através de uma espécie de nevoeiro; aos nossos pés, uma escada de ferro descia num poço escuro, a muito custo iluminado pelas nossas candeias, que havíamos colado aos chapéus, para maior facilidade de movimentos. Levou-nos esta primeira escada a uma plataforma, de onde descia ainda uma segunda escada, até a segunda plataforma; daí partia uma terceira escada e assim por diante. Não sei quanto tempo estivemos suspensos às paredes desse abismo; lembro-me porém de que, ao chegarmos ao fundo da mina, estávamos a 300 metros abaixo da superfície da montanha. O que nos foi dado ver então pareceu-nos bem infernal. Tochas estavam presas aqui e ali às paredes da mina, cuja extensão, no ponto em que estávamos, podia ter quarenta pés; essa luz clareava o corpo retinto dos negros, que estavam vestidos só na metade do corpo e apareciam, em grupos de três, em torno dos buracos que abriam no quartzo. O suor escorria na pele luzente destes mineiros, como que para harmonizá-los com as bicas que corriam das paredes da escavação; feria o ouvido as pancadas repetidas dos pesados martelos sobre os escopros, ruído este que se casava ao barulho feito pela água e ao rangido da corrente de ferro; quando ela fazia descer até junto de nós o balde em que se transportava o minério. Bastante singular era esse espetáculo. A volta foi ainda muito mais penosa do que a descida; mais de uma vez receamos que nos faltassem as forças, quando, no meio, daquelas escadas verticais, contávamos mentalmente os degraus que ainda tínhamos de vencer. Chegando a certa altura, descemos num outro poço, para novamente subir e irmos até onde fica a máquina de esgotamento, que trabalha ininterruptamente a muitas centenas de pés abaixo da superfície do solo. Aumentavam as dificuldades, de modo que, ao ser necessário passar por uma estreita prancha lançada sobre a boca de um grande poço, mais três dos nossos companheiros nos abandonaram. Veio depois longa e estreita galeria, cuja altura teria quando muito um metro e cheia de água até meia altura. Aí duas de nossas luzes se apagaram, fazendo-nos por um instante temer que ficássemos inteiramente às escuras, o que seria bem pouco agradável numa passagem como aquela, em que a efervescência das águas impedia completamente de ouvir-se qualquer voz. Um pouco mais adiante desembocamos numa escavação, onde à custa de tremendo esforço se tinha conseguido suspender uma roda gigantesca, destinada a trazer ao alcance de outra máquina, situada mais em cima, a água acumulada no fundo da mina. O resto da viagem subterrânea foi feito através de passagens ainda mais estreitas, junto a tubos de bomba e muitas vezes com braços de alavancas em movimento. Finalmente, uma última galeria, tão úmida quanto as primeiras, trouxe-nos à luz do dia. Já era tempo".

Ouçamos agora o Sr. d'Osery.

"A mina de Cata Branca parece ter sido, explorada antigamente pelos portugueses, sob o nome de Buraco da Mônica; segundo se conta, ter-se-ia tirado dela muito ouro. Em 1834, quando o Sr. Roque a visitou, ela pertencia a uma família pobre da terra. Foi ele quem descobriu a existência do bismuto nesta mina. O desabamento de uma parte das obras acarretou a morte de várias pessoas, fazendo com que sua exploração fosse suspensa. Em 1830, o Sr. de Linhares a adquiriu pela soma de 22.000 cruzados, pagos a diferentes proprietários, começando logo a desobstruí-la. Em 1832, o Sr. Mornay comprou-a para uma companhia inglesa, pela importância de 78 contos de réis. A exploração do Sr. de Linhares tinha custado 11 contos de réis, mais cerca de 2.000 oitavas (a oitava correspondente à oitava parte de uma onça portuguesa) de ouro, extraídas em dois anos de trabalho. A do Sr. Mornay durou apenas alguns meses, quando os escravos foram vendidos e suspenso o trabalho até 1834, época em que o Sr. Cottsworth o recomeçou em pequena escala, utilizando o braço livre, por conta da companhia inglesa. Como fosse bem sucedido, os trabalhos foram reorganizados, continuando depois até o presente.

"A mina é formada de um filão, de quartzo, que atravessa o itacolumito e os xistos argilosos. Neste lugar essas duas rochas alternam entre si; as camadas são quase verticais, levemente inclinadas para leste.

"O filão corre quase diretamente do norte para o sul. O ouro é aí encontrado nas fendas que parecem falhas do veio de quartzo, sobrevindas após a formação deste último e nas quais o metal ter-se-ia sublimado. Chamam-se estas falhas *olhos dos mineiros*; elas são em número de seis, não se prolongam no itacolumito, mas se limitam apenas ao filão. O ouro e o bismuto se acham nessas fendas a dois ou três palmos de cada lado da linha das falhas, as quais, sem ter qualquer relação com as camadas de itacolumito, se acham não obstante orientadas quase no mesmo sentido. Às vezes, nos pontos em que houve deslisamento, pelo menos aparente, encontra-se também algum ouro no contato do filão com as rochas que o cercam; mas, não é isso geralmente o que acontece.

"Quando nos afastamos a alguma distância da linha, das falhas no interior do filão, outra coisa não encontramos senão quartzo puro e muito pouco ouro. Tudo pois leva a crer que esse filão era a princípio composto de quartzo puro, mas que depois foi revolvido na parte inferior, entrando em fusão por efeito deste movimento, e permitindo que o ouro e o bismuto chegassem por sublimação às fendas, e aí se condensassem".

A 20, embora caíssem chuvas torrenciais, não podíamos deixar de admirar a magnífica paisagem estendida à nossa vista; abrigados num pequeno mirante colocado perto da casa, acompanhávamos com uma curiosidade de criança as imensas nuvens que rapidamente se precipitavam na profundeza sombria do vale, semelhante a um abismo aberto perpendicularmente abaixo de nossos pés. Atrás de nós, no horizonte já de si tão escuro, desenhava-se o perfil negro do pico bífido de Itabira. Não tardou que alguns dos nossos companheiros mais moços, não podendo resistir por mais tempo à atração deste cenário, se decidissem a montar os seus cavalos, afrontando a chuva que continuava a cair abundantemente, confiantes na excelência das capas do país. Enquanto isto, outros entravam, a fim de pôr ordem em suas notas e acondicionar as coleções do dia anterior.

Saindo de Cata Branca, o caminho seguido pela pequena expedição a que me refiro sobe rapidamente para o Itabira. Nossos amigos faziam em breve uma parada, para visitar uma nova escavação aberta apenas há uns quatro ou cinco dias, e já produzindo animadores resultados. A matéria aurífera forma neste lugar um filão detrítico, composto de fragmentos de quartzo róseo não aglutinados e muito pouco coerentes, misturados com fragmentos de ardósia e de xistos, aí quase verticais. O filão corre de leste para oeste. Nos lugares em que a espessura é máxima, ele mede uma milha de largura; mas é comumente muito mais delgado. É superficial e muito fácil de atacar com a picareta. Os itacolumitos e os xistos que o rodeiam foram fortemente revolvidos; o filão é ele próprio quase vertical e forma com o horizonte um ângulo de cerca de 85 graus. A desigualdade do terreno logo obrigou nossos companheiros a abandonar suas cavalgaduras, forçando-os a galgar a pé os flancos do pico, agarrados às rochas ferríferas. A vegetação pareceu ao nosso botânico muito diferente da que se observava mais em baixo; mas tinha muita semelhança com a da serra de Ouro Branco, se bem que ainda mais variada. Formando o fundo da vegetação, predominavam as melastomáceas do gênero *Microlicia*, que por todos os lados exibiam lindas moitas de elegante folhagem, cobertas de bonitas flores cor-de-rosa; também as *Velozia* de flores azuis, de uma espécie menor do que a de Ouro Branco. Viam-se por toda parte ainda as admiráveis corolas das *Echites*, cujos caules sarmentosos se insinuavam por entre as moitas, deixando pender seus ramos carregados de flores acetinadas. As formas fantásticas dos rochedos eram em parte escondidas sob espessas camadas de líquens de formas e cores as mais variadas, e de permeio com os quais crescem profusamente numerosas espécies de orquidáceas e belas bromeliáceas. Embalsamava a atmosfera uma linda Composta arborescente, de flores purpurinas.

O Sr. Champion, que já anteriormente tinha escalado o pico, quis servir-nos de guia; mas não pôde achar o caminho por onde então tinha subido, tornando-se assim necessário procurar outro. Finalmente, à custa de muito trabalho, e não sem riscos, conseguiram nossos companheiros sentar-se na pedra que forma o principal cume do pico, situada a cerca de 1.670 metros acima da superfície do mar. Uma águia, único habitante dessas paragens, pairava acima de suas cabeças. O pico de Itabira é uma erupção férrica, situada num planalto; excede em altura a tudo que lhe fica à volta e oferece de longe a aparência de uma torre. Deve sua existência provavelmente a uma erupção do granito inferior.

Essa formação repousa entre os estratos de uma camada ardosífera, superposta ao itacolumito de Cata Branca. O Itabira parece ter-se formado depois desses xistos, porquanto se mostram, na zona de contato, revolvidos, roídos e um pouco alterados. De resto, na base do Itabira, uma canga ferruginosa e mamelonada, parecida com a dos arredores de Ouro Preto, repousa sobre o xisto.

A 22, deixamos a mina e seu excelente diretor. A estrada sobe suavemente sobre os rochedos de canga, que fazem parte da "*coulée*" situada ao pé do Itabira e por este pico atravessada. Todavia, na descida, apareceram xistos ardosíferos fortemente soerguidos e inclinados de 85 graus sobre o horizonte. Mergulham para leste e constituem todos os contrafortes da montanha. Sua posição parece ser devida também a uma erupção férrica. Outros ainda existem, manifestamente metamórficos, fazendo transição aos do Itabira. Em alguns pontos da estrada aparecem também filões de itacolumito quartzífero branco, que fazem transição para os xistos ardosíferos que se encontram em alternância nos arredores de cata Branca. Esta formação não tarda a adquirir predominância, desenhando-se claramente no resto da estrada. Estes xistos mergulham para leste.

A umas quatro léguas de Cata Branca, passamos o rio do Peixe, cuja largura pode ter 13 a 14 metros, sobre um de profundidade. É um afluente do rio das Velhas; estava muito crescido com as chuvas e tinha as águas muito sujas. Encontramos em sua margem alguns pescadores, que nos venderam peixes interessantes para as nossas coleções. Em seguida, tivemos de subir, com esforço, uma alta montanha; que forma a margem oposta. O calor era excessivo e os declives de tal modo fortes, que fomos às vezes obrigados a apear e puxar os nossos cavalos.

O caminho transversal que estávamos seguindo era muito difícil de reconhecer, donde nos termos transviado mais de uma vez, dentro do mato cerrado. Por fim, ao cabo de cerca de seis léguas de marcha, passamos uma alta montanha, depois de cuja descida chegamos ao povoado de Santa Rita. Aí resolvemos passar a noite, à espera da resposta à carta que eu tinha mandado na véspera ao Sr. Herring, diretor da mina de Morro Velho, pedindo-lhe permissão para visitar o estabelecimento. O rio das Velhas, cuja direção, é aqui para noroeste, corre do lado de Santa Rita, sempre através de xistos ardosíferos. Suas margens estão cheias do cascalho que haviam lavado, em procura de ouro. Passamos a noite ocupados em fazer observações sobre a correnteza e dimensões do rio. Achamos para velocidade da corrente cinqüenta e cinco passos em cinqüenta e cinco segundos. A largura do rio, medida por meio de um cordel, era de 49 metros e meio, ao passo que a profundidade, medida no meio do leito, era de 1 metro e 60 centímetros. Fizemos evaporar vinte litros de água, obtendo abundante resíduo argiloso e avermelhado.

Passamos a noite numa casa suja, em completo desmantelo, e sem um só instante de repouso, por causa dos carrapatos de que estávamos cheios.

Na manhã de 28 chegou o portador, trazendo-me uma carta do imediato do estabelecimento, por estar ausente o chefe; pareceu-me mais polida, do que propriamente benévola. Contava-me, além disso, que em Congonhas, aldeia situada a um quarto de légua da mina, a companhia tinha uma casa, à disposição dos viajantes. Partimos sem demora, acompanhando durante uma meia hora o rio das Velhas, de que dois ou três afluentes tivemos de atravessar. Depois, tomando para oeste, foi preciso galgar uma montanha. Andávamos sempre sobre xistos ardosíferos; mas, nesse último ponto, encontramos filões de quartzo negro resinite, de fratura brilhante e lustrosa. Chegando à aldeia, debalde procuramos a casa anunciada, ou algum habitante que no-la indicasse. Por fim, um preto do lugar nos mostrou uma espécie de estábulo que até os porcos relutariam em aceitar para dormida. Essa recepção, tão contrária à hospitalidade habitual das companhias inglesas, hospitalidade que no Brasil todos conhecem, vivamente nos surpreendeu; pelo que, tomei a deliberação de enviar imediatamente à mina um sub-oficial, com o fim de participar que não podendo deixar de encarar semelhante tratamento como uma recusa a nos admitir no estabelecimento, eu havia resolvido continuar a viagem, rumo a Sabará. Tínhamos já feito légua e meia, por um caminho terrível, quando verificamos que, apesar das más condições da estrada, éramos seguidos a todo galope por um homem. Este cavaleiro não era outro senão o próprio Sr. Herring, que tendo chegado de viagem e sabido do quiproquó, correra a nos apresentar suas desculpas. Vencido pela sua instância, mandei a caravana para Sabará, com alguns dos companheiros, voltando rastro atrás, com os Srs. d'Osery e Weddell. Fomos recebidos no estabelecimento como velhos amigos por uma encantadora família de que guardarei a mais imorredoura recordação. Madame Herring, perdida por assim dizer nestes desertos desde longos anos, tinha sabido dar aos seus nove filhos perfeita educação européia. Em companhia de suas gentis filhas, fez-nos ela esquecer as fadigas da viagem, dando-nos durante alguns dias a impressão de termos sido transportados subitamente, pela vareta mágica de alguma fada, a uma daquelas maravilhosas vivendas dos arredores de Londres. Passamos o mais alegre dia de Natal deste mundo; se o calor abafante impediu que se acendesse a tradicional fogueira, o opíparo jantar, a numerosa sociedade e a excelente música, fizeram-nos esquecer que estávamos entre os Trópicos. Já nos tinha alcançado o Sr. Champion; quer dizer que a festa era presidida pela alegria mais franca.

Com a vestimenta completa dos mineiros visitaram minuciosamente os membros da expedição os trabalhos, das três minas exploradas pela companhia. Estes trabalhos eram dirigidos pelo Capitão William Warren, cuja, experiência fora feita em Cornwall. Esta é no Brasil a única mina que distribui juros aos seus acionistas. São retirados por dia uma média de 200 toneladas de minério, cada uma das quais produz cerca de cinco oitavas de ouro. O acesso a estas minas está longe de ser tão difícil quanto o da mina de Cata Branca, visto como nela se desce por uma série de planos inclinados, exceção apenas de alguns poucos lugares, em que se tornou necessário o emprego de escadas.

O imenso madeiramento que sustém as galerias são geralmente de madeira de lei, como o jacarandá. A mina de Baú, que é a maior de todas, tem cento e cinqüenta braças de profundidade, por cento e quatro de comprimento.

A 27, tivemos de deixar a excelente família do Sr. Herring. De Morro Velho a Sabará é quase sempre descida, passando-se quatro ou cinco córregos, afluentes do rio das Velhas. A estrada, que não é das piores em comparação com as outras do país, atravessa bonitos capões de mato. Chegando à cidade, desce-se para o rio das Velhas, que aí forma um cotovelo e recebe o riacho Sabará-açu. A ponte de madeira lançada sobre este último pode ter uns 50 metros de comprimento.

A estrutura do terreno é sempre o xisto argiloso, mergulhando para leste e às vezes de cor verde. Descendo uma ladeira depois de Morro Velho, vê-se um filão de quartzo róseo, com manganês. Mais adiante encontra-se ainda quartzo preto resinite, de fratura vítrea. Verificamos que o ouro havia sido explorado nas margens do rio. Sabará está situada entre xistos, encontrando-se nas suas cercanias calcários e rochas ferruginosas.

Chegando à cidade, encontrei com facilidade a casa do mais importante, morador dali, para o qual eu tinha uma carta de recomendação. Recebeu-nos o barão de Sabará com uma hospitalidade perfeitamente feudal. Sirvo-me desta expressão, porque havia a maior analogia entre a sua situação e a que ocupava a nobreza na Idade Média. Goza ele de extraordinária influência, tanto pela sua fortuna pessoal, como por ser o comandante de todas as milícias. Levando ao extremo a imitação dos tempos antigos, fez questão de nos fazer servir à mesa pelos três filhos. De uma das janelas do salão foi-nos dado gozar de singular espetáculo: refiro-me à grande festa dos negros, reunidos para a eleição de um rei do Congo. Fazem todos os anos este extravagante carnaval, adquirindo o eleito, grande influência, sobre os companheiros. A cena era muito curiosa, misturando singularmente as reminiscências da costa africana com os costumes brasileiros e cerimônias religiosas. A princípio, o rei do Congo, em companhia de sua metade, vem ocupar uma das cadeiras postas de antemão para uso da corte. Ambos, estão magnificamente vestidos, trazem coroas de prata maciça e cetros dourados. Um grande guarda-chuva os garante da influência da lua, que vem nascendo. Coisa digna de reparo, o rei traz uma máscara preta, como se tivesse receio do que a permanência no país lhe tivesse desbotado a cor natural. A corte, em cujos trajes se misturam todas as cores e os enfeites mas extravagantes, senta-se de cada lado do casal de reis; vem depois uma infinidade de outros personagens; os mais consideráveis dos quais eram sem dúvida grandes capitães, guerreiros famosos ou embaixadores de potências longínquas, todos paramentados à moda dos selvagens do Brasil, com grandes topetes, de penas, sabres de cavalaria ao lado, e escudo no braço. Nessa balbúrdia, confundiam-se danças nacionais, de diálogos entre pessoas, entre estas e o rei ou entre o rei e a rainha, combates simulados e toda espécie de cambalhotas dignas dos macacos mais exercitados. A coisa mais divertida era porém um preto mascarado de branco, e vestido com a farda vermelha do soldado inglês; trazia um violão e era acompanhado por uma orquestra, por assim dizer, nacional. A escuridão acabou por encobrir estes personagens, que não poderiam querer mais do que nela se confundir.

Fizemos várias excursões nos arredores da cidade, mas elas foram muito pouco produtivas em objetos de História Natural, apesar dos esforços feitos pelo barão para que fôssemos, mais bem sucedidos. No que se refere aos mamíferos, não conseguimos mais do que uma paca fêmea, com um feto no ventre. Quanto às aves, obtivemos apenas alguns periquitos, picapauzinhos e cuitelões.

A cidade de Sabará, da primeira à última casa, tem quase uma légua de comprimento, com uma população de cerca de 4.500 almas. Visitamos a principal igreja da cidade. Ornam-lhe a portada, por fora e em cima, boas esculturas feitas por um aleijado. O interior, que só nos foi possível ver à luz do lampião, é enfeitado de pinturas e esculturas indígenas, muitas das quais não fariam má figura numa igreja européia. Várias igrejas inacabadas vêem-se esparsas nas praças da cidade. Vimos aqui alguns minérios de ouro de incrível riqueza, sabendo ao mesmo tempo que a mina de Taquaral, donde procediam, acabava de ser vendida a uma companhia inglesa, pela importância de 20.000 libras esterlinas e mais 5% da produção. Achavámo-nos de viagem com destino à casa do Sr. Herring, onde íamos passar um dia, quando deparamos com a nossa comitiva que chegava a Sabará, vindo de Barbacena. Achei que se tornava então necessária minha permanência na cidade, pelo que abandonei o projeto de visitar a mina de Gongo-Soco. Essa excursão, fizeram-na sozinhos os Srs. d'Osery e Weddell. Vamos dar os relatórios de ambos, antes de narrar os acontecimentos desenrolados em Sabará durante esse intervalo de tempo.

"Para não perdermos um minuto, diz Weddell, pusêmo-nos a caminho, sem esperar os nossos hospedeiros e contando vencer antes da noite, com um bom guia, as sete ou oito léguas de caminho que nos separavam dessa curiosa mina; mas, no que toca pelo menos a mim, havia de acontecer coisa muito diferente. De fato, como fizéssemos uma parada a meio caminho, em Morro Vermelho, para travar relações com um pedaço de plum-pudding e outras coisas boas que os amáveis hóspedes nos haviam dado, seguindo na frente o guia e o Sr. d'Osery, errei o caminho e me perdi, sem esperança de conseguir acertar mais com a estrada neste dia. Por cúmulo do caiporismo, vi-me forçado a arrastar o cavalo pelo cabresto, dando-me por muito feliz quando descobri uma grande fazenda a cujo proprietário fui pedir pousada, sem a menor cerimônia. Ao inverso do que era costume, as mulheres não se esconderam; pensei que se me ia até oferecer um banquete, ilusão todavia que não tardou a desmanchar-se. Passou-se a hora da ceia, sem que disso houvesse o menor sinal, e quando imaginava poder deitar-me, abordou o meu hóspede um capítulo de política, discursando sobre ele até hora avançada da noite. Fulminava principalmente ele as companhias inglesas instaladas na província de Minas: "Elas vêm nos arrebatar todo o ouro de nossa terra", dizia ele. Quando lhe ponderei que se os ingleses deixassem na terra este ouro, de que ele tinha tanta pena, não tirariam disso os brasileiros nenhum proveito, respondeu-me que o aproveitariam os seus netos e bisnetos.

Às cinco da manhã já estava, eu a cavalo, certo de que chegaria sem dificuldade ao termo da jornada. Entretanto, sem guia, nesse labirinto de caminhos, transviei-me mais uma vez. Só à custa de muitas apalpadelas consegui encontrar finalmente o caminho certo. Por feliz acaso, no momento mesmo em que me via forçado a apear, para puxar ainda uma vez o meu cavalo, ouvi atrás de mim a voz do Sr. Herring. Montando num de seus cavalos, pusémo-nos a galope e em alguns minutos chegávamos em Gongo, em presença do Sr. Cricket, diretor da mina, que me recebeu muito cordialmente.

"Tendo muito pouco tempo à minha disposição, tratei de visitar imediatamente os trabalhos, na companhia do Sr. Morgan, digno velho que falava bem o francês. Entregou-me ele a um mineiro, com o qual, vestido de roupas adequadas, desci logo, até o local da exploração; utilizando não mais escadas, como anteriormente, mas o próprio balde que serve para o transporte do minério. A mina tem cerca de sessenta e duas braças de profundidade; mas paramos antes de chegar ao fundo, entrando por uma galeria lateral. Devo dizer, de passagem, que este método de viajar pendurado em um cabo de ferro, pareceu-me bem mais suave que o outro.

"Saindo de nossa balança, percorremos uma série de galerias, com a altura máxima de quatro a cinco pés e da largura apenas de uma pessoa, revestidas completamente de madeira e com cerca de um a dois pés de água. Toda a mina apresenta este aspecto, embora em alguns pontos a água chegue à altura da cintura. O peso a que se acham submetidas as travessas do teto destas estreitas galerias, é tão grande, que vi, em certos lugares, esteios da grossura de meu corpo quebrados como se fossem palitos de fósforos. É raro passar-se um mês sem que ocorra, algum desabamento nestes caminhos subterrâneos, longos talvez, no seu conjunto, de várias léguas. Forçados a abaixar quase sempre a cabeça para andar e a proteger, com as mãos, as nossas luzes da água que caía abundantemente da abóbada, houve ocasiões em que nos foi preciso quase deitar de costas, para escorregarmos em poços pouco menos que verticais e parcialmente obstruídos. No fim de uma destas passagens, encontramos um mineiro solitário, ocupado atentamente em acompanhar um veio em que se apresentava uma grande quantidade o ouro. Vi este metal reluzir nos fragmentos que o operário destacava com a picareta. Este produto, particularmente rico, era imediatamente colocado numa caixa fechada a chave e conduzido assim para a *washing-house*. Finalmente, bem no fundo da mina, quase no lugar em que a bomba vem atuar fui encontrar o Sr. d'Osery, com água quase até o pescoço, no exercício de suas funções de mineralogista e de geólogo. Deixei-o por alguns minutos para ver outras jazidas ainda não examinadas por mim; na volta nos reunimos e juntos subimos em busca da luz do dia, cuja falta já sentíamos, a despeito do interesse das observações que nos haviam levado longe dela.

"Na mina de Gongo, o metal precioso se acha disseminado numa *ganga* preta e friável como carvão, com que aliás muito se assemelha; dão a essa matéria o nome de jacutinga. O ouro, que hoje só se acha em pequena quantidade, foi extraído às mancheias pelos primeiros exploradores da mina, a ponto de uma vez terem sido tiradas mais de cem libras em três horas. Mas já vai longe este tempo. O minério, como nas outras minas por nós visitadas, é esmagado num jogo de pilões; mas as máquinas utilizadas na trituração da jacutinga, estão muito longe de oferecer a aparência quase "coquete" dos *stamps* de Morro Velho e de Cata Branca. Uma vez retirada do pilão e concentrada por meio de novas lavagens, não é a areia submetida à ação, do mercúrio; ela é tratada por meio de outras lavagens mais perfeitas. Quando o ouro aparece à vista nos filões, ele não é tratado pela maneira que, acabamos de descrever, mas pilado em almofarizes e lavado à mão, em pequenas bacias rasas de madeira, a que dão o nome de bateias. Ao fim do dia senti-me um pouco fatigado, pelo que tratei de escapar assim que pude em busca de repouso.

"No dia seguinte, fizemos uma visita rápida ao hospital e seus anexos, e outra a algumas partes da exploração, não vistas no dia anterior. Deixamos por fim a mina de Gongo, debaixo de aguaceiro torrencial. Desta vez, graças ao cavalo que o Sr. Cricket teve a amabilidade de me emprestar, receoso de que o meu não agüentasse a caminhada, e também à bondade do guia, não tivemos nenhum contratempo, e pudemos alcançar Sabará à noitinha. Já o mesmo não se deu com algumas amostras de minério colhidas pelo Sr. d'Osery em partes diferentes da mina; trazidas sem cuidado sobre a sela, pelo nosso condutor, e ainda por causa da chuva, tinham-se convertido numa grossa marmelada, cuja cor ficou gravada em caracteres sombrios nalgumas infelizes peças de roupa que irrefletidamente tínhamos acondicionado no mesmo saco".

A estrada de Morro Velho a Gongo-Soco corre geralmente para leste, com voltas para o norte, e galga uma porção de morros elevados. Até Morro Vermelho a formação geral é o xisto ardosífero, mais ou menos sublevado e mergulhando sempre para leste. A meia légua do ponto de partida, vimos a exploração a céu aberto e em pequena escala, de um filão quase vertical de quartzo xistoso aurífero, correndo para o norte e alguns graus para oeste, com a inclinação de 2 a 3 graus para leste. Pertence ele a um padre, cujos maquinismos ficam a pouca distância. Um pouco mais adiante, em Raposa, atravessa-se o rio das Velhas, por uma ponte muito ruim de madeira, cuja largura é de um metro e nem parapeitos possui. Depois de Morro Velho, encontram-se xistos talcosos, já de cor verde, onde já se deu começo a uma escavação para a extração de ouro; chegando porém em Gongo-Soco, aparecem as gangas e finalmente a formação de jacutinga.

Em Gongo-Soco o ouro existe nesta última, cuja disposição é muito particular. Os xistos argilosos se encontram acima da formação aurífera e em baixo ficam xistos ricos em ferro e mais aproximados do itabirito. Poder-se-ia considerá-los como a passagem dos siderocristos para esta última rocha. A jacutinga é em si muito friável, mas conserva ainda as aparências da xistosidade. É, até certo ponto, um xisto ferruginoso, muito rico em manganês e muito facilmente alterável, se não decomposto. A direção da camada de jacutinga, bem como a das rochas em que está ela encaixada, é de leste para oeste. Todas as camadas de formação total mergulham para o sul e são inclinadas de modo variável. Esta inclinação chega por vezes a 40 graus, mas de ordinário não excede a 20 ou 25. O mergulho desta formação para o sul é muito digno de nota, porquanto no resto do país as camadas mergulham todas para leste.

Varia a composição dos xistos superiores; apresentam ordinariamente uma série de linhas azuladas ou cinzenta, alternando com veias brancas de quartzo. Todas estas linhas não têm mais do que 2 milímetros de espessura cada uma. Nessa região a xistosidade apresenta, aliás, uma multidão de formas variadas.

Depois destes xistos encontra-se uma espessa camada negra, muito rica em ferro e bastante semelhante à jacutinga Vem, a seguir, a jacutinga propriamente dita, cuja possança varia conforme o lugar, conquanto não tenha de ordinário mais do que 16 centimetros. Em baixo ficam finalmente os xistos ferruginosos, vizinhos do itabirito, já referido antes. Na jacutinga o ouro se encontra em estado nativo e perceptível à vista. O notável é que ele nunca se encontra num pequeno veio, que, serpeia na própria jacutinga e a que os mineiros deram o nome de linha. Esta linha não tem em geral mais do que 5 a 7 milímetros de largura e às vezes se reduz à grossura, de um cabelo; é parda e contém grande quantidade de manganês. Entre as camadas da jacutinga encontram-se massas de talco amarelo, muito liso, como, ainda grandes blocos de itabirito. É de notar-se que nesta formação a proporção de ferro aumenta à medida que se desce. A exploração na mina de que nos ocupamos é feita à picareta; a polvora é apenas empregada para desagregar os veios muito duros que às vezes atravessam o filão.

Durante a ausência de meus companheiros de viagem deu-se uma ocorrência que, embora não tivesse maiores conseqüências, era de molde a poder acarretar um completo desastre, no começo de uma expedição como esta. A minha volta de Sabará, percebi que o espírito de insubordinação se havia apoderado de alguns homens pertencentes à comitiva. Não tardou que estalasse uma resistência aberta às minhas ordens. Lamento que à testa dos insubordinados estivessem dois compatriotas, um dos quais não era outro senão Guilherme, o filósofo. Como tivesse eu tomado rigorosas medidas contra os insurretos, esse homem, à noitinha, investiu contra mim, só não me pregando uma peça porque lhe apliquei imediatamente o revólver ao peito. Tentou então fugir, mas foi logo agarrado e preso, como também o marinheiro Eugênio. Embora eu tivesse querido realmente bem ao primeiro desses companheiros, reconheci que o seu estado de insanidade mental não me permitia conservá-lo mais em nossa companhia, pelo que dei instruções para que só o soltassem depois que saíssemos de Sabará. Quanto ao outro, continuou ainda conosco, encarregado de transportar o barômetro.

Nossa comitiva voltou novamente a reunir-se, tornando-se então necessário fazer grandes provisões, uma vez que íamos atravessar as regiões desabitadas que se conhecem pelo nome de sertões. Foi à mesa do barão de Sabará que travamos, nosso primeiro conhecimento com várias frutas da terra, tais como a fruta-de-conde, que tem o gosto de um creme perfumado, a manga, cujo cheiro e sabor lembram um pouco a essência de terebintina, o caju, mais notável pela beleza do colorido do que mesmo pelo sabor, que é ácido e muitas vezes adstringente.

A 8 de janeiro de 1844, deixamos Sabará, para nos dirigirmos para o Curral del Rei. Ao atravessar a elevação que se ergue em frente de Sabará não foi sem prazer que contemplamos a longa fila de cargueiros e de pessoas atravessando a ponte e desaparecendo nas gargantas da serra.

Ao sair de Sabará, marcha-se sobre quartzo granuloso, depois entra-se novamente nos xistos argilosos ferríferos. Durante um quarto de légua está-se sobre montículos de itabirito destacados de uma parte muito ferruginosa desses xistos, que mergulham sempre com uma inclinação de 44 graus e, às vezes, muito mais. Chega-se depois a misturas de xistos itacolumíticos e fragmentos de itabirito, e finalmente às cangas.

A direção geral da estrada é para sudoeste, volvendo francamente em certas curvas para a sul ou para o oeste. Freqüentam-na carroções, cujos sulcos profundos se vêem marcados, apesar da inclinação forte de muitas rampas e do chão muito pedregoso. Passam-se dois córregos, afluentes do rio das Velhas.

Tive eu a precaução de mandar na frente o nosso soldado preto de nome Patriarca e foi graças a ele que fomos recebidos oficialmente pelo subdelegado, que nos hospedou em sua casa, dando-nos para comer feijão e farinha. A povoação de Curral del Rei está em situação muito agradável, no meio do arvoredo. Das janelas da casa, descortinávamos o magnífico panorama das montanhas, que pertenciam a duas cadeias distintas: a serra de Congonhas, que corre de nordeste a sudoeste, separando Morro Velho de Curral del Rei, e a serra da Piedade; que corre de este-sudeste para oeste-noroeste e parece formar um ângulo de 60 graus com a primeira. Esta última cadeia de montanhas tem mais de 1.700 metros de altitude. A freguesia em que estávamos tinha cerca de 1.500 almas; deve seu nome ao fato de antigamente serem nela pagos pelos sertanejos os direitos que lhes eram exigidos pelos animais que trouxessem consigo. Dois dias ficamos nós retidos neste lugar, por causa da perda de alguns de nossos cargueiros. Empregamos o tempo em caçar nos arredores, conseguindo assim colecionar grande número de beija-flores, entre os quais duas espécies notáveis: uma, a *Petasophora*, cuja garganta apresenta belas penas matizadas de violeta purpurino; a outra, o *Cornutus*, certamente uma das mais lindas espécies do gênero, pela magnífica crista de penas cor de fogo, no alto da pequenina cabeça.

A 11, como tivesse sido encontrada a maioria dos animais, pusêmo-nos a caminho. O único que tínhamos deixado era um cavalo que, embora perdido, foi comprado por um dos moradores do lugar. A estrada, cuja direção geral e para sudoeste, é sinuosa e bastante plana; ela não obstante transpõe dois ou três morros e alguns córregos. Saindo de Curral del Rei, encontram-se ainda alguns siderocristos e, perto de Bitácula, vê-se uma camada avermelhada de óxido de ferro; uma grande parte da estrada é por fim coberta de areia superficial. É muito provável que esta formação repouse sobre gnaisse. Durante todo o dia sofremos um calor insuportável, pelo que grande foi nossa alegria ao encontrarmos no povoado excelentes abacaxis. A temperatura média de Bitácula era de 21°,05.; foi obtida por nós pelo processo costumeiro, mergulhando um termômetro num buraco de 1 metro de profundidade, hermeticamente fechado. Fugia sempre à nossa frente esse temeroso sertão de que tanto ouvíamos falar. A mesma coisa já me havia acontecido nos Estados Unidos, onde, depois de haver atravessado o Mississipi, tinha sempre à minha frente o Far-West, sem nunca, poder alcançá-lo, a ponto de me parecer que assim eu acabaria chegando por fim ao Pacífico.

A 12, fizemos três léguas em boa estrada, dirigida para sudoeste. A base da formação parece ser o gnaisse, mas encontram-se areias superficiais e, meia légua antes de Bitácula, há um filão de diorito. Já, às onze da manhã, chegávamos a Capela Nova. Fomos recebidos pelo subdelegado, excelente pessoa, mas um pouco surdo. A igreja da aldeia é construída em gnaisse. À noite assistimos a uma missa cantada, em honra a São Sebastião; a música, sem ser boa, foi todavia melhor do que esperávamos. Em suma, verificávamos cada dia que, levadas em conta as dificuldades materiais com que lutam os moradores do interior, o estado de civilização da zona era já bastante avançado.

Já havia algum tempo que estávamos indecisos quanto à direção que devíamos tomar em nossa viagem para Goiás, motivo pelo qual reuni aqui em conselho os tropeiros mais experimentados e os melhores guias do lugar. Ficou resolvido que, em lugar de passar em Tamanduá, como nos propusemos a princípio, marcharíamos para Pitangui a fim de aproveitar as condições favoráveis da estação, atravessando o rio São Francisco o mais depressa possível, e antes que suas margens se tornassem insalubres, como acontece todos os anos, na época das grandes chuvas, em que ele enche, inundando com suas águas os campos marginais. Tantas contrariedades nos dias anteriores nos havia causado a perda de nossos animais, que aceitamos com prazer a proposta de, mediante pequena retribuição, mandá-los para o que chamam pasto fechado, isto é, protegido por uma cerca. Qual não foi porém o nosso desapontamento ao verificar, na manhã seguinte, que, apesar desta precaução, diversos deles haviam fugido. Esse novo contratempo forçou-nos a passar o dia em Capela Nova.

A 14, não fizemos mais do que duas léguas e meia, para chegar a Bicas, que será talvez o lugar mais miserável entre os que jamais víramos. Em compensação, o caminho atravessa continuamente encantadoras matas.

Perto mesmo de Bicas, numa barroca em cujo fundo corre pequeno riacho, vêem-se xistos argilosos, avermelhados, com mergulho para leste. Parece provável que, de Capela Nova a Bicas, estes xistos superpostos ao gnaisse formem a base da estrada, cuja direção geral e para sudoeste, com voltas para oeste.

A uma meia légua de Bicas atravessa-se o Paraopeba, cuja largura é de quase 35 metros, numa ponte de 2 a 3 metros de largura, formada apenas de tábuas, e sem parapeitos. Os carros passam por ela, apesar disso.

Chegando ao miserável lugarejo de Bicas, vimos fugir de nós todos os habitantes, coisa que, aliás, freqüentemente acontecia, porque supunham que fôssemos em serviço de recrutamento. Assim, não foi sem dificuldade que os nossos soldados conseguiram que nos abrissem uma casa, onde nos acomodamos, entre toda espécie de vermina.

O bócio é endêmico neste lugarejo; nenhum habitante se mostra isento da moléstia, e segundo as informações colhidas pelo Dr. Weddell, ela começa já aos cinco ou seis anos de idade. As pessoas vindas de fora para o lugar em idade muito jovem, contraem tambem o mal ao cabo de dois ou três anos de permanência. Foi em Barbacena que essa doença, pela primeira vez, nos pareceu existir com certa frequência; mas, depois que se passa Ouro Preto e especialmente Sabará, é ela observada em certos lugares como coisa normal. Como esta deformidade não é acompanhada de dor alguma, os habitantes nenhuma tentativa fazem para combatê-la; lugares haveria, asseguraram-nos, em que não acharia casamento a moça que não tivesse o seu papo. Tanto aqui, como nos outros lugares em que a doença existe, atribuem-na a certas substâncias dissolvidas na água (1) ; mas, nunca observamos que ela fosse acompanhada de cretinismo.

A temperatura manteve-se o dia todo a 30 graus. Bicas está a uma altitude de cerca de 670 metros.

A 15, chegamos no morro de Mateus Leme. Saindo de Bicas está-se em solo estratificado de argila avermelhada mergulhando para este-sudeste, abaixo da qual fica o gnaisse; mais adiante vêem-se veios transversais de um quartzo cor-de-rosa, análogo ao itacolumito, e de quartzo preto. O morro de Mateus Leme, que domina a povoação do mesmo nome, foi outrora ativamente explorado, como mina de ouro. O metal encontra-se aí em pequenos filões sinuosos de quartzo branco em estado de areia, e situados nas fendas encontradas nos xistos, geralmente muito decompostos, situados na proximidade dos filões auríferos. Cavaram-se no alto da montanha dois fundos valados, de paredes a pique, que depois se procurou ligar por meio de galerias transversais. Mas estas obras não chegaram a ser terminadas, provavelmente por falta de capitais, muito embora se assegure que a mina produziu grande quantidade de ouro. A massa do morro parece constituída de xistos argilo-talcosos, muito folhetados, ricos em talco e talvez em serpentina. A cor é avermelhada ou verdoenga. Alguns estratos endureceram, passando ao estado de mármore. Nos detritos extraídos da mina acha-se uma grande quantidade de hematita parda, granulosa e provavelmente quantiosa. Os filhos da terra afirmaram-nos que no cimo do morro predominava a massa férrica, formando ali uma jazida independente.

O morro de Mateus Leme é um grande povoado, com uma igreja bastante bonita. Na manhã de 16, recomeçamos a viagem, com a intenção de passar a noite em Rancho do Mato, lugar situado a três leguas e meia de distância; mas, como o chefe desta localidade nos dissesse que havia absolutamente falta de víveres, vimonos forçados a pedir pouso na fazenda Platina, que fica meia légua mais adiante. Estivemos o dia todo expostos à chuva, que tornara os caminhos tão intransitáveis que uns vinte animais dos nossos perderam as ferraduras. Um burro cargueiro teve a espinha quebrada, acidente semelhante já havendo sucedido dias antes. A estrada caminha em geral para noroeste, com algumas curvas para oeste; é bastante plana, salvo dois pequenos morros, encontrados a meio caminho entre o morro de Mateus Leme e Platina. A formação é provavelmente o xisto argiloso.

(1) Um médico francês residente no Brasil, o Dr. Faivre, autor de vários trabalhos sobre as moléstias do país, emitiu a opinião de que o papo poderia ser motivado pela presença de azoto na água utilizada nos usos domésticos, pretendendo ter verificado a existência de quantidade notável do dito corpo na água de todas as localidades em que o bócio é frequente. Diante da divergência de opiniões no tocante ao assunto, não seria o caso de perguntar se a doença de que tratamos não seria produzida por mais de uma causa?

Os estragos infligidos à tropa pela marcha do dia anterior forçaram-nos a passar um dia inteiro nesse lugar, a fim de repará-los, na medida do possível. À noite recebemos a visita de um polonês, morador nas vizinhanças, homem bastante instruído.

A 18, como fizesse bom tempo, correu muito agradável a viagem de três léguas, até chegarmos à hospitaleira fazenda das Guardas, para a qual tínhamos carta de apresentação. Fomos nela muito bem recebidos, tendo ainda o prazer de encontrar alguns livros franceses, entre os quais as obras de Villemain. O filho do fazendeiro era médico e não lhe faltava instrução. A estrada é muito plana e corre, em geral, para o noroeste. Tudo leva a crer que a formação geral não é senão o xisto argiloso, muito estratificado, às vezes corado em vermelho e mergulhando para leste, em ângulos variáveis. Adiante do bonito povoado de Patafuflo passam dois ribeirões, que correm para oeste; galga-se depois um morro que parece constituído de quartzito (dominam os quartzos negros) e de fragmentos de grés análogos ao itacolumito. À noitinha, um viajante chegou à fazenda, deixando-se logo reconhecer como um francês aventureiro. Ignorando quem éramos, contou-nos as histórias mais incríveis de um caminho de ferro de 1.700 léguas, que ele tinha percorrido, de Nova-Iorque ao Peru. Não poucas vezes temos que corar por causa de compatriotas encontrados em regiões longínquas. A 19 deixamos pesarosos a família que nos recebera com tanta amabilidade, alcançando o arraial da Onça, após um trajeto de três léguas em caminho pedregoso. Todavia, fomos recebidos de modo tão pouco hospitaleiro pelo subdelegado, que resolvemos continuar até a fazenda da Gameleira, situada uma meia légua adiante. Nesta última fomos muito bem recebidos pelo filho do Capitão Chaves, cujo pai estava ausente. Aí soubemos que a nossa tropa, sem saber que havíamos continuado a viagem até a fazenda, tinha ficado em Chaves. Mandei imediatamente de volta o nosso soldado Patriarca, o qual, depois de ter advertido severamente o subdelegado, obrigou-o a atender a todas as necessidades da tropa. Devemos nos lembrar que, por esse tempo, a província de Minas estava agitada por diversos partidos; nestas condições, a presença de soldados em nossa comitiva era muitas vezes o motivo da recepção pouco hospitaleira a nós dispensada pelas pessoas contrárias ao governo.

Na saída da fazenda das Guardas e do arraial da Onça encontra-se cascalho lavado, bem como, um pouco adiante, antes de chegar em Gameleira; não se extrai, porém mais ouro destas localidades. Saindo das Guardas, transpõe-se um morro coberto de detritos de quartzo preto e de gnaisse decomposto; depois, na descida, encontram-se novamente xistos argilosos. Estávamos apenas a meia légua de Pitangui, vilarejo que goza de alguma celebridade no país; também, a 20 já estávamos de saída, sem esperar a caravana. A estrada se dirige aqui para oeste-noroeste, não obstante ser sua direção geral, depois do morro de Mateus Leme, para oeste-quarto-norte. Ela sobe quase sempre percorrendo uma sucessão de morros e atravessando varios e bonitos trechos de mata. Mais ou menos retardados pelas investigações em que nos íamos entretendo, chegamos ao nosso destino, uns após outros. Matou o Dr. Weddell uma araponga, ave do tamanho do pombo; tem a plumagem branca, com duas ou três penas escuras nas asas; a garganta, cuja pele é nua, tem uma coloração azul-esverdeada. Chamam-na nesta região ferrador, nome que bem lhe cabe em virtude da singularidade do seu canto, que imita de fato o som de um martelo batendo sobre a bigorna. Pitangui é um bonito povoado, que nos pareceu bastante movimentado. Nele chegamos no dia de São Sebastião, data festejada com grande pompa em grande parte do Brasil.

Fomos admiravelmente recebidos pelo subdelegado e pelo vigário. Era este último um notável personagem, que tinha sido amigo íntimo do Imperador D. Pedro I. Trazia sobre a batina a grande cruz de todas as ordens do Brasil, recebendo, apesar de sua modesta condição, o tratamento de Excelência. Levou-nos esse bom velho para a sua casa.

Dois espetáculos bastante diferentes foi-nos dado contemplar esse dia. O primeiro foi uma procissão, que saiu da igreja, com extraordinário luxo de pessoal e de trajes, e em que tomavam parte destacada um certo número de anjos vivos, com asas de borboleta. O segundo, realizado à noite, consistiu numa comédia improvisada pelos amadores da localidade. A sala foi feita de pano e os bancos ao ar livre. Os papéis das mulheres eram representados pelos homens. No fim, a representação saiu melhor do que se podia esperar.

Saindo de Gameleira continuam ainda os xistos argilosos; depois de Pitangui, galga-se um morro coberto de quartzos pretos, encontrados em grande quantidade até a cidade, cuja própria pavimentação é feita com ele.

No dia 21, fizemos três léguas, por uma estrada cuja direção geral era para o sudoeste, embora descrevesse muitas curvas. O terreno é constituído de xistos argilosos e de gnaisse. Passamos dois córregos, o primeiro dos quais a vau; o segundo, que é um braço do Pará, atravessa-se 100 metros mais além, por uma pontezinha de madeira, alta de oito metros e de comprimento aproximadamente o mesmo.

O rio Pará, que depois atravessamos, apresenta aspecto muito pitoresco, tanto pelas bonitas matas que o margeiam, como pelos rochedos de que seu leito está eriçado. Para a beleza do quadro concorre a ponte, que dá passagem para o outro lado; é sustentada por pilares feitos de pedras pretas, que se parecem singularmente com achas de lenha; de comprimento deve ter uns 50 metros; e, de largura, 2 ou 3. Sob a ponte, a rapidez da corrente é de cerca de 13 metros. O gnaisse que forma o leito do rio mergulha sob um ângulo de 32 graus e às vezes mais; tem cor muito semelhante à da ardósia. Ao chegar à fazenda de Santa Cruz, passa-se por um morro coberto de quartzo branco e róseo. Dormimos no pequeno sítio de Santa Cruz, de propriedade do Capitão Miguel Rodrigues, velhote imbecil que, por motivos de política, nos recusou toda espécie de socorro. Aboletamo-nos sem qualquer refeição, por entre a medonha sujeira que havia na casa. Entretanto, nossos trinta e quatro burros e cavalos não podiam ser assim tão fáceis de contentar. Por isso, vendo a obstinada recusa de nos venderem um pouco de milho, puseram-se os nossos soldados a perquirir todos os cantos da casa, na esperança de descobrir alguma quantidade.

Tudo porém foi em vão, porque, julgando que assim nos haveríamos de safar mais depressa, souberam guardar tudo muito bem guardado. A fazenda é cercada por meio de uma solanácea espinhosa (Solanum esculentum) de flores alvas e frutos cor de laranja, grandes como uma noz. Esses frutos têm o gosto de tomate açucarado e são muito apreciados pelos filhos da terra.

A 22, fizemos uma jornada de três léguas, sempre na mesma direção. A formação é ainda o xisto argiloso, provavelmente sobre base de gnaisse. A uma légua de Santa Cruz começa-se a encontrar grande quantidade de blocos esparsos de granitos, com a aparência de blocos erráticos. Sua origem não pode estar na desagregação de montanhas, porque não as há naquela redondeza. Não havendo feito nunca mais, durante a expedição, outras observações desta espécie, é com muita dúvida que atribuimos aquela origem às rochas de que estamos tratando; é muito provável que elas provenham de um fenômeno local. Ao longo da jornada, como de costume, todo o mundo nos evitava, escondendo-se pelos matos, quando passávamos. Esse proceder dos habitantes para conosco, por pouco nos seria funesto; porque, havendo-nos extraviado durante a noite, numa grande planície, não tivemos a quem recorrer para encontrar o caminho. Nesta emergência, olhando para todos os lados, demos ao longe com um homem, que fugia. Um dos nossos soldados, enviado ao seu encontro, logo o alcançou, esbarrando-o com o choque do animal. O matuto exclama sem detença: "Perdão, perdão, quem matou o homem não fui eu, foi meu filho!" Nossos soldados de polícia tomaram-se louvavelmente de grande interesse pelo caso; mas como nada tínhamos que ver com a justiça da terra, mandei que soltassem o desgraçado. À noite fizemos pouso na fazenda Trigueira, cujo proprietário, o Capitão Jacinto, estava ausente; a dona da casa lhe fez todavia as honras, à moda perfeitamente européia. Tinham nos falado muito a respeito dos jacarés existentes numa lagoa da vizinhança; mas foi debalde que alguns companheiros se puseram várias horas à sua procura. Nesse mesmo dia conseguimos duas lindas espécies de rapineiros noturnos, vendo ainda, na escuridão da mata, muitas dessas belas borboletas de grandes asas azuis, que fazem o ornamento dos gabinetes de História Natural.

A formação é em geral o xisto argiloso, cinzento, ocráceo ou avermelhado, com mergulho para leste; mas a meio caminho entre Trigueira e Bom Despacho, o solo é com granito cor-de-rosa, semelhante a uma espécie de sienito. À direita e à esquerda da estrada vêem-se, na planície, numerosos blocos de granito, de aparência errática. O terreno é de ordinário muito plano, encontrando-se destes blocos de vivas arestas até nos pontos culminantes. O caminho, embora pedregoso em alguns lugares, é bastante nivelado para que nele possam transitar os carros de boi. A uma meia légua de Trigueira, passa-se o rio Lambari, por uma ponte de madeira, que tem 40 metros de comprimento sobre 3 de largura, e fica também a uns três metros acima do leito do rio, neste ponto muito torrentoso. A aldeia de Bom Despacho, é das mais miseráveis; mas fica situada num lindo trecho de campo. O Sr. d'Osery matou um belo picapau de cabeça amarela. Ao cair da noite armamos as redes numa mísera casa, aberta a todos os ventos.

No dia 24, fizemos três léguas e meia, em terreno pouco acidentado, mas rico em belas perspectivas. Os leitos dos dois rios, particularmente, eram sombreados de espessa vegetação, enquanto na superfície viam-se sobrenadar lindas plantas próprias dos trópicos. Vem o primeiro logo depois de um brejo que atravessamos sobre uma estiva feita de troncos colocados paralelamente; ele deve ter uns 12 metros de largura, no lugar em que o atravessa a ponte por onde passamos. O segundo não terá mais que 8 metros de largo; é passado também por meio de uma ponte. Passamos a noite em Extrema, lugarejo dos mais miseráveis. É formado de cinco ou seis choupanas, cujos habitantes estavam morrendo à mingua. O feijão preto é aqui artigo de alto luxo. Todos os homens fugiram quando nos viram aproximar, ficando apenas algumas crianças, e uma escrava velha, surda-muda, que nos arranjou apesar disso excelentes laranjas. As casas eram de tal modo sujas e cheias de praga, que muitos dos companheiros de viagem preferiram dormir no barracão. Pela primeira vez, tivemos neste povoado ocasião de matar um tucano, ave mais notável ainda pelo enorme tamanho do bico, do que mesmo pelo vistoso colorido. Aliás, é muito comum nas coleções.

CAPÍTULO VII

DO RIO SÃO FRANCISCO AO RIO PARANAÍBA

A 28 de janeiro, data memorável para nós, após uma marcha de légua e meia, atravessamos o rio São Francisco, tão temido pelas febres que grassam em suas margens. No porto de Bernarda, onde se passa para o outro lado por meio de uma balsa, ele corre quase precisamente para o norte; sua largura equivale à do Marne, em sua junção com o Sena; as águas estavam barrentas e era grande a correnteza. Dos dois lados, para chegar ao rio, é preciso descer uma rampa bastante forte e coberta de vegetação. A balsa é formada de três canoas, sobre as quais se armou um tablado, protegido por parapeitos; ela pode transportar de uma para outra margem, sete ou oito animais e uma dezena de pessoas por vez. O rio é bastante profundo e sujeito a grandes enchentes; segundo nos informaram, há em cada sete anos uma enchente excepcional, que chega a dar ao rio a largura de uma légua. Apesar de nos garantirem que ainda não estávamos na estação insalubre, todos os moradores sofriam de febre intermitente; o filho do próprio balseiro tinha morrido na véspera, vítima desta moléstia.

O terreno tem o mesmo aspecto nos dois lados do rio; por alguns afloramentos, tem-se a prova de que o que se encontra por toda parte são os xistos argilosos, avermelhados, muito ricos em folhelhos; a estrada é plana e circula entre cômoros verdejantes.

Assim que atravessamos o São Francisco, tratamos de nos afastar dele quanto antes, a fim de fugir à sua influência perniciosa. À nossa frente estendiam-se imensos campos desertos, onde nossos olhos puderam contemplar, com ávida curiosidade, varios bandos de emas, que nos abstivemos de perseguir, porque o melhor cavalo muitas vezes não consegue alcançá-las na corrida: só com o laço se pode apanhá-las. Lembrou-nos esta cena as descrições, que fazem os viajantes, das partes centrais e meridionais da África.

Antes de ter podido chegar à fazenda de Pindaíba, humilde lugarejo cujo chefe estava doente de febre, fomos surpreendidos por um forte aguaceiro. Tendo ficado para trás a caravana, fomos forçados a passar a noite deitados sobre tábuas e cobertos com as nossas capas molhadas. Pela manhã, soubemos que a tropa tinha seguido por outro caminho, seguimos ao seu encontro, rumando para as Dores, distante duas léguas, debaixo de grande chuvarada. A altura do capim que cobria inteiramente esses campos, tornava muito difícil determinar-lhes a formação geológica. Não obstante, pelo rastro dos carros, reconhecemos a presença dos xistos argilosos, mergulhando para leste. Como no dia anterior, nosso caminho corria quase diretamente para oeste, inclinando-se ligeiramente para o norte. A meio caminho passamos um córrego, numa ponte ruim de madeira, de quatro metros de comprimento. Vimos novamente, ao longe, bandos de emas.

Os campos que se nos apresentavam à observação depois da travessia do rio São Francisco ofereciam aspecto um pouco diferente dos vistos até então; o solo era mais unido e nos parecia fértil. Toda a região é coberta de admiráveis pastagens, que serão um dia o sustento de imensos rebanhos de gado cornígero. Era muito frequente encontrarmos grandes e pesados carros de rodas quase maciças, puxados por doze ou quinze bois. A estrada é sempre muito difícil de seguir, por causa da enorme quantidade de caminhos que a cortam em todos os sentidos, e assinalados profundamente pelos sulcos feitos pelos carros de bois. Quase todos os caminhos vão ter aos sítios das vizinhanças, pelo que são mais freqüentados por estes pesados veículos do que a estrada principal. Daí ser quase sempre necessário, para acertar com esta, seguir pela que nos parecia menos trilhada.

As febres intermitentes tinham deixado profundos vestígios nas fisionomias amarelas das pessoas que íamos encontrando. Ao chegarmos ao arraial das Dores fomos muito bem recebidos pelo subdelegado; mas fomos muito importunados pela indiscreta curiosidade dos habitantes. Tínhamos já chegado a regiões em que raramente visitam os estrangeiros; por isso os naturais desatavam em riso ao nos ver, apontando-nos com o dedo, exatamente como fazem também os campônios dos arredores de Paris, quando vêem os macacos no Jardin-des-Plantes.

A 27, fizemos três léguas, para chegar à fazenda de Elias Pinto. Tomamos muita chuva durante todo o dia; encontramos também vários bandos de gafanhotos, formados de miríades de indivíduos e que percorriam os campos, destruindo todas as plantações que iam encontrando. Nossos cavalos ficavam espantadíssimos ao se acercarem dessas hordas, procurando evitá-las por todos os meios. Nesse dia, os nossos caçadores mataram muitos lindos gaviões.

Alguns afloramentos e numerosos fragmentos espalhados pelo caminho demonstravam que o terreno era composto de xistos argilosos cinzentos e pretos. Encontravam-se também muitos prismas de pirita de ferro, oxidados na superfície. A estrada corre ao longo da crista de uma série de morros, para chegar no sopé da serra da Saudade, que fica a oeste, perto do arraial das Dores. Por causa dessa disposição, ela faz muitas curvas. O solo é quase plano e a vegetação arbórea muito escassa; em compensação, as gramíneas têm magnífica aparência.

A jornada que fizemos a 28 foi muito fatigante, porque tivemos de escalar a serra da Saudade, debaixo de copiosos aguaceiros, que tornaram os caminhos quase impraticáveis, transformando-os em imenso lamaçal. A formação é a dos xistos argilosos cinzentos e amarelos, com nódoas violáceas, produzidas pelo óxido de ferro. Estes xistos foram provavelmente levantados pelo soerguimento da serra da Saudade, de que formam o revestimento; apresentam inclinação muito variável e orientada em todos os sentidos. A sublevação da serra é pois posterior ao depósito de xistos argilosos. A linha do espigão, ao longo da qual corre a estrada, dirige-se no sentido norte, 4 ou 5 graus para leste. A altura, medida pelo barômetro, tem cerca de 1.000 metros. Do cimo da serra, apesar do nevoeiro, descortinava-se magnífica perspectiva de montanhas e de vales, semeados de belos capões, de mata virgem. No cume propriamente dito, a vegetação era formada apenas de ervas, sem a aparência de árvores. Descemos a outra encosta, que é muito íngreme e formada de uma série de colinas confluentes, quase desnudadas e separadas por fundas grotas, cobertas em parte por pequenos trechos de mata, para depois descansarmos na beira do Indaiá, um dos afluentes do São Francisco, de que não tem mais de dois terços da largura. O Indaiá, por causa das chuvas, estava muito barrento e com grande correnteza, motivo pelo qual hesitávamos em atravessá-lo logo neste dia; mas era tão miserável a única morada existente na margem, que resolvemos seguir para frente, até uma fazenda situada na margem oposta. Fizêmo-lo tomando uma canoa e deixando que os animais nos acompanhassem a nado. O Indaiá, no lugar em que o atravessamos, corria para o norte, com o desvio apenas de 5 ou 6 graus. Tínhamos acabado de fazer três léguas e ainda estávamos a duas da fazenda Confusão, lugar do nosso destino.

A estrada, cuja direção geral é sempre para oeste, continua sobre xistos argilosos, entre os quais se destaca uma bela variedade de cor tirante a verde, que de quando em quando aparece em camadas interpostas, até à fazenda Confusão.

Se já nos havia consternado o casebre das margens do Indaiá com seus habitantes doentes de papo, nada melhor foi a impressão que nos deu a fazenda da Confusão, cujas delícias nos tinham sido decantadas.

O pátio de entrada era um lamaçal de 30 centímetros de profundidade; por outro lado, o quarto que nos deram, parecia mais um lago, visto não ter mais do que um resto de telhado, incapaz de protegê-lo da chuva, que continuava a cair torrencialmente. Deitâmo-nos como nos foi possível numa grande mesa de jacarandá, único móvel existente naquele desolado refúgio.

Entre as razões que nos tinham feito prosseguir, devo mencionar certa planta venenosa, de que toda gente falava, contando-se que por causa dela morriam sempre muitos cavalos. Suspeitamos, todavia, que devia haver muito exagero nestas informações, porquanto tendo o nosso botânico pedido que lha mostrassem, nela reconheceu uma espécie já por nós observada em Sabará, nunca aliás nas pastagens, mas exclusivamente no interior do mato fechado.

Levamos o dia todo de 29 esperando pela tropa, que só nos alcançou à tardinha. No dia anterior, ela só às cinco horas tinha chegado ao Indaiá, gastando para atravessá-lo cinco horas, por causa da exigüidade da canoa. O Sr. Weddell, embora doente, fez uma excursão nos arredores, à procura das plantas que ali cresciam. "Não é possível imaginar, diz ele, vegetação mais bela do que a das taquaras (*Bambusa* que cobrem os intervalos entre as árvores de todas as florestas destas regiões. Essas plantas, nos nós de cujo caule se prendem densos verticilos de pequenos ramos e lindas folhas verdes, elevam-se em forma de arco a vários metros de altura, pendendo depois para a terra em festões oscilantes, quais berços naturais por cima da cabeça dos viajantes. Os fetos arborescentes são aqui menos comuns do que em qualquer dos outros pontos por nós visitados; mas nunca desapareceram de todo, como no caso das palmeiras. Desde a entrada nos campos, até a vizinhança de Sabará, não encontrei uma só em estado selvagem. O *Cocos oleácea*, quando aparecia, era sempre na vizinhança das habitações, onde certamente fora plantado. Em Sabará é comuníssimo a *Acrocomia sclerocarpa*; come-se-lhe o broto terminal, como na *Euterpe*, e de seus frutos extrai-se muito bom azeite. Entretanto, de alguns dias à esta parte, vínhamos encontrando um coqueirinho de caule esguio, alto de 1 a 2 metros e reunido sempre em touceiras, de número às vezes bastante grande de indivíduos. Habita de preferência esta planta os terrenos pantanosos, em companhia de uma palmeira acaule do gênero *Diplothemium*. Nas cercanias de Mateus Leme os campos estão semeados de uma espécie interessante, chamada cabeçudo, cujas folhas, curvadas elegantemente em arco, são radicais, ou senão suportadas por um tronco de 6 a 10 centímetros. É, se não me engano, o Cocos capitata dos botânicos europeus. Finalmente o indaiá-açu, que havíamos admirado perto de Chapéu de Uvas por causa da orientação particular das faces de suas palmas, reapareceu desde alguns dias, aparecendo com grande freqüência nos capões de mato disseminados pelo campo".

A 30, deixamos a pitoresca fazenda, fazendo uma jornada de três léguas, debaixo de chuva e nos piores caminhos possíveis. A estrada sobe e desce uma série de morros, de fortes rampas, mas cobertas de magníficas matas. Passamos três riachos, afluentes do rio São Francisco, cuja direção geral é para o norte, com a inclinação de alguns graus para leste; têm os nomes de rio Confusão, rio dos Borrachudos e de São Miguel. No ponto em que os atravessamos, em pontes más de madeira, eles não têm mais do que 4 a 5 metros de largura. Os nossos caçadores mataram duas belas espécies de perdiz, ou mais propriamente *tinamus*. A formação geológica é a mesma dos dias anteriores, mas ao chegar-se à fazenda São Miguel, sobe-se um morro coberto de uma espécie de ganga, proveniente, ao que parece, de um xisto argiloso, muito rico em ferro.

O tempo tendo melhorado, fizemos no dia seguinte uma marcha de cinco léguas, até o vilarejo de São Francisco de Chaves, que não tem mais do que vinte anos de existência. Tinha ele cerca de trezentos habitantes e várias igrejas, mais ou menos inacabadas. Não há paisagem mais bela do que a que se descortina deste lugar. Hospedâmo-nos na casa do padre, um de cujos progenitores era francês. Duas léguas depois do ponto de partida, fica a feia aldeola de Abaeté, onde estacionou a tropa que devia nos alcançar no dia imediato. Antes de chegar a esta aldeia percorremos uma verdadeira planície, cuja vegetação era muito diferente da dos campos ondulados. Neste mesmo dia encontramos enormes buracos de tatu-canastra (ou tatu-açu), cujo comprimento atinge ordinariamente mais de um metro, não contada a cauda. Procuramos, sem nenhum resultado, obter um exemplar deste animal raro. Mais tarde, no decurso da viagem, vimos ainda várias vezes as suas tocas, sem todavia ter podido nunca obter um indivíduo, a despeito da promessa de bom pagamento. A raridade do animal se explica pelos seus hábitos, estritamente noturnos; na sua maior parte, também as pessoas da terra nunca o viram. Em compensação, são aqui comuníssimas as espécies pequenas. A formação geológica é sempre o xisto argiloso folhetado; a ganga forma por sobre ele uma espécie de camada de lava, de cor amarela. A direção da estrada é para oeste-noroeste; o platô por onde ela corre fica na linha divisória das águas dos rios São Francisco e da Prata; pois todos os rios que atravessamos até o arraial de São Francisco se lançam no rio do mesmo nome, seguindo uma direção geral norte, ligeiramente para leste, ao passo que todos os que encontramos deste ponto em diante se lançam no Paranaíba, afluente do rio da Prata.

Tivemos de ficar na povoação de São Francisco até 3 de fevereiro, por causa da fuga de alguns de nossos animais. Depois, fazendo um caminho muito mais longo do que o que seria necessário, com quatro léguas de viagem, chegamos à tardinha no pequeno sítio da Palmeira, que se compõe de uma fazenda e duas ou três casas. Mal nos havíamos instalado, trouxe-nos um menino uma linda ave, que acabava de ser pegada no laço: era a grande pernalta, de bico encurvado, que em todo o Brasil é conhecida pelo nome de Siriema, mudado em *Cariama* pelos naturalistas. É a *Palamedea cristata* de Gmelin. Esta ave corre quase tanto quanto o avestruz, e não pode ser capturada senão depois de cansada por contínua perseguição; refugia-se então debaixo de uma árvore, onde se deixa pegar sem oferecer resistência. Sua voz forte e retumbante, na vasta solidão dos campos, quebra o silêncio todas as tardes. A estrada desce do planalto de São Francisco, estendendo-se ao longo de uma série de cristas, depois de ter atravessado parte de um vale oblongo, cuja maior dimensão pode ser de sete léguas. É bastante plana, mas muito tortuosa. Atravessam-se cinco ribeirões, de 5 a 6 metros de largura, os quatro primeiros em pontes de madeira e o último a vau. Dirigem-se todos para o Paranaíba, correndo em direção ao nordeste e muitas vezes para o norte. O arraial de São Francisco, que fica em altitude um pouco maior do que Palmeira, acha-se na extremidade de um platô que domina a planície oblonga de que há pouco falei, e cujo sopé, pelos profundos recortes que apresenta, parece ter sofrido os efeitos de uma impetuosa corrente vinda do norte para o sul. A toda volta vêem-se planuras semelhantes, todas aparentemente da mesma altura da primeira. A formação geológica, em todo o espaço compreendido entre São Francisco e Palmeira, é o xisto argiloso; somente no arraial é ele coberto de uma camada de lava.

A 4, fizemos três léguas de marcha; no caminho encontramos vários buracos de tatu-canastra; a vegetação era notável sobretudo por um grande número de bonitas espécies de *Eriocaulon*, plantas muito notáveis pelos seus caules, retos, terminados por longos raios, portadores de uma espécie de umbrela de flores alvas. Felizmente, o tempo estava magnífico; com três léguas de viagem, em terreno muito acidentado, fomos acampar nas margens de um dos afluentes do Paranaíba, num lugar chamado Cachoeiro do Campo. Nada mais belo do que o lugar em que se erguem nossas barracas, todas reunidas numa península formada pelo rio, cujo leito se alarga subitamente, numa espécie de imensa banheira natural, depois de um grupo de rochas em que suas águas se quebram. Deixando Palmeira, encontramos xistos micáceos esverdeados, em substituição aos xistos argilosos, com os quais provavelmente alternam. Mesmo em Cachoeira, descendo a encosta, encontra-se o itacolumito branco e, cinzento, cujas camadas correm para noroeste e sudeste, com um mergulho de 23 graus na superfície; vêem também até quartzitos pudinguiformes, empastados nas cavidades do itacolumito.

A 5 fizemos três léguas e meia em platôs bastante elevados, chegando ao povoado de São Sebastião, composto de quinze a vinte casas, cujos moradores, como de costume, fugiram com a nossa aproximação. Instalâmo-nos numa péssima venda, que achamos aberta. Formavam o terreno em que neste dia caminhamos os xistos itacolumíticos, recobertos da terra roxa do sertão; encontraram-se também fragmentos de itacolumito, quase reduzidos ao estado de quartzito puro, variedade muito comum na própria localidade de São Sebastião, onde a utilizam na construção das casas. É uma pedra de cor cinzenta anegrada.

A 6, chegamos à fazenda do Salitre, após uma jornada de três léguas. O terreno cortado pela estrada parece um xisto argiloso, de cores variadas; todavia, ao descer o platô de São Sebastião, forma o caminho uma espécie de trincheira na rocha, onde aparecem acima dos xistos diversas formações distintas, dispostas em camadas quase horizontais, com mergulho muito ligeiro para oeste. A camada mais alta é formada de uma ganga ferruginosa, semelhante à de Abaeté; em baixo desta vem um xisto argiloso, muito rico em ferro, que forma a passagem para a ganga; em seguida o xisto argiloso puro; depois ainda, o xisto micáceo, que faz transição, para o itacolumito folhetado, e os quartzitos metamórficos semelhantes aos de São Sebastião; finalmente o xisto argiloso avermelhado, folhetado, mas muito bem caracterizado.

Passamos quatro ribeirões, entre os mais importantes. O primeiro fica a mais ou menos uma légua de São Sebastião; por ser muito sinuoso tem de ser atravessado três vezes, a vau; é pouco profundo e tem apenas 3 metros de largura. O segundo e o terceiro ficam, respectivamente, mais ou menos na metade e nos três quartos do caminho; a largura de ambos, que se atravessam a vau como o primeiro, regula 6 metros. Finalmente, temos o rio Salitre, que é meio profundo, um pouco mais largo e mais barrento do que os precedentes, e se atravessa numa ponte ruim de madeira, longa de 18 metros. A estrada corre para oeste-noroeste; existem ao longo dela casas, espaçadas cerca de meia légua umas das outras.

Quando chegamos em Salitre, quase todos os moradores se achavam empenhados na caça de um veado, que afinal conseguiram matar, trazendo-o à noitinha para a fazenda, onde se tratou de lhe comer a carne, enquanto o couro deu entrada em nossas coleções. No percurso da viagem era freqüente encontrarmos indivíduos desse gênero, de cujas espécies, por serem ainda muito mal conhecidas dos naturalistas, darei uma lista, cingindo-nos às que foram por nós observadas:

1ª - A que se conhece no Paraguai pelo nome de Guaçu-açu e o Guaçu-pucu de Azara, o *Cervus paludosus* de Desmarest, é o cervo dos brasileiros. Encontramo-la nas margens do rio Paraguai e do Araguaia.

2ª - O *Cervus rufus* de Fred. Cuvier, ou *Guaçu-pita* de Azara, encontrado nas matas do Pará. Tem o pêlo vermelho.

3ª - O *veado campeiro* dos brasileiros, chamado em Miranda *veado-branco* e que é talvez mesmo Cervus campestris de Fred. Cuvier. É comum em todos os campos e planícies do Brasil.

4ª - O *veado-catingueiro*, chamado virá em Miranda. Habita a província de Goiás e as margens do rio Paraguai, deixando-se reconhecer pelo mau cheiro que exalam os indivíduos dos dois sexos, em todas as estações do ano.

5ª - O *veado-mateiro* dos brasileiros, chamado em Miranda *veado-pardo*. É cinzento e frequenta as matas de todo Brasil. Parece que em Mato Grosso ocorre uma variedade ou senão espécie, vizinha, de porte menor, a que dão vulgarmente o nome de *pororoca*.

Nossas coleções ainda se enriqueceram com alguns carunchos pertencentes ao gênero *Chlorima*, cujo corpo tem cor azul-celeste, com pontilhado velutíneo, preto.

Passamos o dia seguinte na fazenda, para conhecer uma fonte muito curiosa, situada no meio da mata, a uma meia légua da fazenda. A água, levemente salobra, é agradável ao tato. Desprendem-se dela, em grande quantidade, bolhas de um gás, que é provavelmente o ácido carbônico. Acha-se a fonte fechada numa bacia muito raza (cerca de 25 centímetros de profundidade) de 6 a 7 metros de lado, formado de uma rocha vulcânica de cor escura, talvez diorito. No tempo da seca, forma-se na parede da fonte um depósito salino, que parece ser uma mistura de sulfato e carbonato de sódio. Este depósito, que se constitui sob a forma de eflorescências, é visto imediatamente de fora d'água. A água da fonte é utilizada pelos habitantes na engorda dos animais, havendo a experiência demonstrado excelentes resultados. Pedaços esparsos de quartzito itacolumítico são encontrados nas proximidades da fonte. Nossos caçadores mataram neste local várias aves bonitas, entre as quais surucuás, japus, picapaus, etc., enquanto o botânico colecionou grande número de criptógamos.

A 8, partimos para Patrocínio, de que distávamos três léguas e meia. Ao longo de todo caminho encontram-se, xistos argilosos, mas ao chegar em Patrocínio aparece o quartzo itacolumítico. Atravessamos quatro córregos, afluentes do Paranaíba. Só o terceiro possuía ponte; os outros dois foram atravessados a vau. De meia em meia légua, há casas, à beira da estrada. A vila de Patrocínio fica situada em terreno desnudo, nada pitoresco; é dividida em seis distritos e habitada por cerca de 9.000 habitantes, muito diferentes, no que toca à jovialidade e acolhimento, dos que até aí tínhamos encontrado.

Permanecemos neste lugar vários dias, que ocupamos, eu e o Sr. d'Osery em observações magnéticas, o Sr. Weddell no desenho de cogumelos, no colecionamento, secagem e catalogação de plantas, e o Sr. Deville em caçar nas redondezas.

A 14 deixamos Patrocínio, chegando à noitinha na fazenda Macaúba, distante quatro léguas. Estávamos decididos a fazer um grande rodeio, a fim de visitar de passagem o povoado de Santana, aldeamento indígena, onde nos diziam que veríamos muita coisa curiosa.

A formação era, no fundo, o itacolumito xistoso, com transição ao micaxisto, nos lugares em que a mica predomina de modo especial. No alto dos morros volta-se a encontrar a ganga argilosa amarela. O caminho segue sempre para oeste; é muito plano. A região percorrida é despida de vegetação; mas é cortada por sete riachos, dos quais só o primeiro se passa a vau. Os restantes se passam em pontes más de madeira, formadas de paus colocados uns ao lado dos outros e sem parapeitos.

A 15, com uma caminhada de doze horas, chegamos à fazenda de Água Limpa, também conhecida por de Inácio José. A direção geral da estrada é oeste-sudoeste, através de sertão inteiramente desabitado e coberto de vegetação raquítica. O espigão dos morros, o que domina o rio de Água Limpa em particular, é formado de uma ganga amarela-ocre, ao passo que, no leito do rio, encontram-se dioritos.

A 16, fizemos uma marcha ainda mais longa do que na véspera. Encontramos neste dia a bela palmeira buriti (*Mauricia vinifera*), cujas folhas, semelhantes a um vasto leque, têm muitas vezes 3 metros de diâmetro. Os pecíolos destas folhas servem, entre os habitantes, para fazer rolhas. A viagem deste dia foi mais fatigante para nós do que as outras, por termos encontrado muitos atoleiros cobertos de mato, nos quais afundavam os cavalos, com tanto risco para eles, como para nós próprios. Esses pequenos acidentes fizeram os nossos animais tão medrosos, que só a custa das esporas era possível fazê-los andar para a frente. Nas partes mais altas da estrada, que aliás é bastante plana, vêem-se gangas, que repousam provavelmente sobre grés itacolumítico. A direção geral da estrada é primeiro para oeste e depois para sudoeste. A meio caminho entre Água Limpa e Santana, encontra-se à direita da estrada uma lagoa comprida, que corre de norte para o sul. Atravessamos alguns riachos, os menores dos quais se passam a vau; e os outros em grosseiras pontes de pau. Quase no fim da caminhada, em dois ou três cortes, observamos um cascalho composto de seixos de grés da grossura de um ovo, aglutinados numa terra avermelhada.

A aldeia de indígena só tem o nome, pois é hoje habitada apenas por brasileiros. Conta-se que os paulistas, quando abriram a estrada que liga sua província às de Goiás e Mato Grosso, fizeram vir dos arredores da vila em questão famílias de índios bororós, com o fito de dar combate aos índios selvagens que molestavam os viajantes. Por este meio foram inteiramente destruídos os índios existentes nas matas da região, dispersando-se depois a colônia, que de índia que era, passou pouco a pouco a tornar-se quase portuguesa, com exceção, dos poucos descendentes mestiços, que ainda se vêem. A aldeia pode ter de 150 a 200 habitantes. As casas, geralmente só têm um pavimento; são construídas de madeira ou de terra, e cobertas com palha; ficam bastante distanciadas umas das outras, dando ao conjunto aspecto pouco agradável à vista.

A sudoeste de Santana, distante quando muito um quarto de légua, corre o rio das Velhas, afluente principal do Paranaíba; seu rumo é para oeste, algumas vezes para o norte; a largura é quase a mesma do Sena em Paris e, a julgar pelo que dizem, deve ser muito profundo. Estava muito barrento, por causa das chuvas que o haviam engrossado, dando-lhe a correnteza de três nós por hora. Quem vai de Santana para o rio das Velhas, logo ao deixar a aldeia, passa por um ribeirão, que corre no fundo de uma grota, cujos lados são formados pelo mesmo tufo diorítico encontrado em ambas as margens do rio das Velhas. Corre esta rocha do norte para o sul, encontrando-se perto dela fragmentos de grés, aparentemente metamorfizados pela vizinhança do diorito. O mais notável, porém, é que em algumas das elevações próximas da beira do rio, tivéssemos encontrado grés de grossa granulação, oriundo do itacolumito e com indícios de estratificação relevada. Davam a impressão de terem sido erodidos pelas águas; sua localização nas eminências, junto ao seu aspecto atormentado, não permite duvidar de que tenham sido outrora verdadeiros recifes, num mar que enchia o vale do rio das Velhas e os córregos das proximidades.

Encontramos nas vizinhanças deste grés muitos geodos de quartzo, prismas muito transparentes deste mesmo mineral e ágatas leitosas.

Nas margens da rio das Velhas fizemos abundante coleta de bonitos insetos, entre os quais citarei o *Trichognatus maremotos*, gênero de carabina, então muito raro nas coleções. Tivemos a agradável oportunidade de dissecá-los. Entre as aves que nos forneceram estas localidades acha-se uma bela espécie do grupo das perdizes, conhecida na região pelo nome de *nambu*. É um tinâmida; corre com muita rapidez e tem um canto característico, semelhante a um assobio interrompido. Aliás, era muito difícil caçá-la, por causa da densidade extraordinária do matagal.

É admirável a vegetação das margens do rio das Velhas. "Nada mais pitoresco, diz Weddell, do que este rio cujos contornos se vêem de longe desenhar-se por entre a luxuriante vegetação, aqui desaparecendo por detrás de uma colina, acolá aparecendo de novo, para, logo depois mais uma vez esconder-se. A travessia, bastante perigosa dada a instabilidade das embarcações feitas de um só tronco escavado de árvore, foi-nos muito bem paga pela magnificência dos lugares por onde passamos. Eu já havia visto muitas matas virgens; mas nenhuma me impressionou tanto pela magia da decoração como a que me era dado admirar nesse momento. Para isso muito contribuía a presença da grande palmeira indaiá, já observada por nós em Chapéu de Uvas e em Pitangui.

As marchas forçadas que fizemos para chegar à aldeia de Santana, puseram-nos muito adiante da tropa, que só conseguiu nos alcançar no dia 19, continuando logo a viagem no dia seguinte, enquanto nós ficamos para seguir no dia 21, contando alcançá-la dobrando a marcha. Fizemos nesse dia seis léguas, tendo o prazer de, a um quarto da caminhada, contemplar o magnífico salto do rio das Furnas. Tem esta queda cerca de 63 metros de altura, por uns 16 de largura e constitui, seguramente, uma das paisagens mais belas do mundo, perdida em plena mata virgem. As águas se despejam numa bacia, formada por gigantescas lájeas de pedra. Fizemos baldados esforços para chegar ao sopé mesmo da cascata; tão espessa era a mataria e tão altas as gramíneas, que após mais de duas horas de insano e infrutífero trabalho tivemos de, muito a contragosto, abandonar o nosso intento. Tem o rio das Furnas, no local onde o atravessamos, logo acima da cascata, uns 250 metros de largura, aproximadamente. Pareceu-nos ser de grés a rocha vertical de onde se despenha a cachoeira. Na estrada, cuja direção é para noroeste, encontram-se, em grande quantidade, fragmentos de diorito, rocha que constitui o leito do primeiro córrego, atravessado em Boa Vista. É todavia provável que a formação seja um grés itacolumítico, semelhante ao que se vê em Santana. O terreno percorrido é chato e ordinariamente coberto de vegetação enfezada dos campos; cortam-no, correndo para o Paranaíba, pequenos ribeirões de pequena correnteza, alternando com atoleiros, muito difíceis de transpor.

Passamos a noite na miserável fazenda do Pissarrão, cujos habitantes, como de costume, fugiram, assim que nos aproximamos. Nossos soldados abriram-lhe a porta a seu modo, isto é, arrombando-a. No dia seguinte, ao partirmos, tivemos o cuidado de deixar sobre a mesa ampla indenização pelos prejuízos causados.

No dia 22, fizemos seis léguas de marcha, em caminhos quase impraticáveis devido aos atoleiros. Em certo lugar as mulas se enterraram até o pescoço, sendo necessários os mais inauditos esforços para safá-las. Depois de atravessarmos lindas matas virgens, chegamos finalmente às margens do Paranaíba, que contemplamos com alegria tanto maior quanto forma ele o limite natural entre as províncias de Minas Gerais e Goiás. Acampamos num pequeno rancho, mesmo na beira do rio. Há, neste local, que é chamado Porto Antigo de São Paulo, uma barca para transportar os viajantes de uma para outra margem. Pelo caminho, tínhamos encontrado muito diorito, que nos pareceu em estado de formação. Ao meio-dia mais ou menos chegamos ao rio das Pedras, onde há uma fábrica de louça de barro, na qual se emprega uma argila muito branca, que parece ser o caulim, tirada dos morros próximos. Esta fábrica não tem nem chaminé; tudo nela se faz a mão. O forno, muito parecido com os da Europa, é redondo, com um diâmetro de cerca de metro e meio. Cozinha-se aí o vasilhame em fogo abafado, colocando-o sobre um soalho cheio de buracos, debaixo do qual fica o fogo.

Perto de Estiva e de Tapiriçá vêem-se rochas de grés itacolumítico, com o aspecto de recifes em tudo semelhantes aos do rio das Velhas, perto da aldeia de Santana.

Ao descer para o Paranaíba, para lá de São Domingos, encontramos xistos argilo-micáceos de cor vermelha, muito folhetados e com mergulho para o sul. Finalmente, nas bordas do rio, aparecem camadas de um gnaisse muito duro e característico, orientado no sentido este-oeste, quase paralelamente ao curso do rio; ele mergulha 22 graus sul, sendo atravessado por veios de quartzo, que lhe ficam paralelos e dão a impressão de terem sido solevados.

A estrada corre, de modo geral, para o norte, fazendo voltas que oscilam entre o nordeste e o noroeste.

Reservamos um dia para dar caça às aves que povoam as matas marginais do Paranaíba, conseguindo obter lindos papagaios, vários Platyrhynchus e uma grande garça branca de cabeça preta e bico azulado. As praias lamacentas do rio estavam literalmente apinhadas de borboletas, cujos inúmeros indivíduos de cada espécie se aglomeravam em blocos destacados, dando ao conjunto a aparência de um tapete marchetado.

Em Porto Antigo, a direção geral do Paranaíba é oeste-noroeste, e quase noroeste; mas, acima e abaixo deste ponto, ele forma curvas que o desviam ainda mais para oeste. De largura tem o rio cerca de 100 metros; a correnteza é grande e a profundidade considerável; a temperatura das águas, determinada à custa de observações feitas à sombra no dia 24, era de 25°,5.

No mesmo dia, atravessamos o rio, fazendo seis léguas e meia, através de espessa floresta e por entre medonhos atoleiros. À notinha chegamos à vila de Catalão, primeiro povoado por que passamos na província de Goiás. Durante o trajeto, conseguimos um tamanduá-bandeira (*Myrmecophnga tetradactyla, Linné*).

Depois de atravessar o Paranaíba, encontra-se gnaisse, rocha que entra na formação geral da região. A uma légua do rio a ele vêm superpor-se os micaxistos avermelhados; são muito inclinados e mergulham para o sul. Perto de Catalão, cobrem estes xistos camadas superficiais de ganga. Catalão é um vilarejo de uns 2.000 habitantes; suas casas são construídas de gnaisse, bem como também a igrejinha, muito pobre. Para alcançá-lo, atravessamos vários afluentes pequenos do Paranaíba, o maior dos quais é o rio Ouvidor, cuja largura regula 10 metros e tem bastante correnteza. Há pontes em, todos estes rios, com exceção de dois menores, que se passam a vau.

CAPÍTULO VIII

DA VILA DE CATALÃO, EM GOIÁS

Chegando em Catalão, fomos à procura da casa do Coronel Roque, para o qual tínhamos cartas de apresentação. Este era o homem do lugar; porque, em cada uma dessas localidades afastadas há um personagem influente, por intermédio do qual se processam todas as relações com o governo. É o único meio de que dispõem os presidentes para fazer respeitada sua autoridade nessas distâncias.

O Coronel Roque era um homem corpulento e ressequido, com enormes lunetas e um chapéu azul de palha, cujas abas tinham quase um metro de diâmetro. Trazia roupa de algodão, com umas calças muito curtas, tudo da mesma cor do chapéu, inclusive as meias e os sapatos. Este gosto singular pelo azul se explica pelo fato de ser todo o seu vestuário, sem excetuar o calçado, obra dos escravos, que como tintura só podiam dispor do anil, planta que cresce por toda parte. Toda noite, rodeava o coronel uma corte numerosa de funcionários públicos, todos negros ou mulatos, tais como os oficiais da milícia, o vigário, o sacristão, o mestre-escola, etc. Passavam a beber aguardente de cana e a fazer pomposos elogios ao dono da casa, que era comparado a César e a Napoleão. A cada extravagância deste gênero, o grande homem se dignava inclinar a cabeça, acompanhando este movimento de uma careta horrenda. Fomos hospitaleiramente admitidos naquele círculo brilhante, e enquanto comparavam nosso hospedeiro a todos os heróis da história e da fábula, preparávamos nós as nossas coleções e púnhamos em ordem os nossos papéis. Ficamos vários dias em casa desse homem, que aliás só podemos elogiar, até pelos esforços que fez, embora sem resultado, para nos conseguir um exemplar do raro tatu gigante, que pedíamos a todo mundo.

No presente lugar tivemos nova prova da falta de sentimentos religiosos entre os habitantes do interior. Como algumas pessoas de Catalão nos tivessem visto caçar corujas e morcegos, trataram de abrir a igreja, fazendo-lhe durante um quarto de hora ressoarem as arcadas, sob os tiros das espingardas.

Só no dia 5 de março, deixamos Catalão, onde nos reteve desagradável incidente. Chegando aí, o arrieiro Domiciano não quis mais seguir conosco, comunicando-nos a resolução de voltar com os seus tropeiros e as mulas de carga por nós alugadas; por outro lado, ficamos sabendo da impossibilidade de obter na cidade um burro sequer e tampouco tropeiros. Como me sorrisse muito pouco a perspectiva de termos assim de passar alguns anos a ouvir os elogios ao meu hóspede, tomei a resolução de comprar por qualquer preço as mulas de Domiciano, conseguindo também assim ficar com uma grande parte de seus criados.

Na hora da partida, tivemos a oportunidade de ver um homem atacado de moléstia assaz curiosa; tratava-se de um caso monstruoso de sarcocele. O tumor, que não parecia pesar menos de vinte e cinco a trinta quilos, descia até abaixo dos joelhos do doente, quando de pé.

Fizemos seis léguas para chegar ao rio Veríssimo. A contextura geral do terreno apresenta gnaisse mergulhando ordinariamente para o sul, e às vezes para o norte, nas encostas dos morros. A parte superior desses gnaisses é muito micácea, tornando-se verdadeiro micaxisto, ao qual se superpõe o itacolumito xistoso estratificado. Passamos a noite em lugar muito pitoresco, na confluência do rio Veríssimo e do rio Braço, não tendo por abrigo mais que um mau alpendre, no qual armamos as redes. Antes de se reunir ao Braço, que é um ribeiro de 7 metros de largura e corre para sudoeste, o rio Veríssimo tem 13 a 14 metros e corre para oeste-noroeste; depois da confluência, porém, ele chega a ter 20 metros de largura, com uma profundidade de 2 a 3, mudando sua direção para oeste-sudoeste, embora menos para o sul do que a do Braço.

A 6 terminou a passagem da caravana, em canoas, para o lado oposto do rio. Neste dia chegou-me ao conhecimento que o presidente da província de Goiás, estava para deixar a capital, rumo ao Rio de Janeiro. Ciente de quanto era necessário com ele avistar-me antes de sua partida, resolvi ir adiante com o Sr. Deville e o furriel, deixando a responsabilidade da expedição ao Sr. d'Osery. Todavia, para não interromper este relato, acompanharemos a caravana até a cidade de Goiás, ao que depois acrescentarei algumas palavras sobre a minha viagem pessoal.

A expedição fez três léguas, para chegar à fazenda Vai-e-Vem (de Antônio José Carneiro). Pelo caminho só se vêem itacolumitos muito micáceos e nacarados. De resto, a formação geral era a mesma que observamos na véspera.

No dia 7 o Sr. Weddell fez algumas operações cirúrgicas; depois, parando uns instantes no vilarejo de Vai-e-Vem, continuou a marcha até Ciganos. A formação geológica era mais ou menos a mesma dos dois dias precedentes. Dominam os gnaisses entre a fazenda e o arraial de Vai-e-Vem, nas proximidades do qual é o rio do mesmo nome atravessado três vezes, ao passo que deste ponto a Ciganos o que se vê por toda parte são os gnaisses micáceos, com transição para os micaxistos, excetuando contudo um pequeno cômoro existente a meio caminho, que é formado de itacolumito superposto aos xistos micáceos e, na parte superior, de ganga muito argilosa.

Na vertente desta elevação que olha para Ciganos, encontram-se pelo caminho numerosos fragmentos de quartzo, de arestas vivas.

Ciganos é um pequeno núcleo de oito ou dez casas, outrora povoado por "boêmios", cujo nome conserva. Os filhos dessa gente, moradores ainda hoje do povoado, esqueceram já a língua paterna. As choupanas de Ciganos são das mais miseráveis que se possa ver.

"Nada de notável nos dias de 8 a 13, diz o Sr. Weddell; sempre o mesmo ramerrão. Cada manhã deixávamos, à melhor hora possível, o pouso em que se passara a noite, em demanda de outro, onde iríamos fazer a mesma coisa; com pequenas variantes. Percorríamos diariamente uma distância média de quatro léguas, através de uma região que começava a se nos tornar monótona. Os campos continuam a se apresentar relativamente despidos de vegetação, enquanto ondulações maiores ou menores alternam com regatos em que a vegetação se apresenta mais viçosa. Nestes lugares vêem-se ainda árvores cingidas por vigorosos cipós, oferecendo ao viajante a sombra que ele procuraria em vão debaixo dos arbustos nodosos peculiares à quase toda a região, e que se diria disputados igualmente pelo sol e pelo fogo.

"Desde já algum tempo as palmeiras aumentavam de número; não se parecem porém com essas árvores de elevado e majestoso porte que nossa imaginação julga pressentir quando ouve pronunciar-se o nome de palmeira. Trata-se agora de criaturas anãs, que um observador pouco atento seria capaz de confundir com as gramíneas dos campos; algumas se erguem a apenas 2 ou 3 metros do solo, formando às vezes elegantes grupos, que em certas localidades constituem pequenas moitas. Os lugares em que estacionamos foram os que a seguir menciono. 1°, Palmital, lameiro de incrível sujeira, povoado de baratas e papudos, onde passei toda a noite, deitado numa carreta. 2°, Corumbá, onde, numa embarcação escangalhada, atravessamos o rio do mesmo nome. Os carros passam o rio de maneira muito curiosa: fazem-nos rolar até a beira do rio, impedindo que desçam muito depressa atrelando-os por trás, depois do que os põem a cavalo sobre duas canoas justapostas, que assim os transportam sem nenhuma dificuldade.

Os bois passam depois a nado, sendo novamente atrelados no lado aposto. 3°, Campo Alegre, assim chamado não sei porque, visto como aí encontramos apenas um paralítico, ao qual dei uma monstruosa receita, em paga de sua hospitalidade. 4°, Baú, lugar de chuvarada, lama e ladrões. 5°, Dona Jacinta, excelente pouso, tanto pelos moradores, como pelas coisas boas que sabem fornecer ao viajante. 6° e último, Estalagem, onde fomos encontrar gente muito boa, porém na maior miséria, Passamos algumas horas na casa de um certo Rodriguezinho, proprietário do lugar. Aí presenciamos um quadro, dos mais pitorescos por nós já vistos e digno do pincel de um colorista. Com efeito, duas ou três famílias se haviam reunido numa casa que não era formada senão de um mau teto, cobrindo recinto fechado por gradeado largo de madeira, inteiramente aberto ao tempo. Quando chegamos toda a população feminina estava ocupada nos diversos afazeres com que, enchem habitualmente o dia: fiar, preparar farinha, cozinhar os alimentos, etc. Havia nesta cena bastante animação".

De Ciganos a Estalagem a formação geral é quase uniformemente , composta de gnaisses bem caracterizados, que se apresentam sob a forma de enormes blocos desnudos, acompanhados de núcleos de quartzo, no rio Palmital. Até Rancho do Brejo, o itacolumito se, superpõe em vários lugares ao gnaisse, com os quais ele forma, na elevação em cujo sopé corre o rio Corumbá, massas com a aparência de recifes. Nas margens propriamente do último rio, dominam os gnaisses. Em Rancho do Brejo, junto ao itacolumito, aparecem fragmentos de quartzo na superfície do solo, que é ali formado de argila vermelha; mas a partir desse ponto, a ganga amarela surge em todos os trechos altos da estrada. Por fim, a três quartos de légua de Campo Alegre, encontra-se uma espécie de rocha muito dura, que parece ser uma mistura de diorito, quartzito e talvez de sienito. Perto de Baú os gnaisses parecem ser mais micáceos. O rio Corumbá, que a expedição atravessou dois dias depois de havê-la eu deixado, é rápido e profundo. Sua largura, medida trigonometricamente pelo Sr. d'Osery, era de 297 metros, estando ainda o rio longe da cheia, embora estivéssemos na estação das chuvas. A temperatura das águas, observada no dia 10, às onze horas da manhã, era de 24°,5.

A distância de vinte léguas, por nós percorrida nestes seis dias, repartia-se mais ou menos assim: de Ciganos à fazenda de José Pereira, três léguas; de José Pereira ao rio Corumbá, quatro; deste último a Campo Alegre, três; de Campo Alegre a Baú, duas; de Baú a Campo Aberto, quatro; de Campo Aberto a Estalagem, quatro.

A 14, fez a caravana quatro léguas, numa sucessão de pequenos morros levemente ondulados e semeados de pequenos capões, onde havia sempre atoleiros, muito difíceis de passar. A formação se compunha de gangas, que provavelmente recobriam gnaisses.

Bonfim é uma aldeola situada em uma pequena elevação; é muito velha e deve sua origem aos faiscadores de ouro, que no lugar extraíram outrora boas quantidades deste metal. Não é por outro motivo que se vêem por toda parte no local profundas escavações e movimentos de terra, até nas próprias ruas. Esta exploração está hoje quase inteiramente abandonada. O exame das velhas escavações mostra que o ouro se encontrava de mistura com um cascalho de grossos grãos, existente sob a forma de uma camada horizontal de cerca de um metro de possança. Está situada esta camada abaixo de uma terra vegetal vermelha, cuja espessura é duas vezes maior. Abaixo do cascalho vem uma camada de argila amarelada, espessa de dois metros aproximadamente e que repousa sobre um aglomerado compacto de argila e cascalho, abaixo do qual aparecem xistos argilosos, eles próprios superpostos à formação geral dos gnaisses. O cascalho é constituído de grãos do tamanho de um ovo de pombo, aglomerados muito imperfeitamente por uma espécie de areia argilosa vermelha. Na parte inferior da camada, o cascalho se aglutina com a argila que lhe está subordinada, formando uma espécie de placa.

Possui Bonfim cerca de oitocentos habitantes. Pela primeira vez vimos aqui as vidraças das janelas feitas com grandes lâminas de mica, conhecida no país pelo nome de malacacheta. Esse mineral é extraído especialmente em duas localidades situadas a umas setenta léguas de Bonfim, uma chamada Traíra e a outra São José do Tocantins; é vendido à razão de duzentos e oitenta réis a libra (cerca de setenta e cinco cêntimos). Cada libra, dá para doze ou quinze placas quadradas de seis polegadas de lado. A temperatura média de Bonfim é de 21°,0.

A expedição foi muito bem recebida em casa do Coronel Vicente Miguel da Silva. No dia 18, nossa partida foi retardada pela orgia a que se haviam entregado os tropeiros na noite precedente: só pudemos sair à noitinha, pelo que foi debaixo da mais completa escuridão que conseguimos fazer uma légua e um quarto, por caminho horrível, tornado quase impraticável pela chuva torrencial. O terreno era muito plano e a formação semelhante às dos dias anteriores. Saindo-se de Bonfim atravessa-se um córrego, numa ponte de uns sete metros de comprimento. Dormimos no Engenho da Posse, num ótimo rancho.

Ao raiar o dia, nos achávamos numa formosa paragem, cheia de agradável vegetação, onde se viam tucanos em grande número, refugiados nas árvores. Nossos companheiros gastaram todo o dia, em percorrer o campo, à procura da estrada, surpreendendo-os assim a noite. Os guias tinham perdido o caminho e não houve outro remédio senão acamparmos ao ar livre, num lugar próximo das cabeceiras de vários córregos, afluentes do Corumbá, que vai se reunir ao rio Grande do Sul.

No dia 17, os viajantes tiveram apenas, como almoço, carne de tucano. Enquanto comiam, os tropeiros estavam na perseguição dos burros transviados; depois voltou-se à procura do caminho. Tivemos muita sorte em encontrar dois ladrões de cavalo, que deram aos nossos companheiro a notícia de que se achavam próximos de uma fazenda, para onde logo trataram de se dirigir. Só a alcançaram, porém, ao cabo de légua e meia de marcha; chamava-se Engenho das Contas.

Continuaram no dia 18, a procurar ainda a estrada real, que afinal conseguiram descobrir. Saindo da fazenda, atravessa-se o bonito ribeirão chamado das Antas, nome também da localidade. Lança-se este ribeirão no rio Corumbá, recebendo antes os dois primeiros córregos que adiante se encontram. Todos os outros despejam no rio Capivari, afluente do rio do Padre Sousa, tributário por sua vez do rio das Almas, um dos formadores do rio Tocantins. O rio Capivari é atravessado por uma ponte de pouco mais de sete metros de comprimento. O divisor das águas é apenas indicado por um espigão pouco elevado.

Forquilha, onde a comitiva chegou depois de uma marcha de quatro léguas, é simplesmente um rancho ordinário, com três ou quatro casinhas em volta. Tiveram aí os companheiros uma boa ceia de feijão preto; mas padeceram muito frio durante a noite. A estrada por eles percorrida era formada de itacolumito, com o aspecto de quartzito. As rochas deste gênero encontradas depois contêm maior quantidade de mica.

É preciso não confundir o rio Capivari, de que há pouco falamos, com um outro do mesmo nome, que tínhamos deixado à nossa direita; este é maior e corre para o rio Corumbá.

A 19, fizeram longa marcha; a paisagem mostrava uma sucessão de deliciosas matas, regatos e montanhas. Para aumentar a beleza do cenário, concorria a serra dos Pireneus, cujas montanhas se erguem logo ao norte de Meia Ponte, pequena cidade, quase encravada entre montanhas e notável pela alvura de suas bonitas casas, com vidraças de mica e passeios de itacolumito flexível.

A freguesia de Meia Ponte contém oito mil habitantes, dos quais mil e quinhentos moram na cidade; possui quatro igrejas, das quais a mais conservada é a do Rosário (que é a dos negros). A cal usada nas construções é extraída de uma jazida situada a quatro léguas da cidade.

A ponte que existia sobre o rio das Almas, largo neste lugar de vinte metros, caiu, restando agora apenas alguns restos do madeiramento apodrecido. Na cidade a direção do rio é sensivelmente para oeste; todavia, a uma légua mais abaixo, ele parece tomar o rumo norte, recebendo a quatro léguas de Meia Ponte o rio Padre Sousa e indo depois lançar-se no rio Maranhão.

Meia Ponte deve o nome a um rio pertencente ao município de Bonfim, e que ficou assim sendo chamado por causa de uma grande pedra, que avançava por cima dele, formando por assim dizer a metade de uma ponte, que os habitantes do lugar tiveram apenas de acabar. A formação é o itacolumito de diferentes variedades; a princípio muito quartzoso na superfície, se vai tornando cada vez menos, à medida que se aproxima a cidade; aí ele se manifesta mais nacarado, fortemente relevado e com mergulho para oeste. As gangas aparecem também às vezes na superfície. O contraforte da serra dos Pireneus que se vê ao norte da cidade é formado ordinariamente de itacolumito puro; sua direção é este-oeste e junto às suas faldas corre o rio das Almas. Parece que a maior parte do maciço principal é constituída pelo mesmo mineral, de cuja variedade flexível se extraem enormes quantidades. Estes itacolumitos são muito solevados, dirigem de este para oeste e mergulham 20 a 30 graus norte. A serra dos Pireneus parece bastante elevada.

O Comendador Joaquim Alves de Oliveira, o homem de mais influência em Meia Ponte, recebeu a expedição com a maior hospitalidade. Entrando na casa deste excelente homem, acreditar-se-ia estar nos arredores de uma das capitais européias. A casa, como quase todas na região, tinha apenas um andar; mas era muito espaçosa e mobiliada com o gosto de qualquer das melhores habitações do Rio de Janeiro. O comendador é um velho de muita inteligência, e foi graças a ele que obtivemos excelentes informações sobre a sua terra. Falou-nos longamente do Sr. Augusto de Saint-Hilaire, que esteve com ele bastante tempo, e também de outros viajantes europeus, entre os quais um inglês de nome Guilherme e dois alemães, que ele chamava, um, Dr. Poch, e, o outro, Dr. Nate. Só depois é que ficamos sabendo as pessoas de que se tratava, a saber: o célebre viajante William Burchell e os naturalistas Polil e Matterer.

A 21, a comitiva se perdeu ainda uma vez; mas não demorou a descobrir o caminho, graças a um amigo do comendador, que ia na mesma direção, e percebeu que ela se havia transviado. Não foi senão de tarde que ela chegou ao engenho do comendador, onde trabalhavam uns duzentos escravos. O dono do lugar, que gostava de bichos, tinha reunido uma grande coleção de papagaios e de macacos. Nas cercanias da fazenda havia grande quantidade de uma espécie de abutres, diferentes dos que tínhamos visto até então. Perto do engenho atravessa-se o rio Padre Sousa, por uma ponte de madeira, em muito bom estado; o rio tem neste lugar 14 metros de largura. A meia légua mais adiante atravessa-se o rio Índio, numa ponte, pelo contrário, muito ruim.

"Teria sido prudente, escreve o Sr. Weddell, passar a noite neste lugar, mas o desejo de chegar nos decidiu a continuar a marcha. Entramos assim na grande mata que precede Goiás, e de que, sob o nome de *mato grosso*, ouvíamos falar havia muito tempo, como sendo quase impraticável pelo mau estado dos caminhos, coisa de que pudemos ter uma idéia aproximada durante a noite, numa parte da viagem. Tudo tinha conspirado contra nós, à exceção apenas dos relâmpagos que se declararam do nosso lado. Com efeito, sob torrenciais aguaceiros, numa floresta mais sombria que o forno mais escuro, e num chão esburacado onde os carros haviam cavado fundas trilhas, só o clarão dos relâmpagos nos permitia ir para a frente, sem tropeçar em cada passada. Entreguei-me ao instinto de minha mula, que certamente enxergava melhor do que eu, posto que eu nada via; ela acompanhava passo a passo o cavalo do Sr. d'Osery, que, a pé, mediante todos os sentidos juntos, procurava acertar com a direção. Tínhamos feito assim cerca de uma légua e meia, quando vimos aparecer animais, fazendo-nos suspeitar da presença de alguma habitação nas proximidades. Com efeito, uma claridade difusa, que a princípio supusemos efeito de simples reflexão, levou-nos finalmente diante de uma casa de negros, que em tal momento nos pareceu um palácio. Nosso soldado estava doente de pavor e perdia a cada momento uma parte do jantar. Não tardou muito que eu adormecesse junto ao fogo desta pobre gente. O couro em que me deitei parecia-me um veludo, ao passo que, por uma transmutação ainda mais extraordinária, as imundas criaturas que eu há poucos instantes vira agachadas em torno da mesma fogueira, se tinham revestido de formas graciosas".

A estrada continua sempre sobre o itacolumito, nacarado e de grãos finos próximo da cidade, e depois muito micáceo, de cor cinzenta, com a mica em grandes placas. Na superfície do solo encontravam-se fragmentos muito quartzosos.

A 22, desde às 6 da manhã, pusêmo-nos novamente a percorrer a mata. O caminho ficou ainda pior do que o da véspera; a cada momento topávamos com extensos lamaçais e atoleiros onde os animais afundavam as patas até os joelhos. No Rancho da Conceição, os Srs. d'Osery e Weddell alcançaram a comitiva, de que se tinham separado durante alguns dias, para visitar Meia Ponte; continuaram todos então a viagem para frente, percorrendo a distância de três léguas, durante a qual encontraram duas ou três casas, perdidas no meio do mato.

Antes do pôr-do-sol, armaram as redes ao lado da casinha de Sambambaia, miserável ao extremo, mas numa linda posição.

A 23, perdeu-se um dos animais, fazendo com que só pudessem partir depois do meio-dia. Foram feitas três léguas e meia, sempre dentro da mata, para irem dormir numa casa situada a cerca de meia légua de Genipapo.

A 24, foram feitas ainda três léguas através da mata, cuja vegetação crescia cada vez mais em magnificência, notabilizando-se particularmente pela singularidade de suas trepadeiras fantásticas. Pararam algum tempo na fazenda de João José Brandão, indo pousar na Casa da Telha, sítio miserável, onde todos estavam atacados de doença.

Havia alguns dias o estudo da formação geológica se tinha tornado muito difícil, por causa da espessura da mata; não obstante, foi possível observar a presença constante de terrenos de itacolumito, chegando-se até a descobrir um filão de diorito, perto da fazenda de Nossa Senhora da Abadia.

A 25, deixaram finalmente a mata, fazendo uma marcha de quatro léguas e meia e alcançando o pequeno arraial de Curralinho, situado no campo. Há no arraial trinta e oito casas e cerca de 140 habitantes, ao passo que em toda freguesia existem, cerca de 3.050. Como nos dias anteriores, foram atravessados muitos córregos.

A 26, deixaram os nossos amigos o *mato grosso* com os seus lamaçais; mas, em compensação, tiveram de galgar verdadeira escada de pedra, ao mesmo tempo que, para continuar a viagem, lhes foi várias vezes necessário esperar que baixassem as águas dos riachos engrossados pelas chuvas. A quatro léguas de Curralinho, o caminho atravessa o rio Urmi, numa bonita ponte de madeira. Este lugar, onde há pujante vegetação, deve seu pitoresco às numerosas cachoeiras do rio. Caiu a noite; e se não fosse um guia, encontrado por acaso, não se teria descoberto o caminho certo. Finalmente, a um quarto de légua da cidade de Goiás, onde era para chegarem no mesmo dia, foi preciso parar de repente, por causa de uma torrente, que violenta tempestade tornara intransponível. Depois de duas horas de espera, as águas baixaram, permitindo que se fizesse passar os animais, um pouco a nado, um pouco a pé. Pouco depois toda a expedição se achava reunida no hospitaleiro palácio de D. José de Assis Mascarenhas, presidente da província.

A formação geral parece ser o itacolumito nacarado, muito torturado, que para lá do Urmi, parece ceder o passo ao gnaisse.

Quando a comitiva chegou a Goiás, já eu me achava desde alguns dias hospedado no palácio do Governo. Tendo, como já contei, me separado dos companheiros no dia 6, fui pernoitar em Ciganos. No dia seguinte, depois de ter passado o rio Corumbá, chegamos à fazenda Boa Vista. Era meu desejo visitar as águas termais de Santa Cruz de Goiás, só não podendo fazê-lo por causa de uma errada, que me obrigou a fazer uma grande volta. Nosso compatriota, o Sr. Dr. Faivre, publicou em 1844, no Rio de Janeiro, uma análise muito interessante destes águas, tão célebres no país, como capazes de curar a lepra. Algumas destas fontes foram descobertas por Bueno, filho do primeiro explorador da região; mas não foi senão em 1777 que Martinho Coelho a conquistou aos índios Caiapós e Xavantes. Em 1818, o penúltimo Governador de Goiás, Fernando Delgado, a elas deveu a cura de uma doença reumatismal de que há muito tempo padecia, começando daí por diante a sua celebridade no interior do Brasil.

Caldas Novas fica situada doze léguas a sudoeste da cidade de Santa Cruz; reunem-se ali habitualmente uma centena de doentes. Próximo à fonte quente há uma fria, as águas de ambas se reunindo para formar um grande riacho, que, duas léguas adiante, vai lançar-se, ainda tépido, no rio Piracanjuba, afluente do Corumbá.

A temperatura média do lugar parece ser de 20 graus e a das águas é de 42 graus. O Dr. Faivre encontrou nestas águas as seguintes substâncias:

Gás	Azoto
Ácidos	Clórico Carbônico Silícico
Bases	Potassa Soda Cal (traços) Magnésia Alumina (traços)

O Sr. Faivre considera a lepra uma moléstia contagiosa, acreditando que quase não há exemplo de pessoas que a tenham contraído depois da idade de trinta e seis a quarenta anos.

A análise destas águas, por mais imperfeita que ela seja, apresenta ainda assim o fato interessante da presença do cloreto de magnésia, o que poderia explicar a freqüência do bócio em toda a região. De fato, sabe-se, principalmente através das observações do Sr. Grange, que as águas das regiões em que na Europa existe o papo contêm grande quantidade de magnésia. Esse fato se verifica na Suíça, no Piemonte, no Dauphiné, nos Pireneus, etc. Devemos no entanto observar que na Europa é sempre em grandes altitudes que aparece este flagelo, ao passo que no Brasil ele ocorre em regiões cuja elevação não excede de 200 a 400 metros acima do nível do mar. Cumpre ainda notar que no Brasil o solo de toda a zona atingida pelo papo pertence às formações primitivas ou itacolumíticas.

A 8, viajamos o dia todo através de campos, surpreendendo-nos uma noite muito escura, antes de ter alcançado uma casa. Não tardou muito que nos surpreendesse violenta tempestade; os cavalos já andavam só a poder de esporas quando ouvimos ao longe o som de um pandeiro, graças ao qual fomos levados até um casebre em ruínas, onde encontramos vários mulatos dançando. Embora tivessem relutado em nos admitir em casa, repartiram todavia hospitaleiramente conosco a sua ceia, que se compunha de um tatu assado, cujo sabor não era nada desagradável. Dormimos numa tábua, embrulhados nas capas molhadas.

A 9, chegamos numa choça situada à entrada de uma pequena mata, sendo-nos dado presenciar uma cena verdadeiramente confrangedora: uma rapariga de cor se descabelava diante dos cadáveres de duas crianças. Tinham estas passado o dia na mata, envenenando-se provavelmente com alguma fruta.

No dia seguinte, chegamos em Bonfim, e, a 11, pousamos na fazenda do Capitão Jacinto, que nos recebeu muito mal, fazendo-nos comer e dormir em companhia dos escravos. Ao anoitecer de 12 chegamos a Forquilha, onde nos receberam várias pessoas de má aparência, que nos fizeram dormir numa espécie de granja aberta. Durante a noite ouvimos muitas vozes de homens, que chegavam, denunciando-se logo, pelas conversas, como ladrões de cavalo. Ao verem desconhecidos na sala, fitaram-nos com maus olhos, mas, sabendo que éramos estrangeiros e supondo que estivéssemos a dormir, puseram-se a conversar e começaram a jogar cartas e dados. Depois desavieram-se, discursando em voz alta sobre os roubos e assassinatos que tinham cometido. Nosso fiel furriel de Minas Gerais, vendo o tom que tornava a conversa, ergueu-se repentinamente e tratou de buscar para nós as pistolas e os sabres que tínhamos deixado num canto da sala a fim de que nos mantivéssemos alerta até o raiar do dia.

A 13, chegamos em Meia Ponte, de onde retomamos a viagem dois dias depois. Levamos três dias a atravessar o mato grosso, onde várias vezes nos perdemos, escapando também de quebrar muitas vezes as pernas e de nos afogarmos nos atoleiros. Finalmente, a 19, chegamos a Goiás, onde admiravelmente nos recebeu o presidente. Logo no dia seguinte fomos visitados por todas as pessoas notáveis do lugar, enquanto eu, de meu lado, já na mesma noite fazia uma visita ao bispo, venerável ancião de oitenta anos de idade.

CAPÍTULO IX

ESTADA EM GOIÁS

Goiás é uma das pequenas cidades mais bonitas do Brasil; mas é rodeada de quase todos os lados por montanhas cobertas de mata. É de crer que nunca poderá crescer muito. As casas que geralmente não têm mais de que um andar, são muito bem construídas e extremamente brancas; as ruas, limpas e muito bem alinhadas, têm todavia muito mau calçamento; as praças são espaçosas.

O palácio consta apenas de um pavimento que ocupa grande área. Havia antigamente um bonito jardim, ornado de piscinas e de repuxos, rochedos artificiaise caramanchões; hoje nada disso existe mais. No mesmo largo do palácio ergue-se a Matriz, ou Catedral, mais suntuosa internamente do que por fora, como também a igreja da Boa Morte, cuja elegante fachada não ficaria deslocada em qualquer cidade da Europa. Entre as outras igrejas nota-se ainda a de Santa Bárbara. Menos, pelo que ela é em si do que pela admirável posição em que está, permitindo descortinar-se uma vista encantadora da cidade e de uma parte de seus arredores. No centro da grande praça da cadeia, ergue-se uma fonte cuja arquitetura não é menos bonita do que a da igreja da Boa Morte. A prisão é um edifício de dois andares, em cada uma de cujas células se descobrem os traços de uma evasão.

Há, em Goiás, cerca de quinhentas casas e de 7 a 8 mil habitantes, entre os quais poucos escravos. A cidade fica na margem do rio Vermelho, célebre pelas areias auríferas arrastadas pelas suas águas. Na cidade, o rio tem cerca de trinta passos de largura; três pontes de madeira atravessam-lhe o leito, que é pouco profundo e interrompido por algumas pequenas cachoeiras. O rio Vermelho é um dos formadores do Araguaia, tendo-se visto chegar à ponte principal barcos vindos do Pará; entretanto, só é ele verdadeiramente navegável quatro léguas abaixo da cidade.

Fato notável é a predominância em Goiás de mulheres sobre os homens. Os costumes são muito fáceis, o que explica o embaraço que se sente quando se entra no interior das habitações. Os moradores escondem instintivamente suas mulheres, as quais só podem ser vistas nas procissões, ou então nas igrejas em dias de festa, aliás não mais raro aqui do que no resto do Brasil. O traje das mulheres é muito diferente do que até então tínhamos visto; consta em geral de um grande xale preto e de um lenço branco que cobre a cabeça e passa sob o queixo, de modo a deixar visíveis apenas os olhos, o nariz e a boca. Algumas mulheres usam chapéu preto de homem, enfeitados às vezes com uma pena. A população de toda província é de 120 ou 130 mil habitantes, dos quais, no máximo, 25 mil são escravos.

A formação geológica de Goiás e de seus arredores é o itacolumito, de que existem diversas variedades. A colina que, a noroeste da cidade, acompanha o rio Vermelho, é formada de um itacolumito em massas de cores diversas, mas cujos pedaços melhor caracterizados se mostram crivados de pontos violetas e avermelhados. Tem ele neste lugar uma aparência muito micácea e passa facilmente à mica pura. O morro em que está construída a igreja de Santa Bárbara é formado inteiramente dessa última rocha, que dá a impressão de ser estratificada; talvez faça até parte de uma massa solevada. É, de resto, amorfa ou pouco faltando para isso. Finalmente, na parte baixa da cidade, no próprio leito do rio Vermelho, vêem-se massas graníticas consideráveis, que parecem ter solevado os itacolumitos.

O presidente D. José, além de nos ceder a parte mais bela do palácio, fez ainda questão de chamar a si todas as nossas despesas, enquanto estivéssemos na capital: tais eram, segundo me disse, as ordens que recebera do governo. Nunca houve mais franca e larga hospitalidade. Éramos tratados como hóspedes do Imperador e tratados com honrarias perturbadoras. O que mal podíamos compreender é como tinha sido possível reunir tantas comodidades, a trezentas léguas no interior do Brasil. Tinham os nossos aposentos todos os móveis necessários, ao mesmo tempo que o nosso hospedeiro não menos espirituoso do que instruído, nos fazia passar o tempo o mais agradavelmente possível. Chamado ao Rio de Janeiro, pelas suas funções de deputado, quis ainda D. José esperar pela chegada de nossos companheiros; mas, logo no dia seguinte, tivemos o pesar de vê-lo deixar-nos. Governador de uma província mais vasta do que a França, partiu ele em companhia de um criado, para uma viagem de perto de quatrocentas léguas, através de uma região deserta, onde abundavam as dificuldades. Vestia roupão branco e tinha chapéu de palha, reduzia seu séquito a uma só pessoa, para não prejudicar a rapidez com que costumava fazer as suas excursões; montado cada qual em excelente burro de sela, percorriam no espaço de um mês a imensa distância que separa Goiás da capital do país. Com o título de vice-presidente, ficou a substituir D. José um sobrinho, a respeito de cujo trato só temos louvores a tecer.

Entre as cenas mais interessantes que assistimos em Goiás, devo citar em primeira linha as procissões religiosas, pelas quais os habitantes têm grande paixão. Pouco após a nossa chegada, assisti à da Paixão, uma das mais belas do ano, também havia várias semanas que as estradas estavam cheias de romeiros, que demandavam a cidade. Alguns, segundo dizem, para contemplar este espetáculo, chegam a fazer viagens de mais de cem léguas. A procissão saiu da Catedral à noite. Tinham-se reunido aqui todos os soldados da província deixando os longínquos destacamentos onde teriam emprego mais útil; traziam as armas com a coronha para cima; atrás deles, em trajes extravagantes, vinha uma longa fila de penitentes e membros de diversas confrarias, todos de vela na mão. Do meio destes grupos, erguiam-se cruzes e imagens de santos; por fim, fechava o cortejo o presidente, cercado pelos membros da expedição e acompanhado por um batalhão da Guarda Nacional. Hei de me lembrar sempre do efeito que em mim produziram os cantos sacros, a música militar, os brados das pessoas, a iluminação geral da cidade e ainda aquela população inteira de homens e mulheres pitorescamente trajados, ajoelhados nas ruas. Dir-se-ia estarmos assistindo a uma cena da Inquisição. O que mais nos impressionou foi ver pessoas andando de joelhos, com enormes pedras na cabeça; algumas chegavam a prostrar-se, de joelhos na entrada das igrejas, pedindo ao povo que as pisasse. No domingo de Ramos a igreja oferecia também aspecto atraente, graças às folhas de palmeiras com que a enfeitaram. O efeito se mostrava ainda mais notável pela população, fortemente corada que se acotovelava de todos os lados. No dia da Páscoa assistimos a uma curiosa cerimônia. Ergueram na praça pública uma árvore em que se pendurou um manequim com forma humana, representando Judas; atearam-lhe depois fogo por entre a alegria da população, que se munira de pedras, para lançar aos restos do manequim em brasa. Informaram-me que havia na cadeia um velho chefe índio, que depois de ter sido durante muito tempo o terror daquelas redondezas, fora feito prisioneiro. Pedi que mo trouxessem para desenhá-lo. Tinha oitenta anos de idade, chamava-se Choitay e era o principal chefe dos Xerentes. Tratava-se de um homem forte, vigoroso e entroncado, de movimentos muito lentos, apesar da idade avançada. Não tinha um só cabelo branco; apresentava uma aparência de bonomia que contrastava singularmente com os instintos ferozes cuja história se via escrita nas numerosas cicatrizes que em si mesmo produzira, golpeando-se a faca, com o fito de perpetuar a lembrança de cada homem que matara e devorara: as do lado direito indicavam, vítimas cristãs, as outras, peles-vermelhas. Garantiam que nada menos de duzentas pessoas tinham sido mortas assim. Fora aprisionado quatro anos antes, no norte da província, no quintal de uma fazenda onde se tinha introduzido com os dois filhos, com o fito de espreitar os moradores e no dia seguinte massacrá-los. Mataram-lhe os filhos e a ele fizeram prisioneiro, enviando-o ao presidente, como uma grande curiosidade. Enchi-o de colares e jóias de imitação, o que me pareceu tê-lo alegrado bastante. Como lhe déssemos um macete ele se pôs a dançar à moda de sua terra; seus movimentas tinham semelhança com os do macaco e do urso, lembrando-me exatamente as danças que eu outrora vira executarem os índios da América do Norte. Esse homem era tido como de tal modo perigoso que o presidente deu ordem para que um soldado armado estivesse sempre presente, enquanto durassem as minhas entrevistas com ele. Procurei estudar a acuidade do espírito deste selvagem, o que foi facilitado pelo seu conhecimento já passável do português. Não tinha ele qualquer espécie de idéia religiosa, parecendo incapaz de conceber o pensamento da Divindade e da imortalidade da alma. Perguntei-lhe o que tinha sido feito dos filhos que foram mortos em combate; respondeu-me que tinham sido devorados, acabando-se tudo. Alguns eclesiásticos que em meu quarto assistiam a essas colóquios, puderam, como eu próprio, se assegurar de que na língua daquela gente nem nome existe para exprimir a Divindade.

A primeira excursão que fizemos pelos arredores de Goiás foi uma visita às lindas corredeiras que forma o rio Vermelho na vizinhança imediata da cidade.

Construíram no local uma fonte, chamada *Carioca*. Nossos caçadores mataram muitas vezes neste lugar belos passarinhos, trazendo-me também certo dia uma grande cobra do gênero *Boa*, enrolada num galho de árvore.

É muito raro encontrar ofídios naquela posição; excetuando-se as espécies do gênero que acabo de citar, conheço bem poucas que sejam capazes de subir às árvores. Assim, penso que foi má inspiração montarem-se naquela atitude quase todas as serpentes da coleção do Museu de Paris. Esta disposição material tem talvez pouca importância, mas é lastimável pelo que de errôneo pode sugerir com referência aos costumes desses animais. Só depois da morte de Cuvier é que se veio adotar aquela disposição taxidérmica.

De muito vinha eu projetando explorar o norte da província de Goiás, região desconhecida ainda dos geógrafos e dos naturalistas; pelo que, durante toda a viagem, não cessei de colher todas as informações possíveis com vistas a um empreendimento deste gênero. Entretanto, pintaram-me em toda parte a execução do projeto como de tal modo difícil, que eu já me dispunha a abandoná-lo, ao chegar à cidade de Goiás.

Aqui, o presidente, procurando vir sempre ao encontro dos meus desejos, reuniu certo dia em conselho os chefes militares que tinham feito a campanha contra os índios, os guias mais experientes e os pilotos mais audazes, ficando decidido que o meu projeto de viagem, apresentando embora grandes dificuldades e perigos reais, era perfeitamente exeqüível, uma vez que o governo provincial pusesse à minha disposição todos os meios de que dispunha. Sobre este ponto deu-me D. José todas as garantias. Meu projeto consistia em reabrir o Araguaia à navegação, que desde muitos anos tinha sido interrompida por causa dos morticínios praticados pelos índios; em subir depois o Tocantins, que, a despeito das numerosas quedas, é percorrido todos os anos por grandes canoas, procedentes do Pará, ou a caminho desta província. Uma vez no ponto terminal do trecho navegável do Tocantins, dois caminhos se me ofereciam: um, mais longo, com a vantagem porém de passar pelas povoações existentes nas margens do rio, o outro, mais curto, porém através da imensa região desabitada que fica entre os dois grandes rios citados há pouco. A última, que nos levaria a atravessar a zona ocupada pelas hordas hostis dos Xerentes, dos Xavantes e dos Canoeiros, foi a que preferi. Enquanto eu me ocupava com os preparativos da viagem, vários companheiros fizeram uma excursão nas belas montanhas que rodeiam Goiás, as quais formam a continuação da serra dos Pireneus e têm o nome de serra Dourada. Vou deixar que o Sr. Weddell diga ele próprio o que foi essa pequena viagem.

"A 8 de abril (1844), acompanhado do Sr. Deville, de um jovem secretário do governo e de dois soldados, parti para uma fazenda situada cinco léguas a sudoeste da cidade, armado de todos os instrumentos necessários para fazer guerra encarniçada aos habitantes da floresta. Como os nossos cavalos tinham sido levados, para se refazerem, numa pastagem distante, o vice-presidente, nos pôs outros à disposição. O sol ardente nos fez sofrer muito durante a subida da serra Dourada, cujo cume alcançamos, galgando uma verdadeira escadaria de itacolumito. Daí, abraçávamos com a vista a magnífica perspectiva das colinas estendidas a perder de vista e da mais variada coloração. Foi ali que vi pela primeira vez a curiosa melastomácea que no país denominaram *pau-papel* (*Lasiandra papyrifera*, St. Hilaire), pela notável propriedade que tem, a casca de se deixar dividir numa infinidade de lâminas papiráceas, muito alvas, mas sem nenhuma aplicação útil. Observei igualmente duas belas espécies de *Vellozia* que ainda não tinha encontrado, com um caule de 5 a 8 decímetros de altura; uma tem as folhas cobertas de pubescência branca, a outra, acerados espinhos. Nossa caçada se limitou a umas poucas perdizes. Instalâmo-nos na fazenda, de que ficamos inteiramente senhores, os donos estando ausentes. Não tardou porém que verificássemos ser a localidade muito menos rica do que no-lo haviam dito. A quina do campo (*Strychnos pseudochina*, St. Hilaire) e uma salsaparrilha cresciam abundantemente em todos os arredores. Também encontrei lá vários cogumelos, de que trouxe desenhos.

"A 10, fizemos uma grande caçada de veados, mas sem resultado. Os caçadores foram entrando um a um, depois de pouca demora; quanto aos cães, só apareceram muito depois. Parece que tinham devorado o animal.

"A 11, resolvemos ir sete léguas adiante, à fazenda do Sr. Manuel Gonçalves, Mas, tendo saído muito tarde para chegar no mesmo dia, fomos forçados a passar a noite no caminho. De passagem, atravessamos as ruínas da aldeia de São José, onde viviam até dez anos antes muitos milhares de índios, sob a vigilância de um posto militar. Mas, naquela época imigraram subitamente, de modo que onde existiam filas de casas e ruas, agora existia somente a mata. A existência daquelas construções era apenas indicada por alguns esteios que se mantinham de pé aqui e ali, dando a impressão de terem sido feitos com bastante capricho. Não escapou melhor à ruína geral a sede da guarnição; apenas um teto ainda resta, com todos os cômodos já tomados pelas árvores. Havia no lugar uma bonita igrejinha e uma bela praça cercada de boas construções, algumas assobradadas. Todavia, quando por lá passamos, o lugar não estava de todo deserto; havia seis meses que um padre, fugindo às devastações praticadas em São José do Tocantins pelos índios Canoeiros, veio nele se estabelecer, com uma família numerosa. Tinha consertado a igreja, cuja conservação aliás era melhor que a do resto, dizendo a missa todos os dias.

"A 12, chegamos à fazenda de Manuel Gonçalves, através de péssimos caminhos, onde por pouco nos atolávamos na lama. Nosso hospedeiro veio para este retirado lugar quando a região era ainda infestada de índios e de onças; pouco a pouco, porém, foi se fazendo amigo dos primeiros e destruindo as últimas. Sua casa não passava de um péssimo barracão. Numa excursão pela mata vizinha travei conhecimento com um gênero de plantas muito singulares, a que os botânicos chamaram *Langsdorffia*; estes vegetais, que aparecem apenas na superfície, se ramificam muito, pelo contrario, debaixo do solo, onde sugam as raízes das árvores vizinhas, vivendo como parasitas às expensas delas, como fazem entre nós as orobrancáceas. Colecionei ainda várias plantas usuais muito interessantes, entre as quais devo citar uma ipecacuanha, a embira jangada (*Apeiba jangada*), de cuja casca se fazem excelentes, cordas, o imbé (*Philodendron imbé*), arácea epífita cujas raízes aéreas pendem do alto das árvores, fornecendo cipós tanto mais úteis quanto são imputrescíveis mesmo debaixo d'água, e finalmente a gameleira, espécie curiosa de figueira, cujas grossas raízes se anastomosam em forma de rede à volta dos troncos, acabando por sufocá-los. Vem-lhe o nome do uso que fazem da parte inferior e achatada do tronco, que é utilizada na construção de gamelas ou bateias, próprias para a lavagem das areias auríferas. As aves eram quase tão escassas como na fazenda que tínhamos deixado dois ou três dias atrás; quanto a insetos, por assim dizer, não os havia.

"A 14 saímos, de volta a Goiás; mas um pouco tarde, de modo que só à noite chegamos à aldeia de São José, onde nos hospedamos em casa do padre. Haviam lançado fogo aos campos que tínhamos de atravessar; trepados no alto das árvores onde ficavam a cavaleiro das labaredas, viam-se numerosas famílias de caracarás, de pescoço estendido e olhos atentos, prestes a se lançarem sobre as cobras e outros pequenos animais que o incêndio expulsasse de seus esconderijos.

"A 15, depois de termos posto em ordem as coleções, a que pela manhã se tinham vindo juntar um bonito tucano e um soberbo gavião preto, de cabeça e patas vermelho vivo, pusêmo-nos a caminho, rumo a Conceição. No dia seguinte, pela manhãzinha, os cães foram soltos na mata, desta vez com mais felicidade, pois matamos um veado-catingueiro. Fiz ainda uma excursão bastante interessante à serra Dourada, trazendo de lá várias bonitas plantas e alguns produtos medicinais do campo; tais como cascas de pau-terra (*Qualea grandiflora*), amostras de sucupira (*Sumariba versicolor*) e de mangabeira (*Hancornia speciosa*). A última destas árvores é mais conhecida pelos seus frutos, com os quais fazem os brasileiros excelentes doces. Finalmente, a 17, chegamos de volta em Goiás, sem acidente digno de nota".

Quando voltaram os companheiros, já muito adiantados estavam os preparativos da nossa próxima expedição. Depois de termos discutido muito tempo sobre o ponto do Araguaia em que deveríamos embarcar, ficou resolvido que o faríamos em Salinas, pequeno núcleo de pescadores, situado umas sessenta léguas a noroeste de Goiás. Só um lote de cargueiros, escolhido entre os menos cansados, nos devia acompanhar até o ponto de embarque, de onde depois seguiria para Porto Imperial, no rio Tocantins, à espera de que aí aportássemos, na viagem de volta. Deviam embarcar conosco oito soldados de Goiás e os dois que trouxemos de Minas; seguiria também o marinheiro Eugênio, ocupado exclusivamente no serviço do barômetro. Ao passar pelo aldeamento de Carretão, devíamos tomar alguns índios cristianizados. Ficou assentado que em Salinas eu formaria a minha equipagem de pescadores, tendo o governo dado ainda ordens para que eu pudesse daí levar comigo os soldados da guarnição. O êxito da expedição dependia porém de uma circunstância que todos em Goiás achavam muito duvidosa, a saber, existir em Salinas embarcações capazes de conter toda a comitiva. Por outro lado, íamos desafiar muitas nações de índios selvagens, tornando-se por isso necessário levar conosco armamento e pessoal suficientes à resistência de possíveis ataques. Encontrei da parte do vice-presidente a maior boa vontade, mas ele não ousou comprometer-se tanto quanto certamente o faria o próprio presidente. Vimos por aí que era preciso contar principalmente, com os nossos próprios recursos.

A viagem que íamos empreender poderia não só ser útil à ciência, como trazer também à província benefícios reais. Dois grandes rios, o Tocantins e o Araguaia, quais vastas artérias, percorrem o território de Goiás, reunindo-se no extremo limite norte. O primeiro não é navegável por embarcações um pouco grandes senão a partir de Porto Imperial, isto é, a mais de duzentas léguas da capital; entretanto, é por este rio, cujo curso pavorosas cachoeiras interrompem a cada momento, que se fazem todas as comunicações com o Pará. A navegação por ele, a despeito das embarcações que incessantemente o percorrem, não está livre do perigo de ser atacada pelos índios. Sob todos os pontos de vista o Araguaia é uma via de comunicação muito superior ao primeiro, visto como, por intermédio do rio Vermelho, começa a ser navegável já a quatro léguas da cidade de Goiás. Sua largura é, aliás, muito maior do que a do Tocantins, ao mesmo tempo que existem muito menos cachoeiras. Entretanto, temor exagerado dos selvagens que lhe assolaram as margens repetidas vezes, fez com que se abandonasse sua navegação desde muitos anos. Também, se a administração dessas longínquas províncias pouco esforço faz para incrementar os meios de exportação, não se lhe pode pelo menos censurar a antipatia que demonstrava o antigo governo português por tudo quanto tendesse a estreitar as relações entre as diversas províncias do Brasil. Sabe-se, com efeito, que o Capitão-General de Goiás, José de Almeida e Vasconcelos, tendo mandado em 1773, ao Pará, uma expedição exploradora, sob as ordens do Capitão Luís Antônio Tavares Lisboa (1), viu serem encarcerados os infelizes membros da comitiva, mal esta desembarcou na cidade, não se lhes havendo aplicado a pena de morte segundo se conta, porque conseguiram evadir-se quebrando as grades da prisão. Foram obrigados a fugir para o Maranhão, de onde, ao cabo de três anos de miséria, retornaram à sua província. Sabe-se também que os astrônomos enviados diretamente de Portugal por ordem do rei tiveram que vencer as maiores dificuldades para se desempenharem de sua missão, e que, na província de São Paulo, o General Bernardo José de Lorena proibiu, de modo mais absoluto, ao Dr. Lacerda de se servir de seus instrumentos científicos. Finalmente, há na Biblioteca Nacional do Rio de Janeiro um documento assaz curioso, que nos dá a medida do espírito de ignorância que presidia ao governo deste belo país; é a ordem para prender e mandar como prisioneiro para a Europa o Sr.

(1) Na "Memória sobre o Descobrimento, etc. da Capitania de Goiás" do Padre Luís Antônio da Silva e Sousa (Rev. Trimens. de Hist. e Geograph., XII 1849, pág.. 454), encontramos alguns informes interessantes sobre a obra administrativa do Capitão-General José de Almeida Vasconcelos de Sousa e Carvalho, que chegou a Vila Boa (nome primitivo da cidade de Goiás) em companhia de Luís de Albuquerque Melo e Caceres, Governador de Mato Grosso, tomando posse em 25 de Julho de 1772. "Chegando ao Pontal, diz aquele, autor, fez pelo rio Tocantins a primeira expedição para se examinar a navegação para o Grão Pará e se efetuou a 7 de Setembro de 1773, comandada por Antônio Luís Tavares Lisboa, que chegou com trabalho e risco de vida ao lugar de seu destino; porém foi proibido de regressar sem ordem régia pelo governador sendo-lhe preciso passar à cidade de S. Luís do Maranhão para voltar a esta capitania". Assim fica parecendo que há exagero no que nos conta Castelnau a respeito da mal-afortunada expedição ao Pará, baseando-se em testemunhos que esqueceu de mencionar.

Barão de Humboldt, caso viesse ele a penetrar em território brasileiro. Cumpre recordar que, por essa mesma época, o rei da Espanha cumulava de honras o sábio viajante, facilitando por todos os meios o êxito de seus trabalhos.

Afinal, a 26 de abril, seguiram com a escolta as mulas de carga, e a 27 apareceu o arrieiro José, para me comunicar, da parte de Mayer, que tudo estava pronto. Para evitar atraso, tinha eu dado ordem para pear os animais, que por terem perdido o hábito de estarem reunidos, bem poderiam se dispersar pelos campos. No dia 17 fizemos as nossas despedidas; todo mundo procurava fazer com que abandonássemos uma empresa cujo sucesso parecia quase impossível, e cujos perigos nos eram pintados com as cores mais sombrias. A 28, pela manhã, fomos dizer o nosso adeus ao excelente vice-presidente, que, em companhia de diversas pessoas gradas, nos acompanhou a cavalo até certa distância dá cidade. Qual não foi porém o nosso desapontamento quando, depois de termos feito apenas uma légua, fomos encontrar a caravana na maior desordem, em pleno campo. Contrariando as minhas recomendações, os animais não tinham sido peados, em conseqüência do que muitos tinham desaparecido. Pus todo o mundo à procura deles. Naqueles campos despidos fazia um calor intolerável, e foi a muito custo que achamos enfim um grupo de árvores onde amarrar as nossas redes. A 29, voltou Mayer, com alguns dos tropeiros, sem trazer os animais. À vista de semelhante desobediência, era forçoso afastar o primeiro da expedição. Prevendo que esse estado de coisas poderia durar muitos dias, regressamos a Goiás, deixando a direção da tropa ao sargento-mor comandante da escolta, e as mulas a cargo de José, elevado à categoria de arrieiro. Bastante tristes e cabisbaixos entramos na cidade que tínhamos deixado dias antes, cheios de esperança e confiantes talvez em demasia. Apesar dos sarcasmos dirigidos aos estrangeiros que queriam descobrir as terras do país, sem ao menos saber conduzir sua caravana, não fomos menos bem recebidos pelo vice-presidente e reintegrados em nossos aposentos. A 2 de maio, chegou à cidade uma caravana de Cuiabá; tinha sido atacada em caminho pelos índios, encontrando ainda na estrada os cadáveres de vários soldados enviados como correios pelo presidente de Goiás.

CAPÍTULO X

DE GOIÁS A SALINAS

Tendo sido afinal encontrados os animais, com exceção apenas de um cavalo, que decidimos abandonar, partimos novamente de Goiás no dia 3, por entre os adeuses um pouco sardônicos dos nossos amigos. É mau o primeiro trecho da estrada; saindo da cidade, tivemos de subir uma grande colina que se ergue atrás da igreja de Santa Bárbara, formada de xistos talcosos com mergulho su-sudoeste. Esta estrada é horrivelmente pedregosa, atravessando ora matas densas, ora campos. No primeiro dia fizemos oito léguas; uma vez chegados ao local em que a tropa tinha precedentemente acampado, deparamos com o deserto, onde porém ainda ardia o fogo da queima. Neste lugar, os folhelhos desaparecem, substituídos por uma formação de granito leptinóide, difícil todavia de ver, por causa da espessa camada de terra vegetal e de detritos quartzosos que a recobre. Depois de termos percorrido três léguas e meia em caminho acidentado, chegamos no rio Bugre, afluente do rio Vermelho, onde desemboca uma légua abaixo do ponto por onde o atravessamos. Ele recebe por sua vez numerosos ribeirões, que neste dia também atravessamos. Era já quase noite quando alcançamos a humilde morada de Água Limpa, onde dormimos. Já desde algum tempo, durante a viagem nos tínhamos reunido ao grosso da caravana, cujo pessoal oferecia aspecto assaz curioso, composto como era, em proporções equivalentes, de negros, mulatos, índios e brancos. Aliás já os soldados tinham perdido a severa compostura com que deixaram a cidade, desapareceram-lhes o uniforme e os calçados, o que lhes dava a aparência, que me sinto obrigado a declarar, de verdadeiros vagabundos. Cansados da caminhada, tinham posto as armas sobre as mulas cargueiras; mais tarde, em pleno deserto tornaram-se-lhes indiferentes as roupas. Não se desapegavam então dos fuzis; mas, eram-lhes muitas vezes, estes, a única vestimenta.

Eram soberbas as noites. Antes de nos deitarmos, para evitar as fugas durante a noite, mandávamos por peias nos animais, cujo ardor aliás parecia muito amortecido, por efeito de marcha tão longa. Não obstante, ao amanhecer de 4 de maio, tivemos o desgosto de verificar que vários animais tinham desaparecido; por esse motivo, às sete horas pudemos partir. Fizemos neste dia uma marcha de seis léguas, através de belas matas virgens, que nos defendiam contra os raios de sol ardente, e que não nos cansávamos de admirar, pois muito havia que só vínhamos atravessando campos enfezados. Todavia, o caminho continuava muito difícil; ter-se-ia tornado até impraticável, se em vez do bom tempo de que desfrutávamos havia quase um mês, tivessem continuado as chuvas tropicais que nos acompanharam até Goiás. Certo dia, antes do pôr-do-sol, chegamos à antiga fazenda da Ponte Alta, então abandonada. O granito, rocha que constituía por si só a formação geológica, tinha as camadas superficiais fortemente decompostas pela ação da atmosfera. Em muitos pontos do caminho, encontravam-se também abundantes detritos de quartzito. Os seis primeiros riachos que se atravessam ao sair de Água Limpa correm para oeste e se lançam no rio Ferrarinho, afluente do rio Vermelho; mas, depois de atravessar um grande morro que existe mais ou menos no meio do caminho, encontram-se oito novos ribeirões, que correm sentido contrário ao dos primeiros, isto é, para leste, ou coisa muito próxima. Estes ribeiros vertem no Tocantins, por intermédio de vários afluentes, que são o rio Ponte Alta, o Canastra, o Ururau e o rio das Almas. Assim, atravessamos nesse dia o divisor das águas do Tocantins e do Araguaia.

Como ficou dito, a fazenda de Ponte Alta jazia em abandono. Isso era conseqüência de um assassinato cometido pelo proprietário, que, por este motivo, tinha sido incorporado ao exército imperial. Nossa gente tomou portanto posse completa da miserável choça, destruindo num instante os poucos móveis ali deixados. Até uma pobre cabra, que se tinha mantido fiel à sua antiga morada, foi logo sacrificada, as estacas da cerca foram aproveitadas para o fogo. No dia seguinte, quiseram os soldados satisfazer a fantasia de atear fogo à casa, intenção de que só consegui demovê-los advertindo-os de que aquele passatempo nos faria ficar sem o seu abrigo na viagem de volta. A estas casas abandonadas dão os habitantes do lugar o nome de taperas.

A 5, fizemos cinco léguas, por uma região magnífica. Nosso desejo era chegarmos até ao aldeamento indígena de Carretão; mas a fadiga nos forçou a parar num casebre chamado Mato da Extrema. A paisagem era cheia de encantos; de todos os lados campos floridos, interrompidos a espaços por estreitas faixas de mata. Em alguns pontos, viam-se ao longe algumas línguas de fogo e colunas de fumaça: os viajantes ateiam assim, todos os anos, fogo nas campos, com o intuito de aumentar-lhes a fertilidade e preparar pastagens verdes para as caravanas subseqüentes. Percorremos, desta maneira, muitas e vastas extensões enegrecidas pelas queimadas. Essa operação modifica consideravelmente o aspecto da vegetação, porquanto muitas plantas só aparecem em semelhantes circunstâncias, bastando-lhes muitas vezes dois ou três dias para se desenvolver. Está neste caso a linda mimosácea que os brasileiros conhecem por "flor da queimada" ou "flor do incêndio", que desabrocha os seus pendões cor de púrpura mal se resfria a superfície do chão. Mas, o que mais particularmente caracterizava a vegetação dessa região eram as florestas da bela palmeira buriti, *Mauritia vinifera*, que ora guarnecem as margens dos rios que serpeiam aquelas vastas planícies, ora se agrupam em touceiras, dando à paisagem o aspecto magnífico de uma cena feérica de ópera. Vi, de permeio, uma outra espécie, pertencente também ao gênero *Mauritia* (*M. armata*), que é chamada buriti-mirim ou buriti-anã. Também encontrei grande número de espécies de *Eriocaulon*, cujo tamanho gigantesco atingia a altura de uma pessoa. As caçadas foram constantemente pouco rendosas; até as próprias aves do clima tropical pareciam fugir ao calor excessivo que nos oprimia.

A formação continuava a ser o granito, decomposto na superfície; nos lugares mais planos apareciam de quando em quando quartzitos. O caminho era estreito e pedregoso. Todos os rios atravessados durante este dia correm para o ribeirão Ponte Alta, assim denominado por causa de uma grande ponte, hoje destruída.

A 6, uma jornada de três léguas, em região de altos morros, levou-nos à aldeia de Carretão. Estas elevações constituem os últimos contrafortes da serra geral de Pilar.

Em Carretão, o conjunto da formação era granítico; no morro que se galga antes de chegar ao aldeamento aparecem xistos micáceos (talcoxistos), vermelhos e cinzentos, com núcleos de quartzo brancos. Todos os córregos atravessados são afluentes do rio Carretão, que se lança no Urmi. A aldeia de Carretão fica situada num lugar muito pitoresco, à margem do lindo riacho do mesmo nome, que apresenta várias cachoeiras e é atravessado por uma bonita ponte de madeira. É habitada por índios Xavantes cristianizados, outrora em número de três ou quatro mil, mas reduzidos hoje a muito poucos. Habitam casas feitas de pau e de terra, semelhantes às dos brasileiros; são preguiçosos em extremo; vestem ordinariamente uma calça branca de algodão que ali mesmo tecem, e uma camisa curta, que deixam cair por cima, como é hábito entre todos os habitantes do sertão.

O aldeamento era governado por duas autoridades muito diferentes uma da outra; o capitão-mor, que é a autoridade principal e uma mulher, a Sra. Potência, pela qual os índios tinham grande respeito. Essa mulher é tida como rica, o que não a impediu de nos pedir um pedaço de carne-seca e de nos vender as velas que ela fabricava com suas mãos amarelentas.

Instalaram-nos num engenho que forma um dos lados do grande largo em volta do qual estão construídas as habitações do povoado.

A construção em que estávamos era um grande barracão no meio do qual se erguiam três cilindros, destinados a moer cana. Quando se fundou o aldeamento, fez o governo construir esta usina, entregando-a aos índios; hoje, porém, está completamente abandonada. Mal chegamos, veio visitar-nos o chefe, espécie de macaco velho, enfiado num uniforme de oficial português; trazia de rastos um imenso espadão, cuja lâmina, por caçoada, pedimos que nos mostrasse. A coisa não era porém tão fácil quanto se podia imaginar, porque, para consegui-lo, foram precisos nada menos do que os esforços heróicos de três índios vigorosos. O chefe pareceu ter ficado muito ancho com os elogios que lhe fizemos à excelência da arma; enquanto isso eu lhe fiz generosamente o presente de um par de argolas de cobre dourado, pelas quais parece ter ficado muito reconhecido. A população do aldeamento, como já disse, era muito reduzida. O fato pode ser atribuído a três causas diferentes: às doenças, ao hábito que tomaram os índios de seguir com os tropeiros das caravanas que passam pelo povoado, e, acima de tudo, ao desgosto que se apoderou de muitos índios desde que não têm mais missionários, fazendo-os voltar para as matas.

Por outro lado, freqüentemente acontece que venham morar, também no aldeamento, índios selvagens. Vimos vários com o peito marcado das cicatrizes com que costumam indicar o número de inimigos mortos e devorados. Não possuem espingarda, e ainda se servem de arcos e flexas. Estas últimas, cujo cumprimento é de 1 metro e 75 centímetros, são lançadas com grande habilidade contra o civilizado.

Os homens desta raça têm grande estatura; o corpo é vigoroso, mas a fisionomia ordinariamente muito repulsiva. Os que pertencem à tribo dos xerentes se conhecem pela cabeça raspada na parte mais alta. A nação a que pertencem estes índios, de todas de Goiás a mais poderosa, divide-se em cinco tribos, as quais são muito parecidas entre si, a saber: os Xerentes, os Xavantes, os Orajumopres, os Morocoajes e os Craincás.

Conforme as ordens do governo, designou logo o chefe, para nos acompanhar, quatro de seus melhores guerreiros. O mais idoso tinha vivido muito tempo no mato, e adquirira grande reputação militar; exercia verdadeira autoridade sobre seus companheiros e, ao que penso, devia ter provado carne humana quando moço. Conferi-lhe o título de capitão, revestindo-o também, para sua grande alegria, das insígnias de sua dignidade.

À noite nos divertimos com um espetáculo bastante curioso. Durante o dia se havia carpido todo o capim do largo, fazendo com ele um enorme monte, em frente à nossa porta. Fosse para exprimir a alegria que, lhes dera a nossa chegada, fosse para celebrar a partida dos companheiros, ou simplesmente porque a noite era fria, os índios resolveram atear fogo ao montículo, em torno do qual todos os habitantes do aldeamento se puseram então a dançar. Começaram por saltar em roda, emitindo sons estranhos; depois, cada vez mais excitados, passaram a girar mais velozmente, acabando por soltar os gritos mais discordantes. Todos aqueles semblantes, alguns dos quais eram horríveis, iluminados vivamente pela grande fogueira que estava no meio do círculo, produziram efeito sobre nós que seria difícil descrever. Já que muitas vezes me tenho referido aos trajes das pessoas que encontrávamos, convém que digamos também alguma coisa sobre o nosso porque, embora eles nos parecessem de muito bom gosto naquelas solidões, talvez causassem alguma surpresa aos moradores de Paris. Na cabeça, tínhamos quase todos enormes chapéus de couro, enfeitados de vistosas fitas. O Sr. d'Osery tinha inventado um prodigioso *sombrero*, que lhe servia não só de abrigo contra o sol do dia e o sereno da noite, mas ainda de vasilha para tirar água nos rios. Nossa vestimenta consistia numa camiseta e calças de couro, enquanto que nosso calçado eram enormes botas mineiras, com pesadas esporas. Alguns dos nossos traziam à cintura um sabre de cavalaria e, numa das botas, uma adaga. Tínhamos ainda conosco uma pistola e, atravessada sobre a sela, uma espingarda.

O Sr. Weddell tinha resolvido aperfeiçoar esse vestuário, mandando fazer uma roupa completa em pele de onça, que era muito bonita de ver-se, mas tinha alguns inconvenientes, pois na primeira vez que ele quis montar a cavalo com ela, o animal, embora muito manso, espantou-se, e ainda hoje correria, se a fadiga não o houvesse feito estacar. Só à custa de muito jeito foi que o doutor acabou convencendo ao cavalo de deixar-se montar por um homem-onça; o capitão de Carretão tinha cobiçado esse vestuário, cujo corte elegante, obra-prima de dois sapateiros de Goiás, lhe excitara a admiração; teve porém de contentar-se com ver a magnífica vestimenta. Ao traje, juntava o Sr. Weddell uma arma que despertava grande admiração entre os brasileiros, era uma faca de caça de Devisme, cujo punho era enfeitado com uma porção de pistolazinhas.

Censurando um dia o chefe do aldeamento, pelo fato de não se importar com a criação de cavalos e burros, respondeu-me ele que já o havia tentado várias vezes, mas sem resultado, porque os potros recém-nascidos eram invariavelmente destruídos pela mordedura dos morcegos. Pude confirmar até certo ponto este fato, vendo no dia seguinte vários de nossos animais quase fora de serviço por causa de ferimentos daquela espécie. O próprio homem não está ao abrigo dos ataques daqueles animais, pois uma boa parte das crianças do aldeamento traz consigo cicatrizes disso resultantes. Essa espécie de morcego é pequena e voa sempre rente ao solo, o que faz com que ataque de preferência as pessoas deitadas no chão. Muito sofremos com certos carrapatos miúdos, que produzem uma irritação muito incômoda. Outro inseto, mais desagradável ainda, é o borrachudo, mosquito muito pequeno que aos milhares ataca todas as partes despidas do corpo, deixando com a sua picada uma pequena mácula de sangue coagulado. Introduzem-se em chusma estes dípteros pela boca e pelo nariz, ocasionando terrível mal-estar.

Vários companheiros sofriam ainda de feridas nas pernas, porque sob aquele clima o menor arranhão, se deixado a si mesmo, não tarda a inflamar, dando lugar, principalmente se é nas pernas, a uma erisipela local, que aqui chamam *pereba*.

Faltávam-nos ainda doze léguas para chegar à aldeia de Crixás. Como a estrada era inteiramente deserta e as onças pintadas não menos freqüentes do que os índios bravios, aconselharam-nos estar de sobreaviso. Em todo caminho, que é péssimo, os granitos decompostos continuavam a surgir na superfície. Os três primeiros córregos que se atravessam saindo de Carretão são afluentes do rio do mesmo nome; mas, do outro lado de uma alta colina que se atravessa mais ou menos no quarto dia de viagem, todos os rios encontrados correm para o Crixás-açu, o qual, depois de uma grande volta para leste, curva-se para noroeste a pouca distância de Pilar, para ir desembocar no Araguaia. Instalamos nossos acampamentos na margem do rio Crixás, que é bastante largo e constitui no tempo das águas obstáculo difícil de vencer. Quando o atravessamos ele tinha apenas 70 centímetros de profundidade, quando muito; espessa orla de mata dá-lhe aspecto muito pitoresco, coisa que aliás acontece com todos os rios que cortam os campos.

A 8, atravessamos belíssima região, mas um caminho pedregoso; o terreno é ondulado, coberto de bonita vegetação, vendo-se de todos os lados grupos de graciosas palmeiras. A formação é o granito leptinóide, semelhante ao que começou a aparecer a três quartos de légua de Goiás e que se estende até Crixás. Neste trecho agora da estrada, as massas graníticas se me afiguram mais consideráveis. Elas entram sempre em decomposição na superfície e têm o aspecto de certos grés itacolumíticos vistos por nós nas margens do rio das Velhas, perto da aldeia de Santana. Os quartzos e os quartzitos parecem disseminados em alguns pontos, na superfície do caminho. Vêem-se também, de longe em longe, placas de mica branca, pequenas e esparsas, mas muito brilhantes. Nas proximidades de Crixás aparecem camadas muito inclinadas de xistos talcosos avermelhados e micáceos, formação esta que é a encontrada na própria vila. Encontram-se aí ainda, como nos campos circunvizinhos, grande quantidade de "pudingues", aglomerações de xistos ferruginosos, de fragmentos de itacolumito, etc. Perto do sitio da Pedra Preta, vê-se o imenso rochedo que deu seu nome à localidade. Entre Carretão e Pedra Preta a região é desabitada. Todos os córregos que passam no caminho, correm para o rio Crixás. O rio Vermelho de Orixás, afluente do último, em que desemboca um pouco abaixo da aldeia do mesmo nome, dirige-se para leste no ponto em que a estrada o atravessa; mas em Orixás ele muda de direção, seguindo rumo norte.

O povoado é muito grande e conta 500 habitantes; a comuna um milhar. Apesar disso, os moradores do lugar lastimam-lhe a falta do antigo esplendor, quando ele contava treze ruas e quatro igrejas, duas hoje completamente arruinadas. Elevados morros rodeiam a vila e outrora os índios apareciam, às vezes, nas suas alturas.

Ao chegar à povoação, tivemos a atenção despertada pelo som retumbante de sinos; procurando saber a causa desse barulho, avistamos à porta da igreja principal um negro a cavalo num esteio agitando com força um enorme sino. Perguntei-lhe porque fazia exercício tão violento, ao que me respondeu que era em honra à chegada dos ilustres estrangeiros. Estimulâmo-lo a redobrar o esforço e continuamos o nosso caminho. Graças às ordens enviadas de antemão, fomos muito bem recebidos, hospedando-nos na casa do subdelegado.

Desde a saída de Goiás, para ativar a marcha da tropa e vencer a natural apatia dos brasileiros, tinha eu lhes prometido uma certa dose de aguardente, se acontecesse chegarmos no prazo por mim estabelecido. Como os nossos homens tinham preenchido esta condição, tiveram a prometida recompensa, passando a noite em danças um tanto descabeladas. Durante toda a viagem eu me vinha muitas vezes servindo daquele meio, obtendo sempre bons resultados.

Ocupamos o dia 9 em determinar a posição geográfica de Orixás e em pôr em ordem as coleções de História Natural feitas no dia anterior. A altitude de Orixás é apenas de 330 metros, menor portanto do que a de qualquer dos pontos por onde passamos, depois da serra da Mantiqueira. A temperatura era muito elevada, subindo a coluna de mercúrio nesse dia a 40 graus. Fomos encontrar a cidade quase deserta, fato cuja causa logo viemos a saber: vendo os nossos soldados, tomaram-nos os habitantes por agentes do recrutamento e fugiram para o mato. Entre eles estavam os primeiros guias da terra, o que particularmente nos afligia, visto como nos garantiam que não nos devíamos arriscar nas regiões desertas que pretendíamos percorrer, sem a companhia de pessoas dela perfeitamente conhecedoras. Por outro lado, o lugar parecia sem recursos e não dispúnhamos senão da quantidade de víveres exatamente necessários para chegar a Salinas. O medo dos selvagens oferece aos moradores ótimas razões para não se ocuparem com a agricultura, não sendo pois de admirar as dificuldades com que conseguimos prover a nossa matalotagem do que era essencial, comprando aos habitantes os poucos víveres de que dispunham e que seria mais prudente guardar para seu uso particular. Foi assim que pudemos obter um pouco de farinha e algumas libras de péssima carne-seca.

Tínhamos querido no dia anterior visitar a catedral velha, mas o cura nos pediu que esperássemos pelo dia seguinte, confessando-nos que ela se encontrava num estado de terrível desasseio e que ia fazer limpá-la naquele mesmo dia. Tinha sido construída havia uns oitenta anos; pela ocasião de nossa passagem, havia no seu interior ricos ornamentos dourados, que nos chamaram a atenção, embora não tanto quanto a magnífica coruja que vimos pousada num dos caibros. O padre, ao ver, o desejo que tínhamos de possuir a bela ave, prontificou-se a dar-lhe um tiro, coisa que não ousaríamos pedir-lhe.

A 10, deixamos Crixás, levando como guia um homem que não conhecia senão as primeiras cinco léguas da região a percorrer; mas a Providência se encarregara de nos arranjar outro durante o percurso. Em vez dos belos campos dos dias precedentes, nas quatro léguas e meia que nesse dia fizemos, atravessamos somente florestas. Passamos por algumas raras habitações, as últimas que iríamos ver até que nos aproximássemos de Salinas. Não é sem tristeza que se pensa nessa região, agora deserta, mas povoada outrora de habitantes, cujas casas, cerca de trezentas, segundo dizem, foram destruídas pelos selvagens. Vimos, no mesmo dia, e pela primeira vez, os magníficos papagaios a que dão o nome de araras; havia-os de duas espécies diferentes, uma azul e amarela, e outra, a *Ara hyacinthina*, de cor inteiramente azul-sombrio, muito rara nas coleções. Foi nas vizinhanças de Crixás (pelo 15° grau de latitude sul), que encontramos estas duas espécies de araras, que parecem fadadas a não se afastarem senão muito pouco do equador. Elas habitam particularmente a zona situada entre esta linha e o 17 ° grau de latitude austral; ao longo dos grandes rios centrais, são ainda encontradas mais para o sul, visto como as vimos no rio Paraguai, aos 17°,30 de latitude. O Posto de Albuquerque parece ser o limite deste lado, porquanto os moradores de Coimbra nos disseram nunca tê-las visto. As araras azuis são as que mais se afastam. Podem fazer-se as mesmas apreciações, com respeito à única espécie de papagaio encontrada nos Estados Unidos da América do Norte; nas costas ela não ultrapassa o 30° grau de latitude norte, ao passo que sobe às vezes o curso do Mississipi, até o 40° grau.

No norte do novo continente, duas espécies de papagaios vão até a latitude de Madrid. No sul há as que penetram ainda mais longe, porquanto, pelo menos uma delas, consegue chegar ao estreito de Magalhães, ou sejam 54 graus de latitude meridional, o que corresponde no Velho Continente à latitude da Irlanda e quase à de Moscou. Observa-se o mesmo fato na maioria dos grupos naturais, os quais avançam mais longe para o sul do que para o norte. Já o dissemos com referência ao "puma" (onça parda) e podemos acrescentar que o urubu está no mesmo caso, como ainda vários carnívoros.

Quanto à altitude a que chegam as espécies do grupo dos psitacídeos, pode ela ser às vezes bastante considerável. Vimos na Cordilheira dos Andes periquitos a uma altura de 3.500 metros, e numa região completamente despida de vegetação arbórea. Mais admirado fiquei ainda de ver a magnífica *Ara militares* no cimo da Cuesta de Petacas, nos Andes da Bolívia. O que há de mais notável ainda é que fomos mais tarde encontrar novamente a mesma espécie nas margens do alto Amazonas, na região ardente da planície.

Nesse mesmo dia encontramos também vários lindos saguis que ainda não tínhamos visto em estado de liberdade. Assim, os seres mais curiosos da natureza tropical apresentavam-se em multidão aos nossos olhos. A estrada corria por sobre a ganga que parecia predominar em toda parte e principalmente nos últimos morros que atravessamos saindo de Crixás, quando o terreno começa a ficar plano, até Salinas. No meio das gangas, aparecem à superfície raras saliências graníticas.

Entre os córregos que atravessamos no dia 10, citaremos o ribeirão da Pedra Furada e o da Anta, que se reúnem antes de desembocar no rio Vermelho, cinco léguas à direita do caminho. O rio Corumbá e o córrego Baboá são afluentes do rio da Anta. Mostraram-me dois riachos com o nome de Santa Maria; o segundo, que é o mais importante e provavelmente aquele cujo nome está mais certo, é um braço do Crixás-Mirim. Deságua neste rio o ribeirão do Filipe e, segundo Cunha Matos, o de Curral, que a nós pareceu ser o mesmo que o precedente, e despejaria antes no Sacuarana, afluente por sua vez do Santa Maria, onde desemboca à esquerda da estrada, uma légua adiante da ponte por onde o passamos. Era já bastante tarde quando chegamos ao Santa Maria e como encontrássemos um espaço aberto em que a mata tinha sido queimada recentemente, aí acampamos, adotando pela primeira vez uma disposição militar. Foram postadas sentinelas e mantiveram-se fogueiras acesas durante toda a noite. Na mata, tem-se o cuidado de evitar que as sentinelas fiquem atrás do fogo, o que sobre elas atrairia as flechadas dos índios, mantendo-as a boa distância adiante, e em lugar bastante escuro. De qualquer modo sua situação é bem desagradável e percebemos que as primeiras temiam muito por sua segurança. Tomadas estas precauções, dispusemos-nos a dormir, quando os índios de Carretão vieram ter a mim, com ar consternado; tomando a palavra, declara-me o chefe deles que íamos fazer uma viagem longa e cheia de perigos, que ele e os seus companheiros estavam acostumados à solidão da mata mais do que ninguém, mas que, apesar disso, nós lhes demonstrávamos falta de confiança, não lhes dando armas e recusando-lhes a guarda do acampamento; diante disso, pediam licença para se retirar. Fiquei bastante contrariado com essa resolução, cujos motivos verdadeiros tratei de descobrir, uma vez que eu muito vinha contando com o auxílio daqueles índios. Respondeu-me o chefe dizendo que acabávamos de entrar numa região hostil e que enquanto todas as pessoas da comitiva estavam armadas, ele e a sua gente constituíam a única, exceção, embora, como sabia, tivéssemos trazido muitas armas nos nossos cargueiros; só a desconfiança podia impedir que lhas confiássemos. Esse pedido não deixou de me pôr em embaraços, porque, de fato, eu neles só depositava limitada confiança, visto como pertenciam à mesma nação dos selvagens cujo ataque todos temíamos e de cujas hordas muitos deles, nascidos na mata, chegaram até a fazer parte. Era portanto prudente estudar-lhes o comportamento, antes de a eles nos entregarmos. Não obstante, desejoso de retê-los em nosso serviço, mandei, imediatamente que lhes entregassem fuzis, carregando-os de modo ostensivo, mas com cartuchos previamente esvaziados das balas. Parece que ficaram muito contentes com essa prova de confiança de minha parte e pediram para serem postos de sentinela. Destacamos dois para esse fim. À noite, levantei-me para verificar se as sentinelas estavam a postos, podendo observar como esses selvagens se mantinham escondidos por entre o capim alto, segurando o fuzil de través sobre os joelhos; uma folha não se mexia sem que para ela se voltassem imediatamente os seus olhos penetrantes. Ao me verem, disseram-me que tudo ia bem e que eu podia dormir. Um dos soldados de Goiás, cujo desaparecimento se verificara durante a marcha do dia anterior, deixou definitivamente de responder à chamada da noite. Supusemos que ele havia desertado. Tínhamos sido surpreendidos no correr do dia por violenta tempestade e durante toda noite continuou a chover.

A 11, saímos cedo, fazendo sete léguas de marcha. A região percorrida era coberta de mata, mas entrecortada de brejos que não se atravessam no tempo das águas. Estavam nessa ocasião juncados de flores. Abundam nesse lugar as melastomáceas, as utriculárias e os eriocaulons. Tivemos grande dificuldade em atravessar um desses brejos, de considerável extensão; suas margens eram verdadeiros atoleiros, onde os animais caíam. Só à custa de grande trabalho conseguimos contorná-lo; mas verificamos então que estávamos perdidos. Ninguém conhecia o caminho e baldados se mostravam todos os esforços para reencontrá-lo. Nesta conjuntura, intensa alegria tivemos ao avistar uma figura humana: era um mulato de uns quinze anos, quase nu, que ao nos ver se pôs em fuga. Fomos ao seu encalço, ficando sabendo que ele tinha fugido da casa paterna, onde tinha sido maltratado, e que já há dois dias vagueava pelo mato; tinha, porém, tanto medo dos índios, que nos pediu para que o levássemos conosco. Este rapaz, que na expedição ficou muito tempo com o nome, de menino, conhecia perfeitamente a região, até Salinas. Aceitei assim, com prazer, a proposta. Entretanto, para sossegar o pai, no caso de estar ele à procura do filho, deixamos descrita a sua aventura num pedaço de papel, que pregamos numa árvore, bem à vista de quem passasse pela estrada.

Todos os córregos atravessados, até o rio dos Macacos, inclusive, são afluentes do Santa Maria, que, como já dissemos, é o braço direito do Crixás-Mirim. O Santa Maria nasce na serra Caiapó, a pouca distância do próprio Crixás-Mirim, que o recebe quase defronte do ribeirão dos Macacos. O ribeirão Jaú derrama no Crixás-Mirim, depois de ter recebido o ribeirão Itaboca; o do Barreiro Bonito é afluente do rio Jacu. A formação geológica é sempre a ganga até além do ribeirão Itaboca. O granito aparece deste ponto até o ribeirão Bonito, onde se vêem quartzitos análogos ao itacolumito, dispersos no chão, em fragmentos angulosos. Há ali, à distância de uns dois tiros de espingarda para leste, três ou quatro barreiros (lugares onde os animais vão lamber o sal do chão) o terreno aí parece ser um grés vermelho com conglomerações de quartzo. As partes mais salientes ficam arredondadas sob a ação da língua dos animais: Esta tarde instalamos o acampamento à beira de um brejo, tendo à nossa frente uma bela cortina de buritis, refúgio predileto das araras de brilhante plumagem.

A 12, o desertor dos dias anteriores reapareceu pela madrugada; ele se tinha perdido pelo caminho, deixando-nos bastante sensibilizados com os perigos por que passou, antes de encontrar a caravana. Neste dia o caminho foi muito difícil de percorrer; ele atravessa continuamente florestas virgens, e estava obstruído em muitos pontos por árvores caídas, para nos desviarmos das quais éramos obrigados a abrir uma picada a sabre e a machado, coisa muito mais fácil do que remover os obstáculos; mas, nas clareiras da mata, tínhamos de atravessar pastos cheios de uma gramínea chamada *sapé*, tão alta que encobria inteiramente as pessoas e os cavalos. Descansamos um instante nas ruínas de uma fazenda chamada Patos, devastada e incendiada pelos índios; por entre os escombros via-se o esqueleto de uma onça pintada. Colhemos também nesse local frutos de uma grande cucurbitácea, que reservamos para a ceia. Após uma jornada de seis léguas, acampamos na mata, amarrando os animais, que assim condenávamos ao jejum, na certeza de que de outro modo talvez não mais os encontrássemos. Alguns companheiros decidiram comer a carne de um urubu morto durante o caminho. Nada é capaz de exprimir o horror que semelhante repasto inspirava aos brasileiros. O mau cheiro da ave justificava, ao meu ver, a repulsa dos naturais. Também, embora aqueles senhores afirmassem ter feito uma ótima refeição, sempre tive as minhas dúvidas a respeito, dúvidas tanto mais fundadas quanto nunca mais os vimos repetir a façanha, ainda nas ocasiões em que estávamos mais esfomeados.

Um dos nossos tropeiros, que já tinha tirado ipecacuanha perto de Cuiabá, julgou reconhecer alguns pés dessa planta nas proximidades do nosso acampamento. A formação geológica continuava a ser a canga, tanto quanto pelo menos era possível ajuizar num caminho muito plano e coberto de vegetação.

Os cursos d'água atravessados no dia 12 correm para o Crixás-Mirim, com exceção do córrego do Prontinho, afluente do Crixás-Uaçu. Vimos a serra dos Cristais, que Cunha Matos julga dever ser atravessada entre o rio Sombrio e o rio Encarangados, mas que em verdade fica à direita do caminho que seguíamos.

A 13, a mata tornou-se ainda mais fechada; os bambus gigantescos que crescem neste ponto entrelaçavam-se de tal modo que se constituíam obstáculo sério à nossa passagem. Nossa caravana era a primeira a passar pela estrada depois da última estação chuvosa e o caminho apenas se podia reconhecer de tal modo o dissimulavam os rebentos novos. Uma desgraçada mula caiu sobre uma ponta de taquara, que lhe entrou funda pelo flanco. Lutávamos ainda com óbices de outra natureza; o solo se transformara repentinamente em extensos atoleiros; troncos de árvore inteiramente cobertos de uma lama infecta barravam a cada momento o passo às pessoas e aos cavalos. Com justificado receio é que, em semelhante estrada, víamos Eugênio o encarregado do barômetro, andar num lameiro de 80 centímetros de profundidade, caindo a cada momento. Obrigados a abrir caminho e a atender aos acidentes todos que nos sobrevinham, mormente na passagem dos córregos cujos lugares mais rasos eram difíceis de descobrir, foi com o maior sacrifício que fizemos uma marcha de seis léguas, para acampar no rio Crixás-Mirim.

O terreno cortado pela estrada é sempre a canga, muitas vezes escondido pela vegetação. A rocha todavia se mostra distintamente num cômoro que se sobe antes de chegar às margens do Crixás-Mirim. Os riachos que atravessamos, chamados córrego do Cachorro Morto e da Capoeira do Negro, correm para o Crixás-Mirim, que por sua vez se lança no Crixás-Uaçu, a seis léguas do ponto em que estávamos acampados. O Crixás-Mirim tem, onde ficamos, uma largura de 25 a 30 metros, e uma profundidade máxima de 15 a 16. A temperatura das águas, observada em 14 de Maio, às sete horas e meia da manhã e à sombra, era de 24°.2; a areia da margem, a 34 centímetros de profundidade, tinha sensivelmente a mesma temperatura. Nosso acampamento apresentava um aspecto dos mais agradáveis; armado numa praia de areia branca, era limitado de um lado pelo rio e de outro pela mata densa. Estávamos em grande embaraço para atravessar o rio, quando descobrimos uma canoinha escondida por entre os juncos da outra margem. Um de nossos índios foi logo buscá-la a nado e por este meio fizemos logo passar as mulas de carga. A areia da praia estava cortada de rastos de onças e de antas. À noite, vimos peixes de todos os tamanhos saltar acima da superfície tranqüila do rio. Os índios disseram ter visto também, dentro d'água, peixes elétricos, aqui conhecidos pelo nome de treme-tremes.

A 14, desde o raiar do dia, a ocupação foi transportar a carga por meio da única canoa que tínhamos à disposição. A estrada era, como de ordinário, muito má; mas nos fez atravessar cinco léguas de lindas matas. Pouco tempo depois chegamos a um palmeiral que circundava a primeira casa que víamos desde muito tempo. Era um sitiozinho, onde nos ofereceram leite. Aí vimos o couro de um filhote de anta; tinha pontos e riscas amarelas sobre fundo preto, manchas que desaparecem todas com a idade. Do alto de uma colina, não tardamos a avistar a aldeia de Salinas. Daí contemplamos interessante espetáculo: enquanto ficamos parados no sítio, a nossa tropa se adiantou, vendo-se-lhe a porção dianteira já no largo da povoação, enquanto a cauda ainda se escondia dentro da mata. Um mensageiro fora levar ao comandante a notícia de nossa chegada, motivo pelo qual toda a guarnição estava em armas e os habitantes em trajes de festa. Este preâmbulo foi seguido de estrondosa salva de tiros, estampidos de foguetes, barulho de sinos e gritos dos índios. Em meio a esta confusão, o comandante e o vigário, na suposição de que acompanhássemos a caravana, vieram gravemente fazer um discurso diante das mulas, as quais deveriam ter ficado muito lisonjeadas com esta recepção. Pouco depois aparecíamos em pessoa, dando lugar a uma segunda edição dos discursos; a provisão de foguetes havia todavia se esgotado. O sargento-mor, comandante da guarnição, era um personagem comprido e seco, que dava a impressão de sentir-se horrivelmente incomodado com o uniforme, que há anos não vestia. A sua direita estava o cura, envergando a única batina; era excelente pessoa, apesar de sua aparência selvagem. Nascido e criado naquelas solidões, não seria de admirar que nunca tivesse sabido latim; mas parecia ter desprezado singularmente a leitura, porque nos ofícios religiosos nunca deixava de pronunciar palavras mais, ou menos xavantes, que ele pretendia ser a tradução das que deviam estar no livro. À sua esquerda, via-se um outro personagem bastante curioso, calçando prodigiosas botas e metido numa camisa de couro: era um antigo sub-lugar-tenente aposentado. Essas autoridades estavam rodeadas de pequenos índios que faziam às vezes de meninos de coro e trajavam com toda simplicidade primitiva. A aldeia de Salinas foi fundada em 1788; é formada de vinte e cinco a trinta casas, dispostas em quadrado à volta de uma praça central, cujo fundo é ocupado por uma casa muito maior que as outras e a única coberta de telhas: é a caserna, que preenche também as funções de igreja. As choupanas são cobertas de folha de palmeira e às vezes feitas inteiramente com esta espécie de material. A população é composta de cerca de cento e oitenta indivíduos, quase todos xavantes cristianizados e de sangue puro na sua maioria. Tinham cabelos negros, compridos e lisos, aparados na testa e caindo atrás até os ombros. Fomos recebidos com a mais perfeita hospitalidade por essa brava gente, que todos os esforços fez para nos ser agradável, demonstrando a maior boa vontade pelo objetivo principal de nossa visita. Fomos instalados em dois ou três quartos sem mobília; enquanto o chefe do pequeno posto providenciava, sem demora, para que víssemos o que ele pensava ser, não sem razão, o objeto principal de nossa curiosidade: era um bando de índios Carajás, vindos havia pouco das matas do rio Araguaia. Esta família estava reunida num barracão, situado atrás de nossa casa; era composta de seis homens e cinco mulheres, todos nus, com exceção dos braceletes vermelhos, que traziam nos braços e nas pernas. Havia entre eles algumas raparigas e algumas crianças. As mulheres parece terem ficado muito assustadas com a nossa presença, acocorando-se imediatamente; as crianças, pelo contrário, fitaram-nos calmamente, continuando a comer as suas laranjas. Esses selvagens tinham o corpo borrado irregularmente de vermelho e preto, cores que extraem dos frutos do *uracum* e do *genipapo*, utilizando na preparação o óleo de coco. Este óleo é que lhes dá o cheiro forte que exalam, como também acontece com quase todos os selvagens. Os adultos tinham uma cicatriz anular, que é um sinal, distintivo desta nação; os homens também tinham no lábio inferior uma fenda, pela qual passava um pedaço de concha, em forma de gancho. Estes índios mantêm há algum tempo boas, relações com os moradores de Salinas, vindo freqüentemente visitá-los, sem lhes permitir todavia penetrar nas suas aldeias; são ordinariamente de porte menor do que os Xavantes, parecem menos fortes do que estes, embora mais elegantes de formas.

No dia imediato ao de nossa chegada, entabulamos com as autoridades do lugar negociações relativas à expedição, ficando contentes em saber que poderíamos arranjar logo três embarcações, uma das quais em mau estado. Havia ainda uma quarta em construção. Entretanto, os donos destas canoas estavam na ocasião ausentes, tendo tomado parte, juntamente com outros moradores da povoação, numa patrulha enviada a espreitar os índios selvagens. Os pilotos que melhor conheciam o rio, nunca tinham ido além de dois ou três dias de distância; e assim mesmo estavam fora. Não havia assim outro remédio senão esperar a volta da expedição. Outro objeto de grande interesse, mas cercado de enormes dificuldades, era a obtenção dos víveres necessários para uma viagem que se supunha dever demorar pelo menos um mês, até que chegássemos à confluência do Araguaia com o Tocantins. Tratando destes assuntos com o comandante, só tivemos de ficar muito satisfeitos com a sua boa vontade e inteligência. Adquirimos, com isso, as maiores esperanças no tocante ao êxito da expedição. Como fosse o Sr. d'Osery o meu auxiliar no trabalho de organização do pessoal e dos meios de transporte, incumbi especialmente o Dr. Weddell de tratar dos mantimentos. Ocupou-se ativamente o doutor deste assunto importante; foram logo comprados e mortos diversos bois, cortando-se-lhes a carne em pequenos pedaços, que foram salgados e depois secados ao sol. Ele também comprou toda a mandioca que pôde achar, mandando ralá-la para fazer farinha. Enquanto isso, fabricava-se com a cana-de-açúcar um produto grosseiro que chamam rapadura, e a que dão a forma de um tijolo.

Desde minha chegada a Salinas, recomendavam-me em todo lugar um velho preto chamado Ricardo, o qual, quando menino, havia descido o Araguaia. Passava ele por ser o pescador mais hábil do rio e fora ele o primeiro a travar relações com os índios Carajás, gozava, além disso, de excelente reputação de probidade. Vendo-o pela primeira vez, fiquei um pouco espantado com a sua extrema fealdade; mas tratei de ajustar esse homem útil, comprando-lhe a embarcação, que ele se comprometeu a dar pronta dentro de pouco. Adquiri também outras canoas que se achavam no porto: As embarcações tinham quase 7 metros de comprimento, podendo conter, além da equipagem, 800 a 1.500 quilos cada uma; completavam o acompanhamento uma terceira, menor, e uma canoa grande capaz de carregar 300 quilos, sempre sem contar os remadores.

Enquanto se ultimavam estes preparativos, explorávamos a região. A formação geológica, desde a passagem do rio Crixás-Mirim até Salinas, aí incluída a própria aldeia e seus arredores imediatos, é a canga. Todos os córregos atravessados neste trajeto correm em geral para leste, embora alguns se inclinem para o norte. Os mais notáveis são: o riacho de Raizama e o ribeirão das Três Barras, afluentes ambos do Orixás-Mirim, o rio Mandagui, o de São Gonçalo, o da Porteira e o de Salinas.

Um dos primeiros pontos a serem visitados por nós foram as salinas, a que a cidade deve o nome. São planícies muito chatas que se encontram a cerca de duas léguas a noroeste da povoação, em zona onde se cria muito gado, sadio e gordo, graças ao sal que lambem. Cobrem-nas uma terra arenosa, escura e lamacenta, em cuja superfície, passada a estação das chuvas, se formam eflorescências salinas, que os habitantes da zona vêm então explorar. Os trabalhos começam ordinariamente no mês de agosto. Recolhem-se a princípio as camadas superficiais, que parecem as mais ricas, depositando-as em espécies de cochos de madeira com 2 a 3 metros, sobre uma largura e uma profundidade de 30 a 35 centímetros, e com fundo crivado de orifícios. Derrama-se depois água na terra salina; o líquido se enche de sal e cai noutro cocho semelhante ao primeiro, situado em baixo. Esta solução é levada depois para ferver em caldeiras, tendo-se o cuidado de ir retirando toda a espuma que se acumula na superfície. Mergulham-se então na salmoura grandes colheres em cujo fundo, ao cabo de uma hora, se deposita o sal em pó. Este sal, que é amargo e deve conter, provavelmente cloreto de magnésio, é destinado aos animais. Quando cessa a formação deste depósito, mesmo no fundo da caldeira, já então retirada do fogo e posta sobre estacas de madeira, é o líquido decantado num tanque dito de esfriamento, on de então, por meio da lenta evaporação ao sol, se formam os cristais cúbicos de um sal próprio às preparações culinárias, chamados no país *sal em pedra*. A camada salina parece ter em todas essas planícies cerca de 33 centímetros de profundidade. Aliás, os numerosos lagos existentes na zona têm água perfeitamente doce, são rodeados de bela vegetação e vivem sempre cheios de aves aquáticas. Outro ponto muito interessante da vizinhança das salinas é a lagoa das Pérolas, de que já nos havia falado no Rio de Janeiro o Sr. Lopes Gama, antigo presidente de Goiás. O nome que deram ao referido lago provém de que, nos meses de agosto e setembro, nele se pesca abundantemente uma concha bivalva (Anodonte), que às vezes contém pérolas, embora quase sempre de pequeno tamanho. O lago é ainda conhecido pela denominação de lagoa da Cana-Braba e sua localização é mais ou menos uma légua e meia a noroeste da aldeia, na margem esquerda do Crixás-Mirim, de que é ele uma expansão. Noutros lagos, situados nos arredores e alimentados igualmente pelo Crixás-Mirim, criam-se também conchas perlíferas, que ainda podem ser encontradas, embora raramente, nas partes mais remansosas do rio. Nas margens do rio mais próximas da lagoa das Pérolas, há um cascalho grosso formado de seixos rolados, que as pessoas do lugar afirmam conter, ouro.

Vimos nas margens da lagoa das Pérolas uma choça de folhas de palmeira, onde desde muitos anos mora um velho, alimentando-se com os peixes do lago. Na primeira vez que o visitei, estava muito irritado contra uma horda de Carajás que tinha acabado de devastar as plantações de cana. Recebeu-me, apesar disso, com hospitalidade, levando-me para percorrer o lago em sua estreita canoinha. É impossível descrever a beleza desta lagoa, que magníficas matas circundam e cuja superfície é apenas perturbada pela aparição súbita de alguns dos seres que a habitam. Via-se às vezes, na água, o focinho de algum jacaré ou então a cabeça arredondada de uma lontra, enquanto na ramada das árvores se agitavam inúmeras aves difíceis de caçar, por causa da incerteza de encontrá-las por entre a espessura da vegetação, que se debruçava sobre as margens, chegando até a água. Entre as mais curiosas das que conseguimos apanhar está o *Oazin* de Buffon (*Phasianus cristatus*, Linné), que é conhecido no país pelo nome de cigana. É um galináceo do tamanho de uma galinha pequena, de cor esverdeada e notável principalmente pelas penas que lhe enfeitam a cabeça. Reúnem-se estas aves em numerosos bandos à beira da água; têm o vôo pesado e muito curto, voltando logo a descansar nos galhos das árvores cujas folhas devoram; seu grito é muito singular, parecendo-se com uma respiração forte e abafada. Fizemos a anatomia da cigana e verificamos que o papo forma nela uma intumescência curiosa pelas suas enormes dimensões. Nas numerosas dissecções de aves que depois fizemos, só encontramos tumefacção semelhante em alguns rapineiros, particularmente no caracará, que todavia não a tem tão considerável. Exala a cigana um cheiro infecto, que só se pode comparar ao de um estábulo. Ouvia-se ao longe outro grito fora do comum, parecido com o zurrar do asno era o do "kamichi" (*Palamadea cornuta*, Linné), que habita aos casais os lugares pantanosos. Regula no tamanho com o peru, tem o vôo pesado e apresenta sobre a testa, articulado sobre uma apófise cônica do osso frontal, um longo apêndice em forma de chifre, delgado e flexível. Esta ave é conhecida no país pelo nome de inhuma e não de anhima, como disse Cuvier. A respeito desta ave têm os naturais muitas superstições, atribuindo ao chifre e aos esporões das asas virtudes misteriosas, cabalísticas e também muitas garças, entre elas a bela garcinha branca, como também a enorme cegonha jaburu (*Mycteria americana*, Linné).

Os preparativos da partida progrediam com lentidão. Ricardo tinha ido à mata com o seu pessoal serrar as tábuas para consertar as canoas e nós, de nossa parte, à falta de piche, mandamos os índios à procura de breu, que outra coisa não é senão uma espécie de cera grosseira, produzida por uma abelha silvestre. Montamos também, embora com muito trabalho, uma forja, para fazer pregos e arpões. Não tínhamos aço para fazer anzóis, mas conseguimos fabricá-los sacrificando algumas baionetas e varetas de espingarda.

Já a patrulha havia voltado, deixando-me muito satisfeito a intrepidez e ânimo resoluto de um dos homens, chamado Quintiliano, que tratei imediatamente de reter em nosso serviço.

Vínhamos procurando, até aqui inutilmente, um exemplar da magnífica arara jacintina. Nossos caçadores nunca puderam surpreendê-la à distância de tiro; mas, como eu fazia questão de representá-la nas nossas coleções, prometi um prêmio àquele que ma trouxesse. Não tardou que os moradores de Salinas conseguissem para mim alguns belos exemplares. Esta ave é toda de cor azul-violeta carregado, com algumas penas pretas; só o bico enorme é cercado de uma orla amarela.

O botânico da expedição, depois de ter colecionado as plantas das cercanias de Salinas, passou ao estudo dos vegetais de importância econômica. Um deles, chamado jacaré, dá um fruto que poderia substituir vantajosamente a noz de galha e é usado no fabrico de tinta de escrever. Das raízes de uma canácea, chamada na terra açafrão, extrai-se uma linda tinta amarela, de que nos servimos para tingir uma bandeira brasileira que contávamos desfraldar sobre a principal embarcação. Todas as cores utilizadas para tingir este pavilhão foram tiradas do mato.

Usa-se na região a casca do angico para curtir couros; provém ela de uma árvore da mata, pertencente à família das leguminosas, a *Acacia angica*. É este o processo usado em Salinas: remove-se todo o pêlo, macerando o couro durante alguns dias num infuso de cinzas da árvore conhecida com o nome de "capitão-do-campo" e imergindo-o durante uns quinze dias, na água de um córrego; leva-se depois daí o couro para uma gamela de madeira em forma de canoa, que se enche de água, com adição de quantidade suficiente da casca de que falamos. Ao cabo de um mês o couro está perfeitamente pronto.

Como em quase todo Brasil, plantam-se em Salinas duas espécies de mandioca: uma, a *mandioca mansa*, cresce bastante e tem o caule quase branco; a outra, conhecida pelo nome de *mandioca braba*, é um pouco menor do que a precedente, tem os nós maiores e possui o caule tingido de verde e vermelho. As raízes da primeira têm a epiderme brancacenta e a subepiderme cor-de-rosa, ao passo que na segunda, cuja florescência é mais tardia, a subepiderme é completamente alva. O suco que se extrai espremendo as raízes desta última é venenoso, como pudemos prová-lo. Uma cabra que veio beber a água proveniente da prensa com que fazíamos farinha, em pouco tempo morreu. Distinguem-se ainda diversas variedades das duas espécies em questão. A chamada mandioca de *Castilha* é uma das mais estimadas; ela se parece muito com a mandioca braba pelo aspecto das raízes. As plantações são feitas em setembro e outubro, por meio de mudas, que no mesmo ano começam a produzir. São quase nulos os cuidados exigidos por esta cultura. Também a cana-de-açúcar é multiplicada por meio de mudas, em cada um de cujos nós nascem vários galhos. O *feijão preto*, que é o alimento essencial dos brasileiros, não raro chega a dar quatro vezes no ano; mas uma outra espécie, chamada feijão miúdo, só amadurece no mês de maio. Durante a má estação, tiram os habitantes de Salinas uma boa parte de seu sustento de várias espécies de palmeiras, cujos frutos apanham no mato. Duas são particularmente procuradas para esse fim: a indaiá (*Attalea compta*) e a bacaba (*Oenocarpus bacaba*). Esta última, que era para nós inteiramente nova, é uma bela árvore, notável pela disposição dística das folhas, cujo elegante penacho termina um caule de 6 a 10 metros de altura e marcado de anéis alternadamente pardos e oliváceos. Quebram-se os cocos para lhes extrair as amêndoas que, esmagadas, produzem, com a adição de água, um leite muito agradável.

A 2 de junho, dia de Pentecostes, houve uma revista geral de todos os homens que deviam tomar parte na expedição; eram em número de quarenta e cinco. Ouvindo-se a chamada desses miseráveis, poder-se-ia pensar nos belos tempos da cavalaria, porque quase todos traziam os nomes mais ilustres da nobreza de Portugal. Formigavam entre eles os Mascarenhas, os Magalhães, os Sá, os Gama, e os de Albuquerque, apelações estas precedidas de uma dúzia de nomes de família, pelo que se poderia supor serem em número décuplo do que eram na realidade. Deviam todos submeter-se às leis militares cuja leitura foi feita, coisa que não devia ser lá muito de seu gosto, porque a palavra *arcabuzado* (fuzilado) era estribilho final de cada, artigo. Por felicidade, as leis no Brasil são ferozes apenas no papel, pois a impunidade se estende aos próprios crimes.

No dia seguinte, chegou uma nova turma de índios Carajás, conduzidos por um chefe que as pessoas do lugar conheciam por Antônio. Esse mancebo, tão sumariamente vestido quanto os seus companheiros e trazendo como estes apenas um cordel em determinado sítio, tinha maneiras muito reservadas; nunca tomava parte na conversa e nem mesmo diante do prato de feijão com toucinho, que lhe mandamos, demonstrou qualquer espécie de emoção.

A 4, pela madrugada, mudamos nosso acampamento para o porto de embarque, no rio Orixás-Uaçu. Começou então uma atividade extraordinária neste lugar, chamado *Coroinha*. Nosso principal fito era apressar com a nossa presença a construção das embarcações a que tínhamos acrescentado uma canoinha de caça. Tínhamos mandado acondicionar as provisões em sacos de couro cru, com que foi carregado um grande carro-de-boi. Uma vez tudo organizado no porto, deixamos a direção do acampamento entregue ao furriel Magalhães e regressamos a Salinas.

A Coroinha fica mais ou menos três léguas e meia a noroeste da povoação, de que a separam as salinas. A formação geológica é sempre a rocha canga, muito visível até uma légua de Boa Vista. O resto do caminho, corre através de salinas, entre os lagos e lagoas de que já falamos. Atravessamos o ribeirão Buritizinho, que se lança no Crixás-Mirim, por intermédio do Boa Vista, e ribeirão da Porteira, afluente do Orixás-Uaçu. A temperatura das águas deste último rio é muito elevada; observada a 9 de junho, às 8 horas da manhã, com tempo coberto, ela era, de 25 graus, ao passo que a da atmosfera não passava de 20°,1.

A 7, nos instalamos definitivamente na margem do rio Orixás. Toda a população de Salinas nos acompanhou, vindo acampar em roda de nós; por toda a parte, na mata, armaram-se numerosos ranchos provisórios, erguendo-se também por entre as árvores um altar rústico, uma vez que também o vigário viera ao nosso encontro.

CAPÍTULO XI

DESCIDA DO ARAGUAIA. - OS FUROS

A 9 de junho, prontas as embarcações, foram elas batizadas, com o que adquiriram maior confiança os homens que deveriam tripulá-las.

Distribuíram-se em seguida as equipagens e repartiram-se as armas. Verificando que havia necessidade de um homem a mais, mandei chamar um dos dois soldados que eu tinha deixado em Salinas. Com ele veio um objeto cujo aparecimento produzia ótimo efeito sobre a equipagem: refiro-me a um violão, acompanhamento indispensável para o soldado brasileiro.

Tínhamos deixado a tropa em Salinas, sob a direção do arrieiro José que deveria fazer uma viagem de mais de duzentas léguas, para nos esperar em Porto Imperial. Acompanhá-la-ia uma escolta, sob o comando de um suboficial.

Ao raiar de 10, passou-se toda bagagem para as embarcações. Todas tinham, na parte de trás, uma pequena coberta de folhas de palmeira, destinada a nos defender da chuva e dos rigores do sol.

Reservei-me o comando da embarcação maior, para a qual chamei também o Sr. Deville; a segunda foi confiada ao Sr. d'Osery e a terceira ao Dr. Weddell. Esta, última, que tinha o nome de *Santa Bárbara*, logo, se tornou célebre pela sua rapidez e ânimo decidido da equipagem, constituída inteiramente de índios Xavantes. Estas três embarcações eram do tipo daquilo que na região se chama *galitéia*, mas, a quarta comandada pelo furriel Magalhães, homem em quem eu depositava a máxima confiança, era uma ubá ou canoa grande. Havia ainda, finalmente, só para caçar uma canoinha com dois remadores. O vigário celebrou a missa e houve depois um intervalo de alguns minutos para as despedidas. Acompanharam-nos todas as mulheres do povoado, cada uma das quais se separava de um filho, de um irmão ou de um marido. Para ter-se idéia dos sentimentos de que se achavam possuídas bastará lembrar que, de um lado, a expedição que íamos empreender era considerada cheia de maiores perigos, e que, de outro, íamos levar conosco quase todos os homens da aldeia, que assim ficava sem defesa contra os ataques dos índios. Pouco tardou que se concluísse o embarque e fosse hasteada a bandeira brasileira. Largaram as embarcações por entre gritos de despedida e detonações de mosquetaria. Procuramos logo nos assegurarmos sobre a marcha das embarcações: a minha, que levava doze homens, era mais pesada do que as dos Srs. Weddell e d'Osery. Com desgosto verificamos que estas últimas estavam fazendo água, uma por ser já muito velha, e a outra, pelo contrário, por se lhe haver rachado a madeira posta na água pela primeira vez. A ubá andava muito mal, pelo que fomos forçados a lhe aumentar a equipagem.

A vegetação das margens do rio era muito espessa, mas formada ordinariamente de árvores pouco elevadas. Na estação em que estávamos as águas deixavam a descoberto belas praias de areia perfeitamente alva, e povoadas de aves que se deixavam aproximar muito perto, voando depois todas juntas debaixo de grandes gritos. A superfície do rio era às vezes agitada pela nadadeira dorsal de enormes peixes, ou senão pelo aparecimento de algum monstruoso jacaré, nome pelo qual se conhecem no Brasil os "caimãos". Via-se também não raro o longo focinho de algum golfinho de água doce (boto), que vinha à tona lançar dois jatos divergentes. O rio Crixás tem quase a mesma largura do Sena em Paris e sua velocidade é pouca. Foi pouco antes das cinco horas da tarde que entramos no Araguaia, em que o Crixás desemboca, quase em ângulo reto.

Pela tranqüilidade das águas magnífico era o aspecto deste lugar do belo rio em que acabávamos de entrar. É difícil calcular-lhe a largura por causa da grande quantidade de ilhas interpostas entre os seus braços. Todavia, ela é de pelo menos 500 metros. Fizemos alto a seis léguas e meia da Coroinha, numa dessas bonitas praias de que já falei, feitas de uma areia quartzosa, misturada com pequenos grãos ralados de ocre muito ferruginoso. Armamos o acampamento numa ilha pouco extensa, de onde víamos ainda o ponto de junção dos dois rios. Enquanto se faziam os preparativos para o jantar, pusemo-nos a percorrer sofregamente os arredores, imaginando que num lugar como aquele cada passo nos faria descobrir novos tesouros. Nossa pávida curiosidade ficou entretanto completamente decepcionada; não encontramos uma única ave, mas apenas dois ou três insetos, dos mais comuns. O botânico não foi mais feliz, a vegetação consistia apenas de umas poucas moitas de uma espécie de Croton de folhas alongadas, lisas e denteadas, de cássias de flores amarelas, de gramíneas comuns e de uma Composta de abundantes flores cor-de-rosa claro, dispostas em panícula e das quais exalava um delicioso perfume de baunilha.

O rio Araguaia forma o limite entre os Estados de Goiás e Mato Grosso. Não foi sem satisfação que penetramos enfim nesta província, ainda tão pouco conhecida. Partimos ao romper do dia 11, felicitando-nos por não ter mais de esperar pelas malas e os tropeiros. Fizemos dez léguas por entre cenas pitorescas que já na véspera antegozávamos. As praias estavam cheias de aves, via-se enorme quantidade de jaburus, grandes cegonhas a que os brasileiros aplicam o epíteto de "naçu" e cuja plumagem branca é realçada pelo vivo colorido vermelho e preto do pescoço desnudo. Este gigante do mundo ornitológico era particularmente abundante na zona, não sendo raro se verem reunidos cinqüenta a cem indivíduos.

Quando voavam, estes bandos assumiam uma disposição em triângulo. Em segundo lugar estavam as garças brancas, de cintilante plumagem, mas, de todas as aves, a que mais nos chamou a atenção foi a magnífica espátula cor-de-rosa. Nada pode traduzir o efeito que produzem estas admiráveis criaturas quando perseguidas pelo caçador, abrem as asas para ir pousar à distância. Por toda parte, as cigarras também faziam ouvir o seu melancólico fretenir, ao passo que uma espécie de *gaivota* de plumagem branca e cinza e bico amarelo cobria muitas vezes a praia e enchia o espaço de gritos agudos. Dão-lhe aqui o nome português de gaivota. Vimos também uma ou duas praias inteiramente cobertas de aves de plumagem cinzenta, quase preta; com barriga branca e pintas brancas nas costas e nas asas. Achavam-se reunidas em número considerável nos lugares mais expostos aos ardores do sol e tal era a sua imobilidade que se poderiam tomá-las por pedras; mas, quando delas nos aproximávamos a uma dezena de metros voavam todas pesadamente, para pousar mais adiante. Não foi sem espanto que nos pudemos certificar de que tais aves eram bacuraus, gênero cujas espécies são habitualmente noturnas. Proponho para esta espécie a nome de *Caprimulgus heliophilus*. Aumentavam ainda a riqueza ornitológica do lugar algumas garças, patos e biguás. Antes do pôr-do-sol, alcançamos a extremidade sul da ilha de Bananal, que aparece em alguns mapas com o nome de ilha de Santana e é talvez a maior ilha fluvial do mundo. Como era de grande importância determinar a posição exata daquele ponto, resolvi estacionar nele um dia inteiro. O rio, conquanto largo é pouco profundo, a temperatura, no dia 12, às sete horas da manhã e em lugar abrigado do sol, era de 26° ao passo que a da atmosfera era apenas de 20°,2. Era das mais pitorescas a posição do nosso acampamento. Situado na praia, ficava encostado à mata, extremamente espessa. Mesmo aos nossos pés, o magnífico rio se dividia nos dois vastos braços que limitavam a ilha, e a que dão o nome de furos. Pelo volume das águas que tínhamos à nossa frente e pela praia arenosa em que nos achávamos, dir-se-ia termos chegado a alguma costa oceânica, contribuindo para que essa ilusão fosse mais perfeita os animais que pululavam à nossa volta. De fato, a maioria destes últimos pertencia a gêneros marinhos, como sejam os golfinhos de que já falei, as gaivotas, os biguás, os talha-mar, que víamos volteando incessantemente por cima de nossas cabeças.

Ao desembarcar, achamos a praia coberta de gaivotas e bacuraus, que logo bateram asas. Em cavidades de areia, achamos grande quantidade de ovos de pequeno tamanho e reunidos três a três, pertencentes sem dúvida a uma dessas espécies de aves. Viam-se também, espalhados em grande número, detritos de um inseto coleóptero pertencente ao gênero *Dytiscus*, e que, a julgar pelos élitros, deve ser muito vizinho de *Dytiscus roeselii*. Havia também na praia muitos rastos de onça. A 12, enquanto estávamos o Sr. d'Osery e eu ocupados em manobrar o teodolito, tentavam os nossos naturalistas entrar na mata, mas a trama da vegetação era tão cerrada, que se viram forçados a desistir. Saíram então na canoinha de caça, trazendo-nos duas lindas espécies de ibis verdes, martins-pescadores, um bonito jacu de cabeça branca, um tântalo, uma garça azul; etc. Trouxeram-nos também, pela primeira vez, um jacaré, animal cujos inúmeros indivíduos vemos formigar no cipoal da vegetação marginal debruçada sobre a água. Quando dormem têm a aparência de troncos enegrecidos de árvores.

Há no Araguaia três espécies de reptis desse gênero. Um, que nunca conseguimos obter, é de enorme tamanho e fácil de reconhecer pela garganta amarela; a gente da terra, que o conhece pelo nome de *papo amarelo*, não se cansa de falar de sua ferocidade. A outra espécie chega a ter de 4 a 5 metros de comprimento. É preta com manchas branco-amareladas dos lados e a barriga brancacenta. Chamam-na *jacaré preto*, é o "coi-eu" dos Xavantes e o "*corera*" dos Carajás. A terceira, chamada jacaretinga, não ultrapassa dois metros e é marmoreada de amarelo e preto nas costas. As duas últimas espécies de que pude mandar exemplares ao Jardin des Plantes, são muito distintas uma das outras; admira, por isso, que estejam confundidas nas galerias desse estabelecimento. As numerosas espécies da família dos crocodilos se achavam disseminadas nas partes quentes dos dois hemisférios; na América, elas se estendem para o norte até o 35° de latitude, ao passo que no Velho Mundo hoje não mais se encontram além do 25°. Devemos contudo lembrar que, no tempo em que o Oriente estava em estado de civilização menos adiantado, estes animais eram comuns no delta do Nilo. Esses reptis que habitavam as regiões temperadas, tais como o Egito e a Flórida, acham-se sujeitos a hibernação prolongada durante a estação fria, quando se enterram no lodo ou se escondem nas cavernas e condutos subterrâneos. O mesmo porém não acontece no Equador, onde mantêm permanentemente a atividade. Penso ter verificado que o fenômeno do sono hibernal aparece em todas as regiões cuja temperatura média fica abaixo de vinte graus. Sabe-se que a América possui crocodilos e caimãos; enquanto que os gaviais são peculiares à Índia.

Não obstante, há poucos anos, caçou-se numa pequena lagoa perto da Bahia um pequeno sáurio que, pela descrição que dele me fizeram, parece pertencer ao grupo dos últimos. Posso apenas citar o fato, sem poder explicá-lo. À noite, voltaram os pescadores com a canoa grande inteiramente carregada. Nela, entretanto, nada mais havia além de cinco enormes peixes, com mais de 2 metros e meio de comprimento e 150 quilos de peso, cada um.

O *pirarucu*, conhecido entre os naturalistas por *Vastres gigas*, constituir-se-á certamente, um dia, fonte de riquezas para todas as regiões banhadas pelo Amazonas e seus afluentes. Este gigantesco animal é verde bronzeado do lado de cima e branco em baixo, mas as escamas dos flancos e da parte posterior têm os bordos orlados de escarlate, crescendo a largura deste debrum à medida que a cauda fica mais perto. Habitam geralmente estes peixes o fundo dos lagos que comunicam com os grandes rios, mas, durante o dia, vêm às vezes brincar a alguns centímetros da superfície, o que torna fácil arpoá-los. O mês de maio é o mais favorável para esta pesca. A carne deste animal é muito boa, principalmente a das partes ventrais; habitantes de Boa Vista salgam cada ano grande quantidade dela, mandando-a para Goiás.

Tem o pirarucu instinto de grande ferocidade, tendo me sido asseverado pelos pescadores que a fêmea defende valentemente os filhotes contra os machos que procuram devorá-los. Tal fato, universalmente conhecido, por entre os naturais do país, seria inexplicável num animal ovíparo. As águas do Araguaia alimentam ainda outros peixes notáveis pelas suas grandes dimensões. Quero referir-me às numerosas espécies da família dos silurídeos, uma das quais, a *pirarara* (*Phractocephalus bico-*

lor, Agassiz) é um animal repulsivo, às vezes de mais de um metro de comprimento, muito comprimido no sentido dorso-ventral, e com a cabeça enorme, provida de barbilhões; tem o lado dorsal escuro, o ventral amarelo vivo e a cauda vermelha. Quando é capturado deixa ouvir os sons mais singulares. Os silurídeos, tão raros nos climas temperados, abundam em quase todos os rios do Brasil. Também muitos peixes, mesmo pertencentes a outras famílias, parece lhe terem tomado de alguma maneira as formas, como se à natureza repugnasse afastar-se de um determinado tipo, porventura adotado. Dir-se-ia que uma vez consagrado certo modelo, a muito custo é possível modificá-lo, ficando ainda assim sempre algum vestígio dele nas diversas formas que afetam a vida animal.

Para decidir qual dos dois furos teríamos de escolher, reunimo-nos numa espécie de conselho. O da esquerda nunca tinha ainda sido explorado, motivo pelo qual excitava vivamente nossa curiosidade.

Tanto mais quanto era habitado pelos índios Carajás, cujos aldeamentos queríamos conhecer. Mas, como estes selvagens, cujo número é muito grande, nunca houvessem permitido a navegação por aquele braço, havia muita probabilidade de sermos por estes atacados, fazendo tal escolha. Cônscios da superioridade de nossas armas, podíamos esperar sairmos vencedores do combate. Seria todavia prudente desperdiçar, logo no início da viagem, uma grande parte da munição que sabíamos ser indispensável para atravessar os aldeamentos dos Xambioás da baixa porção do rio? Além disso, essa rota, muito mais longa, poderia nos expor aos horrores da fome. O furo da direita é muito mais direto, e se as suas margens são freqüentadas por tribos perigosas, tem-se quase certeza de escapar aos ataques destes últimos, porquanto nem os Xavantes nem os Xerentes possuem canoas, ao mesmo tempo que, em virtude da largura do rio, navegando pelo meio, fica-se fora do alcance das flechas lançadas de terra.

Outro motivo ainda me levou a escolher o braço direito, embora a contragosto: é que devendo ser sempre ele a via utilizada pelo comércio, era meu forte desejo ser útil ao governo brasileiro, retribuindo-lhe assim o muito que fez por nós. Por intermédio de um velho pescador de nome Ricardo, obtivemos as seguintes informações sobre o furo da esquerda. No começo encontram-se cinco grandes lagoas, as três primeiras das quais são chamadas Capim, Barreira e Caracu; a dezesseis ou dezoito léguas acima dos lagos, encontra-se o primeiro aldeamento de Carajás, depois, oito léguas adiante, aparece o segundo, finalmente, trinta léguas mais abaixo, chega-se ao terceiro. Abaixo deste último aldeamento é que o Araguaia recebe o rio das Mortes; uma de cujas ramificações é atravessada pela estrada de Cuiabá.

Parece ainda que o furo da esquerda, ou dos Carajás, faz, na parte ocupada por estes índios, um cotovelo dirigido a princípio para o sul e depois para oeste. As larguras dos dois furos, medidas trigonometricamente, são de 360 metros para a da esquerda e de 276 para o da direita.

Antes da bifurcação, a largura do rio era de cerca de 900 metros.

No furo da esquerda, a velocidade da corrente era de 177 metros e 60 centímetros em oito minutos e trinta e nove segundos (ou sejam 20 metros e cinqüenta e dois centímetros por minuto), no da direita, era ela de 97 metros e 40 centímetros em três minutos e vinte e seis segundos (ou sejam 28 metros e 50 centímetros por minuto). A 13, entramos no furo da direita cuja direção é para nordeste. A largura deste braço é bastante grande, em comparação com a sua pouca profundidade. Por cima da mata que margeia o rio, víamos continuamente colunas de fumaça, que sabíamos serem sinais feitos pelos índios Xavantes, com o fim de anunciar os nossos movimentos a outros tribos. Nossos caçadores mataram um macaco berrador (*Alouatta*), inteiramente preto, cujo comprimento era de cerca de 70 centímetros; é um dos maiores macacos da América. Não foi senão noite fechada que pudemos achar uma praia boa para passar a noite, mas, ainda assim, ficava ela à margem direita, que sempre nos aconselharam evitar, por causa dos índios hostis que a habitam. A da esquerda não oferece perigo, porquanto a ilha de Bananal é deserta. Longa e fatigante tinha sido a jornada, além disso o pessoal parecia descontente. Não tardou que me viesse o sargento Azevedo comunicar que os remeiros se negavam a dar guarda e que os soldados não queriam mais remar. Algo muito sério havia nesta declaração, porquanto se nossas embarcações, pesadas de carga, não fossem tocadas mediante todos os esforços conjuntos, gastaríamos um terço do tempo a mais para alcançar um pouso, arriscando-nos todos a morrer de fome. Fiz, então, dar imediatamente um toque de chamada, a que todos acorreram. Expus, claramente, a situação, ficando combinado que, os soldados remariam ao lado dos remadores contratados e que, em compensação, estes últimos montariam guarda. Seria dada, porém, uma hora de descanso no correr do dia, podendo ainda ser distribuída nesta hora uma refeição suplementar, caso o permitisse o estado de nossas provisões. Postaram-se então as sentinelas, duas do lado dos índios e uma do lado do rio. Estas últimas não souberam impedir que os jacarés viessem devorar durante a noite a carne dos pirarucus que havíamos estendido em cima das canoas. Por esta pequena tentativa de insubordinação, pude eu apreciar a incapacidade e a má vontade do sargento, que procurava criar-nos dificuldades, a fim de abandonar a expedição de que viera a fazer parte muito a contragosto. O furriel trazido de Goiás e deixado por mim em Salinas com a tropa, tinha vindo ao porto lançar-se aos meus pés desmanchado em pranto, implorando-me que não o embarcasse, porque dizia ele, tinha medo. Não obstante, estas raras exceções, verificadas sempre entre os graduados, não devem dar ao leitor idéia desfavorável dos soldados brasileiros; vi-os afrontar durante anos medonhos desertos habitados por índios hostis, suportando com resignação os horrores da fome, sem nunca fazer uma queixa, nem jamais desertar.

Essa enérgica raça, feita de mulatos e mestiços de índios, é admiravelmente adaptada às fadigas do deserto. Esqueci-me de dizer que eu tinha encontrado em Salinas, ansioso por acompanhar-me, um cadete, nome que tem certa espécie de voluntário porque se diz recrutado entre as boas famílias; as informações que o comandante me dera a seu respeito foram porém das mais desfavoráveis. Contudo, como houvesse este rapaz manifestado gosto pelas preparações zoológicas, fi-lo trabalhar ao lado do Sr. Deville. Não tardou que ele começasse a se portar tão mal, que me vi obrigado a ameaçá-lo de o deixar numa praia deserta do Araguaia.

Por fim, ao chegarmos no forte de São João das Duas Barras, ele desertou voluntariamente, roubando um fuzil e vários outros pequenos objetos.

A ilha de Bananal nos parecia completamente plana, não apresentava uma única praia de areia, o que na margem direita também raramente se encontrava. O rio, cuja largura e profundidade se mantiveram constantes durante todo o dia, não recebeu nenhum afluente. As matas que cobriam as duas margens eram frondosas, mas baixas. A distância percorrida foi de quinze léguas e meia.

A 14, fizemos dez léguas. Durante a parada feita no correr do dia, vieram me anunciar que num lago situado a pouca distância acabava de ser descoberto um destes jacarés de papo amarelo, que eu tanto desejava conseguir para as nossas coleções. Parti, imediatamente, com vinte homens para o lugar indicado, tendo a satisfação de ver arpoar o monstro; mas, no momento em que a equipagem puxava a linha, a um salto prodigioso dado pelo animal, vímo-lo, mortificados, fugir, levando consigo o arpão. Nosso jantar teve este dia cor grandemente local: compôs-se de pirarucu assado na grelha, três pirangas, uma inhuma e uma garça assadas, e um picadinho de lagarto com farinha de mandioca. O lagarto de que se fala era o iguano, que aqui chamavam guana. É um animal corpulento, com o papo saliente e uma crista ao longo do dorso; vive em cima das árvores, mas corre com agilidade sobre a superfície das rochas. Dão-lhe, no Brasil, o nome de guana e de *camaleão*. A carne, é alva e tem o gosto da de frango.

Antes de partimos de Salinas, alguns dos companheiros tiveram a fantasia culinária de querer comer a carne de uma suçuarana morta perto do acampamento. A carne é branca e achâram-na muito boa. No mesmo dia, achamos algumas conchas bivalvas pertencentes ao gênero Unio e de três espécies diferentes. Levantando pedaços de paus amontoados na praia, apanhamos também belos insetos, entre os quais nove espécies de carabídeos. Passamos em frente à boca de um rio, que os Xavantes dizem vir do sertão de Amaro Leite.

No dia 15, depois de nove léguas de viagem, estacionamos em frente à barra de um rio, conhecido por rio Xavante. Neste percurso observamos alguns animais interessantes. Desde algum tempo vínhamos vendo algumas capivaras (*Cavia.capivara*, Linné), espécie muito grande e anfíbia de roedor, algo semelhante na forma ao porco. É muito boa a carne deste animal, cuja caçada é todavia difícil, porque ele se joga na água, assim que se sente ferido. Procuramo-nos acercar muito próximo de uma, mas sem resultado. Vimos também um tigre preto, variedade de onça pintada, porém de grande ferocidade e muito maior do que ela, porquanto em Cuiabá vi peles maiores do que um couro de boi. É animal muito temido pelos índios. Sem falar na suçuarana ou "puma", que é uma especie perfeitamente distinta, reconhecem os habitantes do interior do Brasil três espécies de onça, que os naturalistas confundem sob o mesmo nome de jaguar: 1º - o tigre preto com malhas mais escuras do que o fundo; 2º - a onça pintada ou de malhas grandes; 3º - o canguçu ou onça de malhas pequenas. Garantem eles que esta última tem a cabeça proporcionalmente maior do que a precedente, bem podendo formar espécie à parte. Citei há pouco a suçuarana; este animal parece estender-se por toda a América, porquanto ele se encontra no norte até no Canadá, ao mesmo tempo que os patagões do Estreito de Magalhães utilizam em abundância as peles do mesmo animal. É todavia possível que os naturalistas tenham até aqui confundido duas espécies debaixo do mesmo nome, visto como os indivíduos da América do Norte são mosqueados quando novos, ao passo que os do Brasil têm a cor do pêlo constantemente uniforme. Quanto à onça pintada, muito mais restrita é a sua área de dispersão; no norte ela não ultrapassa o 26° de latitude, uma vez que só em circunstâncias excepcionais e a largos intervalos alguns indivíduos aparecem na Lusitana; também nada consta a respeito de sua ocorrência na Patagônia. A variedade preta está inteiramente confinada às regiões mais quentes e não se estende para o sul além do 18° de latitude.

Do diário do Sr. Weddell extraio as notas que se seguem: "De dentro do meu barco fiz um estudo muito curioso, o do interior do bico do tucano, cuja estrutura anatômica creio eu ser até aqui desconhecida; infelizmente o chumbo estragou a parte do órgão que mais eu queria examinar; de maneira que devo esperar que a sorte das armas me forneça outro bico, antes de formar opinião definitiva sobre o assunto. Enche a maxila superior um tecido areolar de natureza óssea, atapetado por uma membrana mucosa extremamente tênue, na qual se ramificam dois troncos nervosos. Pude seguir até bastante longe o trajeto destes últimos em direção aos centros para certificar-me de que são os ramos que correspondem aos nervos suborbitários dos animais de organização mais elevada; nos mamíferos estes nervos se distribuem nos dentes anteriores do maxilar superior, nas bochecas e no lábio superior. Não é fato que a maxila superior das aves representa mais ou menos aquelas partes? No tecido areolar de que falei, vêem-se enormes lacunas cheias de ar, as quais, melhor estudadas, permitiriam talvez descobrir algumas comunicações com as fossas nasais, que são constituídas essencialmente de dois bulbos ovóides, mergulhados verticalmente na parte posterior do tecido da maxila e em comunicação, para cima, com o exterior; por meio das narinas, e, inferiormente, com o interior do bico, por meio de condutos muito semelhantes à trompa de Eustáquio. Afora o nervo olfativo, cujas dimensões são muito reduzidas, vi dirigirem-se também para as fossas nasais ramos importantes dos nervos oftálmicos, correspondentes aos nervos nasais dos animais superiores".

A terra vegetal que forma por toda a parte a superfície do terreno marginal do rio, impedia-nos de fazer qualquer observação geológica; não obstante, julgamos verificar a presença de camadas argilosas num ponto chamado Barreiras.

A 16, fizemos cerca de nove léguas sem observar nada de notável, a não ser a procura, que fizemos em vão das ruínas de um antigo estabelecimento de Bananal, o qual, segundo diziam, devia estar a três dias de viagem da entrada no furo. À noite, fomos, como de costume, muito perseguidos pelos mosquitos. A vegetação era sempre muito frondosa e baixa, oferecendo muito interesse ao botânico. Faz-se geralmente idéia muito errada acerca da riqueza da flora das margens dos grandes rios da América. Nestas regiões, em que alternativamente se faz sentir a ação das correntezas mais violentas e, por ocasião da vazante, a dos raios diretos do sol, geralmente só se encontra uma vegetação pobre e mirrada, mas extremamente compacta. É só algumas léguas para o interior, ou nos lugares nunca atingidos pelas enchentes, que se pode encontrar a vegetação ativa e pujante que dá tanta magnificência às paisagens da América tropical.

A 17, a jornada foi de sete léguas e meia. Nas praias foram encontrados rastos de onças; mataram-se vários macacos. Muito tínhamos ouvido falar de um peixe de tamanho pequeno, chamado *piranha*; começávamos agora a encontrá-lo em abundância. Pertence aos Malacopterígios abdominais da família dos salmões, e ao gênero *Serrasalmo*. A espécie que abundava nesta parte do Araguaia tem cerca de 25 centímetros de comprimento; tem cor cinza prateada, com o ventre e as nadadeiras vermelho-vivo. Dão-lhe os Xavantes o nome de *coi-coa*, e os Carajás o de *djuata*. Têm esses peixes dentes extremamente fortes e cortantes, pelo que são muitíssimo mais temidos dos índios do que os jacarés e as sucuris; tal é a sua voracidade, que quase todas as aves aquáticas caçadas ali por nós tinham as patas parcialmente devoradas por eles. Mal cai na água um objeto qualquer, sobre ele se precipitam em grande quantidade. A presença desses peixes impedia terminantemente nossa gente de tomar banho no rio; um dos companheiros de viagem, levado pelo excesso de calor, entrou imprudentemente na água, sendo quase imediatamente atacado por eles; aos miríades; as águas tingiram-se de sangue e foi grande sorte que ele estivesse perto da praia, para onde logo se precipitou, escapando assim de uma morte certa e horrível. A carne do peixe é muito boa para comer, sendo também fácil pescá-lo, graças à sua glutonaria. Com efeito, várias vezes alguns dentre os nossos, ao lavar na água, inclinados à beira da canoa, pedaços de peixe, sentiram que estes eram subitamente puxados pelas piranhas, as quais se deixavam tirar fora da água, agarradas à presa, em número de quatro ou cinco. Um chegou assim a pescar, em alguns minutos, mais de sessenta. Mais de uma vez encontramos jacarés com a cauda parcialmente devorada por esses peixes, que embora temíveis para todos os outros animais, são por sua vez cruelmente atormentados pelos ataques de um enorme parasito, pertencente à classe dos Crustáceos, o qual não raro excede ao décimo do comprimento de sua vítima.

Neste dia paramos mais cedo, numa praia encantadora, com a intenção de aumentar as nossas provisões, pescando, pois diziam ser o lugar para isso muito favorável; mas não conseguimos mais que três pirarucus, que, embora grandes, não deram para mais de duas refeições. No final, eu estava convencido de que, afora muito raras exceções, nem a caça nem a pesca poderiam satisfazer jamais as necessidades de tanta gente, nosso único recurso estando em tocar o mais depressa possível para o lugar em que esperávamos encontrar mantimentos.

Fizeram-se muitas tentativas, todas sem resultado, para arpoar um golfinho, o mesmo acontecendo com os nossos cães, ao correrem um veado, que pensando escapar aos caçadores atirou-se n'água, sendo devorado pelas piranhas, num abrir e fechar de olhos. O rio se estreitara muito, a ponto de sua largura não ser maior do que a do Sena, em Paris; mas, por outro lado, a correnteza aumentara sensivelmente. As observações geológicas continuavam quase impraticáveis; não víamos mais que areiais e terra vegetal, acima da qual, por alguns, indícios, suspeitávamos a existência de argila preta. A praia em que estávamos mostrava sinais de passagem recente dos índios, vendo-se ainda nela algumas cabaças de tartarugas sobre carvões recém-apagados.

A 18, enquanto almoçávamos assentados em círculo sobre a areia, um jacaré veio atacar ao nosso lado um dos nossos cães; estroncamos-lhe porém logo a cabeça a coronhadas.

Recomeçando a viagem, demos com um daqueles golfinhos que tanto queríamos apanhar; Quintiliano, que remava na proa da canoa, conseguiu arpoá-lo. O animal, assim que se sentiu ferido, deu um salto, disparando a seguir como uma flecha, e desenrolando a linha presa ao dardo, que se lhe implantara profundamente no flanco. Não tardou que a pesada embarcação lhe acompanhasse o movimento; arrastada pelo animal, ela ora subia, ora descia a corrente, enquanto era conduzida cada vez para mais perto do animal, que se cansava à custa de renovados esforços, fazendo-nos certos de que não conseguiria escapar. Foi afinal possível aplicar-lhe à cabeça várias bordoadas com o remo e depois arrastá-lo para a terra, onde o liquidaram a golpes de facão. Para se ter idéia do interesse que me despertava essa caçada, bastaria dizer que, a mais de duzentas e cinqüenta léguas da costa, ela deveria proporcionar às nossas coleções públicas um animal ainda quase desconhecido quando saí de Paris, e tanto mais digno de atenção quanto pertence à ordem dos Cetáceos, cujas espécies são quase todas marinhas. Este animal é encontrado em todos os afluentes do Amazonas; muitas vezes o vi no rio Ucaiali. Como a pele do nosso exemplar era destinada ao Jardin des Plantes, tirâmo-la com o máximo cuidado; também, apesar da repugnância manifestada pelo nosso pessoal, experimentamos-lhe a carne, que nos pareceu muito boa.

Depois da refeição, os Srs. Weddell e d'Osery fizeram uma caçada que é pelo primeiro descrita como se segue.

"Embarcamos na canoinha, indo até uma lagoa, cuja entrada se via a algumas centenas de metros do acampamento. É necessário ter visto lugares como estes, para deles se poder fazer idéia; nossa canoa entrou a princípio numa espécie de baía ou expansão do rio, limitada num dos lados por uma praia de areia branca onde víamos passear gravemente, com o seu ar pedantesco, uma dúzia de jaburus. Enquanto isso, um bando de garças alvas batiam asas indo cobrir como que de uma camada de neve o verde sombrio de algumas árvores situadas no fundo. Do outro lado, no solo submerso, era a mata, cuja ourela atravancavam altas plantas nascidas no fundo da água, embelezando-a enquanto outros vegetais flutuantes enfeitavam a superfície com as suas corolas douradas ou sarapintadas de branco e violeta. Por todos os lados à volta de nós e apenas a alguns passos da embarcação, apontavam os longos focinhos de enormes jacarés de 4 a 5 metros de comprimento, que nada indicava se haverem apercebido de nossa presença; mais longe, onde a água de quando em quando borbulhava, via-se aparecer a cauda volumosa de um pirarucu, ou o focinho pontudo de um boto. No meio ficava a boca da lagoa, por onde a nossa canoa penetrou através de um canal estreito, semelhante a uma estrada submersa da mata; aqui e acolá, em lugares onde o solo era mais alto, formando pequenas ilhotas, viam-se grupos de árvores, cujas longas raízes pendentes e cheias de lamacentos detritos provavam quão recente era esse isolamento. Mais além alargava-se o canal, formando ampla bacia onde os raios do sol penetravam sem obstáculos, ou senão surgiam, dos lados, novos caminhos sombreados de grandes árvores, e passagens talvez para, outras bacias, semelhantes à primeira. Aí é que vivem de preferência as tartarugas e a maioria dos peixes que povoam o rio.

"Belas aves animavam todas as árvores: jaburus e garças eram vistos às centenas; à nossa aproximação os mergulhões deixavam-se cair do alto das árvores, desaparecendo dentro d'água, para só reaparecer uns vinte passos mais longe. Abundavam os martins-pescadores; de tempos em tempos, ouvia-se o grito das anhumas, e era também só nesses lugares que se encontravam os sabacus, uma das aves mais curiosas que temos visto. Finalmente, nos sítios mais ensombrados, bandos de urubus aguardavam a morte de algum habitante da mata, para se precipitarem sobre o cadáver".

O rio continuava a estreitar-se cada vez mais. Fizemos nesse dia uma viagem de apenas cinco léguas e meia.

A 19, nossa partida foi retardada por causa da preparação da pele do golfinho. Fizemos só seis léguas e meia; nos três últimos quartos de légua o canal alargou-se de modo sensível. Passamos em frente à embocadura de muitas lagoas cheias de tartarugas e onde abundavam também aves e peixes. Entre as aves caçadas nesse dia, referir-me-ei apenas ao pato de carúnculas, em tudo semelhante ao que se vê domesticado no Brasil, quase por toda parte. Vimos também grandes bandos de araras vermelhas; mas, o animal que mais despertou a curiosidade foi um treme-treme (*Gymnotus electricus*), arpoado por nós, no momento de deixar a margem do rio. Disseram-nos os pescadores que há em Goiás três espécies deste peixe; o que pegamos tinha pouco menos de um metro de comprimento e era, na forma, muito parecido com uma cobra. O colorido geral era pardo-esverdeado e as nadadeiras ventrais verdes; a garganta branco-alaranjada, e as nadadeiras peitorais pardas na base e alaranjadas na ponta. Os Xavantes dão a este animal o nome de *cupim*. Recebemos várias descargas elétricas bastante fortes, verificando que o peixe ainda é capaz de emiti-las durante uns vinte minutos, mesmo quando ele não dá mais nenhum outro sinal de vida. Um dos soldados, ao me ver manejar impunemente o treme-treme com um pau, quis fazer o mesmo com o sabre; o tremendo choque que tomou foi durante muito tempo motivo de risadas entre os companheiros. Eu próprio sofri um abalo elétrico, em circunstâncias muito singulares. Enquanto um homem excitava fortemente o animal, fui abalado por violenta comoção, embora não estivesse em nenhum contato com ele; só alguns instantes depois é que achei explicação do fato, ao verificar que eu estava sobre o caminho por onde tinham arrastado o corpo do peixe-elétrico, umidecendo a areia, que se tornara assim boa condutora.

A 20, desde cedinho, o tempo refrescou, graças a uma pequena chuva, a primeira a que assistíamos, desde um mês. Os caçadores seguiram na canoinha, tomando a dianteira; mas não custamos a alcançá-los, dando cerco a uma toca de lontras, quatro das quais já tinham matado. É a única forma de matar tais bichos, porque, atirados enquanto estão nadando, vão imediatamente para o fundo, só voltando à superfície quando o desprendimento dos gases da putrefação lhes torna o peso específico menor do que o da água. A espécie a que me refiro, chamada *ariranha*, chega a mais de um metro de comprimento; é de cor parda bastante carregada e tem um anel branco em baixo do pescoço. Os caçadores falaram ainda de outro animal do mesmo gênero, chamado por eles *lontra*, todo preto e de corpo mais alongado.

Nas oito léguas e meia que fizemos neste dia, passamos por duas embocaduras de rios; o primeiro de largura igual à do furo que descíamos, é o caminho seguido pelos Carajás quando vão à aldeia dos Javaaís, situada dois dias de viagem acima da foz. Podemos chamá-lo de rio dos Javaaís, visto que não deram ainda nenhum. Algumas cangas foram vistas nas margens do fio, durante a viagem.

No dia 21, fizemos sete léguas; o rio se alargava cada vez mais e a margem direita parecia menos coberta de mata. As cangas argilo-ferruginosas encontradas na véspera apareceram novamente, ruas recobertas de terra argilosa; são as mesmas observadas em Salinas e nos seus arredores. Parece provável que, nas margens do rio, a formação é a mesma, desde Coroinha. Passamos em frente a vários lugares em que havia fogo na mata, sinal de que os índios estavam perto. O doutor tinha ficado atrás, caçando. Estava na canoinha, com dois homens apenas. Certo de que os selvagens nos espreitavam, comecei a ter receios pelo que lhes poderia acontecer, resolvendo por isso esperá-lo durante algum tempo. Pouco depois, uma parte da equipagem julgou tê-lo visto passar, tomando a dianteira. Tocamos então para a frente, parando só à noitinha, sem que os caçadores tivessem aparecido. Resolvi então mandar de volta o Sr. d'Osery, que seguiu na ubá, cheia de gente. Estava eu mergulhado nos mais tristes pensamentos, quando deram a notícia de que acabavam de surgir várias canoas. Soou logo o tambor, e todos pegaram em armas. A noite era escuríssima e como ninguém respondesse ao nossos *quem vive?!*, todos os soldados se voltaram para nós. Houve mesmo alguns que quiseram fazer fogo; mas, com receio de algum engano dirigi-me eu próprio ao encontro dos homens que desembarcavam, tendo logo a satisfação de reconhecer os companheiros, que estavam de volta, e tão alegres com o resultado da caçada, que nem se aperceberam da emoção de que tínhamos estado possuídos. No número das belas aves trazidas pelos caçadores estava o sabacu (*aripapá*), a garça azul (*socó azul*), magníficos colhereiros cor-de-rosa e uma espécie de águia, desconhecida de nós. A primeira destas aves vive aos casais isolados; gosta de empoleirar-se silenciosa, nos lugares mais sombrios da mata, e, foge ao menor ruído; o bico, de três dedos de largura, permite-lhe engolir, inteiros, peixes de bom tamanho.

Passamos os dias 22 e 23 nesse mesmo lugar. A existência de vários lagos na vizinhança fez-me tomar este alvitre, na esperança de achar abundância de pirarucus, que salgaríamos, para aumentar as provisões. Entretanto, não fomos muito felizes a este respeito, porquanto, apesar da prática de Quintiliano, não pudemos fisgar mais do que quatro. O Sr. d'Osery matou um exemplar da magnífica ave a que os brasileiros dão o nome de *pavão* e para a qual Illiger criou o gênero *Eurypyga*. Pelas tonalidades sombrias da plumagem, ela se assemelha a uma enorme borboleta noturna; vive nos lugares sombrios e, como voz, dá apenas longos assobios. O Sr. Weddell nos contou, como se segue, a história da captura de um jacaré de mais de dois metros e meio.

"O primeiro ataque, diz ele, partiu da canoinha, que lhe fincou na pata um arpão; o animal, ao sentir-se ferido, fugiu imediatamente com a máxima rapidez, só não virando a canoa porque a equipagem se deu pressa em passar a corda destinada a servir de freio aos movimentos desordenados do reptil. Este se deixou pouco a pouco aproximar, mas começou a dar enormes saltos quando se viu perto de seus perseguidores. Escolhi então este momento para lhe meter uma bala, que o atordoou de tal maneira, que ele começou a boiar, permitindo-me pôr-lhe a cabeça fora da água e vibrar-lhe violentas pauladas na nuca. Instantes depois, jazia o animal no fundo da canoa, como morto; isso era, porém, apenas fingimento, porque dentro de pouco ele levantava a cabeça, escancarando uma goela guarnecida de dentes terríveis, e pondo uma pata na beira da canoa. Novas cacetadas lhe foram incontinenti aplicadas na cabeça, fazendo-o cair pesadamente, sem se mexer. Para evitar novas tentativas como esta, amarramos-lhe as patas por cima das costas, conseguindo por meio desta precaução mantê-lo bem comportado durante toda a travessia. Contentou-se daí por diante a bater os dentes, fazendo-o com tanta força que, numa das vezes, um dos molares lhe saltou fora".

A 23, pela manhã, no reconhecimento que foram fazer, descobriram os nossos índios, em torno do acampamento, muitos rastos denunciadores de que espiões nos haviam espreitado durante a noite. Devo dizer que essa brava gente já de tempos havia conquistado a nossa confiança, levando sempre consigo fuzis e ótimas balas, de que faziam excelente uso, como caçadores. À noite eles se entregavam a exercícios, que não deixavam de nos divertir.

Na manhã de 24, pelo alargamento considerável do rio, supusemos que nos devíamos estar aproximando do fim do furo. As aves, que víamos até então povoar as margens do rio, tornavam-se cada vez mais raras; era a custo que encontrávamos alguns desses grandes jaburus, cujos numerosos bandos, nos dias anteriores, se comprimiam nas praias, ou uma dessas duas garças brancas que enchiam as árvores, dando de longe a impressão de flores enormes, do mais puro branco. Não encontrávamos mais do que raros martins-pescadores, ou algum socó-boi de retumbante voz, semelhante ao mugido do touro; às vezes víamos pousar nos troncos das árvores caídas aquelas belas andorinhas de ventre algodoado, ou senão, voarem dos mesmos sítios nuvens de morcegos.

Fizemos nesse dia nove léguas e meia. Tomando a temperatura da água do rio às sete horas da manhã, encontramos 25 graus. O furo, alargando-se cada vez mais, apresentava uma largura comparável à do Araguaia, antes de sua bifurcação ao sul da ilha de Bananal, ou sejam, pelo menos, uns 1.000 metros. A pouca distância de nosso acampamento, encontramos o primeiro rochedo por nós visto até aí, no leito do rio. Essa rocha, disposta em camadas horizontais que avançavam pelo rio a dentro como uma cabeceira de ponte, é um conglomerado muito vizinho da canga, porém mais duro. Os bancos formados por esta rocha no leito do rio são chamados pelos pescadores *entaipavas*. As cangas que se mostravam a descoberto nas barrancas (*barreiras*) do rio eram muito argilosas, muito moles, e crivadas de buracos pelo choque contínuo das águas do rio, como se fosse um recife de coral. Nesse dia vimos, na margem direita, surgirem trechos entrecortados de pequenos capões, ao passo que do lado esquerdo, na ilha de Bananal, continuavam as grandes matas ininterruptas.

A 25, descemos a corrente com rapidez, fazendo um total de dez léguas. Como uma das embarcações tivesse parado alguns instantes, para dar tempo aos passageiros de abrir um tronco onde supunham encontrar mel, cera e breu, aproveitamos a oportunidade para visitar um campo virgem, cuja vegetação, por conseqüência, não tinha ainda sido submetida a essa torrefação que lhe dá, em geral, uma aparência tão enfezada. Havia nele árvores de grande, porte, entre as quais o pequi (*Caryocar brasiliense*), que nas proximidades de Barbacena não ultrapassa 5 ou 6 metros, mas que aqui chega a uma altura de 15 metros. Colhemos também nesse lugar frutos perfeitamente maduros da palmeira *acumão* (*Cocos flexuosa*), os quais apresentam uma textura fibrosa e têm gosto de abricó. O furo, continuando sempre a alargar-se, oferecia apenas à passagem canais estreitos entre ilhas, quando, de súbito, passados os canais, surgiu diante de nós uma imensa extensão de água, em que vimos também desembocar, dobrando a ponta, o braço esquerdo do rio, por nós procurado havia tanto tempo. Tão imponente era o espetáculo que, enquanto em mudez o contemplávamos, não puderam os remeiros reprimir um grito de alegria, suspendendo instantaneamente o trabalho. A ponta da ilha estava coberta inteiramente de mato, pelo que instalamos o nosso acampamento exatamente defronte. À noite tomamos distâncias lunares, para saber a longitude do lugar.

Passamos neste acampamento o dia 26. A posição em que nos achávamos era muito interessante do ponto de vista geográfico, por isso que, determinando-a, teríamos o comprimento exato da ilha de Bananal. Verificamos que esta tem um pouco mais de setenta e cinco léguas. A depressão deste ponto, abaixo de Coroinha, é de cerca de 100 metros. Ora, como a altitude desta última localidade é de 180 metros, segue-se que tínhamos descido mais da metade do declive percorrido pelo rio, até lançar-se no oceano. Medimos trigonometricamente a largura do furo da direita, bem como a do rio, depois da junção das duas águas, encontrando para o primeiro 230 metros e para o segundo 678. A profundidade do rio era pois maior do que antes da bifurcação. A velocidade da corrente foi de 169 metros em cinco minutos e três segundos, ou sejam cerca de 33 metros e 46 centímetros por minuto. A temperatura das águas às nove horas da manhã era, à sombra, de 27 graus.

Nesse dia 26, mataram os caçadores três lindos veados, de chifres algo semelhantes aos do veado europeu, mas um pouco menores do que este último. Preservamos a pele de um deles para as nossas coleções.

CAPÍTULO XII

DESCIDA DO ARAGUAIA. - OS XAMBIOÁS

A 27, depois de uma jornada de onze léguas, acampamos à noite numa encantadora praia, cercada de mata pelos três lados. Encontramos em seco uma canoa, que supusemos ter pertencido aos Carajás. O rio, na confluência dos dois braços, parecia ter uma largura de pelo menos 1.400 metros, embora os grandes bancos de areia que víamos descobertos nos provassem que ele não estava na época das enchentes. A formação é sempre a canga argilosa, muito mole, que aparece à vista nas escarpas, às vezes esmigalhadas pelas águas, em certas partes do rio. Esta canga se torna muito dura pela exposição ao ar. Às dez da manhã, divisamos do lado da margem esquerda, uma cadeia de montanhas, distante umas vinte e cinco ou trinta léguas, na província de Mato Grosso. Dirige-se em sentido este-oeste e apresenta três cumes, muito mais elevados que o restante da cadeia.

No dia 28, soprando do norte, tivemos um vento contrário muito forte, que convulsionou as águas do Araguaia, dificultando o progresso de nossa marcha, que não excedeu a sete léguas. Haviam desaparecido todos os animais, até os próprios peixes, o que o piloto procurou explicar pela ativa perseguição que aí lhes movem os índios, razão pouco concludente. O rio, largo e de pouca correnteza, dá formação a muitas ilhas, algumas muito compridas. Vêem-se também muitos bancos de areia. As duas margens são constituídas de campos cobertos, num solo de argila, que o ar endurece e faz passagem à canga. Vimos ainda repetidas vezes as mesmas montanhas descortinadas na véspera; pareciam conservarem a mesma direção, mas a grande distância não permitia ter-se a certeza disso.

A 29 fomos durante toda a manhã retardados ainda pelo vento contrário, mas, ainda assim, fizemos doze léguas. Tornamos a ver a cadeia de montanhas, que nos parecia agora menos elevada, correr a uma distância de sete ou oito léguas do rio, numa direção este-sudoeste para oeste-noroeste.

As numerosas ilhas que se erguem sobre a massa tranqüila das águas do rio dividem-no em muitos braços; mas o que neste dia vimos de mais notável foi a primeira entaipava que encontramos no rio Araguaia. Dá-se este nome a recifes que atravessam o rio de uma a outra margem, dando a impressão de serem o prolongamento das serras que se vêem fugir de cada lado, correndo no mesmo sentido. Estes recifes, formados provavelmente de granito, dão nascimento a pequenas cachoeiras, geralmente pouco perigosas. Como os rochedos estão na maioria das vezes vários palmos abaixo da superfície da água, só a canoa grande os tocou algumas vezes; as outras passaram com extrema rapidez. Mas os que hoje tivemos de passar tinham 15 a 16 centímetros de altura.

A vegetação, desde que deixamos o furo, tornara-se mais vigorosa. Isoladas nos campos erguiam-se algumas grandes árvores, enquanto certas espécies de mirtáceas substituíam nas margens as moitas de *Croton*.

Convencido de que a canoinha, por ficar sempre atrás, à procura de caça, expunha os passageiros ao ataque dos índios, de que cada vez mais nos aproximávamos, mandei despedaçá-la a machado, aproveitando os seus destroços para confeccionar remos, que já nos faltavam. À noite, distribuímos cartuchos pelas diferentes equipagens.

No dia 30, fizemos nove léguas e meia, seguindo a corrente branda do rio, cuja largura é considerável. Durante as duas primeiras léguas a margem direita era ladeada de colinas pouco elevadas, que pareciam ser a continuação da serra que tínhamos visto primeiramente na margem esquerda, e cujo prolongamento formava as entaipavas atravessadas no dia 29. Depois destas colinas, o Araguaia, em cujo leito surgem pedras de quando em quando, corre o dia todo através de campos, ao cabo do que avistamos uma nova serra, provavelmente ligada à que tínhamos visto de manhã por contrafortes situados no interior das terras. Também esta cadeia corre de este-sudoeste para oeste-noroeste, formando no rio recifes dispostos transversalmente e corredeiras, que constituem a cachoeira de Santa Maria. Passamos as duas primeiras corredeiras, a primeira com vinte e quatro a vinte e cinco centímetros de altura, e a segunda um pouco menor. As rochas formadoras dessas entaipavas parecem ser de natureza eruptiva, e deve ter sido a origem do solevanto que determinou a formação das duas cadeias de que falamos. São de cor verde, duras, sonoras e muito ricas em anfibólio; compõem-se de diorito e fonólito.

A navegação foi bastante desimpedida em todo o correr do dia; somente pela manhã passamos uma pequena corredeira, até que, à noitinha, chegamos aos recifes transversais de que já falamos. Em tais lugares as águas do rio, batendo de encontro às rochas, escachoam espumejantes, dando origem a grandes vagas. Durante a cheia estes rochedos estão inteiramente cobertos; mas na época da seca formam pequenas cascatas, às vezes perigosas. Neste caso, experimenta-se a corredeira, permanecendo-se fora da corrente; depois, conhecida a passagem, lança-se a canoa, com a máxima velocidade permitida pelos remos. O essencial é mantê-la perfeitamente no eixo da correnteza, sem o que na certa soçobrará. As embarcações passaram sem acidente, mas a ubá encalhou numa pedra produzindo tamanho choque que os seus dois tripulantes foram lançados n'água. O pessoal estando muito fatigado, não foi possível acabar nesse dia a passagem da corredeira, pelo que tivemos de passar a noite entre os rochedos da margem esquerda, num ponto rodeado de florestas impenetráveis. Desde que entramos numa região cujos habitantes nos podiam hostilizar, deu-se aos acampamentos organização rigorosamente militar. Para guardá-lo foram destacadas quatro sentinelas, rendidas de cada duas horas por outras.

Como garantia de estarem sempre vigilantes, tinham as sentinelas a obrigação de se chamarem umas às outras, de quarto em quarto de hora. Além disso, eu fazia rondas freqüentes. Nesta primeira noite, não pude deixar de admirar a grandiosidade da cena que tínhamos à nossa volta: amontoados por cima das pedras, estava uma quarentena de homens das mais variadas tonalidades de pele e pertencentes a dez raças diferentes; aos nossos pés, o majestoso rio bramia nas corredeiras, enquanto, atrás de nós, estendia-se a mata virgem, escondendo quase completamente de nós os raios da lua. Iluminavam ainda levemente a cena as nossas fogueiras vacilantes. Às vezes, o silêncio era absoluto; interrompia-o, porém, de quando em quando, a voz monótona das sentinelas, gritos agudos das aves noturnas, ou o mugido longo dos jacarés. Nosso botânico achou nesse lugar algumas lindas espécies de podostemáceas e uma curiosa solanácea de flores precoces, e iguais às da beladona na forma e coloração.

Passamos no dia 1º de julho as últimas corredeiras da cachoeira de Santa Maria, fazendo um percurso de sete léguas e meia. Meu barco, onde iam Ricardo e Quintiliano, os dois pilotos tidos como os melhores, tinha de mostrar sempre o caminho aos demais. Éramos pois geralmente os primeiros a nos lançarmos à correnteza, por maior que fosse o meu medo, força é confessá-lo, ao ver-me atirado assim, sem saber nadar, naquelas cachoeiras desconhecidas, onde poderíamos desaparecer de um momento para outro. Afora duas novas entaipavas de 20 a 25 centímetros de queda e muito próximas uma da outra, a cachoeira de Santa Maria se compõe de uma espécie de coroa rochosa, que barra o leito do Araguaia, deixando para a passagem das embarcações, junto à margem direita, apenas duas corredeiras, com cerca de 33 centímetros de queda. Pedras eram encontradas com freqüência no leito do rio; tratava-se sempre de fonólitos.

Acima da corredeira têm as águas a tranqüilidade de um lago. Os campos que margeiam os dois lados do rio são planos como os dos dias precedentes; neles vêem-se morros em várias direções. Durante o dia, encontramos vários lugares onde os índios tinham feito fogo; num deles havia vestígios da sua passagem recente. À tardinha abicamos numa praia arenosa, muito bonita e de considerável extensão. Disseminadas nessa praia, viam-se aléias formadas quase exclusivamente de uma magnífica espécie de malpiguiácea de folhas reluzentes, como as da árvore da cânfora, e cujas flores alvas formavam longos cachos na extremidade dos ramos. Os caçadores puseram-se imediatamente à perseguição de alguns lindos macaquinhos (*Saimiris*), ouvindo-se logo vários tiros, aos quais, muito longe, respondeu um grito prolongado. Nossos homens, acostumados quase todos à vida nesses desertos, certificaram-nos de que tal grito só podia ter sido dado pelos selvagens. Derreados pelos trabalhos, do dia, havia eu me retirado para descansar a certa distância, no campo, contemplando os encantos de uma natureza tão virgem ainda ao contato do homem civilizado, quando veio ter a mim o velho piloto Ricardo. O velho parecia tomado de forte emoção, sentando-se ao meu lado. Estranhei no primeiro momento este gesto, que me parecia em oposição ao respeito profundo que sempre me testemunhou o pobre negro; mas percebi que inteiramente o absorviam e agitavam profundas cogitações. "Estou velho, muito velho, disse-me ele; seria portanto ridículo ter medo quando me falta tão pouco para morrer; mas o senhor é moço, como são moços também todos estes rapazes, devendo pois ter muito mais apego à vida do que um pobre negro, como eu. O senhor já pensou bem nas conseqüências que poderá ter uma expedição como esta em que estamos empenhados? Há na nossa frente cachoeiras medonhas, que eu vi quando menino, mas cujas passagens confesso francamente não conhecer. Muito perto daqui estão os Xambioás, os mais ferozes de todos os índios, que muito provavelmente irão se opor à nossa passagem, armando-nos toda espécie de ciladas, enquanto estivermos atarefados com as dificuldades do rio". Respondi-lhe que antes de me aventurar a uma empresa como esta havia pesado bem as suas conseqüências, acabando por me decidir a afrontar todos os perigos de que ele me falava; que, além disso, como era de seu conhecimento, nossas provisões bastavam apenas para a descida completa do rio, de modo que, se tentássemos agora subi-lo, todos morreríamos certamente de fome. "Então, disse-me o velho, seja feita a vontade de Deus; mas é provável que muitos dos que agora cantam e riem, tenham próximo o dia de prestar contas ao Criador. Da minha parte, estou pronto para acompanhá-los". O semblante do pobre negro, de ordinário tão feio, pareceu-me nesse momento verdadeiramente belo; quando ele se retirou, apertei-lhe a mão, com os olhos cheios de lágrimas. Ricardo que vinha acompanhado do único filho, mostrou sempre coragem e devotamento sem limites. Quando anoiteceu, apareceram correndo em volta das fogueiras, alguns bonitos insetos, que nos apressamos em caçar. Apanhamos em grande quantidade duas espécies do gênero *Megacephala*, uma *Galerita* preta e uma espécie de *Brachinus*, de grandes dimensões e muito aparentada com *B. complanatus*. As *Megacephalas* têm hábitos noturnos; refugiam-se durante o dia em pequenos canais abertos na areia, saindo à noite, em busca de alguma presa. Nesta ocasião marcham com extrema rapidez; quando se sentem seguras, derramam um líquido que tinge fortemente os dedos. Uma vez conhecidos estes seus hábitos, foi-nos fácil obter grandes quantidades, todas as vezes que acampávamos à beira dos rios. Numa daquelas cavidades da areia, de que falei, descobrimos certo dia a larva da *Megacephala taciturna*; ela se parece quase em tudo com a de *Cicindela*, com diferença apenas de ser, pelo menos, duas vezes maior.

No dia 2, mal tínhamos feito uma hora de marcha, quando avistamos ao longe uma grande canoa cheia de selvagens, que desfilava ao longo da borda do rio, procurando ocultar-se debaixo das árvores, ao mesmo tempo que corria com a maior rapidez possível, ao impulso dos varejões. Compreendi logo que deviam ser espiões vindos à nossa espreita, pelo que era de muita importância alcançá-los, a fim de enviarmos por intermédio deles os presentes que deveriam despertar nos de sua tribo disposições favoráveis a nosso, respeito. Dei então ordem para aproar em sua direção, exortando toda a equipagem a remar com toda a força de que fosse capaz.

Íamos aproximando-nos a olhos vistos, até que ficamos ao alcance da voz. Mandei gritar por eles um dos remeiros que pensava conhecer algumas palavras de sua língua. Mas todas as demonstrações que lhes dávamos de nossas intenções pacíficas, pareciam antes redobrar-lhes o desejo de fugir. Tinham, aliás, bastante razão para estar desconfiados, lembrando-se dos morticínios outrora cometidos pelos soldados portugueses. Podíamos já contar perfeitamente os índios, que eram em número de nove. Como os remadores estivessem exaustos e me parecesse que talvez fosse a nossa rapidez a causa do medo que despertávamos, fiz descansarem-se os remos; mas nem por isso os índios diminuíram a marcha. Vendo então que a minha embarcação não poderia provavelmente alcançá-los, deixando assim que os índios fossem dar o alarma em todas as aldeias, destaquei o Dr. Weddell, que tinha sob seu comando uma das canoas mais leves, para seguir em sua perseguição. Deixo que ele próprio conte a história deste feito, com suas próprias palavras.

"Eu estava com uma vontade louca de cortar a proa àquela grande canoa; os meus rapazes, ardorosos como eram, estavam animados pelo mesmo desejo. Por conseguinte, tocamos para a frente. A coisa porém não era tão fácil como nos parecia; os índios levavam grande dianteira e tinham mais remos do que nós; quando muito, podíamos medir velocidade com eles. Estávamos já quase para abandonar a caçada, quando a sorte veio em nosso socorro. Tínhamos acabado de perder os selvagens de vista, escondidos por trás de um promontório, num lugar em que o rio faz um grande cotovelo. Para poderem servir-se dos varejões, eles continuavam a seguir a margem, pelo que, tomando o meio do rio, ser-nos-ia matematicamente possível alcançá-los no cotovelo seguinte. Cheios de esperança, os meus índios redobraram os esforços; mas a canoa, de repente, desapareceu de novo, insinuando-se por um canal lateral, que parecia cortar o segundo cotovelo. Remaram pois os homens a toda força, tentando chegar antes dela na extremidade desse pequeno furo. A Santa Bárbara voava; afinal chegou, no mesmo momento em que emergia do canal o longo bico da canoa dos Carajás, com os seus remadores de peles sarapintadas e reluzentes. Houve um momento de grande ansiedade, durante o qual os meus quatro remadores fizeram esforço sobre-humano; depois, no momento justo, meu barco deu o lado à frente da canoa inimiga, abicando na areia da praia. Tínhamos cortado a proa aos Carajás... Escusa dizer que, durante todas essas manobras, nada fizemos que lhes pudesse despertar desconfiança. Ao contrário disso, assim que chegamos perto deles pus-me a agitar o lenço em sinal de amizade, abrindo os braços em sua direção, para mostrar que estávamos desarmados. Alguns se abaixaram para pegar no fundo da canoa grandes cachos de bananas, que puseram sobre a cabeça, trazendo-os para nós. Tratei de lhes dar logo uma porção de colares, com que pareciam ter ficado maravilhados. Afinal, perdendo completamente o medo, largaram na canoa toda espécie de arma ofensiva e saltaram todos na praia. Continuando o comércio de trocas, meu barco parecia dentro em pouco uma quitanda de vender frutas; tínhamos então cará, banana e mandioca, em quantidade suficiente para nos alimentarmos durante oito dias. Entretanto, a canoa com que travamos tão boas relações estava preparada para a guerra: havia nela um monte de flechas, cujo número não era menos de quatrocentos ou quinhentos. Por uma faca, comprei uns vinte projetis dessa espécie e um bonito arco, que pretendo juntar, se possível for, à minha coleção de curiosidades. Gritamos pelas outras embarcações, que tinham ficado muito atrás; elas foram chegando, umas após outras, travando-se logo a mesma amizade entre todos".

Os selvagens prestavam consideração muito especial ao "menino" do doutor, imaginando, não sei porque, ser ele o nosso chefe, e dispensando-lhe honras as mais cômicas. Pelos sinais feitos pelos índios, compreendemos que não devíamos estar muito longe de seu aldeamento, pelo que resolvemos acompanhá-los. Pouco depois estacionamos para dar descanso ao pessoal, que precisava comer; os selvagens fizeram seus fogos ao lado dos nossos, pondo para assar bananas e batatas, que repartiam conosco. Combinou-se então fazê-los seguir na frente, para anunciar aos companheiros a nossa chegada, enquanto íamos seguindo também o nosso caminho, embora mais devagar. Dentro de pouco alcançamos violenta corredeira; minha canoa foi a primeira a passar, mas bateu de encontro a uma pedra, encalhando. Por um momento receamos que ela naufragasse, principalmente quando a nossa posição, que já era crítica, ameaçou agravar-se com a aproximação de uma segunda embarcação, que se precipitava em nossa direção, a toda força dos remos. Esta entaipava era formada de duas quedas sucessivas e nós tínhamos ficado entre uma e outra. O canal era longo, tortuoso, muito estreito (4 a 5 metros, quando muito) e cheio de rochedos formidáveis. Parecia impossível que as duas embarcações pudessem deslisar uma ao lado da outra, sem mutuamente se despedaçarem. Neste momento, porém, meu piloto que tinha aprendido às suas custas a conhecer a passagem, gritou para o da outra embarcação, ensinando-lhe o que devia fazer. Este último, que outro não era senão o nosso fiel soldado Patriarca, teve a presença de espírito de desviar com uma remada feliz a marcha do barco, fazendo-o desfilar por trás do rochedo que nos obstruía a passagem. Este incidente feliz salvou provavelmente a vida a umas vinte pessoas. As outras entaipavas por que passamos nesse dia, embora mais fáceis de atravessar, ofereciam ainda assim grandes perigos; mas os selvagens nos mostraram por onde passá-las. Como o aldeamento ficava mais longe do que tínhamos suposto e fosse já bastante tarde, corríamos o risco, a que não me quis expor, de só chegarmos lá durante a noite. Resolvi então acampar numa ilhota situada no meio do rio e bem fortificada pela natureza. Mal tinham as sentinelas ocupado o seu posto, logo anunciaram a chegada de canoas, provenientes das margens do rio. Abandonamos imediatamente os preparativos para o jantar e ficamos à sua espera; eram em número de três e podiam contar uns trinta selvagens, nus e com todo o corpo cheio de pinturas, inclusive as pálpebras. Estavam armados de lanças, flechas e bordunas. Sua chegada foi amical; mas os seus corpos pintados, o armamento que traziam e a ausência de mulheres, levaram-nos a redobrar de precaução. Não tardou que chegassem novas embarcações. Os selvagens nos ofereciam flechas e provisões, em troca de anzóis, de facas e espelhos. Estes últimos excitam-lhes muito especialmente a cobiça. A maioria dos índios via pela primeira vez este objeto, atrás do qual, à moda dos macacos, procuravam sempre ver se não estava alguma pessoa. As sentinelas continuavam a anunciar sempre mais canoas, à medida que a noite se ia tornando escura. Com o aumento crescente do número, os selvagens se iam tornando barulhentos, fazendo-nos recear cada vez mais pela nossa posição. Entretanto, evitei provocar-lhes a desconfiança, proibindo que a equipagem pegasse em armas. Limitei-me a postar uma guarda reforçada à volta dos sarilhos, dando aos índios sinal para se retirarem. Como, porém, a isso se recusassem, dei ordem às sentinelas para que não deixassem saltar mais ninguém das canoas que chegavam em multidão, o que não foi muito difícil, fazendo avançar a equipagem em linha, de uma extremidade à outra da ilha. Conseguimos assim repelir os selvagens, que embarcaram de novo, uns rindo, outros meio à força. Uma quarta parte da equipagem ficou de guarda toda a noite, ao passo que os membros da expedição se alternaram até o amanhecer. Receando que fôssemos atacados ao raiar do dia, mantivemo-nos de vigilância, o Sr. Deville e eu, das quatro às seis da manhã; mas nada de novo aconteceu. Sem dúvida para nos dar uma prova de confiança, um de seus chefes pediu para ficar conosco; passou toda a noite junto de uma de nossas fogueiras. A tribo dos Xambioás, com que acabávamos de entabular relações, pertence à nação Carajá, que se divide da seguinte maneira: os Carajaís, já por nós encontrados em Salinas, que vivem no furo esquerdo do Araguaia; os Javaés, que vivem nas terras do interior, em contradição com os hábitos aquáticos da referida nação; e os Xambioás, de que nos estamos ocupando. Durante o dia todo continuaram a aparecer com freqüência pedras no leito do rio, de cujas margens desapareceram as margas, ao mesmo tempo que as praias arenosas se tornavam cada vez mais raras. Parece, todavia, provável que, para além da primeira cortina de vegetação, o terreno se torna mais acidentado. A geologia desta parte nos oferece um fato curioso: é o solevamento, por massas consideráveis dos fonólitos ou dioritos já anteriormente referidos, de uma formação de xistos calcaríferos, dispostos em estratos muito horizontais sob o leito do rio, mas soerguidos com inclinação variável e, às vezes, muito fortes em certos lugares, tais como, muito particularmente, na ilhota que faz parte da entaipava da grande cachoeira. Isso parece significar que aquele xisto era a base da formação da região quando surgiram os dioritos formadores das serras e as margas, que o Araguaia veio a atravessar, precipitando-se em cachoeiras.

A 3, pusemo-nos em marcha, tendo tido o cuidado de nos preparar contra um eventual ataque dos índios; cada remador tinha o fuzil ao seu lado, ao mesmo tempo que, em caso de necessidade, poderiam utilizar também com facilidade as armas pequenas, dispostas por cima dos bancos.

A presença do índio que havia embarcado conosco poderia, até certo ponto, nos inspirar confiança. Não obstante, sabíamos que era preciso passar por uma forte cachoeira bem defronte do aldeamento, pelo que não seria impossível que o nosso passageiro tentasse perder-nos, com o fito de facilitar aos seus a pilhagem, no momento do naufrágio. A ele, que, como os seus compatriotas, sabia nadar como um peixe, seria muito fácil salvar-se. Prevendo uma perfídia dessa natureza, recomendei ao piloto que estivesse pronto para atirar ao primeiro movimento suspeito que ele viesse a fazer. Ao nos aproximarmos da cachoeira, o guia se pôs de pé sobre um banco, no meio da embarcação, para indicar a passagem; alongando o braço e olhando na direção conveniente. A canoa, impelida por forte correnteza, atravessou célere um dédalo de rochedos e cascatas; passamos sem outro acidente além de alguns jatos d'água dentro do barco. Devia o velho selvagem ter essa passagem como bastante perigosa, pois, mal dela nos livramos, pôs-se ele a cabriolar e gritar de alegria, enquanto os remeiros descansavam alguns instantes, pondo também em ordem o armamento, que alguns choques mais fortes tinham desarranjado. Com a vista, acompanhávamos apreensivos as outras embarcações que ainda lutavam no meio da cachoeira. A cena que tínhamos à nossa frente era das mais imponentes; às nossas costas bramiam furiosas as águas espumantes do rio, ao mesmo tempo que adiante de nós, paralelamente ao rio e encostada à mata virgem, se estendia a longa praia de um banco de areia alva. As choças do aldeamento dos Xambioás estendiam-se em linha, ao longo dessa praia, vendo-se no meio da fila duas casas de grandes dimensões. Índios enchiam a praia, destacando-se nitidamente do fundo pela sua cor vermelha. Amarradas ao longo da praia algumas canoas, uma das quais não tardou em vir em nossa direção. Os índios que nela vinham a nós se chegaram sem o mínimo receio, convidando-nos a descer, o que de fato fizemos, tomando as necessárias precauções. Mandei que a equipagem continuasse em seu posto, enquanto os membros da expedição saltaram, com dois ou três tripulantes apenas. Como na véspera, parecia que todos os índios estavam armados; suas disposições, porém, não pareciam inteiramente pacíficas. Fizeram-nos percorrer todo o aldeamento, que se compunha de uma centena de casas um pouco mais altas do que uma pessoa, e com aproximadamente 5 metros e meio de comprido por 3 e meio de largo. Tinham a parte superior arredondada e eram construídas inteiramente de folhas de palmeira. As duas construções maiores de que há pouco falei ficavam mais perto da praia e merecem descrição a parte: uma era um recinto fechado de três lados por paredes de palha, contendo no seu interior uma dezena de objetos muito curiosos, altos de cerca de 2 metros e cobertos inteiramente de magníficas penas de papagaio. Junto da outra estavam várias sentinelas armadas de lanças; pensamos, a princípio, tratar-se de um templo consagrado a alguma divindade. É assunto sobre que voltarei a falar mais adiante. A outra construção inacabada, consistindo ainda apenas de vários esteios, dos quais o central, muito maior do que os outros, terminava em galhos cheios de folhas. Imaginamos que deveria ser a casa do conselho. Fizemos aos índios numerosos presentes, em troca dos quais recebemos lanças, flechas, clavas, etc. Como a confiança se estabelecia gradativamente entre nós, estávamos assentados na areia a grande distância da praia e rodeados por mais de duzentos índios, quando da borda do rio ressoou repentinamente o estampido de uma arma de fogo. Os selvagens deram imediatamente um passo atrás, olhando-nos, com um ar de ameaçadora surpresa. O momento era crítico, porquanto nada sabíamos sobre o que se estaria passando nas embarcações a que víamos afluir muita gente. Juntamo-nos uns aos outros e aproximamo-nos da praia, tudo se explicando satisfatoriamente dentro de pouco. Para dizer da pouca confiança que nos inspiravam os índios entre os quais nos achávamos, basta saber o que aconteceu poucos meses antes com quatro soldados que desceram o Araguaia, depois de desertarem do posto do Rio Grande. Justamente ao partirmos de Salinas, tinham os Carajás nos contado que aqueles infelizes foram massacrados por estes mesmos índios entre os quais agora nos encontrávamos. Esta informação se tornou necessária para explicar a interrupção havia pouco subitamente surgida. Pois não tardou que víssemos saltar de uma canoa vários índios, entre os quais estava um homem, envergando uniforme branco, e tendo na mão um fuzil. Receberam-no os índios com sinais de respeito, contando-nos ser aquele o seu chefe, que acabava de, chegar de uma aldeia vizinha, onde residia habitualmente. Sabia um pouco de português e fora ele quem dera o tiro de espingarda. Quanto à arma, ele nos confessou sem nenhuma hesitação ter pertencido a um dos desertores, como também a jaqueta branca que o fazia tão ancho, a despeito de seu curioso contraste com a pele tostada do corpo, que ela mal cobria. Cobrimo-lo de jóias falsas, aceitando o convite para percorrer o aldeamento, cujas mulheres e crianças nos foram apresentadas. Nossa visita durou bastante tempo, visto como estas cenas da vida selvagem nos despertavam imenso interesse. A maioria desses índios nunca tinha visto gente branca, pelo que nossa presença lhes excitava vivamente a curiosidade. As mulheres, supondo que tínhamos as mãos e o rosto pintados, abriam-nos as camisas para ver se os nossos peitos eram da mesma cor; iam-se então embora, dando gritos de admiração.

Por trás das choças, acocoradas em grandes esteiras, ficavam as mulheres, que outras esteiras amaradas verticalmente em esteios, abrigavam do sol. Tinham o corpo pintado, trazendo quase todas à altura dos rins, um pedaço de tecido feito de casca de árvore e tingido de vermelho as duas pontas eram amarradas na frente com um nó, abaixo da cintura. As mulheres traziam os cabelos longos e soltos, mas os homens os tinham amarrados atrás. Todos tinham o gancho no lábio e, nas bochechas, a cicatriz que já descrevi ao falar dos Carajás de Salinas. Alguns homens haviam substituído o primeiro desses ornamentos por um pedaço de alabastro de quase um decímetro de comprimento, cilíndrico de forma e dilatado nas extremidades, o que mantém o lábio pendente e deixa os dentes descobertos. A maioria tem, atravessados nas orelhas, bastões às vezes muito compridos; outros mostram ramalhetes de penas do mais variado colorido. Os homens, inteiramente nus, usavam nos punhos e às vezes até nos tornozelos, uma espécie de pulseira vermelha, feita de tecido de algodão muito compacto. As pulseiras do punho serviam de proteção contra a corda no manejo do arco. Alguns indivíduos envolviam o corpo com a própria rede de dormir, usada à guisa de manto. Havia uma grande quantidade de bananas excelentes; eles têm o hábito de colher estes frutos antes de maduros, enterrando-os na areia exposta aos raios do sol. Isso dá lugar a uma intensa fermentação, que lhes torna o sabor extremamente desagradável. Os objetos mais cobiçados por estes silvícolas eram machados, facas, anzóis e colares de vidro; estes últimos principalmente se eram brancos. Tinham consigo, trepadas nas coberturas das choças, araras magníficas, de diferentes espécies. Gostando imenso de enfeitar as suas armas com as penas brilhantes dessas aves, criam-nas em domesticidade, depenando-as duas vezes por ano. Apesar do muito que queriam esses papagaios, concordaram em nos ceder alguns, em troca de facas. Pude obter assim um esplêndido exemplar de *Ara hyacinthina*, bem como uma outra ave, talvez nunca vista até então em cativeiro, que vem a ser o sabacu. Desejava muitíssimo conservar este animal vivo, para o Jardin des Plantes; mas, a despeito da voracidade com que ele se precipitava sobre o alimento que lhe dávamos, peixes principalmente, sucumbiu ao cabo de alguns dias. Sua aparência era das mais tristonhas; trazia a cabeça sempre encolhida de encontro ao corpo, como a cegonha. Os Xambioás parecem muito industriosos e fazem consideráveis plantações, como nô-lo provava a grande quantidade de bananas e de legumes que nos deram. Não obstante, tiram eles da pesca, uma boa parte de sua subsistência. O peixe é obtido mediante o emprego do arco e flecha, ou por meio de redes, das quais algumas víamos a secar. Também cultivam o algodão, cuja fibra as mulheres fiam e tecem para fazer cordas e redes. A cerâmica que fabricam é bem trabalhada e resiste perfeitamente ao fogo. Com o fruto de uma *Lecithys* chamada jequitibá ou simplesmente de terra, constroem enormes cachimbos. Cultivam eles próprios o fumo de que necessitam, de qualidade aliás muito inferior. Enquanto estávamos assim entretidos com tanta coisa nova, vieram prevenir-me que se estava fazendo embarcar para fora da aldeia, em canoas, as mulheres e as crianças. Mandei vir das nossas embarcações alguns homens armados. O chefe, como disso se tivesse apercebido, tratou de nos tranqüilizar, fazendo caçoada do medo das mulheres, e dando ordens para que estas últimas voltassem para a aldeia. Depois de tudo examinarmos cuidadosamente, voltamos para as embarcações, sendo então convidados pelo chefe a visitar com ele uma segunda aldeia que ficava uma distância de sete léguas da primeira. Só à noitinha pudemos avistar esse novo aldeamento, pelo que acampamos na praia, deixando a visita para o dia seguinte. Não tardou que várias canoas aportassem em nosso acampamento, cheias de índios, que levaram a noite em danças guerreiras, algumas bastante curiosas.

A corredeira grande que tínhamos atravessado pela manhã não tem menos de 80 a 100 metros de comprimento, com um desnível de cinqüenta centímetros. Naquele ponto o rio é quase completamente represado por rochas dioríticas, ou talvez mesmo pela formação xistosa por elas soerguidas e que se pode ver na barranca da margem direita, sob a forma de xistos argilo-talcosos muito bem estratificados e inclinados para o nordeste. O único canal praticável se acha próximo à margem esquerda.

Esta primeira aldeia dos Carajás é construída numa ilha de areia contígua à margem direita; ela poderá conter mais ou menos mil habitantes. Na margem esquerda, um pouco abaixo da aldeia, descobre-se uma cadeia de morros. Nesse dia fizemos ao todo nove léguas.

No dia 4, chegamos na aldeia logo cedo, sendo recebidos pelo chefe, que tinha ido ali passar a noite precedente. Este novo aldeamento compõe-se de umas quarenta e cinco casas, com uma população aproximada de 300 habitantes. Passamos no lugar várias horas; quando chegou a hora do embarque, puseram-se novamente os índios a dançar, acompanhados de um instrumento que dá um som semelhante ao que se consegue obter com um chifre de boi. É o referido instrumento formado de uma cabaça ovóide, a que se adapta um tubo de bambu e provida de uma abertura lateral, por onde se sopra; no fundo da cabaça há uma outra abertura. O chefe nos acompanhou até o terceiro aldeamento, onde chegamos à tarde. É maior do que qualquer dos precedentes; de longe, a praia nos parecia vermelha de índios. Veio logo ao nosso encontro uma canoa, sendo fácil de imaginar a surpresa e alegria que tivemos ao sermos saudados em português, por um dos tripulantes, que outro não era senão um dos desertores. Lançou-se em pranto aos meus pés e tal era a sua emoção que não pôde durante algum tempo responder às perguntas que lhe fazíamos. Contou-nos que ao passar pelas aldeias, longe de serem massacrados pelos índios, haviam sido recebidos com hospitalidade; que, continuando a rota, a canoa em que vinham soçobrou numa das terríveis corredeiras da parte baixa do rio; que dois companheiros, além de cinco mulheres e uma criança, tinham morrido naquele desastre. Reduzidos assim a dois, alcançaram o forte de São João, onde todavia os quiseram fazer prisioneiros, motivo pelo qual fugiram para a companhia dos índios Apinajés, onde foram perseguidos, sendo morto o único companheiro. Reconduzido ao forte de São João, tinha combinado a fuga com um habitante do Pará e duas mulheres retidas em cativeiro, lançando mão de uma canoa, com a qual subiram o rio até os Xambioás, que os receberam bem; mas não mais quiseram deixá-los partir. Contavam assim passar ali, entre os selvagens, o resto da vida. Chamava-se Simão o desertor que assim me falava. Implorou-me que o levasse comigo, o que lhe prometi fazer. Disse-me que tinha captado a confiança dos selvagens, quer lhes ensinando a extrair um suco grosseiro da cana que eles plantavam em grande escala, quer acompanhando-os com a espingarda numa expedição que tinham feito para atacar uma tribo moradora às margens de um rio situado a oeste, e que suponho ser um afluente do rio Xingu. Simão, embora fosse soldado do exército brasileiro, era índio. A história que nos contou pareceu muito confusa e bem pouca confiança nos inspirou a sua pessoa. Apesar disso, devo, dizer que ele daí por diante nos foi de grande utilidade, seja como piloto, seja nos informando sobre vários pontos da vida dos índios com os quais, tinha convivido.

Assim que chegamos à praia, fomos saudados com gritos de alegria. Temendo a exagerada confiança que em nossa gente havia sucedido ao temor irrefletido, achei prudente não deixar desembarcarem as equipagens. Só deviam pôr o pé em terra os membros da comissão. Eu tinha tido tempo apenas para apertar a mão a alguns dos chefes principais, quando me vi repentinamente seguro pelos braços musculosos de dois guerreiros, que me puseram sobre os ombros, desatando a correr velozmente para a outra extremidade do aldeamento. Esta viagem improvisada era bem pouco de meu gosto, e confesso francamente que ela me pareceu extremamente longa. Os índios sabiam perfeitamente que eu era o chefe da expedição, mantendo-me inteiramente à sua discrição; talvez me quisessem manter como refém. Entretanto, como neste mundo tudo tem fim, a corrida também teve de acabar. Chegando numa das últimas choças da aldeia, puseram-me delicadamente sobre uma esteira, onde não tardou que me visse rodeado por uma multidão de pessoas dos dois sexos e de todas as idades. Trouxeram-me, uma grande vasilha de barro cheia de uma bebida de aparência muito pouco convidativa, que entretanto me vi forçado a saborear.

Pouco depois, verificando que eu estava sentindo a falta dos companheiros, logo saíram alguns índios, para voltar dentro de pouco, com o Sr. Deville, com quem fizeram o mesmo que tinham feito comigo, trazendo-o carregado, apesar dos valentes pontapés que ele distribuía aos seus carregadores, aliás, de todo indiferentes a estes agrados. Ao nos vermos um ao lado do outro, estouramos numa grande gargalhada que os índios não tardaram a acompanhar, fazendo as mais extravagantes contorsões e trejeitos. Pude persuadir o meu jovem amigo de que devia seguir o meu exemplo com relação à beberagem, da qual julgou então, por delicadeza, dever tomar um forte trago antes de se aperceber de quanto era detestável. Meus outros companheiros foram depois chegando também, de uma forma talvez menos honrosa, mas, de certo, muito mais de acordo com o seu gosto. A seguir começaram as trocas de objetos; oferecendo-se ocasião para apreciarmos como esses índios eram mansos e medrosos. Tremiam só de ver armas de fogo, fato tanto mais surpreendente quanto, como vimos, havia uma em poder de um dos seus. Não lhes causava o menor espanto a brancura de nossa pele, por isso que a dos desertores e suas mulheres como a de quase todos os brasileiros do interior, era de cor, com uma tonalidade que variava do preto cor de ébano, ao bruno chocolate.

De acordo com o que nos informaram, o soldado Simão e os três mestiços que aqui viemos encontrar, os Xambioás não conhecem nenhuma tradição religiosa, ou, pelo menos, a nenhuma divindade rendem culto. Os casamentos entre eles não obedecem a nenhuma cerimônia, apesar do que a poligamia lhes é desconhecida. Quando um índio deseja casar-se, não tem mais do que pedir a moça aos pais; estando estes de acordo, leva-a o índio para a sua choça. Contaram-nos que a libertinagem era punida com extremo rigor, assegurando-nos de que poucos dias antes da nossa chegada, tendo sido certo homem surpreendido em flagrante delito com uma rapariga não casada, esta foi morta pela própria mãe, enquanto o cúmplice foi duramente vergastado. Esse fato está, todavia, em desacordo com os oferecimentos que se faziam constantemente ao nosso pessoal; é pois, possível, que ele tivesse sido acompanhado de circunstâncias não percebidas pelos brasileiros.

Outro fato singular nos costumes desses silvícolas é a maneira de enterrar os mortos. O corpo, em vez de horizontal, é colocado verticalmente; a cabeça fica para fora do chão; espalhando-se em torno dela bananas e outros comestíveis, que se tem o cuidado de renovar de quando em quando. A língua dos Xambioás é arrastada e fanhosa, muito mais desagradável ao ouvido do que a dos Xavantes. O aldeamento em que agora estamos contém uns 1.200 a 1.500 habitantes; nele reside o chefe principal da tribo, que é filho do Capitão Bento, mencionado nos antigos relatos. Fomos recebidos pelos chefes da maneira mais amical, ficando por eles sabendo que o índio da jaqueta era apenas um chefe de categoria inferior. Trouxeram-nos uma quantidade enorme de bananas, de carás, etc., que os índios iam buscar numa grande derrubada, estendida por mais de uma légua, na margem oposta do rio. À noite, instalamos o nosso acampamento a uma distância de tiro de espingarda da aldeia; numerosas sentinelas montaram guarda durante toda a noite, não tendo sido sem dificuldade que afastamos do acampamento os nossos amigos de pele vermelha. Não obstante, eles também, de seu lado, puseram uma linha de sentinelas. Para nos dar certamente uma prova de confiança, os principais chefes Xambioás, em número de seis ou sete, vieram dormir em nossa companhia, estendendo logo as suas esteiras embaixo da minha rede. Confesso que, por mais que me houvesse afeiçoado a eles, preferia vê-los mais longe. Por isso mudei de lugar, no que fui exatamente acompanhado por eles. Dei, então, ordem a dois dos nossos homens de maior confiança para que escondessem sob a roupa algumas armas, mantendo-se vigilantes ao meu lado. Pude, dormir, então, profundamente, até a manhã.

Antes de levantar-me da rede, convidei os chefes para que viessem participar de nosso almoço. Estendemos na areia um couro de boi, nossa mesa habitual, acocorando-se todos à volta dele. Depois, com ostentação cômica, trouxe o cozinheiro da expedição as panelas de feijão e carne-seca, de feijão com toucinho, feijão e farinha, além de bastante água. Fizemos as honras desse banquete o mais gentilmente possível; mas ao levarmos à boca fragmentos de carne-seca, cujas fibras são duras como pau e só cedem aos esforços dos dentes, observamos nos nossos convivas índios um movimento muito singular; cochicharam entre si, denotando, pela fisionomia, profunda repugnância. Admirado de que fosse assim recebido aquilo que nós chamaríamos um excelente jantar, mandei chamar Simão, que me deu esta explicação para o que se passava: como nunca tivessem visto bois nem cavalos, ou qualquer outro animal de grande porte, os Xambioás naturalmente supuseram que comíamos carne humana. Isso me deu a prova de que, cercados de tribos antropófagas, estes índios têm o mesmo horror que nós outros por aquele tenebroso costume. Ao mesmo tempo, perdi alguns receios que me havia despertado aquela beberagem dada pela manhã. Esqueci-me de dizer que uma das coisas que mais haviam encantado os índios era o barulho do tambor. Adquiriram por esse instrumento tão singular afeição, que a cada momento o chefe me vinha pedir para fazê-lo soar; era das coisas mais divertidas ver-se então toda a população acompanhar muito gravemente o executante, em sua volta pelo aldeamento.

No dia 5, ao fazer-se a chamada, verificou-se que, apesar de todas as precauções, havia desaparecido durante a noite um fuzil, bem como vários outros objetos. As armas tinham para nós a máxima importância, razão pela qual me dirigi ao chefe, pedindo-lhe que fizesse com que me restituíssem o fuzil subtraído. Prometeu atender-me, palavra que cumpriu, visto que dentro de uma hora a arma voltava ao nosso poder. Entre os objetos outros subtraídos havia um cuja falta me ocasionaria os maiores embaraços; era um vaso com a pomada arsenical usada na conservação dos espécimes zoológicos. Eu tinha receio de que, tentados pela aparência apetitosa da substância, os índios viessem à comê-la, caso em que nos poderiam talvez acusar de lhes termos armado uma cilada. Não mais ouvi, porém, falar nesse roubo, que não deixou de ser, ainda assim, um motivo forte para apressarmos a nossa partida.

Neste, como nos outros aldeamentos, tínhamos notado a presença de uma choça destinada a guardar aqueles singulares ornamentos de penas, a que já me referi. Por Simão, ficamos sabendo serem enormes bonés destinados às danças misteriosas, que se praticam em determinadas épocas do ano. Têm formas diversas, sendo ora quase quadrados, ora cilíndricos; os adornos que os enfeitam, feitos inteiramente de penas de arara, não são menos notáveis na forma do que na cor. Embaixo, nos bordos, prende-se uma longa franja de palhas de coqueiro, dentro da qual fica quase inteiramente escondido o índio com ele vestido. Contou-me ainda Simão que por ocasião da dança dos bonés, as mulheres são trancadas cuidadosamente no interior das choças senão mandadas para lugar distante, porque se acaso alguma descobrir aqueles ornatos, será imediatamente morta.

Fiquei com a maior vontade de possuir um daqueles objetos que acabo de descrever. Ao pedir um, porém, ao chefe principal, ele pôs logo o dedo na boca e mudou de conversa. Entretanto, muito grande tinha sido a admiração que lhe causou um dos nossos grandes sabres de cavalaria. Em dado momento, achando-se a sós comigo, fez-me sinal para acompanhá-lo ao templo dos bonés, que pude então admirar à vontade; mas, quando lhe propus trocar o sabre em questão por um daqueles enfeites, declarou-me ser impossível tal coisa e procurou tirar-me dali. Voltei, porém, à carga, mostrando-lhe que eu estava disposto a acrescentar uma outra arma, também muito admirada por ele. Ficou então hesitante, olhou para todos os lados, depois começou a passear, como tomado de grande ansiedade. Por fim, não podendo resistir à tentação das armas que lhe eram oferecidas e cuja posse iria aumentar sem dúvida sua autoridade, tomou o boné que eu lhe tinha indicado, cobrindo-o completamente com folhas de palmeira, amarradas de modo, a não poder ver-se o que ia dentro do embrulho. Enquanto ocupado neste trabalho, saía a cada momento para espiar o que se estava passando fora, acabando por me fazer sinal para pegar numa das pontas do embrulho e pô-la no ombro, como ele ia fazer também com a outra. Não tardou, porém, que o peso se nos tornasse insuportável. De repente, vivamente contrariado com este contratempo, pôs-se a correr para o aldeamento. Achando-me então só, pus-me a considerar o mistério que encobria toda aquela operação, disposto a ir-me também dali embora para o acampamento. Foi porém quando o vi voltar, acompanhado do irmão, que nos ajudou a transportar o fardo precioso para a nossa grande embarcação, em cujo fundo foi acomodado, debaixo das maiores recomendações que faziam os dois índios, para que ninguém pudesse vê-lo. Todavia, essa peça tão interessante estava fadada a não chegar à Europa, pois perdeu-se numa das cachoeiras do rio Tocantins.

Enquanto se faziam os preparativos para a partida, os chefes organizaram na praia uma grande dança de que só os guerreiros tomaram parte, ao som de cantorias grotescas. Os dançadores podiam ser em número de quarenta; formavam dupla fila e tinham cada qual na mão um arco e um punhado de flechas, que erguiam acima das cabeças com graciosos movimentos. O canto a princípio era lento e acompanhado de leve balanceado do corpo e dos joelhos; depois, os índios davam subitamente um grande brado guerreiro, partindo todos em trote, com o corpo inclinado para a frente. O canto adquiria então andamento mais rápido e tonalidade mais sonora; mas, depois de ter dado uns vinte passos, estacionavam repentinamente os guerreiros, repetindo o grito e batendo com força o pé no chão. Ao grito sucedia um momento de silêncio, em seguida ao qual o canto recomeçava em surda toada e as filas de dançadores davam meia volta, recomeçando o trote, para estacar de novo. A manobra continuou assim, até que um gesto mais forte veio anunciar o fim da cerimônia. Um dos chefes ergueu então um remo acima da cabeça, depois do que todos os guerreiros se arranjaram em círculo à volta, girando com rapidez e suspendendo no alto as lanças, as flechas e as bordunas. Isso durou até que o chefe índio, vencido pelo cansaço, deixasse cair o remo. Seguiu-se a esta uma terceira dança, que parecia destinada a celebrar algum acontecimento histórico. Por entre gritos e urros, ameaçavam-se mutuamente os guerreiros com as próprias armas. Às vezes, se voltavam subitamente para nós, apontando-nos as suas flechas. De todas, esta foi a dança de que menos gostamos. Os movimentos eram executados com muita concordância e harmonia, deixando, como toda a cena, impressão que nunca se apagará de meu espírito. As danças esquisitas, os gritos estranhos, os homens semelhantes a demônios pintados das cores mais vivas, essa gente toda a nos contemplar cheia de admiração, a magnífica natureza tropical que nos cingia de todos os lados, tudo isso evocava os cenários mais belos da ópera. Fiz embarcar numa das canoas o desertor e as duas mulatas, avisando aos índios que ia levá-los comigo. A isso quiseram a princípio se opor os chefes, mas acabaram por concordar, porque outro remédio não tinham. Quis muito levar comigo alguns índios para nos guiarem nas cachoeiras que ainda tínhamos de passar; mas pretextaram não estar preparados, pelo que iriam depois, para nos alcançar no dia seguinte. Contudo, deles não mais tivemos notícia.

Embarcávamos dentro de pouco; mas ainda muito tempo depois de haverem nossos barcos deixado a praia, ouvimos ao longe os *adeus, camaradas* que nos davam de terra.

Como acabamos de ver, os Xambioás estão muito longe de merecer a má reputação de que gozam entre o povo de Goiás. Nós, pelo menos, não tivemos nenhuma razão para nos queixarmos deles; animei-os até a estender suas próximas excursões até Salinas, onde lhes prometi serem bem recebidos. Ficamos sabendo que éramos os primeiros europeus a entrar em seus aldeamentos; pois as antigas expedições portuguesas nunca ousaram neles penetrar. Aliás, se suas disposições hoje são assim pacíficas, não parece que assim tivessem sido sempre. Disso nos dão prova os morticínios que outrora se verificaram no rio Araguaia. Nosso velho piloto Ricardo contou-nos que a expedição em que ele tinha tomado parte quarenta anos atrás fora barrada pelas canoas desses índios a que foi necessário dar combate. A opinião do velho era que os índios nos tinham tomado por negociantes em viagem para o Pará, onde iríamos comprar mercadorias; assim sendo, pensava ele, para nos inspirar maior confiança, deixaram-nos passar com o dinheiro que nada lhes valia, reservando-se para na volta nos massacrarem e se apoderarem de nossa carga. Devo dizer que o seu procedimento para conosco em nada justificava esse modo de ver. De resto, com a equipagem e o armamento que tínhamos, podíamos desafiar todas as tribos do Araguaia.

Prevendo a possibilidade de uma agressão da parte dos índios, assentamos um plano de combate: enquanto eu, com uma parte das nossas forças, atacaríamos as canoas, o Sr. d'Osery deveria desembarcar o resto da equipagem e incendiar o aldeamento. Estávamos certos de que o desejo de salvar as mulheres e as crianças poria em pouco tempo fim ao combate. Mas estou convencido das disposições pacíficas desses índios; hoje que consegui abrir ao comércio a navegação do Araguaia, eles poderão prestar grandes serviços aos futuros viajantes, fornecendo-lhes víveres e guiando-os no meio das cascatas.

CAPÍTULO XIII

DESCIDA DO ARAGUAIA. - AS CACHOEIRAS

No dia 4, fizemos oito léguas; e sete no dia 5. No correr do primeiro dia a largura do rio tinha diminuído sensivelmente; mas, no segundo, voltou a aumentar, alcançando novamente mais de 1.000 metros. Durante este percurso de 15 léguas, vimos aparecer freqüentemente rochas no leito do rio; não obstante, tivemos de atravessar apenas uma corredeira, cujo canal estava atulhado de pedras e cuja queda devia ser de 27 a 30 centímetros.

A formação de toda esta zona parecia ser em geral, de xistos argilo-talcosos. Na margem direita eles eram a princípio estratificados em camadas inclinadas de 30 a 45 graus; mais tarde, formavam camadas fortemente revolvidas e contornadas, que as águas do rio submetiam a constante erosão. Também nesta última parte do trajeto, era impossível apreciar com justeza o ângulo de inclinação das rochas, cujo mergulho era sempre para nordeste.

As rochas dioríticas, de que já falei, haviam acarretado o solevamento de toda essa formação. Durante a última parte do dia 4 e a primeira metade do dia 5, avistávamos uma serra cuja direção geral era de nor-noroeste para su-sudeste; mas, a partir de um cotovelo do rio, cuja direção muda então de norte para nordeste, essas montanhas desapareceram atrás de nós. A cerca de meia légua abaixo do terceiro aldeamento dos Xambioás, descobrimos no interior da mata, na margem direita, as casas onde se refugiam estes índios por ocasião das grandes chuvas.

A 6, graças ao soldado Simão, conseguimos nos safar sem acidente de um grande labirinto de corredeiras e de rochedos, que, durante uma meia légua, se interpunha no curso do rio. Essas rochas, algumas das quais tinham 8 a 10 metros de altura sobre a superfície da água, não deixavam entre si mais do que estreitos canais de pequena profundidade; pertenciam aos mesmos xistos talcosos encontrados nos dias anteriores.

Por toda parte esses xistos conservam a marca da ação contínua das águas do rio que abriu sua passagem no meio deles; em alguns lugares eles aparecem escavados por baixo, formando profundas lapas ao nível da superfície. Medimos, ao meio-dia, a temperatura das camadas superficiais do rio; encontrando 28,3 graus centígrados. Após uma jornada de seis léguas e meia, acampamos numa bonita praia junto à entrada de uma lagoa, que os nossos pescadores exploraram inutilmente.

Observamos, perto do acampamento, na margem direita, uma espécie de pudim ou de cascalhos aglutinados, no qual o diorito, que havia desaparecido no correr do dia todo, podia bem estar sob a forma de seixos rolados.

A 7, fizemos um trajeto de seis léguas, para irmos acampar um pouco acima de uma série de corredeiras conhecidas pelo nome de Carreira Comprida, por causa de sua extensão, que parece ser de mais de uma légua do rio, no trecho percorrido neste dia, estava atravancado de pedras, obrigando-nos a atravessar várias corredeiras, de queda aliás muito pequena. Os amontoados de pedras existentes aqui no leito e em ambas as margens do rio são de gnaisse, fortemente inclinado para nordeste e contendo massas de quartzo, piritas de ferro e traços de óxido vermelho do mesmo metal. Do lado da margem direita, tanto no ponto de partida, como no de chegada; viam-se numerosos morros. Fomos horrivelmente atormentados pelos mosquitos. Antes de anoitecer, os pilotos foram examinar as passagens da cachoeira, achando-as muito más.

A 8, apesar de nosso desejo de entrarmos logo nas corredeiras, para ver qual a nossa sorte, os pilotos só quiseram sair quando o sol estava bastante alto para lhes permitir distinguir com mais facilidade as pedras do fundo. Verificou-se a impossibilidade de passar a corredeira a remo, pelo que em cada embarcação ficaram apenas dois homens, armados de compridas varas, com as quais guiavam as canoas, impedindo que a correnteza as arrastasse por entre os rochedos com excessiva rapidez. Os outros homens da equipagem moderavam-lhes a velocidade, segurando-as de fora, por meio de uma corda, sendo assim obrigados a seguir os movimentos da embarcação, ora a nado, ora trepando sobre as pedras que víamos apontar acima da espuma fervente. Em certos pontos, o comprimento da corredeira era muito grande para que a corda bastasse à execução da manobra. Então, alguns homens iam pôr-se no meio da corredeira, esperando que a canoa passasse a sua frente rápida como uma flecha, a fim de, com incrível destreza, segurar-lhe a corda, até que os companheiros viessem alcançá-los. Dessem eles um passo em falso, ou se rompesse a corda, num ápice a embarcação se despedaçaria de encontro às pedras. Pondo mesmo de parte o interesse direto que tínhamos nessas manobras, era espectáculo curioso o dessas cinco embarcações a circularem no meio dos rochedos escuros, ou sobressaindo dentre as espumas; seu movimento era célere quando as arrastava a velocidade da corrente, mas outras vezes, quando eram puxadas por cima das pedras, aquele se tornava quase imperceptível. Nenhum louvor seria demasiado: à coragem e atividade desenvolvidas pelos nossos brasileiros nessas rudes tarefas. Por pouco um homem não morreu afogado; só a muito custo foi salvo pelos companheiros. O cansaço extremo da equipagem não nos permitiu fazer nesse dia mais do que duas léguas, ao cabo das quais acampamos por entre as rochas.

Juntando à Carreira Comprida as últimas corredeiras que passamos antes de chegar ao lugar do acampamento, temos para esta série de obstáculos um percurso de cerca de duas léguas brasileiras.

A 9, acabada a passagem da corredeira, continuamos em águas mais calmas, para chegar, ao meio-dia, numa localidade muito curiosa, conhecida nas antigas relações pelo nome de *Os Martírios*. Reza a tradição que o ouro era muito abundante neste lugar, cujo nome, segundo dizem, provém do fato de nele se ter encontrado, gravado nas rochas, os emblemas do martírio de Cristo. Conta-se ainda que se encontram sobre as rochas desenhos de colunas, jacarés, serpentes, etc. O Capitão-mor Antônio Rodrigues Vilares afirma ter visto ainda estes objetos por ocasião da viagem que ele fez ao Araguaia em 1746.

Cunha Matos (*Itinerário-do Rio de Janeiro ao Pará*), tão exato em tudo quanto viram os seus próprios olhos, fala nestes fatos apenas pelo que ouviu dizer; mas não põe em dúvida a existência daquelas inscrições, que atribui aos jesuítas. Entretanto não existe perfeito acordo com referência ao ponto em que ficam os referidos sinais, porquanto o ouvidor Antônio José Cabral de Almeida, na viagem que fez em 1774 por ordem do General José de Almeida, diz ter encontrado o lugar, considerado por ele uma das maravilhas de Goiás, na região dos índios Araés, que se supõe habitarem as margens do rio Xingu. É fácil calcular quanto estas contraditórias versões excitavam nossa curiosidade; reconhecendo o que de miraculoso devia existir nestas tradições, acreditamos que no lugar em questão existiriam rochedos com inscrições semelhantes às encontradas no rio Orenoco, no Essequibo, etc. Entretanto, nenhuma foi encontrada por nós. Ao sair de uma estreita garganta em que o rio se torna muito profundo e torrentoso, apertado entre dois paredões de pedra talhados a pique, altos de uns 4 metros e distantes um do outro cerca de 150, as águas se espraiam repentinamente numa linda baía. Neste ponto, as rochas da margem direita assumem a configuração de um cais formado de blocos irregulares. É difícil dar ao leitor idéia exata das formas caprichosas que a ação da água imprimiu aí às rochas estratificadas; ora julga-se ver as bases de enormes colunas, ora tem-se a impressão de que os blocos, profundamente chanfrados, fizeram parte de gigantescos capitéis. Depois da Carreira Comprida, num percurso de seis léguas, o rio vai sempre se estreitando, aprisionado entre cadeias de morros que correm em cada uma das margens. O gnaisse parece ser a formação geral. A mais ou menos uma légua do acampamento da véspera, o rio dá uma volta brusca, contornando a base de um pequeno monte. Há, neste ponto, um notável acidente geológico; as rochas acham-se aí dispostas de maneira a apresentar o aspecto de vastas construções em ruínas, das quais tivessem restado apenas as fundações e os grandes alicerces. Essas rochas, que parecem de gnaisse modificado, ou senão itacolumito, apresentam arestas vivas inclinadas 15 graus com relação ao horizonte e se deixam dividir naturalmente em cubos. As camadas, aí mergulham para este-sudeste. Para além deste ponto, reapareceram os gnaisses que tínhamos visto na véspera e pela manhã, acompanhados de grandes veios de quartzo branco. Todavia em *Os Martírios* a rocha nos pareceu a mesma que encontramos no cotovelo do rio, com a diferença de achar-se parcialmente decomposta pela ação da atmosfera e deixar-se, por isso, dividir em folhas delgadas. Suas camadas muito horizontais e claramente destacadas eram em certos pontos atravessadas por poços naturais, circulares e muito profundos. Achamos também no mesmo lugar a que há pouco me referi (Os Martírios), veios de quartzo e detritos de cascalho ferruginoso, talvez aurífero. Depois de estudar detidamente este local deveras curioso, fizemos alto numa praia de areia do lado oposto do rio. Neste lugar, em que a vegetação era muito frondosa, nossa atenção foi atraída por uma árvore de porte mediano; até os próprios índios se sentiram atraídos pela sua extraordinária beleza. Não se pode descrevê-la melhor do que comparando-a com uma camélia gigantesca; achava-se coberta de lindas flores cor-de-rosa pálido, em cada uma das quais se viam cinco feixes de estames, separados por número igual de glândulas amarelo desmaiado.

A 10, com incrível trabalho, passamos a Cachoeira grande, a última, mas também a maior das corredeiras do Araguaia. Lá foi que se perderam, no precedente mês de janeiro, os fugitivos de Salinas; ainda se viam alguns destroços provenientes deste naufrágio. Não sabíamos que mais admirar: se o ardor da nossa gente, o vigor de seus esforços, ou a solidez das nossas embarcações, que resistiam a contínuos e inacreditáveis choques. Ora se fazia necessário suspender as canoas e levá-las até o limiar de uma cascata, ora se era obrigado a sustê-las no pé de uma parede quase vertical, por cima do qual as vagas raivosas se precipitavam, com velocidade espantosa. Em tais circunstâncias, era preciso que no momento de alcançarem as embarcações o nível inferior, os homens nelas se precipitassem, a fim de, à custa de remadas vigorosas, fazê-las sair dos perigosos redemoinhos, que se formam na base dos rochedos. São cenas estas que nos comprazemos em relembrar, mas cujos perigos de maneira nenhuma temos a vontade de arrostar segunda vez.

O pessoal estava derreado de cansaço e não pôde acabar neste dia a passagem da cachoeira. Tivemos por isso de acampar por entre as pedras, atirando-nos na areia, para passar a noite. Embora contentes por havermos escapados à maior parte dos riscos decorrentes das corredeiras, já nos preocupava vivamente o estado de nossas provisões. Havia dias que se tinha tornado indispensável diminuir as rações, até que hoje foi distribuído à equipagem o último pedaço de carne com o último punhado de arroz. Farinha tínhamos muito pouca e quatro dias eram ainda necessários para chegar ao forte de São João. Quando fiz minha ronda noturna, encontrei todos dormindo; tão duro tinha sido o trabalho, que nem o receio das onças, nem o medo dos selvagens, puderam vencer-lhes a fadiga. Não tive coragem para acordar aquela pobre gente e tive de ficar eu próprio muitas horas acordado. A noite estava linda e as estrelas no céu puro pareciam-me luzir com um brilho extraordinário. Cercavam-nos por todos os lados sombrias matas, ao mesmo tempo que aos nossos pés, cobrindo-nos de neblina e de humidade, rolavam furiosas as águas do rio. O bramido da cachoeira era apenas cortado pelos gritos agudos dos rapineiros noturnos. Entretanto, com intervalos variáveis, ouviam-se ao longe fortes detonações; eram rochedos que, minados pela base, acabavam de aluir nos precipícios do rio. É assim que, através dos períodos geológicos, o aspecto físico de uma região se modifica, inteiramente. No dia 10, fizemos quatro léguas. A uma légua e meia de *Os Martírios* entra-se na Cachoeira Grande, que, no que respeita à extensão (tem ela mais de duas léguas e meia), se parece muito com a Carreira Comprida, mas onde há uma queda de 70 centímetros, talvez a mais alta do rio Araguaia.

Em toda a Cachoeira Grande a rocha formadora é o mesmo gnaisse encontrado na Carreira Comprida; o mergulho do gnaisse é para o nordeste. A Cachoeira Grande originou-se evidentemente à custa da cadeia de montanhas que corre de oeste-noroeste para este-sudeste e cujas ramificações acompanham as duas margens do rio. Entretanto, no dia de hoje, aqueles morros se têm mostrado com muito menos freqüência do que na véspera, dando a impressão de que depois de passar a crista da serra é que o rio, ao descer pela encosta forma as suas cachoeiras.

A 11, com intensa alegria de todos, deixamos para trás as últimas corredeiras da Cachoeira Grande. Navegávamos agora em águas perfeitamente tranqüilas e, eu me esforçava quanto podia para que os nossos remeiros redobrassem de energia, a fim de chegarmos a São João, antes que a falta de alimento nos viesse enfraquecer. Nossa refeição hoje foi um grande lagarto e um jacarezinho. Durante a noite, a canoa do Sr. Weddell, que estava em muito mau estado, foi ao fundo, sendo preciso muito trabalho para fazê-la novamente flutuar. No curso da jornada, que foi de dez léguas, o rio foi pouco a pouco aumentando de largura. Caiu também um pouco de chuva.

Em ambas as margens desapareceram completamente os morros; na saída das corredeiras a pedra canga tinha substituído o gnaisse; mais adiante apareceram os xistos argilosos, avermelhados pelo óxido de ferro e formando massas consideráveis, de estratificação horizontal.

No dia 12, choveu quase sem parar; fizemos onze léguas. A formação geológica era a mesma vista por nós no fim da jornada do dia anterior; apenas, de tempos a tempos, aparecia aquele cascalho pudinguiforme de que antes já falei. Passamos em frente a uma clareira aberta na mata; nesse ponto onde vinha terminar um caminho, havia uma porção de canoas de índios. Sabedores de que os Apinajés tinham os seus aldeamentos nesta parte do rio, pensamos ter chegado à zona em que habitam. Soubemos, por Simão, que esses índios eram muito pacíficos, pelo que foi possível poupar à extenuada equipagem o trabalho da guarda noturna.

A 13, não conseguimos mais do que uma tartaruga, que foi repartida equitativamente em pequenos pedaços. Tinha chovido sem cessar durante toda a noite e amanhecemos muito molhados. Fizemos cinco léguas. A formação era sempre o xisto argiloso, exceto na passagem de uma corredeira, que me pareceu formada de gnaisse. O Araguaia corria por uma planície, onde não se via o menor vestígio de morros.

No dia 14, tivemos ainda de passar uma corredeira formada de rochas gnássicas; mais adiante; porém, apareceu um grés vermelho, extremamente duro.

O rio, neste último dia, apresentava muitas ilhas e bancos de areia. Foi com profunda emoção e alegria que desembocamos no Tocantins, porquanto tínhamos acabado de fazer uma exploração considerada muito perigosa.

O Tocantins se reúne ao Araguaia por meio de três braços. Às 3 horas da tarde alcançamos a junção principal dos dois rios. O canal dos dois cursos reunidos não é mais largo do que o Araguaia sozinho. Mandei na frente o furriel Magalhães, para que ele anunciasse a nossa chegada ao comandante do forte São João; mas, tendo-se perdido no emaranhado de rochedos que assinalam a junção, ele só veio a chegar no mesmo momento que nós. Antes de chegar ao forte foi preciso atravessar uma corredeira, pouco perigosa, mas enormemente extensa; era preciso abrir caminho através de uma sucessão ininterrupta de rochedos e de baixios.

O homem do Pará, como também as duas mulheres, como não tivessem vontade de visitar o forte, seguiram na canoa pelo primeiro braço do Tocantins, pedindo que não tocássemos nos seus nomes. Em pouco tempo chegamos à fortaleza, se é que podemos dar este nome a uma grande casa de paus e folhas de palmeiras, que fica situada num morro de 33 metros de altura e saliente sobre o rio em forma de promontório. Desfraldamos o pavilhão brasileiro na popa da canoa grande, desembarcando no limiar do fortim sob as mais ruidosas exclamações e descargas de mosquetaria, a que prontamente responderam os tiros das peças.

CAPÍTULO XIV

O FORTE SÃO JOÃO DAS DUAS BARRAS. - SUBIDA DO TOCANTINS.

Fomos recebidos no forte de São João por um jovem oficial que havia comandado a praça durante dois anos e que estava de volta para o Pará, visto ter chegado há poucos dias um novo comandante. A guarnição do forte é habitualmente composta de uns trinta homens; com uma dúzia de mulheres e crianças, ela está distribuída por três ou quatro casinhas, situadas à volta da casa grande. Encontramos na porta o novo comandante, velho hipocondríaco, baixo e grosso, de pele tisnada, cenho fechado e olhar agressivo. Tudo nele denunciava baixeza e avidez; veremos em breve como o seu caráter estava de acordo com esta aparência física. Passara toda a vida nos pequenos fortins do Amazonas e do rio Negro, impressionando-nos vivamente pela maneira com que tratava os soldados. Embora não passasse de lugar-tenente, exigia dos últimos, sob pena de chicote, o título de Excelência. Quando lhe apresentamos a *portaria* imperial e cartas do presidente de Goiás, teve para conosco movimentos de um respeito absurdo, indo buscar as chaves do forte, para no-las entregar numa bandeja de prata. Muito mais prazer do que essas exageradas honrarias deram-nos algumas boas xícaras de chá, sequilhos e biscoitos, que avidamente comemos. Trouxeram-nos depois um ensopado de tartaruga, que teve a mesma sorte, visto como havia bastante tempo que não comíamos à vontade. Também ao nosso pessoal, que tanto necessitava de um repasto substancial, foi dada uma enorme tartaruga. Este réptil, de par com excelentes laranjas, constitui a alimentação costumeira dos moradores. Confessou-nos o comandante que não foi sem grande receio que viu aproximar-se a nossa flotilha. Julgou-se na iminência de ser atacado pelos selvagens do rio Araguaia, motivo pelo qual não teve menor surpresa que contentamento quando viu a bandeira brasileira ser içada por embarcações vindas por caminho tão pouco conhecido.

À noite, o velho comandante me trouxe uma magnífica rede enfeitada de penas brilhantes, instando para que eu a aceitasse. Falou-nos durante muito tempo a respeito das pessoas do Pará por nós encontradas no Araguaia, dizendo que as mulheres eram escravas fugidas, por cuja captura lhe haviam prometido uma recompensa, que ele não queria perder. Com lágrimas nos olhos, implorou-me para que o ajudasse a conquistar o referido prêmio. Escusa dizer que muito pouco me sensibilizaram as suas súplicas. Infelizmente, porém, entre nossa gente houve alguém que não soube guardar a mesma discreção, fazendo com que naquela mesma tarde tivéssemos o dissabor de ver partirem várias embarcações bem armadas, na perseguição daqueles escravos. Dormimos fazendo votos em favor dessas pobres mulheres, que tanto já tinham sofrido.

No dia 15, ao nascer do sol, pelas gargalhadas do comandante, ficamos cientes de que os fugitivos tinham sido presos. Com efeito, daí a pouco vimos chegarem as infelizes, as quais, como às crianças, tinham sido arrancados os trapos que lhes déramos para se cobrirem. O velho locotenente entrou pelo meu quarto, com insolência igual à covardia que mostrara na véspera. Tinha acabado de verificar, folheando pela terceira vez os nossos papéis, que estes se destinavam exclusivamente à província de Goiás, motivo pelo qual, estando nós na do Pará, ele se julgava no direito de nos tratar com a sua habitual grosseria. Começou por atirar-se na rede, declarando-me depois que não se considerava autorizado a nos deixar continuar a viagem até o Pará, para onde, dizia, sabia que eu desejava ir. Calmamente, fi-lo lembrar-se de que já na véspera eu lhe tinha dito que a minha intenção era subir o Tocantins e voltar novamente a Goiás. Acrescentei todavia que se estivesse decidido a tomar outra direção, eu certamente não lhe iria pedir permissão, coisa de que era fácil convencer-se comparando as suas forças com as que eu tinha à minha disposição. Pareceu espantar-se com esse aviso, tornando-se menos impertinente, embora me perguntasse várias vezes quando pensava deixar o forte. Respondi que pelo meu gosto já estaria muito longe, mas que a necessidade de lhe determinar a posição astronômica ainda me prenderia mais algum tempo. Essa notícia não me pareceu ser nada agradável para ele.

As grosserias desse velhote eram em parte compensadas pelos modos do jovem oficial que nos tinha recebido a princípio. Graças a ele, pudemos obter os víveres necessários à alimentação da equipagem, que o velho não queria reconhecer, por ser formada de soldados brasileiros. Apercebíamo-nos a cada momento das crescentes dificuldades que teríamos para conseguir as provisões de que tanto necessitávamos. A guarnição do forte leva toda a vida, a passar fome, porque, falhando a pesca da tartaruga, vê-se obrigada a passar a laranjas, frutos que ainda só existem numa parte do ano. O comandante, antes de sair do Pará, tinha vendido as provisões fornecidas para o consumo da guarnição, durante o semestre; assim, os soldados se viram condenados a viver da pesca e dos poucos répteis que pudessem caçar. Tão longe tinha ido a tirania do locotenente, que o vimos forçar um soldado a lhe pagar quantia correspondente a 6 francos para ter direito a um pequeno jacaré que ele próprio acabava de pegar. Por essa forma conseguia aquele homem apoderar-se de todo o soldo da guarnição. Pela menor falta, às vezes por simples capricho, os soldados eram barbaramente castigados. De repente, vieram contar-me que o brutal governador ia mandar bater em nossas pobres companheiras do rio Araguaia. Acudi ao lugar imediatamente, encontrando as pobres mulheres ajoelhadas e em prantos diante dele, enquanto os soldados aguardavam a ordem com os chicotes em mãos. Dirigi-me desassombradamente ao comandante, fazendo-o ver que, embora casualmente, era à minha expedição que ele devia a captura dessa gente com que pretendia fazer tão vantajosa especulação, e que se ele as torturasse eu daria parte às autoridades superiores de seu infame procedimento para comigo. Minhas palavras o intimidaram, fazendo com que, com grande pesar, renunciasse ao espetáculo, que contava gozar.

Tendo sabido que esse homem tinha uma grande provisão de farinha, guardada para seu uso particular, esforcei-me para que me vendesse uma certa porção, visto como lhe seria fácil substituí-la recorrendo às canoas que percorrem freqüentemente o Tocantins. Foi porém em vão; todas as ofertas que lhe fiz foram obstinadamente rejeitadas. Extremas eram as minhas aperturas; mas, por felicidade, o antigo comandante concordou em me ceder algumas tartarugas, das de que tinha feito ampla provisão, para a viagem. Adquiri também, por alto preço, a única cabeça de gado existente em São João. Nosso pessoal estava de tal modo cansado que, apesar da falta de alimento, nenhum interesse tinha em pescar. Como sempre, ele me prestava bem menos serviço no lugar habitado do que na solidão do deserto. Muito se falava aqui de um fruto a que chamavam *castanhas* e que nos parecia poder prestar grande serviço à nossa alimentação; mas o comandante resolvido a nos reduzir pela fome, tinha proibido a sua gente, sob penas severas, de nos mostrar o lugar da mata onde ficavam as árvores que as produziam.

No dia 19 de agosto, sob o pretexto de caçar, fiz o Sr. Deville seguir com seis homens, dando-lhe instruções para que fizesse todo esforço a fim de conseguir arrancar do guia o famoso segredo. Efetivamente, no dia seguinte, voltava ele com a canoa cheia de frutos, encontrados por acaso. Esses frutos, chamados em francês "noix du Brésil" (*Bertholletia*), são do tamanho de uma cabeça de criança recém-nascida, e contém dentro de um estojo de consistência óssea cerca de vinte sementes alongadas e angulosas, cuja amêndoa, protegida ela própria por um invólucro duro e quebradiço, é oleaginosa, eminentemente comestível e de sabor muito agradável. A planta que as produz é uma árvore gigantesca, útil não somente pela grande abundância da produção, mas ainda por sua casca, de onde se tira uma estopa de excelente qualidade. É encontrada do baixo Tocantins ao rio Orenoco, estendendo-se para o oeste até o rio Madeira.

Em nossas observações astronômicas, éramos fortemente contrariados pelo tempo constantemente coberto; passavam-se dias inteiros sem que pudéssemos ver o sol. Estivemos também ocupados na embalagem das coleções feitas no Araguaia, que o jovem oficial se tinha prontificado a levar para o consul de França no Pará. Infelizmente, porém a canoa em que iam virou no rio Tocantins, acarretando a perda de sessenta e sete espécies de aves, muitas peles de mamíferos e de répteis, plantas, etc., além de uma linda coleção de armas e utensílios dos selvagens da região.

O Sr. Weddell achou os arredores do forte São João muito pobres do ponto de vista botânico. Não obstante, obteve aí muitas espécies, que não tinha até então colecionado, da família Podostemáceas, objeto de sua particular predileção. Elas cobriam com suas flores cor-de-rosa as pedras das cachoeiras. A temperatura média de São João das Duas Barras é de 25 graus; a altitude, de 60 metros. Como a distância, em linha reta, do forte do Pará, é de aproximadamente 30 miriâmetros, segue-se que o declive do rio Tocantins é de cerca de 2 metros por miriâmetro. A largura do Tocantins no Forte São João, medida trigonometricamente, é de 1.780 metros. Achou-se para a velocidade da correnteza no referido ponto 200 metros em 10 minutos e quatro segundos, ou sejam 19 metros e 86 centímetros por minuto. O estabelecimento foi construído sobre uma rocha de xistos argilo-talcosos cinzentos; estes xistos atravancam todo o rio, com um mergulho de 22 graus norte ao nível do forte.

A 20, passaram pelo forte duas grandes embarcações que tinham subido o rio desde Belém, gastando nada menos de três meses em percorrer esse curto trajeto, o que poderá dar idéia dos obstáculos que o rio oferece à navegação. A este gênero de embarcação dá-se no país o nome de botes. Têm elas a aparência de choças flutuantes e deslocam cerca de vinte toneladas; fazem sempre a viagem de Belém a Porto Imperial e sua tripulação é constituída geralmente de vinte a trinta homens. Descem carregadas de couros de boi, que em Goiás valem aproximadamente 2 francos e 50 cêntimos e alcançam 8 francos no Pará. Este trajeto é feito em vinte e cinco ou trinta dias, ao passo que a subida do rio demanda quatro ou cinco meses. A carga consta então de diversos artigos, tais como tecidos, vinhos, licores, louça, chapéus, cabaças pintadas que geralmente se usam como copos, cachimbos, etc., etc. O capitão de um desses botes nos prestou enorme serviço dando-nos três sacos de farinha de mandioca, que lhe deveríamos restituir em Boa Vista, no rio Tocantins. Sabíamos que não era possível alcançar este último porto em menos de dezoito dias, pelo que foi com estes recursos, muito minguados em comparação com o nosso número de pessoas, que nos vimos forçados a fazer essa longa e penosa viagem. Finalmente, concluídos os nossos trabalhos, deixamos a 20 o inóspito posto de São João. Só alguns anos mais tarde, ao descer o Amazonas, é que viemos a saber do fim trágico do velho comandante, aliás bem merecido. Exasperados por uma crueldade que chegava até à loucura, um belo dia os soldados se revoltaram, apoderando-se dele e de um sargento que era um instrumento cego em suas mãos; amarraram-nos a uma árvore, instituíram o seu processo com toda calma, ouviram-lhes a defesa e lavraram-lhes por fim a sentença que lhes fora reservada: condenados à morte por grande maioria, foram fuzilados.

Em São João, tínhamo-nos munido de compridas varas chamadas *varejões*, muito necessárias para a passagem das corredeiras. A satisfação que todos os nossos homens experimentaram por deixar o forte fez com que progredisse rapidamente a nossa subida do rio Tocantins. Como saímos ao meio-dia e a marcha fosse retardada pela necessidade de subir uma corredeira que já tínhamos atravessado, não pudemos fazer no primeiro dia mais do que duas léguas, acampando a seguir ao ar livre, junto à margem do rio. Ao longo de um quarto de légua abaixo de São João, o Tocantins é impedido pelos rochedos de xisto argiloso de que já falamos. A boca do terceiro braço do Tocantins fica mais ou menos uma légua acima do forte São João; este braço tem cerca de 250 metros de largura e é perfeitamente navegável.

O dia 21 foi gasto inteiramente na rude tarefa de, subir o rio, vencendo grande correnteza. Fizemos umas seis léguas sem que nada nos acontecesse, digno de nota, a não ser que um dos barqueiros, tendo visto da proa da embarcação uma grande tartaruga no fundo da água, mergulhou imediatamente em sua perseguição, conseguindo agarrá-la e trazê-la para a superfície, onde foi prontamente embarcada pelos companheiros. Alegrou-se toda a equipagem com esse inesperado acréscimo às nossas provisões, diminuindo os receios que tínhamos com respeito às provisões. A temperatura da água do Tocantins, no dia 21 pela manhã, era de 27°,8. Os únicos obstáculos encontrados no leito do rio eram os bancos de areia; haviam desaparecido as pedras, mas, nas margens, pudemos verificar a existência de camadas argilosas, embaixo da areia.

No dia 22, fizemos cinco léguas e meia, alcançando as grandes embarcações, do Pará, que tinham passado por nós em São João. O rio, cuja largura se reduzira a cerca de 400 metros, corre aproximadamente para leste; durante o dia toda a correnteza era muito forte, observando-se, como na véspera, abaixo da areia, as camadas argilosas que lhe formam o leito. Como nos dias anteriores, instalamos o nosso acampamento na margem esquerda do rio, por sabermos que, até Boa Vista, havia perigo em ficar no lado oposto, por causa dos índios bravos que aí residem e são conhecidos pelo nome de *Gaviões*; palavra portuguesa que significa aves de rapina. Mais de um pescador infeliz encontrou a morte sob suas flechadas, por ter querido apanhar algum peixe daquele lado. A margem esquerda, pelo contrário, é habitada pela tribo pacífica dos Apinajés. Mais acima, e sempre na margem direita, acham-se os Caracatis, tribo perigosa e, finalmente, em ambas as margens do alto Tocantins, moram os ferozes Xavantes. Fato singular na vida destes selvagens é que, vivendo sempre junto à margem dos rios, não houvessem inventado nenhum meio de navegar em suas águas.

A 23, na hora de partir, notamos que o Menino do doutor não estava presente, sabendo então, que ele havia desertado, em conseqüência de uma contrariedade experimentada no dia anterior. Após algumas buscas descobrimo-lo finalmente de pé na margem do rio pronto para tomar passagem nas embarcações que pela manhã tínhamos encontrado. Esforçamo-nos sem resultado para reconduzi-lo à nossa companhia, fazendo-lhe ver que a margem aí estava em parte escondida por uma grande ilha que obstruía parcialmente o rio; e que, se lhe escapasse este ensejo único de sair daquela solidão ele corria o risco de ficar muitos meses sem ter o que comer. Entretanto, surdo a todas as nossas exortações, ele fugia cada vez que se lhe procurava chegar perto. Como o tempo nos era demais precioso para que o desperdiçássemos, resolvemos seguir, finalizando aí para nós a história do Menino. No leito do rio voltaram a aparecer alguns rochedos; eram talhados de várias maneiras pelas águas, mas sua estratificação era perfeitamente horizontal. E em alguns lugares mostravam-se cortadas a pique, lembrando muito as que encontramos nos Martírios, sobre o Araguaia. Pertenciam todos a uma formação arenácea. Fizemos sete léguas, mas bastante apreensivos com a perspectiva da fome, cada vez mais ameaçadora. Com o esforço para subir o rio, nossos homens se iam enfraquecendo de modo notável. Tinham perdido toda alegria; entretanto, embora quase mudos e trocando apenas algumas palavras referentes à falta de víveres, trabalhavam com afinco. Nós não éramos melhor aquinhoados do que eles, mas, pelo menos, os nossos trabalhos não exigiam o dispêndio de forças físicas. Todos havíamos emagrecido enormemente e nos sentíamos muito abatidos. Muitas vezes, em sonho, entrevíamos uma mesa servida lautamente, mas não tardava muito que o vácuo de nossos estômagos nos chamasse à realidade. A pescaria feita a 23 não deu mais do que uns poucos peixes, muito interessantes para o naturalista, mas pelos quais o nosso pessoal sentia grande repugnância. Quero referir-me às raias de água doce, de que há nesses rios várias espécies. Elas são armadas de esporões cujos ferimentos são muito temidos pelos pescadores.

No dia 24 fizemos seis léguas. O rio mantinha quase a mesma largura e apresentava fraca correnteza. Durante todo o dia observamos os mesmos grés que nos dias anteriores; mas, no fim do trajeto, apareceram argilas de coloração cinzenta, muitas vezes corroídas ou recortadas pelas águas. Uma vez ou outra, viam-se sobre estas argilas placas de cascalho aglutinadas. Sofremos muita fome o dia todo; os caçadores só conseguiram matar um mutum, que foi repartido por toda a equipagem aos pedacinhos, depois de retirada a pele, que de direito pertencia às nossas coleções.

A 25, partimos cedinho e fizemos cinco léguas. A formação era a mesma do dia anterior; a mais observamos apenas um conglomerado argilo-ferruginoso muito compacto e disposto em camadas. O rio, inteiramente livre de obstáculos, tinha uma largura aproximada de 400 metros. Nesse dia, matou-se somente um gavião, bastante interessante para a ornitologia, mas bem pouco para a nossa cozinha. À vista disso, nosso pessoal percorreu a mata em volta, à procura de alguma coisa boa para comer. Voltaram, à noite, com os pedaços de um cipó que julgavam alimentício; entretanto, depois de assados, tinham gosto tão ácido que ninguém pôde comê-los apesar da fome. Para disfarçarmos um pouco esta situação, pusemo-nos a procurar insetos na beira do rio, encontrando grande quantidade de uma espécie de *Megacephala* verde, ao passo que no Araguaia todas as espécies deste gênero por nós encontradas pertenciam à divisão da *M. taciturna*. Na porção baixa do último rio tínhamos achado uma de enormes dimensões (*M. grassa*). Por causa deste inseto corri certa noite um grande risco; tendo-me cansado muito em procurá-lo, deitei-me na praia e estava dormindo, quando fui despertado por fortes gritos. Abrindo os olhos, vejo um homem a apontar para mim o cano da espingarda. Reconhecendo logo um dos nossos camaradas, interpelei-o sobre o motivo de tão singular manobra. O desgraçado deixou cair o fuzil, dizendo-me muito emocionado que ao perceber o corpo deitado na praia, pensou a princípio que se tratasse de um jacaré, mas que, observando melhor, acreditou tratar-se de um índio espião. Estava, porém, já para abaixar o fuzil no momento justo em que lhe dirigi a palavra. Contentei-me em elogiar a vigilância de que tinha acabado de dar prova.

No dia 26 fizemos quatro léguas. A formação era, em geral a mesma encontrada no dia precedente; sempre os grés e os conglomerados ferruginosos, de aspecto, muito variado. Uma espécie dos últimos se apresentava em placas e tinha granulação grossa; uma outra, de grãos menores, achava-se em contato com um grés muito friável, cheio de perfurações em que faziam ninho as andorinhas; finalmente, na Cachoeira da Serra Quebrada, que este dia passamos, as pedras eram constituídas de uma variedade muito dura dos conglomerados ferruginosos de que falei. A cachoeira, ou melhor, a série de corredeiras que atravessamos, é formada pelo prolongamento da Serra Quebrada, o qual se estende pelas duas margens do rio e parece correr de oeste-noroeste para este-sudeste.

Desde cedo o Sr. Weddell tinha tomado a dianteira, para, chegar a uma habitação que sabíamos ficar perto destas corredeiras. De fato, assim que aí chegamos verificamos com alegria que ele já havia comprado um saco de farinha e boa quantidade de canas-de-açúcar, artigos que nos apressamos em carregar para as embarcações. Ao passar pelo salto quebrou-se o leme de minha canoa, fazendo atrasar a nossa viagem. As rochas mostravam-se forradas de bonitas espécies de Podostemáceas, completamente diferentes das do rio Araguaia. As canas que acabávamos de obter eram ótimas e muito ricas em açúcar; mas todos os nós eram muito salgados, principalmente os de perto da ponta. Esse sal, muito abundante nos nós dos caules tenros, desaparece quase de todo nos mais antigos.

No dia 27 progredimos apenas uma meia légua, por causa da cachoeira de Santo Antônio. Consiste ela numa série de corredeiras entre rochas silicosas e muito duras mal cobertas pela água. As embarcações têm de ser arrastadas por cima destes rochedos que obstruem a passagem. Estas corredeiras parece serem formadas pela Serra dos Gaviões, que atravessa o rio e corre de oeste-noroeste para este-sudeste, mas cujas ramificações são muito pequenas na margem direita. Ao chegar à última corredeira deparamos com o caminho aberto na mata da margem direita, com o fim de transportar por terra o carregamento das grandes embarcações, que não poderiam de outro modo transpor este trecho, o mais encachoeirado de todos. Passam por aí anualmente cerca de 2.000 alqueires de sal e 20 a 30.000 couros de boi. Nesse lugar encontramos a cabana de um morador, que morava com a família neste ermo. Era um homem extraordinariamente inteligente e tinha feito extensas viagens pelo interior, em busca de ipecacuanha. Uma dúzia de índios Apinajés, donos das terras em que ele tinha fixado residência, passara a viver nas proximidades da choupana. Estes selvagens, homens e mulheres, andavam completamente nus e chamavam a atenção pelo tamanho enorme dos lobos das orelhas, em que tinham introduzido grossas rodelas de pau. Todos os homens possuíam espingardas e delas se serviam com muita habilidade.

Fomos recebidos muito hospitaleiramente pelo sitiante; vendo como nos achávamos desprovidos de mantimentos, apressou-se em arrancar raízes de mandioca para distribuir ao nosso pessoal, preparando-nos ainda uma ótima galinha, cozida em arroz. Fê-lo rir a voracidade com que demos conta desse prato, dando ordem para que nos fossem servidos mais dois ou três, que tiveram a mesma sorte. Causou-nos grande constrangimento saber que os homens da nossa turma, em paga de tão bom tratamento, haviam devastado as suas plantações. Entretanto, recusara qualquer indenização, dizendo-me que o pessoal das embarcações, que passavam por ali, há muito o tinham acostumado a esses desastres. Na margem oposta do rio

Tocantins era freqüente verem-se os índios Gaviões; contou-nos o nosso hospedeiro que pelas noites de luar claro ouviam-se as músicas desses selvagens, que dançavam na praia. Caçoava muitas vezes do medo que sua mulher e as crianças tinham dessa perigosa vizinhança, julgando-se, ao contrário, em perfeita segurança. Contou-nos todavia que os Gaviões, expulsos pelos Xavantes, tinham querido pouco tempo antes conseguir dos Apinajés permissão para se fixarem na outra margem do rio. "Se tal acontecer, dizia com frieza, seremos infalivelmente massacrados; mas parece-me muito pouco provável que eles consigam entender-se". É em suposições desta natureza que os habitantes das fronteiras fazem repousar a tranqüilidade que parecem desfrutar. Não raro o tacape dos selvagens os vêm despertar destas ilusões. Lastimamos profundamente não ter podido observar nenhum índio desta nação inimiga; são, disseram-nos, quase pretos e de pequena estatura. Enquanto estivemos em casa deste excelente homem, quebraram-se de novo as peças de ferro do leme de meu barco, tornando-se necessário passar a noite no lugar, para forjar outras novas. Deram-nos à noite, alguns ovos de tartaruga. Encontram-se aqui três espécies desses répteis; duas são êmides, ou tartarugas aquáticas, conhecidas pelos nomes de tartaruga e tracajá. A terceira é terrestre e chama-se jabuti. A tartaruga alcança grande tamanho, ao passo que o jabuti vive na mata e é caçado com o auxílio de cães. As duas primeiras são pescadas com anzóis iscados com a medula da palmeira tucuru.

No dia 28 embarcamos, levando conosco o nosso hospedeiro, que se destinava à missão de Boa Vista. Nas margens do rio crescia enorme quantidade de palmeiras, tais como o buriti, a anajá, o tucura, o acari, o bacará, a maoaúba etc. Não tardou que avistássemos, vindo em nossa direção, um grande barco cheio de provisões. Nosso amigo Felix, este era o nome do morador, conseguiu fazer com que o patrão nos vendesse algumas arrobas de carne seca. Alegrei-me com este encontro, instigando nossa equipagem a trabalhar ativamente, e prometendo-lhe um bom almoço, com o fito de chegarmos depressa à margem onde devíamos acampar. Entretanto, percebi que havia pouca pressa em embarcar e, pelos cochichos dos homens, que algo estranho se estava passando. Com efeito, ao cabo de alguns instantes, veio ter comigo um grupo de pessoas, dizendo-me com insolência que todos estavam com fome e tinham decidido não embarcar antes de comer. Respondi-lhe que os pontos de descanso estavam marcados com antecedência e que nada obteriam antes do pouso da tarde, principalmente em vista dos termos da reclamação. Ameaçaram-me então de desertar, ao que repliquei fazendo-os saber que estava nas suas mãos ficar na praia deserta, se tal lhes conviesse. Aí, cerca de vinte deles retiraram seus sacos das canoas, sentando-se na praia. Fi-los desarmar; dei em seguida ordem aos soldados que se mantinham fiéis para embarcar e conduzir as embarcações ao largo; a seguir anunciei bem claro a minha intenção de alcançar a outra margem do rio e de aí deixar as embarcações caso não pudesse levá-las por falta de gente, continuando a pé a minha viagem até a missão. Percebi logo a grande atrapalhação em que ficaram os recalcitrantes. Tinham-se julgado indispensáveis e nunca supuseram que me seria possível passar sem eles. Por outro lado, não lhes sorria absolutamente a idéia de serem deixados no meio da mata virgem. Eles sabiam que o único lugar habitado a que poderiam chegar era aquele em que tínhamos estado ultimamente, mas que à falta de caminho só lhes seria provavelmente dado alcançar dentro de dois dias. Além disso, como haviam tido o cuidado de depredar as plantações antes de partir, lá não mais poderiam achar víveres para tanta gente.

Enquanto nos afastávamos da margem do rio, os principais cabeças da rebelião puseram-se a confabular, resolvendo entrar em entendimento comigo. Não lhes dei porém ouvidos e só depois de muito implorarem é que permiti viesse um deles ao nosso encontro, a nado.

A formação é invariavelmente o grés e a rocha de conglomerado ferruginoso, vizinha da canga, referida páginas atrás. Na segunda metade das 5 léguas que este dia fizemos, observamos sempre, nas barrancas do rio, argilas vermelhas e cinzentas. O rio permitia passagem livre em todos os lugares, mas a correnteza era bastante grande. À noitinha acampamos na ilhota da Botica, nome que dizem provir da grande quantidade de plantas medicinais encontradas nos campos dos seus arredores. Por singular circunstância, esta ilha aparece na história, por isso que em 1823 foi nela que se abrigaram os soldados fiéis à coroa portuguesa, depois de atravessarem os desertos do Maranhão. Algum tempo depois, foram atacados e levados dali pelos moradores de Pastos Bons, os quais haviam abraçado a causa da independência brasileira.

Vimos na margem da ilha o rasto de uma gigantesca jibóia.

No dia 29, graças a uma abundante distribuição de mantimentos na véspera, a viagem correu mais calma do que de costume e sem as lamúrias do pessoal, que chegou a trabalhar com entusiasmo. Uma tirada de seis léguas fez-nos ir além do Saco Curira, nome de um trecho do rio, em que, pelo espaço de uns três quartos de légua, as águas são pouco profundas e o leito semeado de pedras. Passamos também uma parte da Cachoeira Três Barras. Nesses dois pontos aparecia uma rocha diorítica com núcleos de quartzo, ao passo que, no começo da jornada, tínhamos observado apenas cascalhos aglomerados, superpostos ao grés ferruginoso. À tarde passámos por várias habitações e fomos acampar numa estreita praia, que a muito custo nos cabia a todos.

A 30, bem cedo, mandei levar numa canoa grande os passaportes do Imperador, do presidente da Província e do bispo, a fim de que tivéssemos boa recepção em Boa Vista, onde contávamos chegar pelo meio-dia. Metemo-nos depois pelas corredeiras, onde uma das embarcações se chocou violentamente com uma pedra, quase soçobrando. O leito do rio, cuja largura continuava a ser de uns 400 metros, era atravancado por rochas de diorito ou, pelo menos, da natureza destas. Não custou que descobríssemos, ao longe, sobre um pequeno morro e no meio de um palmeiral, a sede da missão. Algumas canoas grandes vieram logo ao nosso encontro remando à toda força e alcançando-nos em poucos momentos. Vinha nelas o próprio missionário em pessoa, e quase todas as pessoas graduadas do lugar. O padre era italiano e vestia o hábito dos capuchinhos; ele nos abraçou efusivamente, enchendo a nossa canoa de garrafas de vinho e de excelente carne assada. Diante de todas estas coisas boas, não queríamos acreditar no que víamos, tratando de com elas nos banquetearmos, antes de responder às perguntas a nós dirigidas pelo missionário. Este excelente homem parece ter-se condoído do estado em que nos encontrávamos. Passando depois para as canoas dos companheiros de viagem, tratou a todos com a mesma generosidade. Ao chegar à canoa do doutor, deu-se um incidente que no momento nos causou alguma apreensão, mas que, por felicidade, não passara de cômico. Ao erguer-se o frade para dar um abraço fraternal em nosso companheiro, as duas embarcações se afastaram uma da outra, fazendo com que o monge e o médico mergulhassem na água. Mas o Sr. Weddell sabia nadar muito bem, não lhe sendo difícil içar para fora o missionário, tão mal pago pela hospitalidade a nós dispensada.

Assim que abicamos na praia foram dados muitos tiros de carabina, aos quais respondemos com três salvas completas. Levou-nos depois o bom padre para sua casa, tão modesta quanto as outras do grande vilarejo que fundara, ele próprio, em pleno deserto anos antes, e não possuía mais do que umas seis, ou sete choças, cujos primitivos moradores se tinham exterminado mutuamente. Fez-nos depois daí percorrer as ruas, as praças e a igreja por ele construída. Viera para este lugar não antes de 1841; mas, pouco tempo após a chegada, sua fama espalhou-se de tal modo pelas solidões do norte de Goiás que três anos foram bastantes para a população da aldeia ascender a 1.500 almas e o número das casas chegar a 200 ou 300. Os recém-vindos procediam principalmente dos aldeamentos do rio Tocantins; mas grande número deles havia atravessado os sertões do Maranhão, para vir morar sob sua direção. Eram de profunda veneração os sentimentos que inspirava Frei Francisco à sua gente; durante os seus passeios, muitos vinham ajoelhar-se aos seus pés, beijando-lhe a túnica e pedindo a sua bênção. Em meio à corrupção que campeia em todo o interior do Brasil, distinguem-se os moradores de Boa Vista pela sua grande pureza de costumes. Poucos dias antes de nossa passagem, certa mulher que se obstinava em levar uma vida pouco regular fora expulsa da comunidade, tendo sua casa queimada pelas mãos do próprio missionário. Não é possível deixar de admirar que semelhante ordem tenha sido conseguida por um frade ignorante. Infelizmente, porém, ele às vezes usava do poder absoluto que tinha nas mãos para tomar certas medidas filhas de um exagerado zelo. Assim, todos os habitantes eram obrigados a comparecer três vezes por dia ao serviço divino, o que lhes roubava tempo demasiado, com grande prejuízo para o que aos primeiros habitantes de um lugar cumpre fazer, a bem de seu desenvolvimento. As mulheres eram forçadas a usar uma roupa uniforme, constituída de uma grande camisola branca, que lhes cobria completamente o corpo, deixando descoberto somente os olhos e o nariz. O chefe absoluto desta cidadezinha tinha a simplicidade de uma criança, o que não o impedia de ser alegre como mandava o seu temperamento. Ele nada tinha de seu e vivia à custa de esmolas. As casas de Vila Pacífica, nome que dera à sua missão, eram todas de palha; até a própria igreja. Contudo, estava-se construindo um forte alicerce de pedra para um novo templo, de grandes dimensões. Enquanto estivemos na missão, Frei Francisco nos arranjou bastantes provisões de boca, ajudando-nos também a adquirir dos moradores os víveres de que tínhamos necessidade para prosseguir a viagem. O que há de mais interessante para ver nos arredores de Boa Vista são as aldeias dos índios Apinajés, as quais ficam localizadas na vasta península existente entre os rios Araguaia e Tocantins. Ficou logo combinado irmos no dia seguinte visitá-las, em companhia do missionário. Assim, na madrugada do dia 31, trouxeram-nos vários cavalos, para essa viagem. Ao cabo de uma meia hora veio o monge juntar-se ao nosso séquito acompanhado de uma dúzia de cavaleiros. Esta temível escolta apresentava o mais pitoresco dos aspectos. Como sempre, o frade trazia a sua preta batina amarrada na cinta com uma corda, à cabeça tinha apenas uma pequena carapuça e os pés iam descalços. Ele não aparentava mais do que quarenta anos, dando-lhe a barba negra algo de imponente à sua estampa. Não tirava das mãos um trabuco, trazido da Itália, e capaz, só por si, de fazer fugir uma multidão. Excelente cavaleiro, conduzia o seu fogoso animal por entre os espinhos, troncos derrubados e buracos que obstruíam o caminho. As pessoas que o acompanhavam estavam quase todas vestidas de couro, ao passo que as selas e os arreios dos cavalos, curiosamente trabalhados, eram enfeitados com placas de prata ou cobertos de conchas. Os estribos eram não raras vezes do mesmo metal há pouco citado. Levava-nos o caminho através de florestas magníficas, compostas em boa parte de palmeiras, fazendo-nos chegar ao cabo de uma marcha de hora e meia à aldeia, que se localiza no campo, cerca de duas léguas e meia a oeste. Esta aldeia está longe de ser interessante como a dos Carajás, porque os índios que nela habitam já adquiriram aquele começo de civilização que corrompe os povos selvagens, sem lhes poder ainda dar em troca a reforma de seus bárbaros costumes. E' coisa que só o cristianismo pode conseguir.

As casas tinham todas a mesma forma e eram cobertas com folhas de palmeira, à moda das dos brasileiros. Apenas, estavam dispostas em círculo, de maneira a circunscrever uma grande área central. Estas choças são bastante espaçosas, oferecendo internamente aspecto particular. Cada uma delas é habitada por diversas famílias, muito embora não existam quaisquer paredes divisórias. Dormem estes índios em camas de pau bastante altas e seus utensílios se compõem principalmente de cuias e cabaças, além dos enfeites e armas, que cobrem literalmente as paredes.

Embora já possuam espingardas e alguns objetos outros obtidos através de suas relações com os civilizados, vivem estes selvagens completamente nus e nem mesmo possuem o cordão dos índios do Araguaia. Já vimos como se arranjam para dar às orelhas o enorme tamanho de que tanto se orgulham. Desde a mais tenra idade, fende-se o lobo da orelha da criança, introduzindo-se no buraco um pequeno pau, que é substituído sucessivamente por outros de tamanho crescente, até que se torne possível colocar em lugar deles rodelas de duas a três polegadas de diâmetro. Estes índios são muito trabalhadores e são eles que, com suas vastas plantações, alimentam não só o povo de Boa Vista, como ainda o pessoal das embarcações que navegam pelo Tocantins, até o posto de São João. Gabam-se ainda de ser excelentes remadores, muitos deles tendo feito a viagem pelo rio até Belém do Pará. Por esta longa viagem, que dura de seis a oito meses, recebem a título de pagamento uma espingarda ordinária, de 5 ou 6 francos. Explica-se deste modo a quantidade de armas de fogo que se vêem em suas casas, não obstante o fato de usarem sempre, de preferência, nas caçadas, arcos e flechas. Vimos ainda entre eles machados de pedra dura, presos em cabos muito curtos. Como cada habitação contém em média umas quarenta pessoas e a aldeia possui vinte e uma casas, deve-se calcular a população desta última em 850 habitantes. Encontramos o aldeamento quase deserto, havendo fugido os seus moradores. Não obstante, fomos recebidos pelo chefe, que nos apresentou à sua mulher, vestindo ele camisa e calças brancas e trazendo esta, que estava sem camisa, um chapéu cor-de-rosa. Eu queria muito obter alguns ornatos dessa nação de índios; mas o chefe me disse que não os poderia ceder na ausência de seus donos. Prometeu-me levá-los no dia seguinte, o que de fato fez.

Não nos demoramos a deixar este aldeamento, para visitar um outro situado a este-nordeste, duas léguas mais distante. Tivemos aqui a compensação do pouco interesse despertado, pelo primeiro. Os selvagens apareceram reunidos em grande número, entregues a uma de suas danças mais solenes. Estavam, na sua maioria, sarapintados de preto, de branco e de vermelho; muitos traziam magníficos enfeites de penas reluzentes. Ao pôr-do-sol adquiriram as danças renovada animação, chegando índios de todos os aldeamentos vizinhos, cada qual com a sua borduna, seu arco e suas flechas, senão uma lança, ou uma espingarda. Apareceu logo o chefe do aldeamento em que tínhamos estado antes; homem que se nos tinha afigurado de todo respeito, mas que agora vinha com o corpo pintado, metade vermelho e metade azul, e que à guisa de vestimenta não tinha mais que o trapo de uma camisa, além de um enorme penacho de penas vermelhas sobre a cabeça. Os nossos companheiros de Boa Vista tinham muita pressa em voltar; assegurando-nos até que haveria grande perigo em permanecer entre estes índios, já meio embriagados e excitados pela fiança. Mas eu soubera que à noite dever-se-iam realizar cerimônias misteriosas, pelo que tanto eu como os meus companheiros tínhamos resolvido ali pernoitar. À vista disso, os moradores de Boa Vista nos deixaram e nós tratamos de armar as nossas redes sob a coberta de um rancho aberto. Esta noite foi uma das mais interessantes que passei durante toda a minha viagem. Os índios nos rodearam a princípio, mas logo depois se mostraram mais reservados do que costumam ser os brasileiros. Como se não se dessem conta de nossa presença, deixaram-nos inteiramente à vontade. Todavia vimo-los reunidos à volta de um orador, que depois de tirar sons agudos com uma espécie de buzina, falou-lhes com voz alta e em tom de recitativo. Entre os índios que tinham feito a viagem a Belém, achava-se um moço bastante inteligente, que falava um pouco de português e era conhecido na missão pelo nome de João Apinajé. Mostrou-se ele muito solícito para conosco, prontificando-se a nos servir de intérprete. Soubemos assim sermos nós o assunto das arengas do orador, que dizia à tribo estarmos sob a proteção dos chefes, que, embora brancos, éramos amigos e que, finalmente, tínhamos estado no aldeamento vizinho, sem em nada tocar na ausência dos habitantes. Vozes de aprovação seguiram-se a esse discurso, que durara perto de uma hora. Como a lua principiasse então a iluminar a cena, as danças assumiram aspecto diferente, dispondo-se em fila longa uma parte dos guerreiros. Já tive ocasião de lhes descrever o vestuário, se posso dar este nome às cores vivas com que estavam pintados. A maioria deles trazia ainda à cabeça uma espécie de carapuça branca ou vermelha, feita de farinha de milho ou de resina. A dança era das mais monótonas, consistindo em movimentos bruscos do corpo, durante os quais jogavam para frente, sucessivamente, uma ou outra perna. Ao som de um canto lúgubre, batiam a cada momento com as armas no chão. Frente a eles vieram alinhar-se as mulheres, também numa única fila, com a diferença de não trazerem no corpo nenhuma pintura. Inclinavam-se ligeiramente para diante, conservando os joelhos sempre unidos e movendo os braços em cadência, ora para diante, ora para trás, de modo a levar as mãos uma junto à outra. Entre os dois grupos acendeu-se uma grande fogueira, sobre a qual saltava de quando em quando um personagem inteiramente pintado de vermelho e tendo nas mãos uma cabaça cheia de seixos. Corria rapidamente em frente às mulheres, detendo-se por vezes diante de alguma delas em cambalhotas extravagantes e agitando freneticamente o instrumento musical. Outras vezes, pondo o joelho no chão, inclinava-se subitamente para trás, exibindo em tudo isso força e agilidade notáveis. Estas cenas prolongaram-se por várias horas. Quando uma das mulheres era derreada pelo cansaço, uma outra tomava o seu lugar; mas os homens continuaram a noite toda a sua dança monótona. Pelas onze horas, dominado pelo sono, procurei a rede para deitar-me; tive porém poucos momentos de descanso, porque não tardou que me viesse despertar um dos companheiros de viagem. O espetáculo, de fato, havia mudado novamente de aspecto; a lua, no ponto mais alto de sua trajetória, iluminava com luz intensa toda aquela cena. Uma longa fileira de homens e mulheres marchava diante da fogueira, entre os dançadores; cada qual segurava a ponta de uma rede com uma criancinha aos gritos, oferenda que o pai ou a mãe acabava de fazer ao astro da noite. Chegando à extremidade da fila, cada par balançava a rede ao som de cantos que todos repetiam unissonamente e que pela toada monótona pareciam formados somente de duas ou três palavras continuamente repetidas. Pouco depois ouviu-se a voz aguda de uma velha horrorosa, semelhante a um esqueleto, e que, com os braços levantados, fez várias voltas em torno da assembléia, desaparecendo depois em silêncio. Enquanto isso, o homem de movimentos eléctricos cabriolava ainda mais furiosamente, detendo-se somente um instante ao passar pela fila das mulheres. Parecia pender o corpo do lado dela e descrevia com o corpo ondulações semelhantes às de uma minhoca que se retorce sobre si mesma. Sacudia violentamente, a cabeça, como se quisesse transmitir a elas o fogo de que se sentia possuído, depois, endireitando-se num movimento brusco, dava uma nova carreira. Durante todo este tempo ouvia-se no aldeamento a voz retumbante do orador, que repetia sem descanso um nome barroco. Depois, aí, esse personagem aproximava-se com lentidão, trazendo sobre as costas um soberbo feixe de penas vermelhas e, debaixo do braço, um machado de pedra. Atrás, dele uma mulher, com o filho pequeno amarrado à cintura e protegido contra o frio da noite por uma esteira. A passos medidos passeou o par durante alguns instantes, indo-se depois sem proferir palavra. Neste momento, toda a assembléia fez coro com o orador cantando o mesmo nome barroco e repetindo-o interminavelmente, em lugar do que até então vinha cantando e era para nós não menos ininteligível. Durou esta cena muito tempo, mas cessou subitamente quando a lua se pôs. Pudemos então dormir sossegadamente, verificando ao despertar que tudo havia voltado à calma: nada lembrava as danças infernais da noite que acabava de passar.

Trouxeram-nos os bons índios os cavalos que tinham tratado com muito cuidado; despedimo-nos então deles, deixando-lhes alguns pequenos presentes.

Ao sair do aldeamento matamos uma cascavel. Estas cobras são muito comuns em toda a região, admitindo-se que a sua mordedura seja sempre mortal. Assim como na América do Norte, vivem quase sempre nos lugares secos e pedregosos. Regressamos à missão através da bela mata de palmeiras indaiá que tínhamos admirado no dia anterior. E' esta zona, com certeza, uma das mais belas do mundo. Em percurso, encontramos todas as forças militares de que dispunha o governador de Boa Vista, isto é, quadro soldados, que vieram saber se nos tínhamos alimentado na noite anterior.

Pelo curto contato que tivemos com os Apinajés, convencemo-nos de que votam eles à lua um culto supersticioso. Aliás, este sentimento é muito generalizado entre os aborígines da América do Sul, aparecendo principalmente quando o disco do astro se esconde, em conseqüência de eclipse. O padre Ludovico, que tanto tempo conviveu com os Botocudos, contou-me que certa noite foi despertado por gritos desesperados, cuja causa imediatamente descobriu ser um destes fenômenos celestes. Disse-me ainda mais que, apesar de tudo quanto fez para explicar aos índios a natureza do fenômeno, não pôde impedir que eles se preparassem com flechas e tacapes, a fim de lutar contra os tigres e as serpentes que supunham estarem prontos para atacá-los.

As danças religiosas dos Apinajés apresentam singular semelhança com as que Correal e Levy observaram entre os selvagens da costa oriental do Brasil, no tempo em que os franceses estiveram estabelecidos em Villegaignon. A descrição de Levy é particularmente de notável exatidão; nos dois povos as notas do canto são idênticas. À cabaça com pedras dá ele o nome de *macará*, dizendo ser ela destinada a representar a "voz do espírito".

A cada momento chegavam a Boa Vista canoas cheias de gente; uns vinham para ficar, atraídos pela fama de santidade de que gozava o missionário outros, e eram a maioria, em virtude de um jubileu estendido a todas as missões do Brasil. Entre os últimos estavam o comandante e os oficiais do posto de Carolina, que fica no rio Tocantins e dentro em pouco nos vai ocupar. No dia 3, apareceu-me um chefe Apinajé, trazendo as curiosidades que eu na véspera tinha escolhido; em troca, pediu-nos pólvora e chumbo, artigos especialmente procurados pelos índios. Entre outros objetos, recebi dele uma pele de tamanduá didáctilo, completamente branca. O animal me parece raro.

A 6, consegui que a chefe Apinajé me desse um menino de uns seis anos de idade. Meu desejo era levá-lo comigo e poder assim acompanhar o desenvolvimento da inteligência numa criança selvagem. O pequeno *Catama*, como era chamado, era filho do chefe. Nunca pude saber ao certo sua história; mas, contou-me ele mais de uma vez ter sido confiscado pelo vendedor, pelo fato de lhe ter matado uma galinha a flechada. Cederam-mo em troca de uma espingarda. A pobre criança ficou muito amedrontada desde que se viu no meio de estranhos; mas depressa se consolou diante de algumas laranjas e de um pouco de açúcar, coisa que ele não conhecia, mas que estava muito de seu gosto. Vindo a noite, dormiu ele, numa esteira debaixo das nossas redes; mas, ao acordar, espantado com a situação em que agora se via, pôs-se a dar grandes gritos. Não sabendo como acalmá-lo, o Sr. Deville tomou-o em sua rede e ele logo se calou. Ao clarear o dia não pudemos deixar de rir gostosamente vendo o nosso companheiro de viagem todo pintado de vermelho pelo urucum de que o menino estava lambusado. Foram necessários vários dias para fazer desaparecer essa pintura. *Catama* muitas vezes me falou depois dos sustos que experimentou nos primeiros dias que passou conosco. Ele tinha pensado que íamos devorá-lo. Ao procurar penetrar na razão de ser destas suspeitas de antropofagia, soube por ele que sua gente se entregava às vezes a festins desta natureza; ele próprio teria assistido pouco tempo antes a um banquete em que foi comido um índio Xavante. De resto, contou-me que semelhante iguaria era reservada aos guerreiros, não sendo nunca compartilhada pelas mulheres nem pelas crianças Todavia, na tribo dos Apinajés essa triste prática só se exerce muito raramente, e como represália, ao passo que os Xavantes, que embora não possuam armas de fogo, os suplantam como guerreiros, fazem costumeiramente terríveis carnificinas entre os primeiros. (1)

O terreno entre Boa Vista e os aldeamentos é de canga ferruginosa, com uma capa de terra vermelha. Pusemos em ordem as coleções feitas em Boa Vista, mas à falta de caixas tivemos de guardá-las dentro de cestas. O missionário se encarregou de mandar este material para Belém, mas ele nunca chegou à França. É difícil imaginar-se a viva contrariedade que experimenta o naturalista ao ver perderem-se objetos conseguidos à custa de tanto trabalho e não poucos riscos.

(1) O Sr. Weddell fez as seguintes observações sobre o estado sanitário da região: "As doenças aqui dominantes parecem todas ser o resultado das súbitas variações da temperatura atmosférica; são muito freqüentes as afecções do aparelho respiratório, bem como as oftalmias; em nenhum outro lugar encontrei tão grande número de cataratas. Há muita gente sofrendo de doenças da pele, particularmente das chamadas afecções papulosas. Entre estas, as doenças, mais singulares que encontrei são: 1°) Um caso de monstruosa elefantíase do escroto, proveniente de uma contusão sofrida pelo órgão cerca de cinco anos e meio antes; o doente podia ter entre trinta e cinco e quarenta anos; o tumor descia até os calcanhares e media 67 centímetros de altura total. A parte inferior desta massa, cujo peso não posso calcular em menos de 20 ou 25 quilos, era separada do resto do tumor por um estrangulamento; a uretra, perfeitamente desimpedida, abria-se na parte anterior desse lobo inferior. Os órgãos anexos eram por igual perfeitamente sãos, apesar da grande dureza do tumor, que era revestido por uma epiderme rugosa, sem prejuízo contudo, da sensibilidade normal. O doente não tinha nenhum parente atacado por essa moléstia. 2°) Um pênfigo, antigo já de oito anos, na pessoa de uma negra, cuja pele já estava inteiramente atacada pela doença, fazendo-a experimentar sofrimentos contínuos. Na parte posterior de um dos punhos, apresentava ela diversas vesículas grandes, pelas quais pude sem dificuldade fixar a posição que devia ocupar a moléstia no quadro dermatológico; toda a pele restante era coberta por crostas cinzentas de aspecto mais ou menos foliáceo, fendilhadas e como que imbricadas.

Pude, finalmente, verificar que ocupavam ainda lugar importante na posologia de Boa Vista a clorose, doença aliás muito comum no Brasil e por mim diagnosticada frequentemente, tanto nos homens, como nas mulheres".

Como já tínhamos feito com outras tribos, tomamos muitas medidas craniométricas dos índios Apinajés. Houve às vezes bastante dificuldade em conseguir que os selvagens nos permitissem usar o círculo de cobre que forma o instrumento usado para esse fim; não obstante, pudemos reunir durante toda a viagem cerca de trezentas observações deste gênero. Tomamos também, com todo cuidado a altura de grande número de indivíduos, como também o comprimento dos membros. Procuramos ainda determinar com exatidão o comprimento do pescoço e a posição do umbigo. O número de todas estas mensurações parciais atingiu o total de 18.000.

O missionário obteve para nós grande quantidade de rapaduras e presenteou-nos também com dois bois; outros moradores nos deram vinho e outros artigos. Em resumo só temos que louvar a hospitalidade dos membros desta missão, que deixamos com saudade no dia 7, um pouco antes do meio-dia. O missionário nos acompanhou até uma distância bastante grande e quando nos deixou saudamo-lo com uma salva geral de mosquetaria.

Neste dia fizemos cerca de cinco léguas, a despeito das corredeiras que obstruíam o rio, cuja largura parece diminuir pouco a pouco depois de Boa Vista, conservando todavia a mesma velocidade. Havia habitantes em ambas as margens. A formação era, a princípio, próximo à missão, diorítica; mas logo depois apareceram os grés marchetados, semelhantes aos já vistos no Tocantins.

Os dias 8 e 9 passaram-se subindo o rio, cujas margens se tinham tornado muito pitorescas e apresentavam dos dois lados enormes rochedos areníticos de cor vermelha, com o vértice coberto por uma vegetação magra e quase sempre cortado horizontalmente em forma de mesa. A face voltada para o rio subia geralmente a prumo, apresentando muitas cavidades abertas pela ação das águas, onde bandos de andorinhas e morcegos tinham procurado refúgio. Quase não há corredeiras neste trecho; mas nele se encontram vários estreitos que aumentam a profundidade do leito e fazem crescer muito a velocidade das águas. O primeiro destes estreitos fica pouco acima da Ilha dos Estreitos, lugar onde acampamos no dia 7. Não tem ele mais que 100 metros de largura e o dobro de comprimento. No dia 9, pela manhã, passamos um outro, cuja largura não ia além da metade do primeiro. Os rochedos de grés avermelhado em que está encaixado o rio nesta parte de seu percurso, elevam-se gradualmente em ambas as margens até a Ilha de São José, que tem duas léguas de comprimento e divide o leito do rio, restituído à sua largura habitual, em dois braços. Aí o rio inflete numa direção quase paralela à de uma serra que já o vinha acompanhando desde algum tempo, composta de grés vermelho. A direção desta cadeia de montes é aproximadamente de leste para oeste. A disposição destas rochas é a mais variável possível; às vezes são verticais, outras vezes debruçam-se sobre o rio, outras ainda são inclinadas em escarpa abrupta. No vértice, todavia, são rematados por planos horizontais.

No dia 8, tínhamos feito 7 léguas e a 9 vencemos ainda uma distância de 6 léguas. A 10, como estivesse o nosso acampamento quase defronte de um aldeamento de índios Craós, fomos visitá-los pela manhã. O caminho que ele conduz parte da margem esquerda, perto da barra de um ribeirão, e pode ter uns 200 ou 300 metros de comprimento. A posição do aldeamento é extremamente pitoresca, no meio da bela mata e junto ao sopé de uma montanha cortada em forma de mesa. Embora não convertidos ainda ao cristianismo, os índios que nele moram são muito mansos e já se habituaram ao contacto com as pessoas mais ou menos civilizadas, através dos viajantes que passam continuamente pelo Tocantins. Possuem até um chefe brasileiro, que há quatorze anos mora entre eles. O aldeamento compõe-se de umas quinze casas. A agricultura é praticada em escala apreciável, os produtos mais importantes sendo o cará, o feijão e a cana-de-açúcar. Os Craós são o resultado de um desmembramento da tribo dos Apinajés; falam um dialeto da mesma língua destes últimos, diferindo deles porém por não terem o lábio perfurado e pelo modo de cortar o cabelo. Os Apinajés raspam o alto da cabeça em forma de coroa; mas os Craós fazem apenas um círculo em torno da cabeça, deixando crescer a cabeleira na parte posterior. Esta tribo, abstração feita de certas qualidades boas, deu-nos a impressão de estar completamente desmoralizada e dominada pelo vício da embriaguez. Nas orelhas trazem os Craós os mesmos adornos que os Apinajés. Os homens andam completamente nus, ao passo que as mulheres usam uma folha de genipapo, amarrada com um fio de algodão. Meu pequeno *Catama*, que depressa se tinha acostumado conosco, tomou-se de pavor à vista destes índios, vindo se esconder junto de mim. Essa criança era bastante esperta e inteligente. À noitinha, quando acampamos, acocorado no meio de nós, disse em bom português: "*Catama* quer comer". Dormia sempre no chão, perto do fogo e não queria saber de nenhuma espécie de coberta.

Em ambas as margens do rio, durante a trajeto de 5 léguas que fizemos no dia 10, acompanharam-nos os morros de grés. Estes grés apresentam formas muito fragmentadas e linhas horizontais que dão a idéia de haverem sido feitas pelo choque da água em época muito remota. Os pontos culminantes destas elevações acham-se aproximadamente no mesmo plano horizontal, enquanto que as linhas produzidas pela erosão da água se acham exatamente no prolongamento umas das outras em vários morros sucessivos. A falta de fósseis não nos permitiu determinar a idade deste grés, nem tampouco a era em que as águas deveriam ter modelado os vales que separam os morros uns dos outros. É possivel que pertençam à mesma formação observada no Ceará pelo Dr. Gardner e por ele considerada como cretácea.

No dia seguinte, fizemos 7 léguas e pernoitamos a uma légua e meia do posto de Carolina. Em todo o percurso feito neste dia e no seguinte o rio conservou uma largura média, de 300 metros; as margens eram acompanhadas pelas mesmas formações de grés que nos dias precedentes, com a diferença apenas de aparecerem alguns bancos de cascalho aglutinado e das camadas argilosas sotopostas ao grés. As margens do rio apresentam algumas habitações e uma ou duas fazendas.

No dia 12, a subida do rio foi dificultada por forte vento contrário. Ao nos aproximarmos do posto demos alguns fortes tiros de espingarda, após o que abalamos o ar com uma salva geral. Tudo permaneceu porém no maior silêncio. Desembarcando, repetimos os mesmos sinais, mas sem maior resultado. Sentia-me muito contrariado com o descaso dos moradores da povoação e teria com certeza continuado a viagem se não fosse a necessidade de angariar provisões. Como última tentativa, mandei o furriel ver o que se estaria passando nesse silencioso arraial. Apareceu por fim, na beira do rio, uma negra, que assim que nos viu correu aterrorizada. Continuamos a dar tiros de espaço em espaço, mas, apesar de ser meio-dia, nada prometia fazer sair esta população de seu letárgico sono. Voltou o furriel com a notícia de que efetivamente toda a gente dormia em Carolina. Passado finalmente um quarto de hora ouviu-se um tiro, seguido de outro, tardia saudação; apareceram cabeças de homens e mulheres, todos estremunhados e com os sinais claros da contrariedade que qualquer um experimenta quando é despertado de seus sonhos. Corria o tempo e começávamos já a nos acreditar transportados numa daquelas cidades votadas ao sono de que falam os contos do Oriente, quando nos apareceu o comandante, escoltado por quatro ou cinco dos maiorais da povoação. Tão ruidosamente me acolheram quão friamente os recebi. Confessaram que de fato muito se haviam admirado de serem assim despertados dia alto e que todos na cidade dormiam ainda sono profundo. Sob o governo de um capitão desregrado, esse posto de fronteira adotara, como coisa normal, o hábito de passar as noites em plena orgia e perder o dia no sono da embriaguez. Fomos alojados numa casa de antemão preparada para nós e, à noite, os meus companheiros de viagem foram tomar parte num baile em casa de um dos personagens importantes do lugar. Não tentarei descrever o salão da orgia a que lhes foi dado assistir. Beberam-se às mais incríveis e obcenas saúdes e nunca talvez as tisnadas filhas dos trópicos terão dançado com maior frenesi, ao som da viola e da guitarra. Com o sabre na mão e a pistola à cinta, o capitão Rufino não lhes permitia um minuto de descanso sequer; o chicote ali estava, sempre pronto a castigar o soldado, que se recusasse a completar a orquestra, ou que deixasse de tomar na orgia a parte que lhe cabia. Tiros de mosquetaria e rojões anunciavam o momento em que iam ser tomadas novas saúdes. O jovem oficial que havia tão bem sabido corromper toda a população podia ter uns vinte e quatro anos; sua grande beleza física tornava comovedora a palidez que lhe cobria os traços doentios. Para dar idéia da moralidade desse lugar, basta que eu diga que numa população de cerca de 800 habitantes apenas duas mulheres eram casadas. Já por várias vezes os Xavantes tinham entrado na cidade e as mulheres para ir à fonte lavar roupa necessitavam de uma escolta militar. O número das casas era de cento e dezessete; dispunham-se em ruas pouco regulares e ficavam à volta de uma grande praça. Eram na sua maioria construídas de adobes, espécie de tijolos de terra, secos ao sol. Havia aqui um personagem importante, dado ao exercício da medicina, mas que, como ele próprio dizia, era apenas um "aficionado". Usava um único remédio para todas as doenças que acometem o homem, e que outro não era senão a medicina de Leroy. A crer-se na fama que corria a seu respeito, o número de suas vítimas não ficava aquém do das feitas pelos Xavantes. Fazia um calor insuportável, o que tornava penosíssimas as observações astronômicas necessárias à determinação da posição astronômica do lugar, bem como a mensuração trigonométrica da largura do Tocantins. Achamos para esta última 548 metros. Como nos fossem necessárias umas doze ou quinze jornadas para atravessar o sertão deserto que nos separava de Porto Imperial, resolvi mandar na frente a canoa grande, com o fim de chegar antes de nós ao sítio do coronel Ladislau e providenciar aí pela preparação de farinha e de carne seca.

No dia 18, deixamos sem saudades a esse posto onde campeava o vício e a mais grosseira imoralidade. Até 1840 o povoado de Carolina era muito pequeno; mas, como por esta época os maranhenses, querendo reivindicar estas terras, que diziam lhes pertencer, promoveram graves distúrbios, o presidente de Goiás, Dom José de Assiz Mascarenhas, viu-se forçado a vir até o lugar, que elevou à categoria de vila, mudando-lhe o antigo nome de São Pedro de Alcântara para Carolina e localizando nele uma guarnição de quarenta soldados, sob as ordens de um tenente. No porto de Carolina observamos um corte em cuja superfície se apresentava uma camada de conglomerado de sílex de calcáreo róseo, cavernoso e recoberto por uma capa anegrada de hidrato de ferro. Abaixo desta rocha, viam-se várias camadas estratificadas de argila branca e vermelha, perfeitamente horizontais.

No dia 15, fizemos quatro léguas e meia de percurso, sem encontrar nenhum obstáculo à navegação; as margens do rio eram constituídas de argila cinzenta, das que se utiliza no fabrico de telhas. Mais ou menos no meio do trajeto passamos pela barra de um rio, que nos informaram ser o de Manuel Alves Grande. Passamos a noite na fazenda dos Patos, pertencente ao coronel Ladislau, que se ocupa em criar gado e é dono também de outra, situada em frente, na margem esquerda e é chamada Monte Santo. Cerca de meia légua a oeste da fazenda de Monte Santo, fica um pequeno aldeamento de índios Craós, cuja população não excede a 25 habitantes e tem apenas três ou quatro casas. Estes índios foram trazidos pelo coronel fazendeiro do outro aldeamento da mesma tribo por nós visitado dias antes. Deviam servir de guarda avançada contra os terríveis Xavantes, na defesa das duas grandes propriedades. Quando chegamos à fazenda dos Patos o coronel estava ausente, mas os nossos homens tinham aproveitado o seu tempo muito ativamente; enquanto uns carneavam um boi, outros tinham ido à caça numa mata próxima, conseguindo matar uma bela anta (*tapir*) e cinco grandes porcos do mato (*pecari*). Já a carne de todos estes animais se achava cortada em tiras estreitas e exposta ao sol, depois de devidamente salgada.

No dia 16, muito cedo, voltou o coronel. Tinha sabido de nossa chegada à fazenda Monte Santo, vindo logo ao nosso encontro. Chegou numa canoa grande, repleta de mantimentos de toda espécie, com que generosamente nos presenteou. Avaliava ele suas propriedades, ao todo em vinte léguas quadradas. Elas estão localizadas em plena região dos Xavantes, que muitos cavalos e bois lhe haviam matado, sem falar num de seus empregados. Também para lhes dar caça, havia ele organizado pouco tempo antes uma expedição. O governo nunca se envolve nestas pequenas questões e enquanto a tropa regular vive nas capitais a acompanhar procissões, os habitantes do sertão, entregues a si próprios, organizam bandeiras, se não se acham dispostos a morrer sem defesa nas mãos dos selvagens.

À frente de cento e trinta homens, o coronel Ladislau havia penetrado nos aldeamentos, dos Xavantes, fazendo cinqüenta e um prisioneiros, sem contar os que deixou mortos no campo da luta. Os prisioneiros foram repartidos entre os sitiantes da zona. Quanto à bandeira, teve ela apenas um morto e dois ou três feridos e ainda assim por imprudência. Os Xavantes têm consigo, como escravos, muitos prisioneiros brasileiros, com os quais usam o máximo rigor matando-os pela menor culpa ou mais leve tentativa de fuga. Contam ainda que possuem entre seus chefes vários negros e uma mulata, os quais, pelo conhecimento que têm dos lugares, lhes são muito úteis e ainda mais ferozes que eles.

Diversos escravos cristãos tinham sido libertados e trazidos pelo coronel; mas a maioria destes infelizes se achava fora do aldeamento quando ali aportou a bandeira, tendo por isso de ser deixados atrás. Alguns dos membros desta expedição observaram, nas choças dos Xavantes, indícios certos de antropofagia. Em várias casas viam-se farrapos de carne humana pendentes do teto, ao passo que em muitos lugares viram-se ossadas, parcialmente roídas e carbonizadas.

Estes selvagens costumam devorar também os parentes velhos, aos quais, segundo dizem, matam, no momento de exalarem o último suspiro. Foi notado que os pés e as mãos são as partes do corpo por eles preferidas; isso porque, a seu ver, as outras partes do corpo dos cristãos têm gosto muito amargo. Possuía o coronel em seu serviço um índio xavante, trazido quando pequeno. Tão certo de sua fidelidade estava o dono, que não hesitou em levá-lo na última expedição; entretanto, este desgraçado fora feito prisioneiro, escapando de ser morto apenas por milagre. Quando o vimos, tinha uma mão e as orelhas cortadas, e a cabeça horrivelmente dilacerada.

Os Craós do aldeamento pequeno de que falei atrás vieram nos fazer uma visita, trazendo-nos de presente leite, que apreciamos enormemente, em vista do calor sufocante. Acompanhamo-los depois até o seu aldeamento, onde fomos encontrar, morando com eles, vários brasileiros. Como nos outros aldeamentos da mesma tribo já vistos por nós, as mulheres usavam aqui os mesmos trajes de Eva depois do pecado.

A 17, nos pusemos novamente a caminho rio acima; navegando o dia todo, com uma curta parada de minutos no sítio do capitão Gonçalves para completar nossa ração de farinha. Logo depois entrávamos de novo no sertão deserto, perdendo de vista durante muitos dias o contato com a civilização. À noite postamos sentinelas, o que não impediu que os cães nos devorassem uma boa parte da provisão de carne-seca, acidente dos mais sérios em semelhantes circunstâncias.

Tínhamos feito seis léguas e meia. A largura média do rio não excedia nunca a 300 metros. A formação geológica mostrava-nos invariavelmente colinas de grés em ambos os lados do rio e bancos horizontais de argila. Em alguns pontos observei também placas de cascalho aglomerado.

A 18, prosseguimos a marcha, com bastante velocidade. Como os nossos homens houvessem recobrado as forças graças à abundante alimentação, com a plenitude dos estômagos voltou a reinar alegria no acampamento. Fizemos seis léguas. A caça voltou a se tornar abundante especialmente os mamíferos. Tínhamos matado na véspera uma bonita anta e hoje vieram juntar-se às nossas provisões vários porcos-do-mato. Entretanto, se estávamos tão tranqüilos com relação ao sustento, não acontecia outro tanto com respeito à saúde do pessoal, pois as febres intermitentes já nos tinham posto três homens fora de serviço e íamos entrar agora numa região tida como das mais insalubres.

A formação geológica continuava a mesma que nos dias antecedentes; apenas mais freqüentes se mostravam agora as placas de cascalho aglomerado e às rochas até então observadas vieram juntar-se xistos argilosos, em camadas bem estratificadas, horizontais e muito delgadas. O leito do rio continuava desimpedido e a velocidade pequena; a largura mantinha-se a mesma. Para trás do acampamento que acabávamos de deixar, quase inteiramente escondida por um banco de areia, ficava a boca de um lindo riacho, que outro não era senão o Manuel Alves Pequeno.

No dia 19, fizemos seis léguas e meia. Avistamos na margem do rio duas grandes capivaras, mas elas conseguiram escapar às balas dos nossos caçadores. Apareceu-nos também um bando de bugios (*guaribas*), que não nos deixou chegar perto. Ouvia-se de tempos a tempos o singular e forte vozerio que fazem na mata estes macacos. A temperatura do rio, às quatro horas da tarde, era de 27°,8; a do ar 38°. Deste modo, a água que tínhamos para beber era mais quente do que a que usamos habitualmente em Paris, para tomar banho.

No dia 20, fizemos sete léguas e meia, através de uma região muito pitoresca, mas de onde já desapareciam pouco a pouco as montanhas em forma de mesa. Ia a minha canoa na vanguarda quando avistamos uma grande cobra a balouçar-se no galho de uma árvore. Fiz encostar sem demora, mas o animal desapareceu antes que lhe pudéssemos chegar perto. Era uma jibóia de uns 3 metros de comprimento. No Araguaia já se me havia oferecido ensejo de apreciar espetáculo semelhante. Estávamos no ponto mais estreito do Furo de Bananal quando, repentinamente, ao fazer o rio um cotovelo, ouvimos muito perto um mugido semelhante ao de um touro. A tripulação deixou incontinente de remar, apontando-me com o dedo uma jibóia de 4 a 5 metros de comprimento, também pendurada de uma árvore, em poucos instantes deixou-se cair na água, atravessando o rio a nado. Tenho até aqui me esquecido de mencionar a história de um animal, provavelmente fabuloso, de que falam muito os pescadores do Araguaia. Chamavam-no minhocão e descreviam-no como tendo a aparência de uma minhoca, mas com um comprimento de 30 a 40 metros. Diziam que a sua voz é de tal modo retumbante que pode ser ouvido a léguas de distância. O pavor que desperta ter-lhes-ia feito abandonar muitos lagos do alto Araguaia, apesar da enorme quantidade de peixe neles existente. Falavam-me todos deste animal, mas ninguém me soube fornecer qualquer informação precisa a seu respeito. Esses homens estão acostumados a ver diariamente jibóias, sem lhes ter o menor medo; não é assim crível que possam ter adquirido tamanho pavor de um animal desta espécie, por muito gigantesco que ele fosse.

Prosseguindo na subida do rio, achamo-lo mais largo e sempre livre de obstáculos. O grés e o cascalho aglomerado em placas eram a formação em todas as partes onde a observação, me foi possível.

A 21, fizemos seis léguas e meia. O grés apareceu em blocos de grandes dimensões e, sob a areia, viam-se invariavelmente camadas argilosas. Durante todo o dia fomos horrivelmente atormentados pelos borrachudos. À noite, caiu ao longe, grande tempestade, acompanhada de raios; mas a chuva não chegou até nós. Em ambas as margens do rio, avistamos várias vezes às fogueiras acesas pelos Xavantes.

No dia 22, o céu esteve muito carregado e nossa jornada foi de seis léguas. Durante este trajeto a largura do Tocantins ainda aumentou. Apareceram, no começo, xistos argilosos muito finos; mais tarde surgiram as argilas, por cima das quais, no trecho final da viagem, apareceram camadas de grés, dispostas em paredes perpendiculares, recortadas de mil maneiras diferentes. Uma enorme capivara foi caçada a lança pelos nossos caçadores. Conquanto estivesse ferida mortalmente, conseguiu alcançar o mato, onde os cães foram lançados à sua perseguição. Voltou então rasto atrás precipitando-se no rio, onde mergulhou, desaparecendo. Tinha o tamanho de um grande porco doméstico e era de cor ruiva, bastante clara. Ao meio-dia passamos pela embocadura do rio do Sono Grande, em parte, escondida por um banco de areia; mais adiante um pouco chegamos a uns grandes rochedos talhados a pique e apresentando grandes escavações em forma de grutas. Acampamos à tardinha, numa ilhota alta de areia. Como o tempo prometesse chuva, armamos as barracas. Não tardou, com efeito, ouvirmos o ruído surdo do trovão, armando-se em direção a nós, grande tempestade; acompanhada de chuva tão forte que em poucos momentos nos vimos encharcados, apesar da cobertura de pano. A tormenta desencadeada nesta ocasião ultrapassou tudo quanto pude ver em onze anos de permanência na América; a terra tremia literalmente sob o estrondo dos raios, que a cada momento caíam em torno de nós, com estampido semelhante ao de uma formidável descarga de artilharia. Perto de onde estávamos vieram abaixo várias árvores, arrastando na queda as suas vizinhas. Nesse desencadear dos elementos não era pequena a inquietação que me dava a volumosa bagagem de armas e barris de pólvora, embora eu a tivesse mandado colocar sob o abrigo da barraca grande, protegendo-a da melhor maneira possível. Os homens, apesar de acostumados à vida no sertão, pareciam bastante preocupados e as próprias sentinelas tinham deixado os seus postos, procurando chegar-se aos companheiros. O clarão produzido pelos relâmpagos era inimaginável e fazia notável contraste com a escuridão que se lhe seguia. Sob a pavorosa tormenta, os próprios bichos da mata perdiam a habitual timidez, vários periquitos tendo buscado refúgio no meio de nós.

A nossa barraca, cujos paus tinham sido solidamente enterrados na areia, resistiu durante algum tempo, mas acabou por ceder aos esforços da furiosa ventania, abatendo-se, sobre as nossas cabeças. Assim tivemos de permanecer muitas horas, deitados na água e transidos de frio. Apesar do desagradável de nossa situação não pudemos deixar de admirar a sublimidade da cena que se desenrolava aos nossos olhos. Passamos o resto da noite com as roupas pingando, até que o dia despontasse, para a nossa grande alegria. Não obstante, no dia 23, o sol não apareceu, impossibilitando-nos de secar as roupas de cama. A jornada que foi de quatro léguas e meia.

A 24, o céu continuava muito fechado; ao meio-dia choveu um pouco e, à tarde, começou a soprar forte ventania. O Sr. d'Osery matou, em pleno rio, uma enorme cascavel, que tentava chegar a nado à outra margem, da corrente. A paisagem apresentava o mais agradável aspecto, coroando-a uma série de colinas cujos tons azulados excitavam a nossa admiração. Durante a jornada, como nas precedentes, observamos argilas subordinadas ao grés vermelho de tão singulares recortes. O Tocantins voltara à sua anterior largura de cerca de 300 metros. Durante a noite, um de nossos companheiros, que se tinha escondido debaixo de um velho tronco, ao sentir qualquer coisa a lhe comprimir o peito, verificou que algum volumoso bicho ali se viera aninhar: era um monstruoso sapo, de pele fria e viscosa.

No dia 25, fizemos quatro léguas e um quarto. Em meio a este trajeto, a largura do rio que até então conservava os seus 300 metros, bruscamente aumentou, alargando-se à semelhança de uma vasta bacia circular, junto ao sopé de uma serra, que já víramos desde o dia anterior. Ao centro desta bacia descortina-se uma vista admirável das montanhas que fecham o horizonte e fazem sobressair o delicado perfil das palmeiras existentes no primeiro plano. A estreita porta do desfiladeiro por onde se escapa o rio mostra no centro do quadro, as gigantescas muralhas de grés por entre as quais, num remoto passado, o Tocantins deve ter aberto passagem, com uma violência ainda hoje testemunhada pelos blocos despedaçados de grés ou de granito que se oferecem em ambas as margens ao olhar espantado do viajante. Ora debruçadas sobre a corrente, ora desabadas sob o próprio peso, estas rochas fazem pensar nas muralhas arruinadas de uma cidade de gigantes. A largura do estreito por onde tínhamos de passar não ia além de uma centena de metros com um comprimento quatro vezes maior, aproximadamente. A este canal é que dão o nome de primeiro Funil. O rio expande-se novamente mas, embora seu leito continue a permitir passagem franca, vê-se de quando em quando surgir de sob a água enormes pedras negras, despedaçadas e nuas, dando à paisagem aspecto selvagem e imponente. No trecho final da jornada, depois de haver formado uma outra baía cuja estreita saída mal se consegue distinguir, o rio se engolfa de novo num funil, desta vez ainda mais estreito (50 a 60 metros, no máximo) as águas se engolfam entre duas muralhas verticais, de 15 a 20 metros de altura. Em certo ponto deste segundo desfiladeiro as águas do Tocantins passam, em sua quase totalidade, num canal formado por penhascos rochosos e cuja largura não ultrapassa 25 metros. Nestes estreitos a velocidade da corrente se torna muito forte, tornando-se particularmente exagerada na época das cheias. A Serra do Lageado, causa destes estreitamentos excepcionais, pareceu-me estender-se de este para oeste. É ela construída inteiramente de grés superpostos aos granitos muito duros sobre os quais corre o Tocantins; seus pontos culminantes, muito achatados, afigura-se-me pertencerem todos ao mesmo plano horizontal.

Neste mesmo dia 25, fizemos uma caçada bastante interessante. Andávamos a caminho na praia, quando avistamos, descansando junto de uma lagoa, grande número de capivaras. Todos os caçadores puseram-se imediatamente na perseguição dos animais, que fugiram para o mato, deixando apenas para trás dois filhotes, que se precipitaram na água, onde os nossos homens os conseguiram capturar vivos, em rápido mergulho. Enquanto isso, voltaram-se os cães ao encalço dos adultos escondidos na mata, onde os tiros e gritos de alegria não tardaram a anunciar-nos a queda de uma vítima. No mesmo instante, de dentro da mata surgiu uma enorme capivara, que se precipitou pelo barranco, afundando na lagoa, a despeito da presença de 5 ou 6 homens armados. Não podendo porém fugir à necessidade de reaparecer na superfície, aí a abateram as balas de nossos caçadores, que ainda pegaram no mesmo lugar uma dúzia de tartarugas e alguns jacarés pequenos. Colecionamos também neste brejo uma planta de achado muito interessante no Brasil: refiro-me a uma espécie pequena de *Potamogeton*. Passamos a noite numa praia, ao pé da Cachoeira do Lageado, o maior dos saltos do rio Tocantins.

No dia 16, desde muito cedo, estávamos em preparativos para passar a cachoeira; mas, como não tínhamos conosco nenhuma pessoa conhecedora da passagem por pouco seríamos vítimas de nossa ignorância no particular. Com muita dificuldade e apesar da furiosa correnteza, conseguimos galgar a corredeira, até enormes rochedos, erguidos à nossa direita. Neste ponto desembarcamos e enquanto os homens da equipagem sustinham as embarcações por meio de cordas, a fim de não serem arrastadas pela correnteza, esforçamo-nos por alcançar, pulando de pedra em pedra, uma alta cascata que barrava o leito do rio. A empresa, todavia, apresentava-se-nos bastante árdua, pois era de tal modo escorregadia a superfície das rochas, que várias vezes estivemos a pique de cair no meio das águas que saltavam aos nossos pés. Não vendo nenhuma outra passagem, insistimos obstinadamente durante muito tempo em forçar a impetuosidade da corrente, procurando vencer de qualquer maneira os obstáculos naturais. Entretanto, reconhecendo afinal a completa impraticabilidade da empresa, sentamo-nos numa pedra, já quase de todo desesperados. Foi quando ouvimos grandes gritos, vindos de trás dos rochedos que formavam a outra margem do rio. Certificamo-nos logo de que estes gritos, deviam ser do pessoal da ubá que pela manhã tínhamos mandado na frente, com o fim de descobrir uma passagem menos perigosa do que aquela em que nos metemos. Mas que significariam estes berros? Teriam os selvagens atacado os nossos companheiros? Neste caso como lhes prestaríamos socorro? Ou quereriam com isso nos comunicar haverem encontrado uma passagem transponível? Estivemos por alguns instantes nesta perplexidade, até que tomei a decisão de irmos ao encontro deles, custasse o que custasse. Víamos a frente muitos perigos, pois se todos os homens estavam de acordo em admitir a possibilidade de fazer descer a remo a parte do rio por entre cujos rochedos perpendiculares tinham sido puxadas a corda com tanto trabalho, havia divergência quanto à capacidade de resistirem nossas embarcações aos efeitos daquela manobra. O velho Ricardo achava-se até convencido de que os barcos virariam na certa sob a fúria dos redemoinhos e da correnteza antepostos à nossa passagem. Mas era forçoso tomar ruma decisão, pelo que os remadores lançaram a toda força os barcos através da corrente, que logo os arrebatou, com a rapidez do vento. A manobra correu sem acidente e dentro de alguns minutos éramos novamente senhores dos nossos movimentos, podendo alcançar os nossos companheiros na margem direita, onde haviam de fato descoberto uma passagem. Até ao pé da cachoeira, que é muito rápida, mas cujo comprimento não ultrapassa uns 250 metros, o rio conserva a largura de cerca de 250 metros. O canal que serve de escoadouro principal para as águas do Tocantins é de todo intransponível: o rio corre sempre sobre granito, ao passo que o grés, a ele superposto, ergue-se em forma de muralha nas duas margens.

Fizemos este dia quando muito uma légua, sendo necessário da parte de nossos homens enorme trabalho para atravessar a corredeira, puxando as embarcações por meio de cordas, ou mesmo arrastando-as sobre os vários degraus da subida. Houve também, três vezes, a necessidade de aliviar completamente a carga das embarcações, levando-a por terra até grandes distâncias, através das pedras. Durante todo o tempo despendido neste trabalho mantivemos numerosa guarda em defesa dos nossos homens contra os selvagens, precaução tanto mais necessária quanto viemos depois a saber que poucos dias antes toda a tripulação de uma canoa, formada de uma dúzia de pessoas, tinha sido massacrada pelos índios naquele lugar. Por várias vezes partiram as cordas das embarcações, a muito custo se conseguindo, graças à força dos braços dos nossos camaradas, evitar que se despedaçassem de encontro aos rochedos.

No dia 27, tivemos trabalho semelhante, embora um pouco menos penoso, para vencer a cachoeira dos Mares. O leito do Tocantins era aí obstruído por muitos baixios e corredeiras, mas conservava a sua largura habitual. Tinha acabado de atravessar, em coleios, uma cadeia de montes, prolongamento da Serra do Lageado. Os braços desta cadeia acompanham o rio à direita e à esquerda, no percurso de mais de duas léguas. A parte que fica a leste avança até a margem mesma do rio, ao passo que a de oeste é muito mais quebrada. Toda esta cadeia é formada de grés superposto ao granito, que nas cachoeiras aparece a descoberto. Quanto ao grés, parece ter ele formado, numa época muito remota, um platô, mais tarde desmantelado por algum cataclisma. Todos os pontos culminantes se acham no mesmo plano horizontal. No trecho final da jornada deste dia observamos que as barrancas do rio se compunham de uma variedade de grés, de aspecto muito próximo do itacolumito. Tão intenso era o calor que mal podíamos conservar os pés sobre as rochas. Além disso, fizeram-nos sofrer bastante as picadas dos himenópteros.

No dia 28 fizemos seis léguas. O trecho do rio por onde navegávamos era livre, não obstante a existência de algumas corredeiras de pequena importância. Ladeavam-no quase sempre, à direita e à esquerda, morros de grés, dispostos em série. Ademais, só no leito do rio o granito aparecia descoberto, sendo de grés todas as pedras soltas que nele encontrávamos.

A 29, embora fosse rápida a nossa marcha, muito me preocupava o esgotamento progressivo das nossas provisões, já quase no fim. Por felicidade, porém, foram mortas cinco capivaras, voltando a abundância desejada. Fizemos cinco léguas. Tornaram a aparecer as mesmas formações dos dias precedentes, vindo acrescentar-se a elas, sobre a superfície do grés, placas de cascalho aglomerado, tranchas de argila e de xistos argilosos. Desapareceram de todo os granitos a elas sotopostos. À tardinha foi morta uma cobra muito venenosa e notável pela beleza do colorido. O corpo, de cor-de-rosa intenso, apresentava manchas verdes nas costas e nos lados, de permeio com outras de cor preta. Estas manchas tinham forma de triângulo, e eram debruadas de amarelo; o ventre era perfeitamente ativo. À noite pegamos um sapo de 35 centímetros de comprimento. Em toda essa região abundam extraordinariamente os himenópteros melíferos. O mel que produzem, possui, em geral, sabor bastante agradável; no entanto, deve-se tomar bastante precaução em utilizá-lo como alimento, uma vez que, como já Auguste Saint-Hilaire havia verificado em Minas Gerais, o de muitas espécies goza de propriedades venenosas. Consta também que o de uma abelha chamada Irati ocasiona uma espécie de tétano, caracterizado pela contração de todos os membros, a qual às vezes se prolonga por bastante tempo. A maioria das espécies deste gênero vive em ocos de árvore, onde constroem grandes favos com uma cera escura, de aspecto grosseiro e esponjoso. Algumas existem, como a arapuá e a guaxupé, que, pelo contrário, constroem os ninhos na superfície exposta dos troncos, lembrando as casas de cupim. A que se conhece com o nome de tataíra ou caga-fogo ocasiona ferroadas muito dolorosas, como se derramasse ao picar um veneno cáustico.

Na manhã de 30, tivemos a alegria de ver numerosos indícios da presença de animais domésticos, não tardando que avistássemos um homem a cavalo: era o vaqueiro do major Ferreira, para o qual tínhamos cartas de apresentação. Ao meio-dia chegamos à fazenda deste último, constituída de umas vinte choupanas. Estando ausente o major, fomos recebidos pela sua mãe, uma mulata idosa, que nos procurou tratar da melhor maneira. Tivemos aqui notícias de nossa tropa de mulas, sabendo que ela não tinha chegado ainda ao porto, mas, pelo contrário, havia sido encontrada em viagem, no meio de grande desordem e com a bagagem em parte depredada. Fomos acampar uma légua mais acima. Rebentou durante a noite grande temporal, soçobrando uma de nossas embarcações. Nesse dia e no seguinte não fizemos mais de seis léguas, chegando a Porto Imperial só em 31 de agosto. O rio oferecia navegação franca, afora alguns obstáculos de pouca monta, tais como pequenas corredeiras. A formação geológica era constantemente o cascalho aglomerado pudinguiforme, e em placas. Observaram-se também muitos traços da formação argilosa inferior.

Porto Imperial fica situado no alto de um barranco que o defende contra as enchentes. Assim que ancoraram as nossas embarcações, recebeu-nos o major Ferreira, a quem tanto procurávamos. Era um mulato velho, cor de chocolate. A roupa que envergava este personagem merece descrição particular: trazia à cabeça um boné tricórnio, agaloado de ouro; pendia-lhe do corpo comprido e seco vasta túnica bordada e de cor azul-celeste, que havia pertencido ao avô; calças de nanquim, meias azuis e grandes sapatos de argolas completavam esta extravagante indumentária. Trazia à mão uma bengala com enorme castão de prata. Acompanhava-o o mestre-escola, homenzinho barrigudo, e vários personagens importantes do lugar. Fomos acomodados numa boa casa, coberta de telhas, mas construída de adobe, como as demais. Quanto ao pessoal da tripulação, foi ele hospedado na casa da cadeia, que era o único albergue da terra; ali ficaram os nossos homens, como se estivessem em sua própria casa. Como de hábito os quartos estavam completamente vazios; mas nós tratamos logo de armar as nossas redes, pois desde muito tempo outro mobiliário não conhecíamos. Era necessário permanecer algum tempo na cidade, não só para lhe determinarmos a posição geográfica, como para esperar que a nossa tropa nos alcançasse.

A 2 de setembro, chegou à cidade o furriel, anunciando-nos que a tropa entraria à tardinha no povoado. Com efeito vimo-la apontar na estrada horas depois, no estado mais lamentável: os cavalos vinham mortos de cansaço e as mulas, embora descarregadas, pareciam mais verdadeiros esqueletos ambulantes. Pequena sindicância nos revelou sem demora que muitos dos animais tinham sido vendidos e que outro tanto fora feito com as ferraduras dos restantes, com o fim de comprar aguardente; que o dinheiro dado para a compra de milho tivera a mesma sorte, motivo pelo qual a tropa tinha chegado em tão miseráveis condições; finalmente, que os tropeiros, indo batucar numa povoação, haviam deixado que se queimassem as selas e as albardas. Para tudo isso havia apenas uma desculpa, aliás muito aceitável aos olhos dessa gente; é que estavam na crença de que tínhamos todos morrido e portanto, ao proceder daquela forma, não estavam lançando mão senão daquilo que julgavam já pessoalmente lhes pertencer. Teriam até vindo ao porto apenas por desencargo de consciência, pois estavam tanto mais convencidos de nossa desventura quanto o nosso arrieiro que, ao limpar certo dia o sabre, havia encontrado manchas de sangue, exclamando imediatamente: "Morreu o meu patrão!". Havia já mandado dizer missa pela salvação de minha alma, ficando certo de ter saldado todos os seus compromissos. Estas razões pareceram excelentes aos olhos da maioria dos moradores da cidade, mas não me impediram de mandar prender os principais chefes da caravana, o que todos do lugar consideraram severidade excessiva.

Ficamos sabendo que o missionário de Boa Vista tinha vindo meses antes pregar em Porto Imperial e que desde então os costumes do povo muito melhoraram. Não obstante, continuava-se a considerar o assassínio pecado dos mais veniais, tendo dele quase o monopólio um ou dois dos principais habitantes. Um destes contou-me certa vez: "Quando algum homem lhe dirigir um insulto, o senhor deve fingir que nada percebeu; mas, mandando um negro de confiança à beira do rio, onde, com o calor que faz aqui, é impossível deixar de ir tomar banho, ao cabo de poucos dias o senhor estará vingado".

O tempo passado em Porto Imperial foi gasto em trabalhos de geografia e em estudar a população. Foi necessário providenciar a reorganização da caravana. Não havendo na cidade nenhum ferrador, tive de mandar um soldado ao Arraial dos Carmos à procura de um; mas, como esse homem, em vez de desincumbir-se do trato feito, achou melhor furtar uma das mulas, enviei pessoas em seu encalço e mandei dar-lhe uma pequena sova. Como já ficou dito, tínhamos ficado sem animais de sela; mas todos os esforços foram vãos, para obter alguns em Porto Imperial. Resolvemos, à vista disso, ir procurá-los num grande sítio, situado a dezesseis léguas de distância, Tocantins acima. Os Srs. d'Osery e Weddell deviam fazer esta viagem por água, enquanto eu tomaria conta da tropa, que não podia ficar entregue a si própria.

No dia 9, os companheiros prosseguiram então a viagem, ao mesmo tempo que eu mandava libertar os presos, a fim de que se preparassem para a partida, o mais depressa possível.

A cidadezinha em que estávamos, outrora conhecida por Porto Real, possuía antes cento e quarenta casas; hoje não tem mais do que setenta e cinco, para uma população de uns 400 habitantes. A população diminui cada vez mais, no interior do continente e se não se descobrir um remédio para este estado de coisas, não tardará muito a que todo o país volte à completa barbárie. Nas regiões das minas, o empobrecimento generalizado das jazidas fez com que abandonassem as suas moradias todos quantos só a avidez havia momentaneamente reunido. No norte de Goiás, porém, a decadência do país deve ser atribuída a outras causas. Ali, os selvagens vêm retomando por toda parte as terras arrebatadas aos seus ascendentes, e aqueles entre os habitantes, que têm bastante sorte para escapar ao incêndio e ao massacre, fogem para os povoados, onde não tardam a sucumbir de miséria, de doença e de fome, pois o permanente terror dos índios os impede de se dedicarem aos trabalhos agrícolas. Em Porto Imperial o clima é excessivamente quente; o termômetro se conserva quase invariavelmente em 30 graus; exposto ao sol, ele subia rapidamente a 43, ou mesmo 45 graus. A cidade fica situada num campo, cujo subsolo é constituído pelo grés vermelho que tínhamos observado em todo o trajeto feito no Tocantins. As argilas subordinadas ao grés mostram-se em algumas beiradas do rio, acima de Porto Imperial; delas se extrai o material para o fabrico das telhas usadas na cobertura das casas da cidade. A cal usada na pintura das paredes dizem provir dos arredores de Natividade. Garantiram-nos também existir gesso nas vizinhanças.

A largura do Tocantins, medida trigonometricamente neste ponto, era de 434 metros; a velocidade da água orçava por 98 metros em 6,38 minutos.

Durante a viagem tínhamos gasto já quase todos os recursos em dinheiro trazidos de Goiás. Tal circunstância começava a me criar embaraços, quando vim a saber, com alegria, que o nosso velho major, às suas outras qualidades, juntava a de ser também usurário. A ele, por conseguinte, recorri, conseguindo alguns fundos, aos juros modestos de 18% durante três meses.

A 10 de setembro, deixamos Porto Imperial, fazendo uma boa jornada. A zona por onde estávamos viajando era sujeita aos ataques dos Xavantes, índios cujo nome só por si inspirava o maior pavor aos raros sitiantes estabelecidos naquelas solidões.

No dia 11 atravessamos bonitos campos, entremeados de capões de mato; tive a oportunidade de admirar algumas magníficas figueiras, de dimensões verdadeiramente gigantescas. À tarde, ao atravessarmos, perto da barra o córrego de Manuel Alves, tivemos a alegre surpresa de encontrar os companheiros que, por singular casualidade, acabavam de chegar ao mesmo ponto, subindo as águas do Tocantins. Dormimos todos numa bela fazenda, cujo dono estava ausente, chamada Sítio de Roma. No dia seguinte, vencemos rapidamente as três léguas de mata que ainda nos separavam da fazenda Santa Clara, pertencente ao capitão Tomás de Sousa. O furriel Félix era sobrinho deste personagem; mas, por motivos por ele próprio ignorados, não houve meio de fazê-lo nos acompanhar à casa do tio, pelo que nos deixou para voltar a Porto Imperial, em cuja guarnição devia permanecer, por ordem do governo.

Vejamos agora qual foi o itinerário dos companheiros que subiram o Tocantins. Tendo partido, como dissemos, de Porto Imperial, no dia 9, chegaram após um trajeto de cerca de duas léguas e um quarto à Corredeira Comprida, salto digno de nota, cuja subida precisa ser feita com o uso de cordas. Até o salto, o rio manteve a sua largura habitual, mas depois daí começou a estreitar-se muito sensivelmente. A formação, que era até então o grés duro, perfurado de buracos arredondados, como o observado na parte baixa do rio, aqui na cascata era representada, toda exclusivamente pelo granito. No dia seguinte a comitiva acabou de passar a Corredeira Comprida, através de um trecho em que o rio era embaraçado por pedras e pequenas corredeiras, conservando embora sua habitual largura ou 300 a 350 metros. As pedras encontradas no leito do rio são de granito puro, semelhante ao que tínhamos encontrado sob as camadas de grés, na porção baixa do rio. Nesta primeira jornada foram feitas seis léguas e três quartos.

No dia 11 a marcha foi ainda de seis léguas e meia. O aspecto geral do rio era igual ao da véspera, mas viam-se de um lado e doutro uma série de morros de grés superposto ao granito, rocha esta que só aparecia a descoberto alguns centímetros acima da superfície das águas. O Tocantins parece ter aberto uma passagem através destas massas de grés.

A 12, após duas léguas de jornada, chegamos à fazenda do capitão Tomás de Sousa Vila Real, onde se reuniram todos os membros da expedição. Neste último trecho o leito do rio é muito desimpedido, as poucas pedras que nele se encontram sendo todas de granito puro. Todavia como na véspera, viam-se morros de grés em ambas as margens. Resumindo, a formação geral em toda a zona parece ser o grés, aberto aqui e acolá pelos grandes cursos d'água e tendo embaixo o granito, com camadas de argila interpostas.

A fazenda Santa Clara é um miserável casebre; mas, ainda assim, julgamo-nos bastante felizes por encontrar neste galpão um abrigo contra os rigores do sol. O dono da casa era um mulato bastante inteligente, que depois de ter sido remador nos barcos que viajam pelo Tocantins, havia, conseguido reunir suficientes economias para ter a sua parte num dos botes maiores. Não lhe custou, ao cabo de pouco tempo, fazer-se dono exclusivo de uma destas embarcações, graças à qual, numas vinte viagens a Belém, se tornou um dos maiores proprietários da zona. Como sempre acontecia, garantiram-nos que aqui encontraríamos tudo quanto necessitávamos; a verdade porém é que, ainda como de costume, logo verificamos que nada do que queríamos existia no lugar. Faziam-nos grande falta cavalos. Disseram-nos, a princípio que na região não os havia para adquirir, mas por fim o capitão nos confessou que do outro lado do rio havia cerca de uma centena, tornados ao estado selvagem e portanto muito difíceis de pegar. O Sr. d'Osery reuniu uma meia dúzia de vaqueiros e partiu para lhes dar caça. Fi-lo acompanhar-se de alguns soldados, pois a região é freqüentada pelos Xavantes. Voltou ele dois dias depois com alguns cavalos, tão magros quanto bravios, mas que nos fizeram pagar bastante caro. Tinham sido pegados a laço. Enquanto isso, uma outra turma tinha saído à perseguição do gado, que também tinha voltado ao estado selvagem, trazendo-nos a carne de um boi, abatido a tiros. Em toda essa região faz excessivo calor durante o dia, ao passo que as noites são comparativamente muito frescas, o que explica a grande quantidade de moléstias nela reinantes.

No dia 15, fizemos apenas duas léguas e meia, obrigados que tínhamos sido a nos deter no miserável vilarejo de Santo Antônio, por causa de uma chuva torrencial, que durou toda a noite. Santo Antônio compõe-se de uma dezena de casas e a estrada que a ele conduz corre em terreno chato de campo.

No dia 16, uma das mulas foi mordida à noite por uma cobra venenosa, correndo a todo galope para o rancho onde dormia o nosso pessoal derrubando tudo quanto podia se opor à sua entrada. Prostrou-se no chão, caindo de lado, com a boca inchada e muito congesta, o ventre tumefeito e os membros retesos. O animal apresentava de espaço em espaço movimentos convulsivos, fazendo também ouvir uma espécie de grunhido surdo. Os tropeiros trataram imediatamente de administrar contravenenos, embora confiando muito mais nas cruzes e relicários que lhe penduraram ao pescoço. Como de costume, penduraram numa árvore a imagem de Santo Antônio, fazendo-lhe boas promessas para que salvasse a vida do animal. Durante o dia, sendo desesperador o estado da infeliz mula, mandei chamar um negro velho da Costa, de quem me falavam como sendo muito versado no combate aos envenenamentos. Ele me garantiu, com grande aprumo, salvar o animal. Mandou buscar uma garrafa com certa droga que ele guardava no maior cuidado e que deixou cair gota a gota na boca da mula doente. O animal, porém, estremecendo numa convulsão derradeira, sucumbiu quase imediatamente. Imaginei que aquela beberagem pudese ter sido a causa da morte da mula, pelo que ameacei castigar o negro se ele não me fizesse saber sem mais demora a composição da droga que acabava de ministrar. Todo trêmulo, lançou-se o desgraçado aos meus pés, confessando-me que ela nada mais continha do que água salgada.

Viam-se em toda esta região muitas gameleiras, extremamente curiosas; uma destas figueiras sombreava uma área de 40 metros de diâmetro. Não foram precisas mais de duas léguas para alcançar a fazenda da Penha, onde pernoitamos.

No dia 17, fizemos sete léguas. O chão, sempre muito plano, parecia de aluvião; num ponto porém da estrada, observamos massas arredondadas de granito, pouco elevadas acima da superfície do solo. A estrada passa no meio de várias campinas húmidas. Como acontece sempre no Brasil, tinham-nos dito que a estrada era muito fácil de achar e que não havia necessidade de guia; mas vimos logo que nos tinham enganado, pois o caminho era apenas visível, chegando às vezes a desaparecer completamente. Por fim, ao entrarmos num pedaço de mata, foi-nos impossível descobri-lo. Perto de duas horas perdemo-nos na procura do caminho, sem resultado: mandei patrulhas em várias direções; uma delas trouxe consigo na volta um moço vaqueiro, que procurara fugir quando foi visto. Tinha tomado os nossos homens pelos selvagens índios Canoeiros que desolam a região, não obstante fosse difícil, à vista de sua vestimenta, serem tomados por civilizados. Declarei ao pretinho que ele tinha de ser o nosso guia, ao que me respondeu ele não ser isso possível, uma vez que andava à procura de alguns animais fugidos, pertencentes ao seu patrão. Convencido porém de que sem a sua ajuda nos seria impossível encontrar a nossa caravana e verificando que nenhuma das razões apresentadas foi capaz de convencê-lo, fi-lo escoltar por dois cavaleiros. Outro remédio não teve ele senão se conformar. Dormimos no meio de um alto capinzal, perto de um campo inundado. Um bando de araras jacintinas tinha se refugiado numa árvore próxima, importunando-nos durante longo tempo com os seus gritos estridentes.

A 18, durante a noite, fiz amarrar por um braço o nosso guia, fazendo-o guardar por uma sentinela; mas, como, no fim de contas, ele estava sendo muito bem tratado e alimentado, é de acreditar que se houvesse consolado de ter de ficar conosco.

Alcançamos, cedinho, as margens do Tocantins, que depois acompanhamos durante algum tempo dentro da mata; mas, ao cabo de uma marcha de três léguas e meia, tendo chegado a um ponto em que a margem do rio era parcialmente obstruída por um grande banco de areia, pedimos a uma embarcação que estava na outra margem para vir buscar-nos. Nesse lugar o rio tem uns 250 metros de largura. Na travessia, por pouco íamos perdendo um dos animais de carga. Os tropeiros haviam imprudentemente feito alguns deles entrar nágua, para atravessarem o rio a nado, sem lhes ter dado tempo para descansar; vários estiveram a pique de se afogar, sendo trazidos para terra à custa de muito trabalho. Esse fato nos levou a deixar a passagem de todos os animais para o dia seguinte.

CAPITULO XV

GOIÁS PELO SERTÃO DOS XAVANTES

A aldeia do Peixe fica distante da margem esquerda do Tocantins alguns tiros de espingarda. Suas casas, em número aproximado de setenta, acham-se espalhadas pelo campo, sem nenhuma ordem; toda a população não excede a umas 500 almas. Os habitantes vivem em extrema pobreza, mas nos pareceram bem dispostos. Há na povoação quatro ou cinco escravos, quando muito; o restante da população compõe-se de gente livre, da mais variada cor. Vivem todos do produto das plantações, sob o constante pavor de serem atacados pelos índios Canoeiros e Xavantes. Peixe não alcançou ainda o título de freguesia.

Armamos as nossas redes numa casa bastante espaçosa e limpa. É nulo o comércio da aldeia, que tendo possuído outrora grandes embarcações na carreira do Pará, teve de suspender essas viagens em consequência dos selvagens. Apesar disso, pessoa empreendedora do lugar tinha em mente restabelecer aquele tráfico, por meio de um grande barco, que se construía no porto. As raras comunicações que esse miserável povoado tem com o mundo civilizado dependem dos barcos que sobem o Tocantins até a Vila de Palma.

Pela manhã os animais passaram o rio com dificuldade, mas sem nenhum acidente; à tarde ocupei-me em contratar três guias, bem conhecedores do sertão por onde íamos nos meter. Tínhamos como finda a nossa viagem, no que respeita aos perigos que devíamos correr. Entretanto, os filhos do lugar tinham sobre o assunto opinião muito diferente; constante terror lhes inspiravam as tribos inimigas e não se cansavam de dizer que o caminho por mim escolhido correspondia à divisa que separa as duas nações selvagens existentes na região, ou sejam as dos Xavantes e dos Canoeiros, e que, por conseguinte, estaríamos sempre expostos aos ataques dos guerreiros de ambas aquelas tribos. Os Canoeiros parece pertencerem à raça dos Bororos, afirmando-se que o nome a eles dado pelos brasileiros provém do hábito de estarem sempre navegando no rio com suas canoas, enquanto que os Xavantes sabem apenas construir balsas, para atravessar os rios. Encontramos muitas vezes, nas praias, construções deste gênero. Pertenciam a esta nação os índios que, trazidos para a região com o fim de ser aldeados, voltaram à vida selvagem, tornando-se inimigos dos civilizados, por falta de cuidados adequados por parte do governo e principalmente depois do desaparecimento das missões.

Todos os selvagens sacrificam sem piedade os prisioneiros; mas, entre os indígenas da América do Sul não se verifica geralmente o hábito de torturá-los antes de matar.

Os Canoeiros, pelo contrário, a exemplo do que fazem os índios da América do Norte, sentem prazer em infligir tormentos às suas vítimas, sendo difícil imaginar-se o horrível espírito de invenção que revelam neste particular. Ora é uma mãe a que fazem devorar os miolos do próprio filho, ora é uma mulher que amarram à proa de uma canoa, fazendo-a alternativamente mergulhar e voltar à tona, num suplício que às vezes dura muitos dias. Também, embora esta tribo não seja antropófaga, é ainda mais temida do que os próprios Xavantes.

A 20, a chuva, que não tinha experimentado interrupção desde nossa estada no rio do Peixe, nos acompanhou durante toda a jornada, que foi de quatro léguas. Se bem que o caminho fosse bom e plano como nos dias anteriores, tal era o estado de magreza de nossos animais, que tinham a aparência de estarem já exaustos de cansaço: era um começo bem triste para a viagem que tínhamos de fazer. A região continuava muito plana e apenas entrecortada, num ou noutro lugar, de trechos pantanosos. O terreno parece sempre de formação aluvial, mas em diversos pontos observam-se argilas. Reconhecemos também, em dois ou três lugares, cangas sotopostas a estas últimas e de aspecto igualmente argiloso. Acampamos perto de um pântano chamado Brejo das Canas. A paisagem era bastante pitoresca; a vista era limitada por um magnífico buritizal, de onde o nosso pessoal não tardou a arrancar as grandes palmas em leque, para construir uns sete ou oito ranchos à prova de chuva. Nesses campos, grande era a atividade da vegetação, não sendo isso devido somente às chuvas, mas também às queimadas feitas pouco tempo atrás. Entre outras plantas, havia uma grande quantidade de bonitas Malpiguiáceas de flores douradas e frutos vermelhos, várias Compostas de belas cambiantes róseas e purpurinas, Amarantáceas de capítulos prateados ou citrinos. Encontravam-se também em toda a região grande número de frutos silvestres; era aí abundante o caju (*Anacardium occidentale*), a cagaiteira, o puçá, a jabuticaba do campo, de polpa muito semelhante à do abricó europeu. Encontramos com muita freqüência a mangabeira (*Hancornia speciosa*), cujo fruto açucarado só é bom depois que todo o leite se transformou num xarope transparente, e o piqui (*Caryocar brasiliense*), de fruto muito apreciado, apesar de o termos achado de sabor pouco agradável.

A 21, chegamos depois do meio-dia à fazenda de Santa Cruz dos Itãs, após três léguas e meia de marcha. Fomos aí muito bem recebidos pelo coronel Jubê, seu proprietário. Esse velho é inglês, mas passou quase toda a sua vida no Brasil. As benfeitorias da fazenda eram constituídas de três casas pequenas, solidamente construídas de adobe e cobertas com telhas. Morava o coronel com um dos filhos, que era padre. Havia ao todo uns vinte habitantes nesse pequeno sítio, perdido em pleno sertão. Na antevéspera de nossa passagem, uma rapariga escrava tinha sido assassinada, à distância de um tiro de espingarda, pelos índios Canoeiros; ia a caminho da fonte, buscar água, quando a cercaram uns vinte daqueles selvagens, pintados de preto, ferindo-a a flechadas e acabando de matá-la a cacetadas. Os moradores da casa acudiram aos seus gritos, mas apenas chegaram a tempo de ver os índios em debandada, levando consigo as vestes da vítima. Desde então, nesta infeliz fazenda, os moradores a custo ousavam aparecer à porta de suas casas e ninguém se arriscava a ir à fonte sem escolta de homens armados. O coronel fizera muitas viagens pelo interior do Brasil; quando moço, tomara parte na talvez única expedição que subiu o Araguaia, com fins comerciais. Contou-nos que esta viagem tinha sido feita com uma embarcação de mais de 60 palmos de comprimento e capaz de transportar três mil arrobas de mercadoria. Só a subida do Araguaia havia exigido quatorze meses. À noite mostrou-me o coronel algumas das flechas retiradas do corpo da moça; tinham menos de 1 metro de comprimento, sendo por conseguinte muito mais curtas do que as que até então tínhamos visto.

A formação geológica é sempre um terreno de aluvião, superposto provavelmente ao gnaisse, visto como esta rocha aparece no leito do rio de Santa Teresa, cuja largura é de 25 metros no ponto em que o atravessamos a vau. Este rio tinha uma profundidade apenas de 38 centímetros; entre ele e a fazenda dos Itãs foram vistos muitos fragmentos de canga, prismáticos e empastados.

Obtivemos do coronel as seguintes informações sobre a geografia deste sertão. O ribeirão dos Passos desemboca no córrego da Porteira e este no rio de Santa Teresa, que, por seu turno, deságua na margem esquerda do Tocantins, quatro léguas abaixo da aldeia de Peixe. Num morro situado cerca de uma légua a leste da fazenda do Pau-a-Pique e a pequena distância de Amaro Leite é que ficam as nascentes dos rios Santa Teresa e do Ouro.

Era na fazenda dos Picos, situada cinco léguas a leste do Descoberto e hoje abandonada, que em outros tempos se embarcava para descer o rio Santa Teresa, e chegar ao Tocantins.

O rio Cana Brava, que despeja no Santa Teresa a um meio quarto de légua dos Itãs, nasce num outeiro chamado Morro Pintado, o qual está situado oito léguas a oeste-sudeste da referida fazenda. Contam os índios que cerca de seis léguas a oeste desse lugar há um morro que ronca continuamente, lançando às vezes jatos de fogo. A existência de um vulcão em tais circunstâncias seria fato muito extraordinário; no entanto, diz Cunha Matos (Itinerário, t. II, p. 314) que os índios lhe garantiram a existência de uma montanha flamivoma, próximo às nascentes do Araguaia. Os terremotos acompanham quase sempre os vulcões, mas são completamente desconhecidos nessas regiões centrais do Brasil.

Da fazenda do coronel, distante umas quatro léguas a sudeste, vê-se a cadeia de São Miguel, cuja direção parece ser de este-nordeste para oeste-sudoeste; esta serra é, segundo dizem, a morada habitual dos ferozes Canoeiros.

O ponto em que o Tocantins fica mais próximo da fazenda de Santa Cruz dos Itãs está cerca de seis léguas a sudeste.

No dia 22 prosseguimos em nossa marcha através do sertão que se estendia à nossa frente. Tal era o estado de nossas cavalgaduras que éramos forçados a fazer grande parte do caminho a pé. Passamos a vau o rio Cana Brava, fazendo cinco léguas e meia para chegar ao pouso chamado Tucuma, onde acampamos. Na primeira metade deste trajeto, encontramos cangas e seixos de gnaisse em grande quantidade; mas na segunda apareceram os gnaisses graníticos, que formam também, muito provavelmente, a serra de São Miguel.

A 23 fizemos três léguas e meia, sempre através de campos cuja vegetação a muito custo nos abrigava dos ardentes raios do sol. A formação, a princípio inteiramente de gnaisse, não tardou que apenas mostrasse a descoberto as cangas de grossos fragmentos prismáticos, dispostos em massas arredondadas, sobre os cômoros, que acidentavam a estrada. Por fim, nos últimos contrafortes da cadeia de São Miguel, por nós transposta, vimos aparecer o granito.

A 24 fizemos uma penosa caminhada através da serra de São Miguel, também conhecida como dos Canoeiros. Essas colinas, conquanto pouco elevadas, são de acesso difícil, por causa da falta de caminhos. Afora isso, a paisagem era das mais pitorescas, como nos dias precedentes, e a caça abundante. Diversos veados tinham sido já mortos pelos nossos caçadores, quando esbarramos subitamente com um bando de uma centena de porcos-do-mato, no fundo de uma profunda grota. Todos, tropeiros e soldados, pegaram instantaneamente as espingardas, deixando entregues a si mesmas as mulas, que começaram a se deitar ou a pastar, nas mais diferentes direções. Todo o vale reboou sob os tiros, dos quais resultou a morte de dois ou três daqueles porcos selvagens.

Meu pequeno Catama depressa se acostumou à vida de viajante. Quando ele viu um cavalo pela primeira vez, dera gritos de pavor; mas não tardou a achar bem mais cômodo percorrer o sertão à custa das pernas destes animais do que com as suas próprias, tornando-se ótimo cavaleiro. Certo dia, nestas mesmas solidões, a pobre criança correu grave perigo. Ao atravessar uma mata muito fechada, o soldado da vanguarda avistou um índio escondido por entre a folhagem; sendo tomado por um espião, dez espingardas apontaram imediatamente contra ele e só por felicidade o soldado Patriarca reconheceu o pequeno Catama, que acudiu muito lampeiro rindo-se dizia ele, do medo que nos havia causado.

Fizemos cinco léguas e meia no dia 24. Na primeira parte do trajeto o caminho passa apertado entre duas cadeias de morros de granito, as quais, aproximandose cada vez mais, acabam por formar a estreita garganta de que anteriormente falamos e cuja direção é francamente para oeste. O terreno era, até aí, coberto de detritos de quartzito e de granito mais micáceo. Todos os rios que atravessamos eram afluentes do Santa Teresa; mas, desde a saída da garganta, todos quantos passamos, até o arraial do Descoberto, derramam no rio Cana Brava. Na última parte da viagem foi-nos dado observar massas enormes de pedras cangas, de forma arredondada e dando a impressão de um derrame sobre a superfície do granito. A direção geral da estrada parece aproximadamente paralela às do Cana Brava, que corria a pequena distância.

No dia 25, continuamos a nossa marcha através do sertão. Foi com indescritível alegria que encontramos neste trajeto lindos bosquetes de laranjeiras, carregadas de excelentes frutos, aos quais nos atiramos avidamente, para matar a ardente sede ocasionada pela soalheira excessiva. Entretanto, a estes legados de uma passada civilização, associavam-se os indícios de tristes acontecimentos, pois, mais de uma vez, encontramos ruínas de velhas moradias e de sítios, até agora enegrecidos pelos incêndios. Esqueletos mutilados ainda se achavam às vezes no meio daqueles destroços, indicando ao viajante que por ali havia passado a pesada borduna dos Canoeiros. A cada passo, detinham-se os nossos guias, para nos contar a história de fatos espantosos, e era com mudo respeito, a desfiar as contas dos rosários, que ouviam os gritos sinistros das aves noturnas, garantindo-nos provirem eles das almas dos que foram massacrados nestes lugares. Os índios nossos amigos narraram-nos também casos tenebrosos. Certo dia, mostrou-nos o velho chefe Xavante umas pedras, pretas ainda pela ação da fumaça, contando-nos que, muitos anos atrás, tinha tomado parte numa expedição contra os Canoeiros comandada por um seu tio, e que nessa ocasião haviam queimado em fogo lento, amarrando-os uns aos outros, três prisioneiros, entre os quais uma rapariga moça. Desatava o índio em grandes gargalhadas imitando os gritos daqueles desgraçados e as súplicas da moça. Nesse dia 25, apesar da chuva incessante, matamos diversos veados. O percurso foi de cinco léguas, mas nada de interessante acrescentou-se ao já observado na véspera, no que respeita à formação geológica.

Nas cinco e meia léguas de jornada feitas no dia 26, a canga nos apareceu por vezes em placas, mas, na generalidade dos casos, conservava as formas arredondadas verificadas nos dias anteriores. O caminho era entrecortado de morros, que tornavam a marcha bastante penosa. Próximo ao acampamento, observamos grandes blocos de granito, de superfície arredondada. Consoante nosso costume, tínhamos armado as nossas barracas perto de um córrego; mas não tardou que as sentinelas avistassem uma enorme coluna de fogo avançando em nossa direção, tangida pelo vento. Era um estranho espetáculo o desta extensa língua de fogo e fumaça que marchava através da planície com medonha rapidez; os nossos animais, espavoridos, afluíam para o campo, correndo de todos os lados. Poderíamos, em poucos instantes, assistir à destruição de todo o nosso material e corrermos nós próprios o mais sério perigo. Em tais circunstâncias era mister agir com a máxima presteza; tratamos de atear logo fogo ao capim que havia em volta de nós, apagando depois as labaredas com o auxílio de galhos molhados na água do riacho, de modo a descobrir uma área suficiente de chão, em frente do acampamento. Custou-nos isso alguns arranhões. Pouco depois, a uns vinte passos de nós, assistíamos ao encontro das duas colunas de fogo, que agora unidas retomavam a sua marcha célere, de maneira a circunscrever em torno de nós um oásis, levando a desolação para os campos distantes. Aos clarões desse incêndio sucedeu profunda obscuridade; mas, por muito tempo ainda acompanhamos com a vista o clarão da queimada, até que ele se sumisse no horizonte esbraseado.

Seis léguas de marcha em caminho bastante acidentado nos levaram, a 27, ao arraial do Descoberto. Começávamos a passar os contrafortes mais orientais da serra de Dona Luísa, nome pelo qual os moradores de Descoberto conhecem a cadeia que separa os afluentes do Araguaia dos do rio Tocantins. A oeste desta serra avista-se uma outra, chamada na zona Serra Azul e também pertencente ao sistema divisório das águas daqueles dois rios. É no alto do espigão chamado dos Picos que se avista o começo da serra de Dona Luísa; para trás desta, a umas dez léguas do caminho, fica a Serra Azul. São, com toda certeza, as elevações destas serras que, com várias depressões, constituem toda a região chamada Entre-Rios, ou seja a península limitada pelos dois grandes cursos d'água. Em toda essa região o solo é formado, com segurança, pelo granito sotoposto às cangas, as quais, ordinariamente, se mostram na superfície. Já havia várias horas que estávamos na aldeia e dois dos companheiros não tinham ainda chegado. Ao se aproximar a noite, como aumentasse muito a preocupação que isso me vinha causando, mandei ao seu encalço alguns homens armados. Entretanto, dificuldades reais vieram se oferecer contra esta decisão, a principal sendo o grande cansaço dos nossos homens. Não foi coisa fácil convencê-los a entrar sob a escuridão da noite naquelas temidas solidões. Por felicidade, porém, os retardatários foram encontrados depois de pouco tempo de procura. Havendo as suas montarias se negado a ir mais para frente, tinham-se conformado em passar a noite ao relento e tiritando de frio, pois o medo dos índios não lhes permitia acender uma fogueira. À voz dos nossos cães, viram afinal que não se achavam tão longe dos companheiros, podendo então contar com uma noite bem menos desagradável do, que a que lhes parecia estar reservada.

Passamos o dia seguinte em Descoberto, ocupando-nos na determinação de sua posição geográfica. Esta mísera povoação compõe-se de umas quinze ou dezoito casas, habitadas por cerca de sessenta indivíduos. Em outros tempos ela foi muito maior; mas, atualmente sua população está sempre decrescendo, em consequência do abandono das minas e, principalmente, do medo dos selvagens, que à noite chegam até às ruas do povoado. O lugarejo teve origem na descoberta de uma mina de ouro, metal que se encontra por toda parte no local, à superfície mesmo do solo, de mistura com uma terra formada dos detritos de rochas antigas, como o quartzo, a mica, o feldspato decomposto, etc.. A esta espécie de cascalho dá-se na zona o nome de gorgulho; ele é encontrado debaixo de uma camada de terra vegetal de cerca de 16 centímetros de espessura e não tem também, ele próprio, mais do que isto de profundidade. Afirmaram-nos os moradores da terra que não é propriamente no gorgulho que o ouro é encontrado, mas na pasta a ele associada. O metal é encontrado também na terra sotoposta a essa camada, porém em menor quantidade; essa terra, aliás, afigurou-se-me da mesma natureza do gorgulho propriamente dito. Lava-se a princípio a terra aurífera em pequenos regos cavados na superfície do chão, e depois concentra-se o ouro em grandes bateias. Nos arredores da cidade cresce abundantemente a bela Anona, que produz a fruta-do-conde, de polpa saborosa e semelhante a um excelente creme. Conseguimos também aqui novos guias e três bons cavalos.

O dia 29 se passou também na travessia do sertão deserto, onde continuamos a encontrar viçosos grupos de laranjeiras, restos da antiga prosperidade da região. No trecho inicial da jornada a formação geológica era a mesma dos arredores de Descoberto, a saber, detritos de terrenos antigos, dispostos em camadas arenáceas auríferas; não tardou, porém, que aparecessem cangas, principalmente nos pontos eminentes; finalmente, na última parte do trajeto apareceu a descoberto o granito. É evidente que esta rocha existe em toda a região, mas em plano profundo e oculta sob as formações superiores. Transpusemos o leito seco do rio do Ouro, que desemboca no Santa Teresa, cinco léguas a leste de Descoberto, depois de receber o córrego do Areião. O riacho de Descoberto, também chamado das Laginhas, despeja no rio Cana Brava. No fim do percurso, que foi de quatro léguas e meia, vimos aparecer a leste da estrada, a serra do Campo. À noite desabou temporal muito forte. Em 30, fizemos cinco léguas e meia, encontrando ao longo de pouco mais de metade do trajeto os granitos a nu; apareceram depois as cangas, que se apóiam, com toda certeza, sobre essa rocha. Todas as águas atravessadas neste trecho correm para o rio do Ouro, que faz uma volta a oeste da estrada. Ladeava o caminho, durante légua e meia, uma cadeia de montes chamada serra do Campo. Depois que esta ficara para trás, surgiu a leste da estrada, e a maior distância, a serra de Santa Teresa, que é bem mais importante do que a primeira e dá nascimento aos rios Santa Teresa e do Ouro, ambos pertencentes a sua vertente ocidental, mas situados, aquele a leste, e este a oeste do caminho. Durante o trajeto os caçadores mataram uma grande anta, que pastava o capim tenro de um pasto recentemente queimado.

No dia 1º de outubro, até perto de Amaro Leite, a formação só nos apresentava cangas. Depois reapareceram os gnaisses a princípio no rio Lambari, que é um afluente do Ouro e pode ser até considerado uma de suas nascentes, mais tarde nas imediações mesmas do arraial, onde aos gnaisses vêm juntar-se terrenos auríferos. O ribeirão dos Algodoeiros lança-se no rio do Ouro, o de Santo Antônio no Lambari, bem como o córrego da Estiva; o ribeirão do Baú corre para o de Amaro Leite, enquanto três ou quatro riachos que se atravessam entre Algodoeiros e Santo Antônio, devem ser, provavelmente, afluentes de um ou outro destes dois rios. Chegamos ao arraial pouco depois do meio-dia. A região que acabávamos de percorrer era das mais belas e de ordinário muito pitoresca a maneira pela qual os córregos há pouco citados corriam nas suas virentes barrocas. Fomos acomodados numa casa grande, mas vazia, como todas nestes sertões; todavia, sua cobertura de telhas foi tanto mais apreciada por nós quanto tivemos uma noite muito chuvosa. Passamos dois dias nessa povoação, com a idéia de lhe determinar com exatidão a posição geográfica; este trabalho, porém, foi muito embaraçado pelo mau tempo, o céu tendo estado sempre coberto de nuvens pesadas. O povoado de Amaro Leite, como o de Descoberto, foi fundado pelos catadores de ouro; atualmente está quase completamente abandonado, em virtude dos ataques dos índios Canoeiros. Habitam-no ainda uns cem moradores, todos atacados de bócio e distribuídos pelo que ainda resta das trinta casas a princípio existentes. A exploração tem aqui por objeto um veio quartizoso quase vertical, incluso nos gnaisses argilosos. Nos pontos em que nos foi possível observar este filão (que os mineradores chamam a linha), ele nos pareceu correr aproximadamente na direção norte-sul, ou, mais precisamente, nor-nordeste para su-sudoeste. O veio tinha de espessura 20 a 22 centímetros e sua inclinação, conforme medimos, era de 72 graus sobre a horizontal, com mergulho para oeste. É explorado dentro do próprio arraial, acreditando os trabalhadores que ele é tanto mais produtivo quanto mais da vertical se aproxima a sua direção. Às vezes, dizem, mostra-se muito rico. Na construção dos alicerces das casas, usam-se no povoado duas espécies de pedra; uma é constituída de um xisto talcoso, verde, a outra é um gnaisse muito duro. Os habitantes vivem na mais extrema pobreza, fato comum em quase todos os distritos em que se pratica a extração dos metais preciosos. Houve outrora no lugar um homem possuidor de alguns recursos, mas como tivesse também a seu cargo a arrecadação dos impostos, assassinaram-no. É mais do que provável que este miserável povoado desaparecerá dentro de pouco tempo sob as flechas dos Canoeiros ou o tacape dos Xavantes. A única moeda corrente na terra é o ouro em pó; aí compramos uma vaca pela soma irrisória de 5.000 réis (menos de 15 francos).

A 4 deixamos Amaro Leite; fizemos cerca de quatro léguas, em terreno muito montanhoso e através de caminho péssimo, obstruído de seixos. A tropa estava nas piores condições, não poucas vezes nos sendo necessário fazer uma parte das marchas a pé, não só por causa da fraqueza dos animais, como para poder transportar os nossos doentes, cujo número era grande. A formação geral é o gnaisse, sobre o qual apóiam os micaxistos, por sua vez cobertos pelas cangas. Estas são em geral as únicas rochas que se podem ver durante grande parte do percurso. Transpusemos este dia o divisor das águas entre o Tocantins e o Araguaia, pois o córrego do Buriti é um tributário do Tocantins por intermédio do ribeirão Amaro Leite, do Lambari, do rio do Ouro e do Santa Teresa, enquanto que, do outro lado, o ribeirão dos Poções corre para o Araguaia, através do ribeirão das Formigas, do rio dos Bois e do Crixás-Açu.

O rio dos Bois tem na última porção de seu curso o nome de Poço Falso, que corresponde justamente ao ponto em que ele se torna susceptível de navegação em canoas pequenas. Fica este ponto sete ou oito léguas ao sul do sítio da Cachoeira, em cujas proximidades tem ele as suas nascentes. É pelo rio dos Bois que os habitantes de Amaro Leite chegam a Salinas, desembarcando em Carolina ou em Cana Brava.

O ribeirão de Amaro Leite e o Lambari são os formadores do rio do Ouro; o Jucuba é um dos afluentes do rio das Formigas.

À direita e à esquerda da estrada correm cadeias de montanhas; a da esquerda fica mais próxima e dirige-se de nordeste para sudoeste. Toma esta serra o nome da fazenda Cachoeira, onde pernoitamos, e contém as nascentes do rio dos Bois. A partir deste ponto, até a cidade de Goiás, todos os cursos d'água que se atravessam correm para o alto Araguaia.

As chuvas que caíam copiosamente desde alguns dias fizeram aparecer grande quantidade de coleópteros, facultando-nos, pela primeira vez no Brasil, colecionar numerosas espécies destes lindos animais, na sua maioria pertencentes à tribo dos *Chrysomelinae*. Achamos também algumas magníficas clorimas (*Chlorima*) e bonitas ripiceras (*Rhipicera*) azuis e verdes. As cigarras, durante o dia, nos azoinavam os ouvidos com o seu canto estridente e os insetos luminosos, de sua parte, cintilavam na escuridão com um brilho extraordinário. Pertenciam estes últimos ao gênero Elater, de que algumas espécies atingem considerável tamanho e produzem uma luminescência capaz de permitir, numa noite escura, a leitura de uma página escrita na mais miúda letra. A luz lhes vem de dois pequenos faróis arredondados existentes na parte superior do corselete, um de cada lado; entretanto, pudemos certificar-nos de que há um outro órgão luminoso, situado este no primeiro artículo do abdome, como se fosse um diafragma. Só destacando o abdome do tórax é possível vê-lo distintamente; vê-se então que ele conserva a sua propriedade luminosa até a morte do inseto, persistindo ainda durante algum tempo. Essa luz é, por assim dizer, intermitente, pois que às vezes cessa completamente; sua cor é variável, mas há ocasiões em que é quase vermelha. Esses insetos circulam no ar como fogos fátuos, emprestando brilho extraordinário às noites tropicais. Em certos lugares as mulheres enfeitam com eles os cabelos.

A 5, fizemos cinco léguas, através de caminhos coalhados de seixos, que tornavam a marcha muito difícil. Transpusemos o leito do rio dos Bois, num ponto em que ele estava inteiramente seco. Grande foi o desapontamento que isso nos causou, pois fazia calor insuportável e estávamos contando com a sua água para matar a sede. Os nossos índios puseram-se então pela mata, à procura de uma curiosa planta, a que chamam *cipó d'água*. Cortando este cipó em pedaços, destes escorre grande quantidade de água perfeitamente límpida. O líquido procede dos grossos vasos existentes no lenho e fáceis de reconhecer num corte transversal; é tão fácil fazê-lo sair por uma ponta da haste cortada, como pela outra. Todos os córregos que atravessamos em nosso trajeto são afluentes do rio dos Bois. O que se vê nas terras da própria fazenda da Cachoeira ou dos Bois é o gnaisse de granulação muito fina, fazendo transição para os micaxistos folhetados e muito solevados pelos granitos da cadeia de montanhas em cujo sopé fica na fazenda. É nesta serra que o rio dos Bois tem as suas cabeceiras. Os gnaisses, a que há pouco nos referimos, acham-se em posição quase vertical, em consequência do solevamento do terreno; eles mergulham para oeste. No curso da jornada, observamos por várias vezes cangas superficiais, abaixo das quais se acham provavelmente os gnaisses, que passam aos micaxistos acima referidos, superpostos ao gnaisse e por sua vez apoiados sobre o granito. Fizemos pouso na fazenda do Genipapo.

A 6, fizemos uma tirada de seis léguas, debaixo de um sol causticante, que todavia não nos impediu de admirar a grande beleza da paisagem; a cada momento atravessávamos lindos capões de mata virgem banhados por límpidos regatos, afluentes todos do rio dos Bois, excetuado apenas o último, que se chama ribeirão do Magalhães e corre para o rio Vermelho do Pilar, tributário do Crixás-Açu. Coligimos perto da fazenda do Genipapo duas variedades de granito, provenientes de um mesmo bloco arredondado que emergia do solo. Estas duas variedades são evidentemente o produto de uma "liquação". Durante todo o trajeto as cangas foram a formação predominante, especialmente nos espigões e suas encostas. Observamos também em gnaisses e micaxistos de diferentes espécies, solevados pelo granito. Às três da tarde chegamos à fazenda do Rio do Peixe. O Sr. Weddell, tendo ouvido dizer que o dono da casa costumava extrair vinagre de um coqueirinho existente nos arredores, saiu à procura desta palmeira, que acabou encontrando na beira de um riacho, situado a um quarto de légua. Produz este coqueiro frutos vermelhos, cor de vinho, e pertence ao gênero *Bactris*. Sua denominação vulgar é *coqueiro de vinagre*. Contou-nos a gente do sítio que os Xavantes tinham vindo muitas vezes, ao som de suas trompas, dançar em frente à casa, durante a noite; mas que nunca se haviam mostrado hostis. Uma ocasião tiveram a idéia de enfeitar toda a casa com galhos de árvores, indo-se embora depois dessa brincadeira, com grandes risadas.

No dia 7, a caminhada foi de quatro léguas, através de chão muito acidentado, onde, como no dia anterior, se viam gnaisses e micaxistos solevados pelo granito subjacente e cobertos pela canga, na superfície. Todos os cursos d'água transpostos durante o trajeto correm para o Araguaia, por intermédio do rio Vermelho do Fundão, chamado também do Sertão. Os rios do Peixe e o Taquara-Uaçu desembocam diretamente neste último, após terem recebido as águas dos outros rios. Acampamos no lugar de uma recente queimada. Não havia dúvida de que nos achávamos nos contrafortes menos elevados da Serra dos Xavantes que divide as águas do Maranhão das do Araguaia. Todos os ribeiros atravessados agora pelo caminho lançam-se no rio Vermelho do Sertão, cujas cabeceiras ficam na Serra de Pilar, assim como as do rio Vermelho de Pilar, que é necessário não confundir com o primeiro, pois enquanto o chamado do Sertão corre para o Araguaia por intermédio do Crixás-Açu, o outro se dirige para leste, em demanda do rio Maranhão, por intermédio do rio das Almas nas vertentes opostas da Serra de Pilar. Estas montanhas, cuja altura pode chegar a 300 metros, são formadas de uma espécie de itacolumito com veios de gnaisse muito ricos em talco. A formação nos apresenta constantemente cangas superficiais e gnaisses talcosos. Um quarto de légua antes de chegar a Pilar passamos sob as ruínas de um grande aqueduto, outrora utilizado no transporte da água necessária à lavagem do ouro. Todas as colinas trazem ainda os vestígios das velhas escavações. A cidade, que é uma das mais antigas da província, perdeu, hoje quase completamente o seu esplendor primitivo. Nada mais agradável e pitoresco do que a sua posição, entre morros cobertos de mata virgem.

Acabávamos apenas de entrar na cidade quando caiu uma de nossas mulas cargueiras, morta de cansaço; já nos acostumáramos, aliás, com os acidentes desta natureza. Paramos um dia nesse lugar, onde as febres estavam grassando com grande intensidade, embora não fizessem número muito grande de vítimas. Pilar possuiu outrora uma população de cinco mil habitantes livres e nove mil escravos; hoje, porém, não deve contar mais de mil e quinhentos habitantes. A cidade é muito bem edificada; as paredes das casas são de pedra e a cobertura de telha; algumas possuem um andar, além do térreo, mas as melhores se acham em ruínas. Nas janelas, em lugar de vidro, usa-se o micaxisto de Traíras. As igrejas, em número de quatro, ocupam outras tantas elevações, que dominam a cidade. A catedral, ou matriz, é uma das mais belas da província; possui três sinos de bronze, fundidos nas vizinhanças, em épocas passadas. É ela muito rica em ornamentos de ouro e prata, tendo chamado principalmente nossa atenção um enorme candelabro, suspenso em frente ao altar-mor. Numa das capelas vêem-se os crânios usados para ornar os catafalcos nas grandes cerimônias fúnebres.

As lavagens do ouro, que noutros tempos deram tão grande importância à cidade, estão hoje quase todas abandonadas. As escavações são em geral praticadas na terra vermelha que reveste o cabeço dos morros; mas, lavando-se a terra dos próprios jardins da cidade, pode-se em algumas horas retirar uma quantidade de ouro bastante apreciável (o equivalente a uma ou duas patacas, a pataca valendo aproximadamente 1 franco).

No dia 10, a perda de vários animais atrasou nossa partida até altas horas do dia; por isso, só fizemos duas léguas e meia, indo acampar na Fazenda Vieira, pequeno sítio localizado em u'a mata fechada, e pertencente a um preto velho de Angola, conhecido na terra pelo nome de Mateus da Costa. Esta fazenda não fica situada no trajeto da estrada, mas um pouco à sua direita. O caminho era muito acidentado, tendo sido necessário galgar novamente a Serra do Pilar, que tendo uma direção quase exatamente norte-sul é cortada pela estrada no sentido aproximado de oeste-sudoeste. A serra serve de divisor entre os afluentes do Araguaia e os do rio Tocantins. A formação visível é o itacolumito, e o gnaisse talcoso, ou o talcoxisto folhado, com a aparência de solevamento pelo granito subjacente.

Os regatos que se transpõem até o ponto mais alto do caminho lançam-se no rio Vermelho de Pilar, o qual, como já informamos atrás, corre para o Tocantins por intermédio do rio das Almas, ao passo que os encontrados depois daquele ponto são tributários do Araguaia, por intermédio do rio Vermelho do Sertão e do Crixás-Açu.

A 11, vencendo enormes dificuldades, fizemos a viagem de Pilar a Carretão; foi preciso transpor uma série contínua de degraus no solo granítico, cuja aspereza era apenas suavizada pela beleza das matas virgens que o vestem nesta região. Nas cinco léguas e meia de trajeto feito, a formação era constituída de xistos talcosos vermelhos, e mais ou menos argilosos. Passamos de novo, ao meio-dia, o espigão divisor entre o Tocantins e o Araguaia. Todas as águas que atravessamos na primeira parte do trajeto correm para o Araguaia, por intermédio do Crixás; as encontradas na segunda dirigem-se todas para o rio das Almas, que é um dos formadores do rio Tocantins. Acampamos mais ou menos uma légua adiante de um sítio cujo dono nos presenteara com algumas canas-de-açúcar. No dia seguinte fizemos ainda uma caminhada de sete léguas, por uma estrada muito ruim, cheia de subidas e cercada de formidáveis rochedos. A estrada seguia uma série de morros subordinados à cadeia que separa o Tocantins do Araguaia. Nessa região o solo é formado de talcoxisto vermelho e, em certos lugares de xistos mais argilosos As águas atravessadas durante o percurso afluem para o rio das Almas que as levam para o Tocantins; algumas chegam ao primeiro por intermédio do rio Carretão, que banha a aldeia deste nome, aonde chegamos ao cair da tarde. Os índios que levávamos conosco foram recebidos com alegria pelos companheiros, repartindo logo com estes seus amigos os panos de chita comprados em Porto Imperial.

Nesse povoado, como em todo norte de Goiás, a moeda de cobre é muito procurada, ao passo que as de prata e de ouro são recebidas com grande desconfiança e acentuada perda. A oitava de ouro em pó vale aqui 3.200 réis, ou sejam mais ou menos 8 fr. 50. Prosseguimos nossa viagem para a capital pelo mesmo caminho seguido anteriormente. Na noite do dia 15, nas proximidades do sítio de Água Limpa, observamos em pleno campo um vulto luminoso que nos despertou intensa curiosidade. Aproximando-nos dele, verificamos tratar-se de um ninho de cupim, do qual saía uma quantidade de pequenos focos luminosos. O fenômeno é produzido por uma infinidade de larvazinhas fosforescentes que prontamente se refugiavam em suas galerias quando se tentava segurá-las.

A 17 estávamos novamente de entrada em Goiás, onde nos recebeu o presidente com a sua habitual hospitalidade; dele recebi uma prova de consideração que nunca mais hei de esquecer: o inteiro perdão para o desertor Simão, que eu levava em minha companhia.

Durante minha estada no Rio, alguns descontentes da província assinaram uma violenta diatribe contra Dom José, reclamando a sua destituição. Como fosse porém o único deputado por Goiás presente à sessão da Câmara, a ele próprio coube informá-la, o que fez em vibrante apostila como homem inteligente que era. Pouco tempo depois foi chamado a exercer o cargo de Desembargador, um dos postos de maior relevo na magistratura do Brasil.

Durante nossa ausência, a cidade de Goiás tinha sido devastada por uma epidemia, que grassava também em todo Brasil central. Tomavam-na muitos por uma pneumonia; outros supunham-na com os caracteres da gastrite e da pleurisia. Fosse o que fosse, já bem grande tinha sido o número de suas vítimas. Não demorou sermos procurados pelos velhos amigos, que nos felicitaram cordialmente pelo êxito feliz de nossa expedição.

CAPÍTULO XVI

HISTÓRIA DE GOIÁS. - DIFICULDADES DA NAVEGAÇÃO NOS RIOS TOCANTINS E ARAGUAIA.

Acabávamos de percorrer, em menos de cinco meses, os lados do imenso triângulo formado pela junção dos dois grandes rios que banham a província de Goiás. Agora pretendo entrar em alguns pormenores da história do descobrimento desses rios, falar sobre as dificuldades apresentadas pela sua navegação e, finalmente, discutir os melhores meios para vencer estes obstáculos.

O "Araguay", Araguaia, ou Araragoa, foi descoberto no decurso de uma expedição enviada por Bernardo Pereira de Berredo, capitão geral do Pará e do Maranhão. Foram feitas várias tentativas à mão armada de penetração através do rio, por expedições vindas de Goiás ou de Mato Grosso, interessadas na captura e cativeiro dos índios; todavia, impelia também esses aventureiros a esperança de fazer grandes descobertas em metais preciosos. Só em 1791 é que, por ordem do capitão geral Tristão da Cunha, desceu o rio uma expedição comercial, sob o comando do capitão Tomás de Sousa Vila Real. Tendo embarcado no rio do Peixe, a pouca distância do arraial de Santa Rita, só à custa de enormes sacrifícios chegou ao Pará, onde iria receber o inaudito tratamento a que antes nos referimos, não lhe sendo necessários menos de três anos da riscos e fadigas para chegar de volta a Goiás. Pela mesma época fizeram-se outras expedições, utilizando os rios Vermelho, do Peixe, das Tesouras e Crixás. Houve uma que partiu do Porto Rio Grande, estabelecimento fundado à margem da rota para Cuiabá, por ordem do general Fernando Delgado Freire de Castilho. A partir deste ponto o Araguaia é navegável em qualquer estação do ano; quanto aos seus tributários, há pouco mencionados, a navegação só é possível neles durante a estação chuvosa. Em todas estas expedições as más condições climáticas acarretaram muitos sofrimentos, ocorrendo muitas mortes por doença.

Em 1774, o capitão geral José de Almeida e Vasconcelos enviou o ouvidor Antônio José Cabral d'Almeida para fundar um aldeamento na Ilha do Bananal. Deram ao posto, cuja situação era no furo da direita do Araguaia, o nome de Nova Beira, em substituição à primitiva denominação de "Angeja", procurando desenvolver nele a agricultura. Era moda conferir nomes europeus a aldeamentos habitados exclusivamente pelos selvagens; daí a nomenclatura extravagante dos pretensos estabelecimentos encontrados nas velhas cartas portuguesas e ainda hoje reproduzidos nas modernas. Assim é que os três aldeamentos dos Xambioás receberam os nomes de Bento, Almeida e Semancelho.

Antigos moradores de Angeja falam de um grande lago que existiria no interior da ilha. O posto foi abandonado, ao cabo de alguns anos, quando com ele já se haviam feito grandes despesas. Não obstante, em 1811, foram levados para lá alguns índios Bororos da aldeia de Pedras; parece, porém, que eles não tardaram muito a ir engrossar os bandos dos Canoeiros. O capitão geral Fernando Delgado, a que me referi antes, havia fundado sobre o Araguaia o presídio de Santa Maria, junto à cachoeira do mesmo nome; este posto foi porém atacado em 1813 pelos índios Carajás e Xambioás, que dele se apoderaram, praticando horrível morticínio. A mulher do comandante Francisco de Barros, tendo presenciado a matança da maioria dos soldados, tomou os dois filhos nos braços e foi, com o auxílio de uma canoa, em busca de seu marido, que os selvagens haviam arremessado no rio, depois de o haverem feito desfalecer a cacetadas. Conseguiu ela agarrá-lo pelos cabelos com uma das mãos e com a outra governar a canoa. Escondendo-se por entre as plantas aquáticas, essa corajosa mulher esperou a escuridão da noite, para subir o rio contra a corrente. Mataram-lhe a filha nos braços, mas salvaram-se com ela o marido e o filho, que é hoje o major Pacífico Antônio Xavier de Barros, comandante das armas em Goiás, onde vim a conhecê-lo. Por esse mesmo tempo atacaram os selvagens algumas canoas na parte baixa do rio, exterminando em seguida as tripulações. Todos estes desastres tiveram origem no fuzilamento de vários índios Xambioás pelo comandante do forte de São Leão. Desde então o rio não mais foi frequentado pelos cristãos, a nós tendo cabido a satisfação de abri-lo novamente aos viajantes.

Passemos agora ao Tocantins. É aos paulistas que os historiadores portugueses atribuem o descobrimento deste rio, a princípio explorado nos seus afluentes mais meridionais. Em 1625, um frade capuchinho, Frei Cristóvão de Lisboa, partiu de Belém, subindo o rio Tocantins. Em 1669, Gonçalo Pais e Manuel Brandão percorreram as duas margens do rio, desde a foz até a sua confluência com o Araguaia.

Em 1673, Pedro César de Meneses, governador do Pará, enviou uma expedição armada contra Pascoal Pais de Araújo, oficial paulista,que no ano anterior havia reduzido ao cativeiro uma tribo de Grajaús. Essa expedição foi, pouco depois, convertida em viagem de exploração de metais preciosos, nas margens do Tocantins, influindo nisso o próprio Pascoal Pais de Araújo, que chegou a assumir a direção da empresa, mas não pôde levá-la ao fim, por ter morrido antes.

Dois corajosos aventureiros, Correia e Bueno, disputam a honra do descobrimento das nascentes do Tocantins. O certo é que, desde 1615, o rio era conhecido das pessoas que frequentavam o Pará. Dizem até que muitos anos antes, um padre, vindo de Pernambuco, tinha visitado as cabeceiras do Tocantins, encontrando depois a morte sob os ataques dos índios, quando descia o rio com uma bandeira.

Outros, finalmente, atribuem o descobrimento do Tocantins a um indivíduo de nome Gabriel Soares, que nele teria estado em 1603, reconhecendo todavia que antes disso já o rio era frequentado pelos franceses, a ponto de haver o capitão-mor Francisco Caldeira obtido destes informações sobre o seu curso, como ainda sobre o de outros tributários do Amazonas. De resto, sabe-se que desde 1594 os franceses viajavam em águas da bacia amazônica (cf. a relação de Claude Abbeville: Paris, 1612). O P. da Cunha, em 1640, fala de um francês que, todos os anos ia ao Tocantins com vários navios, que ele carregava com areia do rio, com o fim de dela extrair ouro.

Segundo o *Ensaio corográfico sobre o Pará*, de Baena, Antônio Raposo Tavares subiu em 1675 o Tocantins, até a região ocupada pelos Grajaús; em 1720, uma expedição enviada ao Araguaia subiu também o baixo Tocantins, coisa semelhante fazendo no ano seguinte o jesuíta Manuel da Mota. Em 1782 foi fundado o primeiro posto de vigilância sobre o Tocantins, posto que em 1797 foi transferido para a sua confluência com o Araguaia.

O infeliz resultado da expedição mandada ao Araguaia, já por nós referido, fez com que os comerciantes de Goiás suspendessem durante muito tempo as viagens pelos rios da província. Também, em consequência da incrível rivalidade que, sob o deplorável regime da colonização portuguesa, existia entre os governos das diferentes províncias, assim como o Araguaia, ficou o Tocantins fechado à navegação, até a viagem do capitão Tomás de Sousa. Poucos anos depois, o capitão Miguel de Arruda e Sá foi incumbido pelo capitão geral Meneses de reconhecer as nascentes do Tocantins e de descer o rio até Belém do Pará. Afora o interesse geográfico contido nesta expedição, tinha ela ainda por fim procurar exterminar os bandos de índios Canoeiros, que desde esse tempo praticavam grandes devastações em toda a zona. Era composta de nada menos de oitocentos homens armados. De começo, verificou ela que o rio Uruu tinha suas cabeceiras a 16 graus e 13 minutos de latitude sul; depois, continuando com êxito feliz a viagem rio abaixo, pôde tornar conhecido todo o curso do Tocantins.

Se procurarmos averiguar as causas que se opunham à navegação por esses rios, veremos que elas são representadas tanto pelos obstáculos naturais encontrados nos respectivos leitos, como nas hostilidades dos selvagens e nas vicissitudes do clima.

Entre as dificuldades naturais os saltos e as corredeiras devem ser postos em primeira linha. Já descrevemos com minúcia os obstáculos deste gênero existentes no rio Araguaia; agora limitar-nos-emos a referir os que se encontram na parte do Tocantins por nós percorrida. Neste rio as quedas mais fortes são as de Itaboca, Santo Antônio, Lageado e Mares; muito difíceis ainda, embora não tanto como as mencionadas há pouco, são as de Guaraíba, Cunava, Cajueiro, Salinas, Água da Saúde, Praia Alta, Mãe Maria, Três Barras, Santana e Pilões. O salto de Itaboca acha-se num braço estreitado do rio. Num trecho de cerca de duas léguas de extensão, há três saltos, denominados Fortinho, José Correia e Cachoeira Grande. A última destas cachoeiras é de todas a mais difícil; parece impossível que uma embarcação possa subi-la, sendo necessário que o viajante utilize aí todos os meios que tenha à sua disposição. O barco, previamente descarregado, é puxado a corda por vinte ou trinta homens, muitos dos quais munidos de grandes varejões, destinados a evitar que a embarcação se choque de encontro às pedras. As cordas servem também para dirigi-la, o que não impede de ser frequentemente necessário que os homens se metam na água para sustentá-la ou fazê-la mudar de direção. Com todo este trabalho, é-se ainda muito feliz quando se consegue fazer a varação em três horas, pois não é raro que estas penosas manobras se prolonguem pelo dobro deste espaço de tempo. As embarcações comerciais muito carregadas gastam semanas inteiras em vencer esses obstáculos. A lista das cachoeiras do Tocantins mostra como este rio é bem mais difícil de navegar do que o Araguaia. Entretanto, como este cai no primeiro, há sempre a necessidade de atravessar algumas das mencionadas corredeiras. Mas, ponderando que o Tocantins apresenta uma sucessão quase ininterrupta de cascatas, ao passo que o Araguaia é livre na maior parte de seu curso, concluiremos por achar a navegação pelo último muito mais vantajosa, mormente tendo presente o fato de que aqui, em qualquer época do ano, é possível embarcar a somente cinquenta léguas da capital. O Tocantins, pelo contrário, só se pode considerar navegável a partir de Porto Imperial, que fica a trezentas léguas de Goiás, em vista das curvas existentes na estrada.

Haveria vários meios de diminuir as dificuldades, ou mesmo de suprimi-las inteiramente. Para atingir o primeiro objetivo, poder-se-ia aproveitar a estação da seca, quando as águas ficam muito baixas, para remover, com o emprego de alavancas ou da pólvora, as rochas formadoras das pequenas corredeiras ou itaipavas, enquanto que nas cachoeiras mais importantes haveria o recurso de estabelecer postos fixos com um número de homens bastante para auxiliar as embarcações nos embaraços da passagem, garantindo-se também o fornecimento, a preço cômodo, dos víveres necessários aos viajantes. Graças a estes meios poder-se-ia fazer com que as embarcações conseguissem vencer em poucas horas as dificuldades que atualmente as obrigam a gastar, muitas vezes, vários dias. Construir-se-iam também estradas à volta das cachoeiras, dando passagem aos viajantes e mercadorias, transportadas estas em carretas ou em lombo de burro.

O segundo alvitre, exequível porém apenas quando as facilidades precedentes houvessem permitido a existência de uma população numerosa nestas formosas regiões, consistiria em abrir canais laterais, contornando os lugares obstruídos pelas grandes cachoeiras.

Tem também muito peso, em se tratando da navegabilidade desses rios, a questão referente aos índios que vivem às suas margens. Se hostis, infligem eles aos viajantes os mais horríveis tormentos; quando, pelo contrário, nutrem inclinações amigas, tornam-se extremamente úteis tanto na passagem das corredeiras e baixios (1), como na remoção dos troncos de árvores que obstruem tantas vezes a navegação, e no fornecimento dos víveres de que em tais circunstâncias sempre precisam os viajantes.

(1) Os mais importantes são: Arroios, Tucumanduba, Piraicaba, São João, Santo Antônio etc.; o mais difícil é o de Tucumanduba.

Passemos agora pois ao estudo pormenorizado da distribuição das tribos que habitam a região.

Araguaia tem as suas cabeceiras na vasta região habitada pelos Caiapós, índios cujo número é hoje muito menor do que no começo. Os bandos ainda existentes vivem na margem esquerda do rio, estendendo-se por trás de um aldeamento de Xavantes situado aproximadamente na altura de Salinas e a umas quarenta léguas da margem ocidental do rio, na província de Mato Grosso. Este aldeamento tem proporções consideráveis, os índios que a ele pertencem costumando, uma vez ou outra passar o Araguaia, chegando até a zona do Crixás. Os Caiapós penetram também até por trás das três ou quatro aldeias de índios Carajá-is, situadas na margem do furo ocidental da Ilha do Bananal, bem como das dos Tapirapô, índios que habitam em Mato Grosso, mais ou menos à altura da ponta setentrional da Ilha do Bananal, nas margens de um ribeirão que desemboca no furo esquerdo. Ao norte deste ponto os Caiapós tomam o nome de Gradaós; trata-se porém do mesmo povo, falando a mesma língua. Apenas, uma vez expulsos para a porção mais baixa do rio, os velhos Caiapós foram fundar novas concentrações, muitas das quais ainda se encontram nas terras do interior. Apoiados provavelmente sobre o Xingu, ter-se-ão estendido até por trás das três aldeias de índios Carajás-Xambioás; mas não ultrapassam o meio do espaço compreendido entre o salto de Santa Maria e os Martírios, no Araguaia. A partir deste ponto e até o forte de São João das Duas Barras, talvez mesmo um pouco além, há uma nação de índios que os brasileiros só conhecem pelo nome de grande nação, através das informações colhidas dos Xavantes. A margem direita do Araguaia é ocupada quase inteiramente por estes últimos, que são donos da margem norte do Crixás-Açu. Ocupam eles o espaço entre o Araguaia e o Tocantins até a altura de Boa Vista, onde esbarram com o território habitado pelos Apinajés, seus inimigos. Um dos principais aldeamentos dos Xavantes fica localizado cerca de dez léguas a oeste de Salinas. Esta nação domina, aliás, com exclusão quase de outra qualquer toda a vasta região limitada pelos dois grandes rios, fechando o pequeno território que ocupam os Javalis junto à margem do Araguaia, numa distância de três ou quatro jornadas a leste do furo da direita, e de vinte e cinco ou trinta léguas ao sul da ponta setentrional da Ilha de Bananal. Os Xavantes comprimem também os Craós, tribo de Apinajés, hoje quase completamente extinta. Os Craós habitavam antigamente as duas margens do Tocantins, entre Boa Vista e Carolina; hoje se acham confinados em duas pequenas aldeias, sitas à margem esquerda do rio e compreendidas aproximadamente no espaço que acabamos de mencionar. Estão em permanente guerra com os Xavantes, que incessantemente os fustigam, do lado de oeste.

Os inimigos mais temíveis que têm os Xavantes na vasta península compreendida entre o Araguaia e o Tocantins são certamente os Canoeiros. Esta tribo habita as duas margens do Tocantins, desde, ao norte, a povoação do Peixe, até umas dez léguas ao sul de Amaro Leite, na margem esquerda, e São José do Tocantins, na margem direita do rio. Suas divisas com os Xavantes parece coincidirem com o caminho que vai de Porto Imperial a Goiás, passando por Peixe, Descoberto, Amaro

Leite e Pilar. Na margem esquerda do Tocantins, eles percorrem todo o sertão do Paraná. Um platô de vinte e cinco léguas os separa dos Xerentes, da província da Bahia. Estes últimos habitam toda a margem direita do Tocantins, desde Carolina até a altura de Peixe, penetrando na província da Bahia. Eles são da mesma família dos Xavantes; mas acredita-se que as aldeias dos Xerentes estão situadas a leste do Tocantins, ao passo que as dos Xavantes ficam a oeste. O norte da península, a partir de Boa Vista, é ocupado pelos índios Apinajés, que se estendem de um rio a outro. Parece que em tempos idos eles atravessaram o Tocantins; hoje, porém, permanecem constantemente na margem esquerda.

À lista precedente é necessário acrescentar dois povos que habitam o baixo Tocantins, abaixo da confluência com o Araguaia. Refiro-me aos Jundiá-ís, que habitam a margem ocidental, perto de Itaboca e aos Jacundás, que ocupam a margem oposta e, segundo dizem, possuem tez muito clara. Estas duas tribos estão sempre em guerra uma contra a outra e igualmente hostis aos cristãos; aliás, só muito raramente as conseguem ver os viajantes. O Tocantins muda muitas vezes de nome; suas verdadeiras nascentes formam o rio Uruu; depois ele adquire o nome pelo qual o conhecemos, que novamente perde na parte média de seu curso, para chamar-se Maranhão; finalmente, de São João para baixo, ele readquire definitivamente o nome de Tocantins.

Os rios de que nos vimos ocupando, se bem que se devam considerar de segunda ordem num continente banhado por um Amazonas ou um Mississipi, em outra qualquer parte ficariam entre os de primeira categoria. Pois o Tocantins tem cerca de quatrocentas e quarenta léguas de curso e o Araguaia nunca menos de quatrocentas e vinte. Ora, como este último se reúne ao Tocantins, suas águas percorrem no leito deste último uma nova distância de cerca de cento e treze léguas. Por conseguinte, se considerarmos o Araguaia, que é o braço mais considerável, e talvez o mais direto, como rio principal, podemos dar-lhe um curso total de quinhentas e trinta e três léguas.

Do ponto de vista geográfico, nossa viagem terá como resultado retificar o traçado dos dois grandes rios de Goiás, traçado que nas cartas mais acreditadas é extremamente defeituoso, sem excetuar as de Brué C1843) e de Arrow Smith (1842). O Araguaia corre, de modo geral, de sul a norte, e o Tocantins, antes de se reunir com ele, forma um enorme circuito, que o leva a latitude mais ao norte do que a do seu ponto de junção. A direção do Tocantins é depois daí francamente para oeste, tomando a seguir a de nor-noroeste, que ele conserva até sua foz, no rio Amazonas. (Vide meu trabalho, de título: *Coupe géologigue et itinéraires à travers L'Amérique du Sud*, feito com o Sr. d'Osery).

O clima dessas regiões é geralmente muito temido, sendo a malária extremamente frequente entre os que habitam as margens dos rios. Entretanto esta moléstia é aqui, raramente mortal, e muitos casos vimos ceder com fortes doses de sulfato de quinina. Os naturais usam, como remédio, simplesmente o café puro. Ademais, o estado sanitário varia muito conforme o ano, muitas estações podendo transcorrer sem que surjam antigas doenças. Cumpre também considerar a parte que toma nisso a má alimentação a que geralmente se é condenado nesses sertões ermos, e lembrar ainda que os remadores têm o hábito de se lançarem dentro d'água com o corpo aquecido ainda pelo trabalho e banhados de suor. É lícito porém supor que com o progresso da civilização esta rica e formosa região se tornará uma das mais sadias do mundo. No que respeita aos índios, a longa permanência que fiz entre os selvagens levou-me à convicção de que não existe na espécie humana nenhum ramo incapaz de adquirir, não direi um grau avançado e completo de civilização, mas, pelo menos, a suficiente para vencer as primeiras etapas do progresso neste sentido, abandonando os recursos precários da caça e da pesca, para tirar do cultivo do solo os meios necessários ao seu sustento. Desta mudança de hábito decorrem muitas outras transformações; a família se organiza e nasce o direito de propriedade, formando-se assim aos poucos uma sociedade onde até então havia individualidades esparsas, ou tendo entre si, quando muito, os liames da tribo. Aos missionários é que cabe promover esta regeneração, pois só o padre cristão, com o seu admirável devotamento e ilimitada abnegação, é capaz de, despreocupado de qualquer glória mundana, suportar tantas privações e afrontar tantos perigos. Só a ele é dado receber como uma graça suprema o martírio experimentado na defesa da causa sagrada de aliviar os sofrimentos da humanidade.

CAPITULO XVII

DESCRIÇÃO DA PROVÍNCIA DE GOIÁS.

A província de Goiás tem estado até aqui tão desconhecida dos geógrafos europeus que não me pareceu destituído de interesse dedicar um capítulo à descrição geográfica e à estatística comercial e industrial da região. Os documentos de que me servirei neste trabalho provêm tanto de nossas próprias observações e dos informes que pudemos colher nós próprios nos diferentes lugares, quanto de uma memória muito circunstanciada redigida em 1832 por ordem do governo da província e cujos originais se acham guardados nos arquivos de Goiás. Foi-me também de bastante utilidade o livro de Cunha Matos.

A única estatística completa que possuímos sobre a população da província data de 1824; por esta época orçava por 62.518 o número de seus habitantes, assim distribuídos:

Homens brancos casados	1.745	5.391	10.535
solteiros ...	3.646		
Mulheres brancas casadas ...	1.519	5.144	
solteiras ...	3.625		
Homens de cor casados	4.242	16.566	35.005
solteiros ..	12.324		
Mulheres de cor casadas	4.486	18.439	
solteiras ..	13.953		
Libertos casados	550	1.539	2.980
solteiros	989		
Libertas casadas	544	1.441	
solteiras	897		
Índios convertidos	304		623
Índias convertidas	319		
Homens escravos	7.329		13.375
Mulheres escravas	6.046		
Total			62.518

O número de fogos ou famílias em toda a província é de 12.119. Havia outrora em Goiás 100.000 escravos ocupados exclusivamente na exploração do ouro. Quanto aos índios selvagens que erram pelos sertões, é impossível fazer idéia exata de seu número; é porém provável que não excedam hoje a umas 15 ou 20 mil almas, ao contrário do que acontecia na época do descobrimento, quando a região era habitada por uma população indígena muito numerosa. Em 1.830 havia na província duzentos e quarenta e nove engenhos de açúcar, a maioria porém nas mais miseráveis condições. Desnecessário dizer que a máquina a vapor nunca foi empregada nessas regiões longínquas, sob qualquer forma. O número total das fazendas, no tempo a que nos estamos reportando, era de três mil quinhentos e setenta e oito; o das destinadas à criação era de seiscentos e sessenta e sete. O número das minas de ouro em atividade não ia além de quarenta e um, enquanto que o das abandonadas era de duzentos e trinta e dois. Havia, finalmente, mil quinhentas e oitenta fiações de algodão.

No que diz respeito ao comércio, em 1823 haviam entrado na província vinte e cinco contos de produtos diversos; entraram também, durante o mesmo ano, noventa e oito escravos, os quais, valendo, termo médio, quatrocentos mil réis, perfizeram um total de trinta e nove contos e duzentos mil réis. Isso significa que no ano em questão entraram ali sessenta e quatro contos e duzentos mil réis, ou sejam, aproximadamente, duzentos e catorze mil francos. No mesmo período foram exportadas quatro mil e oitocentas cabeças de gado, o que, juntamente com quatrocentos couros, representa o valor de vinte e nove contos quatrocentos e cinqüenta mil réis, ou sejam noventa e seis mil francos. Houve, portanto, para a província, durante aquele ano, um saldo desfavorável de trinta e quatro contos setecentos e cinqüenta mil réis, ou sejam cerca de cento e quinze mil francos. Dever-se-ia entretanto computar também o ouro em pó e os diamantes do Rio Claro, que são enviados para o Rio de Janeiro.

Em 1844 a receita da província era apenas de dezesseis contos de réis, para uma despesa de cento e vinte contos, ao passo que em 1824 as despesas não tinham ultrapassado cinqüenta e três contos, para uma renda de oitenta e um contos. O montante efetivo destas importâncias chega à província quase inteiramente sob a forma de moedas de cobre. Acredito que, no tocante às exportações, a província deve ter realizado grande progresso; mas como não existe nenhuma documentação a este respeito, foi-me impossível verificar o fato. Direi apenas que hoje se exporta muito couro de boi tanto para o Rio de Janeiro como para Belém, que grandes quantidades de açúcar são exportadas para Cuiabá e que para Minas Gerais é mandado muito fumo, além das manadas de porcos.

O descobrimento dos sertões meridionais da província de Goiás data de 1670, sendo geralmente atribuído a Manoel Correia, natural de São Paulo. Dois anos depois, Pascoal Pais de Araújo, filho desta mesma província, atravessou inteiramente Goiás e foi penetrar em terras do Piauí e do Pará. Em 1682, Bartolomeu Bueno da Silva entrou em contacto com os índios de Goiás, juntamente com seu filho Bartolomeu Bueno, o qual voltou à região em 1722, à testa de uma expedição, percorrendo grande parte da província. Como os seus predecessores, ia este aventureiro à procura particularmente do ouro, chegando a obter uma certa quantidade desse metal no rio Vermelho, que ele próprio descobrira. Tendo, passados três anos, precisado voltar para São Paulo, alguns de seus companheiros, em 1726, construíram algumas choças às margens do rio Vermelho, lançando assim as fundações da futura cidade de Goiás. Levados pela sua desapiedada cobiça, não tardaram muito a exterminar os índios cujo nome foi dado ao local, de modo que atualmente deles não resta o menor traço.

A província de que nos ocupamos fica na parte mais central do Império do Brasil; é limitada ao norte pela do Pará, embora as suas fronteiras deste lado estejam ainda mal definidas, não se sabendo se ela termina no rio Pucuruí ou no Tacanhunas. Da província do Maranhão é ela separada pelos rios Manuel Alves Grande e Tocantins. A Serra Geral separa-a do Piauí, de Pernambuco e de Minas Gerais. Essa cadeia de montanhas começa no Maranhão e vai terminar na comarca do Rio das Mortes, recebendo várias denominações ao longo de sua extensão, tais como Serra de Gucaruaguas, das Figuras, das Mangabeiras, do Duro, de Tabatinga, etc. Do lado de Minas Gerais o limite corresponde às serras de São Domingos, de Santa Maria, Lourenço, Castanho, Arrependidos, Andrequicé, etc.; continua pelo pequeno rio jacaré e finalmente pelo rio Paranaíba, até o rio Grande, que a separa de São Paulo. Com a província de Mato-Grosso seus limites são a princípio constituídos pelo rio Pardo, desde sua foz no rio Grande, até o rio Vermelho, perto de Camapuã; depois pelo próprio rio Camapuã, até as suas cabeceiras, a partir de onde se continuam por uma cadeia de colinas, que se estende até as nascentes do rio Araguaia, rio que por sua vez constitui toda a fronteira ocidental da província de Goiás. Como seja ainda quase completamente desconhecida uma grande parte das regiões acima citadas, compreende-se que daqueles limites só uns poucos são certos, e que haja a maior dificuldade em apreciar a superfície da província, ainda que de modo muito aproximativo. É todavia certo que a sua área não é inferior a vinte e cinco mil léguas quadradas. Conclui-se, portanto, existirem cerca de dois habitantes e meio por légua brasileira quadrada. Na descrição circunstanciada que se segue, contentamo-nos geralmente em traduzir a memória oficial referida por nós, páginas atrás; mas o leitor não deverá esquecer que depois da época em que foi ela redigida a região experimentou um declínio constante. Faz-se mister observar ainda que algumas das informações ministradas nesse trabalho sobre a geografia do país não se acham de acordo com as colhidas por nós nos lugares respectivos. Não obstante, pensamos que em se tratando de uma região tão pouco conhecida valeria a pena mantê-las, toda vez que nos tenha sido impossível a verificação dos fatos.

Até estes últimos anos a província de Goiás esteve dividida em duas comarcas, a do sul, ou de Goiás; e a do norte, ou de São João das Duas Barras. Embora esta divisão judiciária não seja a dos dias atuais, conservá-la-emos para maior clareza da descrição.

A comarca de Goiás era dividida em seis julgados (1), dos quais o primeiro corresponde à cidade do mesmo nome, capital da província. Tem este a extensão de sessenta e duas léguas e meia, de leste a oeste, e oitenta de norte a sul. É separado do julgado de Meia Ponte, a leste, pelo rio Sucuri, do de Santa Cruz, a sudoeste, pelo rio Meia Ponte; da província de Mato Grosso, a oeste, pelo rio Araguaia; do julgado de Pilar, ao norte, pela floresta da Extrema; finalmente, ao sul, é limitado pelo sertão desabitado de Camapuã.

O julgado de Goiás se subdivide em três freguesias (paróquias), a saber: a da catedral de Santana, ou da Capital, a do Senhor Bom Jesus, a do Arraial da Anta e a da missão dos Caiapós, na aldeia de São José de Massamedes.

As igrejas que dependem da catedral são: a capela de São João, no arraial do Ferreiro, distante uma légua a leste de Goiás; a de Nossa Senhora do Pilar, no arraial de Ouro Fino, distante três léguas, na mesma direção; a de Nossa Senhora da Abadia, no arraial do Curralinho, que fica sete léguas a sudeste de Goiás; a de São Francisco de Assis, no arraial de Anicuns, doze léguas ao sul; a da Conceição, no arraial de Campinas, trinta léguas ao sul; a de Bom Jesus do Rio Claro, dezoito léguas a sudoeste; finalmente a do Rosário, no arraial da Barra, cinco léguas a noroeste.

A freguesia do Senhor Bom Jesus da Anta, abrangendo o território hoje quase despovoado da destruída freguesia de São Miguel das Tesouras, tem vinte léguas de norte a sul e catorze de leste a oeste. Esta paróquia possui como única dependência a igreja de Santa Rita, no arraial do mesmo nome, que fica situado a quatro léguas do da Anta. Todavia, dentro mesmo deste último há ainda a capela de Nossa Senhora do Rosário e a ermida da Boa Hora. Quanto à freguesia de São José de Massamedes, que continha outrora dois aldeamentos de Caiapós, ela já não contém hoje mais que uns poucos índios reunidos e um pequeno número de outros, dispersos em suas terras.

As cadeias de montanhas mais importantes do julgado de que nos ocupamos são:

A Serra Dourada, assim chamada por causa da grande quantidade de ouro que dela se extraiu durante o governo de Dom Luís de Mascarenhas; frente a Goiás ela corre de leste para oeste, descrevendo leve curva;

A Serra de Cantagalo, que se acha também a pouca distância da cidade e corre para o noroeste, a começar do Pico do Carneiro;

A Serra da Carioca, que domina a cidade de Goiás e também se dirige para o noroeste;

A Serra das Canastras, que se dirige para o norte, tendo como ponto culminante o Morro da Pipa;

A cadeia dos Macacos, no distrito da Anta, dirigindo-se para o noroeste e tomando diversos nomes, conforme os lugares que atravessa;

A Serra da Jibóia, no distrito das Campinas, dirigida para o sul e de pequena altura.

(1) Julgado, circunscrição sujeita à jurisdição de um tribunal.

Finalmente, a cadeia das Divisões do Rio Claro, de altura muito variável e cuja direção é também para o sul.

Dos rios que banham o julgado de Goiás citarei os principais, a saber:

O rio Vermelho, que nasce na vizinhança do arraial de Ouro Fino, corre para noroeste e atravessa a cidade de Goiás, sete léguas abaixo da qual ele começa a ser navegável. Suas águas são a princípio engrossadas pelas de vários riachos, e pelo rio dos Bugres; depois, tendo recebido sucessivamente os rios Tapirapuã e Ferreiro, torna-se bastante volumoso, indo lançar-se no Araguaia, após um curso total de quarenta léguas. O trecho navegável facilitava muito em outros tempos as comunicações comerciais entre Goiás e Belém.

O rio do Peixe, que sai do Morro da Pipa, corre para noroeste, e depois de receber numerosos afluentes pequenos, se torna navegável durante a estação das chuvas, a partir do arraial de Santa Rita. Tem quarenta léguas de curso e lança-se no Araguaia, depois de se haver reunido ao rio Tesouras, cujas nascentes ficam nas montanhas de Carretão.

O rio dos Pilões sai da chapada denominada Estreito, corre para o ocidente, unindo-se ao rio Claro. Este último tem suas cabeceiras numa crista que as separa das águas que correm para o sul, dirigindo-se no começo para noroeste e depois para oeste, antes de desembocar no rio Grande, ou Araguaia.

O Caiapó nasce no mesmo espigão que o precedente, lançando-se como ele no rio Grande.

O rio Uruu nasce no distrito de Curralinho, corre para o norte e, após vinte e cinco léguas de curso, une-se ao rio das Almas, afluente do Tocantins. Em 1789, Tristão da Cunha Meneses tentou abrir uma nova via de comunicação com Belém, descendo o Uruu, onde embarcou a doze léguas de Goiás, no Engenho de Capimbeba. Achava ele vantajoso fazer a rota por entre as populações com as quais era fácil estabelecer relações por meio de diferentes rios; mas, nas proximidades de Água Quente, esbarrou com a cachoeira do Falcão, sendo forçado a transportar a embarcação com o auxílio de carretas. Embora esta viagem tivesse ido até o fim, ninguém mais procurou utilizar o mesmo caminho.

O rio dos Bois vem da vertente oposta àquele de onde nasce o Uruu; corre para o sul, reunindo-se ao rio Turvo, por intermédio do qual oferece um caminho fluvial para a província de São Paulo. Quanto ao Turvo, ele nasce na Serra das Divisões e deságua no Paraná.

O rio Verde tem suas nascentes nas vizinhanças das do precedente, com o qual se une; é navegável, porém encachoeirado.

Todos estes rios são abundantes em peixe, com exceção todavia do rio Uruu, que é menos bem dotado sob este ponto de vista.

Entre as dificuldades que se opõem à livre navegação por esses rios, devemos contar, afora as cachoeiras, os índios inimigos, a carência de moradores capazes de prestar socorro aos viajantes em caso de necessidade, e as epidemias ocasionadas pelas águas estagnadas que se formam durante o periodo das chuvas e se convertem em pântanos infectos na estação das secas. Seria possível fazer desaparecer em parte todos estes inconvenientes; mas para isso seria necessário que a província despendesse somas que estarão durante muito tempo além de seus recursos e, por outro lado, uma administração diferente da que lhe rege o destino.

Há numerosos lagos na subdivisão de que nos ocupamos; contem-se os seguintes entre os mais notáveis:

O lago dos Tigres, conhecido pela sua extensão e pela sua abundância em peixe. Consta terem sido pescados nele exemplares com o peso de oito a dez arrobas (provavelmente pirarucus). Esse lago fica situado a oeste do rio Vermelhos com o qual ele se comunica por meio de um canal navegável, a cerca de vinte e cinco léguas de Goiás.

O lago do Araçá, situado um pouco abaixo do precedente, é também muito piscoso.

O lago das Tartarugas, assim chamado por causa da grande quantidade de tartarugas que nele se pescam para serem levadas ao mercado de Belém do Pará, está também situado a oeste do rio Vermelho.

Os lagos Vermelho, do Campo, do Jacaré e da Barra, todos de grande extensão e muito ricos em peixe.

Finalmente, o lago Furado, a leste do rio do Peixe, que contém notável quantidade de mexilhões (itãs) de concha muito semelhante à da ostra peroleira.

Dizem existir no distrito de Anta, aberta em rocha calcária, uma espaçosa caverna, conhecida pelo nome de Morro dos Macacos. Segundo informam ainda os habitantes da zona, a abóbada dessa gruta, durante o mês de agosto, deixa minar uma substância oleosa e de sabor picante, que seria curioso examinar. No distrito de Ouro Fino há, diz-se, uma gruta de que se pode extrair o salitre. Outras, cavernas, sobre as quais não se possuem informações precisas, parece existirem ainda no distrito de Rio Claro.

Todas as terras desse julgado são férteis, exceção feita de algumas partes pedregosas e áridas. Nos distritos de Anicuns, de Campinas, de Vilões, de Curralinhos, de Canastras, e nas vizinhanças do lago dos Tigres, estendem-se grandes matas virgens, onde o solo é muito apropriado ao crescimento das plantas mais cultivadas no país, tais como o algodão, o café, o fumo, a cana-de-açúcar, a arroz, o milho, o feijão, a mamona, a mandioca, etc. As ribas dos rios Turvo, Verde, Meia Ponte, Claro, Uruu e do Peixe oferecem aos criadores extensas pastagens, boas tanto para o gado bovino como para os cavalos. O trigo, o centeio e a cevada cultivam-se também em alguns lugares.

No termo de Goiás foram feitas muitas concessões de terras; não obstante, muitos habitantes se apropriaram de áreas que não podiam cultivar, do que resulta ficarem os vizinhos mais próximos à distância de três, quatro, cinco ou mais léguas. Encontram-se também muitas taperas, ou sítios abandonados, bem como, em alguns lugares, restos de antigas catas de ouro, sob a forma de grandes escavações hoje solitárias: triste espetáculo que relembra a cada passo a riqueza dos tempos que sucederam à conquista!

Poucas concessões estão demarcadas judiciariamente, não havendo no julgado mais do que oitenta e oito. A maioria dos moradores não possui outros títulos de posse além de uma ocupação antiga ou das concessões feitas pelos antigos capitães gerais. Quase todas as terras se acham mal cultivadas, por falta de métodos convenientes, de braços e de indústria. Há no julgado quinhentos e sessenta sítios, em alguns dos quais se planta a cana-de-açúcar, o café, o algodão e a mandioca; mas, o que em todos eles se cultiva é o milho, o feijão e o arroz, produtos que constituem a base da alimentação doméstica.

O único método de aproveitamento da terra conhecido pelos lavradores consiste em derrubar a floresta ou queimá-la, lavrando depois, grosseiramente, a enxada, o solo assim desbravado; logo a seguir plantam, para recolher o produto ao cabo de alguns meses, na proporção de cem ou duzentos por um, às vezes mais, às vezes menos, de acordo com a fertilidade do solo ou conforme a estação tenha corrido mais ou menos favorável. Por esse processo destrutivo, mudando sempre o lugar das plantações sob o pretexto de dar descanso ao solo, desaparecem as matas, que se transformam em capoeiras compactas, por sua vez destruídas também ao cabo de algum tempo, ficando apenas o campo.

As fazendas de criação não ultrapassam o número de trinta e seis. Os animais delas provenientes atendem quase que tão-somente as necessidades da região. Por ano não se exportam mais do que uns quatrocentos bois, os quais, ao preço médio de cinco mil réis por cabeça, representam um valor total de dois contos de réis.

Todos os terrenos do julgado de Goiás, salvo muito raras exceções, são auríferos. Os rios Vermelho e Bagagem, a Serra Dourada com a maior parte de suas ramificações, todo o distrito da Barra do Ouro Fino, o Morro do Calisto, Batatal, o distrito da Anta, a serra que corre a noroeste e os trinta e quatro rios que dela vertem, todos contêm ouro, o mesmo acontecendo com o terreno do rio Tesouras. Além disso, no distrito de Rio Claro, ao lado do ouro, encontram-se também diamantes. Tira-se porém pequeno partido dessas riquezas, não havendo em todo o julgado senão cinco estabelecimentos ocupados na extração destas matérias preciosas e dando, assim mesmo, trabalho a não poucas pessoas. É bem verdade que, afora estes estabelecimentos, há ainda alguns mineradores que trabalham isoladamente e são chamados, na terra, de faiscadores; estes, contudo, não exercem uma atividade permanente, retirando-se logo que obtêm alguma coisa e indo dissipar na ociosidade o fruto dos sacrifícios feitos. De todos os postos de mineração, o mais importante é a Pedreira do Arraial da Anta, explorado em escala um tanto grande pela sociedade dos Seis Amigos.

Existem minas de ferro em Ouro Fino, em Anta, no Rio Claro e na aldeia de São José; elas não são, porém, objeto de exploração. O naturalista Pohl, que viajou pela província, descobriu, dizem, grandes quantidades de cromo perto de Ouro Fino.

Afora o ouro e o diamante, o termo de Goiás produz ainda ipecacuanha, salsaparrilha, que dizem ser tão eficaz quanto a do Rio Negro, anil, urucum, tabaco, café, algodão, óleo de copaíba, açúcar, aguardente, toicinho, carnes salgadas e couros.

Não há em Goiás nenhum estabelecimento regular de fiação e tecelagem do algodão; existe, porém, em todo o julgado, mais de trezentas oficinas, assaz imperfeitas, é verdade, ocupadas em fiar grosseiramente o algodão, seja manualmente, seja por meio de fusos muito ordinários. Fabricam-se assim tecidos que servem apenas para vestir os escravos ou as pessoas demasiado pobres.

Contam-se no termo trinta e quatro engenhos de açúcar, movidos a água ou à força de bois. Fabrica-se neles o açúcar, geralmente vendido a mil e oitocentos réis a arroba a aguardente, que vale três mil réis o barril de doze garrafas; rapaduras, cujo preço é de quatro mil e duzentos réis a carga de oito arrobas. O fumo, o café e o algodão são colhidos apenas para o uso doméstico ou para o consumo local. O valor ordinário desses produtos é, para o fumo, mil e oitocentos réis o rolo de trinta varas; para o café, dois mil e quatrocentos réis a arroba, e, para o algodão, seiscentos réis.

As mercadorias importadas pelo julgado de Goiás são: tecidos de seda, de lã, de linho e de algodão; o ferro, o aço e todos os instrumentos utilizados na agricultura e na exploração das minas; pólvora, chumbo, sal, vinho, azeite de oliveira, aguardente, licores, louças, chapéus, chá, chocolate; drogas medicinais e quinquilharias francesas. Todas estas mercadorias vêm pelos portos marítimos e dão um lucro líquido de pelo menos 25 a 30%. A soma dessas importações, avaliada pelos direitos de entrada, elevava-se na época de maior prosperidade da província a quarenta e três contos cento e vinte mil réis, cabendo só ao sal de cozinha a parcela de cento e vinte mil réis.

As mercadorias exportadas são: ouro, algum gado, couros crus e um pouco de tecidos grosseiros de algodão. Estes dois últimos artigos perfazem uma importância de cerca de quatrocentos e oitenta mil réis. A saída do ouro e dos diamantes está sujeita ao pagamento de direitos. As rendas municipais provêm seja dos impostas lançados sobre pesos e medidas, posturas, talhos e cabeças de gado, seja das concessões do município, aliás em progressiva diminuição, em virtude da decadência geral da província. Para a travessia dos rios, que não é possível efetuar sem o emprego de barcos, paga-se ao Estado quarenta réis por pessoa e vinte réis por animal de carga.

Os moradores desse julgado costumam alugar as tropas que vêm de Minas Gerais, carregadas de artigos procedentes dos portos marítimos. O preço do frete é de doze mil e oitocentos réis por mula, às vezes até mais, visto a escassez que há destes animais.

Existem na cidade de Goiás vinte e quatro lojas, cada uma das quais paga ao Estado um imposto anual de doze mil e oitocentos réis. Há ainda uma centena de botequins, onde se vendem os produtos da terra. Nas diferentes povoações do julgado contam-se ainda trinta e quatro estabelecimentos do mesmo gênero.

Partindo de Goiás saem estradas, seja para Mato Grossso e demais províncias do Império, seja para os julgados de Meia Ponte, Santa Luzia e Santa Cruz, para Anicuns e Campinas, para Pilar e Crixás. Todos estes caminhos poderiam ser encurtados, se se suprimissem as suas sinuosidades, removendo os obstáculos formados pelos rios, pelas florestas e pelas montanhas.

O segundo julgado da comarca do sul é o de Meia Ponte. Tem vinte e cinco léguas de extensão norte-sul e é separado, ao norte, das regiões de Traíras e de Pilar, pelos rios Maranhão e dos Bois; ao sul, do julgado de Goiás, pelo rio Meia Ponte, e, do de Santa Cruz, pelo ribeirão de Jurubatuba; a leste, os rios das Areias, dos Macacos de Cima e Verde limitam-no com Santa Luzia e Angicos; a oeste, finalmente, onde confina com o de Goiás, tem como divisas os rios Sucuri e Lagoinha.

O julgado de Meia Ponte é atravessado ao sul pela grande cadeia de montanhas chamada comumente Espigão Mestre, donde gozarem os arredores da sua principal cidade de clima muito temperado; ali nunca se é incomodado pelo calor nem pelo frio, o ar é puro e bafejado à noite por uma brisa constante. Os ventos gerais começam em maio e duram até setembro; sopram de leste, para oeste e das quatro horas da madrugada às onze da manhã. Só no Morro Grande, que faz parte do Espigão Mestre, se vêem nevoeiros, chegando às vezes a gear, segundo dizem. É este, todavia, fenômeno meteorológico que raramente se observa.

A zona situada a leste e ao sul de Meia Ponte possui clima frio e ar saudável; ventos gerais sopram nela durante todo o ano; é frequente a cerração entre maio e agosto, ocorrendo geadas em junho e julho. As partes situadas a oeste e norte do próprio arraial possuem clima ameno e são isentas de nevoeiros e geadas; os ventos são variáveis e quentes. Essa região é, de modo geral, menos sadia do que o resto do julgado, mas a nordeste é ainda mais insalubre do que a oeste. As chuvas começam normalmente em outubro, acompanhadas de tempestade, e duram até abril.

O arraial de Meia Ponte está situado quase ao centro do julgado, pois as suas fronteiras de leste e oeste ficam a igual distância, as do sul distam treze léguas e as do norte vinte e duas. Seus arredores são montanhosos, oferecendo à vista formosos vales cuja fertilidade se revela na exuberância da vegetação. A porção setentrional, geralmente baixa e entrecortada de lagos, é coberta de campos que oferecem boas pastagens em todas as estações. A sul e a leste o solo é em geral plano, bastante elevado, limitado de bordas abruptas e ravinas com a aparência de cadeias de montanhas. Nesses extensos platôs acham-se densas florestas, onde o solo, úmido e muito fértil, pode produzir o trigo, a aveia, a cevada, marmelos, maçãs, romãs, etc., plantas que não conseguem vingar nas outras partes do julgado. A região de oeste é constituída de um terreno desigual, coberto de grandes matas virgens, donde lhe veio o nome de Mato Grosso, que vulgarmente lhe dão. As terras aí são férteis e próprias à agricultura.

Este julgado compreende várias cadeias de montanhas, como a seguir vamos enumerar.

Morro Grande, já antes referido, começa na província de Minas, serve em alguns pontos de limite entre esta e a de Goiás, entra nesta última ao sul do Registo dos Arrependidos, dirigindo-se para Meia Ponte em linha reta e formando a base do grupo de montanhas conhecido pelo nome de Pireneus. Três quartos de légua a leste de Meia Ponte esta serra vira para o sul e separa com o seu espigão as águas que correm para o norte das que se dirigem para o sul. Acham-se nessa cadeia as cabeceiras de alguns dos grandes rios do Brasil. A serra passa depois entre Goiás e Anicuns, dando origem ao rio Araguaia, e entra na província de Mato Grosso. São muito variáveis o aspecto e a elevação dessas montanhas, cujos pontos culminantes ficam perto de Furnas. Em Gongo sua altitude diminui consideravelmente e em certos pontos não são mais do que colinas. Essa serra cobre-se quase sempre de nevoeiros entre maio e setembro, havendo às vezes geadas; quase toda ela é revestida de matas; o terreno, úmido e fértil, produz tudo quanto se encontra nas partes sul e norte do julgado.

A Serra Negra começa ao norte de Meia Ponte, perto do rio do Peixe, e corre sempre para o norte, até o rio Maranhão; tem dezessete léguas de comprimento, apresenta muitas cavernas e ostenta densa mataria, donde lhe vem o nome.

A Serra de Miguel Ribeiro, ou do Cocalzinho, é uma ramificação da dos Pireneus; dirige-se para o norte e termina inclinando-se levemente para leste. No ponto em que ela sofre esta mudança de direção é que recebe o nome de Cocalzinho; é elevada, despida de vegetação e semelhante a uma muralha. Sua extensão é de seis léguas.

A Serra das Mangabas corre para o norte e termina junto ao pequeno arraial de Peixe; tem de comprimento duas léguas e meia, é elevada, despida de vegetação e árida.

A Serra das Mamoneiras é, como a precedente, uma ramificação da dos Pireneus; nasce ao pé do rio Corumbá e termina junto ao Sítio das Mamoneiras; tem duas léguas e meia de comprimento e é coberta de campos. .

A Serra de Papoia sai da cadeia geral, forma o tombador conhecido pelo nome de Caxambu e termina nas margens do córrego do Padre Sousa, próximo às lavras do Ildefonso; sua extensão é de duas léguas e um quarto e sua direção é para o noroeste. Estas montanhas têm o cume desnudo e as encostas cobertas de mataria. A Serra de Tapanhoacanga é também uma ramificação da cadeia geral; ela corre para oeste numa extensão de cinco léguas e meia, terminando no riacho de Pinheiros; sombreiam suas encostas matas espessas.

A Serra dos Pinheiros começa no sítio do mesmo nome e corre para oeste até o rio Padre Sousa; é coberta de campos em toda a sua extensão e não tem mais de três léguas de comprimento.

A Serra Matutina começa em frente ao arraial de Meia Ponte, num grande planalto, distante uma légua; ela se avantaja em altitude às outras montanhas e apresenta aspecto majestoso desde o arraial, que fica a leste; para oeste ela vai até o rio de Santa Rita, onde termina, após um percurso de uma légua e meia apenas. Esta serra é despida de matas e tira o nome do fato de ser o seu cume, para quem a vê de Meia Ponte, o primeiro ponto a receber os raios do sol levante.

A Serra de Jaraguá começa perto do rio das Almas e se prolonga para oeste, até o rio Pari; tem duas léguas de comprimento e passa por ser bastante elevada; é completamente do lado do norte, onde fica o povoado do mesmo nome.

O Morro do Frota é uma continuação dos Pireneus; fica a muito pouca distância ao norte de Meia Ponte e se dirige quase para oeste deste arraial, para terminar em Taquaral situado na mesma direção. Tem de comprimento total duas léguas; apresenta altura variável e aspectos muito diversos. Estes montes estão cobertos de capim e de árvores, muito separadas umas das outras.

O Morro de Santa Bárbara, que é um ramo da cadeia geral, fica situado ao sul de Meia Ponte; corre para o este, e não tem mais de três quartos de légua de comprimento; toda a sua superfície é coberta de matas espessas e ininterruptas.

Os morros dos Pireneus entroncam-se na serra geral, três léguas a leste de Meia Ponte; formam um grupo de montanhas bastante elevadas, semelhantes a enormes torres e separadas umas das outras por vales profundos; são cobertas de matas e pastagens, e cortadas por córregos que escachoam em numerosos saltos. Aí estão, segundo dizem, os picos mais altos de toda a província.

Os morros do Mendonça são formados por uma série de montanhas situadas ao norte de Meia Ponte e próximas do sítio chamado Olhos d'Água; não têm mais do que uma légua de norte a sul e são inteiramente cobertos de campos.

Os morros do Descanso e do Retiro, assim denominados dos nomes de sítios que lhes ficam a pequena distância, ficam ambos ao norte de Meia Ponte; o primeiro, se estende de sul a norte, numa extensão de três léguas, exclusivamente de campo; o segundo corre de leste a oeste, paralelamente ao rio Maranhão, e tem um comprimento de seis léguas.

Os morros de Santo Antônio ficam a oeste de Meia Ponte; começam na capela de Santo Antônio e terminam no rio das Almas. Sua direção é de leste a oeste, e o comprimento, de duas léguas e meia. Nos cumes destes morros existem somente campos, ao passo que em suas encostas há bela mataria.

Diversos rios banham as terras do julgado de que vimos tratando; vamos dar-lhes a descrição geográfica.

O rio Corumbá nasce um pouco ao norte dos Pireneus, a três léguas de Meia Ponte; cinco léguas abaixo de suas nascentes, na margem ocidental, fica a povoação a que o rio deu o nome. Ele recebe, pela margem ocidental, o Capitinguinha, o rio das Areias, o do Ouro e o das Galinhas, e, pela oriental, os rios da Fazenda, Bagagem, Baião, Capibari, das Antas e Piracanjuba. Entra depois no julgado de Santa Cruz, sendo navegável por canoas desde a barra do rio Baião, um pouco acima da aldeia de Corumbá. Forma este rio, antes de sair do julgado de Meia Ponte, uma corredeira de 400 braças de comprimento, passando todas as águas através de um canal que, de largura, não tem mais de uma braça. Há ouro no seu leito e as suas águas são tidas como bastante saudáveis. É ele o mesmo rio que toma o nome de Paranaíba, ao juntar-se com o rio Grande, ou Paraná. Além dos afluentes anteriormente mencionados, ele recebe ainda, dentro do julgado, dezoito pequenos regatos.

O rio das Areias tem suas cabeceiras no começo dos Pireneus, a seis léguas de Meia Ponte; ele recebe, afora oitenta e oito córregos menores, os rios Ponte Alta e Capitinga, lançando-se no Corumbá, após um curso de quinze léguas. Tem então 10 braças de largura com uma profundidade que não permite atravessá-lo a vau.

O Piracanjuba nasce ao sul de Meia Ponte; corre para leste e recebe pela margem meridional o Jurubatuba, que serve de limite, numa extensão de três léguas, entre os julgados de Meia Ponte e Santa Cruz; pela margem setentrional recebe o rio dos Patos, que ali serve também de limite ao julgado. O Piracanjuba começa a ser navegável ao entrar no termo de Santa Cruz, onde se junta no Corumbá, após um curso de vinte léguas.

O rio do Peixe tem suas nascentes ao norte dos Pireneus, a seis léguas de Meia Ponte, na vertente oposta à que dá origem ao rio das Areias. Corre para oeste, banha o pequeno povoado do mesmo nome, situado na margem sul, e desemboca no rio das Almas, depois de ter recebido, através de um curso de doze léguas, os rios Miguel Ribeiro, Matamatá, Gago, Dois Irmãos e Santa Família.

O rio do Ouro nasce na cadeia principal, a oeste dos Pireneus; corre para o sul, paralelamente ao rio Congonhas, que ele recebe depois de se ter engrossado com as águas de vinte e um ribeirões; mais tarde, tendo recebido o concurso de mais trinta e cinco afluentes pequenos, lança-se no Corumbá. Tem cinco léguas de curso, é em parte navegável e abunda em peixe. Há ouro nas areias de seu leito.

O rio Verde nasce a oeste dos Pireneus, na contravertente do rio dos Macacos, servindo, como este último, de limite entre os julgados de Meia Ponte e Santa Luzia. Depois de um curso de doze léguas em direção ao norte, recebe o rio de Oliveira Costa, tornando-se então navegável, até a sua foz, no rio Maranhão.

O rio de Oliveira Costa nasce ao norte dos Pireneus, próximo ao rio das Areias e ao rio do Peixe; corre para o norte, recebendo os rios Funil, de quatro léguas de curso, e o Cocalinho, de três léguas. Destes dois rios, o primeiro recebe doze regatos, e o segundo, oito. Assim avolumado, o rio de Oliveira Costa vai desaguar no rio Verde, após um curso de oito léguas e com uma largura de sete braças. As águas deste rio arrastam ouro; mas suas margens vivem infestadas de tantos mosquitos e borrachudos, que ainda não se pode desbravar as belas matas nelas existentes.

O rio das Almas tem as cabeceiras nos montes Pireneus; banha a parte setentrional de Meia Ponte, passa a uma meia légua de Jaraguá e constitui o mais meridional dos formadores do rio Tocantins. Tem como afluentes os ribeirões do Inferno, de Tapanhoacanga, de Santa Rita, do Padre Sousa, de Pari, e os rios dos Patos, de Ana Maria, do Peixe e do Securi. No distrito de Pilar, onde se reúne ao Tocantins, é bastante caudaloso, conservando sempre a sua direção para o norte.

O rio Matamatá nasce na cadeia geral, perto dos Pireneus; corre para oeste, recebe oito regatos e lança-se na margem sul do rio do Peixe, após oito léguas de curso.

O rio dos Dois Irmãos tem suas nascentes também próximo aos Pireneus, na vertente oposta à em que nasce o Corumbá; corre para o norte; desembocando na margem sul do rio do Peixe, depois de haver recebido as águas de dez ribeiros, num percurso de três léguas e meia.

O rio de Santa Rita vem do Morro de São João, na serra dos Pireneus; dirige-se para o ocidente, recebendo, afora mais oito regatos, o rio Conceição, e lançando-se no rio das Almas, após quatro léguas de curso.

O rio do Padre Sousa corre da cadeia principal, onde nasce na vertente oposta à das cabeceiras do Meia Ponte, que serve de limite meridional do julgado, com a Campanha; dirige-se para o norte, recebendo o rio das Pedras e mais quarenta e dois pequenos riachos; tem doze léguas de curso e desemboca na margem ocidental do rio das Almas.

O rio dos Patos do Poente, assim denominado para distingui-lo do rio dos Patos do Norte, nasce na mesma serra que o precedente e corre para o norte; depois de ter recebido, no julgado de Meia Ponte, catorze riachos, lança-se no rio das Almas, pela margem ocidental.

O ribeirão do Inferno sai dos Pireneus, correndo em direção ao norte; recebe águas de quatro afluentes e despeja na margem oriental do rio das Almas, após um curso de três léguas.

O Tapanhoacanga procede da cadeia geral, ao sul de Meia Ponte; recebe onze tributários e, após um curso de apenas duas léguas, desemboca no rio das Almas, pela margem ocidental.

O rio das Pedras corre da vertente oposta à de onde sai o Capivara, na mesma serra que o precedente, ao sul de Meia Ponte; tem seis léguas de curso, recebe trinta e cinco riachos e despeja na margem oeste do rio Padre Sousa.

O rio Ana Maria sai dos morros de Santo Antônio e desemboca na margem oriental do rio das Almas, depois de haver recebido o contingente de doze regatos, num percurso de quatro léguas.

O rio Conceição tem suas cabeceiras próximo aos morros de São João, que fazem parte dos Pireneus; correndo para o ocidente, recebe seis córregos e une-se ao Santa Rita, pela margem oriental, depois de quatro léguas de curso.

O Pari nasce na Serra Grande, perto dos rios Padre Sousa e Meia Ponte; é formado pelas águas da Lagoa e da Lagoinha, recebe trinta e seis pequenos afluentes e, seguindo sempre para o norte, lança-se no rio das Almas pela margem ocidental, a uma meia légua do arraial de Jaraguá.

O rio Gago nasce na vertente oposta à que dá nascimento ao rio dos Patos do Norte; recebe as águas de doze ribeirões e desemboca na margem oriental do rio do Peixe, após um percurso de três léguas, em direção ao ocidente.

O rio da Santa Família origina-se na Serra Negra; seguindo sempre em direção ao oeste, desemboca na margem oriental do rio do Peixe, após ter recebido, quinze afluentes, num percurso de seis léguas.

O Salobro nasce no lago do mesmo nome, ao norte de Meia Ponte e perto do rio Fidalgo, em cuja margem ocidental desemboca, após haver recebido quatro riachos, num percurso de duas léguas em direção ao norte.

O rio Miguel Ribeiro vem da serra do mesmo nome; recebe seis afluentes e corre paralelamente ao rio do Peixe, ao qual se une, depois de um trajeto de légua e meia.

O Fidalgo sai da vertente oposta do Cocalinho; une-se ao Salobro, depois de receber as águas de doze córregos e vai terminar na margem oriental do rio dos Patos do Norte, ao cabo de três léguas de curso total, sempre em direção ao norte.

O Bagagem vem da cadeia geral, ao sul dos Pireneus, e corre para o oriente; em duas léguas de curso, ele recebe seis afluentes, indo desembocar na margem ocidental do rio Corumbá.

O Capitinguinha sai da Serra Grande; correndo em direção ao sul, vai juntar-se ao Corumbá, pela margem ocidental, após três léguas de curso.

O Congonhas nasce no mesmo ponto que o Capitinguinha e segue a mesma direção; recebe trinta e oito afluentes e, após um curso de quatro léguas, vai despejar na margem setentrional do rio do Ouro, com uma largura de duas braças.

O rio Ponte Alta tem suas nascentes a leste das do rio precedente; recebe trinta e quatro riachos e vai desembocar na margem ocidental do rio das Areias, com duas braças de largura e depois de cinco léguas de curso.

O Mamoneiras começa a leste do precedente; tem légua e meia de comprimento e deságua no rio das Areias, depois de receber as águas de onze regatos.

O Capitinga nasce a leste do Mamoneiras; possui quarenta e oito afluentes e desemboca também no rio das Areias, pela margem ocidental, após três léguas de percurso, em direção ao ocidente.

O Baião sai do Morro Grande, reunindo-se ao Corumbá, após seis léguas de curso.

O Funil tem suas nascentes a leste do rio de Oliveira Costa, entre os morros do Quilombo; dirige-se para o norte e vai desaguar na margem oriental do rio de Oliveira Costa, depois de receber as águas de doze afluentes, num percurso de quatro léguas e meia. Há em sua margem oriental, quinhentas braças abaixo das cabeceiras, uma profunda gruta, com mais de quatro braças de largura.

Existem no julgado setecentos e trinta e dois rios de tamanho aproximadamente igual ao dos que acabamos de enumerar. Ao norte e a oeste do arraial de Meia Ponte existem muitos lagos, vinte e oito dos quais possuem mais de cem braças de comprimento, aí incluídos dois maiores, que têm setecentos e cinquenta; oitenta e oito têm o comprimento de cem braças, ou menos.

Vêem-se grandes matas virgens nas terras desse julgado. No lugar chamado Mato Grosso, cobrindo a cadeia principal, existe uma que mede cinco léguas de leste a oeste por duas de norte a sul. Ao norte ficam as florestas da Serra Negra, onde ainda não chegou o machado; dão-lhes dezessete léguas de norte a sul e três de leste a oeste. A leste se acham as fertilíssimas matas do Oliveira Costa e do rio Verde, que têm mais de cinco léguas de extensão.

Perto da aldeia de Meia Ponte, na margem oriental do rio das Almas, há uma pedreira de onde se extraem pedras flexíveis e elásticas, que se deixam curvar quase em semicírculo e voltam depois à forma natural. Do lado do rio do Peixe consta existirem pedras calcárias e, ao norte do mesmo rio, na Serra Negra e na de Oliveira Costa, várias cavernas de onde outrora se extraía o salitre e hoje servem de refúgio às onças, muito abundantes nesta região.

O rio das Almas apresenta duas importantes cachoeiras, antes de chegar a Meia Ponte: uma tem, segundo dizem, cem pés de altura, e a outra nada menos do dobro. Embaixo desta última fica um grande poço, muito profundo.

O ribeirão do Salobro passa por gozar da virtude de petrificar rapidamente todo corpo estranho que caia em suas águas.

As águas do arraial são boas, mas as do rio das Almas são melhores.

O arraial de Meia Ponte fica situado numa planície um pouco inclinada para o norte, na margem esquerda do rio das Almas; ela é cortada por dois córregos, o Lavapés e o Prata, o primeiro com uma ponte de madeira, e o segundo com duas pontes de pedra. Há uma quarta ponte, sobre o rio das Almas.

A aldeia mede setecentas e trinta e uma braças de leste a oeste, e quatrocentas de norte a sul; há nela oito ruas principais, três praças, seis igrejas e duas fontes públicas: Das igrejas, a maior é dedicada à Virgem, sob a invocação do Rosário; é construída de taipa sobre alicerces de pedra.

Meia Ponte possui uma biblioteca pública. O distrito se dividia antigamente em dois comandos gerais; o de Meia Ponte, abrangendo o norte, o leste e o sul, e o de Jaraguá, formado pela porção ocidental; era a sede do quartel-general do regimento de cavalaria, duas companhias do qual ficavam em Meia Ponte e uma em Jaraguá. Era também a residência de um batalhão de caçadores, do qual três companhias estavam aquarteladas em Meia Ponte e uma em Jaraguá. Tudo isso vai ser mudado, depois da criação das guardas nacionais e municipais, não completadas ainda hoje.

Afora a igreja principal, há no termo dez capelas filiais, duas das quais são curatos; uma é a de Nossa Senhora da Penha de Corumbá, a outra é a de Jaraguá, sob a mesma invocação da primeira.

Meia-Ponte é a cidade principal do julgado; nela reside o Juiz de órfãos, nomeado por três anos, e três juízes comuns. Conta, além disso, com três juízes de paz, dos quais apenas um mora em Meia Ponte; os outros dois residem fora, um em Corumbá e o outro em Jaraguá. Meia Ponte possui uma cadeia, no primeiro andar de cujo edifício fica a câmara do conselho municipal.

Os transportes são feitos a cavalo, não sendo ainda neste termo muito usadas as carroças.

A renda pública ascende anualmente, em média, à soma de três contos cento e quarenta e oito mil réis; quanto à municipalidade, ela arrecada apenas duzentos e cinquenta e dois mil réis.

Meia Ponte foi fundada em 1731; seu primeiro capelão foi José de Frias Vasconcelos, que em março de 1732 assinava os primeiros registros de batismo. Sua igreja, que era ainda simples capela filial de Goiás, tornou-se independente com a fundação da paróquia em 1736, sendo o padre Pedro Monteiro de Araújo o primeiro vigário. Meia Ponte foi elevada à categoria de capital do julgado em 1739, sendo Agostinho Pacheco Teles auditor e corregedor geral de Goiás. A povoação conta trezentos e vinte fogos e mil e quatrocentos e sessenta e dois habitantes.

O julgado de Santa Cruz se estende desde a ponta da serra que separa a leste a comarca de Paracatu, em Minas Gerais, e se vê entre o Paranaíba e a cadeia principal (Serra Mestra), até a confluência do rio Meia Ponte com o Paranaíba, quando ela vira para o sul. Nessa direcção o julgado tem menos de sessenta léguas, ao passo que de norte a sul sua largura é de quarenta léguas, desde o Jurubatuba, que o separa do julgado de Meia Ponte, até a foz do rio Veríssimo, no rio Paranaíba.

A freguesia de Nossa Senhora da Conceição ou Santa Cruz é a única que possui o julgado, tendo os mesmos limites do último; possui duas capelas filiais, a, de Nosso Senhor do Bonfim, no arraial do mesmo nome, e a de Madre de Deus, na aldeia de Catalão. Finalmente, no arraial de Santa Cruz, há a capela do Rosário.

Se bem que o terreno deste julgado seja bastante desigual e não existam matas extensas, o solo é susceptível de cultura; mas, são muito mais abundantes as zonas de campo, próprias à criação de toda espécie de gado. As plantas cultivadas no distrito são as mesmas encontradas no julgado de Goiás.

As principais cadeias de montanhas do termo de Santa Cruz são as que abaixo menciono.

A Serra das Caldas, que se estende do norte para o sul, num comprimento de três léguas e largura de uma e meia. Brotam desta serra numerosas fontes, sendo especialmente digna de nota as chamadas Caldas Novas e Caldas Velhas, situadas ambas a uma légua de distância de Santa Cruz; a água sai aí em vários graus de temperatura, a ponto até de não ser possível suportar-lhe o contacto. Algumas dessas fontes mais quentes têm sido utilizadas vantajosamente no tratamento das moléstias da pele.

A Serra de Maratá, que corre de norte a sul; as águas que descem de suas alturas precipitam-se em grandes cascatas.

Finalmente, os morros do Masagão e do Cuscuzeiro, ambos cobertos de espessas matas.

Embora a relação entre a superfície deste julgado e o número de seus habitantes possa fazer supor que existem nele muitas terras devolutas, nada disso acontece. Os moradores do distrito, juntamente com os vindos de Minas Gerais, apoderaram-se avidamente de todos os terrenos, conservando-os sob seu domínio, apesar de não se acharem em condições materiais de explorá-los e cultivá-los, senão em parte. Há no termo quase trinta e sete concessões mais ou menos cultivadas, de acordo com os recursos dos proprietários.

Os. rios mais importantes do termo são:

O rio Corumbá, que vem de Meia Ponte, corre para o sul, lançando-se no Paranaíba, com o qual se parece nos obstáculos oferecidos à navegação.

Os outros cursos d'água que banham o distrito, como o Piracanjuba, o Sozinho, o rio das Caldas, o Vermelho, o Parapitinga, o Passaquatro, o Brito, o rio dos Bois, o do Peixe, o Brumado, etc., fazem no julgado trajeto demasiado curto para que com eles tenhamos de nos deter.

Há no termo de Santa Cruz uma grande lagoa salina, que atrai grande número de animais. Pelo exame de algumas amostras impuras do sal amargo dela extraído, supõe-se que em sua água devem abundar principalmente o sal de Glauber e os sais de magnésia. Afora esta, existem ainda outras lagoas pouco importantes.

O julgado conta com oitocentos e dezesseis sítios mais ou menos extensos, alguns dos quais sem nenhum valor. Estão incluídos naquele número dezenove engenhos de açúcar, onde se fabrica aguardente e rapadura. Estes engenhos nunca estão todos em funcionamento.

Os lavradores plantam um pouco de algodão, milho, feijão, arroz, mandioca e outras raízes comestíveis; fumo e café plantam apenas o necessário para o seu uso particular.

As fazendas de criação ficam entre as outras concessões; seu número cresce de ano em ano, em consequência da vinda constante de imigrantes de Minas Gerais. Todos os lavradores também criam animais, na medida de suas posses.

Há minas de ouro nos povoados de Bonfim e de Santa Cruz. São também auríferos os rios Corumbá e do Peixe; no leito do rio Brumado o ouro aparece acompanhado de pedras preciosas, o mesmo acontecendo, conforme se assegura, com os córregos do Brito e do Veríssimo.

O Morro do Clemente, perto de Santa Cruz, é bastante rico em ouro; falta-lhe porém a água para lavar o metal. Aliás, todas estas minas são pouco exploradas, por falta de braços. Há no julgado minas de ferro, mas de pouca importância econômica.

Os principais artigos de comércio são o ouro, o gado bovino e o cavalar, estas últimas fontes de riqueza aumentando constantemente.

Existem no termo trezentas e oitenta e sete tecelagens, muito primitivas, onde se fabricam panos grosseiros de algodão, usados no vestuário dos escravos e das pessoas pobres. Exporta-se um pouco destes tecidos, à razão de cento e sessenta réis a vara. Fabricam-se também tecidos de algodão um pouco mais finos e cobertas para cama, enfeitadas de lãs de diversas cores; estes artigos, porém, reservam-se ao consumo dos moradores do lugar, visto que as lãs de cor são muito escassas, sendo necessário para obtê-las, abstração feita das que são tingidas com o anil e a ruivinha, únicas substâncias tintoriais existentes na terra, desfiar os tecidos de sarja pintada importados da Europa, cardá-los e fiá-los de novo. Para fiar usam-se rodas movidas a pé, de que há no julgado trezentas e trinta e oito, cada uma das quais vale três mil réis; quanto aos fusos, deles há tantos quantas mulheres no distrito.

Como já dissemos antes, há no termo dezenove engenhos; dos produtos neles fabricados, o açúcar branco, de boa qualidade, é vendido de duzentos a mil e quinhentos réis a arroba; a aguardente a dois mil e quatrocentos réis o barril de dez garrafas; as rapaduras a dois mil e quatrocentos réis a carga de oito arrobas. Esses produtos, enviados para a cidade, alcançam melhores preços. Nos próprios sítios, o fumo é vendido a novecentos ou mil e duzentos réis o rolo de trinta e duas varas. O algodão bruto, contendo ainda as sementes, vale seiscentos réis a arroba e o café sem casca, mil e oitocentos.

O comércio interno é constituído pelo gado e pelos produtos das lavouras, tais como a farinha, o feijão, o arroz, toicinho, carne-seca, açúcar, aguardente, rapadura, sementes de mamona, etc. O lucro que os produtores tiram deste comércio basta-lhes apenas para viver.

Tira-se pouco ouro, por falta de escravos, vendo-se apenas, ocupados neste trabalho, alguns faiscadores; também só uma pequena quantidade do precioso metal é exportada pelo julgado.

Os outros artigos exportados são o algodão em bruto, ou o tecido, porcos, e o toicinho salgado, que vai para Goiás e para a vila de Paracatu. Calcula-se o valor desse toicinho em um conto de réis, o do gado em pé, em quatro contos e o dos couros curtidos de boi e de peles outras, em duzentos mil réis. A exportação anual, ao todo, é calculada em cinco contos e duzentos mil réis.

Importam-se todos os anos quase mil alqueires de sal, dez quintais de ferro e três de aço, enxadas, foices, machados, chumbo, pólvora, enxofre, drogas medicinais, papel, panos de lã, chapéus, salitre, tecidos de seda e de algodão, quinquilharias, vinho, aguardente, louças e vidraria. Não se pode, por falta de dados, indicar o montante destas importações, em dinheiro; mas sabe-se que ele excede bastante o das exportações.

O ouro paga um direito de saída.

As rendas municipais cifram-se unicamente nos impostos cobrados sobre os pesos e medidas e as cabeças de gado. Essas contribuições não produzem anualmente mais do que cinqüenta e três mil e quatrocentos réis, não só por causa da decadência geral da região, como porque somente os revendedores, cujo número é pequeno, pagam a taxa sobre pesos e medidas dela estando isentos os agricultores.
Como os rios do termo não se prestam à navegação, paga-se somente a travessia dos que se é obrigado a passar em barco ou canoa. A arrecadação desta renda è feita pelo Tesouro Nacional.

No termo não existem mais de vinte e uma mulas de carga, valendo em média trinta e seis mil réis; mas devem contar-se também oitocentos e quarenta cavalos, valendo em média dezessete mil réis. Todos estes animais são da propriedade particular de quem os utiliza, motivo pelo qual nada pagam ao Estado.

Há doze lojas no julgado e trinta e um botequins; mas também nestes últimos se vende sal, vinho e aguardente. Alguns vendedores ambulantes não têm residência fixa.

Duas estradas principais partem deste distrito para a capital do Império: a de São Paulo e a de Minas Gerais; além destas, outras vias de comunicação ligam-no a todas as partes da província.

Não há dados oficiais sobre o julgado de Santa Luzia; mas, de acordo com as informações obtidas de particulares, ele se estende por um planalto elevado, cujas dimensões são de quarenta e duas léguas de leste a oeste e de quarenta e seis de norte a sul. E' limitado, ao norte, pelo julgado de Traíras, no rio Maranhão; a les-nordeste, pela lagoa Feia, no lugar chamado Terra Vermelha; a leste, pelo território dos Arrependidos e pelo julgado de São Romão, no ponto denominado Extrema; ao sul, pelo julgado de Santa Cruz, no lugar chamado Covas de Mandioca; a oeste, pelo de Meia Ponte, no rio das Areias, e, finalmente, a noroeste, pelo de Flores.

O povoado de Santa Luzia goza de clima sadio e ameno; o ar é puro e as águas abundantes. A igreja paroquial está sob a invocação de Santa Luzia, nome que passou primeiro para o arraial, e depois se estendeu a todo o julgado. O lugar foi descoberto por Antônio Bueno de Azevedo, em 1746.

Afora a igreja principal, há ainda no julgado mais duas, a de Nossa Senhora do Rosário dos Pretos e a de Nossa Senhora das Dores, esta última de construção recente. Existem ainda duas capelas filiais, a de Santo Antônio dos Montes Claros, situada no povoado do mesmo nome e construída sobre uma notável elevação, e a de Nossa Senhora da Abadia, no arraial de Couros.

O solo deste julgado é plano, com exceção de alguns lugares montanhosos, situados na periferia; possui muitas terras cultiváveis, onde crescem bem legumes e árvores frutíferas. Existe ouro em diversos pontos e as vastas planícies oferecem pastos excelentes à criação do gado. Os habitantes parece terem mais inclinação pelo cultivo do solo do que pela cata de minerais preciosos, visto como em toda a zona aurífera não há uma só instalação fixa, mas apenas alguns faiscadores. A criação de bois e cavalos é praticada em várias fazendas; a fabricação de tecidos de algodão é usual entre os habitantes, que sabem tingir os fios com cores permanentes, tiradas do anil e da ruivinha.

Este termo é nada mais nada menos do que uma das tombadas do planalto onde fica Santa Luzia e descamba para a Contagem de São Marcos; sua principal cadeia de montanhas é a Serra dos Cristais, assim denominada por se ter encontrado nela, cavando o chão, cristais brancos, amarelos, verdoengos e tirantes a violeta. Estes cristais são levados para os portos do litoral e exportados para o estrangeiro; os de cor, justamente os que alcançam melhor preço, têm-se tornado difíceis de descobrir, ao passo que os brancos, qualquer que seja a sua limpidez, perderam o seu valor comercial.

Os principais rios encontrados no julgado de que agora nos ocupamos são: o Corumbá, que corre para o Paranaíba, o Montes Claros, o Ponte Alta, o Macacos, o rio Preto, que nasce perto do arraial de Couros e corre para o rio São Francisco, e, finalmente, o ribeirão de Saia Velha, que sai do planalto de Santa Luzia. Além desses rios principais, banham ainda a região inúmeros córregos.

Devemos ainda mencionar na geografia desse distrito a Lagoa Feia, cujo horrível aspecto lhe torna o nome muito merecido. Tem de comprimento uma légua, mas ignoram-lhe a profundidade; suas águas parecem negras, acham-se cobertas em parte por uma espécie de musgo, e são povoadas de jacarés e excelentes peixes, principalmente traíras.

Ao norte do julgado, próximo ao rio Maranhão, encontram-se algumas grutas muito ricas em salitre.

Entre os produtos naturais conhecidos e utilizados na região temos: a poaia (ipecacuanha) branca e preta, a quina do campo, uma espécie de alcaçuz e o anil, que cresce espontaneamente. Nalgumas partes do julgado, cultiva-se, com resultado, o trigo, a cevada e a aveia.

Os artigos de importação são os mesmos de Santa Luzia. A exportação consiste em cerca de oitocentas arrobas de marmelada, quinhentas de açúcar, mil de café, e quinhentas de fumo, que se remetem para a cidade de Goiás e para as vilas de Franca e Paracatu. Exportam-se também bois, cavalos, couros e peles curtidas.

Do arraial de Santa Luzia partem várias estradas; uma para o Rio de Janeiro, outra para a capital da província, e outra para a Bahia, Pernambuco, Maranhão e São Paulo.

O julgado de Pilar, tem trinta e seis léguas de norte a sul e dezessete de leste a oeste; limita-se ao norte com o julgado de Traíras, ao sul com o de Goiás, a sudoeste com o de Meia Ponte e a oeste com o de Crixás. Está dividido em duas paróquias, a de Nossa Senhora do Pilar, na aldeia do mesmo nome, e a da aldeia do Carretão, que, é chamada de Pedro Terceiro. A primeira confina ao norte com a paróquia de São José de Tocantins, a leste pela de Traíras, ao sul pela de Carretão, a sudoeste pela de Meia Ponte, e, a oeste, pela de Crixás. Possui duas capelas filiais, a de Nossa Senhora da Penha de Garinas, distante três léguas e quase destruída, e a de São Sebastião de Lavrinhas, a oito léguas de Pilar. A paróquia do Carretão é constituída exclusivamente de índios convertidos, pertencentes às nações dos Xavantes e dos Xerentes, só, uma parte dos quais se encontra aldeada. Esta paróquia é limitada ao norte e a leste pela de Pilar; ao sul pela de Goiás, e a oeste pela de Nosso Senhor Bom Jesus, da aldeia da Anta.

O clima desse julgado é são e temperado; o solo é fértil produz em abundância milho, feijão e toda espécie de cereais. dá também mandioca, cana, banana, laranja, jaca, abacaxi e outras frutas saborosas. Abundam ainda muitas madeiras de construção e plantas medicinais, sendo, extraída grande quantidade de mel de abelhas silvestres e de óleo de copaiba. Consta ser possível cultivar o trigo, a vinha, o linho e o anil.

O julgado conta com extensas matas e vastos campos apropriados à criação do gado. As cadeias de montanhas mais notáveis são as serras de Pendura e Pedreira, que nascem na parte oriental do distrito, uma em frente à outra e circundam a povoação de Pilar, correndo para o norte, sempre paralelas. Destas duas cadeias saem ramificações que tornam muito montanhoso todo o solo do julgado. Nesse termo existem muitas concessões de terras, só algumas sendo objeto de exploração; as restantes vivem no abandono, seja por parte dos primitivos donos, seja por falta de braços para cultivá-las.

Os rios principais são:

O rio das Almas, que nasce no lago dito do Pai José, situado nas cercanias de Meia Ponte, do lado de leste, e desemboca no rio Maranhão. Esse rio, pobre de peixe, permite em qualquer época do ano a descida até Belém do Pará, embora apresente, a doze léguas do arraial de Pilar, entre rochedos escarpados, uma perigosa corredeira, conhecida pelo nome de cachoeira do Facão. Uma meia légua adiante, existem corredeiras ainda maiores que tornam a navegação de fato impraticável e só com enormes despesas poderiam ser suprimidas.

O rio São Patrício, cujas cabeceiras ficam ao sul de Carretão e que se lança no rio das Almas, a dez léguas de Pilar.

O rio Vermelho, que nasce na serra do Pedreira, perto de Pilar; só permite navegação durante as cheias, contém pouco peixe e é muito perigoso, por causa das febres que reinam em suas margens.

O rio Crixás, muito rico em peixe, que vem do antigo termo de Tesouras, situado ao sul, e deságua no Araguaia; pode-se descê-lo em qualquer estação até o Pará, partindo de um ponto situado a catorze léguas de Pilar.

Os rios do Peixe e do Poço Falso nascem na parte oriental da serra supracitada e correm para o Crixás, onde desembocam, o primeiro a catorze, e o segundo a vinte léguas de Pilar. Ambos só podem ser navegados durante as enchentes.

Finalmente, o Calamares, que nasce ao sul de Pilar, e desemboca no Crixás, a oito léguas desta povoação.

As margens de todos estes rios são insalubres, por causa das inundações.

Os sítios de cultura deste termo são em número de sessenta; planta-se neles milho, feijão, arroz, favas, mandioca, batatinha, cará, amendoim, cana, café e algodão. Para o plantio da cana abrem-se no chão regos de um palmo de profundidade, fincando as mudas à distância de quatro palmos, ou três pés, umas das outras.

A criação de gado bovino e de cavalos é praticada apenas em quinze fazendas. Em 1828 estes estabelecimentos exportaram trezentas cabeças de gado, parte das quais foi vendida a dinheiro, e o restante em troca com certas mercadorias, como o chumbo, a pólvora e o sal, ou senão de cavalos, de que há falta para a guarda dos rebanhos.

Conhecem-se no distrito catorze minas de ouro, das quais só uma é explorada, já pela falta de escravos, já pelo desconhecimento de um processo fácil de extração do minerio. Há ainda numerosas minas de ferro, de que não se tira nenhum proveito.

Os tecidos comuns, de algodão, fabricam-se numa centena de oficinas muito primitivas existentes no termo.

Nove engenhos produzem o açúcar de cana, que é vendido à razão de mil e oitocentos a dois mil e quatrocentos réis a arroba. A aguardente vale trezentos réis a canada.

Cultiva-se também no julgado o fumo, o algodão e o café, o primeiro sendo vendido ao preço de mil e oitocentos a dois mil e quatrocentos réis a arroba.

O principal artigo de comércio é o algodão tecido, que se vende a dinheiro ou se troca por objetos de primeira necessidade; dele se exporta ainda, nos anos comuns, cerca de oito mil varas, à razão de cento e cinquenta réis a vara, o que perfaz a soma total de um conto e duzentos mil réis. Exportam-se, além disso, duzentas arrobas de algodão em rama, à razão de seiscentos réis, ou sejam cento e vinte mil réis; trinta arrobas de café, a dois mil e quatrocentos réis cada uma, ou sejam setenta e dois mil réis; cento e cinqüenta arrobas de açúcar branco, a mil e oitocentos réis a arroba, o que equivale a duzentos e setenta mil réis; cinqüenta barris de aguardente, a dois mil e quatrocentos réis o barril, ou, sejam cento e vinte mil réis. Essas mercadorias são de boa qualidade e representam um valor total de um conto setecentos e oitenta e dois mil réis; esta importância, adicionada a um conto e oitenta e dois mil réis, proveniente das trezentas cabeças de gado vendidas ao preço médio de três mil e seiscentos réis, perfaz uma de dois contos oitocentos e sessenta e quatro mil réis, correspondente ao total das exportações do julgado.

Todos os anos importam-se nesse distrito cerca de duzentos alqueires de sal, num valor de um conto novecentos e vinte mil réis; seis quintais de ferro, no de duzentos e trinta e quatro mil e quatrocentos réis; três arrobas, de aço, no de quarenta e três mil e duzentos réis; seis arrobas de cera, no de cento e setenta e dois mil e oitocentos réis; dois barris de vinho, no de setenta e dois mil réis; quatro arrobas de pólvora, com a quantidade de chumbo correspondente, no de duzentos e trinta mil e quatrocentos réis; oito arrobas de farinha de trigo, no de trinta e oito mil e quatrocentos réis; drogas, papel, tecidos, etc., no valor de quatrocentos mil réis. Isso perfaz, para o total das importações, a soma de três contos, cento e sete mil e duzentos réis, ou sejam duzentos e quarenta e três mil e duzentos réis a mais do que o total das exportações.

A maior parte das mercadorias importadas são vendidas a dinheiro; aí estão, principalmente, o sal, o ferro, o aço, a cera, o vinho, as drogas.

As rendas municipais são quase nulas, visto como grande número de famílias se retirou do distrito, à falta de escravos para cultivar a terra.

No único rio permanentemente navegável desse julgado, paga-se ao Estado, para cada cem passos, a taxa de 75 réis por quintal, outro tanto por pessoa, e o dobro por animal.

Animais de aluguel não os há no julgado. As boticas são em número de três e as tabernas onze. Cinco estradas vão ter respectivamente a Goiás, a Meia Ponte, a Traíras, a Amaro Leite e a Crixás; o comprimento de cada qual sendo trinta e oito, trinta, vinte e cinco, vinte e doze léguas. Poder-se-ia encurtar a de Meia Ponte, derrubando uma mata e construindo pontes.

O julgado de Crixás tem trinta e oito léguas de norte a sul e vinte e duas de leste a oeste; há nele apenas uma paróquia a de Nossa Senhora da Conceição, no arraial de Crixás, com duas capelas filiais, que são a de Nossa Senhora da Abadia e a de Nossa Senhora do Rosário.

Neste julgado o terreno é em parte plano e em parte montanhoso, mas susceptível de toda espécie de cultura, exceção feita do trigo e da vinha. Belas matas cobrem o solo da região, do lado de Salinas, a uma distância de catorze léguas; há, além disso, em vários pontos, bosques mais ou menos extensos e bons para a lavoura. Também não faltam campos apropriados à criação, especialmente a do gado bovino.

Quase todas as terras do termo foram objeto de concessões; mas as doenças e o desânimo decorrente da carência de meios para cultivá-las acarretaram o seu despovoamento, desde que cessou a primitiva abundância de ouro.

Há ainda em exploração sete dessas concessões; em duas delas cria-se gado, nas demais fazem-se diversas plantações.

Entre as principais cadeias de montanhas conta-se a Serra da Bocaina, que corre de norte a sul, e a de Poço Grande, que se dirige para leste.

Dos rios, merecem referência: o Crixás-Açu, que nasce ao sul, nas montanhas do Tesouras, e corre para o norte, desembocando no Araguaia; o Calhamar, que nasce na Serra de São Patrício e despeja no primeiro, a três léguas da cidade de Crixás; o Crixás-Mirim, que tem suas origens na Serra dos Caiapós e despeja no Araguaia.

Todos estes rios são muito abundantes em peixes de diferentes qualidades e bem aproveitados pela gente da terra. Em pleno inverno, até o mês de junho, o Crixás-Açu é navegável por barcos de tamanho médio, ao passo que na estação das águas até mesmo alguns botes têm conseguido descer até Belém. Durante a seca a navegação é dificultada pelas cachoeiras e baixios, sem falar no perigo das doenças.

No caminho de Salinas há uma grande lagoa, bastante profunda e piscosa; ela é navegável em qualquer estação, mas no inverno os insetos nocivos importunam terrivelmente, ao passo que as febres intermitentes infestam-lhe habitualmente as margens.

A sete léguas de Crixás, na margem do rio Vermelho, existe uma profunda gruta, ainda não examinada.

Contam-se no termo quarenta sítios de cultura, onde se planta milho, arroz, feijão, mandioca, café, algodão, fumo, amendoim, batatinha, cará e mamona. Durante a seca faz-se a derrubada das matas, em agosto ou setembro lança-se-lhes fogo e, assim que caem as primeiras chuvas, planta-se o milho, deixando cinco palmos de distância entre os pés; depois, no mesmo terreno, planta-se a mamona, um pé em cada dez palmos.

Alguns lavradores, em vez de mamona, plantam feijão, fava ou mandioca; as outras plantas são cultivadas em terreno à parte, pois assim é maior a sua produção.

O arroz exige solo úmido; semeiam-se de quinze a vinte grãos, em buracos separados dois ou três palmos um do outro.

O algodão é semeado em buracos espaçados de dez a vinte palmos.

Cria-se o gado em dezoito fazendas, algumas das quais dedicadas também à agricultura.

Todas as minas do distrito se acham abandonadas por falta de braços; algumas, todavia, contêm ainda trechos susceptíveis de ser explorados com grande proveito. Das dezessete minas, só em duas se faz ainda algum trabalho: a de Barriga, explorada por alguns homens livres, e do Calisto, trabalhada pelo próprio dono.

Os produtos capazes de ser negociados são, afora o ouro, a cera, a resina e as plantas medicinais.

Não há produção de açúcar no termo; esse artigo é trazido de fora, ao preço de dois mil e quatrocentos réis a arroba, ou, mais raramente, de mil e oitocentos. A aguardente vale, em média, três mil réis o barril. A principal cultura é a do algodão, cujo preço de venda varia entre seis e nove mil réis. Há muito pouco quem se ocupe com o café e o fumo.

As mercadorias importadas são, em primeiro lugar, tecidos, víveres, ferro, aço, etc., num valor anual de um conto e duzentos mil réis. Outros artigos, que se podem considerar também de primeira necessidade, somam um conto e noventa e dois mil réis, a saber: cem alqueires de farinha de mandioca, à razão de noventa mil réis; quantidade idêntica de feijão, a cento e vinte mil réis; quarenta alqueires de sal, a trezentos e oitenta e quatro mil réis; vinte arrobas de açúcar, a quarenta e oito mil réis; cinqüenta barris de aguardente, a cento e cinqüenta mil réis; cinqüenta cargas de rapadura, a cento e oitenta mil réis; finalmente, cem rolos de fumo, a cento e vinte mil réis. O total das importações ascende assim a dois contos duzentos e noventa e dois mil réis.

Os artigos de exportação são: o ouro, a elevado preço; o gado vacum, de que se exportam anualmente trezentas cabeças, ao preço médio de três mil e seiscentos réis a cabeça, ou seja a importância global de um conto e oitenta mil réis; os couros de boi curtidos, à razão de mil e duzentos réis por unidade, e os couros crus, a quatrocentos e cinqüenta; couros curtidos, de bezerro, de cabra, de onça, de lontra; peixe salgado, e o próprio sal obtido na região. Ignora-se a importância correspondente a estes últimos artigos de comércio. Poder-se-ia obter no próprio julgado todos os alimentos que se manda vir de fora, se nele a agricultura estivesse mais desenvolvida; o excedente que porventura fosse deixado pelo consumo, encontraria colocação fácil no Pará, utilizando os rios.

A navegação fluvial é muito pequena, motivo pelo qual o Estado nenhum imposto lançou sobre ela. Não existem mulas cargueiras para alugar, não as existem.

Em Crixás não há mais do que duas tabernas, e outras duas em Calixto; lojas, não existe uma sequer.

Dois caminhos conduzem de Orixás a Pilar; um por Guarinar, com dez léguas de extensão, e outro para Ouro Fino, com onze. Este último é o melhor e o mais frequentado. O encurtamento destas vias de comunicação é dificultado pela natureza do terreno. Uma outra via comunica Pilar com Carretão; tem doze léguas e passa pelo Morro Agudo, que não tem mais de uma. Um quarto caminho, longo de trinta léguas, leva a Salinas. As principais dificuldades que este apresenta provêm dos rios a atravessar, coisa que chega a ser impossível na estação das águas. Um quinto caminho, finalmente, é o de Crixás a Amaro Leite; tem vinte léguas e não oferece outro obstáculo além da passagem dos rios, durante a estação chuvosa.

Os julgados de que agora nos vamos ocupar formam a comarca do Norte ou de São João das Duas Barras. O primeiro é o da vila de São João da Palma, com trinta léguas de norte a sul e setenta e quatro de leste a oeste; é limitado ao norte pelos julgados de Conceição e Natividade; a leste pelo de Arraias; ao sul pelos de Cavalcante, São Félix e Traíras, e, finalmente, a oeste pelos de Porto Imperial e Araguaia. Esta circunscrição forma única paróquia, que outrora era bem maior, abrangendo quase todo o julgado de Conceição, cuja capela dependia da igreja da vila de São João da Palma.

A região situada na confluência dos rios Paranã e Palma é elevada, batida pelos ventos, arenosa, mas excelente para a criação do gado. O julgado é, em parte, coberto de belas florestas, de solo apropriado à lavoura; entretanto disso não se tira nenhum partido, por causa dos índios que assolam a região.

A principal cadeia de montanhas do distrito é um galho da cordilheira que separa de Goiás as províncias de Pernambuco, da Bahia e de Minas Gerais; tem direção norte-sul e adquire vários nomes, de acordo com os lugares existentes na sua imediata vizinhança, tais como Serra de Santa Maria, dos Cristais, do Mocambo e de Ouro Fino; ela separa o termo da vila de São João da Palma dos de São Félix e Cavalcante.

Uma outra cadeia, orientada no mesmo sentido da precedente, tem o nome de Garfinho. Aí se cultiva, com êxito, cana, milho, arroz, feijão, algodão, fumo e café. Existem ainda no distrito outras montanhas isoladas, tais como o Morro da Vila, o dos Picos, o do Moleque, o do Príncipe, de São Domingos, de São João, de São Dionísio e de Bananal.

Toda a região a oeste do rio Maranhão é deserta, exceção feita da faixa que do Barro do Espírito Santo se dirige para o centro, subindo o rio Santa Teresa; nesta parte encontram-se algumas fazendas de criação, adjacentes ao julgado de Traíras, no Descoberto de Amaro Leite. O restante corresponde a posses adquiridas por compra ou recebidas em herança, porém sem concessões.

Os rios merecedores de menção particular são o Paranã, que é um afluente do Tocantins e não deve ser confundido com o seu homônimo, pertencente à bacia do rio da Prata, o Maranhão e o Palma (1). Este último nasce na serra geral, a leste; tem por afluentes, na margem oriental, os rios das Palmeiras e do Inferno, e na ocidental o do Mosquito, indo unir-se ao Paranã próximo à vila de São João, para formar o chamado rio Paranatinga.

O Paranã sai de uma cadeia de montanhas, na altura da Chapada de Urucuia, próximo ao Registro da Lagoa Feia; ele atravessa o julgado de Flores, separa o de Arraias do de Cavalcante, entra no distrito da vila de São João da Palma e, sete léguas abaixo, desemboca no Maranhão.

No julgado de Flores, o Paranã recebe os rios Crixás, Praim, Corrente e dos Macacos, todos vindos de leste; no distrito de Arraias engrossa-se com as águas do rio São Mateus, do São Domingos e do Bizerra, oriundos do mesmo lado. No termo de Cavalcante recebe, pela margem ocidental, o rio das Pedras; finalmente, no julgado de São João da Palma, o Paranã recebe pela margem oriental o São Domingos e, pela ocidental, o Corrente, o Prata e o Boaventura. O Maranhão sai da Lagoa Formosa, chamada também dos Veadeiros; separa, até a confluência com o rio das Almas, a comarca de São João das Duas Barras da de Goiás, entrando depois na primeira destas comarcas, que atravessa, até a sua reunião com o Araguaia, a duzentos e doze léguas abaixo da vila de São João da Palma. O rio proveniente desta reunião, até sua foz na província do Pará, é chamado Tocantins. Os afluentes do Maranhão, pelo lado oriental, são os rios Traíras, Bagagem, Tocantins, Preto, Paranatinga, São Valério, Manuel Álvares, Surubim, Areias, do Sono, Manuel Alves Grande e Farinha; pela ocidental, o rio das Almas, o Santa Teresa, o Santo Antônio, o Crixás e o Matança. Todos estes rios abundam em peixe e permitem a navegação em qualquer tempo, o Maranhão até o porto de Água Quente, o Paranã até Flores, e o rio da Palma até vinte léguas acima da vila, no termo da Conceição.

As cidades de São João da Palma, Porto Imperial, São Félix e Flores ficam nas margens dessa rede fluvial, estando assim em comunicação direta com o Pará e com o interior da comarca. Traíras fica a sete léguas apenas do rio Maranhão, e Cavalcante a nove do Paranã; Arraias a doze do Paranã e a outras tantas do rio de Pal-

(1) Para o Paraná, afluente do Tocantins, temos adotado nesta tradução a grafia Paranã, que sobre evitar a confusão referida pelo Autor, é talvez a mais encontradiça na cartografia antiga. (Nota do trad.).

ma; Conceição fica a quatro léguas do rio da Palma e Natividade a cinco léguas de Manuel Álvares. Destas cidades, a de São João da Palma é que fica em situação mais vantajosa, por isso que têm de passar por ela todas as embarcações que sobem para os termos de Cavalcante, Flores, Arraias e Conceição.

Nessas paragens é possível navegar em qualquer estação, muito embora existam obstáculos materiais em todos os rios acima enumerados.

Já dissemos que esses obstáculos poderiam em parte ser destruídos ou contornados. Nas regiões que nos ocupam acham-se perfeitamente indicados os trabalhos a fazer. Há nelas, com efeito, vários canais pouco profundos; melhorando-os, facilitar-se-ia muito o transporte por água nos lugares em que se é forçado a deixar o leito dos rios, para evitar os perigos neles existentes. Este grave inconveniente é encontrado no trecho do Tocantins, conhecido com o nome de canal de Tanari, o qual se inicia quatro léguas abaixo da cidade de São João das Duas Barras, e se prolonga numa extensão de dezoito léguas. Torna-se aí necessário deixar o leito do rio por causa dos obstáculos que encerra, e ir por terra, margeando a borda ocidental, numa travessia bastante penosa por entre as árvores da mata.

No estio, com o chão completamente a seco, seria fácil e urgente abrir um caminho para que as embarcações passassem sem perigo, aproveitando a estação, que de todas é a mais propícia para as viagens deste gênero.

Todos esses rios são insalubres durante a estação das águas, por causa das matérias em decomposição que eles arrastam e dos lagos deixados a seco pelo verão.

Há no julgado muitas lagoas, porém de pequena extensão. Sua utilidade como bebedouros para o gado impede que se procure secá-las definitivamente, não obstante sejam elas, nos meses de verão, responsáveis por muitas doenças.

Diz-se terem sido descobertas no Sítio de Bananal, a cinco léguas de São João da Palma, grutas contendo salitre e calcário. Uma caverna semelhante vê-se perto das nascentes do rio São Boaventura, a seis léguas de São João contendo águas termais muito benéficas no tratamento das afecções cutâneas e reumatismais.

O termo conta com oitenta e cinco sitiantes lavradores, que muito pouco produzem. Há setenta fazendas de criação de gado bovino e cavalar, sendo de bois exportadas cerca de mil cabeças, valendo cada uma, termo médio, quatro mil réis; cavalos, são exportados em número de cinqüenta, à razão de dez mil réis a cabeça, o que, no tocante a estes dois artigos, dá para as exportações do distrito soma de quatro contos e quinhentos mil réis.

Não foram ainda descobertas minas de ouro no termo de que nos vimos ocupando; sabe-se, contudo, através da experiência, que procurando este precioso metal no leito do Paranã e do Maranhão, poder-se-ia conseguir entre trezentos e seiscentos réis por dia, na estação seca. Apesar disso, ninguém, no julgado se ocupa com semelhante trabalho.

Também não faltam plantas medicinais, mas não se faz delas objeto de comércio, pelo fato de existirem igualmente nos distritos vizinhos.

O julgado possui somente catorze pequenas tecelagens de algodão; mesmo assim, nem todas se acham em atividade.

Quatro engenhos, movidos a bois, produzem açúcar, rapadura e aguardente, o primeiro a três mil réis a arroba, a segunda a duzentos e vinte e cinco réis por oito libras de peso, e a última a nove mil e seiscentos réis o barril de vinte e quatro garrafas. Colhe-se um pouco de fumo que é vendido a três mil réis a arroba, café, que é vendido por preço análogo, e algodão, que é pago a duzentos réis a arroba. Os principais artigos de comércio são bois, cavalos, couros crus e curtidos, carne de porco, aguardente de cana, e fumo, artigos que deixam aos exportadores um lucro de cento por cento. Os mercados para onde vão estes produtos são a Bahia, para os cavalos e bois; o Pará, para os couros curtidos ou crus, para o toicinho e o açúcar; província do Maranhão, nas imediações de Carolina, para a aguardente e o fumo.

Juntando aos quatro contos e quinhentos mil réis, provenientes da exportação dos bois e cavalos, trezentos mil réis de cerca de mil couros crus, seiscentos mil réis de couros curtidos, outros seiscentos mil réis de duas mil peles de veado e cento e vinte mil réis de quarenta peles de onça, teremos um montante de seis contos cento e vinte mil réis, valor total das exportações do julgado, durante o ano.

As importações são constituídas por todas as mercadorias procedentes do estrangeiro e cujo fabrico não se pode esperar tão cedo seja introduzido na região.

Os artigos importados pagam-se a dinheiro ou se trocam com os produtos locais. Não é possível lhes calcular o valor total, visto como não há nenhum lugar especial em que sejam vendidos, mas, pelo contrário, o comércio sendo exercido por negociantes ambulantes, que percorrem o distrito, distribuindo os seus artigos e recebendo em troca cabeças de gado. O mais que se pode dizer é que o total das exportações parece ultrapassar o das importações em cerca de dois contos de réis, diferença que poderia ainda aumentar vantajosamente se alguns melhoramentos fossem introduzidos na cultura das terras e na criação do gado. Os únicos impostos, municipais são os arrecadados sobre a verificação dos pesos e medidas.

Nos rios navegáveis são cobrados impostos apenas sobre as mercadorias que entram no julgado, com exceção do sal. Na descida dos rios o frete é de mil e oitocentos réis por quintal; na subida, é de oito mil réis. A distância que separa a vila de São João da Palma de Belém é de trezentas e vinte léguas. O termo não possui mulas de aluguel, mas cerca de cinqüenta animais desta espécie trabalham a serviço dos respectivos donos.

Em São João não há mais do que duas lojas e quatro vendas.

Várias estradas ligam a vila a todos os julgados da comarca, de onde em seguida é possível seguir por terra para qualquer província do Brasil, com exceção do Pará, a que só se pode ir pela via fluvial. Dista São João da Palma vinte e quatro léguas dos limites do termo de Porto Imperial, onze do distrito de Natividade, dez do julgado de Conceição, catorze do de Arraias, dezesseis das fronteiras do julgado de Cavalcante e, finalmente, doze das de São Félix. Todos estes caminhos se ressentem da falta de serviço de conserva, e nas condições atuais estão longe de permitir livre circulação em qualquer tempo.

O julgado de Conceição tem dezesseis léguas de norte a sul e vinte e seis de leste a oeste; é limitado ao norte pelo julgado de Natividade, a oeste pelo de São

João da Palma, ao sul pelo de Arraias e a leste pela província da Bahia. Divide-se em duas paróquias, a de Nossa Senhora da Conceição, situada na principal aldeia do distrito, e a de São José do Duro, dezoito léguas distante da primeira. No próprio povoado de Conceição há ainda a capela de Nossa Senhora do Rosário, ao passo que na aldeia do Príncipe, que fica a dez léguas, existe uma igrejinha dedicada a Nossa Senhora das Neves.

Parte do julgado fica na tombada de uma pequena serra, em terreno enxuto e sem água: a parte restante, porém, é formada de planaltos de terra vermelha. De resto, todo o termo é eminentemente próprio à criação do gado, seja ele qual for, as matas sendo muito poucas.

A principal cadeia de montanhas do distrito é a serra geral que separa a leste e em direção norte-sul a província de Goiás da da Bahia, tomando várias denominações conforme os registros que nela se instalaram, tais como o de Tabatinga e o do Duro. Próximo a este último, é ela coberta de matas entrecortadas de córregos e cultivada por numerosos moradores.

A Serra de Santana segue direção semelhante à da que acabamos de mencionar, separando o termo de Conceição do de São João da Palma; ela começa a duas léguas do rio Manuel Álvares e termina a uma légua do rio da Palma. Nos cumes crescem florestas e nos platôs encontraram-se jazidas de ouro.

Todo o solo está repartido entre proprietários, que receberam por herança ou adquiriram por compra, quando não por efeito de uma longa ocupação; não há porém concessões e, exceção feita da parte habitada pelos Xerentes, ao nível de Duro, está aproveitado pelas culturas.

Os rios de maior importância são: o Manuel Álvares, que sai da Serra do Duro, recebe a leste o ribeirão da Taboca, separa os julgados de Conceição e Natividade, serve em seguida de limite entre este último e o de São João da Palma, e lança-se finalmente no rio Maranhão; o rio da Palma, que corre de leste a oeste, separa os distritos de Conceição e Arraias, atravessa o de São João da Palma e despeja no Paraná, perto mesmo da vila, depois de ter recebido, pela margem oriental, os rios das Palmeiras e do Inferno e, pela margem oposta, o Mosquito.

Todos os rios acima citados dão peixe, embora em quantidade insuficiente para que dele se faça objeto de comércio.

Os rios Manuel Álvares e da Palma são navegáveis em parte de seu curso, mas apresentam muitas corredeiras.

As margens desses rios são insalubres, por causa da putrefação verificada nas lagoas quando secam, durante o verão. As doenças mais comuns são as febres intermitentes, tratadas com refrescantes, com o emético ou a quina. A despeito porém desses inconvenientes, seria muito prejudicial à criação o dessecamento completo e definitivo dessas lagoas.

As grutas salitrosas e as rochas calcárias são muito comuns, dizem, na serra geral. Há no distrito trinta e cinco lavradores que plantam tudo quanto na terra se cultiva, mas em tão pequena quantidade que durante a maior parte do ano se vêem forçados a comprar víveres em Serrinha e no bairro alto do julgado de São João da Palma.

As cinqüenta e três fazendas de criação existentes no julgado exportam, anualmente, dois mil e cem bois, ao preço médio de quatro mil e cem réis a cabeça, e duzentos cavalos, ao preço de dez mil réis, uns pelos outros.

No próprio arraial de Conceição e num perímetro de cinco léguas de raio à sua volta, encontram-se ricas minas de ouro, hoje abandonadas, já por causa da falta de água para a lavagem, já pela grande quantidade que dela se acumulou nos buracos abertos pelas escavações. São elas as do Buraco de João Soares, de Morro das Chagas, de Morro do Tatu, de Córrego do Coxo, de Córrego da Pindoba, do Cambo, do Carrapato, do Bacapari, do Buraco das Pedras, da Lagoa, do Morro da Cajazeira, do Boqueirão do Benedito, das Lavras do Engenho Velho e de Periarra.

Os únicos produtos de que se poderia fazer comércio seriam algumas plantas medicinais; mas não seria fácil conseguir para elas preço vantajoso, visto abundarem também no resto da província.

Há no distrito cinqüenta e oito tecelagens, muitas delas em inatividade. Três engenhos, tocados a bois, produzem açúcar, rapaduras e aguardente; o primeiro é vendido à razão de dois mil e quatrocentos réis a arroba, as segundas a duzentos e vinte e cinco réis por pedaço de oito libras de peso, a última a nove mil e seiscentos réis o barril de vinte e quatro garrafas. O café e o fumo são trazidos dos julgados vizinhos, ao passo que o algodão é colhido no próprio julgado de Conceição em quantidade apreciável e ao preço de mil e duzentos réis a arroba.

Os principais artigos de comércio são o gado, os couros crus, que valem, cada um, trezentos réis, e os couros curtidos, cujo preço é seiscentos réis. Quando as mercadorias são exportadas pelos próprios habitantes, elas proporcionam a estes grandes lucros. A totalidade das exportações anuais é de duas mil e cem cabeças de bois, duzentos cavalos, mil e quinhentos couros crus e quinhentos couros curtidos. Pelos preços há pouco indicados, estas exportações correspondem a uma receita de onze contos, cento e cinqüenta mil réis.

As importações são constituídas por todas as mercadorias que a região não produz, e procedentes dos portos da costa. Estes artigos são pagos em dinheiro, ou trocados com os produtos da terra. É difícil avaliar-lhes a importância, por causa do grande número de negociantes ambulantes que correm o termo, propondo a troca de seus artigos com bois e cavalos; pode-se todavia calcular em quatro contos de réis o excesso das exportações sobre as importações.

Os direitos municipais arrecadados pelo julgado são constituídos pela taxa sobre os pesos e medidas. O fruto desta arrecadação é administrado pelo conselho da municipalidade ou os lavradores. Não há imposto sobre a navegação. Possui o termo duas lojas e três vendas.

Vários caminhos partem de Conceição para todas as subdivisões da comarca, podendo-se por eles viajar para qualquer das províncias do Brasil, com exceção do Pará, que só tem comunicação por água; assim é que um caminho de dezoito léguas leva ao Registro do Duro, de onde se pode seguir para a Bahia, para Pernambuco, Maranhão ou Piauí. Um outro, de vinte e duas léguas, vai ao Registro de Tabatinga. Uma estrada de seis léguas conduz aos limites do julgado de Arraias, enquanto dois outros, de dez léguas cada um, levam finalmente às divisas de São João da Palma e de Natividade, respectivamente. Poucas obras seriam suficientes para tornar livres estas estradas, em qualquer estação do ano.

O julgado de Natividade tem trinta e seis léguas de norte a sul, e trinta do este a oeste. Seus limites são: ao norte, o lugar chamado da Oliveira; ao sul e a leste, o rio Manuel Álvares; a oeste o ribeirão da Formiga. Compreende duas paroquias, a de Natividade e a de São Miguel e Almas; a primeira tem vinte e seis léguas de norte a sul, e vinte e quatro de leste a oeste; a segunda, nove de norte a sul e oito de leste a oeste. A igreja de Natividade tem sob sua dependência a capela da Chapada, distante duas léguas, e a de Bonfim, a quatro léguas de distância.

Este julgado é bastante rico em matas, principalmente na parte setentrional, mas possui também muitos campos. A agricultura pode assim prosperar nele, tanto quanto a criação de gado.

São em número de quatro as principais cadeias de montanhas do distrito:

1ª - a serra do arraial de Natividade, dirigida para o norte;

2ª - a serra do arraial das Almas, que vem do norte e se reune à precedente. Desta serra provêm os rios Manuel Álvares Grande, das Balsas e do Sono; este último despeja no Tocantins, em terras ocupadas pelos Xerentes;

3ª - a serra que vem do lugar chamado Farinhas e corre para o sul até Bonfim;

4ª - Finalmente, a serra que começa ao norte no lugar chamado Limpeza e termina na margem de um rio Manuel Álvares Grande, que todavia não é nem o Manuel Álvares Grande, nem o Manuel Álvares Pequeno.

Há no distrito muitos terrenos baldios e não mais de duas concessões e três propriedades, aliás não cultivadas, por falta de braços.

Dos rios que banham a região, o maior é o Manuel Álvares Grande, que nasce a leste no planalto da Mangabeira e derrama no Maranhão.

O rio do Peixe tem suas nascentes numa das pequenas serras há pouco mencionadas e deságua no precedente, a seis léguas do arraial de Natividade. O rio Bagagem, depois de receber o rio das Pedras, desemboca no Manuel Álvares, a dez léguas de Natividade.

Na estação chuvosa, é possível descer o Manuel Álvares até Belém, embora este trajeto seja muito penoso, por causa das corredeiras e das pedras que se encontram no leito do rio.

Todos estes rios são muito piscosos; mas suas margens são grandemente insalubres, sendo tão comuns as febres intermitentes, que ninguém mais lhes presta atenção.

Existem no termo grande número de cavernas, todas contendo salitre: uma delas, dizem, é bastante espaçosa para abrigar uns trinta cavaleiros; uma outra, situada a pequena distância de Natividade, tem a forma de um templo de cerca de sessenta côvados de largura e quarenta de altura; o comprimento, no trecho conhecido, é de duzentos e quarenta côvados. Esta caverna é tão profunda que não foi até agora possível chegar à sua extremidade, pois as luzes necessárias para penetrar nas partes mais escuras apagam-se depois de certo ponto.

Duzentos sítios de cultura plantam milho, mandioca, mamona, arroz, feijão, cana-de-açúcar, algodão, amendoim e outros legumes.

Criam-se bois e cavalos em sessenta e duas fazendas; mas os últimos não são exportados, servindo apenas às necessidades do distrito. Quanto aos bois, são exportados cerca de trezentas a quatrocentas cabeças, no valor de um conto e oitenta mil réis; e até mais.

Há várias minas de ouro; mas, não estão sendo exploradas, por falta de escravos, uma vez que os libertos não querem trabalhar e a polícia a isso não os obriga. Outro motivo disso é a falta dos conhecimentos necessários à exploração fácil e vantajosa daquelas jazidas.

Contam-se no julgado catorze oficinas que fiam o algodão para o público, mediante uma paga; além disso, umas duzentas famílias fiam também, para satisfazer às suas próprias necessidades.

O açúcar é produzido em oito pequenos engenhos, ao passo que em cerca de dezesseis se fabricam principalmente rapaduras, as quais valem cento e cinqüenta réis por oito libras de peso. O açúcar é vendido à razão de dois mil e quatrocentos réis a arroba; a aguardente à oito mil e quatrocentos réis o barril.

Embora as terras sejam boas para o cultivo do algodão e do fumo, quase ninguém se ocupa destes dois produtos. O preço do primeiro é oitocentos réis a arroba, a do segundo dois mil e quatrocentos. Já o café não se desenvolve bem no termo de que tratamos.

Resumindo, os principais artigos de comércio são: fumo, algodão, açúcar, aguardente, rapadura; carne de porco e tudo quanto produz a agricultura em matéria de comestíveis. Como o que se planta é pouco, a produção total é de pequena importância.

Consistem as exportações em: trezentos ou quatrocentos bois, a três mil e seiscentos réis por cabeça; seiscentos couros curtidos, valendo cada um de quatrocentos a seiscentos réis; seiscentos a setecentos couros crus, a trezentos réis cada; mil varas de tecidos de algodão, a cento e sessenta réis a tara; oitenta alqueires de farinha de mandioca, a duzentos réis o alqueire; sessenta alqueires de milho,a setecentos e cinqüenta réis; oitenta a cem arrobas de toicinho, a três mil e seiscentos réis; oitenta arrobas de açúcar a dois mil e quatrocentos réis; cinqüenta barris de aguardente, a oito mil e quatrocentos réis. O valor total destas exportações pode ser avaliado, termo médio, em três contos e setenta e dois mil réis anuais.

Importam-se no julgado tecidos, comestíveis, ferro bruto ou trabalhado, aço, sal, fumo, farinha de trigo, café, marmelada (1), etc. De todos estes artigos, só o tabaco poderia ser fornecido pela região, onde ele é produzido em pequena escala, mas de boa qualidade. O valor geral das importações ultrapassa o das exportações. Todos os artigos importados da Bahia são pagos em dinheiro, e em mercadorias quando procedem do Pará, província com a qual é feita a maior parte deste comércio.

(1) Espécie de doce feito com uma fruta chamada marmelo, que é muito parecida com o marmelo europeu; faz-se no Brasil grande comércio com este artigo.

Nos rios paga-se ao Estado, apenas, o direito de contagem de que é isento o sal. O preço do frete para Belém é de três mil e duzentos réis o quintal; na volta, até, Porto Imperial, é de seis mil réis para os tecidos, etc., e de quatro mil réis para os comestíveis líquidos, etc.

O julgado possui, para o uso dos respectivos donos e livres de imposto, umas vinte mulas cargueiras, valendo em média trinta e seis mil réis. Todo o comércio do distrito é feito por negociantes ambulantes, e nada existe que possa merecer o nome da loja.

Cinco caminhos saem de Natividade; um para a aldeia de São Miguel das Almas, distante catorze léguas; outro para Conceição, a quinze léguas de distância; outra, de dezoito léguas, para São João da Palma; outro, de vinte e nove léguas, para a aldeia do Carmo e daí para Porto Imperial; outro, finalmente, para Amaro Leite, longo de dezoito léguas, até a passagem do rio Maranhão. Estas estradas poderiam ser encurtadas em certos trechos, pela retificação do traçado; não obstante, elas em geral são planas e boas.

Não se têm dados oficiais sobre o julgado de Porto Imperial, que tem por cabeça a vila do mesmo nome, criada faz poucos anos, na margem do Tocantins. Essa localidade está em frequente comunicação com o Pará, por meio do rio a cuja margem fica situada.

Duas estradas conduzem de Porto Imperial a Goiás; a primeira, que é a mais garantida, passa por Arraias; tem cento e sessenta e duas léguas de extensão e percorre sempre rota ocupada pelos cristãos; a segunda tem somente cento e dezenove léguas de percurso, mas expõe os viajantes aos ataques dos índios Canoeiros.

O julgado de Vila Carolina fica na margem do Tocantins; confina a noroeste com o de Cametá e a sudeste com o de Porto Imperial. Seus limites, aliás, ainda não estão bem demarcados; tem setenta e oito léguas de comprimento, desde a cachoeira de Santo Antônio até serra existente em frente a São Pedro de Alcântara, e sua largura, de noroeste a sudeste, mede cinquenta léguas, desde o alto Tocantins, até o rio Araguaia. A capela não possui vigário residente. Esse novo distrito é em grande parte arenoso, mas possui também matas e campos, próprios à lavoura e à criação do gado. É atravessado, apenas, por uma cadeia de montanhas, que se estende das florestas do Araguaia ao rio Tocantins.

Nesse julgado há muita terra abandonada e população muito escassa. Os moradores vivem espalhados pelas margens do rio, numa extensão de dezoito léguas; o centro é inteiramente habitado por várias tribos. Concessões não existem; os moradores que aí se fixaram gozam dos privilégios outorgados pela Carta Real de 7 de janeiro de 1806.

O rio mais importante do termo é o Tocantins, cujas nascentes já foram antes indicadas. Ele desemboca na província do Grão-Pará, oferece facilidades à navegação e abunda em peixe. O afluente principal do Tocantins é o Araguaia, cuja confluência fica no Registro de São João das Duas Barras, onde o Pará mantém um destacamento de soldados.

O Araguaia é navegável em qualquer tempo, mas apresenta muitas cachoeiras que não seria fácil destruir. Nas suas proximidades há um lago de uma légua de comprimento por vinte e cinco braças de largura. Deste lago, cujas margens são muito insalubres durante as enchentes, saem em direções diferentes dois ribeiros, que cercam a vila de Carolina e correm para o Tocantins. Oito sítios produzem mandioca, arroz e feijão, ao passo que em dezesseis fazendas se cria o gado. Consta que os índios cultivam algodão, fumo e cana-de-açúcar.

O único artigo de comércio são os couros curtidos, cujo preço é na terra de seiscentos e quarenta réis, mas alcançam de mil e oitocentos a dois mil réis em Belém do Pará.

Importa-se no julgado, pagando-se em dinheiro, o sal, a aguardente e o vinho. O Pará exporta para esse distrito muito mais do que o que dele recebe.

Uma estrada liga Carolina à cidade de Maranhão; ela tem cerca de trezentas léguas e não apresenta nenhum obstáculo de monta. Afora esta estrada não existem outras vias de comunicação, além dos rios que descem para o Pará.

O julgado de Flores tem cinco léguas norte a sul e trinta de leste a oeste; tem como localidade principal o lugarejo do mesmo nome. A paróquia esta sob invocação de Nossa Senhora do Rosário e tem sob sua dependência as capelas de Santa Rosa, distante doze léguas e servida por um vigário, e a de Nossa Senhora da Piedade, situada a dezoito léguas, na província de Mato Grosso.

Há no julgado muito mais campos do que matas. Não obstante, estas últimas bastariam para a abertura de sítios onde com facilidade se produziria o milho, feijão, arroz, mamona, cana-de-açúcar, fumo, algodão, uva, mandioca. Os campos, próprios para a criação do gado, produzem trigo e café nas vizinhanças das serras que da Chapada dos Couros e do Registro da Lagoa Feia se dirigem para o noroeste, em dois ramos paralelos, um a leste, pelo Registro de Santa Maria, servindo de limite à província de Minas Gerais, e outro a oeste, separando o julgado dos de Santa Luzia de Traíras e de Cavalcante.

Não há neste julgado terras concedidas; os proprietários possuem, recebidas em herança ou adquiridas por compra, fazendas de grandes dimensões.

Os rios mais importantes são:

1.° - O Paraná, que sai da Lagoa Feia, nos limites do distrito, a leste, e desemboca no Maranhão, oito léguas abaixo de São João da Palma; ele tem como afluente, pela margem ocidental, o Praia, que deságua duas léguas e meia acima do arraial de Flores, e é navegável numa extensão de doze léguas, durante as enchentes.

2.° - O rio dos Macacos, navegável, num trecho de cinco léguas, nas mesmas circunstâncias.

3.° - O rio Corrente, que durante as chuvas, num percurso de cinco léguas, pode ser também navegado em grandes canoas, ao passo que durante a seca só pequenas embarcações o podem descer.

4.° - Os rios da Prata, São Mateus e Santa Maria, todos capazes de serem navegados por pequenas embarcações e muito abundantes em peixe, embora de margens insalubres na estação das águas.

O rio Paraná pode ser descido em canoa até Belém; no trajeto que faz no termo só tem uma cascata, situada duas léguas e meia abaixo do arraial de Flores. Os lagos são numerosos e abrigam, além de muito peixe, cobras, jacarés e mexilhões (itãs). Entre estes lagos, destaca-se a Lagoa Grande, que, tem três léguas e um quarto de comprimento e recebe diversos ribeirões; ela está em comunicação com o rio Santa Maria.

O salitre é encontrado em quatro grutas, situadas, uma a meia légua do Registro de Santa Maria, outra um pouco mais acima, uma terceira no lugar chamado Bandeira, e uma última nas proximidades do rio Corrente. Estas cavernas estão abertas, dizem, em rocha calcária.

Cento e noventa e cinco plantações fornecem milho, mandioca, arroz, cana-de-açúcar e algodão, mas em quantidade insuficiente para atender às necessidades da região. O gado é criado em cento e trinta fazendas, de onde anualmente são exportados três mil cento e vinte e quatro bois e quatrocentos e cinqüenta cavalos, valendo respectivamente quatro e seis mil réis a cabeça.

Não há neste julgado minas de ouro em exploração, muito embora se tenham descoberto jazidas desse metal na fazenda dos Meninos e na do Tremedal.

Tecelagens de algodão são raras e produzem apenas para os seus donos. Dezoito engenhos fabricam rapaduras, cada uma valendo cento e sessenta réis. A produção deste último artigo pode garantir, ao todo, um lucro de duzentos e cinqüenta e três mil réis.

Se bem que as terras se prestem muito ao cultivo do fumo, só se planta o necessário ao consumo particular de cada proprietário. Planta-se também muito pouco algodão, que aliás prospera muito bem; quanto ao café, não é objeto de cultivo.

O principal artigo de exportação é o gado bovino e cavalar, cujo valor anual ascende a cerca de dezenove contos de réis. Para se ter a soma total das exportações, que, atinge cerca de dezenove contos de réis, faz-se mister acrescentar o valor de quinhentos e cinqüenta couros curtidos, a seiscentos e quarenta réis cada, ou sejam trezentos e cinqüenta e dois mil réis; e de quatro mil e duzentos e cinqüenta couros crus a trezentos e vinte réis, ou seja um conto trezentos e sessenta e um mil réis; finalmente, o de dois mil e seiscentos couros curtidos de veado, à razão de oitocentos réis cada um, ou sejam dois contos cento e trinta e dois mil réis. Os criadores cuidam muito pouco de seus rebanhos; deixam-nos entregues a si próprios nos campos, sujeitos às bicheiras e às mordeduras dos morcegos. Reune-se o gado apenas uma vez por ano, para a marcação, de modo que se perde um terço e às vezes a metade das crias. Além disso, os fazendeiros abatem muitas vacas prenhas para o seu consumo particular, reservando os bois para a venda.

As mercadorias importadas pelo distrito são constituídas por tecidos, comestíveis, ferro em bruto ou trabalhado, aço, sal, etc. Não foi possível, por falta de dados, fazer o cálculo, mesmo aproximado, do montante destas importações; supõe-se, todavia, que ficam aquém das exportações.

Não há neste termo impostos municipais, todos quantos antigamente eram pagos havendo cessado pela falta de produção dos artigos importados. A navegação pelos rios é inteiramente isenta de direitos, visto ser muito pequena, uma vez que todo o comércio de gado se faz com a província da Bahia e às vezes com o Araxá. Não há no distrito tropas cargueiras de aluguel.

O arraial de Flores não possui senão uma loja; mas percorrem-no muitos vendedores ambulantes. Diversos caminhos saem da vila em demanda das divisas do julgado; um, com vinte léguas de extensão, vai a Goiás; outro, com vinte e nove, segue para Minas Gerais; um terceiro, com dezessete, dirige-se para a fronteira com a Bahia; o quarto, de catorze léguas, vai para o julgado de Arraias; o quinto, de dezessete, para São Domingos; o sexto, de dez léguas, para Cavalcante e o sétimo, de cinco léguas, para Traíras.

O julgado de Arraias tem trinta léguas de extensão norte-sul e quase vinte e uma de leste a oeste. Ele confina ao norte com o termo de Conceição, a oeste com o de São João da Palma, ao sul com os de Cavalcante e Flores; a leste é limitado pela Serra Geral. Compõe-se de duas paróquias, a de Nossa Senhora dos Remédios e a de São Domingos. A primeira tem por limite: ao norte, a freguesia da Conceição, distante oito léguas, na ponta da Serra do Policarpo, depois daí, em linha reta, a Serra Geral e, finalmente, as nascentes do ribeirão do Sobrado; ao sul, a freguesia de São Domingos, distante três léguas, da igreja principal ao ribeirão de Montes Claros; a leste a Serra Geral, a dezessete léguas de distância; a oeste, a paróquia de São João da Palma, da fazenda Formosa à embocadura do rio Bezerra, no Paranã, em Goiano. Na parte oriental desta paróquia há alguns oratórios: no Saco, a treze léguas de Arraias e em Santa Maria de Taguatinga, a oito léguas do Saco e a vinte e duas de Arraias.

Santa Maria é uma localidade rica, onde há muita água, abundantes florestas e campos próprios à criação; ela mantém um comércio muito importante com as províncias do Pará, Maranhão, Pernambuco e Bahia; possui trinta e dois fogos e crescerá rapidamente se for favorecida pelas circunstâncias.

A segunda freguesia deste julgado está sob a invocação de Nossa Senhora. Ela confina, ao sul, com a de Flores, distante dez léguas da povoação do mesmo nome; a oeste, com a de Cavalcante, pela serra chamada O Magano, situada a vinte léguas de São Domingos; ao norte, com a de Arraias. Fica sob sua dependência uma capela, votada ao culto de Santo Antônio e situada no Morro do Chapéu, a sete léguas de Arraias e a doze de São Domingos.

O solo deste julgado é banhado por muitas nascentes; mas é pedregoso e batido pelos ventos, visto que fica todo ele numa serra. A oeste, no sopé das montanhas, há poucas florestas; mas, em compensação, existem excelentes pastagens para a criação do gado, como também acontece na maior parte do resto do distrito.

A principal cadeia de montanhas é a serra geral que separa a província de Goiás das de Minas Gerais, Bahia, Pernambuco e Maranhão; ela corre de norte a sul e emite várias ramificações, tais como a serra que vem do julgado de Flores, rodeia o de Arraias e corre em linha reta para São João da Palma.

Algumas outras ramificações conhecem-se, pelos nomes de Serra da Prata, da Bocaina, Morro do Chapéu, Serra da Água Fria, Atalaia, Serra da Bezerra e Serra dos Gerais. Das cercanias de Arraias sai uma ramificação chamada Serra Talhada, a qual se dirige diretamente para São João da Palma; uma outra, denominada do Cotovelo, entra no julgado de Conceição. O Morro-do Chapéu, meia légua distante do arraial de São Domingos, tem perímetro muito pequeno, mas é mais elevado do que a Serra Geral.

O povoado de Arraias, lugar principal do julgado, contém noventa casas, uma igreja paroquial em ruinas e três capelas, sob a invocação respectivamente,de Nossa Senhora do Rosário, São Benedito e Nossa Senhora da Conceição.

O arraial de São Domingos é composto de trinta e três casas e possui uma igreja, também em mau estado. O vilarejo de Morro do Chapéu tem doze casas e uma capela.

Os rios mais importantes deste termo são o Paranã e o Palma. Nasce o primeiro na Serra Geral, ao nível do planalto de Urucuia, próximo ao Registro da Lagoa Feia; ele corta o julgado de Flores, separa este último do de Cavalcante, entra no de São João da Palma, une-se aí ao rio da Palma, despejando em seguida no Maranhão, ou Tocantins, a sete léguas da vila. O Paranã recebe, por intermédio do São Domingos, os rios São Bernardo, Cachoeira, São Mateus, Angélica e Lapa, todos provenientes da Serra Geral e com parte de seu curso debaixo da terra (mais ou menos uma meia légua). O rio da Palma nasce na Serra Geral e desemboca no Paranã, depois de receber o Mosquito, o Sobrado, o Abreu, o Palmeira e o Conceição.

Os rios Manso, Vermelho, Galheiro e Cais saem da Serra Geral e vão desaguar no São Domingos.

O Atalaia nasce perto do Morro do Chapéu, com o nome de Sucuriú; o Gameleira e o Moraro saem da Serra Magano, a leste, e derramam no Paranã.

O Bezerra, de margens muito paludosas, sai da Serra das Arraias, correndo para oeste, até desaguar no Paranã.

O rio Montes Claros nasce a leste do julgado, nos campos da fazenda Bom Jesus, reunindo-se ao Bezerra.

O rio de Arraias é formado pelos três ribeirões Cachoeira, Maravilha e Córrego Rico, que nascem nas rochas do planalto de Ouro Podre; ele corre para o norte e despeja no rio da Palma.

Todos estes rios são piscosos e alguns deles navegáveis. No número das últimos estão o Paranã, até acima de Flores, e o da Palma, até Palmeiras. Mas o leito de ambos contém muitas pedras e cachoeiras que tornam a navegação difícil. Verdade é que se poderia destruir estes obstáculos, mas só à custa de muito tempo e grandes despesas. A queda mais importante do Paranã é chamada de Funil, fica pouco acima da passagem dita dos Bois.

As margens de todos estes rios são insalubres, como também é o caso das numerosas lagoas existentes na região, não obstante serem de grande recurso para a criação do gado. Algumas grutas têm a aparência de edifícios subterrâneos e são ornadas de colunas esmaltadas de florões brancos, vermelhos ou de outras cores, provenientes da cristalização do soluto salino que mana das abóbadas. Extrai-se destas grutas sal e salitre.

Deu-se o nome de Camisa e de Boca do Inferno a um poço situado no lugar chamado Côncavo, da paróquia de São Domingos do Norte; é ele bastante profundo e de considerável largura; quando se lhe lança uma pedra ouve-se forte ruído e é a custo que se percebe no fundo uma água esverdeada.

Em doze sítios principais cultivam-se as plantas habituais, inclusive até o trigo e o café, embora as terras não se prestem bem para estes últimos.

Contam-se neste julgado cento e cinqüenta fazendas de criação; elas exportam anualmente dois mil e quatrocentos bois, a quatro ou seis mil réis por cabeça, e uma centena de cavalos, no valor de dez ou doze mil réis.

A maior parte dos habitantes só se ocupa na criação e no comércio do gado; nenhum partido se procura tirar das ricas minas de ouro existentes na região. No lugar chamado Água Boa encontra-se uma espécie de metal pesado, semelhante na cor à liga de prata e de aparência cristalina; consegue-se facilmente fundi-lo, mas não é possível forjá-lo, pois que ele se quebra ao choque do martelo. O termo contém, além disso, minas de ferro, de aço e cristais muito límpidos; extrai-se também muita caparrosa verde das margens do rio São Domingos, pelo mês de agosto. Há muitas plantas capazes de fornecer úteis produtos à indústria; conhece-se, entre outras, uma que dá uma tinta vermelha e outra que produz tinta amarela, não se tendo todavia conseguido ainda o fixador para elas.

Trinta e duas tecelagens trabalham em tecido grosseiro de algodão, porém não em caráter permanente. Em dez engenhos, movidos a bois, fabrica-se açúcar, aguardente e rapadura, valendo o primeiro três mil e seiscentos réis a arroba, a segunda nove mil e seiscentos réis o barril de vinte e quatro garrafas, e as últimas cento e sessenta a duzentos e quarenta réis o pedaço.

O fumo é vendido à razão de dois mil e quatrocentos réis o rolo, e o algodão a mil e duzentos réis a arroba; estas duas plantas são pouco cultivadas no julgado. Afora os bois, os cavalos, o açúcar, a aguardente, as rapaduras, o fumo e o algodão, cujo preço já foi indicado, os principais artigos de comércio são: os couros crus, valendo quatrocentos e oitenta a seiscentos e quarenta réis cada um; os couros curtidos, a setecentos e cinqüenta réis; carne de porco salgada, a três mil e seiscentos réis a arroba; carne de boi fresca, a seiscentos e quarenta réis a arroba, e carne-seca, a mil e novecentos e vinte réis.

Os bois e os cavalos que o julgado exporta para a província da Bahia dão um lucro de cento por cento; os couros de boi e de veado, vendidos em bruto no Pará, dão duzentos por cento, e os couros curtidos cinqüenta a setenta por cento.

Importam-se todas as mercadorias que vêm pelos portos marítimos, tais como tecidos, bebidas, ferragem, etc. É difícil calcular o valor total deste comércio, visto que ele está nas mãos de vendedores ambulantes, que percorrem a região, trocando as suas mercadorias pelos produtos locais. Assegura-se, todavia, que a soma das exportações sobrepuja a das importações, e poderia ainda mais avantajar-se se os habitantes se dedicassem ao fabrico de queijo e manteiga, ou à salga do peixe.

As taxas sobre pesos e medidas são as únicas cobradas pela municipalidade, afora o imposto, de trezentos e vinte réis, lançado sobre cada cabeça de gado vendido para o imediato consumo.

Só há no julgado quatro lojas, faltando-lhe qualquer botequim devidamente sortido, uma vez que os lavradores costumam vender eles próprios todos os seus produtos.

Há estradas que dão acesso a todos os julgados da comarca e às outras províncias do Império, exceção feita do Pará, com o qual todas as comunicações são por água.

Quanto ao julgado de São Félix, não se pôde até aqui obter nenhuma informação positiva.

O julgado de Cavalcante mede de norte a sul vinte e duas léguas e de leste a oeste dezesseis. Confina ele ao norte com a freguesia de São Domingos, pertencente ao distrito de Arraias; ao sul com a de São José, do termo de Traíras; a leste com o julgado de Flores e a oeste com os de São Félix e São João da Palma. Possui uma única paróquia, a de Santana, de que são dependências as capelas de Nossa Senhora da Boa Morte e do Rosário, no próprio arraial de Cavalcante. O solo é ordinariamente montanhoso e, os campos têm extensão maior do que as matas. O terreno é apropriado ao cultivo fácil das plantas usuais na província, como o trigo, a cevada, o linho, a aveia, o café, a videira, o marmelo, o algodão, cana-de-açúcar, mandioca e o fumo. Poder-se-ia obter nele todas as frutas européias. Numerosos riachos banham os campos, sempre sombreados de verdejante vegetação. O gado cria-se muito bem.

As montanhas do distrito são todas ramificações da Serra Geral.

Há somente quatro concessões cultivadas; as outras pertencem aos proprietários que as adquiriram por herança ou compra.

O único rio verdadeiramente importante é o Paranã cujas nascentes e cuja direção já indicamos. Acrescentaremos agora que este rio passa apertado entre montanhas nos lugares chamados Santa Clara e Os Bois, ambos no julgado de Cavalcante. Tanto num como noutro as águas vão de encontro a entaipavas e corredeiras, aliás muito fáceis de destruir. Na época das cheias, os botes carregados de três mil arrobas podem, subir o Paranã até Flores, ao passo que na vazante ainda podem navegá-lo as igarités de duzentas a quinhentas arrobas. O Paranã tem como afluentes, a leste, o ribeirão das Almas, que, nasce nas montanhas e passa próximo de Cavalcante, e o rio das Pedras, que vem do mesmo lado.

Os rios Claro e Preto, que separam ao sul este julgado do de São Félix, lançam-se no Tocantins. Os peixes abundam em todos estes cursos d'água, cujas margens são infelizmente pestilentas.

Pequenas lagoas encerram, afora peixe, cobras, jacarés e mexilhões; são elas frequentadas por numerosas aves e desempenham papel importante como bebedouros para o gado.

São conhecidas no distrito, que nos ocupa, três fontes termais, já utilizadas com êxito, segundo dizem, na cura de várias enfermidades. Foram também descobertos quatro cavernas ricas em salitre e, segundo se diz, abertas em rocha calcária, principalmente as que se acham na fazenda de Santa Clara.

Em cento e vinte lavouras produz-se o trigo, o arroz, a mandioca, o milho, feijão, cana-de-açúçar, café, fumo, algodão, mamona. A criação de gado é feita em vinte e nove fazendas. O quadro abaixo resume a produção de todos estes estabelecimentos:

Trezentos bois, a quatro mil réis por cabeça	1.200$000
Cinqüenta e oito cavalos, a dez mil réis	580$000
Setecentas e sessenta e duas arrobas de farinha de trigo	1.828$800
Duzentas arrobas de café	480$000
Trinta e oito arrobas de fumo	136$000
Cento e trinta couros crus	41$600
Duzentos e oito couros curtidos	133$120
Trezentos e trinta couros de veado curtidos	105$200
Duzentas peles com o pêlo	64$000
Total das exportações	4.568$720

Além de tudo quanto vem pelos portos da costa marítima, entram no número das mercadorias importadas o toicinho, o açúcar, a aguardente, o fumo, os tecidos de algodão e o sal, artigos que a região também produz em boas condições, mas em quantidade insuficiente às necessidades da população.

Alguns particulares mantêm para uso doméstico pequenas tecelagens. Em oito engenhos fabricam-se cada ano cerca de quinhentas arrobas de açúcar, à razão de dois mil e duzentos réis a arroba, vinte e quatro cargas de rapadura, no valor de quatro mil e oitocentos réis a carga, e quarenta barris de aguardente, valendo cada um quatro mil e duzentos réis. O café é vendido à razão de dois mil e quatrocentos réis a arroba, o algodão a seiscentos, e o fumo a três mil réis. As mercadorias importadas são pagas em dinheiro ou trocadas por produtos da terra. O gado é exportado para a Bahia e os outros artigos para todas as províncias limítrofes. Admite-se que o total das importações ultrapassa o das exportações. Não há em todo o julgado mais do que quatro vendas e duas lojas. Não há impostos municipais e a navegação é livre de direitos.

Contam-se no termo seis minas de ouro, quase de todo inexploradas; além disso, quase todos os córregos provenientes das montanhas apresentam vestígios de velhas catas em que se extraiu esse metal. Nada menos de vinte e três destas últimas jazem no abandono, por falta de escravos.

Entre as plantas medicinais existentes na zona, merecem menção quatro variedades de ipecacuanha, o alcaçuz, a quina, a calumba, o mate, a jarrinha, o velame, o some, a cássia, a pequena centáurea, etc.

As estradas são: uma para Arraias, com dez léguas de extensão, até o Paraná; a de Flores, com dez léguas, até os limites do julgado; a de Meia Ponte, que mede catorze léguas, até a fronteira; a de Traíras, com doze léguas; a de São Félix, com seis, e a de São João da Palma, com onze.

O julgado de Traíras tem trinta léguas de norte a sul, desde o Tocantins, que o separa do termo de São Félix, até o ribeirão dos Bois, que lhe serve de limite ao sul e a oeste, do lado do distrito de Pilar. É separado do de Meia Ponte pelo ribeirão do Retiro e pelo Maranhão, e do de Santa Luzia pelo ribeirão de Mangabeira. Este julgado se estendia outrora pelo sertão de Amaro Leite o qual foi depois reunido ao distrito de Vila Nova do Pilar.

O termo de Traíras compreende duas paróquias, a de Nossa Senhora da Conceição e a de São José do Tocantins. A primeira tem como dependências as capelas de São Bom Jesus e do Rosário, no próprio arraial de Traíras; as de Nossa-Senhora do Juramento e de São Sebastião, na aldeia de Água Quente; a de São Joaquim e de Nossa Senhora das Mercês, no de Cocal. A segunda, situada a uma légua e meia de Traíras, compreende as capelas do Rosário, da Boa Morte e de Santa Ifigênia; a de Santa Rita, no arraial do mesmo nome, a quatro léguas e meia de São José; finalmente a de Nossa Senhora da Abadia, no arraial do Moquém, o de Nossa Senhora da Piedade, no descoberto de Gungá, a de Santo Antônio de Amaro Leite, no arraial deste nome, situado dezoito léguas a oeste de Traíras.

O terreno deste julgado é parte pedregoso e parte arável; são poucas as matas e bem assim os campos.

As cadeias de montes mais importantes do distrito são: a Serra Negra, que é pouco extensa e começa na margem direita do Maranhão, acompanhando este rio até a embocadura do rio Bagagem; a Serra das Violas, que vem das cabeceiras do rio do Peixe, dirige-se para o norte e termina junto à barra do rio Traíras, depois de um trajeto de seis léguas.

Há neste julgado muitas terras dadas, em concessão, umas já aproveitadas pela lavoura, outras baldias, como as que ficam entre o Maranhão e o Araguaia.

Dos rios, o mais importante é o Maranhão, que sai da Lagoa Formosa, sob a denominação de Feliz da Cata. Ao entrar no distrito, onde corre a princípio de este para oeste, é já bastante volumoso, porém cresce ainda mais ao reunir-se com o rio das Almas; a duas léguas da aldeia de Água Quente, ele volta para o norte e vai aumentando sempre graças ao concurso de vários afluentes, tais como o Traíras, o Bagagem e o Tocantins. Todos estes rios são piscosos e é possível descer por eles até Belém do Pará. O Maranhão corre sobre ricas minas de ouro, de onde durante a vazante, os mergulhadores conseguem retirar grandes palhetas do referido metal.

O rio Traíras nasce na serra chamada Acaba a Vida, passa seis léguas adiante na povoação de seu nome e dez léguas além deságua no Maranhão.

O rio Bagagem sai das mesmas montanhas, lançando-se também no Maranhão, após um trajeto de vinte e quatro léguas.

O Tocantins tem suas cabeceiras na Serra de Paranã, no lugar chamado Os Veadeiros; corre para leste, e após trinta léguas de curso reúne-se ao Maranhão.

A uma légua e meia de Traíras há uma caverna espaçosa, ornada de colunas e figuras outras, formadas pela água que corre das paredes e abóbodas; ainda não se chegou ao fundo desta gruta.

Duzentas e quarenta lavouras produzem milho, feijão, alguma mandioca, arroz, mamona, cana-de-açúcar e uma pequena quantidade de algodão. Trinta e seis fazendas criam o gado bovino; mas a criação de cavalos não prospera na zona, exceção feita do lugar, chamado Corrente, aliás abandonado por causa dos ataques dos índios Canoeiros. O distrito exporta por ano, com apreciável lucro, oitocentos bois; os outros produtos bastam apenas para o consumo local.

Há no termo oitenta e cinco tecelagens de algodão, das quais cinqüenta e cinco pertencem à paróquia de Traíras e trinta à de São José.

O açúcar é fabricado em doze engenhos, à razão de mil e oitocentos réis a arroba; a aguardente é produzida à razão de três mil réis o barril de dez garrafas. Cinco outros estabelecimentos do mesmo gênero estão abandonados, ou fabricam simplesmente rapaduras. Cultiva-se um pouco de café e de algodão, mas em quantidade insuficiente ao consumo do distrito, ao passo que não se planta nenhum fumo, artigo que é importado de fora.

Todo o julgado é aurífero; mas a falta de escravos impede a exploração das minas, por isso abandonadas em sua grande maioria.

As mercadorias importadas são o sal e todos os artigos de fabricação européia.

O único imposto municipal é o cobrado sobre os pesos e medidas; assim mesmo a renda correspondente não cessa de diminuir, com o decréscimo da população. Nos rios paga-se imposto apenas quando se necessita de embarcação para atravessá-los, taxa que aliás é muito módica.

Traíras possui três lojas e sete vendas, enquanto que São José tem quatro das primeiras e sete das últimas. Existem caminhos para fora da província e para os seus próprios recantos, mas nada se faz para melhorá-los.

Acrescentaremos a estes dados, extraídos da obra do General Cunha Matos, o resumo da relação de uma viagem feita em 1816 por ordem do governador e capitão geral Fernando Delgado Freire de Castilho, aos rios que banham o sul da província de Goiás. Esse relato aparece também na referida memória.

Fora mal sucedida uma expedição tentada em 1808 por Estanislau da Silva Gutierrez, em companhia de dez homens. Reduzidos a sete, pela deserção dos demais, os viajantes viram-se dentro em pouco privados de mais quatro companheiros, que se afogaram na passagem de uma corredeira. Finalmente, em vista da perda das embarcações, os três sobreviventes não tiveram outro recurso senão procurar alcançar a zona habitada, varando através da mata. Dois somente conseguiram fazê-lo, ao passo que o terceiro, que outro não era senão o próprio capitão Gutierrez, morreu abandonado no sertão.

Em 1816 nova expedição foi organizada sob a chefia de João Caetano da Silva e José Pinto da Fonseca. Partiram eles de Anicuns em 22 de agosto, seguindo para o sul ao longo do rio dos Bois, até cerca de dezoito léguas do ponto de partida; a 3 de setembro começaram a descer o mencionado rio, chegando a 16 de outubro ao rio Turvo, após um percurso de umas sessenta léguas. A 20 a expedição chegou à confluência do rio Verde, que entra à direita e fica a nove léguas do rio dos Bois. A 24, após terem percorrido uma distância de doze léguas, entraram no Corumbá, que nesse lugar é largo, e semeado de rochedos, os últimos dos quais formam entre si canais estreitos, onde a correnteza é muito forte. Apesar de tudo, as embarcações conseguiram vencer essa passagem sem muita dificuldade. Um pouco abaixo da boca do Turvo o Corumbá tem uma pequena ilha. Depois da foz do rio Verde o solo é fortemente inclinado para o sul. A 26 continuaram a descida do Corumbá e, a 28, após uma jornada de cerca de oito léguas, chegaram a uma cachoeira a que deram o nome de Salto de São Simão. Cinco léguas acima deste ponto, na margem esquerda, tinham passado pela barra de um rio que o chefe da expedição supôs ser o Paranaíba, mas que, segundo Cunha Matos, outro não era senão o Tijuco.

Na passagem do salto perderam-se as embarcações, sendo necessário um mês para construir outras e arrastá-las por terra para baixo daquele obstáculo. A 27 de novembro a expedição se pôs novamente em marcha. Passou a princípio entre duas elevadas muralhas de rochas, entre as quais o rio corre com grande rapidez; mais tarde, depois de haver percorrido dez léguas, chegou ela abaixo de uma segunda cachoeira, que foi chamada de Santo André. Esta corredeira tem uma légua e meia de comprimento e não é muito difícil de passar. Entre as duas quedas o Corumbá recebe quatro afluentes, dos quais o rio Dourados e o rio Perdição entram pela margem direita, e um pela margem esquerda. No dia 2 de dezembro, a seis léguas abaixo da cachoeira de Santo André, chegou-se ao rio Grande, da província de Minas Gerais; sete léguas abaixo desse ponto foram encontrados índios que fizeram baldado empenho para que os viajantes lhes fossem visitar o acampamento. O medo impediu que fosse aceito tal convite. Três léguas mais abaixo chegaram à cachoeira de Urubu-Pungá; para transpor este obstáculo, as embarcações foram arrastadas pela margem esquerda, não tardando a aparecer, meia légua a jusante da cachoeira, a barra do rio Tietê, que se teria de subir. A 8 de dezembro, chegaram ao Salto de Itapura, que fica a 3 léguas do rio Grande e tem uma altura de mais de dez metros.

Na subidas do Tietê, cinco pessoas vieram a morrer de fome ou por moléstia, de modo que foi no mais triste estado que a expedição alcançou a freguesia de Piracicaba, a 25 de março de 1817.

Após terem se refeito das fadigas neste lugar, os viajantes dirigiram-se por terra para o rio Mogi-Guaçu, onde embarcaram na cidade de Mogi-Mirim, seguindo rio abaixo, até o rio Grande, e vencendo neste trajeto os saltos de Pirassununga e de São Bartolomeu, ambos pequenos. Doze dias gastaram-se nesta descida. Da foz do Mogi-Guaçu a expedição seguiu o curso do rio Grande, até a confluência do Corumbá, através de cerca de trinta léguas de percurso. Além das cachoeiras de Santo Estêvão, Santo Antônio e São Matias, cuja passagem não oferece sérias dificuldades, há ainda a de Palma, que é quase equidistante das duas embocaduras e obriga a arrastar as embarcações por terra, num percurso de cerca de cem braças.

Da boca do Corumbá a expedição rumou para Goiás.

CAPÍTULO XVIII

VIAGEM DE GOIÁS AO RIO GRANDE

Estacionamos em Goiás desde o dia 18 até o dia 29 de outubro de 1844. Empregamos este tempo em pôr em ordem e encaixotar as coleções destinadas ao Jardin des Plantes, e em organizar os preparativos da nossa viagem para Cuiabá. As chuvas tinham-se tornado muito frequentes e aumentavam cada dia de intensidade, motivo pelo qual eu tinha muita pressa em atravessar os vastos sertões que separam as duas províncias centrais do Brasil, antes que as enchentes tornassem os caminhos impraticáveis. No dia 29 só pudemos partir bastante tarde; passamos toda a manhã em carregar e descarregar os animais, os quais, na sua maioria, completamente descansados, haviam readquirido o caráter insubmisso próprio dos muares. Um deles fugiu no momento da partida, não nos sendo mais possível encontrá-lo. Na noite anterior tínhamos perdido um cavalo, o qual, conquanto estivesse preso no quintal da tesouraria, em plena cidade, fora mordido por uma cobra venenosa. Finalmente, pelas duas horas, deixamos a cidade. Compunha-se nossa equipagem de trinta cavalos ou cargueiros e de quinze homens, cinco dos quais eram soldados de infantaria fornecidos como escolta pelo presidente. Nessa ocasião observamos um fato muito curioso, que vem a ser irem geralmente no interior do Brasil, os soldados de cavalaria. a pé, e os de infantaria a cavalo. Com efeito, todos os nossos soldados iam em mulas de sua propriedade particular. Numa terra em que todos os viajantes vão a cavalo, os soldados de infantaria sabem que têm de arranjar animais de sela às suas custas, ao passo que os de cavalaria, supondo naturalmente que o governo lhes devia fornecer uma montaria, estão expostos a marchar a pé, se for esquecido este pormenor. Fomos em nossa partida acompanhados pela maioria dos nossos amigos, e foi com pesar que os deixamos tal tinha sido a maneira pela qual nos trataram.

Até o nosso acampamento deste dia acompanharam-nos os fiéis soldados da guarda policial de Minas, para onde deveriam regressar: não foi também sem aperto no coração que me separei do furriel Magalhães e do soldado preto de nome Patriarca.

Como quase sempre, bem sombrias eram as cores de que se revestia a nossa partida, pois, mal tínhamos feito uma légua, e um dos animais fugiu pelo mato a dentro, não nos sendo possível descobri-lo senão à noitinha. Nossa aflição fora tanto maior quanto era ele o portador dos fundos da expedição. Tendo feito três léguas de jornada, fizemos alto, para acampar no lugar chamado Caxambu, junto ao miserável povoado. A estrada, bem traçada, mas muito pedregosa, apresentava uma formação de granito, com veios de talcoxistos. As pedras do caminho são de quartzo ou quartzito, em seixos angulosos. No leito dos rios Bagagem e Agapio, vêem-se enormes massas de granito. Todos os cursos d'água atravessados durante a jornada são afluentes do rio Vermelho de Goiás. A Serra Dourada esteve constantemente à vista, a uma distância de umas duas léguas ao sul da estrada. Durante a viagem encontramos uma grande tropa que vinha do Rio de Janeiro e se dirigia para Cuiabá. Essas tropas gastam em geral de cinco a seis meses para fazer aquele percurso e são muitas vezes compostas de duzentos e até trezentos animais.

É surpreendente a variedade de mercadorias que elas transportam; na tropa a que acabo de me referir vimos várias mulas carregando balcões de ferro, provenientes de alguma fábrica da Inglaterra ou da Bélgica. Também é muito notável a organização dessas tropas, tanto pela ordem perfeita que nelas se observa, como seu aspecto militar. A vanguarda é constituída de vários cavaleiros armados de carabinas; vem em seguida a longa fila de burros, repartida em lotes de dez animais, se os camaradas estão a cavalo, e de sete, no caso de irem a pé. Cada um desses homens traz constantemente o fuzil ao ombro e uma comprida faca à cintura. O chefe da tropa, ou tropeiro, bem como os arrieiros, galopam incessantemente percorrendo a fila, desde a ponta até à cauda; em último lugar vêm os homens da retaguarda, igualmente bem armada. Pela manhã, ao raiar o sol, partem os camaradas à procura das mulas, com a espingarda em mãos e reunidos em grupos de quatro ou cinco; enquanto isso os cozinheiros preparam a refeição, que é composta de feijão, carne-seca, farinha de mandioca e toicinho. Durante este intervalo os arrieiros compõem os arreios e examinam cuidadosamente as cangalhas; das últimas, nos pontos em que o animal foi ferido pelo atrito, eles retiram a palha suficiente para deixar uma cavidade. Assim que os animais chegam ao acampamento, examinam-se-lhes as ferraduras, substituindo as que se tenham desprendido. Nos campos extensos do interior, onde há muito pouca pedra, é costume não ferrar os animais, pelo menos nas patas traseiras. É surpreendente a habilidade que demonstram os camaradas para encontrar os animais transviados; para seguir-lhes o rasto, às vezes em léguas de distância, basta-lhes o menor rasto deixado no chão, a mais pequena escoriação num tronco, ou o mais leve desarranjo na vegetação. Terminados os preparativos fazem todos o seu almoço, passando-se depois a carregar as mulas. Para isso, associam-se os camaradas de dois lotes, pois é necessário colocar, ao mesmo tempo, as duas cargas no lombo do animal, o qual, por segurança, a menos que seja completamente manso, é, previamente amarrado e mantido com olhos vendados. Por cima da carga joga-se um grande couro cru, o que até certo ponto a protege da ação do sol e da chuva. É raro que uma tropa, sendo grande, possa se pôr em marcha antes das nove ou dez horas da manhã, para fazer até à tardinha de três a cinco léguas de caminhada. Tem-se sempre o cuidado de escolher para acampamento as proximidades de algum córrego. À medida que se descarregam os animais, os volumes são dispostos em linha e distribuídos em lotes. Cada camarada dorme junto do que lhe pertence e deve, ao retirar as cangalhas, marcar os pontos em que elas tenham maltratado os animais. Enquanto isso examinam as mulas, fazendo curativos nas feridas. Então os animais são levados para o pasto, ou seja para o ponto do campo em que o capim se mostra mais verde, e aí são deixados para passar a noite. Entretanto, no caso de temerem-se ataques de índios ou de animais ferozes, deixam-se quase sempre no local alguns guardas. Há de causar certamente admiração que se consiga, mesmo à custa de dificuldades, achar depois os animais meio selvagens que se deixam ficar, assim sem precaução, naqueles pastos cujos limites são os que à Providência aprouve conferir à América do Sul. O fato requer uma explicação. À frente de toda tropa, seja qual for o número de animais de que ela se compõe, costuma-se levar sempre um cavalo velho, que se denomina *madrinha*. Este cavalo, a quem o amor próprio dos tropeiros enfeita às vezes de ornamentos ridículos, não transporta nenhuma carga, mas apenas, pendurados ao pescoço, uma sineta e vários guizos. Ele desempenha na tropa papel importante, gozando de singular ascendência sobre os animais, que o seguem com grande respeito, as mulas mais velhas seguindo neste particular o exemplo das novas. Todas o cercam e o acompanham, graças à sua experiência das estradas e ao conhecimento instintivo de onde ficam as melhores pastagens. Nas noites mais escuras, sabe descobrir à distância o lugar das aguadas. Havendo na tropa outros cavalos, estes a princípio procuram manter um certo espírito de independência, mas, reconhecendo-se logo isolados, não tardam a se acercar da *madrinha* e a se submeter à sua ilimitada autoridade. Este chefe da tropa sabe aliás impor o seu poderio por meios enérgicos; hesite uma das bestas a segui-lo, ou dê mostras de independência, e não tardará que um vigoroso par de coices, ou violenta dentada, a chame ao cumprimento do dever. Se, à noite, alguma onça se acerca da tropa, todas os animais procuram se aproximar da *madrinha*, unindo todas as cabeças, de modo que o carnívoro não consegue descobrir uma abertura para penetrar no círculo, de onde partem incessantemente tenebrosas patadas.

Em parte alguma da América do Sul pude encontrar cavalos selvagens, isto é, sem dono; quase todos os animais, embora marcados pouco após o nascimento, pastam livremente pela vastidão dos campos, sendo necessário o emprego do laço para capturá-los e em seguida domá-los. Muitas vezes, ao percorrer os sertões distantes de Goiás e Minas Gerais, deparei com grandes bandos de poldros à sombra das figueiras gigantescas. Ao nos aproximarmos, algum cavalo velho dava o sinal e toda a tropa disparava para o campo aos pinotes, desaparecendo por entre o capim alto.

Para terminar estas notas sobre os animais domésticos, acrescentarei que existe nas regiões centrais do Brasil duas raças de bois, fáceis de distinguir pelo tamanho dos chifres. De uma, própria de Minas Gerais, adquirem estes enormes dimensões, sua extraordinária envergadura chegando a ultrapassar muitas vezes dois metros. Esta raça é ótima para o trabalho, mas a sua carne é talvez inferior à da outra, cujas pontas são menores e habita particularmente a província de Goiás.

Fora muito para desejar a introdução do camelo em Mato Grosso; ele seria capaz de prestar enormes serviços nas vastas planícies que cobrem a maior parte da superfície dessa província.

Passamos o dia 30 no acampamento, à espera que voltassem os tropeiros mandados no encalço de uma das mulas, que se transviara. Fazia excessivo calor e era em vão que procurávamos, na mofina vegetação dos campos, abrigo capaz de nos defender dos raios ardentes do sol. À tardinha chegou o animal procurado, com a carga respectiva.

No dia 31 pusemo-nos de novo a caminho, para experimentarmos a mesma série de contratempos a que já nos habituáramos. Mal tínhamos feito uns 200 metros, quando um dos camaradas teve o desplante de estrangular uma das mulas, que tombou morta sobre a estrada; pouco depois, outro animal teve os rins estrompados. Só depois de muito tempo me vieram dar parte do primeiro desastre, sendo então necessário, para trazer a carga que jazia em terra, mandar de volta um animal e vários homens. Um destes desertou, nunca mais sendo visto. Durante todo este malfadado dia percorremos uma região regularmente coberta de mato. A vista é limitada à esquerda pela Serra Dourada, que é elevada e quase sempre talhada a pique. Ao cair da tarde, chegamos a uma légua desta cadeia de montes; a formação geológica continuava a mesma e todos os rios que atravessamos eram tributários do rio Vermelho. O rio Buriti lança-se neste último, por intermédio do rio dos Índios.

Durante a jornada do dia 31 passamos por duas ou três choças habitadas por pretos. Fizemos um descanso numa delas, chamada Barreada, nome que significa a maneira por que era construída, pois os seus antigos donos, conforme nos informaram, tinham tido em mente, ao construí-la assim, torná-la menos fácil de ser incendiada pelos indígenas.

Eu seria incapaz de descrever todos os aborrecimentos e dissabores por que passei neste dia. Debaixo do mais estafante calor, tínhamos de percorrer sem descanso a tropa, de ponta a ponta; ora era um dos animais que fugia, ora outro que atirava por terra as cargas mais preciosas, quebrando os instrumentos. Acabávamos de pôr ordem numa parte da tropa, e já íamos encontrar outra no mais lamentável estado; ora tínhamos de fazer levantar os animais que se deitavam no chão, ora precisávamos per seguir os fugitivos, correndo através do campo cheio de vegetação. Era de tal ordem o desmazelo dos nossos camaradas novos, que era real o nosso desespero ao pensar que estávamos fadados a realizar com semelhantes homens uma das viagens mais arriscadas que se podem fazer na América do Sul. A despeito porém de todos estes percalços e obstáculos, conseguimos fazer ainda quatro léguas e meia, indo acampar junto de um risonho córrego.

No dia 1 ° de novembro, pela manhã, verificamos que nosso melhor camarada havia fugido durante a noite, levando consigo armas e provisões. O atraso decorrente deste sucesso deu motivo a que só pudéssemos fazer neste dia uma pequena marcha de duas léguas e meia. Tivemos sempre à vista, ao sul, a Serra Dourada, que ia ficando cada vez mais próxima da estrada, a ponto de não distar mais de uma légua do ponto em que fizemos pouso, à tardinha. Os caminhos que vínhamos percorrendo desde a saída de Goiás são muito ruins e cheios de pedras; eles se estendem por sobre os últimos contrafortes da serra por nós perlongada e são cortados por muitos córregos. Passamos por muitas matas, e encontramos duas casas estragadas, distantes uma légua uma da outra. A primeira, conhecida por Índios Pequenos, estava abandonada; nela só encontramos um grande cesto de arroz e muitas lagartixas. A segunda, chamada dos Índios Grandes, era habitada apenas por uma preta velha. Passamos a noite nesta última casa, cuja situação era muito pitoresca, próximo ao riacho do mesmo nome. Mal tínhamos apeado aí, quando passou por nós o correio, vindo de Cuiabá; eram três soldados, que acabavam de fazer a pé essa enorme viagem, em vinte dias.

Ao cair da tarde, um dos cavalos que desaparecera e os tropeiros afirmavam ter visto morrer, alcançou-nos em rápido trote. Este fato nos deu grande satisfação, mas deixou os camaradas bastante confusos.

A 2, fizemos quatro léguas e meia. A Serra Dourada, sempre ao sul da estrada, parecia agora mais baixa e de desenho menos nítido do que nos dias anteriores; chegava mesmo a desaparecer momentaneamente em certas ocasiões, recuando para o sul. Os morros transpostos pelo caminho pertencem aos contrafortes transversais da mesma cadeia. Todos os cursos d'água que atravessamos correm para o rio Vermelho. A formação é granítica, com abundantes quartzitos disseminados pela superfície. Pernoitamos numa casa chamada Guarda-Mor, por ter sido outrora a moradia de um oficial dessa categoria. O tempo mantinha-se chuvoso. Encontramos neste lugar um negociante que havia partido pela manhã do Rio Claro e que retirou das botas, para no-los mostrar, vários embrulhinhos contendo pó de ouro e diamantes. Os diamantes maiores não tinham tamanho maior do que uma ervilha. Contou-nos ele que a maior pedra deste minério encontrada na localidade referida pesava uma oitava e meia, e fora vendida no Rio de janeiro por um conto e trezentos mil réis, ou sejam quatro mil francos, mais ou menos.

A 3 tivemos chuva durante o dia; mas, apesar disso, fizemos cinco léguas de caminhada, quase sempre através da mata. O caminho, corria invariavelmente por entre morros e o chão era muito pedregoso. A formação é o granito puro, com quartzitos na superfície. A estrada de Guarda-Mor a Boa Vista transpõe uma sucessão de morros pertencentes a uma série de cadeias perpendiculares à direção geral dos montes Dourados. Estes serrotes, que principiáramos a encontrar ao sair de Guarda-Mor, desapareceram ao chegarmos a Boa Vista. Os rios Bocanha e dos Porcos, que atravessáramos durante a viagem, vertem separadamente no rio Claro, abaixo da confluência do rio dos Pilões. Deixando Guarda-Mor, deixamos para trás os últimos afluentes do rio Vermelho de Goiás, que desemboca no Araguaia oito ou nove léguas abaixo da barra do Crixás-Açu, isto é, na altura de Malícias ou de Piedade. Durante a viagem, passamos por um casebre chamado Mamoneiras, morada de uma velha atacada de bócio, indo pousar num grupo de choças, chamado Boa Vista. A casa que tínhamos a princípio escolhido para ficar era tão suja, que achamos preferível passar a noite debaixo do alpendre.

A 4, fizemos ainda três léguas e um quarto, através de caminhos um pouco menos pedregosos do que os dos dias anteriores. Partimos muito cedo. A formação era sempre granítica. Depois de atravessarmos uma grande mata, chegamos pelo meio-dia ao rio dos Pilões, que na estação das chuvas é bastante profundo e se precisa atravessar em canoa. Agora, todavia, ele não tinha mais de meio metro de profundidade e dava passagem a vau. Nas margens do rio, vimos várias pessoas ocupadas na extração de ouro; aí achamos belos exemplares de *Megacephala* o que para nós era muito mais interessante do que as buscas incertas daquela gente. O rio dos Pilões, cuja largura é de cerca de 4,0 metros no ponto em que o atravessamos, despeja no rio Claro, duas léguas abaixo do arraial do mesmo nome, medidas com exatidão. A temperatura das águas do rio, à 1 hora da tarde do dia 4 de novembro, era de 27°,3 centígrados. Uma légua e três quartos mais adiante, alcançamos as primeiras casas da aldeia do Rio Claro, onde fomos bem recebidos pelo subdelegado, que nos arranjou uma casa e quase em seguida nos levou às margens do rio, conforme o nosso vivo desejo de conhecer esse curso d'água, tão célebre pelos diamantes nele contidos. Suas águas se nos mostraram extremamente límpidas; mas o leito estava obstruído por uma grande quantidade de pedras, por entre as quais os negros, curvados, procuravam o precioso minério. O rio Claro, cuja largura é de 60 metros, é um afluente do Araguaia, onde faz barra seis léguas abaixo da chamada passagem do Rio Grande (estrada de Goiás para Cuiabá). A 4, fizemos uma caminhada de três léguas e três quartos.

Passamos o dia 5 em Rio Claro, miserável povoado de uma única rua, correndo perpendicularmente à direção do rio e formado por umas vinte e cinco ou trinta casas de barro, quase todas caindo em pedaços, onde mora uma população de cento e cinqüenta a duzentos habitantes. Verdade é que quantidade aproximadamente igual vive em torno do arraial, num raio de cerca de dez léguas, ocupada na extração de ouro e diamantes. Há no arraial uma capelinha, cujo capelão é o principal negociante de diamantes da terra. O comércio ocupa todas as pessoas livres do lugar, as quais constituem aliás a maioria, visto como se calcula que o número de escravos existentes no povoado não deve exceder a uma quarentena.

Tempos atrás, cerca de duzentos negros cativos, pertencentes ao governo, trabalhavam o dia todo na extração do diamante, debaixo da mais severa disciplina. Havia então ali um posto militar, sob o comando de um oficial chamado Guarda-Mor, cuja função era impedir que outros procurassem diamantes, além dos escravos mantidos pelo Estado. Contou-nos um preto velho que era de tal modo temida a inquisição do Guarda-Mor, que se faziam grandes rodeios somente para não passar nesse lugar. Algum homem que fosse visto a tomar banho no rio, era preso por uns sete ou oito dias, sendo durante este tempo alvo de todas as pesquisas, a fim de verificar se não teria alguma pedra em seu poder. Cortavam-se os dois punhos dos que eram surpreendidos tirando diamantes. O negro que isso nos contou, tinha sido ele próprio surrado a chicote, e de modo bastante cruel para que, passados já bastantes anos, ainda estivessem presentes os vestígios daquele castigo. O crime de que o acusaram foi o de haver lavado os pés na beira do rio.

Atualmente não existe mais guarda-diamantes, sendo a exploração praticada livremente. Assim, durante a estação seca, que é só quando esse trabalho é praticável, toda a população do lugarejo vive acampada próximo às margens, ocupando-se na extração do ouro e do diamante. Dois moradores do povoado foram morar no sertão, retirados umas cinco léguas mais ao sul. Embora ameaçados sempre pelos Caiapós, que por várias vezes cercaram as suas palhoças, ali continuaram a viver, na esperança de maiores lucros.

Há nada menos de cinqüenta ou sessenta anos que se começou a exploração do ouro e dos diamantes no Rio Claro. As pedras são encontradas principalmente na areia que se acumula entre os rochedos de granito espalhados pelo leito do rio. Dizem que os pontos mais ricos são aqueles em que esses rochedos dão lugar à formação de pequenos saltos. As areias são lavadas numa grande gamela cônica e muito achatada, que tem uns 70 ou 80 centímetros de diâmetro e é chamada bateia. Começa-se por verificar se essas areias pertencem à formação diamantífera, a qual se caracteriza pela presença dos chamados cativos do diamante, pequenos seixos rolados, que se distinguem uns dos outros por diferentes nomes. Dá-se assim o nome de ferragem aos que provêm das pintas de ferro roladas e polidas pelas águas; outras são ágatas, pedaços de grés ou de quartzo, turmalinas pardas, de formato e colorido particulares. Toda vez que se encontram estes indícios da formação diamantífera, pode-se estar quase certo de encontrar o mineral precioso. O garimpeiro, para afugentar os mosquitos, tem o cuidado de entreter tições fumegantes. Conta-se que no começo houve ocasiões de virem na mesma bateia umas catorze ou quinze pedras pequenas.

Hoje o Rio Claro está longe de ser tão rico; mas, mesmo assim, ainda se podem encontrar diamantes junto até do povoado.

A estação seca, que é aquela em que se trabalha, estende-se de junho a fins de outubro, ou começos de novembro. Agosto e setembro são os meses em que há maior atividade; em compensação, durante as chuvas os trabalhos são suspensos, por causa do enorme volume e da correnteza das águas do rio.

Os diamantes são vendidos a peso. A unidade usada nas transações é o vintém, equivalente a dois grãos e um quarto da libra portuguesa, a qual se divide, como a velha libra francesa, em dezesseis onças. A onça vale oito oitavas e a oitava setenta e dois grãos; conseqüentemente, a oitava vale trinta e dois vinténs, e dois vinténs valem meio grão menos do que o quilate, unidade usada na Europa para pesar o diamante.

Eram os seguintes os preços correntes do diamante à nossa passagem pelo Rio Claro: uma pedra de vintém, vendida antigamente por três ou quatro mil réis, conforme a qualidade, valia agora de seis mil a oito mil e quinhentos réis; uma de dois vinténs valia dezesseis mil réis; uma de quatro, trinta e quatro mil réis. A que vimos ser vendida por este último preço tinha um pequeno defeito.

Em 1842, uma pedra de catorze vinténs (7 quilates 3/8) tinha sido vendida a cento e cinqüenta mil réis, enquanto que alguns anos antes de nossa passagem um diamante de vinte e dois vinténs (12 quilates 3 /8) tinha sido pago, a trezentos e cinqüenta mil réis, ou seja quinze mil réis por vintém, valor mais alto já alcançado no Rio Claro. A maior pedra encontrada neste lugar desde alguns anos pesava vinte e nove vinténs; fora achada, não no rio, mas junto ao pé de uma palmeira, na planície que cerca a povoação. Como não fosse perfeita, não se alcançou por ela mais de duzentos e quatro mil réis. Uma pedra de dez vinténs vale atualmente cem mil réis, ou seja dez mil réis o vintém.

Os diamantes extraídos da areia são vendidos aos negociantes, os quais os revendem aos comerciantes de Goiás, ou aos tropeiros de Cuiabá em viagem para o Rio de Janeiro. Estes últimos conseguem fazer somas avultadas com essa mercadoria.

Encontram-se diamantes nos rios Claro, dos Pilões e dos Caiapós, bem como em todos os córregos que afluem para estes três rios. Acredita-se comumente que o Araguaia, para onde todos convergem, deverá também contê-los; mas as dificuldades que oferece a exploração deste rio têm impedido a verificação do fato. De modo geral, parece que o rio Claro é o mais rico de todos, mas é no rio dos Pilões que se têm encontrado as maiores pedras, constando até que nele foi achada em tempos idos uma com o peso de uma oitava e três quartos. Em compensação, o rio dos Caiapós é dos três o que contém maior quantidade de ouro. Este metal valia, por ocasião de nossa passagem, de três mil a três mil e duzentos réis a oitava, constando que um trabalhador é capaz de extrair sozinho, num dia, até duas oitavas do referido metal. Quando se reflete na simplicidade dos processos usados na extração é - se forçado a admitir que a região deve ser extremamente rica.

O rio Caiapó, cujo curso é conhecido numa extensão de pelo menos cinqüenta léguas, nasce na serra do mesmo nome. Sua direção é, de modo geral, para o noroeste e sua foz no Araguaia fica duas leguas acima da passagem da estrada para Cuiabá. É um dos afluentes principais do alto Araguaia, excedendo até em tamanho o próprio rio Claro.

A 6 nossa partida foi retardada pelos trabalhos com o arranjo da tropa, muitos de cujos animais se tinham dispersado pelos pastos. Passamos o rio Claro a vau e entramos depois na Chapada, através de uma estrada muito boa. Encontramos neste trajeto um homem que voltava do rio Caiapó, acompanhado de seus escravos. Havia passado um ano à procura de diamantes, sem encontrar porém grande coisa; em compensação, trazia consigo boa quantidade de ouro em pó. Tinha-se, apesar de tudo, por muito mal pago pelos sofrimentos que experimentara e lamentava a perda de vários escravos. Tencionava regressar para Diamantina, em Minas Gerais. Ao longo de todo o caminho, num percurso de quatro léguas, o terreno era formado de granito, vendo-se morros à direita e à esquerda, não unidos porém em cadeia. Todas as águas que atravessamos durante a jornada correm para o rio Claro.

Fizemos acampamento à beira do córrego dos Mutuns. À noite, em passeio, achamos no capim uma pequena larva fosforescente, notável pelo brilho de sua coloração; a cabeça era de um vermelho rubi e o corpo do mais admirável azul. Dir-se-ia que esta última cor brotava, em cintilações, de inúmeros pontos.

No dia 7 jornadeamos sempre por sobre a Chapada. Depois de fazermos uma légua, passamos em frente de uma tapera (casa abandonada), e três léguas e meia adiante, fomos pousar numa casa chamada Os Poções, onde a muito custo nos venderam um pouco de milho para os cavalos, e por preço exorbitante. Tivemos à nossa frente o dia todo uma cadeia de montanhas conhecidas pelo nome de Serra de Lambari. Esta serra corre para o nor-noroeste e dá nascimento ao rio das Almas, um dos principais afluentes do rio Araguaia. Durante todo o trajeto observamos a mesma formação granítica dos dias anteriores. Assim que nos instalamos, parou em frente à casa o coronel Pimentel, ex-presidente da província de Mato Grosso, que vinha do Rio de Janeiro; vendo, porém, que a casa já estava cheia de visitantes, ficou sob o alpendre. Tratamos logo de entabular relações com ele; mostrou ser distinta pessoa e deu-nos boas informações sobre a província que acabara de administrar. Entre outras coisas, contou-nos que um oficial francês, a serviço do Brasil, o capitão de navio Laverger, acabava de entrar na capital do Paraguai.

No dia 8 viajamos oito léguas, através de medonhos caminhos muito desiguais, quase sempre dentro da mata virgem. Passamos a noite numa casinhola ordinária chamada Matrinchã, habitação de um desertor. Na estrada a formação geral era o granito; mas, a partir do córrego das Cangas, começaram a aparecer as pedras que têm este nome. O campo era chato, os morros que tivemos de atravessar sendo ramificações da Serra de Lambari, a qual termina ao nível da casa d'Os Poções. O caminho estava coberto de um pó vermelho, que parecia proveniente das cangas.

A 9, por vários motivos, nossa tropa se achava completamente desorganizada; os tropeiros, descontentes, deixavam que os animais se perdessem; por cúmulo, aumentaram as chuvas, tornando-se quase contínuas. Só depois do meio-dia conseguiu-se reunir os animais e era perto de duas horas da tarde quando deixamos o acampamento. Após fazermos uma légua, começamos a galgar a Serra da Rapadura, cuja elevação é pequena, mas cujo acesso é dos mais difíceis. Em muitos lugares é-se obrigado a subir rochedos quase a pique e às vezes nos parecia impossível fazer com que os animais galgassem os degraus de pedra talhados pela Natureza por entre os enormes blocos de rocha que, se encontram espalhados por todos os lados. Era este, creio, o pior dos caminhos por que tínhamos passado no Brasil ([1]). Esta serra é formada de grés vermelho, às vezes em massas talhadas a pique e recortadas de maneira extravagante, ou onduladas na superfície. Como na véspera, antes de chegarmos à serra, deparamos com massas de canga, passadas as quais encontramos de novo a poeira vermelha que parece provir da desagregação desta rocha. Todos os rios que atravessamos correm para o rio Claro. A cor avermelhada do grés, com cambiantes de anil, fez com que os tropeiros, os únicos a frequentar estes caminhos, o comparassem ao açúcar grosseiro fabricado na terra (rapadura), donde o nome dado à serra. Fizemos este dia duas léguas e meia; indo acampar na planície, perto de um bonito riacho, chamado da Extrema.

No dia 10, pela manhã, ficamos sabendo que haviam desertado dois cama-

(1) No relatório anual do presidente da província de Goiás, para 1837, lê-se o seguinte: "A província de Goiás é talvez a única cujas estradas não tenham sido melhoradas; todas elas se encontram no mais horrível estado, e causa espanto o perigo a que continuamente está exposto em suas jornadas quem em tempos d'águas faz qualquer viagem, ainda mesmo nas vizinhanças da capital".

radas. Um deles tinha sido ferido no dia anterior por um soldado, cuja rede ele deixara perder-se. Também tinham desaparecido vários animais, ficando-me a desconfiança de que houvessem sido levados pelos fugitivos. Mandei então diversos homens no encalço dos últimos, mas voltaram eles depois do meio-dia, trazendo consigo as mulas, encontradas do outro lado da serra, mas sem haver encontrado nenhum traço da passagem de pessoas. Foi dos mais quentes o dia que aqui passamos e não foi pouco o que padecemos sob os ardores do sol, no campo despido de árvores. Como a maioria dos nossos tropeiros, por este ou aquele motivo, nos , haviam abandonado, entrei em entendimento com os soldados para que eles tomassem as funções. Esse arranjo trazia todavia um sério inconveniente, que vinha a ser ficarmos sem guardas à noite, precaução que nos parecia indispensável nessa estrada.

A 11 partimos cedo, percorrendo uma região despida de vegetação. A estrada serpenteava agora em solo plano, por entre lagoas e brejos pouco extensos. Acampamos à tardinha junto de uma lagoa cercada de um bonito tanque de buritis e onde fizemos as seguintes observações: a 11 de novembro, às cinco horas da tarde, a temperatura da água exposta ao sol era de 34°, e a 12, às seis horas da manhã e à sombra, era de 26°,5.

Não nos foi possível esse dia fazer mais de quatro léguas, sendo necessário parar por causa da falta absoluta de pasto desde a Boca do Cerrado, nome do local em que acampamos até o Rio Grande. Matou-se um veado, mas as aves eram extremamente raras, o mesmo acontecendo com os insetos, cujo número era bastante grande ao norte de Goiás. Encontramos larvas luminosas, que reconhecemos pertencer a coleópteros do gênero *Elater*. Não observamos cortes, mas é provável que a formação seja sempre o granito, em baixo, e a canga, em cima. Tanto o córrego da Extrema, como o outro quê se lhe segue, são afluentes do rio das Areias, que por sua vez é tributário do rio Claro.

A 12, saindo do campo, entramos em moitas de mangabeiras carregadas de fruta. A mangaba se parece com a ameixa verde; é muito boa para comer crua e serve para o preparo de excelente compota. Continuamos muito admirados com a falta completa de aves, fato notável num sertão como esse. Passamos o rio das Almas, cujas margens são elevadas e que derrama no Araguaia, duas léguas abaixo da Passagem do Rio Grande, depois de receber os rios das Águas Belas e da Ponte Alta, ambos transpostos por nós mais adiante. Destes rios, o último é muito mais fundo do que o rio das Almas, embora menos largo. O nome lhe veio de um estreito pontilhão muito alto e de 15 metros de comprimento. Suas águas são muito claras, deixando ver as numerosas plantas aquáticas, que atapetam o fundo. A seguir, entramos no campo e, uma légua e meia adiante, alcançamos o rio Grande, ou melhor, o Araguaia. A formação geológica continua a ser a canga e o solo se manteve invariavelmente plano em todo o trajeto, que foi de seis léguas.

Passamos o dia 13 no lugar a que chegáramos na véspera, com o fito de fazer várias observações sobre a posição geográfica do posto militar ali instalado pelo governo de Goiás. Visto que o rio, como já dissemos antes, marca a fronteira entre Goiás e Mato Grosso, o governo desta última província mantém também um destacamento de soldados do lado oposto àquele em que estávamos. Nesta ocasião, as duas guarnições reunidas perfaziam um efetivo de cinco homens, constando que estavam prestes a ser retirados de comum acordo, visto como uma guarda tão débil se via por demais exposta aos ataques dos índios Caiapós. Não foi com pequena alegria que tornamos a ver o Araguaia, rio em que já havíamos experimentado tão diversas emoções. Medimos trigonometricamente a largura do rio, verificando que, tendo a nossa base 63m,30 um dos ângulos do triângulo media 101°0'45" e outro 68°3'20". A velocidade da correnteza era de 63m,30 em 0h1'55" de tempo.

Chega-se à margem do rio por uma rampa cuja formação parece ser uma aluvião muito recente, com alguns pedaços de cangas na superfície. A barranca da direita deu-nos uma espécie de pórfiro. Na margem esquerda há um pequeno número de moradores habitando sete ou oito ranchos, o maior dos quais serve de oratório. As observações barométricas feitas nessa passagem acusaram 212 metros, o que significa uma diferença de nível de 150 metros entre este ponto e o forte de São João das Duas Barras, ou seja um declive de aproximadamente 5 decímetros por légua, equivalente a uma inclinação de 1/80.

Merece registro a ausência de piranhas no alto Araguaia, o que permite aos habitantes banharem-se impunemente nas suas águas. Faz-se a travessia do rio em três ou quatro barcos, amarrados conjuntamente para suportar um estrado grosseiro de tábuas, sobre o qual podem se acomodar uns oito animais, de cada vez. Entre as plantas encontradas neste lugar, merece referência uma bonita espécie de cacto, muito comum nos campos vizinhos e que costuma rastejar por cima dos ninhos de cupim.

A propósito destes últimos insetos, quero lembrar uma crença muito generalizada entre os sertanejos. Afirmam eles que em cada casa de cupim vive uma cobra, alimentando-se dos insetos. Com grande espanto dos habitantes, fiz abrir vários ninhos desses, sem conseguir encontrar nunca um só réptil. Contudo, não duvido que, em certas circunstâncias, possam os ofídios procurar neles um abrigo ([1]).

(1) Na crença popular vejo a generalização de um fato, que não podia ter passado despercebido ao homem do campo, e vem a ser a frequência com que se podem encontrar nos formigueiros as chamadas "cobras de duas cabeças". Zoologicamente, não são cobras, mas sim uma família (Amphisbaenidse) de lagartos ápodes, de aspecto serpentiforme e tegumento anelado. A grande semelhança entre as duas extremidades expfica a suposição absurda de possuírem "duas cabeças", ao passo que das particularidades de seu habitat lhes veio o nome de "mãe de saúva", por que também são conhecidas. (Nota do trad.).

CAPITULO XIX

VIAGEM DO RIO GRANDE A CUIABÁ.

No dia 14 de novembro, depois de atravessar o rio pela manhã muito cedo, visitamos o pequeno arraial que existe na margem esquerda e é constituído de casas de barro cobertas de palha de coqueiro. Fizemos este dia cinco léguas, sempre em chão de areia grossa, que nos queimava a planta dos pés. Neste deserto, só lá uma vez ou outra encontrávamos algum arbusto entanguido. A meio caminho veio ao nosso encontro uma menina de oito ou nove anos, pedindo-nos que a levássemos para Cuiabá, onde, segundo dizia, estavam os seus pais. Apesar das ponderações que lhe fiz sobre as dificuldades de atender o seu desejo, diante de sua insistência concordei em deixá-la ficar conosco; entretanto, no dia seguinte ela tinha desaparecido e eu nunca mais soube dela.

De noite, passamos perto da lagoa de Nundi. Desde que entramos na província de Mato Grosso os caminhos ficaram bem melhores do que os encontrados por nós até então, o chão não sendo mais esburacado pela pata das mulas. Na primeira parte da jornada, encontramos ainda algumas cangas superficiais. De resto, o solo parece ser uma aluvião, coberta por uma camada de areia muito fina. O córrego da Ponte Alta, junto ao qual nos encontrávamos, é um afluente do Araguaia, por intermédio de um outro riacho.

No dia 15 fizemos sete léguas, debaixo de forte chuva e através de campos, para chegarmos a uma tapera, de nome Taquaral, por causa dos bambus existentes nos arredores: As casas em que nos acomodamos haviam sido abandonadas pouco antes por causa dos índios; ficam elas muito próximas da Serra de Taquaral, cujo pico mais elevado se via imediatamente acima delas. Uma moenda de cana ainda se achava ali em bom estado. Ficamos surpresos de encontrar três homens no canavial que a cerca: eram soldados do serviço do correio de Cuiabá. Os encarregados deste serviço andam a pé e devem fazer a viagem em trinta dias, sob pena de serem castigados com cinqüenta vergastadas.

Pela manhã encontramos um oficial acompanhado de vários homens, que acabavam de conduzir para Cuiabá o doutor Sabino, célebre conspirador baiano, banido a princípio para Goiás e que agora tinha sido mandado para exílio em Forte do Príncipe. A estrada é boa e atravessa vários morros. Vêem-se à direita e à esquerda cadeias de colinas elevadas. A de Taquaral acompanha o caminho, à esquerda, e pode ser considerada como sendo a encosta de um vasto planalto, que, tínhamos de galgar nos dias seguintes.

A formação nos pareceu a mesma dos dias anteriores, traços de xistos argilosos tendo vindo acrescentar-se às cangas, em vários pontos. Todos os rios que atravessamos são tributários do Araguaia; são eles o Taquaralzinho e o ribeirão das Arraias, por intermédio do Taquaral Grande, o Fogácio e o Jatobazinho, por meio do Insua.

A 16 galgamos a Serra de Taquaral, numa subida extremamente difícil e abrupta. O tope é constituído por um vasto planalto, o qual se dilata por uma grande extensão da província de Mato Grosso; dele se descortinam as mais belas paisagens. Aos nossos pés estendiam-se vastos campos verdejantes; ao norte e ao sul erguiam-se elevadas montanhas; no fundo, a mais de vinte léguas de distância, via-se a Serra da Rapadura. O caminho passa pelo cume da montanha e coleia por entre altos rochedos.

A Serra de Taquaral não me parece ser outra coisa senão o talude de um grande planalto de grés, cujos flancos, teriam sido lacerados e batidos por um mar que outrora cobrisse a planície que acabávamos de atravessar. Com efeito, à direita e à esquerda da estrada pela qual se galga a serra, vêem-se estender-se serrotes de grés, achatados no tope e corroídos nos flancos da maneira mais curiosa. Os vértices destas serras dão a impressão de estar no mesmo plano horizontal do próprio planalto; o que nos leva a acreditar que a serra não se formou por solevamento, mas que o planalto seria preexistente e que um cataclisma o houvesse degradado e desbarrancado. É que nos próprios cumes se encontram camadas horizontais de xistos argilosos, alguns deles aglomerando seixos rolados e outros pequenos fragmentos angulosos. Estes xistos parecem muito contornados e mergulham para o sul e sudeste; mas este acidente é talvez parcial, ou pode ser ainda que seja o contorno das linhas de xistosidade que produz essa aparência. Sotopostos a estas camadas, vê-se um grés perfeitamente semelhante ao da Serra da Rapadura. Mas no ápice mesmo da serra só se encontra grés branco de dureza variável, mais ou menos rico de quartzo e vizinho do itacolumito.

Estas massas de grés formam lajedos muito curiosos, sobre os quais embatem as águas das duas torrentes que por causa dessas pedras receberam o nome de Lajes. Chegados ao platô, tivemos de atravessar grandes extensões de capim, cuja única vegetação arbórea era representada por elegantes grupos de buritis. A paisagem, em suma, era de extraordinária beleza. Passamos, próximo às cabeceiras, duas torrentes, que a pouca distância, no vale, se reúnem para formar o rio do Peixe, afluente do rio das Mortes; ambas se precipitam em bonitas cascatas imediatamente abaixo do ponto em que as atravessa a estrada. Depois de uma caminhada de cinco léguas, chegamos no lugar chamado Lajes. Em meio a estas rochas, dispostas em lajedos, ergue-se um rochedo muito digno de nota; é ele cortado à pique de todos os lados e ostenta vegetação no cume, em toda a volta distribuem-se lindos buritizais.

No sopé das Lajes corre a fonte principal do rio das Mortes; suas águas, frescas e límpidas, precipitam-se com grande violência por entre os rochedos, formando uma infinidade de cascatas, cujo ruído nos feria os ouvidos durante toda a noite passada no acampamento. Os morros espalhados em torno do ponto em que estávamos exibiam os mais esquisitos aspectos, tais como acontece com o grés quando é escavado pelas águas.

A 17, durante a noite, as nossas mulas se dispersaram, com certeza em consequência do aparecimento de alguma fera. Não obstante, saímos muito cedo, prontos para escalar a garganta das Lajes, a despeito da chuva torrencial. O caminho coleia por entre enormes rochedos, formando uma escada cujos degraus têm mais de um metro de altura. Todas estas trilhas devem sua existência apenas às tropas que por aí passam, pois nunca foi traçada qualquer estrada nem em Goiás, nem em Mato Grosso. Nos pontos em que era de todo impossível fazer os animais passarem, os tropeiros se contentam em deslocar algumas pedras. Prosseguimos, depois daí, através de campos ondulados, e em seguida atravessamos uma mata virgem, tendo sempre montanhas à vista.

Nossos cães levantaram qualquer animal grande, provavelmente uma onça; durante longo tempo seguimos-lhe o rastro. Pouco mais além, no tronco de uma velha árvore, pegamos uma porção de exemplares de um *Prionus* de tamanho gigantesco. Pernoitamos num lugar chamado Campo Alegre. Aqui foi-nos de todo impossível, obter água; por isso os companheiros todos se dispersaram pelos arredores à sua procura, deixando-me e ao cabo que comandava a escolta sozinhos no acampamento. Não tardou muito que ouvíssemos os miados de um grande felino, cujo vulto, apesar da escuridão, chegamos a entrever por entre os garranchos. Dei-lhe um tiro de espingarda, sem outra coisa conseguir, todavia, a não ser a volta imediata dos companheiros, que imaginaram estarmos sendo atacados pelos índios. Toda a nossa marcha de três léguas fez-se em caminho acidentado, por entre rochas de grés itacolumítico, sobre as quais apareciam, num ou dois lugares, alguns restos apenas de canga. Nos dias anteriores tivemos de passar vários rios; hoje, porém, não atravessamos nenhum.

A 18, sob chuva ininterrupta, viajamos o dia todo por campos ondulados, alternando com lindos capões onde se viam muitas touças de taquaras. Dois riachos foram atravessados a vau; ambos têm o nome de Passa-Vinte. Num destes córregos era tão forte a correnteza, que vários animais nossos por pouco iam sendo por ela arrebatados. O nome destes córregos lhes vem de que a antiga estrada para Cuiabá atravessava um deles vinte vezes. Nessa jornada encontramos maior quantidade de animais do que de costume. Na própria estrada, estava dormindo um magnífico teiú, lagartão de cores vivas, cuja pele aproveitamos para a nossa coleção; belas araras vermelhas, azuis e violeta sobrevoavam frequentemente as nossas cabeças, soltando gritos ensurdecedores; finalmente, obtivemos vários exemplares de uma espécie de gerifalte de cauda bifurca, que andava à caça das grandes formigas aladas do gênero *Atta* (1). A propósito deste inseto, tive ocasião de observar várias vezes um fato

(1) Trata-se do chamado gavião-tesoura, Elanoides forfiostas yetapa (Vieillot), ave eminentemente útil pela perseguição que move a inúmeros insetos daninhos, nomeadamente às larvas de borboletas (Cf. Pinto, Rev. Mus. Paul., XVII, 2ª pte., pág. 164). (Nota do trad.).

muito curioso. É sabido que nos animais desta classe o crescimento se processa todo durante o período de larva, isto é, antes de ter ele, experimentado, a metamorfose final; uma vez no estado perfeito, ele pára de crescer. O tamanho destes artrópodes não varia com a idade, e embora se observem, no que toca ao tamanho, diferenças individuais, todos os indivíduos pertencentes a uma mesma espécie apresentam aproximadamente as mesmas dimensões. Nas *Atta*, pelo contrário, observei indivíduos cinco ou seis vezes menores do que outros, embora a estes inteiramente semelhantes. Um homem do lugar, notável pelo seu espírito observador, garantiu-me que estes insetos cresciam. Embora essa opinião tenha para mim muito pouca importância, pareceu-me interessante referir o fato.

As chuvas tinham feito sair muitos insetos, e era para nós grande divertimento colecionar os lindos coleópteros que apareciam em chusma na corola das flores brilhantes que ostentam os arbustos do campo. As velósias, entre outros, davam-nos magníficas espécies de rutelíneos de colorido verde-dourado, e muitos pelidnotas de avantajado porte. Nesse mesmo caminho coligimos dez ou doze espécies diferentes de *Megacephala*, enormes estafilínidas, espécies numerosas de *Macraspis*, de *Gymnetis*, capricórnios reluzentes, etc., etc. Eram também muito abundantes os insetos incômodos, tendo os borrachudos se tornado verdadeiro tormento. Foram vistos também muitos pés de salsaparrilha. Estávamos em pleno domínio dos Caiapós, cujos rastos os nossos camaradas acreditaram ter reconhecido várias vezes. Fala-se também aqui de uma outra nação indígena a que dão o nome de Coroados, cujos bandos guerreiros, frequentariam também a região. Suponho tratar-se dos índios Xerentes. A formação era constituída de xistos argilosos provavelmente superpostos ao grés branco. Além do rio Passa-Vinte, atravessamos também o rio da Fartura, o qual, reunido aos primeiros, se lança no Araguaia acima da boca do rio Caiapó, por intermédio do rio dos Barreiros. O trajeto percorrido neste dia 18 foi apenas de três léguas.

No dia 19, pela manhã, quando eu quis me levantar, verifiquei que as minhas roupas e botas tinham sido inteiramente devoradas por uma horda de cupins que invadira a tenda; a muito custo poder-se-ia achar um pedaço de polegada quadrada que não estivesse inteiramente roído. Nada é capaz de resistir à ação destruidora destes insetos minúsculos; caia algum gigantesco tronco, derrubado pela tempestade ou por outro qualquer motivo, através do caminho por onde aqueles costumam passar, será ele minado e destruído no espaço de alguns dias, mostrando-se aqui os insetos mais industriosos do que o homem do trópico, que se contentaria em evitá-lo, fazendo um rodeio.

A nossa comitiva percebeu o espanto que me produziu a perda de minhas roupas e daí por diante atribuíam sempre a causa semelhante o desaparecimento de qualquer objeto. Certo dia em que não foram encontradas algumas moedas de cobre, chegaram eles a ponto de declarar que deveriam ter sido devoradas pelos cupins.

Fizemos duas léguas por uma mata muito fechada, atravancada de taquaras e em chão muito irregular e montuoso; passamos depois o rio Barreiro ou dos

Barreiros, que já havíamos ladeado pelo percurso de uma meia légua. Do outro lado fomos encontrar campos muito ondulados, que atravessamos num percurso de duas léguas, para chegar ao lugarejo chamado das Antinhas, moradia de quatro homens apenas, que levam vida de completo isolamento nesta solidão, sempre atemorizados pelo perigo dos índios. À noite, como estivéssemos aproximadamente no centro do continente sul-americano, fizemos um jantar quase à européia, graças às latarias e conservas que trazíamos de longo tempo conosco, reservadas para essa ocasião. Apesar de terem sido preparados muitos anos antes, esses alimentos estavam tão bons como se houvessem sido guizados naquele mesmo momento.

A formação geral da zona é o grés vermelho, em enormes massas dispostas em platôs arredondados no ápice e separados uns dos outros por meio de barrocas de flancos muitas vezes talhados a pique e rasgados por grandes fendas horizontais. No alto dos morros aparecem argilas vermelhas; finalmente, em vários pontos, viam-se ainda cangas. O primeiro córrego que atravessamos ao deixar o acampamento é um afluente do rio Matrinchá, e este próprio tributário do rio Barreiros, bem como os riachos da Burziga e do Portão de Pilotos. O Barreiros, como já tive ocasião de informar, derrama suas águas no Araguaia. Quanto ao ribeirão das Antinhas, suas águas correm também para este último rio, mas por intermédio do Roncador e do rio das Mortes. O rio Roncador corre sobre a tombada meridional de uma cadeia de montanhas, que ficava à nossa direita quando atravessamos a Serra de Taquara; é uma corrente muito rápida, que passa, segundo me disseram, a cerca de uma légua e meia do sítio de Antinhas, até onde chega o ruído de suas águas. Com toda probabilidade, o nome lhe veio desta circunstância. Esse rio, a partir daí, afasta-se da estrada que seguíamos, de modo que ele passa à umas cinco ou seis léguas do sítio de Jatobá, onde, neste dia 20, fizemos alto, após uma marcha de quatro léguas e meia, através de campos muito ondulados. Em Jatobá existe apenas um miserável casebre. Uma légua incompleta antes de a ele chegar, passamos no meio de uma formação muito curiosa, constituída de rochas cortadas a prumo, que têm a aparência de fortificações e são conhecidas pelo nome de As Torrinhas. Aliás, durante toda a jornada eram sempre de grés vermelho as rochas que se nos apresentavam. Os córregos das Torrinhas, dos Mutuns e do Pau-Furado, lançam-se no Jatobá, afluente do Roncador e aonde vêm ter as águas do Porteira, engrossadas pelas do Carioca. O dono do sítio de Jatobá era um velho doente, que desde muitos anos vivia com os filhos nesse ermo. Sempre com medo de ser, mais dia menos dia, massacrado pelos selvagens, não tinha, apesar de tudo, a coragem de abandonar esses lugares em que havia passado grande parte da existência. É curioso ver-se, como, em circunstâncias como estas, procura o homem tranquilizar-se com garantias ilusórias: pois que durante tanto tempo se viu poupado pelos perigos, está certo de que também para o futuro se achará livre deles. De resto, o velhote se nos mostrou muito mal humorado recebendo-nos com má cara. Queixava-se de ser constantemente importunado naquela beira de estrada, isso apesar de se passarem às vezes três meses sem que nela aparecessem viajantes. Entretanto, chovia a cântaros e por isso nos decidimos a passar a noite no local, a despeito da má vontade do dono da casa. À noite chegaram do campo os seus filhos, entre eles uma mulher, com uma espingarda ao ombro, de acordo com a regra. A casa fica num imenso campo, quase despido de árvores.

A 21, continuamos a percorrer uma região semelhante à da véspera, com a diferença de apresentar alguns buritizais. Pelo meio-dia alcançamos enormes rochedos de grés, junto aos quais corre um bonito regato. Fomos acampar junto de um amontoado de rochas chamado As Lajinhas, tendo feito um trajeto de quatro léguas.

Observamos em alguns pontos, superpostos ao grés vermelho que dominava já há alguns dias, xistos argilosos de cor vermelha e granulação muito fina. Sobre a laje formada por essas argilas é que se estende o leito, bastante largo, mas pouco profundo, do rio das Lajes, por nós aí atravessado. Recebe este rio as águas dos rios das Lajinhas e das Areias Pequenas; ele se lança no rio das Mortes, depois de haver ainda se engrossado com as águas do rio das Areias Grandes, que passa a uma légua do caminho.

A 22, a vegetação do campo tornou-se um pouco mais fechada e o chão mais plano do que nos dias anteriores; mas o solo da região mantinha-se constantemente arenoso, tornando a marcha enormemente fatigante. Às três da tarde passamos um córrego que, depois de ter corrido por cima de um imenso rochedo plano, forma abaixo da estrada um salto de uns 2 metros de altura. A formação é ainda o grés e os xistos argilosos; em certos pontos ela aparece na superfície, mas, ao longo de uma grande extensão, ela está escondida por baixo dos areões a que me referi. Os cursos d'água atravessados durante essa jornada foram o Torradinha, e o Anandi, ambos confluentes do rio das Areias; o das Furnas e o da Cachoeirinha, que correm para o rio das Mortes.

Depois de uma jornada de cinco léguas, acampamos no sopé de uns rochedos gigantescos situados no meio da planície sem limites e altos de cerca de 100 metros. A cor vermelha do grés de que são formados contrasta agradavelmente com o verde sombrio da mata virgem, formada principalmente de palmeiras, existentes à volta de sua base. Serpeava próximo ao acampamento um riacho de margens sombreadas por bela mataria. Bandos numerosos de soberbas araras vermelhas vinham se esconder aos gritos por entre a folhagem. Esse lugar, que é conhecido pelo nome de Os Paredões, tornou-se célebre em toda a região por causa da matança feita aí pelos índios Caiapós, numa caravana que se descuidara de guardar-se durante a noite. Corre que os selvagens, para surpreender os viajantes, haviam escorregado do alto das rochas, agarrando-se aos cipós.

No dia 23, tivemos chuva ininterrupta. A vegetação era densa e o solo muito arenoso. Fizemos três léguas e meia, e fomos acampar junto ao ribeirão do Tijuco Preto, que é um afluente do rio dos Macacos. A formação continuava a mesma da véspera. O rio d'Os Paredões une-se ao Samambaia, que é provavelmente um tributário do rio das Mortes.

No dia seguinte a marcha foi ainda mais penosa do que nos anteriores; a areia era de tal modo solta e espessa que os cavalos, já enfraquecidos pela falta de milho, davam a impressão de não querer ir mais adiante, ora resistindo obstinadamente a todos os esforços feitos para tocá-los, ora deixando-se cair ao chão, de lado, forçando-nos a dar-lhe uma ou duas horas de descanso. Em tais circunstâncias, não nos era possível fazer jornadas curtas, e ainda na necessidade freqüente de, uma vez montado o acampamento, fazer voltar alguns homens, para trazer animais e cargas deixados pelo caminho. Se a esses percalços juntarmos a chuva, que não cessava de cair, o constante perigo de sermos atacados pelos índios e a carência de alimentos, não será difícil calcular as dificuldades com que deverá contar o viajante nesta região central do continente. Mais de metade da caminhada era feita a pé, o que, de resto, nos deu ensejo de obter algumas lindas plantas e magníficos insetos, que doutro modo nos teriam decerto escapado à vista. Entre os últimos, citarei apenas uma *Cicindela* de colorido metálico tão vivo que pode ser encarada como uma das espécies mais belas deste gênero notável. O campo continuava coberto de espessa vegetação. Passamos em frente de uma casa abandonada, conhecida pelo nome de Cabeça de Boi, tendo ocasião de ver aí dois espécimes do abutre real, ou urubu-rei. Esta esplêndida ave anda sempre solitária ou aos pares, sendo de tal modo temidas pelos urubus comuns, que estes últimos, assim que ela surge, se apressam em ceder-lhe o lugar, postando-se respeitosamente nos galhos de alguma árvore próxima, até que se retire a sua grande rival (1). Nossa jornada foi neste dia de quatro léguas e meia. A formação continuava a mesma. Além do Tijuco Preto, a que já me referi, o rio dos Macacos recebe ainda os rios Corisco, Terresino, Cabeça de Boi e Lagoa, indo depois desembocar no rio das Mortes.

Ao nos levantarmos, na manhã do dia 25, verificamos que as barrancas tinham sido completamente inundadas pela chuva torrencial que não cessara de cair a noite toda. Depois de uma marcha de três léguas, sempre debaixo de aguaceiro pesado, chegamos ao pequeno posto de Sangradouro, onde o governo mantém uma guarnição de cinco soldados e um furriel, com a obrigação de proteger os viajantes, mas que em verdade a muito custo se decidem a sair fora das três ou quatro casas de barro de que se compõe o posto. Encontramos neste lugar vários viajantes, entre os quais uma mulher que montava a cavalo da maneira mais masculina, e que trazia um fuzil de través sobre a sela e pistolas no arção. Havia mais de um ano que a guarnição não sabia o que era farinha, motivo pelo qual recebeu como presente inestimável algumas miseráveis raízes de mandioca que lhe demos. Tinha-se tornado muito difícil a travessia dos córregos engrossados enormemente pelas chuvas. Como no dia anterior, a formação geológica era a princípio escondida inteiramente pela areia; depois camadas de argila tomaram o lugar desta última. O rio da Mortandade, que aliás é bastante largo, lança-se no Sangradouro.

A 26, continuando a chover, foi com dificuldade que atravessamos o rio Sangradouro, agora muito cheio, e, depois de vingar três léguas e meia de campo, fomos pousar além do Sangradorzinho. Estes dois rios são debruados de mata. Há entre

(1) *Há muita restrição a fazer na afirmação aqui feita relativamente ao urubu-rei, provavelmente, com base nos informes dos sertanejos, entre os quais a convicção é corrente. Pude observar que as duas espécies eventualmente aparecem lado a lado junto da carniça, com a particularidade de evitar, aparentemente, o urubu-rei as que se acham em estado muito avançado de decomposição.* (*Nota do trad.*).

eles diversos regatos, sobre os quais os tropeiros armaram pinguelas, uma espécie de ponte muito estreita, feita com paus. Como o Sangradorzinho, estes riachos desembocam no Sangradouro, o qual por sua vez é um dos formadores do rio das Mortes. Do lado oposto do Sangradorzinho, cuja passagem aliás nos foi muito penosa, estende-se um pantanal, comprido de um meio quarto de légua, e semelhante a uma floresta submersa, cheio de plantas aquáticas, de folhas grandes. Foi-nos muito difícil atravessá-lo naquelas circunstâncias. A formação geológica se manteve durante muito tempo escondida; apenas, o que víamos na superfície era uma terra preta, argilosa, e areias, provavelmente superpostas a xistos argilosos.

Durante essa jornada, sobreveio-nos um acidente muito grave. Desde que ficamos sem Eugênio, o portador de nosso barômetro, que não quis sair de Goiás, para casar-se com uma preta velha que ele dizia ser muito rica, fomos compelidos a conferir aquelas funções ao cabo de nossa escolta. Este homem levou porém um tombo, quebrando o nosso precioso instrumento. Toda a manhã do dia 27 passamos a reparar este contratempo, partindo só depois do meio-dia. Tivemos de atravessar um riacho perigoso chamado Sapé, afluente do Sangradouro, indo acampar ao cabo de duas léguas e meia de marcha. Os panos de nossas barracas, completamente encharcados e rasgados em mil lugares, não mais serviam para nos abrigar; ademais, como tinham de ser sempre dobrados sem secar, exalavam um cheiro nauseabundo, que era apenas ultrapassado pelo dos couros úmidos em que nos deitávamos. De tempos a tempos tirávamos as nossas roupas para torcê-las, ao passo que à noite não tínhamos remédio senão nos cobrirmos com panos tão molhados quanto as nossas vestes. Não era assim de admirar que a maioria dos nossos companheiros acusassem ligeiros acessos de febre. Quanto a mim, a minha saúde a tudo resistiu, pois do Rio de Janeiro até Lima, no Peru, fui de todos o que melhor suportou as fadigas e privações da viagem. A formação não pôde ser reconhecida, mas era provavelmente composta de argilas, recobertas por uma camada superficial de areia. Ao passarmos o rio Sapé, tive ensejo de observar areias argilosas, pretas. A estrada atravessa um platô arenoso, quase sem ondulações.

No dia 28 tivemos uma manhã muito chuvosa; mais tarde, porém, o tempo começou a melhorar, fazendo o sol suficiente para nos secar. Tendo tomado a dianteira, com o Sr. Deville, a fim de procurarmos insetos, fomos ter, ao cabo de duas léguas e meia de campo, na extremidade do planalto sobre o qual vínhamos viajando desde Taquaral. A paisagem que tínhamos à nossa frente era realmente admirável; estávamos no último rebordo de um elevado rochedo, vendo na profunda baixada situada aos nossos pés estender-se, até o horizonte, uma planície sem limites. Deste e daquele lado, erguiam-se montanhas de forma cônica, com o cume cortado em mesa horizontal, no mesmo nível do planalto principal. De todos os lados não se viam senão barrocas e precipícios, tudo nos representando um relevo abrupto e atormentado, como se tivéssemos acabado de atravessar um imenso promontório, que nas épocas geológicas houvesse formado um extenso cabo, ao nível do oceano. Procuramos, debalde, um caminho para descer o despenhadeiro, mas não nos foi possível descobrir nenhum. Começamos então a pensar que tínhamos errado o caminho, e íamos já de volta quando encontramos um dos companheiros de viagem, que nos garantiu não ter encontrado outra estrada. Recomeçamos então todos a investigar, sem melhores resultados, até que resolvemos esperar pacientemente a chegada da caravana, sentados no meio daquelas rochas pitorescas, cujo espetáculo selvagem não cessava de despertar a nossa admiração. A estrada que procurávamos estava bem ali, mas era de tal maneira íngreme que nos parecia de todo impossível fazer, passar por ela os cargueiros, e até intransponível para nós próprios. Era uma escavação aberta numa profunda ravina pelas águas pluviais e tornada praticável pelos tropeiros, confiantes no pé firme das mulas. Descendo esta penosa trilha, descobri, num caminho coberto, um dos insetos mais raros: era uma espécie nova de *Oxycheila*, de que em poucos instantes conseguimos reunir mais de cem exemplares, procurando nas fendas existentes na escarpa do precipício. Estes insetos abrem na areia argilosa pequenos canais circulares, que conduzem a galerias, terminando quase sempre, debaixo de grandes pedras. Levantando estas, encontram-se às vezes grupos de cinco ou seis *Oxycheila*, que no primeiro momento se fingem de entorpecidas, mas que logo depois se põem a correr, embora menos rapidamente do que a *Megacephala*. Quando são capturadas, fazem ouvir uma espécie de ruido, mas não espalham odor algum. Tivemos a satisfação de descobrir a larva deste belo inseto; ela se parece muito com a de *Cincidela*, mas é maior e de cor branca; a cabeça é côncava e preta; o quinto segmento abdominal é giboso no lado de cima; o primeiro torácico, as mandíbulas e as patas são ruivas. Até aqui tenho de contar que achei nas margens do Araguaia, abrigadas em pequenos canais abertos na areia húmida, as larvas de duas outras espécies muito interessantes da mesma tribo. Pertencem ambas ao gênero Megacephala. A primeira (*Megacephala* grossa) tem perto de 4 centímetros de comprimento; o corpo é deprimido, a cabeca quadrada e o corselete quase da mesma forma, porém arredondado do lado de trás; os segmentos do abdome, exceção feitas dos dois primeiros e do penúltimo, apresentam apêndices laterais. A outra (*Megacephala* taciturna) é alongada e quase cilíndrica; a cabeça, aproximadamente triangular, é mais comprida do que o corselete, também arredondado na parte posterior; o abdome não tem apêndices, mas apresenta uma gibosidade no lado superior do sétimo segmento.

Até o ponto da estrada conhecido pelo nome de Água Branca, a formação era a mesma dos dias anteriores, e dissimulada em si, para dizer a verdade, ela é antes o outro rebordo do planalto que começamos a atravessar depois de Taquaral, do que mesmo uma cadeia distinta. Toda parte em volta de nós, nitidamente recortadas a pique, baías e cabos geológicos em tudo semelhantes aos que observáramos em Taquaral, no outro flanco do planalto. Apesar dos desmoronamentos, vê-se muito bem nestes dois lugares que todas as grimpas das espécies de ilhas destacadas do planalto superior, estão no mesmo plano horizontal que a superfície deste último. A barroca por onde se desce foi em parte escavada pela mão do homem e tem uma declividade de mais de 40 graus. Esta ravina nos deu ensejo de observar as diferentes camadas superpostas que constituem a formação do planalto. Na superfície, fica uma camada de terra vermelha, cor de tijolo, misturada com areia e argila, e espessa de 6 a 7 metros; em baixo, acha-se outra camada horizontal de 30 a 40 centímetros de espessura, formada pela canga em fragmentos numa terceira camada de marna muito arenosa, de cor branca e amarela, cortada de veios vermelhos. Esta camada domina no platô inferior, até a base da escarpa, e fica superposta a rochas cinzentas muito duras, com lascas de sílex na sua contextura. A crista do platô superior separa as águas que correm para o norte das que se dirigem para o sul. Todas as que se encontram no vale são tributárias do rio Cuiabá, um dos principais afluentes do Paraguai, ao passo que as que saem do próprio planalto demandam o Araguaia.

No fundo do vale passa o ribeirão de Água Branca, cuja cor é claramente indicada pelo nome que lhe deram; suas águas têm, aliás, um mau gosto de sulfato de cálcio. Logo em seguida, encontramos um precipício em que quase todos os nossos cavalos tombaram e que só atravessamos à custa de muita dificuldade. Fizemos depois daí uma légua e três quatros por campos arenosos, atravessando três ribeiros, próximo ao último dos quais acampamos, junto de altos morros cobertos de mato.

A 29, quase logo depois da partida, alcançamos o ribeirão do Inferno, nome muito bem dado a uma torrente que se precipita com fúria no fundo de uma barroca escarpada e sombreada de mata virgem. Tanto a subida, como a descida, são feitas por caminhos tenebrosos. É este um dos lugares em que costumam os selvagens preparar as suas tenebrosas ciladas; também, não poucas caravanas já foram nele inteiramente trucidadas. Atravessando o campo, passamos por uma cruz abandonada. Antigamente, havia no lugar uma casa, mas os selvagens que vagueiam pela região a destruíram completamente, respeitando-lhe apenas a cruz. Passamos diversos córregos e fomos acampar numa casa abandonada, dita das Vertentes, após termos feito três léguas e três quartos de marcha.

Em parte alguma se mostra a formação geológica em evidência; é todavia provável que ela seja constituída de grés, oculto sob camadas de areia. Ao norte e ao sul da estrada, vê-se o rebordo mais ou menos escarpado do planalto de Água Branca; no primeiro sentido, ele se aproxima da estrada até uma distância de duas ou três léguas, mas ao sul ele fica muito mais distante.

A 30, pela manhã, descobrimos vestígios de que os índios estiveram a nos observar durante a noite. Depois de atravessarmos o campo, chegamos a uma profunda vala atravessada por uma espécie de calçada natural de um meio quarto de légua de comprimento e formada de uma série de colinas. Não tem esta calçada mais de 10 metros de largura e, às vezes, menos. Do vértice do espigão que se segue ao valado, oferece-se aos olhos do viajante esplêndida paisagem, sob a forma de colinas cobertas de mata virgem a se sucederem umas às outras como as vagas do oceano, alternando as mais variadas cores, desde o verde carregado dos primeiros contrafortes, até as cambiantes violeta e vaporosas que a custo se destacam do horizonte. Formosos regatos coleiam ao longe por entre essas colinas, enquanto nos planos distantes se desenham as restingas de buritis. Jamais contemplaram meus olhos cenário mais sorridente e mais selvagem.

Os numerosos morros que se nos apresentaram ao longe da estrada pareceram-me formados de grés, superficialmente revestidos por seixos de quartzito. O ribeirão das Vertentes Pequenas lança-se no das Vertentes Grandes. O córrego de São João Grande, que parece ser a origem do último, recebe o São Joãozinho e o ribeirão Pintinha. Sucurizinho se une ao Sucuri.

Era agora completa a desorganização de nossa tropa; esgotados pela fome e pelo cansaço, os animais sentiam a maior dificuldade para transportar as cargas; a maioria deles marchava penosamente, uns atrelados aos outros, forçando-nos a fazer a pé a maior parte do percurso. Quando o meu indiozinho Catam ficava por demais cansado, eu o punha sobre a minha mula; mas não tardou que o pobre animal não mais aguentasse nem mesmo esta leve carga. Diversos homens apareceram com febre, aumentando ainda as nossas dificuldades, de modo que foi a muito custo que conseguimos fazer nesse dia quatro léguas e um quarto.

A 1.° de dezembro, como tivessem ficado atrás vários cargueiros, foi preciso esperar que fossem à sua procura; a seguir, arrastamo-nos penosamente até duas casas que se diria abandonadas de pouco, visto como se achavam em muito bom estado. O grupo de casas chamado de Lavrinhas fica situado numa colina dominada por um pico muito pontiagudo. Pouco além, deparamos com uma cruz; tinha sido erguida pela última caravana, para assinalar o ponto em que foram encontrados os cadáveres dos correios de Cuiabá, assassinados poucos meses antes. Uma légua mais adiante, passamos próximo às nascentes de um rio, que corria para o sul. Durante todo o dia, não conseguimos andar mais do que duas léguas. Às fadigas de toda a sorte, veio acrescentar-se agora a perseguição que sofríamos por parte dos enxames, de uma abelha muito miúda (*Mellipona*), que nos atacavam os olhos e penetravam pelo nariz, causando-nos dor insuportável. As grandes içás (*Atta*) também nos incomodavam bastante, pousando a cada momento em cima de nós. Estes insetos os carregavam a farinha e não poupavam nem mesmo o papel em que escrevíamos. Sabe-se que em poucas horas eles são capazes de despir inteiramente de folhas uma árvore, folhas que levam depois para os seus buracos, a fim de se alimentarem do cogumelo que então nelas se desenvolve. São grandemente curiosas as construções subterrâneas feitas por estes insetos; compõem-se de uma série de cavidades esféricas, das quais as mais superficiais são relativamente pequenas; estas cavidades alcançam às vezes grande profundidade e se comunicam entre si por meio de um complicado sistema de galerias. E' hábito muito generalizado comer-se o abdome dessas formigas, os habitantes de São Paulo sendo particularmente muito amigos deste petisco.

Por toda parte se apresentam o grés e as argilas, recobertos por uma camada superficial de areia. Todos os cursos d'água que tivemos de atravessar corriam para o sul. O ribeirão das Lavrinhas, afluente do rio Cuiabá, recebe os três primeiros córregos passados durante a jornada. Durante a noite sobreveio violenta tempestade que, como sempre, nos deixou encharcados.

No dia 2, fizemos quatro léguas. O trajeto foi dos mais penosos, por causa da natureza montanhosa do solo e dos seixos rolados que forravam o caminho.

Depois da primeira légua, feita em terreno descoberto, entramos numa bela mata virgem. Por todos os lados víamos árvores gigantescas, com os troncos enleados de cipós, esticados como cadeias, ou pendentes dos mais altos galhos, como o cordame de um navio. Embora com alguma dificuldade, vadeamos o rio Paraíva, braço do São Lourenço. Como este último estivesse muito cheio e muito violenta a sua correnteza, ficamos durante algum tempo à espera de que as águas baixassem. Entretanto, como houvesse desabado uma grande tempestade, resolvemos tentar a sua passagem assim mesmo. Para maior facilidade, e para evitar que se perdessem cargas ou animais, descarregaram-se as mulas, fazendo com que os homens passassem os volumes, sustendo-os sobre a cabeça e com água pelo pescoço. Teve-se antes o cuidado de esticar uma corda através do rio, a fim de que servisse de apoio, em caso de necessidade. As mulas foram novamente carregadas do outro lado, continuando nós a nossa marcha através da mata, depois da qual fomos dar em montanhas, que era preciso subir. Era já noite quando alcançamos o pequeno pouso da Estiva, constituído de umas poucas casas de barro, habitadas por dez soldados famintos.

Toda a região que vínhamos de percorrer era recoberta de espessos areões. A formação maciça é sempre o grés, embora em alguns pontos se vejam, muito superficialmente, camadas de xistos argilosos. O rio Paraíva engloba as águas do ribeirão Alecrim e do riacho da Estiva.

A 3 de dezembro, pela manhã, achamos o pequeno Catam extremamente debilitado, em consequência da mordedura de um morcego, durante a noite. Nossa caravana percorreu três léguas e meia através de campos ininterruptos, e quase sem água; à tardinha, porém, acampamos num lugar chamado Cercadinho, junto de uma formosa nascente, onde também havia acampado uma outra caravana, vinda de São Paulo e aí retida havia já uns oito dias, por causa da perda de alguns dos animais. Essa expedição era composta de cento e cinqüenta mulas divididas em treze lotes; cada animal carregava geralmente de seis a oito arrobas; algumas das cargas eram constituídas por caldeiras para açúcar, bastante grandes para cobrir o animal. Contou-nos o pessoal da caravana haver perdido três animais, dois por picada de cobra, e o terceiro por ter sido devorado por uma onça. Durante a jornada, matamos um magnífico teiú, coberto de marmorizações oceladas, de cor preta; tinha sobre a cabeça uma placa sombria, e lutou durante algum tempo com os cães que o tinham levantado. Durante todo o trajeto, a formação geológica se manteve escondida sob detritos vegetais.

Passamos o dia 4 neste mesmo lugar, por causa do extravio de algumas das mulas. Neste intervalo, trouxe-nos um dos camaradas um lindo lagarto de espécie próxima à dos estélos, tendo a cauda alargada e guarnecida de espinhos. Tinha sido achado debaixo de um tronco caído e movia-se com muita lentidão. A gente da terra tem muito medo destes reptis, acreditando serem mortais as suas mordeduras. Segurâmo-lo com as mãos, mas nem assim os nossos tropeiros adquiriram maior confiança no inofensivo bicho.

A 5, partimos muito cedinho. A estrada, passa por uma região montanhosa de campos cobertos por uma vegetação enfezada. Quatro léguas adiante, nuns espessos areões, fomos encontrar indícios da ocupação permanente por civilizados. Trata-se de um pequeno sítio, frente ao qual passamos, para seguirmos uma légua mais adiante, onde fica o engenho de Joaquim da Silva, conhecido pelo nome de Engenho do Buriti.

A consistência da terra superficial do caminho leva a crer que a formação deve ser argilosa; entretanto, as areias reaparecem em vários pontos. A pouca distância do acampamento de Cercadinho encontram-se grandes placas superficiais de grés muito rico em óxido de ferro; as argilas brancas ficam logo abaixo. O mesmo grés aparece na descida que conduz ao rio Buriti, em cujo leito se vêem xistos argilosos e vermelhos, que parecem estratificados horizontalmente.

Os ribeirões do Capim Branco e do Buriti despejam no São Lourenço, que é um afluente do rio Cuiabá [1].

O engenho de que falamos há pouco fica na baixada próxima de uma colina, em terreno descoberto. De longe, seu aspecto é agradável, vendo-se a rua formada pelas casas dos escravos, e os dois edifícios principais, um dos quais constitui o engenho propriamente dito, e o outro a residência dos proprietários. De perto, porém, desaparece esta ilusão; verifica-se que todas as construções se acham em ruínas, apresentando, como sem exceção acontece nesta mal favorecida zona, a aparência da mais completa destruição e miséria.

Nosso pessoal se acomodou debaixo do rancho; mas, só depois de muitos entendimentos e à vista de nossos passaportes, é que conseguimos que nos abrissem a porta de um quarto, onde afinal nos aboletamos. Tanto tempo fazia que dormíamos em barraca, que uma construção humana, fosse ela qual fosse, parecia-nos objeto de luxo; escusa portanto dizer que achamos muito confortável a nossa nova situação. Alguém que não estivesse tão afeito como nós à vida no sertão, teria de certo notado que o nosso quarto, baixo e úmido, não possuía janelas, recebendo luz apenas pelas frestas da porta; que outro soalho não possuía além do chão coberto de capim e de cogumelos; que a sua mobília se limitava a quatro moirões, próprios para armar as redes, e dos ganchos enfiados nas paredes de barro, onde se penduravam as selas. Quanto a nós, muito satisfeitos por nos vermos tão bem acomodados, não pensávamos noutra coisa senão obter algo para comer. Tínhamos emagrecido incrivelmente sob o peso das fadigas e das privações, e era com olhos compridos que contemplávamos os frangos e os patos que pareciam querer nos desafiar no terreiro. Fiz diversas tentativas, a princípio sem resultado, para conseguir, que os donos da casa me vendessem algumas coisas indispensáveis. O dono da plantação havia morrido pouco tempo antes, e o filho mais velho de dezoito anos de idade, herdeiro dos bens, achava-se ausente na ocasião. A viúva, que estava só em casa, declarou-me não ter autoridade bastante para dispor sozinha, fosse do que fosse. Tal é a importância que desfrutam as mulheres no interior do Brasil. Apesar de tudo, resolvi insistir, conseguindo finalmente que nos fornecessem aquilo de que necessitávamos, isso depois

(1) Hoje, por influência do Gal. Rondon, assim são interpretadas as relações entre os rios Cuiabá e São Lourenço. Não obstante,a opinião corrente até pouco tempo atrás era a de que o São Lourenço devia ser considerado o rio principal; e o Cuiabá seu afluente, o que aliás parece mais acertado a quem, como eu próprio, conheça a ambos em sua confluência. (Nota do trad.).

de muitas negociações, entabuladas por intermédio dos escravos, visto que a dona da casa não se resolveu a aparecer. Pagamos, porém pelo que adquirimos quatro vezes o seu valor corrente. Foi assim que obtivemos para nós alguma provisões, cachaça para o pessoal e um pouco de milho para os animais.

A aguardente deste engenho tinha um gosto muito agradável, devido à folha de uma mirtácea, chamada araçá. É ela remetida para Cuiabá, em pequenos barris de duas aduelas apenas, unidas por arcos de ferro. Estes barris são fabricados a facão, com pedaços de uma madeira muito dura chamada cumbari. Um só homem é capaz de fabricar dois ou três por dia, sendo seu preço, aqui, trinta e sete mil e seiscentos réis, enquanto que a aguardente neles contida orça por quarenta e oito mil réis.

Tendo descansado no dia 6, partimos do engenho a 7, deixando alguns volumes que não nos era possível levar para diante e deveríamos mandar buscar quando estivéssemos em Cuiabá. Fizemos quatro léguas, através de campos planos, cuja vegetação se limitava a pequenas plantas herbáceas, entremeadas de arbustos pertencentes à família das mirtáceas, ou das euforbiáceas. O solo continuava a ser muito arenoso. Deixamos ao norte da estrada três nascentes sombreadas de buritis, donde corre a água para o rio Manso, a cuja margem instalamos o nosso acampamento.

Passamos o rio Manso sobre uma pequena ponte. O rio merece, aliás, bem pouco o nome que lhe deram, pois é como uma rápida torrente que ele se precipita para o norte, no fundo de um vale coberto de mata. Nada de certo se conhece relativamente ao seu curso; uns dão-no como afluente do Paranatinga ou do Cuiabá, ao passo que outros vêem nele a origem do rio das Mortes e o final do curso do rio Roncador das cartas ([1]). O terreno nos pareceu argiloso, cobrindo-lhe a superfície uma camada de terra vermelha e escorregadia.

No dia 8 fizemos quatro léguas, através de campos quase despidos de árvores, fazendo alto numa pequena nascente, situada no lugar conhecido com o nome de Caveiras. Como na véspera, tomamos chuva o dia todo. Tanto quanto pude observar, a formação era uma terra vermelha e argilosa. As nascentes encontradas durante o trajeto derramam as águas para o rio Manso.

No dia 9, visto que só depois do meio-dia foram achados alguns dos animais, saímos bastante tarde, fazendo apenas uma légua e um quarto. Passamos a noite debaixo de um rancho situado num lugar muito pitoresco, junto à entrada de uma profunda grota, cujos lados eram formados por imensas muralhas de grés. Aos nossos pés estendiam-se à distância vastos campos, cortados por filas de buritizais, que indicavam o curso dos ribeiros; no fundo do quadro, a vista era limitada pelo flanco dos rochedos talhados perpendicularmente, e por trás dos quais se viam apenas a névoa que dava à paisagem a aparência de um oceano sem limites. Nossa curiosidade se concentrava apenas num pico de cor azulada, pois que sabíamos ficar a seus pés a cidade de Cuiabá. O nome de Tombador dado ao local em que acampa-

(1) A segunda versão provou-se depois ser a verdadeira, o rio Manso não sendo outra coisa senão a porção mais alta do rio das Mortes, que, como vimos, é um afluente da margem esquerda do Araguaia. (Nota do trad.).

mos vem com certeza dos numerosos saltos de um córrego cujas águas serviram para dessedentar a nossa comitiva. À noitinha, capturamos uma porção de exemplares do magnífico inseto *Phanaeus ensifer*, um dos lamelicórneos mais bonitos que se conhecem. A estrada continuava sobre planaltos, cuja base era constituída pelo grés branco, coberto superficialmente por uma camada de terra argilo-arenosa.

A garganta de que falei linhas atrás, parece ter sido escavada pelas águas nas rochas que formam o planalto, resultando, desta ação, linhas alternativamente brancas e cinzentas, à semelhança de uma estratificação regular do grés. O córrego das Caveiras despeja no rio Casca, que vai juntar-se ao Cuiabá abaixo da cidade deste nome. Próximo ao acampamento do Tombador, observamos uma nascente cujas águas corriam para o sul e acusavam, às oito horas da manhã de 10 de dezembro, uma temperatura de 24°,3.

A 10, fizemos três léguas em terreno de campo, para chegar repentinamente no vale profundo que se estende até Cuiabá. Era soberba a paisagem; a desmedida planície que tínhamos diante dos olhos era interrompida apenas pelos contrafortes perpendiculares à cadeia principal, perdendo-se na distância. Nalguns pontos, as rochas são talhadas a pique, noutros, as encostas, mais ou menos íngremes, apareciam vestidas de rica vegetação. Essa tenebrosa descida tinha mais de uma légua de extensão; a princípio, corta a mata, cujo solo é um verdadeiro precipício; depois, na porção restante, circula em torno de colinas. Deram-lhe o nome de Serra de Manuel Antônio. O caminho por onde agora transitávamos era, com segurança, dos mais difíceis que jamais nos foi dado percorrer; mas, no que respeita ao lado pitoresco, terá sido também talvez o mais rico em acidentes e cheio de curiosidades. Segue-se durante algum tempo pelo fundo de uma barroca, através de uma série de degraus cortantes, interrompidos por trechos muito inclinados. É impossível descrever o efeito produzido pelas massas prodigiosas de rocha que vemos erguer-se acima de nossa cabeça. A cada momento os nossos cargueiros afundavam em poças lamacentas, ou escorregavam até as bordas do despenhadeiro; às vezes pulavam, ou melhor, deixavam-se cair do alto dos enormes degraus daquela escadaria de pedra. Por entre as massas de nuvens e os nevoeiros que cobriam o vale, divisávamos de quando em quando os edifícios de algum formoso sítio, para o qual nos dirigíamos; mas logo nos surgiam novos obstáculos, fazendo durar horas a descida que nos pareceu a princípio poder ser concluída em poucos minutos. Íamos quase todos a pé, puxando pelas rédeas a nossa cavalgadura, numa caminhada tanto mais penosa quanto, além de precisarmos fazer muita força para vencer a resistência do animal, devíamonos agarrar nós mesmos aos rochedos proximos, torcendo a cada passo o pé entre os blocos cortantes de grés. Era já quase noite quando alcançamos a Fazenda Sant'Ana, que fica situada nos últimos contrafortes da serra. Fomos aí muito bem recebidos pelo casal de velhos, quase octogenários; ambos estavam deitados em suas redes, a velha fumando um comprido cachimbo, cujo cabo era sustido por uma escrava de cócoras. Tanto mais apreciamos a boa acolhida que nos dispensaram, quanto desde longo tempo era a primeira vez que púnhamos à prova a hospitalidade humana. O dono da casa chamava-se Manuel Antônio; era um português estabelecido na região havia muitos anos, e dos poucos que escaparam milagrosamente ao morticínio de europeus ocorrido por ocasião da independência em muitos pontos do Brasil, inclusive nestas regiões centrais.

A casa estava em bom estado; o engenho de açúcar era movido a água, graças a um riacho cujo curso se modificou. Encontramos neste lugar vários negrinhos idiotas. Tanto quanto nos foi possível verificar ao longo do percurso, a formação do planalto que acabávamos de descer era, em toda a parte superior e até ao nível da torrente da Estiva, uma espessa camada de grés; depois, até perto do Engenho de Sant'Ana, surgem os xistos argilosos, ordinariamente cinzentos ou violáceos, inclinados 30 ou, 35 graus sobre o horizonte e com mergulho para norte e nordeste. Encontram-se ainda, mas talvez só por acidente, traços de grés na superfície dos xistos. Finalmente, mesmo no vale, vêem-se no solo massas de uma canga particular, com seixos prismáticos engastados. A torrente da Estiva lança-se no ribeirão do Sumidouro, que é um afluente do rio Aricá. Ainda aqui, na fazenda Sant'Ana, fomos forçados a deixar cinco das nossas cargas.

A 11, fizemos três léguas em caminho muito bom e através de um bonito campo, não obstante um ou outro ponto inundado. Durante toda a marcha tivemos, à nossa direita, a serra encontrada na véspera. Passamos a noite no pequeno arraial conhecido pelo nome de Médico. É habitado por negros, cuja principal ocupação consiste em procurar o ouro, que parece abundar nos arredores. O povoado é constituído de umas vinte casas de barro, cobertas de palha de coqueiro. Como quisesse escrever, trouxeram-me algumas lindas penas de arara e um soluto de anil. Enquanto os tropeiros descarregavam os animais perto de um péssimo rancho, passou uma fila de bois carregados, guiados por três pretos munidos de grandes sabres. À noite, mandei à frente o cabo da escolta, com cartas para o presidente da província, para o bispo e alguns outros altos personagens de Cuiabá.

Tivemos durante toda esta caminhada um solo muito plano, onde só se viam xistos argilosos cinzentos e violáceos, mergulhando de 30 a 35 graus norte, e nordeste. De cada lado da estrada víamos folhas de ouro, peculiares a um terreno encontrado muito frequentemente no Brasil e já por nós reconhecido em vários pontos do norte da província de Goiás. Compõe-se de uma terra avermelhada, com veios amarelos e brancos de grãos muito finos, e evidentemente formado por detritos de rochas antigas, tais como o quartzo e a mica em pequenas lâminas fragmentadas. Apresenta também esta terra traços de um cascalho muito rico em argila e em ferro, o qual parece derivar essencialmente dos detritos da canga observada no dia anterior. Outrora extraiu-se muito ouro deste lugar; hoje, porém, esta exploração está quase abandonada, assim como em Médico, cuja população não ultrapassa sessenta pessoas.

O rio das Pedras recebe o ribeirão Urubamba e o dos Barreiros, lançando-se em seguida no rio dos Couros, que é um afluente do Cuiabá, por intermédio do rio do Médico e do rio Aricá.

No dia 12 fizemos duas léguas através de um pantanal; depois de atravessarmos vários córregos, chegamos ao rio Aricá, que se atravessa numa pequena ponte, perto da qual existiam algumas casas.

Fomos acampar duas léguas mais adiante, a alguns tiros de espingarda do rio Coxipó, cujas águas tinham crescido muito, cobrindo toda a redondeza. Estávamos agora bem perto de Cuiabá, cidade que me despertava viva curiosidade, e até onde eu tinha o maior desejo de estender a nossa marcha.

Para ter idéia exata da maior ou menor facilidade que teríamos em atravessar o rio, fiz com que nele entrasse um homem; mas ele quase imediatamente não encontrou mais pé. Convenci-me então, com tristeza, de que teríamos de ficar alguns dias naquele brejo, à espera de que as águas baixassem. Já acidente análogo nos havia perturbado a marcha, na entrada de Goiás. Nada prova melhor o abandono em que se acha o interior do Brasil do que a existência, às portas mesmo das capitais, de obstáculos desse gênero, obstáculos que seria tão fácil vencer por meio de pontes, numa região em que a madeira é tão abundante.

Felizmente para nós, passou-se a noite sem chuva, podendo nós na manhã de 13 atravessar o rio, com água pela cintura. Chegando à duas léguas e meia de Cuiabá, fomos encontrar o cabo, acompanhado de um oficial, mandado pelo presidente para nos receber. Assim escoltados, dirigimo-nos prontamente para a cidade, que aliás só se avista quando se entra nela.

Durante os dois últimos dias observamos a mesma formação do dia 11; os mesmos xistos argilosos, a mesma terra aurífera e cangas.

CAPÍTULO XX

CUIABÁ, DIAMANTINO DE MATO GROSSO.

Chegando a Cuiabá, fomos logo conduzidos ao palácio do Governo, onde o presidente, Coronel Gomes Jardim, nos recebeu com toda a amabilidade; passamos com ele todo o resto do dia. A residência desse funcionário fica num grande largo, mas o edifício é exíguo e compõe-se apenas de um pavimento térreo. A sala de visitas é pequena, muito bem mobiliada, vendo-se nela um bom retrato do Imperador; só é grande a sala de jantar. À tardinha, levaram-nos para a casa da Câmara que fora aparelhada para nos receber.

No passeio que fizemos pela manhã do dia seguinte tivemos a prova de que a cidade de Cuiabá é muito maior e, sob todos os pontos de vista, muito mais adiantada em civilização do que a de Goiás. As ruas são retas, largas, bem calçadas e providas de lampiões. As casas têm aparência européia, coisa que muito admira; na sua maioria, possuem um, ou mesmo dois andares; são caiadas de branco, trazendo-se a cal do rio Paraguai; várias possuem nas janelas balcões de ferro.

A casa em que estávamos era espaçosa e bem mobiliada. A esta primeira atenção, que muito nos cativou, o presidente acrescentou ainda a de nos fazer sentar à sua mesa durante todo o tempo em que estivéssemos em Cuiabá.

A cidade está construída no vale do rio que lhe deu o nome, por entre vários morros, cuja terra foi durante muito tempo revolvida pelos mineradores de ouro. A formação se compõe de xistos argilosos cinzentos dos já encontrados por nós nos dias anteriores; são sempre inclinados sobre o horizonte e recobertos, mormente nas partes menos elevadas, de uma camada ondulada de canga, misturada a blocos de quartzo branco, pedra usada na pavimentação da cidade. A canga é usada ainda nas construções grosseiras. A terra vegetal é vermelha, cor que ela deverá provavelmente aos detritos da canga; contém uma certa quantidade de ouro, motivo pelo qual, os negros e as crianças vivem sempre a lavá-la, especialmente por ocasião das grandes chuvas. O metal precioso é também encontrado com abundância nas cangas. Acredita-se que na própria cidade, nos lugares em que se acham construídos o quartel e a catedral, existe um filão aurífero de grande riqueza.

O terreno sobre o qual assenta Cuiabá foi por nós estudado no curso de um córrego, que atravessa a cidade de norte a sul, passando debaixo de três ou quatro pequenas pontes de madeira.

Fundada em 1716, a vila de Cuiabá, erigida mais tarde à categoria de cidade, tornou-se em 1820 a capital da província de Mato Grosso. Sua população é de seis a sete mil habitantes, enquanto a paróquia possui ao todo dez a doze mil, aí compreendidos os da freguesia do porto de Cuiabá. Só o porto possui umas seiscentas almas, mais ou menos; mas o número total das da freguesia de que ele faz parte sobe a cerca de dois mil.

Depois do palácio da presidência, de que já falamos, e em cuja contiguidade fica o edifício do tesouro, outras construções dignas de nota não existem; sem falar nas igrejas, senão: um hospital militar, aliás bastante grande para o lugar, construído pelo General João Carlos; o arsenal de guerra, vasto edifício de forma quadrangular, construído de pedra e tendo no centro um espaçoso pátio. Neste último prédio são guardadas as armas e munições enviadas a Cuiabá pelo governo central, para a defesa das fronteiras. A guarnição da cidade compõe-se de: 1°) duas companhias de soldados de infantaria, uma de caçadores e outra de artilheiros, com um quadro de duzentos homens cada uma, mas com um efetivo que não excede à metade; 2°) de um corpo de cavalaria, somando setenta homens; 3°) uma guarda policial de quarenta soldados de infantaria.

Entre as casas particulares existentes na cidade, destacam-se algumas mais bonitas, estando neste número a do bispo.

Das cinco igrejas da cidade, merece menção particular a catedral, que, embora menos suntuosa do que a de Goiás, é bastante grande e construída de pedra, além de possuir belos sinos de bronze. As outras quatro, sem nenhum interesse, são conhecidas pelos nomes de Bom Despacho, Boa Morte, Rosário e Nosso Senhor dos Passos. O bispado de Cuiabá foi criado em 1826; compõe-se de cinco divisões eclesiásticas, a saber: Cuiabá, Mato Grosso, Diamantino, Albuquerque e São Pedro del Rei.

Uma rua bem alinhada com um comprimento de mais de um quarto de légua levou-nos ao porto de Cuiabá, que fica a oeste da cidade; visitamos aí o arsenal da marinha, fundado por ordem de D. João VI, com o fim de fazer os reparos na flotilha que foi preciso manter no rio, para guardar essa fronteira fluvial. O arsenal era constituído principalmente por um hangar, sob o qual repousavam, quase concluídas, duas canhoneiras, enquanto uma terceira estava amarrada na margem do rio, cuja largura nesse ponto é aproximadamente igual à do Sena em Rouen. Segundo no-lo informaram, havia ainda uma quarta, ocupada nesta ocasião em fazer a guarda do rio. As duas últimas tinham sido construídas por ordem de D. João VI, na época mesma em que foi edificado o arsenal.Há ainda neste edifício dezesseis canhões de bronze, de calibres diferentes, trazidos do Pará.

A correnteza do rio é fraca, o que se explica pela pequena elevação do lugar acima do nível do mar, elevação que não ultrapassa a do forte de São João das Duas Barras (65 metros, aproximadamente).

No domingo, 15, tivemos o ensejo de ver, na igreja, algumas mulheres; é a única ocasião em que aparecem, a não ser por entre as rótulas de gradeado em losangos, usados em toda a região, como substituto das vidraças. Seus trajes são semelhantes aos das mulheres de Goiás, consistindo também numa vasta peça que envolve a cabeça e cai até os pés; apenas, esta, em vez de ser branca, é preta, moda que dá às mulheres de Cuiabá a aparência de religiosas.

Todas as tardes observamos um fato assaz curioso, sobre que já me haviam feito referência os moradores: caindo a noite, de todas as casas, especialmente das igrejas, saem morcegos aos milhares, formando como que uma verdadeira nuvem, aliás de breve duração, visto que aqueles animais se dispersam logo, em todas as direções. Informaram-nos igualmente que todos os anos, depois da terceira chuva, havia no rio uma descida extraordinária de peixe.

As ruas de Cuiabá eram curiosas principalmente pela quantidade de índios, pertencentes a várias tribos, mas na sua maioria procedentes das margens do rio Paraguai. A maioria deles apresentava costumes muito curiosos, como veremos quando chegar o momento de descrever a visita que fizemos aos seus aldeamentos.

Em Cuiabá os costumes são ainda piores do que nas outras partes do Brasil central; é desagradável ser-se forçado a declarar que, neste particular, o mau exemplo é dado pelos padres, os quais não se arreceiam, para satisfazer as suas brutais paixões, de usar da influência conferida pela sua posição, como ainda de pôr ao serviço delas as cerimônias mais santas da religião. O jogo é vício generalizado em Cuiabá, o que dá lugar a frequentes desavenças, não raro resolvidas a faca. Outros desregramentos graves pesam sobre esta população, a defesa policial sendo insuficiente para impedir que ela se entregue freneticamente ao batuque e às mais vergonhosas orgias.

Pouco antes de nossa chegada, a cidade tinha sido devastada por uma epidemia, morrendo grande número de habitantes, particularmente das classes pobres, ou entre os escravos. A doença, a que veio juntar-se a má estação, tinha feito subir o preço dos víveres a um nível extraordinário, a despeito da fertilidade maravilhosa da região. À vista destas circunstâncias, a câmara municipal tinha chegado a impor aos camponeses a entrega dos produtos à casa comum, a fim de que a concorrência viesse manter os preços em níveis razoáveis, afastando o monopólio dos açambarcadores.

Entrarei em alguns pormenores sobre este assunto, indagando dos preços das diversas mercadorias nessa cidade central.

A farinha de mandioca, que custa habitualmente mil e oitocentos réis o alqueire, era atualmente vendida a três mil e setecentos; a de milho, a quatro mil e oitocentos, em vez de dois mil réis; o toicinho, a catorze mil réis a arroba, em lugar de três mil e setecentos; o arroz com casca a três mil réis o alqueire, em vez de novecentos réis; o sem casca a seis mil e duzentos, em lugar de três mil e setecentos. A carne-seca passou de mil e oitocentos réis a dois mil e setecentos; a carne fresca, de novecentos réis a mil e oitocentos; o feijão, de mil e oitocentos o alqueire, a sete mil e oitocentos. Os demais artigos conservavam o preço costumeiro, a saber: o café pilado a duzentos, e quarenta réis a libra; o chá a quatro mil réis; o couro cru a mil réis, cada um, em vez de trezentos e vinte a quinhentos réis (1). O açúcar não valia mais do que dois mil réis a arroba, ao passo que em certas ocasiões chega a alcançar sete mil e duzentos réis; o vinho do Porto e o Madeira eram vendidos a mil e quinhentos réis a garrafa; Moscatel a mil e oitocentos; o Champanha a três mil réis; a aguardente européia e o azeite de oliveira a mil e oitocentos réis; a genebra a mil e quinhentos e a cachaça a dois mil réis a canada. O sal valia novecentos réis a medida (2), donde o saco, contendo trinta e. duas medidas e pesando três arrobas e um quarto, valer vinte e oito mil e oitocentos. Um boi, capaz de dar em média dezessete arrobas de carne fresca e cinco de carne-seca, valia de seis a oito mil réis, e às vezes não alcança mais de dois ou três. O preço dos cavalos era de vinte mil réis em média, e os burros, procedentes em geral de São Paulo ou Rio Grande do Sul, custavam sessenta ou setenta. Comprava-se um frango por, mais ou menos, duzentos e cinquenta réis; um pato, pela terça parte deste valor; os ovos, por quarenta réis; a farinha de trigo por oitocentos ou mil réis; a manteiga européia, por dois mil e quinhentos réis a libra, e a da terra a setecentos réis. O pano de boa qualidade custava de nove mil e setecentos a dez mil réis o côvado; o mais ordinário, três a quatro mil réis. Os panos de algodão de fabricação local custavam duzentos réis a vara; os da Europa valiam o dobro. Os chapéus de seda finos valiam de doze a dezessete réis. O papel valia oitocentos réis e, às vezes, até mil e quinhentos réis as dezessete mãos; o ferro, quinhentos réis a libra; o cobre, cujo preço corrente é de mil duzentos ou mil e quinhentos réis a libra, valia agora mil e oitocentos. Os pratos mais ordinários custavam quatrocentos réis e os de boa qualidade oitocentos ou mil réis; as garrafas de cristal, dez mil réis o par; as garrafas vazias, cerca cento e sessenta réis cada uma. A cera valia três mil réis a libra, mas às vezes podia ser adquirida por mil e quinhentos. O preço de um copo comum era de setecentos réis e o dos de cristal dois mil e quatrocentos; o do sabão de fabrico nacional quatro mil e oito centos réis, o do europeu mil e quinhentos. Vendia-se a dois mil e quinhentos réis a libra de pólvora de primeira qualidade, e a mil e quinhentos a ordinária. A ipecacuanha valia de seis mil e duzentos a nove mil e setecentos réis a arroba; a rapadura, cerca de oitenta réis cada duas libras. Um escravo custava de setecentos a oitocentos mil réis. Alugava-se uma boa casa por cerca de dez mil réis mensais, e comprava-se uma por um conto e duzentos, mais ou menos.

Há cerca de quinze tropas fazendo o comércio regular entre Cuiabá e a costa, variando entre cinqüenta e duzentos o número de animais de que cada uma se compõe. O custo da viagem de Cuiabá ao Rio de Janeiro atinge a cerca de quarenta mil réis por animal, aí compreendida a despesa com a compra de milho e o salário dos arrieiros e camaradas. A carga de uma mula varia, conforme a força do animal, entre seis a oito arrobas, havendo casos em que ela chega a nove arro-

(1) No Rio de Janeiro os couros de boi valem aproximadamente 3.000 réis; os de veado, que custam em Cuiabá 2.000 réis o par, valem o dobro no Rio.
(2) O alqueire tem vinte e quatro medidas.

bas. Quase todas estas tropas vão para o Rio de Janeiro, o ouro alcançando ali maior preço do que em qualquer outro lugar. Antigamente era pelos rios que se fazia quase todo o comércio, sendo muito módico o frete pago pelos produtos que se mandavam para São Paulo. Essa rota, que era chamada das canoas hoje está completamente abandonada. Persiste ainda apenas, aliás em condições muito precárias, a navegação pelo Arinos, ou Tapajós, rio que as embarcações sobem até próximo às cabeceiras, situadas nas cercanias de Diamantino, onde as mercadorias chegam em lombo de burro. Por esse caminho vêm do Pará o vinho, o sal, a pólvora, o chumbo, o azeite, etc. Cuiabá exporta também alguns produtos para Mato Grosso. Há na primeira destas cidades uma aparência de atividade comercial que muito surpreende quando se pensa na sua posição central. Aliás, é de crer que a sua localização à margem de um rio navegável que a comunica com o Paraguai e os países do Prata, a vizinhança de um dos maiores afluentes do rio Amazonas, e ainda a rota fluvial para São Paulo, dela farão um dia uma importante praça, principalmente depois que a república do Paraguai, libertando-se da administração anti-social de Frância e seus sucessores, abrir seus portos ao comércio livre.

Entre os produtos que o povo de Cuiabá importa do Amazonas está uma droga de nome *guaraná*. É enorme o consumo que fazem deste artigo, que tem a aparência de chocolate e é trazido em pães de forma quase cilíndrica, pesando de duas a três libras. Fazem com ele uma infusão que é tomada à maneira do chá, e a que se atribuem todas as virtudes possíveis. É certo que esse produto é muito salutar nos casos de diarréia e de disenteria. A exportação de Cuiabá para a costa consiste principalmente em couros de boi, peles de onça e de veado; ouro em pó, diamantes e ipecacuanha. Voltarei a tratar deste último produto com maior minúcia quando me ocupar de Vila Maria, que é o centro do comércio respectivo. Por agora, direi apenas que até 1837 a exportação deste artigo era de quatro a oito mil arrobas, valendo cada uma de vinte a vinte e um mil réis, mas que nestes últimos anos a exportação não foi além de oitocentas arrobas, à razão de mil e duzentos réis a arroba. O produto é acondicionado dentro de recipientes de couro, cada um contendo duas arrobas e meia. Cada cargueiro transporta dois volumes desta espécie. Para o Rio de Janeiro, o frete da ipecacuanha, ou poaia, como a chamam aqui, é somente de seis a sete mil réis a arroba, ao passo que todos os outros produtos pagam dez mil réis. A ipeca é vendida atualmente no Rio por seiscentos ou setecentos réis a libra, ao passo que outrora ela alcançava de mil a mil e duzentos réis. O ouro em pó, cujo preço é comumente de três mil réis a oitava, era vendido então a três mil quatrocentos e cinqüenta réis. O diamante, de diferentes qualidades, subiu de cento e cinqüenta e cento e oitenta mil réis a oitava, a duzentos e oitenta mil réis.

Desde muito tempo havia eu concebido o plano de fazer duas excursões, com o fim de percorrer uma grande parte da província de Mato Grosso, até aqui tão pouco conhecida. Uma ao norte, até a cidade de Diamantino, onde ficam as minas de diamante e as cabeceiras dos rios Paraguai e Tapajós; a outra, muito mais extensa, consistiria em descer o rio Cuiabá e depois o São Lourenço, para sair no rio Paraguai, e penetrar, se possível, na república do mesmo nome. Esta última viagem reclamava grandes preparativos, pelo que, enquanto o Sr. Deville se ocupava desta parte, segui para as minas de diamante, em companhia dos Srs. d'Osery e Weddell. Esta excursão só apresentava riscos do ponto de vista da saúde, visto como a região, como é regra em todas que produzem o precioso mineral, é tida por muito insalubre, especialmente na estação das chuvas, que era aquela em que estávamos. Também, todos os nossos amigos de Cuiabá muito se esforçaram para nos segurar, dizendo que nessa cuadra os caminhos eram completamente intransitáveis.

A 20 partimos, porém bastante tarde, pois os tropeiros têm sempre longas despedidas a fazer. Na estrada fomos encontrando muitos viajantes. O tempo nos favoreceu, e era com satisfação que víamos secar-se rapidamente o caminho saturado de umidade, sob os raios ardentes do sol. Depois de termos percorrido três légua passamos a vau, embora com dificuldade, o rio Bandeira e, meia légua mais adiante, um outro. Como caísse a noite, armamos as nossas redes sob uma pitoresca ilha de mato, e dentro de pouco dormíamos sono profundo. Neste trajeto, vimos pela primeira vez uma linda palmeira vizinha do buriti, conhecida pelo nome de *carandá*. O limbo de suas folhas, cortado em finas tiras, é usado no fabrico de chapéus. Essa planta, que só raramente encontramos ao norte de Cuiabá, forma, pelo contrário, o principal elemento da vegetação do baixo Paraguai e do Grão-Chaco. A formação consiste em xistos argilosos muito contorcidos e com mergulho nordeste. A superfície do caminho é formada de quartzo leitoso. Na margem do rio Cuiabá, no lugar chamado Capela, vêem-se apontando da terra blocos de granito, sob a forma de massas arredondadas. À direita da estrada e a uma distância de três a quatro léguas, estende-se o planalto da serra Azul, transposta por nós, quando viemos de Goiás. Os rios por nós atravessados durante o trajeto são afluentes diretos do Cuiabá, que a estrada acompanha.

No dia 21 a nossa partida atrasou-se em virtude da perda de alguns animais. Atravessamos de começo campos molhados; depois, vencidas umas três léguas, passamos o rio Coxipó-Açu, que se mostrava bastante largo e fundo, de modo que só com muita dificuldade conseguimos vadeá-lo. Manteve-se, aqui, noutros tempos, uma canoa; mas essa canoa foi depois abandonada, como se faz no centro do Brasil com tudo que é de utilidade geral. A barranca direita do rio é muito difícil de galgar; ela conduz a um povoado em que existe uma capela dedicada a Nossa Senhora da Guia e muito célebre na zona. Tornam-na muito curiosa uma série de desenhos coloridos, obra de um pintor local que neles representou vários milagres realizados pela madona, especialmente bois e cavalos curados de diversas doenças.

A aldeia contém umas doze ou catorze casas, e possui cerca de sessenta habitantes. Estavam construindo nela uma pequena igreja. Fomos fazer pouso meia légua mais longe, perto do ribeirão das Pedras. Aí nesse lugar ocorreu-nos singular aventura. O povo, vendo-me coberto com o manto e envergando um enorme chapéu de abas largas, e, acima de tudo, verificando que éramos escoltados por soldados, imaginou que eu era o bispo. Assim, não tardou que toda a população se reunisse, resolvendo acompanhar-nos, para que lhe déssemos a nossa bênção. Levávamos já considerável dianteira a essa gente, quando fomos surpreendidos por uma multidão de homens, mulheres e crianças a berrar loucamente atrás de nós. Um dos companheiros, que tinha ficado atrás, chegou a ser alcançado. Tomado pelo primeiro vigário, detiveram a mula em que ele ia montado, para beijar as botas e beiras do manto ao viajante. Nada compreendendo do que se passava, supôs o nosso amigo que lhe tinham vindo exigir segundo pagamento por uns cigarros que havia comprado. Na indignação de que se achava possuído, distribuiu algumas bordoadas em quantos o seguravam, calcando as esporas e servindo-se de uma linguagem, que receio nada ter tido de canônica. Mas seus perseguidores não eram gente que esmorecesse por tão pouco; dispostos a forçar o bispo a voltar para que lhes benzesse a igreja, recomeçaram a corrida com redobrado entusiasmo. Fui então advertido pelo soldado da escolta do perigo que nos ameaçava; pelo que tocamos a todo galope, deixando atrás e bem longe aqueles bravos campônios, que talvez ainda corressem.

O terreno chato sobre que caminhávamos era formado de xistos argilosos, cobertos por uma camada vermelha e escorregadia. Há muita canga nas camadas superficiais do solo. Nos barrancos do Coxipó, observamos xistos talcosos, vizinhos do gnaisse e com mergulho 30 a 35 graus norte. No rio das Pedras, vimos gnaisses muito duros. À direita da estrada avistava-se sempre a Serra Azul, de que muitas ramificações chegavam até perto de nossa esquerda, do Coxipó para diante e a uma légua de distância, apareciam os morros que ladeiam o rio Cuiabá, de que eram tributários todos os cursos d'água atravessados este dia por nós.

A 22 entramos numa zona de campo, onde começaram a aparecer, disseminadas pelas margens da estrada, muitas habitações humanas. Toda essa região é muito insalubre; dizem os moradores que todo o gado morre aí de mordedura de cobras venenosas. Continuamos a marcha até o engenho da Cruz, ou da Boa Vista, distante cinco léguas. Dão aqui o nome pomposo de engenho a um miserável telheiro aberto aos quatro ventos, onde os escravos fabricam rapadura. Perto, através de uma densa mata virgem, corre o lindo córrego dos Aricurizais. O caminho acompanha quase sempre o curso do Cuiabá, chegando muitas vezes até nós o estrondo de suas cachoeiras. Os xistos argilosos brancos, avermelhados e violáceos constituem a base da formação geológica, mas as cangas abundam sempre na superfície. O planalto da Serra Azul havia-se afastado muito da estrada, formando ao longe uma linha azulada, em que todos os acidentes do platô se desenhavam nitidamente. Depois do rio da Forquilha, e a cerca de duas léguas do caminho vêem-se os morros que flanqueiam o rio Cuiabá. Duas léguas e meia a sudoeste do engenho da Boa Vista, avista-se um povoado conhecido pelo nome de Brotas, a cuja circunscrição pertence o engenho. Este povoado fica à margem do rio Cuiabá.

No dia 23, atravessamos campos semeados de vegetação arbórea, vendo-se muitas casas durante a jornada de seis léguas que tivemos de fazer para chegar à margem do rio Cuiabá. Chama-se Passagem o lugar em que o rio é atravessado pela estrada; possui uma dúzia de casas e nós nele passamos a noite. O rio aí é largo e forma um cotovelo; suas margens são orladas de mato e, no fundo, avista-se uma bonita montanha.

Durante o trajeto, a formação encontrada foi o xisto argiloso, de cores diversas, destacando-se uma variedade de colorido violáceo, que observamos tanto no ribeirão do Engenho, como no ponto em que atravessamos o rio Cuiabá. O rio, cuja largura nesse lugar é de 150 ou 160 metros, corre por cima de xistos argilosos, contornados e cheios de ondulações. Na superfície apresentam-se com frequência as cangas e, uma légua ao sul de Forquilha, vêem-se muitos barreiros; nestes lugares a superfície é de uma terra vermelha, que os animais vêm lamber, por causa do sal nela contido. A cadeia principal dos morros que flanqueiam o Cuiabá fica agora longe, nas proximidades do rio havendo apenas elevações menores do que as da serra. Quanto à Serra Azul, parece que ela se conserva sempre mais ou menos à mesma distância da estrada. Os moradores do lugar me informaram que em cinco dias se poderia subir o Cuiabá até as cabeceiras e que em dois dias se faz o trajeto oposto. Ficamos sabendo também que um mês atrás tinham chegado ao povoado uns vinte índios Parecis; estavam inteiramente nus e pareciam muito mansos.

A dona da casa em que estávamos, apesar de não contar mais de dezesseis anos, tinha já um grande papo. Pela primeira vez, depois de termos saído de Cuiabá, choveu durante a noite.

No dia 24 atravessamos o rio numa balsa formada por um tablado apoiado sobre três canoas e capaz de transportar cinco animais.

Vimos vários jacarés, que os habitantes do lugar nos disseram ser inofensivos. No decurso de nossa viagem aconteceu-nos encontrar muitas vezes lugares em que a mesma espécie animal, apesar da distância pequena daqueles, aqui se apresentava bravia e ali mansa. Nunca dei muita importância a estas relações, as quais nada mais provam do que a ocorrência num lugar de acidentes, a que outros são estranhos. É todavia possível que os animais ferozes nos lugares em que há abundância de alimento, evitem atacar o homem que, sempre lhes inspira algum respeito.

Nas margens do Cuiabá há também ranchos e casas. Ao cabo de cinco léguas, através de campos entrecortados de palmeirais, alcançamos a Serra do Tombador, em meio à qual se vê um monte cortado a pique. O caminho coleia junto à falda, através de belos bosques de coqueiros, penetrando depois por entre as montanhas; ele é bem traçado e foi muitas vezes aberto com esforço entre rochedos e precipícios. Nos trechos mais perigosos é protegido por um parapeito. A paisagem é de notável beleza; avistam-se a cada momento profundos vales cobertos de sombria mata, destacando-se no fundo verde-escuro das florestas que vestem os flancos das montanhas os caules delgados e brancos das imbaúbas (*Cecropia*) e os graciosos leques da palmeira indaiá. Outra cena ainda mais bela ia-nos prender a atenção. O rio Tombador, largo de uns 15 metros e fechado pela magnífica floresta tropical, aí se precipita perpendicularmente de uma altura de 20 metros numa profunda garganta, expandindo-se embaixo da cachoeira numa bonita bacia. O caminho, bastante íngreme, continua a seguir o trajeto do rio, que apresenta ainda diversas cascatas, menos imponentes, é verdade, do que a primeira, mas ainda assim muito pitorescas, graças aos paredões de rocha, aos enormes troncos derrubados e à quantidade de cipós, que em certos pontos se prendem às árvores, de modo a formar lindos berços naturais.

Fomos, uma légua adiante, dormir numa fábrica de açúcar, conhecida pela nome de Engenho dos Veados. Ao pôr-do-sol, vimos um cometa.

Até o Engenho dos Nobres os xistos argilosos se mostram sempre a descoberto; mas, a partir dali, o caminho se mete por entre duas cadeias de morros de variedades diversas de grés, em cuja superfície aparecem grandes massas de um calcário estratificado, de camadas muito delgadas e contornadas. Este calcário é visto principalmente na entrada da garganta. O maciço formado pela montanha, ou melhor, pelo planalto, pertence evidentemente à mesma formação da Serra Azul, de que é um contraforte. Embaixo deste grés fica uma variedade que se transmuda em xisto argiloso e, finalmente, no sopé da cachoeira do Tombador, vêem-se grandes blocos de um grés muito rico em quartzo e muito duro.

O rio Tombador nasce no planalto do Campo dos Veados e desce a serra no ponto mais abrupto em que toca a estrada. Pode-se chegar a este notável altiplano, tanto pelo caminho que tínhamos seguido como por uma outra garganta, que corre para sudoeste e é chamada de Parapitangas, e ainda, finalmente, por uma garganta menor, que se dirige para o sul, e vai entroncar com a precedente. O resto do platô é cercado de altos morros, que lhe emprestam o aspecto de uma bacia raza.

O rio Tombador une-se ao rio dos Nobres um quarto de légua a nordeste da estrada; o último despeja no Cuiabá. A casa em que pernoitamos fica situada mesmo no planalto de que falamos acima; ali me mostraram diversas armas, das usadas pelos índios do rio Tapajós.

No dia 25, entramos muito depressa nas extensas planuras que se chamam Campos dos Veados, pela grande quantidade de veados que nelas havia antigamente; hoje estes animais desapareceram completamente, vítimas de uma doença que em poucos anos os destruiu até a extinção. Contaram-me os filhos da terra que por essa ocasião era comum encontrarem-se à beira da estrada, num só dia, quinze ou vinte daqueles animais mortos.

Depois de passar por várias fazendas, começamos a descer o planalto em que nos achávamos desde a passagem do rio Cuiabá. Dá-se a este lugar o nome de Morro Vermelho; ele dista de Diamantino apenas uma légua e meia. Não tardou que alcançássemos o comandante do destacamento militar e o juiz de paz, que vinham à nossa frente, a cavalo. Os meus companheiros, tendo, como de costume, ficado para trás, a estudar o campo, perderam-se, para só aparecerem à tardinha. Até a margem do Parapitangas, que é o formador principal do rio dos Nobres, a formação geológica era semelhante à encontrada no dia anterior: apenas viam-se, na superfície, camadas de grés, que desaparecem do lado oposto do rio. No planalto do alto Paraguai dominavam os xistos argilosos, bem caracterizados. Quanto ao Morro Vermelho, é ele constituído de grés vermelho com veios esbranquiçados, à semelhança do referido planalto; finalmente, no morro em que fica a própria vila de Diamantino, via-se ainda o grés vermelho.

O rio Paraguai se precipita do planalto através de uma estreita garganta, situada a um quarto de légua da estrada, da qual ele se aproxima cada vez mais, para costear num dado momento o vale; mais adiante, ele se distancia da estrada, quando esta galga o pequeno morro atrás do qual fica a vila.

CAPITULO XXI

NASCENTES DO RIO PARAGUAI E DO RIO TAPAJÓS. MINAS DE DIAMANTES. - REGRESSO A CUIABÁ.

A cidade de Diamantino, ou melhor, a vila de Nossa Senhora da Conceição do Alto Paraguai Diamantino, fica situada a uma légua do rio Paraguai, num vale muito alongado, formado por dois morros, um dos quais corresponde à aresta do planalto onde nascem os rios Arinos, Sant'Ana e Amolar, e o outro é um contraforte, que a nordeste se liga ao primeiro e separa a vila do vale do Paraguai.

Assenta Diamantino em solo muito desigual; suas ruas, mal calçadas, são por conseguinte muito montuosas. As casas orçam mais ou menos em duzentas; são geralmente térreas, com exceção de umas duas ou três, que possuem um andar, e quase todas muito grandes. São cobertas de telhas e construídas de pedras de grés e caiadas de branco, com a cal extraída das margens do rio Paraguai, abaixo do lugar conhecido pelo nome de As Três Barras. Alinham-se elas em duas ruas principais, que vão se, encontrar na igreja, cujo edifício tem grandes proporções, mas não pôde ser ainda concluído por falta de recursos. Essa igreja foi fundada por Frei José, antigo prelado de Cuiabá. Passa no meio da vila um riacho cortado por várias pontes, uma das quais é bastante elegante. Esse riacho é chamado ribeirão do Ouro e é obstruído por muitos rochedos de um grés vermelho e muito duro; desemboca no Diamantino, dentro do perímetro da própria cidade. Há no lugar, afora número avultado de escravos, mil a mil e duzentos habitantes livres, cuja tez é em geral mais clara do que nas cidades e aldeias de Goiás. A população total da freguesia é de cerca de quatro mil pessoas, um quarto das quais escrava. Fundada em 1804, Diamantino foi elevada à categoria de vila vinte anos depois. A pequena guarnição que possui é comandada por um alferes, a que está também subordinado o destacamento de Salto Augusto, no rio Tapajós. As autoridades restantes são o chefe de polícia e o subdelegado.

Gastamos o dia 26 em determinar a posição geográfica da cidade e em obter informações sobre o seu comércio, bem como sobre a navegação pelo Tapajós, que aqui é conhecido unicamente pelo nome de Arinos. As cabeceiras deste último acham-se no mesmo planalto que as do rio Paraguai.

Certo homem que havia viajado muito nessa região forneceu-me as seguintes informações sobre as tribos de índios que a povoam:

Os Bacaeris, que habitam as nascentes do Arinos e são de índole muito mansa. Fazem bonitos paneiros e artefatos outros, que vendem em Diamantino. Estão constantemente em guerra com os Cajais.

Os Tapanhunas, tribo hostil, que mora no rio de seu nome, afluente do Arinos. Pintam-se inteiramente de preto e falam a mesma língua que os Bacaeris.

Os Nhambiquaras, ferozes e antropófagos, que vivem nas florestas do centro.

Os Parabitatas e os Jauaritis-Tapuios, com hábitos análogos aos dos Nhambiquaras. Os Jauaritis-Tapuios não são conhecidos senão pelo que deles contam os outros índios, segundo os quais eles só viajam à noite, por lhes fazer mal aos olhos a claridade do dia. Daí o nome de Morcegos, que lhes dão os habitantes de Diamantino.

Os Apiacás vivem nas melhores relações com os cristãos, mas mantêm guerra permanente contra os outros índios e devoram os prisioneiros. Deles voltaremos a falar, com mais minúcia.

Os Parintintins moram no interior da mata, ao nível do médio Tapajós; são inimigos declarados dos precedentes e hostilizam muito os viajantes.

Os Mundurucus habitam as porções baixas do rio; foram sempre aliados dos brasileiros contra os outros índios. São guerreiros muito temidos, que se pintam de cores berrantes e se cobrem de ornamentos vistosos, feitos de penas de arara.

Finalmente, os Maués, muito mansos, que habitam o trecho do Tapajós mais vizinho do rio Amazonas e fabricam o guaraná.

Já me referi aos Parecis, nação indígena que vive nos extensos campos situados entre Diamantino e Mato Grosso (Vila Bela). Por algum singular mal-entendido, eles são muito mansos para os moradores da primeira cidade e completamente hostis para os da segunda.

A casa em que estávamos tinha sido ocupada outrora pelo Sr. de Langsdorf, sobre quem muito se falava na região. Fomos visitados pelos principais moradores da vila, entre os quais o guarda-mor e o cura. Este último se mostrou muito hospitaleiro conosco.

A 27, partimos depois do meio-dia, em demanda da casa do alferes Joaquim da Rocha. Fica esta fazenda perto das nascentes do Paraguai, que havia tanto tempo queríamos conhecer. Depois de atravessar o morro que domina a cidade, entramos num comprido vale, formado por duas montanhas de cumes em forma de mesa. Toda a região é coberta de campos. Atravessamos o Paraguai que aí já tem 13 metros de largura, mas com uma profundidade apenas de dez centímetros. Duas léguas, adiante alcançamos a sede da fazenda, tendo feito ao todo três léguas e meia.

Para lá do morro da vila, a formação geológica é o xisto argiloso, variadamente colorido e contornado. O morro do Tamanduá é de grés. Nas margens do Paraguai a cascalho diamantífero descansa sobre o xisto argiloso.

Nosso hospedeiro era um grande caçador de onça, tendo já matado umas quarenta delas em suas terras. Sua fazenda fica situada justamente no sopé do planalto que dá origem a um dos maiores rios do mundo, o famoso Paraguai, cujas águas vão banhar Buenos-Aires; ela fica situada no vale de que já fizemos menção e que nesse ponto tem a aparência de uma profunda garganta, rodeada de enormes rochedos, de aspecto inacessível. Nosso alferes conhecia admiravelmente toda essa região. Contou-nos, que anos antes selvagens barbudos haviam aparecido numa fazenda situada a quatro léguas da sua, praticando devastações; mas que tendo o pessoal da casa lhes feito fogo, matando alguns, os outros fugiram, nunca mais sendo vistos, e sem que se tenha conseguido nunca saber a nação a que pertenciam. Tínhamos grande desejo de partir no dia seguinte, ao despontar o dia; esse foi o motivo pelo qual nosso hospedeiro decidiu nos acordar, com regularidade, cada hora que passava, para nos advertir de que não era ainda o momento de despertarmos. Vendo que sua resolução era não nos deixar dormir, pusemo-nos a ouvir longa declamação sobre o caráter da gente que se ocupa da extração de diamantes. Disse-nos que ela desconfia até dos próprios filhos pequenos, o que não impedia de serem as pedras mais bonitas roubadas pelos escravos.

Na manhã de 28, grande foi a nossa contrariedade, ao ver que a chuva caía torrencialmente. Sabíamos que a estrada a percorrer era péssima, ficando completamente intransitável em circunstâncias semelhantes. Entretanto, às nove horas, como o tempo houvesse melhorado, partimos, guiados pelo nosso fazendeiro.

Atravessamos meia légua de campo, para chegarmos a uma trilha, ou melhor, verdadeira escada, por entre, rochedos enormes, que tivemos de escalar com grande dificuldade. Encontramo-nos, depois daí, no alto de um planalto de grés, com cerca de 150 metros acima do vale. Dessas alturas descortinava-se lindo panorama vendo-se ao longe o rio Sant'Ana. Depois de percorrer uma meia légua de planalto, através de campos descobertos, atingimos a primeira nascente do rio Paraguai, espécie de lagoa circular que não tem mais de 10 metros de diâmetro e é cercada de buritizais. Um pouco mais adiante, deparamos com outra lagoa, de margens lodosas e orlada de idêntica vegetação. Esta é a principal nascente do Paraguai. O rio tem no seu nascedouro uns 100 metros de comprimento por 25 a 30 de largura; depois, subitamente, ele retoma seu curso, assinalado por uma linha de buritis. Recebe, logo vários tributários, entre os quais o rio Amolar, o qual, com o nome de Paraguai-Senhor, ganha a borda do planalto e se precipita em numerosas cascatas, até sua foz. Só então, depois de ter feito um cotovelo, toma ele a sua direção definitiva, para su-sudoeste. A seguir, levou-nos o nosso guia até uma terceira lagoa, que é antes uma espécie de charco, situada a um quarto de légua de distância; aí nasce um córrego, que vai juntar-se ao precedente. O barômetro nos deu para esse lugar uma altitude de 305 metros. O tempo continuava chuvoso, sendo para nós felicidade inesperada que o sol aparecesse por alguns instantes ao meio-dia, permitindo-nos determinar com exatidão a posição astronômica do lugar. Não existem, por conseguinte, os sete lagos que pareceria indicar o nome de Sete Lagoas por que é conhecido, mas apenas duas ou, no máximo três, se considerarmos também como lagoa o tal banhado a que há pouco nos referimos. Seria talvez mais correto dar como cabeceira do Paraguai os dois buritizais (1) que estão

(1) Conhecem-se por este nome os coqueirais da palmeira buriti, indicadores sempre da presença de água.

em ligação com as lagoas e convergem para o nordeste, indo reunir-se numa pequena mata, situada a duas ou três léguas mais longe. Todavia, estes buritizais certamente se alimentam das infiltrações das lagoas.

Na planície, correndo já para sudoeste, o Paraguai recebe o rio Pari, que nasce no mesmo platô e corre a princípio em sentido contrário, numa estreita garganta.

Fiquei a contemplar longamente esses magros filetes d'água, que estavam destinados a formar o majestoso rio da Prata. As nascentes dos grandes rios sempre despertaram em mim indizível interesse. Há, com efeito, alguma coisa que impressiona o espírito quando refletimos que tal rio que podemos atravessar de uma passada, está destinado na parte baixa de seu curso a irrigar regiões imensas, e quiçá a permitir navegação a navios e fragatas; que esse modesto regato que corre por entre o capinzal não tardará a arrastar em suas águas árvores gigantescas. Aqui quase recearíamos secá-lo fazendo dessedentar-se nele o nosso cavalo; acolá, com as suas inundações, ele porá em fuga populações inteiras; tão fácil nos parece desviar as suas nascentes humildes, quão irresistível é a força que adquire no trecho principal de seu curso. Nas partes pouco conhecidas do globo, é em geral de extrema dificuldade alcançar os lugares onde nascem essas grandes artérias; daí o prazer que se experimenta ao contemplá-los possuir um pouco da satisfação que o homem sente ao pensar nos obstáculos vencidos à custa de seu esforço e perseverança.

Como a chuva tivesse ficado mais forte do que nunca, só com muito trabalho e não sem alguns riscos, é que alcançamos novamente o vale, onde nos julgamos muito felizes de encontrar asilo na casa hospitaleira de nosso fazendeiro.

A 29 de dezembro regressei a Diamantino, a fim de pôr em ordem as minhas notas, enquanto os Srs. d'Osery e Weddell faziam uma excursão a São Pedro, que fica situado no planalto oposto àquele em que tínhamos estado no dia anterior. Eis aqui o resultado desta excursão. O Morro do Tamanduá é de formação idêntica à do planalto em que ficam as nascentes do Paraguai. A aldeia de São Pedro, fundada somente para a exploração diamantífera, é constituída de umas sessenta ou setenta casas muito ruins e de, mais ou menos, trezentos habitantes. A extração se faz até dentro do próprio arraial. A povoação de Buritizal fica meia légua a noroeste de São Pedro; é maior do que esta última e vai até a margem do rio Paraguai.

Em sua volta para Diamantino os nossos companheiros tiveram que utilizar um caminho que a grande quantidade de lama havia tornado muito difícil. Essa estrada corta sempre terreno diamantífero e atravessa, a princípio, o rio Paraguai, depois o Diamantino e, finalmente, o Buriti, antes de sua junção com o Diamantino.

É de notar-se que todas as cadeias desta região correm de les-nordeste para oeste-sudoeste, o que forçou as porções mais altas do Cuiabá e do Paraguai a tomar esta última direção, visto como ambos circulam em profundas gargantas, formadas pelas serras Azul, do Tombador e do Tamanduá, partes todas de um mesmo sistema.

No dia 29, depois do meio-dia, trouxeram-nos vários índios Apiacás, um dos quais era bastante inteligente e sabia falar um pouco de português. Este homem tinha a pele muito clara e uma fisionomia tão meiga que era difícil imaginar-se que fizesse parte de um povo antropófago. O sinal característico desta tribo consiste em três linhas horizontais, feitas com o suco do genipapo e localizadas acima e abaixo da boca, de modo a formar uma espécie de quadrilátero. Obtive do índio a que me refiro os seguintes informes: Os Apiacás habitam os rios Arinos e Juruena; cultivam a terra, plantam milho, carás, feijão, mandioca, algodão, etc. Quando fazem derrubadas, os homens, põem abaixo as árvores, as mulheres fazendo depois as plantações; uma vez aberto o sítio, os homens se limitam a caçar e pescar, conforme é uso em todas as tribos selvagens. Cada homem possui duas mulheres, só aos chefes sendo permitido ter três. O marido, pode mandar embora a mulher, mas se nenhum outro homem a quiser tomar por esposa, o antigo companheiro está na obrigação de matá-la. Os velhos se ocupam em fiar algodão, devendo ser alimentados pelos filhos; no caso de não tê-los, serão sustentados pelos membros moços da tribo.

Estes índios acreditam num Ente Supremo, e parece mesmo que a este dirigem orações. Admitem a imortalidade da alma, pensando que após a morte ela se vai para os campos, onde sem a necessidade de fazer plantações, medrarão sempre bons frutos. Quando morre alguém, faz-se o enterramento dentro da própria casa. Na guerra, os Apiacás matam todos os inimigos adultos, deste ou daquele sexo; fazem-lhes depois o corpo em pedaços e os assam. As crianças são feitas prisioneiras e levadas para o aldeamento, onde são criadas com as outras e bem tratadas. Fazem-nas todavia trabalhar no campo, amarrando-as duas a duas pelo pescoço, com uma corda. Quando dois ou três desses infelizes chegam aos doze ou catorze anos, faz-se uma grande festa no aldeamento, ouvindo desde a manhã soarem as trompas de todos os lados. Toda a população se veste com os ornatos mais vistosos de penas de arara. Os pequenos prisioneiros são trazidos para o meio de um círculo em que se alinha toda a tribo, ficando atrás deles os chefes das famílias que os tomaram para criar. Estes, a um sinal dado fazem-lhes estourar a cabeça a macetadas, os corpos sendo em seguida devorados, por entre diabólicas danças que duram toda a noite. Ocasiões há em que se poupam as raparigas durante cinco ou seis anos antes de matá-las. Todos quantos não pertençam à tribo serão assim infalivelmente sacrificados. A voz meiga e o sorriso afetuoso do índio que me fornecia estes pormenores constrastava singularmente com o sentido horrível de suas palavras. Contou-me ele que muito havia chorado quando o companheiro de infância fora morto daquela maneira por seu pai. Sua mãe, dizia-me, chorara também; era forçoso seguir o costume. Diversas pessoas que tinham visitado a referida tribo confirmaram todos esses fatos; uma delas me contou que em circunstâncias semelhantes oferecera aos selvagens objetos de grande valor para salvar a vida a uma dessas pobres crianças, mas inutilmente. Só conheço exemplo de semelhante crueldade entre os antigos Muyscas, entre os quais a vítima ("guesa") era criada com o maior cuidado até os quinze anos e depois sacrificada no templo de Bochica (o sol), em Sogamogo. Entretanto, na época da descoberta, as tribos da costa oriental do Brasil tinham mais ou menos os mesmos costumes. De resto, os Apiacás matam os inimigos no campo de batalha, mas não os torturam. Asseguraram-me que os Jauaritis-Tapuios procedem de modo diverso, amarrando os prisioneiros numa árvore a cerca de um metro do chão, fazendo depois fogo em baixo deles, para que sejam lentamente consumidos. Contaram ainda que esses índios, bem como os de uma outra tribo chamada dos Guatós, comem carne humana crua, ao passo que duas outras tribos inimigas, a dos Oropiás e a dos Parabitatás, cozinhariam em água as suas vítimas. Os Apiacás mantêm guerra contra os Mutoniuenes e os Sitiúvas que são por igual antropófagos. O ouro, segundo contam, é abundante nas terras em que habitam, mas dele não fazem nenhum caso, tendo-o como o deus dos brancos.

Os Apiacás têm os seus feiticeiros, dormem em redes e habitam aldeamentos constituídos de uma única habitação feita de paus e de tamanho bastante grande: para abrigar várias centenas de habitantes. Informou-me ainda o mesmo índio que o rio Juruena é habitado por quatro nações indígenas: os Apiacás, os Oropiás, que falam a mesma língua e foram já citados anteriormente, os Bororós e os Cauaívas, que foram repelidos para as margens do rio, pelos Apiacás. As crianças não têm senão as linhas nas bochechas; só durante a puberdade é que são pintadas as que rodeiam a boca. Parece que estas diferenças correspondem a particularidades dos costumes, pois só os indivíduos com linhas à volta da boca podem comer carne humana.

Entre os brasileiros que assistiam a esta conversa, um havia cujas unhas tinham mais de uma polegada de comprimento. Vi em Diamantino pessoas que ostentavam ornamento semelhante, com o único fim de facilitar o uso do violão. É corrente aqui existirem, dez ou doze léguas a oeste de Sant'Ana, três aldeias de negros fugidos, ou *Quilombos*, como é o nome que a elas se dá em todo Brasil. Afirma-se que é grande a população que nelas habita. A maioria destes negros nunca teria tido contato com os cristãos, a outra parte se ocupando em desencaminhar os escravos do distrito diamantífero. Diz-se que os quilombolas vivem em boas relações com as diferentes tribos selvagens. Em Diamantino encontramos um francês que havia tomado parte numa malograda expedição, vinda do Rio de Janeiro sob o comando de um velho cego. Essa expedição atravessara o imenso sertão deserto que separa Diamantino daquela capital, transportando consigo complicada aparelhagem, com o fito de buscar no fundo do rio Sant'Ana os diamantes que ali existiriam em abundância. Compunha-se a comitiva de sete ou oito compatriotas nossos, entre os quais uma mulher que fomos encontrar em Cuiabá, e depois ainda uma segunda vez em Belém. Mal tinha essa gente acabado de chegar ao distrito diamantífero e já a maior parte dela caía vítima da insalubridade do clima. Os dois ou três sobreviventes não perderam porém a coragem, instalando a sua máquina de borracha. O homem que encontramos em Diamantino foi o primeiro a aventurar-se sob uma espécie de sino, dentro do qual pensava dar um agradável passeio pelo fundo do rio; mas antes de ter tido tempo para apanhar todos os diamantes do lugar, verificou decerto que a máquina não era suficientemente impermeável, pois que o retiraram prestes a afogar-se. Depois de haver assim despendido todos os magros haveres nessa incrível especulação, não tendo mais com que fazer a viagem para o litoral, entregou-se ao comércio honesto, o qual, como ele próprio nos contou, consistia em comprar as pedras furtadas pelos escravos. Mais tarde eu soube que ele tinha morrido pouco depois de nossa passagem. Por consequência, dos membros da infeliz empresa, só a mulher havia sobrevivido.

As minas de ouro, como, principalmente, as jazidas diamantíferas a que a vila de Diamantino deve a sua fundação e a sua importância, parece terem sido descobertas na época em que os paulistas fizeram os seus primeiros estabelecimentos da província de Mato Grosso. Mas, sob o domínio português a exploração do diamante esteve interdita aos particulares sob pena de incorrerem nas mais severas penalidades. Os terrenos diamantíferos eram fiscalizados por uma guarda militar, a que cabia exercer constante vigilância sobre os escravos da coroa ocupados na extração do minério. Quem quer que encontrasse uma pedra era obrigado a remetê-la para a superintendência dos diamantes em Cuiabá, onde recebia uma modesta recompensa, ou senão, quando se verificava haver a intenção de dela se apropriar, era rigorosamente castigado. Por esse tempo, tanto o comércio como a extração dos diamantes eram inteiramente proibidos em todo o Brasil, com exceção apenas dos agentes especiais que o governo expressamente nomeava. A partir do governador João Carlos, de que já falamos, esse comércio passou a ser a princípio mais ou menos tolerado e, mais tarde, perfeitamente livre. Se, como afirmam, não foram ainda revogadas as leis que outrora regulamentaram essa indústria, elas pelo menos caíram em completo esquecimento. Os moradores de Diamantino só lamentam que a interdição lançada sobre o comércio da escravatura os tenha reduzido à impossibilidade de aproveitar as riquezas da região.

Foi em 1746 que pela primeira vez se encontraram diamantes de algum valor na província de Mato Grosso. Pouco tardou que deles se encontrasse no riacho do Ouro tão grande quantidade, que o ouvidor Manuel Antunes Nogueira, querendo apoderar-se de todos esses terrenos em benefício da coroa, deles fez evacuar todos os habitantes. A fome fez devastações terríveis entre estes infelizes desterrados.

Dir-se-ia que todos as males haviam desabado sobre a região, pois a uma prolongada seca se seguiu, em 24 de setembro de 1746, violento terremoto. Só em 13 de maio de 1805 foi permitido aos moradores voltar às suas antigas propriedades, mas sob a condição de transferir para a coroa, sob pena de pesados castigos, todos os diamantes por eles porventura encontrados. Em 1809, uma ordem régia instituía em Cuiabá uma Junta dos diamantes.

O ouro e o diamante, que ali, como em muitos outros lugares, aparecem juntos, são encontrados principalmente nos muitos córregos que sulcam a região e mesmo em todos os terrenos que dela fazem parte. Contudo, depois das chuvas, as crianças de Diamantino retiravam ouro da terra nas próprias ruas da cidade, ou do ribeirão do Ouro, que, como dissemos, atravessa o povoado. Não é raro que consigam então o equivalente ao valor de uma ou duas patacas de oito a quinze grãos, (medida brasileira). No que respeita ao diamante, contam que um preto, ao arrancar hortaliças em seu quintal, achou um diamante emaranhado nas raízes. Pouco tempo antes de nossa chegada a Diamantino, dizia-se ainda, um tropeiro, ao plantar uma estaca para amarrar as mulas, achara também um, com o peso de meia oitava (cerca de 9 quilates). Este último fato ter-se-ia dado na chapada de São Pedro. Conta-se, finalmente, que tem acontecido acharem-se diamantes no papo das galinhas.

Os principais cursos d'água em que nesta parte do Brasil o ouro e o diamante têm sido encontrados são:

O rio do Ouro, formado pela união de dois braços, desde as nascentes destes até a sua confluência no Diamantino; o próprio rio Diamantino, desde suas cabeceiras, até a sua união com o Paraguai; o rio Sant'Ana, outro afluente do Paraguai, bem como o rio das Areias, tributário do Sant'Ana, ambos em toda a extensão de seu curso; os rios São Francisco de Paula e São Francisco Xavier, que se unem para despejar no Sant'Ana, também em todo o seu curso; o rio São Francisco de Chagres, outro afluente deste último; por fim, o rio Paraguai, desde a boca do Diamantino, até o ponto chamado Três Barras.

Diz-se ainda que o rio Sumidouro, afluente do Arinos, é muito rico em diamantes. As numerosas explorações existentes no próprio terreno das chapadas que o margeiam ficam situadas em torno dos arraiais de São Pedro e Buritizal.

Em todo o distrito de Diamantino a formação geológica em que se encontra o diamante é sempre a mesma; quer sejam observadas nos paredões feitos pela mão do homem, sulcando as chapadas, quer sejam estudadas no leito das grandes ravinas abertas pelos rios, onde o cascalho aparece a nu, permitindo a maior visibilidade e a extração mais rápida das pedras preciosas. Damos aqui o fruto de nossas observações a respeito deste assunto. Na superfície encontra-se a princípio uma terra vegetal preta e muito argilosa, cuja espessura varia muito, por isso que a sua própria superfície é cheia de ondulações; vem logo abaixo outra camada de superfície superior perfeitamente horizontal e formada daquilo que os mineiros denominam gorgulho, mistura de pequenos seixos de grés, de quartzo e de sílex rolados, e quase sempre aglutinados por uma argila amarela ou alaranjada da natureza da canga, mas por vezes sem nenhuma aderência entre si. O gorgulho, que é o indicador e um dos principais elementos da formação diamantífera, não passa evidentemente de um depósito aquoso trazido por uma grande torrente que, em época geológica recente, percorreu e revolveu o vale do Paraguai. Debaixo do gorgulho, e sob a forma de uma camada perfeitamente horizontal, é que se encontra o cascalho diamantífero; de modo geral seus elementos formadores são os mesmos do gorgulho, com a diferença de os seixos serem maiores e não existir nunca o cimento de canga, que aglutina o último. Por fim, o que caracteriza principalmente o cascalho é a presença de certas pedras de forma e coloração especiais, conhecidas no país pelo nome de cativos do diamante. Sempre que se acham estes cativos é certa a existência do diamante, ao passo que, pelo contrário, é inútil qualquer exploração se aqueles não são encontrados. Indicações particulares são fornecidas por três espécies de seixos rolados e perfeitamente polidos, cuja forma anuncia a ação longa do atrito e da água em movimento. O primeiro é um sílex preto ou marmóreo, vizinho da cornalina; quanto mais escuro é ele, diz-se, tanto mais certa a existência do diamante. O segundo é uma pedra conhecida na região pelo nome de pedra de osso, cuja aparência lembra a dos ossos que estiveram enterrados por longo espaço de tempo: é um grés puro, vizinho do itacolumito, tem ainda valor apreciável como indicador da presença do diamante. O terceiro, finalmente, conhece-se pelo nome de pedra rósea e é uma espécie de grés violáceo; vale menos do que os anteriores como anunciador das pedras preciosas, mas ainda assim, dizem os trabalhadores, fornece boas indicações. Nunca existe diamante no gorgulho. O cascalho diamantífero descansa sobre xistos argilosos vermelhos conhecidos pelos mineradores pelo nome de pissarra. Contudo, é bastante variável a espessura destas diversas camadas. Visitamos, entre muitas outras, uma trincheira na qual a espessura da terra vegetal era aproximadamente de um metro; a do gorgulho, de 60 a 70 centímetros e a do cascalho de 50 a 75 centímetros. Há ocasiões, embora raras, em que as camadas do cascalho atingem a possança de 1m,25. Os xistos sobre que descansa toda essa formação nunca encerram diamantes. Acontece ainda que nos pontos em que atravessamos o Paraguai falta o cascalho interposto entre o gorgulho e os xistos, as águas do rio correndo sobre estes últimos.

A cata dos diamantes é feita pelos escravos; estes, durante a estação em que as águas estão baixas, mergulham para procurar no fundo dos rios o cascalho, que a seguir é lavado cuidadosamente. Os brancos não resistiriam a trabalho tão rude, ao qual muitos negros também sucumbem. Quando se trata de um rio muito pequeno, prefere-se desviar as suas águas, pondo a seco o leito, cujo cascalho é então tratado como o das chapadas. Parecem já completamente esgotadas as jazidas dos rios Diamantino, do Ouro e Paraguai. O ribeirão Buriti ainda continua a dar boas pedras, ao passo que o Sant'Ana pode ser considerado ainda virgem, pois apesar da quantidade incrível de diamantes que dele já se extraiu, parece nada ter perdido da riqueza. Não obstante, a extração do diamante não é tão produtiva quanto se poderia acreditar, bastando lembrar que na região é apontado como excepcional o resultado obtido por um espanhol de nome D. Simon, que no espaço de quatro anos, trabalhando é bem verdade só na estação seca, mas com o auxilio de duzentos escravos conseguiu juntar quatrocentas oitavas de diamantes (cerca de sete mil quilates). Este personagem viu-se depois forçado a abandonar os trabalhos, porque grande número de seus escravos veio a morrer em consequência das febres malignas que infestam toda a região diamantífera e muito particularmente as margens do rio Sant'Ana. Antes porém de partir, ele teria tido o cuidado de fechar o buraco de onde havia extraído tantas pedras. Mais tarde, outro indivíduo extraiu oitenta oitavas de um único ponto do rio.

O maior diamante achado em Sant'Ana pesava, assim dizem, três oitavas (cerca de cinqüenta e dois quilates) foi achado já há muitos anos e não se sabe o preço que alcançou. É opinião corrente serem as pedras extraídas deste rio mais bonitas do que as das outras localidades diamantíferas, havendo até pessoas que no comércio sabem distingui-las.

Nas chapadas a exploração se faz por meio de valados a céu aberto; estes valados têm ordinariamente 4 a 6 metros quadrados e uma profundidade que varia muito, conforme a espessura da camada de terra vegetal. De regra, não é necessário cavar muito para chegar ao cascalho; um metro ou dois são suficientes na maioria dos casos, mas há ocasiões em que se torna indispensável ir mais fundo, como na chapada de Sant'Ana, onde as escavações medem seis metros. Ademais, antes de dar início a qualquer exploração abrem-se poços de ensaio, a que se dá o nome de provas. Os trabalhadores se servem de uma espécie de enxada conhecida pelo nome de almocafra e formada por um cabo de 2 pés de comprimento, preso a um ferro pontudo e recurvo, com 8 polegadas mais ou menos, da base à ponta. Com este instrumento é feita a remoção das duas camadas superiores do solo; ou seja a terra vegetal e o gorgulho, que se amontoam separadamente. Em seguida é retirado o cascalho, que se acumula num monte à parte. O transporte de todo este material do fundo do fosso para fora é feito com o auxílio de gamelas de madeira; os negros enchem essas gamelas por meio da almocrafa e depois as carregam na cabeça para despejá-las no chão, junto à borda. A extração do cascalho é feita exclusivamente durante a seca, deixando-se a lavagem do cascalho para quando as chuvas tenham enchido as escavações anteriormente praticadas.

Já no momento da extração tiram-se do cascalho todos os pedaços grandes de quartzo que quase sempre existiu nele em grande quantidade. Depois, quando a água das chuvas é suficiente para começar a lavagem, abrem-se junto à beira dos fossos umas espécies de caixas, levemente inclinadas no sentido do comprimento e conhecidas pelo nome de cuiacas ou canoas. Têm essas canoas 3 metros de comprimento sobre 2 de largura e do pequeno lado que olha para a beira da escavação são fechadas apenas por um baixo rebordo. Na outra extremidade, põe um preto certa quantidade de cascalho, enquanto outro trabalhador, postado junto do lado aberto e metido na água do fosso até meia altura das pernas atira um jato de água sobre o monte de cascalho, usando para isso um pedaço de gamela. Depois de repetida várias vezes esta operação cujo fim é arrastar com a água todas as partículas menores e mais leves, fica no fundo da cuiaca apenas a porção terrosa, no meio da qual é fácil reconhecer os diamantes grandes que acaso contenha.

Depois daí o lavador tira do cascalho todos os pedregulhos maiores, lavando-o novamente pelo mesmo processo, se se suspeita de sua riqueza; no caso contrário o resto da lavagem é feito em bateias. Por meio desta segunda lavagem o cascalho fica ainda mais concentrado, sendo assim passado para uma gamela. Ele é agora muito tênue. Finalmente, o cascalho é ainda lavado parceladamente, tendo-se o cuidado de deixar sempre na bateia o último resíduo da operação anterior. Assim, acaba-se tendo no fundo de uma única bateia de dois pés de diâmetro e algumas polegadas de profundidade o resíduo da lavagem de uma quantidade muitas vezes bastante grande de cascalho virgem. É neste último resíduo que o minerador procura os diamantes. Os negros que se ocupam nesse trabalho tomam o cuidado de deixar no fundo da bateia os cativos que nela se acumularam, quando não chegam ao extremo de porem eles próprios alguns dos últimos, para lhes dar sorte, pois acreditam que essas pedras atraem o diamante. Não há superstição nem prática, por mais absurdas, que não se observem entre os infelizes que se ocupam deste gênero de trabalho. Aliás, é exercida sobre eles severa vigilância, sendo duramente castigados os que desviam alguma pedra. Isso não impede, porém que uma boa parte seja furtada. Aos domingos e dias santificados eles trabalham por conta própria, lavando nas cuiacas de seus senhores o cascalho acumulado na estação seca. Há sempre ouro no cascalho diamantífero; mas, de regra, ninguém se dá ao trabalho de apanhá-lo. A maioria dos senhores chega a proibir aos escravos de perder o tempo nessa pesquisa; mas alguns destes últimos a isso se aplicam quando trabalham para si próprios. Acontece então fazerem num só dia uma pataca ou pataca e meia de ouro.

Examinamos com muita atenção, o Sr. d'Osery e eu, as regiões diamantíferas, sendo levados a acreditar que os diamantes, tais como são encontrados nos rios e nas chapadas do alto Paraguai, devem ter sido trazidos consecutivamente a um movimento de aluviões modernas, difícil de precisar.

Os seixos, calhaus, cativos, etc., que entram como parte na formação geológica que contém o diamante, denunciam a ação enérgica das águas, durante longo tempo. Quando se pensa em que as rochas que cercam os vales diamantíferos são constituídas pela mesma espécie de grés que forma os extensos platôs (Serra de Taquara) existentes entre os rios Araguaia e Cuiabá, platôs cuja estrutura e cor mudam aqui e ali, conservando porém sempre a mesma composição fundamental, não se é levado a acreditar que os diamantes tenham sido arrancados a estas montanhas de grés? Todavia, seriam eles consequentemente contemporâneos dessa formação em que não existem fósseis, ou pertenceriam às mais remotas épocas de transição? É essa uma questão que não podemos resolver.

Ademais, tenho motivos para supor que o estudo da rica formação diamantífera da Chapada, na província da Bahia, viria ao encontro desta hipótese, pois ali os diamantes aparecem nas areias seguramente oriundas da desagregação dos grés vermelhos. Finalmente, o corte do terreno diamantífero de Abaeté, publicado por M. Clausen (*Bulletin de l'Academie de Bruxeles, tomo VIII, n° 5*), apresenta uma formação análoga. Em suma, na América do Sul a existência do diamante parece ligar-se à presença do grés vermelho.

Esse modo de ver tornar-se-á ainda mais verossímil quando for estudada a composição dos cativos, e especialmente a da "pedra de osso", que é no dizer dos mineradores um indício seguro da presença de diamantes, pedra que outra coisa evidentemente não é senão o grés completamente puro. Como se teria depositado o diamante no meio desse grés? Não se é levado a crer que na época da formação destas últimas rochas a atmosfera do globo era esse invólucro gasoso tão rico em anidrido carbônico, cuja existência é admitida por quase todos os geólogos, e que teria precedido seguramente todos os fenômenos da vida vegetal e animal? Não teria acontecido que sob a influência de condições particulares de calor e eletricidade o ácido carbônico se decompõe, libertando o vapor de carbônio, que depois lentamente se condensou, cristalizando sob a forma de diamante?

Vem em apoio desta teoria um fato a nós contado por um tropeiro da estrada de Goiás. Jogando certa vez numa das mulas uma pedra achada no caminho, esta se teria partido, deixando aparecer um diamante nela engastado. Chegamos mesmo a ver no Rio de Janeiro, na casa de um negociante, uma que estava manifestamente numa rocha daquela espécie. Quis muito possuir este precioso exemplar, mas o preço que por ele pediam não me permitiu adquiri-lo (1). Em Diamantino, todos os diamantes são rolados e nunca aderentes à rocha.

As idéias que acabo de externar podem ser combatidas por meio de argumentos a que no estado atual da ciência seria difícil responder. O único fato que considero demonstrado é a relação que parece existir, na América do Sul, entre a presença do diamante, e a do grés. De resto, esta rocha deveria ser talvez relacionada com uma época relativamente muito moderna, pois Clausen diz haver encontrado uma impressão de concha univalve indeterminável no grés vermelho da província de Minas Gerais (*Bulletin de l'Académie de Bruxelles*), o qual é talvez análogo ao do nordeste do Brasil, onde Gardner encontrou impressões de peixes. Com efeito, esta vasta formação de grés vermelho se apresenta em todas as partes em que a observamos sob o mesmo aspecto de platôs ou de montanhas de vértices talhados em mesa, e sempre no mesmo nível; ela parece ocupar uma grande extensão de terras nas partes centrais da América do Sul. Observâmo-la pela primeira vez no rio Tocantins, mais tarde, e em maior abundância, na estrada de Goiás a Cuiabá. Tornei a observá-la, sempre nas mesmas circunstâncias, no baixo Amazonas.

Ela parece formar uma grande parte desta porção do norte do Brasil que se projeta para o leste. Por fim, tenho todas as razões para acreditar que ela forma o planalto meridional de Mato Grosso. Gardner foi levado a referir à formação cretácea as partes do sistema por ele examinado, sendo conduzido a esta conclusão principalmente pelo estudo dos numerosos peixes fósseis encontrados na região. Parece-me possível que seja efectivamente ao sistema da greda que se deva referir todos estes platôs de grés vermelho, pois em muitos pontos encontramos neles o sílex. Foi assim que nos certificamos da presença deste último nas cachoeiras de Santo Antônio e do Funil, ambas do rio Tocantins, na subida do Tombador, na estrada de Diamantino, etc.

Convém notar que o sílex é, na maioria dos casos, um dos indícios mais seguros da presença do diamante. Se se admite o valor desta prova, ter-se-á de referir à formação cretácea os calcários argilíferos compactos e estratiformes que encontramos em Vila Maria e no rio Jauru, pois ambos continham raspas de sílex esbranquiçado.

Em toda parte estas rochas de grés e calcárias se acham apoiadas em xistos argilosos, os quais, por sua vez, cobrem as massas de granito, ou de gnaisse. Nesta hipótese, dever-se-á referir as aludidas argilas ao grupo wealdiano, com que parece terem grande semelhança. O diamante talvez já existisse antes da formação do grés, tendo sido, por assim dizer, engastado por este último.

Lembram essas rochas desnudas os grés vermelhos da costa setentrional de

(1) O Sr. Francisco Muniz, da Bahia, possui uma amostra, muito curiosa, proveniente da Chapada, e na qual se vê um cristal de diamante metido numa rocha inteiramente constituída de fragmentos dos chamados cativos, e muito especialmente dos denominados feijão ferragem, etc. Há na mesma amostra quartzo e ouro. Muitas das parcelas agregadas foram visivelmente roladas, sendo lícito acreditar que a sua reunião ulterior foi devida a um cimento moderno, no qual o diamante entrou fortuitamente. Trata-se de verdadeiro ***poudingue****.*

Ross-Shire, descritas pelo Dr. Mac-Culloch. Todavia, estes são cônicos e não terminam em tábua de mesa, repousando além disso diretamente sobre o gnaisse, e não sobre os xistos argilosos, como acontece no Brasil.

Foi-nos muito difícil obter dos moradores de Diamantino informes precisos sobre as quantidades de ouro e de diamante que saem anualmente da zona, pois eles ainda parecem se julgarem sob o império das leis portuguesas em tudo quanto diz respeito a esses dois minerais. Não obstante, juntando os dados mais positivos, organizamos o quadro abaixo, onde se registram aproximadamente as quantidades de diamantes extraídos da região desde 1817 até 1845, bem como a oscilação dos preços e o número de escravos empregados no serviço. A isso acrescentamos o valor dos próprios escravos.

Por ocasião de nossa passagem, cerca de duas mil pessoas, das quais oitocentas eram cativas, ocupavam-se nesse genero de trabalho.

Anos	Preços da oitava das pedras extraídas	Oitavas extraídas durante o ano	Número de escravos	Valor do escravo em média
1817	40$000	600	1.500	250$000
1820	60$000	500 a 600	1.500	250$000
1825	60$000	500 a 600	1.500	250$000
1830	60$000	300	1.500	250$000
1834	120$000	300	1.500	250$000
1838	150$000	300	1.200	300$000
1840	200$000	250	900	400$000
1844	250$ a 300$	200	800	600$000

Em 1817 uma pedra de uma oitava foi vendida por quatrocentos mil réis. O preço do ouro era por oitava, de mil trezentos e cinqüenta réis em 1817; de mil trezentos e cinqüenta em 1820; de mil e quinhentos em 1830; de três mil e duzentos em 1840 e de três mil e seiscentos em 1844.

Vê-se por aí que os preços do diamante e do ouro elevaram-se muito a partir de 1817; devendo-se este fato a três causas: 1ª) a diminuição do número de escravos africanos, consecutiva às leis sobre o tráfico; 2ª) a diminuição das quantidades encontradas daqueles minerais; 3ª) a celebridade crescente adquirida pela rica localidade de que nos ocupamos, motivo da afluência grande de pessoas para ela.

O vintém de diamante, em pedrinhas miúdas, vale hoje de nove a dez mil réis no comércio. Uma pedra de meia oitava valeria de quatrocentos a seiscentos mil réis, conforme sua pureza; uma de uma oitava valeria um conto e cem mil réis. Há dois ou três anos, uma pedra de três quartos de oitava foi vendida a oitocentos mil réis, e uma outra, de igual peso, a um conto de réis. Atualmente não se acha por ano mais que cerca de duzentas oitavas de diamantes, e apenas duas ou três pedras de meia oitava ou mais.

A pessoa mais rica de Diamantino, quando por ela passamos, tinha em seu poder duzentas oitavas de diamantes. Os escravos vendem os diamantes que furtam a quatro ou cinco mil réis o vintém, grandes e pequenos, uns pelos outros.

Em resumo, a julgar pelas informações que pude obter *in loco*, parece-me provável que a quantidade de diamantes extraídos em Diamantino e Mato Grosso, desde o descobrimento destes lugares pelos paulistas até o presente (1849) , sobe a cerca de sessenta e seis mil oitavas. Convém lembrar estar incluído nesta cifra um número bastante elevado de pedras grandes. Calculando em duzentos e cinqüenta mil réis o valor médio da oitava, obtém-se um total equivalente, a cerca de quarenta e seis milhões e duzentos mil francos. A esse total convém juntar aos diamantes extraídos da bacia do rio Claro. Se bem que a extração destes últimos seja bem pouca coisa em comparação com o que era no tempo do governo português, não posso avaliá-la em menos de quatorze mil oitavas, valendo mais ou menos nove milhões e oitocentos mil francos. Sendo assim, a soma dos diamantes extraídos da província de Mato Grosso chegaria a cerca de oitenta mil oitavas, no valor de cinqüenta e seis milhões de francos. Não tenho dúvida de que essa região venha um dia a fornecer, uma vez que seja convenientemente explorada, uma quantidade muito mais considerável do precioso minério. Infelizmente, porém, como ficou dito, a extração das pedras é cercada de grandes riscos, estando eu convencido que esses caprichos da vaidade humana já custaram ao Brasil a vida de mais de cem mil criaturas.

Vamos agora dizer alguma coisa com referência às outras minas de diamantes do Brasil. Durante muito tempo só foram conhecidos os da província de Minas Gerais; mas nestes últimos anos os da Chapada da Bahia conquistaram grande celebridade. Ocupar-nos-emos a princípio com os primeiros.

As minas de Cerro Frio foram descobertas em 1727 por Bernardino Fonseca Lobo, mas a natureza dos cristais achados permaneceu incerta até o momento em que um funcionário da província, que tinha estado nas Índias, a pôs fora de discussão. Mawe parece acreditar que nos vinte primeiros anos foram extraídas em média mil onças, ou oito mil oitavas por ano. Por outro lado, o Sr. Caire (Science des pierres précieuses, 1833) diz que em 1732 foram exportados do Brasil para Lisboa cento e sessenta mil e vinte e quatro quilates (cerca de nove mil e quatrocentas oitavas).

Foi a partir de 1772 que a coroa de Portugal começou a explorar as minas por sua conta exclusiva. De acordo com os relatórios oficiais, nos vinte e dois anos de corridas daquela data até 1794, foram encontrados diamantes correspondentes a quarenta e oito mil e quinhentas e quarenta sete oitavas, ou seja, uma média de duas mil e duzentas e seis oitavas por ano.

De 1801 à 1806 inclusive, foram extraídas seis mil e seiscentas e dez oitavas; ao passo que durante os catorze anos decorridos de 1807 a 1821 extraíram-se doze mil e trezentas e cinqüenta oitavas.

Em 1823 as minas produziram quatrocentas e quinze oitavas, e no ano seguinte quinhentas e sessenta e cinco. Esses trabalhos exigiram despesas enormes, as quais de 1772 à 1794, se elevaram a 6.184:963$810. Deste total deve-se porém deduzir 539:821$612, correspondentes ao valor do ouro encontrado, o que reduz o custo da produção a 5.646:142$198. Cada quilate rendia ao governo no próprio Cerro Frio, 6$644, e cada oitava 116$270.

De 1807 a 1821, os trabalhos de extração custaram 1.685:881$676, cada quilate rendendo 7$795 e cada, oitava 136$412. Em 1825 as despesas subiram a

253:378$987, dedução feita do ouro obtido. Finalmente, de 1 de setembro de 1832 a 1 de maio de 1834, as despesas da administração ultrapassaram a receita em 197$000. Foi então, isto é, em 25 de outubro de 1834, que, se aboliu a Junta Administrativa dos Diamantes, cessando o monopólio.

Procurando estabelecer com base nos dados que nos foi possível obter um cálculo aproximativo das quantidades de diamantes extraídos da província de Minas Gerais, chegamos aos seguintes resultados:

De 1727 a 1747	160.000
De 1748 a 1771, ou seja um período de vinte e três anos, para os quais suporemos uma produção anual de um terço da precedente	61.000
De 1772 a 1794 (uma média de 2.206 oitavas por ano)	48.547
De 1795 a 1800 (seis anos, com uma média entre os dois períodos precedentes e seguintes)	9.923
De 1801 a 1806	6.610
1807 a 1821	12.358
1822	250
1823	415
1824	565
Total	299.668

Para os vinte e cinco anos seguintes darei apenas uma média de mil oitavas por ano, se incluído o contrabando, o que significa um total, até a presente data, de 324.668 oitavas (1) ou seja a importância de 81.250:000$000, atribuindo-se à oitava o valor médio de 250 mil réis. Ao câmbio de 360 réis por 1 franco, isso equivale a 225.700.000 francos. A esta cifra deve acrescentar-se o contrabando feito durante a administração real, contrabando que Mawe, no começo deste século, calculava em mais de 2.000.000 de esterlinos, e ainda a soma correspondente ao tempo decorrido desde essa época até a extinção do monopólio. Teremos pois de acrescentar uns 75.000.000 de francos, o que fará ascender o total geral bruto dos diamantes extraídos em Minas Gerais a 300.700.000 francos.

Passemos agora à província da Bahia. Desde 1755 que se haviam descoberto diamantes nas cercanias de Jacobina, mas o marquês de Pombal proibira continuar na sua procura, com receio de que semelhantes trabalhos viessem acarretar no abandono da agricultura. Esta notável providência fala muito alto em favor do ilustre homem de Estado que então administrava Portugal. Parece também que se tinha idéia confusa sobre as minas da província, pois havia de longa data na zona a tradição da existência de um tesouro escondido na direção em que o diamante veio a ser achado depois em abundância.

(1) *Parte destes dados é extraída da* ***Memória histórica sobre os diamantes****, publicada no Rio de Janeiro em 1836, por José Rezende da Costa.*

As ricas minas de ouro da província da Bahia, conhecidas sob o nome de Chapada, foram descobertas no começo de 1844. Atribui-se a sua descoberta a um escravo da província de Minas Gerais, o qual, levando para o pasto o gado de seu senhor, notou a semelhança que havia entre o solo da região e os terrenos diamantíferos que ele conhecia desde criança. Teve então a curiosidade de procurar na areia a preciosa pedra, de que conseguiu reunir em vinte dias setecentos quilates. O pobre escravo fugiu então, indo oferecer à venda o seu tesouro numa cidade distante; mas as autoridades do lugar, supondo que estes valores eram provenientes de furto, fizeram-no prender. Não foi possível arrancar-lhe o seu segredo, mas tendo-se descoberto a sua condição, restituíram-no ao dono. Nem ameaças, nem castigos, nem promessas puderam lhe arrancar palavra. Usou-se então de um estratagema; reintegraram-no nas suas antigas funções e então, depois de ter conduzido durante algum tempo o gado em várias direções, ele acabou voltando ao lugar da mina. Readquirindo pouco a pouco a confiança e julgando-se afinal não observado por ninguém, recomeçou ele a trabalhar, aproveitando para isso as noites de luar. Desnecessário é dizer que pessoas destacadas de antemão aí o prenderam, sendo para crer que severos castigos tenham sido a única recompensa que alcançou o pobre escravo, por haver feito uma descoberta que tanto viria enriquecer toda a província.

No ano seguinte, vinte e cinco mil pessoas, provenientes principalmente de Minas Gerais, afluíram para o mencionado lugar. Segundo o S. Raybaud então cônsul francês na Bahia, o preço dos diamantes era em média de 280 a 300 mil réis a oitava; mas as pedras grandes até 500 mil réis. Calcula este competente funcionário em mil e quatrocentas e cinqüenta quilates a quantidade extraída em média cada dia, desde o descobrimento das minas até 1 de agosto de 1845 o que dá uma produção total de cerca de quatrocentos mil quilates, valendo 18.300.00 francos.

Em 4 de janeiro de 1847 o cônsul de França na Bahia pensava que nos dezoito meses precedentes tinham sido extraídas 12.500 oitavas de diamantes, valendo cerca de 5.000.000 de francos. Assim, até o princípio do ano passado, o valor dos diamantes extraídos das minas da Chapada atingiria 23.300.000 francos. Dizia ainda o Sr. Raybaud que por esta época a população das minas tinha diminuído, não excedendo a dez ou doze mil almas.

As informações que pude obter não são inteiramente concordantes com as conseguidas pelo Sr. Raybaud. Contudo, tenho razões para acreditar que elas são tão exatas quando podem ser os documentos desta natureza numa terra em que não existe nenhuma estatística oficial; e onde o que mais se pode fazer é tomar a média dos dados fornecidos pelas pessoas que se supõe melhor informadas a respeito do assunto que nos interessa. Deve ainda ter-se em mente que, de modo geral, é mais fácil obter dados preciosos sobre períodos decorridos já há vários anos do que sobre o momento mesmo em que se está, pois há muita gente interessada em esconder a verdade na vigência das especulações comerciais.

Tenho motivos para acreditar que nos meses imediatamente consecutivos ao descobrimento das minas, foram extraidas cerca de 5.000 oitavas. O solo era então de extrema riqueza a ponto de numa única lavra (Serviço), acharem-se até 60 oitavas num dia. Também, era então enorme o número de mineradores.

Nos três anos de 1845,1846 e 1847, extraíram-se mais ou menos 40.000 oitavas; mas em 1848 as minas foram em grande parte abandonadas por causa da situação do comércio, tudo levando a crer que a produção não tenha excedido a 1.600 oitavas. No atual ano de 1849, os trabalhos readquiriram atividade, podendo acreditar-se terem sido extraídas, em média, umas 100 oitavas por semana, ou sejam 5.200 oitavas por ano. De acordo com estes cálculos, ter-se-á para a soma total dos diamantes da Bahia 51.800 oitavas, as quais, ao preço de 250.000 réis, que é encarado como a média desde o descobrimento, e ao câmbio médio de 360 réis por franco, representariam até o fim de 1849 um total de 38.750.000 francos.

As principais lavras da Chapada são as de Comércio de Fora, Mucujê (vila de Santa Isabel de Paraguaçu) (1), Cambucás, Chique-Chique, Nagé, Causa Boa, Andaraí, Lençois e Pedra Cravada.

O número atual (1849) dos trabalhadores variava entre cinco e seis mil, dois mil dos quais são escravos.

O preço dos diamantes foi sensivelmente afetado pela descoberta destas minas, de modo que a média do preço do diamante bruto, que era de cerca de trazentos mil réis, parecia não ir atualmente além de cento e cinqüenta mil réis. Este cálculo me parece muito exato, porquanto durante a crise de 1848 essa pedra preciosa ficou tão desacreditada que ela era oferecida na Bahia pelo preço de cinqüenta e até mesmo, segundo contam, trinta mil réis a oitava. Parece-me pouco provável que este

(1) A vila de Santa Isabel é a capital da zona e fica à margem do rio Paraguaçu. Esta improvisada povoação, feita de barro e de palha apresenta miserável aspecto: é constituída por umas três mil choças espalhadas sem nenhuma regularidade e na sua maioria em ruínas. No começo não havia igreja, nem qualquer serviço policial, de modo que se praticavam todos os dias os crimes mais tenebrosos. Este estado de coisas mudou, havendo hoje no lugar um padre cura e um regimento de linha em caráter permanente. Essa vila é o centro do comércio de diamantes, cuja feira é feita aos sábados e domingos. Os garimpeiros vêm nestes dias trazer o produto dos trabalhos da semana; mas as pedras passam geralmente pelas mãos dos capangueiros, espécie de corretores sempre à cata de compradores. O piquá, espécie de cesta feita com uma casca flexível, é o objeto indispensável para estes negociantes, que neles guardam as suas pedras e não os largam nunca das mãos. A palavra empenhada basta para firmar os mais importantes negócios. Quem faltasse com a palavra perderia inevitavelmente a reputação e teria o nome no index. Honesta neste particular, convém todavia desconfiar desta gente, que está longe de adotar os mesmos escrúpulos com relação a outros artigos. Os diamantes mais bonitos da Chapada procedem de Lençóis, lugar situado a vinte léguas de Santa Isabel. Este povoado deve o nome a um grande córrego que corre apertado numa profunda grota e se precipita de cumes elevados sobre extensas lajes e, depois de percorrer uns trezentos metros, despeja no rio São José, formando uma série de cascatas. Por todos os arredores das minas, montanhas inteiras, blocos enormes compostos em grande parte de seixos rolados e cimentados por uma pasta ferruginosa e quase negra, dão o testemunho de grandes revoluções geológicas.

Em geral, as pedras têm formas muito regulares, fazendo exceção as cuja cristalização obedece ao sistema octaédrico.

A maioria das informações contidas nesta nota foram-me fornecidas pelo Sr. Camille Borel, negociante francês tão hábil quanto inteligente, que havia visitado a Chapada.

preço venha a subir, afigurando-se-me evidente o contrário, uma vez que em consequência da diminuição geral das fortunas na Europa, é quase certo que o consumo desta quantidade proporcionalmente muito pequena de pedras é lapidada, o que explica a pequena perda de valor dos brilhantes, perda que se avalia em 50% e não está de modo nenhum em proporção com a experimentada pelo das pedras brutas. Mas as pedras lapidadas não tardarão certamente a experimentar a natural consequência da baixa destas últimas. Admitindo que as minas da Chapada mantenham a sua produção atual, parece-me provável que no fim deste século os diamantes não valerão mais do que 20% do que alcançavam em 1800.

No momento atual o lugar que se considera mais rico em diamantes é Bicas, que fica situado nas margens do rio São José. Aí trabalha a sociedade Gomes, com cento e vinte escravos.

É difícil fazer idéia da aplicação dada às enormes somas que as minas de diamante fizeram entrar para a Bahia; parece que a maior quantidade foi dissipada nos excessos das mais baixas paixões, o que não impede que uma certa parte tenha ficado dentro da província. Uma outra parte bastante importante foi gasta em troca com mercadorias européias, citando-se a este propósito a casa inglesa de Mellor e Russell, a qual tendo vendido em poucos dias todas as mercadorias em estoque, deu um grande banquete em seus vastos armazéns completamente vazios.

Na Chapada a extração do diamante é inteiramente livre. Qualquer pessoa que queira trabalhar no ramo indica ao magistrado o pedaço de terra vaga por ela escolhido. O terreno é posto à venda em proveito do Estado, pelo módico preço de trinta réis (cerca de sete cêntimos) a braça quadrada. Os Srs. Rocha Medrado, proprietários da maior parte da zona, têm como único privilégio entrar na posse das terras pelo preço da adjudicação. Os que pretendem procurar o diamante nos serviços abandonados podem igualmente fazê-lo, mediante o pagamento de dois mil réis (cerca de cinco francos) por ano. Dá-se a estes o nome de faiscadores.

O terreno diamantífero contém cerca de vinte léguas num sentido e dez no outro. Fica ele situado na Chapada da Bahia, cerca de noventa léguas a oeste-sussudoeste da capital, e se estende pelos tributários do rio Paraguaçu. Para ela se vai pelo caminho de Cachoeira.

Nessa zona as jazidas de diamantes assemelham-se muito às de Mato Grosso e Minas Gerais; entretanto, em Chique-Chique foi encontrado um cascalho diamantífero à superfície mesmo do solo, por baixo do capim, ao passo que em Andaraí, depois de esgotar o cascalho, chegou-se a uma pissarra onde havia grande quantidade de diamantes. Acho este fato muito curioso.

Desde muito tempo que se considera o rio dos Lençóis muito rico em diamantes. Há no leito deste rio numerosos poços, escavados pelas águas, alguns deles com vinte e cinco braças de profundidade sobre uma ou duas de diâmetro. Ultimamente teve-se a lembrança de investigar o fundo destas escavações, achando-se grande quantidade de pedras. Buracos da mesma natureza são encontrados também na Chapada, mas estes não têm geralmente mais do que alguns metros de profundidade. Dá-se-lhes o nome de caldeirões e é frequente deles extraírem-se muitos diamantes.

Como acontece em outras regiões diamantíferas, é comum a presença de pedras no tubo digestivo das galinhas, motivo pelo qual nunca se põem fora os intestinos destas aves, antes de lavá-los. Tem-se notado que é quase sempre no papo que os diamantes se encontram. De modo geral, admite-se que os diamantes da Chapada baiana são menos bonitos do que os das outras zonas diamantíferas do Brasil.

Alguém me garantiu que, poucos anos atrás, um morador da Bahia bastante versado em assuntos de história natural, o Sr. Blanchet, achou à superfície mesmo do solo um pequeno diamante, no lugar chamado Engenho do Cabrito, que fica nos arredores da cidade.

Finalmente, conhecem-se ainda jazidas diamantíferas nos seguintes lugares: 1° na serra da Araripe; 2° no Caldeirão, que fica na província do Piauí, a trinta léguas do rio São Francisco, no caminho de quem vai à Cachoeira do Roberto; 3° na província do Ceará, entre Crato e Icó, num povoado de nome Rio Vermelho, distante um quarto de légua do rio do mesmo nome.

Também tem dado diamantes os rios Tibagi e Verde, na província de São Paulo. Em 1814 o tesouro público recebeu cerca de uma oitava destas localidades, e pouco tempo depois um negociante ofereceu à venda vinte e três oitavas, procedentes da mesma região.

Procurando agora recapitular os dados acima, temos:

	Oitavas	Francos
Província de Minas Gerais	432.977	300.700.000
Província de Mato Grosso	80.000	56.000.000
Província da Bahia	51.800	38.750.000
Província de São Paulo e outras	200	138.888
Totais	564.977	395.588.888

Ter-se-ia extraído assim das minas do Brasil 2.158 quilogramas, 212 gramas e 14 centigramas de diamantes, ou seja mais de duas toneladas e um quarto. Supondo que todas estas pedras tenham sido lapidadas, metade em brilhantes e metade em diamantes rosa, teríamos o valor comercial de aproximadamente um bilhão de francos.

Para termos o valor total da produção diamantífera mundial até hoje, seria necessário acrescentar a esses totais os correspondentes aos diamantes extraídos da Índia.

Há poucos anos descobriu-se nas minas da Chapada um outro minério, a que se deu o nome de carbonato (1). Esta substância aproxima-se muito do diamante pela sua dureza e propriedades químicas; tem cor preta, aspecto reluzente e bastante peso, podendo ser reduzida a pó, graças ao qual pode ser lapidado como o dia-

(1) O Autor escreve ***carbonate*** *(carbonato). (Nota do trad.).*

mante. Os fragmentos dela encontrados são irregulares e podem variar desde as parcelas imperceptíveis até, aliás muito raramente, pedaços de meio quilo. Esse mineral acompanha muito frequentemente o diamante nas camadas de areia em que este se extrai.

Na cidade da Bahia o preço do carbonato varia de 1 a 2 francos o quilate.

Os moradores do Diamantino suprem-se de tudo quanto precisam no Pará, utilizando para isso a navegação pelo rio Tapajós, começada aliás há não mais de vinte e oito ou trinta anos (1816). A despeito do curto tempo que têm de inauguradas e dos grandes riscos que as cercam, pois o rio é cheio de saltos e cascatas, às vezes terríveis, essas viagens fazem-se todos os anos, com regularidade. O porto de embarque é no rio Arinos, dez léguas ao nordeste da vila de Diamantino. Para dar uma idéia desse comércio e do custo dos transportes, dou a seguir um quadro, com preços em moeda brasileira (réis) das principais mercadorias em Belém e daquele a que atingem postas em Santarém e em Diamantino:

Mercadorias	**Preço em Belém**	**Preço em Santarém**	**Preço em Diamantino**	**Medidas usadas**
Sal	700	2.000	20.000	alqueire
Vinho português de 1ª qualidade	80.000	160.000	720.000	pipa
Ferro	10.000	22.000	51.000	quintal
Aço	10.000	25.000	76.000	quintal
Machados	500	1.000	2.400	um
Machadinhas	400	800	1.800	uma
Chumbo de caça	10.000	24.000	76.000	quintal
Pólvora de caça	500	900	2.400	lib. portug.
Louças				
Pratos	1.000	2.200	5.400	dúzia
Tigelas	1.000	2.200	5.400	dúzia
Xícaras e pires	1.000	2.200	5.400	dúzia
Pratos fundos	450	1.600	4.000	um
Sopeiras	640	3.000	6.000	um
Bules para chá	300	700	1.800	um
Vidraçaria				
Copos para guaraná	700	1.800	7.200	dúzia
Copos para água (grandes)	700	2.000	7.200	dúzia
Copos para vinho	600	1.600	3.600	dúzia
Mangas de vidro	700	1.800	7.000	uma
Bandejas	5.000	15.000	20.000	uma

Folhas de Flandres	14.000	30.000	100.000	cx. de 250 fls. (3 arrobas)
Guaraná	000	50.000	128.000	arroba
Cera	800	1.600	2.500	lib. portug.
Espermacete	480	1.280	1.000	lib. portug.
Manteiga européia	480	1.000	2.400	lib. portug.
Farinha de trigo	9.000	25.000	76.000	barrica de 6 arrobas
Cabaças pintadas	4.700	4.000	7.200	dúzia
Queijos flamengos	700	2.000	4.000	dúzia
Chapéus de palha	500	1.600	3.000	dúzia
Vinho Moscatel	5.000	10.500	24.000	12 garrafas
Macarrão	3.000	6.000	21.000	cx. 20 libras
Aletria	3.000	6.000	21.000	cx. 20 libras
Azeitonas	800	2.000	10.000	caixa
Foices grandes	500	900	2.000	uma
Id. pequenas	300	800	1.000	uma

Não se julgue o lucro dos negociantes através da enorme diferença entre os preços de compra e de venda. As despesas de transporte são muito grandes, tanto por causa do custo dos carretos e da trabalhosa passagem das cachoeiras, como porque os carregamentos têm de ser forçosamente muito limitados, uma vez que se tem de utilizar grandes canoas, em vez de botes ou barcos. A viagem de ida e volta pelo Tapajós leva oito meses, a descida sendo feita em cerca de vinte e cinco dias. Gasta-se mais ou menos um mês para fazer o carregamento em Santarém, sendo depois despendidos nada menos de cinco ou seis meses na subida do rio. A partida é, como ficou dito, no porto do rio Arinos, durante a estação das águas (dezembro, janeiro e até fevereiro); a volta das canoas, em agosto, setembro e outubro. Ao partir levam apenas os mantimentos necessários para a volta. Estes mantimentos são escondidos na mata ao longo do trajeto, debaixo de pequenos ranchos de folhas construídos pelos canoeiros durante a descida.

Vamos dar agora um resumo das despesas exigidas por um carregamento completo de Belém ao porto do Arinos, supondo uma canoa de seiscentas arrobas, que é a embarcação geralmente utilizada nestes transportes:

Preço da canoa de seiscentas arrobas .... 200$000
Salário do piloto .... 240$000
Salários de sete camaradas a 100$000 cada um .... 700$000
Sexta parte do salário de 600$000 pago ao prático que serve de guia a seis canoas e é de todo indispensável nestas viagens .... 100$000
Barraca para a equipagem (vinte côvados de baeta) .... 20$000
"Pisapé" (vinte varas de pano de algodão para cobrir as mercadorias) e breu .... 10$000

Mantimentos calculados por mês e por pessoa:

Um alqueire e meio de farinha		3$600
Um quarto de alqueire de feijão	1$000	
Meia arroba de toicinho	4$000	
Soma	8$600	
As sete pessoas, durante um mês	60$200	
As sete pessoas, durante oito meses	481$600	481$600
Total		1.751$600

Poderá parecer muito elevado o custo dos camaradas; mas é preciso ter em mente que muito poucos homens se atrevem à penosa e arriscada navegação pelo Arinos, dada a insalubridade do rio. Devo aliás dizer que nem todos percebem cem mil réis, visto como os rapazes que não conhecem ainda o caminho e fazem a viagem pela primeira vez não recebem mais de quarenta a cinqüenta mil réis em dinheiro. Em compensação, os marinheiros velhos, com grande experiência do rio, são pagos à razão de noventa e seis mil réis em dinheiro. Além disso, cada homem, velho ou novato, recebe: cinco côvados de baeta para fazer uma barraca, vinte varas de pano de algodão para a roupa, um chapéu de palha, uma mantilha de lã para resguardar-se, um facão. Além disso, cada camarada, conforme suas capacidades como trabalhador, tem direito a um certo número de cargas de sal, que o patrão lhe entrega no porto, livres de qualquer despesa. O número destas cargas varia de um a cinco.

Dou aqui, discriminadamente, o carregamento comum de uma canoa destas, com o preço (em réis) das mercadorias em Belém e o de venda, em Santarém:

Mercadoria	Peso em arrobas	Peso em Belém	Em Santarém
150 sacas de sal, cada uma com 1 1/2 alqueire	450	180.000	440.000
40 arrobas de ferro	40	100.000	220.000
60 garrafões cheios	60	208.000	440.000
Chumbo	40	100.000	240.000
20 sacas de farinha de mandioca	60	80.000	80.000
4 sacos de feijão	8	6.400	32.000
2 latas de folha	5	28.000	60.000
Totais	663	702.400	1.512.000

Convém notar que os negociantes costumam fazer sempre os seus carregamentos em Santarém, para evitar a grande perda de tempo que acarretaria a ida até Belém, o que ainda poderia impedir de fazer no mesmo ano a viagem de volta. Fica aliás subentendido que para ir a Belém e voltar seria necessário aumentar o valor das despesas acima.

Em suma, um carregamento que custa 1.512.000 réis acarreta uma despesa de transporte, até Diamantino, de 1.718.000 réis, de onde se conclui que o seu custo nesta vila passa além do dobro do valor inicial. Atualmente os negociantes de Diamantino não mandam mais para ali, onde eram mal vendidos, os seus diamantes; todas as pedras são remetidas para o Rio de Janeiro, onde a concorrência entre os compradores lhes garante preços muito mais vantajosos.

Toda a região circunjacente a Diamantino, onde ficam as cabeceiras dos vários rios que formam o Tapajós, é tida como extremamente insalubre. É tremendo de medo que os moradores da vila se aventuram a fazer nela raras excursões. Também não nos faltaram avisos, de modo que estávamos certos de contrair as febres da região, as quais, segundo diziam, eram sempre fatais aos estrangeiros. Deveríamos ter-nos por muito felizes se algum de nós escapasse para contar os resultados de nossa aventura aos que se sentissem tentados a nos imitar. Contentamo-nos em rir destas sinistras predições e a 1ª de janeiro de 1845 partimos para visitar as nascentes do Arinos. Servia-nos de guia um preto, bom conhecedor de todos os lugares. Evitando o Morro Vermelho, passamos numa grande fazenda pertencente ao Guarda-Mor e denominada Macuco; mais adiante, atravessamos um riacho de águas notavelmente transparentes, o rio Caiti, cujas nascentes pouco depois avistamos num belo buritizal, e que reunido aos dois seguintes forma o rio Amolar: o Buritizinho, agora seco, que sai de uma pequena cadeia de morros, próximo da estrada e a umas quatro léguas da vila; e o Amolarzinho, que dos três é o maior e desce de uma montanha situada três quartos de légua ao norte da estrada e a cerca de seis léguas de Diamantino. Este córrego sai de uma linda mata virgem. Deste ponto goza-se uma vista magnífica do vale, que é cheio de palmeiras e se estende ao pé da montanha. O caminho desenvolvia-se até então por sobre a chapada (planalto), cuja formação geral era evidentemente o grés. Na superfície viam-se algumas partes argilosas, principalmente cangas; em baixo do grés ficam as argilas (xistos argilosos). A um quarto de légua mais longe achamos os restos de uma fazenda que tinha sido abandonada por causa da insalubridade do clima. Chegamos depois às nascentes do rio Preto, que sai de um buritizal situado mais ou menos um terço de légua a nordeste da ponta setentrional da lagoa dos Veados. Fica este ao norte da estrada; é um bonito lençol d'água de cerca de meia légua de comprimento, mas sem a cintura de árvores marginais que costuma existir em tais circuntâncias. É provável que as infiltrações da lagoa alimentem as nascentes do rio Preto, mas o próprio lago não tem seguramente nenhuma ligação direta com ele. No correr desta jornada perderam-se de mim os meus dois companheiros de viagem, mas o guia estava em minha companhia. À noitinha levou-me este a um pequeno rancho situado na margem do Arinos, que neste ponto é apenas um grande ribeirão. Meus companheiros foram chegando durante a noite, cada qual de sua vez, com exceção do doutor, que não apareceu. A ausência do último impressionou-me tanto mais quanto eu sabia que toda a região estava cheia de negros fugidos e que poucos dias antes um deles tinha sido devorado por uma onça. Durante toda a noite caiu uma chuva torrencial, acompanhada de grande ventania. No dia 2, depois de esperar sem resultado o nosso companheiro de viagem, e após haver feito uma nova excursão às nascentes do rio Preto, visto que na véspera, com o cair da noite, não nos tinha sido possível estudar a região convenientemente, dirigimo-nos para sudoeste, acompanhando o curso do Arinos, que um trecho de mata assinalava. Ao cabo de uma marcha de légua e meia através de campo úmido, chegamos às nascentes do rio, as quais ficam situadas perto da sitioca do Estivado.

O rio Preto nasce no vasto platô a que tínhamos chegado na véspera, a mais de meia légua de distância das cabeceiras do Amolar, que são mais elevadas do que as do rio Preto, como claramente o indicam as alturas barométricas obtidas durante a jornada (1).

Descobrimos ainda uma outra cabeceira do Amolar, saindo de uma anfratuosidade do planalto e dirigindo-se para o sul. Ela fica a nor-noroeste da primeira e, segundo dizem, em plano mais elevado. Estas duas correntes quase logo se unem para formar o Amolar, que é atravessado pelo caminho de Quebo (2). A fazenda do Estivado, onde nos achávamos, fica localizada num dos pontos mais curiosos do continente. Ali, com efeito, a alguns passos uma da outra, ficam as nascentes de dois dos maiores rios do mundo, a saber o rio Amazonas e o rio da Prata. Dia virá em que se poderá estabelecer sem dificuldade comunicação entre estes dois gigantescos rios, pois, conforme nos informou o próprio dono da casa, com o simples intuito de regar o seu quintal ele tinha feito correrem as águas de um para o leito do outro. As nascentes do rio Estivado, que é o verdadeiro tronco do Arinos, acham-se numa anfratuosidade do planalto, a qual descamba para o norte, 200 metros a leste da sede da fazenda a que deu nome; por outro lado, 84 metros a oeste da última, saem de um buritizal as primeiras águas de um afluente do Tombador, que, como sabemos, é tributário do Cuiabá. O sítio do Estivado acha-se por conseguinte no divisor das águas que correm por uma barroca, depois da qual, chegando num dado ponto, se dividem, uma parte indo para o Cuiabá e a outra para o Tapajós. Todo o planalto fica no divisor das águas. Contou-me o fazendeiro do Estivado que tempos atrás uma canoa foi transportada do rio Cuiabá ao Arinos através de um varadouro de quatro léguas apenas e que o proprietário de Macu se tinha proposto a restabelecer essa comunicação. Quanto à formação geológica do planalto em si, ela é evidentemente o grés, coberto pelas camadas superficiais de argila de canga. Em vários pontos vê-se que as nascentes que correm para o norte, se entrelaçam, por assim dizer, com as que vão para o sul. É assim que ao norte de Macuco as águas do Água Fria, afluente do rio Preto, não ficam a mais de meia légua ou três quartos de légua do ribeirão do Morro Vermelho, afluente do rio Paraguai. É também assim que as nascentes do Quebo, afluente do Cuiabá, ficam na borda do grande platô que dá nascimento a todos estes cursos d'água e a apenas 40 ou 50 metros das do Arinos, das

(1) Tínhamos um nivelamento exato de toda esta interessante região; este trabalho foi todavia perdido, entre muitos outros do mesmo gênero, com a morte do Sr. d'Osery. Acredito que as altitudes a que me refiro devem variar, no planalto, entre 200 e 220 metros e, na planície, entre 60 e 70.

(2) No original "Kebo". (Nota do trad.).

quais estão todavia 10 metros abaixo, no sentido vertical. Vimos já que no Estivado, uma das nascentes do Tombador, afluente do Cuiabá, fica a cerca de 100 metros do rio Estivado, que é o principal formador do rio Arinos. Finalmente, no sopé mesmo da Serra Azul, o rio Piavas, um dos formadores do Paranaitinga, não nasce a mais de uma légua de distância das cabeceiras do Cuiabá.

A 3, esperamos até o meio-dia o Dr. Weddell, que ainda não tinha aparecido, apesar de haver mandado pessoas ao seu encalço, em todas as direções. Prosseguindo não obstante em nossa viagem, fomos acampar nas margens do córrego dos Nobres, onde tomamos chuva a noite toda. No dia 4 fomos alcançados pelo doutor, que vinha acompanhado de um dos soldados mandados à sua procura. Contou-nos que, tendo-se perdido no campo, foi alcançado pela noite nas cabeceiras mesmas do rio Preto, esse lugar tão temido pelos miasmas que, segundo contam, se desprendem de suas pantanosas margens. Sua situação tornou-se ainda mais crítica em consequência de pesado aguaceiro. Depois de procurar em vão o caminho perdido, embrulhou-se no capote e sentou-se em pleno campo, tendo o cuidado de amarrar a um dos braços as rédeas do cavalo. Passou assim uma noite bastante penosa. No dia seguinte ele voltou a Diamantino, onde chegou só à noite, sem ter comido nada desde que tinha saído. Foi então que, tendo-se encontrado com um dos homens enviados à sua procura, depois do necessário descanso ele se pôs de novo a caminho para nos alcançar.

No dia 7 encontramos uma enorme figueira que nos fez recordar os baobás da costa d'África. Um metro acima do solo seu tronco tinha perto de dez metros de circunferência; um dos galhos estendia-se até vinte passos de distância do centro. À tardinha entramos em Cuiabá, onde fomos recebidos com toda cortesia pelo presidente da província, oficial superior engenheiro, que conhecia a França e aí chegara a frequentar a Escola Politécnica. Sob qualquer ponto de vista só temos louvores para o acolhimento que ele nos dispensou; não obstante, e apesar da maneira gentil com que nos tratou, não achamos nele aquele ilimitado apoio que os presidentes de Minas Gerais e de Goiás tinham dado aos nossos trabalhos. Tive a impressão de que ele ainda compartilhava um pouco das velhas idéias portuguesas sobre a colonização, de modo que ele não só se opôs a que tirássemos uma cópia de grande carta de Mato Grosso que vimos em suas mãos, como ainda nos deu a perceber que a nossa viagem ao Paraguai lhe despertava desconfiança. Aliás, assim procedendo, era ele, com segurança, movido apenas pelo receio de comprometer-se, pois em tudo mais se mostrou sempre muito solícito em nos servir.

Lamento não ter tido a sorte de encontrar em Cuiabá o capitão de fragata Leverger, distinto oficial que havia estudado a fundo a parte ocidental do Império. Na ocasião em que passei por aquela cidade ele estava no Rio de Janeiro, onde fora dar conta da viagem que acabava de fazer ao Paraguai, por incumbência oficial. Tive a mesma falta de sorte com relação ao Sr. de Beaurepaire, que, como eu, se achava então em Mato Grosso. Tanto maior foi a contrariedade que com isso tive, quanto, durante a viagem que fiz a Diamantino, ele passou em Cuiabá e teve ocasião de conversar com os meus companheiros que ali tinham ficado. Os dois oficiais a que acabo de me referir têm o maior merecimento e se acham a serviço do Brasil.

CAPÍTULO XXII

DESCIDA DOS RIOS CUIABÁ E SÃO LOURENÇO.

Logo depois de minha volta de Cuiabá comecei os preparativos para a nossa grande viagem ao Paraguai. Durante este tempo tivemos ocasião de conhecer as principais pessoas da cidade, as quais mostraram sempre por nós um interesse que só tenho a elogiar. O bispo, muito particularmente, homem ainda moço e bastante instruído, mostrou-se de extrema benevolência para conosco.

Dos capitães gerais que governaram a província, só um deixou funda lembrança no espírito do povo. Tamanho é o respeito com que a ele se referem que é raro pronunciarem-lhe o nome sem levar a mão ao chapéu. Chamam-no às mais das vezes Nosso Senhor João Carlos. Antes de assumir ele o governo, era o centro de Mato Grosso o refúgio dos malfeitores vindos de todas as partes. Com sua severidade e espírito justiceiro, pôs ele termo aos assassinatos que a cada passo ali se praticavam; restabeleceu a ordem em todos os ramos da administração, mandou executar grandes obras de saneamento, protegeu o comércio, abriu estradas pelo sertão, construiu edifícios de utilidade pública. Para atingir tão louváveis fins, nunca precisou ordenar uma execução capital; apenas o policiamento era admiravelmente bem feito, os criminosos sendo castigados com um número de chicotadas proporcional à gravidade do delito. Dele contam a anedota que passo a narrar.

Ao chegar à capital da província, alguns habitantes acostumados que estavam a governar o governador, pretenderam desde logo lhe traçar normas de proceder, mandando para este fim à sua presença um capitão mata-mouros, de cor escura e conhecido pela sua audácia e petulância. Tinha à cabeça esse mulato um vasto chapéu e arrastava um enorme sabre de cavalaria. Assim paramentado entrou com desenvoltura em casa do governador, ao mesmo tempo que várias pessoas da cidade se esgueiravam pelas primeiras salas, para espiar a cena que se ia passar. Entrou o capitão na sala de audiência de cabeça erguida e mão no cabo do espadão, mas, como contra sua expectativa o governador ali não estivesse, teve ele de esperá-lo durante alguns instantes, o que fez com sinais de impaciência, andando pela sala e demonstrando mau humor por meio de expressões as mais descomedidas. A certa hora, achando-se em frente a um espelho, imaginou que a ocasião era própria para verificar o efeito que deveria produzir a sua arenga; pôs-se então a recitar em alta voz a prédica preparada com o intuito de atemorizar o capitão-geral, fazendo ao mesmo tempo movimentos ridículos com o chapéu e tilintando o enorme sabre. De repente, porém, estoura atrás dele uma gargalhada geral, aparecendo o Sr. João Carlos em frente do mulato, que, todo desconcertado e cambaleante, deixa cair das mãos trêmulas o chapéu de dois bicos, sem saber articular outras palavras a não ser as que pronunciam, com gesto súplice, os escravos aos seus senhores: *Jesus Cristo*. (1)

Enquanto estivemos ausentes tinha o Sr. Emile Deville feito uma excursão de cerca de doze léguas longe de Cuiabá. No primeiro dia chegou até ao lugar de nome Médico, e no segundo alcançou a casa de um amigo nosso, situada perto de uma montanha chamada São Jerônimo. Durante a permanência que ele fez neste sítio, de propriedade do capitão Peixoto, matou algumas bonitas aves e capturou grande número de insetos. Entre os últimos figurava um exemplar deste belo coleóptero de élitros dourados para o qual foi criado o gênero *Eurysoma*. O Sr. Deville continuou sua viagem, atravessando vários córregos afluentes do rio Aricá, tais como o Angico e o Tamanduá. Adiante, depois de atravessar com grande dificuldade o ribeirão das Areias, rumou para o povoado de Santo Antônio, nas proximidades do qual visitou uma fonte de água quente, onde a temperatura era de 35 graus. Voltou para a capital pela mata de Vilamento, atravessando o córrego do mesmo nome, que despeja no Cuiabá.

Poucos objetos interessantes do ponto de vista da história natural achamos nas cercanias da principal cidade da província de Mato Grosso. Não obstante, verificamos a existência de um joão-de-barro diferente do que tínhamos visto com frequência na província de Minas. Este último constrói com o barro ninhos com a forma de forno, muito comuns sobre as grandes cruzes que se vêem erguidas à beira das estradas. A espécie de Mato Grosso constrói ninhos semelhantes, mas com a diferença de serem divididos em dois compartimentos por um tabique. Durante o período da postura, é raro que a fêmea saia do ninho. Contudo, pode-se vê-la de quando em quando voejar nas proximidades, cantando. Pertencem estes dois pássaros ao gênero *Opetiorhynchus* de Temminck.

Em Cuiabá adquiri um couro de jibóia com mais ou menos 70 centímetros de largura; as pessoas do lugar tinham-no entre os maiores conhecidos na referida espécie. Enquanto viajei pela América, preocupei-me muito em saber qual era a dimensão máxima alcançada por estes animais, cujo comprimento de ordinário oscila entre 3 e 5 metros. Em casos raros têm-se encontrado exemplares de 7 metros e meio ou talvez mesmo 8 metros; mas não creio que nenhum ofídio da América Meridional tenha jamais atingido a 9 metros. O pessoal da terra costuma utilizar o couro destas grandes cobras para fazer botas,bolsas, etc. Aproveitam-lhes muitas vezes também a carne, cujo gosto não é desagradável . O povo, em geral, não as teme e nunca eu soube de nenhum caso de acidente ocasionado por elas. Tudo levado em conta, estas cobras são mais úteis do que nocivas, dada a grande quantidade de ratos que destroem.

(1) ***Vassuncristo*** *(por "Louvado seja Nosso Senhor Jesus Cristo"), escreveria um autor melhor informado sobre os hábitos de então. (Nota do Trad.).*

A 27 de janeiro, depois de pôr em ordem as nossas coleções e de tê-las expedido para o Rio de Janeiro, deixamos Cuiabá em direção ao sul da província. Desde a véspera estávamos avisados de que tudo estava pronto e que as nossas provisões, os instrumentos, etc., tinham sido levados para o porto, num carro de bois. Contudo, ao lá chegarmos, verificamos que tudo se achava em desordem, ninguém contando sair naquele dia.

Houve por bem o presidente pôr à nossa disposião duas canoas grandes e bonitas, ambas feitas de um só tronco. Éramos protegidos por uma escolta de seis soldados, comandados por um sargento-furriel, de nome Miguel Pais. Era o melhor piloto para os rios centrais que íamos navegar; também foi esta uma ótima aquisição para nós, pois não pudemos senão elogiar este bravo e honesto companheiro.

Um incidente de todo imprevisto por pouco nos prenderia ainda alguns dias em Cuiabá. Havia eu contratado para remadores uns doze índios Guanás; mas, na hora de partida vimos que todos eles haviam desertado. Aconselharam-me muito a esperar que fossem pegados, coisa que não poderia deixar de acontecer mais dias, menos dias, diziam-me fleugmaticamente os brasileiros. A verdade é que eu não podia atrasar minha viagem, pelo que, depois de inúteis esforços para conseguir nova equipagem, resolvi tentar a navegação com os poucos recursos que nos restavam. Baseei esta resolução no fato de que, na primeira parte da viagem, não nos era necessário mais do que seguir a correnteza, rio abaixo.

Enquanto concluíam o carregamento das embarcações, divertimo-nos com o espetáculo animado de uma boiada que se fazia atravessar o Cuiabá a nado. Tocavam-na para diante, com altos gritos, homens embarcados em pequenas canoas.

Eram três e meia da tarde quando saímos do porto; numa embarcação íamos o Sr. Deville e eu, e na outra iam os Srs. d'Osery e Weddell.

O rio é muito sinuoso e a correnteza tem a velocidade de dois nós e meio a três nós. Sombreia-lhe as margens espessa vegetação, onde todavia são raras as árvores de alto porte e as palmeiras. Passamos logo em frente de uma aldeia de índios Guanás, situada na margem direita e constituída pela reunião de várias famílias. Anteriormente, já tínhamos visto dois aldeamentos semelhantes. Um pouco mais abaixo fica a boca do Coxipó-Mirim, a qual tem uns vinte metros de largura. Passávamos a cada momento em frente a engenhos de açúcar e íamos encontrando sempre embarcações carregadas de mercadorias ou canoas tripuladas por índios. Às cinco e meia da tarde paramos para o jantar; depois, às oito e meia da noite, continuamos a viagem, até uma e meia da madrugada. O resto da noite passamos num pequeno banco de areia. As praias do rio estavam cobertas pelas águas, que naquela estação inundam as margens até considerável distância, formando banhados temporários, conhecidos pelo nome de pantanais. Nossa marcha tinha sido de uma légua e meia por hora, em média; deste modo, podemos calcular que a jornada total devia ter sido de dez léguas e meia a onze léguas.

No dia 28 partimos às cinco horas da madrugada, só parando às dez da manhã para o almoço, numa casa situada à beira do rio, cujas margens são aí bastante povoadas e cultivadas aqui e ali. Durante a jornada, ainda fizemos duas paradas, continuando a viagem até às onze da noite, quando chegamos à casa do Sr. Anacleto, depois de um percurso total de dezessete léguas. "Durante esse trajeto passamos, primeiro, pela embocadura do rio Aricá-Uaçu e; depois, pela do Aricá-Mirim. As três horas da tarde a temperatura era de 28°,5.

A pequena distância do lugar em que paramos para passar a noite ficava a fonte termal que o Sr. Deville tinha visitado, indo por terra. Tinha eu o maior desejo de conhecê-la; mas, para sair da baía do Frade, também chamada de Água Quente, por onde deveríamos seguir para chegar até lá, seria necessário, segundo nos informou o Sr. Pais, pelo menos um dia inteiro de penosíssimo trabalho. Tive receio de tentar a difícil empresa com a reduzida equipagem de que dispunha, abandonando por isso o meu projeto de ver a fonte, não sem bastante pesar.

Como nos tinham prevenido, aumentava cada vez mais a quantidade de mosquitos, não sendo pequeno o mal que eles nos faziam. Estes insetos são de tal modo temidos, em toda a zona, que ninguém se atrevia a viajar na estação em que estávamos. Os índios, particularmente, têm deles verdadeiro pavor, pelo que se atribuía a esse flagelo a fuga dos nossos remeiros. Pelo mesmo motivo, todos os Guarás que encontrávamos negavam-se a nos acompanhar. Para nos vermos livres deles durante alguns instantes, o único recurso era nos metermos debaixo dos nossos mosquiteiros, os quais eram feitos para poder ser armados dentro das próprias canoas; mas fazia dentro deles um calor insuportável, de modo que ao despertar nos víamos como que imersos num banho de água morna.

Os homens estavam sempre dispostos a começar a viagem ao raiar do dia, pois é nas primeiras horas que os mosquitos mais atormentam; assim, no dia 29, já às cinco horas da madrugada nos púnhamos a caminho. As oito horas e meia fizemos uma parada numa capelinha situada no meio da mata e próxima de uma escola cujo professor nos recebeu o melhor que pôde, dão a esse lugarejo o nome de Melgaso (1). É ele formado de duas casas cobertas de telha e várias palhoças. Pertinho dali, nas proximidades mesmo das habitações, pendurados das árvores, via-se em grande quantidade os compridos ninhos do lindo japuzinho preto e amarelo (2), muito abundante na zona. A vegetação marginal do rio tornava-se cada vez mais exuberante; em alguns pontos a frondosa mata vinha até a beira do rio, permitindo-nos ver de quando em quando bandos de guaribas, ou macacos borradores, a se exercitarem sobre os grossos cipós que amarram as árvores umas às outras. Por baixo desta rede inextricável de caules e de troncos comprimia-se outro matagal, formado de plantas aquáticas, algumas das quais, de enormes folhas como as da bananeira, ostentavam no alto belas inflorescências de cor vermelho-alaranjada. Em certos pontos uma gigantesca gramínea (*Cynerium saccharoides*), substituía qualquer outra vegetação. Esta planta é conhecida pelo nome de ubá; os selvagens se servem de suas hastes para fazer flechas de dois metros de comprimento e extremamente leves.

(1) No original "Mergas". Há pouca dúvida em que se trate do nome bem conhecido de um dos mais notáveis administradores da província de Mato Grosso.

(2) E' o "joão-conguinho" dos goianos, "japi-im" dos paraesenses e ***Cacicus cala*** *hin. dos naturalistas.*

A certa altura da viagem, avistamos na margem vários índios, que trabalhavam num engenho de açúcar próximo. Veio-me a idéia de convidar alguns a fazer parte de nosso pessoal, mas o medo da praga (1) os impediu de aceitar minha proposta. Estes índios eram Guanás; mas, no meio deles havia um, Guató, acompanhado de suas três mulheres, que nos vendeu dois bonitos peixes mortos a flexadas. Via-se em sua canoa uma comprida lança, de ponta aguda de ferro, usada pelos de sua tribo no combate contra a onça.

Paramos à noitinha noutro engenho, que ainda estava em construção. Vimos também aí muitos guanás com suas mulheres e filhos. Neste mesmo lugar vimos pela primeira vez uma ave muito curiosa, a *chaja* de Azara, *Parra chavaria* de Lineu. Tem ela o porte de um peru e é de cor quase preta, com as patas pardas, muito fortes; nos hábitos aproxima-se muito da anhuma, pelo que é conhecida entre os naturais pelo nome de anhuma-poca. Pode considerar-se esta latitude como o limite extremo de sua distribuição para o norte; mas ela habita toda a bacia do Prata e é encontrada a pouca distância de Buenos-Aires.

O dono da casa era um velho, que morava em companhia de seus seis filhos; fez-nos ele presente de vários doces feitos com açúcar muito bonito, de sua fabricação. Contou-nos também que, na outra margem do rio, à esquerda, os índios Coroados habitantes do rio São Lourenço faziam às vezes incursões, matando pessoas e animais.

O trajeto total da jornada tinha sido de onze léguas e três quartos.

O rio, que aí era um pouco mais estreito, tinha correnteza mais forte do que no dia anterior e descrevia curvas ainda maiores. Passamos, pela boca do ribeirão Cruare (2) e em frente à entrada de um braço ou furo do Cuiabá, chamado Piraim e largo de uns trinta metros. O engenho em que passamos a noite tem o nome de Cuiabá Mirim.

A 30, partimos ao raiar o dia. O rio era muito sinuoso; nalguns pontos estreitava-se muito, apresentando em geral uma profundidade de duas braças e meia. Às sete horas passamos diante das últimas casas. As margens do rio estavam cobertas pela água; por todos os lados estendiam-se imensos pantanais, sendo a muito custo que achamos um ponto seco para descer e almoçar. Achávamo-nos então num braço situado do lado direito do rio Cuiabá e conhecido por Braço Acurutuba, do nome da fazenda por ele banhada. Este canal é muito sinuoso e de correnteza muito forte; sua largura varia de vinte e cinco a trinta metros e suas margens são povoadas de aves aquáticas. Mal desembarcamos, veio pousar nas árvores próximas enorme quantidade de urubus; estavam de tal modo esfaimados que pareciam querer disputar a nossa comida. Contudo, mantiveram-se à distância até o momento em que partimos, quando se precipitaram em nuvem sobre os restos por nós deixados. Às duas horas avistamos alguns índios Guatós, não tardando virem ao nosso encontro

(1) Em português, o nome significa o mesmo que peste e é empregado aqui com relação aos mosquitos.

(2) Não foi possível encontrar este córrego nos mapas, nem tampouco verificar a exatidão do nome, que o Autor escreve Crouare. (Nota do trad.).

várias canoas. Andam estes índios nus, com um pequeno pedaço de pano amarrado à ilharga; alguns, de chapéu de palha, tinham os cabelos erguidos e amarrados por sobre a cabeça. Vimos diversos com o lábio inferior furado e atravessado por um pedaço de pau. Todos tinham um pequeno penacho atravessado em cada orelha. Os Guatós usam bigode e barba comprida; possuem nariz aquilino e olhos direitos; seus traços são geralmente muito bonitos e embora tenham a mesma cor dos outros índios, o seu aspecto lembra o dos europeus. Cada homem possui de duas a quatro mulheres, mas alguns há que têm dez e até mesmo doze. São muito hábeis em manejar o arco. O hábito que têm de viver sempre acocorados no fundo das embarcações é sem dúvida a causa de terem as pernas levemente desviadas. Suas canoas são pequenas e estreitas, não cabendo mais do que quatro ou cinco pessoas; para governá-las usam eles, à guisa de remos, varejões muito compridos e de ponta aguçada. Estes índios têm o temperamento muito afável e até meio tímido, embora dêem a impressão de possuir grande força muscular; a maioria deles fala o português. Voltaremos a tratar mais longamente desta interessante nação quando tivermos de estudá-la nos grandes lagos do Paraguai.

Passamos por um enorme bando de macacos berradores, cuja voz retumbava em toda a redondeza da mata, lembrando os rugidos do tigre. Nesse trecho do rio começamos a encontrar um número prodigioso de peixes; tinham em geral o tamanho da carpa e pertenciam à espécie designada pelos brasileiros pelo nome de pacu. É excelente a carne deste peixe, de que alguns exemplares alcançam setenta centímetros de comprimento. Para pescá-los isca-se o anzol com alguma fruta, pois qualquer outro engodo seria devorado pelas piranhas, não obstante a abundância destas últimas não ser tão grande como no Araguaia e pertencerem elas a espécie diferente, de colorido cinzento. O pacu pertence ao gênero *Characinus* de Artedi e ao subgênero *Curimate* de Cuvier.

Tinha eu levado comigo um pescador profissional de nome Alexandre, o qual nos foi utilíssimo durante toda essa viagem. Não tardamos a entrar novamente no rio, cuja largura, que em Acurutuba era de cerca de quarenta metros, subiu dentro de pouco a perto de setenta. Passamos nesse dia pela embocadura de alguns ribeirões, percorrendo ao todo uma distância de treze léguas e meia. Às quatro horas e um quarto da tarde, a temperatura da água do rio era de 30°,2 enquanto a da atmosfera era quatro graus mais elevada; durante a noite a da água caía a 28 graus. Paramos para dormir na baía do Carandá Grande, situada na margem direita.

No dia seguinte, sendo absolutamente impossível conciliar o sono por causa dos mosquitos, partimos à uma hora da madrugada. Duas horas depois fomos surpreendidos pelo grito de uma sentinela postada na margem do rio; abicamos imediatamente, deparando com uma porção de soldados que vinham de Piquiri. Clareando o dia, começou o ronco dos guaribas. De manhã fizemos uma parada para almoço, sempre importunados pelos mosquitos. No lugar em que descansamos de noite, foi morta uma anhuma-poca. O grito desta ave lembra o do pavão; mas há nela algumas notas características, que só podem ser comparadas com o ruído produzido por um velho gonzo enferrujado. Gosta a anhuma-poca de empoleirar-se nos espessos tufos de vegetação, arredondados como berços, que se vêem espalhados pelo pantanal; ela consente que se chegue muito perto, mas tem a plumagem tão fornida que o próprio chumbo só com dificuldade a atravessa. Voa pesadamente e sabe também nadar, embora só o faça raramente. A pele, apresenta a singular particularidade de possuir, em toda sua extensão, numerosas vesículas cheias de ar, que a fazem crepitar sob a pressão dos dedos.

Passamos defronte da saída do furo de Piraim, cuja entrada havíamos visto durante a jornada do dia 29. Avistamos igualmente a boca do rio Negrinho, afluente da margem esquerda, bem como as duas extremidades de um furo que fica na margem direita e só existe na estação chuvosa. Ficamos conhecendo também o que chamam Furado do Rio; é um lugar em que o rio, rasgando uma espécie de dique natural, abriu uma passagem direta, entre os dois braços de uma grande curva que ele ali fazia antigamente. Passamos pela barra do rio Macho-Grande (1), indo parar no lugar chamado Cassangê, do nome de uma fazenda situada nas proximidades, a qual só é habitada durante a estação seca.

Viajamos toda a noite, até a manhã do dia 1º de fevereiro; íamos todavia muito devagar; pelo que não fizemos ao todo mais de dezoito léguas. Parece que da fazenda de Cassangê à cidade de Poconé não há mais que um dia de caminhada, por terra. Navegamos também toda a noite de 1º de fevereiro; o rio de ordinário era muito estreito com muitas árvores derrubadas a atravancar-lhe o curso. Várias anhumas-pocas foram mortas pelos nossos caçadores. A falta de praias, motivada pelas inundações, devia ser a causa da raridade de aves aquáticas; em compensação, nunca em iguais circunstâncias encontramos tão grande quantidade de aves da mata. Não só os jacus, como os mutuns, eram comuníssimos, a carne de uns e outros sendo de alto recurso para os viajantes.

Durante a noite desabou violenta tempestade, retardando a nossa marcha; por isso, até o lugar em que paramos, não tínhamos feito mais de doze léguas. Ao longo do percurso fomos encontrando as bocas de muitos córregos, dos quais o mais importante é o chamado Uaçuzinho. Descansamos um pouco na "tapera" de Bananal, antigo pouso dos paulistas; seguimos depois por um braço de igual nome, que tem três léguas e meia de comprimento e uma largura que varia de quarenta a sessenta braças. Quanto ao braço da Forquilha, observâmo-lo apenas na entrada e na saída. Como nos dias anteriores, todo o terreno era chato e inundadas as duas margens do rio, motivo pelo qual nenhum estudo geológico se tornava possível.

O dia 2 foi de chuva; saímos às cinco da manhã, alcançando às dez horas a confluência do São Lourenço com o Cuiabá, depois de passar pelas bocas de entrada e de saída do Braço dos Três Irmãos. Dos dois rios o mais largo é o São Lourenço; tem ele cerca de cento e sessenta metros, ao passo que o Cuiabá não tem mais de cento e quarenta. Após a junção, o São Lourenço alcança cerca de duzentos metros de largura; sua correnteza todavia diminui, não indo além de duas milhas por hora. A distância entre o nosso ponto de partida pela manhã e a confluência é de

(1) "Machu-Grande" no original. O rio não aparece nos mapas. (Nota do trad.).

seis léguas e meia, mais ou menos. O mau tempo, contrariando nossos planos, não consentiu que determinássemos a posição geográfica da referida embocadura. Começamos em seguida a descer o São Lourenço, não tardando a encontrar uma porção de canoas de índios Guatós, os quais nos acompanharam durante quase toda a jornada. À noite, passamos pela embocadura do rio Negro, rio pequeno que é o único afluente a desaguar no São Loureço até juntar-se com o Paraguai. Na margem esquerda do São Lourenço fica o pequeno furo chamado da Sepultura. O caminho total percorrido tinha sido de dezessete léguas.

No dia 3 toda a viagem não nos foi mais do que um longo tormento, pois fomos perseguidos sem descanso por miríades de mosquitos. Com estes insetos sofriam horrivelmente os próprios Guatós. Nossos cães a cada passo davam grandes gritos de dor, a custo conseguindo nós impedir que se atirassem n'água, onde decerto seriam estraçalhados pelas piranhas Assim que saltávamos em terra estes pobres animais cavavam na areia um buraco para se enterrar. Não podíamos ficar sossegados um minuto sequer; para comer, precisávamos às mais das vezes andar apressadamente para um lado e outro, parecendo que este movimento afastava de nós aqueles insetos por alguns minutos. Entretanto, os homens de nossa equipagem, sabedores por experiência longa que a nuvem dos mosquitos não sobe acima de 5 ou 6 metros do solo, toda vez que parávamos trepavam logo nas árvores, para lá fa-zerema sua refeição.

Passamos pelas bocas de entrada e de saída do Braço do Caracará, situado na margem esquerda do rio principal. Avaliamos em dezessete léguas a distância total percorrida desde as 6 horas do dia 3 até as mesmas horas do dia 4.

À noite fomos visitados por vários índios Guatós. Um deles, chamado João, tinha onze mulheres. Na escuridão da noite, era espetáculo dos mais curiosos o destes índios, em pé na proa de suas canoas, que habilmente sabiam manobrar por meio dos compridos varejões. De cabeleira revolta, como se fosse uma crina agitada pelo vento, davam às vezes a impressão de sombras saídas do seio das águas. Destas viagens silenciosas através de uma região quase desconhecida ficaram-me profundas recordações; nosso sono, interrompido por essas inesperadas aparições, era apesar de tudo mais reparador do que costumam ser os que no alarido das cidades nos é imposto pelo simples cansaço.

Ao despontar do dia 4 víamos diante de nós uma linda cadeia de montanhas, ou antes cumes do mais extravagante aspecto, que pareciam dispostos para nos impedir a passagem. Era a Serra Dourada, que serve de limite entre o Brasil e a Bolívia e se estende ao longo da margem direita do rio Paraguai. Ela parece formada de grés, com camadas de calcário interpostas. Esta cadeia assinala o curso do rio Paraguai, com o qual forma ângulo quase reto o rio por onde íamos. Paramos para almoçar em frente a um pequeno braço do Paraguai, que desemboca no São Lourenço, formando a chamada Barra Antiga. Não tem ele mais de 150 metros de largura e está muito obstruído pela areia. Nesse ponto existem algumas choças de índios Guatós, como também plantações de milho e de cana-de-açúcar. Às dez da manhã alcançamos o rio principal, aliás aqui de largura quase igual à de seu confluente. Logo depois da junção o Paraguai tem cerca de 300 metros de largura; mas não tarda a atingir 400. Tínhamos feito idéia exagerada dos efeitos desta junção, os quais sob qualquer ponto de vista são bem inferiores aos que resultam da união do rio Orixás ao Araguaia.

CAPÍTULO XXIII

DESCIDA DO RIO PARAGUAI; CORUMBÁ, ALBUQUERQUE E NOVA COIMBRA.

As águas do rio Paraguai sobem até o mês de março, mantendo-se estacionárias durante os meses de abril e maio e começando a descer no curso do mês de junho. Entramos num pequeno braço de 15 a 20 metros de largura, que se abre na margem direita e tem o nome de Amolar. Ao sair deste braço depara-se com um morro de grés chamado Pedra de Amolar, o qual é banhado em suas faldas pelas águas do rio, cuja direção muda bruscamente a partir deste ponto, formando um ângulo reto.

. A serra, que se havia afastado cada vez mais, abaixando gradualmente, quase desaparecia agora da vista e era apenas representada por alguns contrafortes pouco elevados. Gastamos o dia todo para fazer treze léguas e meia; nossa descida de certos trechos do rio Paraguai tendo sido feita com muita lentidão. Continuamos a viajar durante a noite. Nestas ocasiões os remadores costumavam trabalhar até meia-noite, amarrando depois daí as embarcações umas às outras e deixando-as descer ao sabor da correnteza. Um único homem tomava então conta da direção, enquanto todos os outros dormiam no fundo do barco. Durante essas viagens pelos rios, muitas vezes tivemos a nossa atenção despertada por um ruído singular, que, nos certificamos depois ser produzido por certos peixes chamados cascudos, abundantes nos pontos em que o rio é mais raso.

No dia 5 só conseguimos fazer nove léguas e meia, deixando muitas vezes o leito principal do rio, para navegar em pequenos braços de 25 a 30 metros de largura. Passamos pela embocadura do Paraguai-Mirim. Todavia, como depois do meio-dia sobreviesse forte tempestade, fomos obrigados a parar, acabando por suspender a viagem, visto continuar o temporal.

À nossa direita via-se sempre a serra, mas agora à distância maior do que no dia anterior. As árvores da mata eram geralmente de pequeno porte e insignificante aparência. O pantanal estava invadido por uma grande malvácea e uma convolvulácea, ambas portadoras de flores cor-de-rosa. Flutuava em grande quantidade junto às margens do rio uma *Pontederia*, não sendo raro avistar-se em pleno rio pequenas ilhotas da referida planta, descendo ao sabor da corrente. Nessa região era muito pequeno o número das plantas interessantes, ocorrendo-me citar apenas uma aristolóquia de flores róseas, grandes como a palma da mão e de cheiro almiscarado.

A 6 choveu durante todo o dia, caindo ainda sobre nós uma grande tempestade. Como a água da chuva estava em temperatura bem mais baixa do que a do rio, formou-se sobre este denso nevoeiro; também, à tardinha, quando paramos, fazia tanto frio que os nossos homens tiritavam junto ao fogo. Em compensação, esta queda da temperatura valeu-nos o desaparecimento quase completo dos mosquitos, o que era bastante para nos dar pôr bem pagos do frio que sentíamos. Só os que experimentaram os tormentos ocasionados por aqueles insetos são capazes de avaliar o bem-estar e o repouso que se sente quando qualquer inesperada circunstância atmosférica nos põe a salvo deles. Tínhamos armado nosso acampamento perto de uma enorme figueira chamada pela gente de Cuiabá "figueira da Falha". Passamos ainda por um outro furo do rio, situado na margem esquerda, o qual forma a ilha de nome Pimenteira. Continuava ainda à vista, sempre do lado direito, a Serra Dourada, porém cada vez mais distante e mais baixa. O rio, cuja largura era mais ou menos de 400 metros, continuava a descrever muitas curvas e tinha muito pouca correnteza. Não obstante, fizemos dezesseis léguas e um quarto antes de chegar a Corumbá, ponto situado no alto de um morro à margem do rio Paraguai, cuja margem direita se expande ali numa espécie de baía.

No dia 7, ao clarear o sol, chegamos ao vilarejo de Corumbá, mais conhecido na zona pelo nome de Povoação. A população orça por uns cem habitantes e é formada de uma mescla de brancos, de índios e de negros, descendentes de indivíduos deportados para esse lugar, que foi outrora um presídio. Havia em Corumbá setenta pessoas adultas; cinqüenta das quais eram mulheres, o que significa que a relação entre estas e os indivíduos do sexo masculino é de dois e meio por um. O povoado possui uma igrejinha em ruínas, diante da qual fica o posto militar, composto quando lá estivemos de três soldados apenas. De cada lado fica uma fileira de dez casebres unidos uns aos outros de modo a formar uma casa única e tendo como fecho das portas e janelas um simples couro de boi. É muito bonita a vista que se descortina do lugar: na vasta planura coberta de mata que se estende aos nossos pés, corre o imponente rio Paraguai, descrevendo grandes meandros e formando uma bacia de tão grande profundidade que se tem a impressão de tratar-se de outro rio. A oeste a paisagem é limitada pela Serra dos Dourados, que se avista no horizonte com os seus contornos extravagantes e a sua coloração violácea. Mais para o fim da estação toda a verdejante planície desaparece submersa num imenso lençol de água. Corumbá foi fundada em 1776, pouco depois de Nova Coimbra. Atualmente a maioria de seus habitantes mudou-se para Albuquerque. Na margem esquerda do Paraguai fica o caminho que une Corumbá à cidade de Cuiabá, mas apenas utilizável durante os três meses mais secos do ano.

O que há de mais notável em Corumbá é a formação calcária sobre a qual assenta a povoação e que a rodeia de todos os lados. Manda-se deste calcário para Cuiabá, fabricando-se também com ele, no próprio local, uma certa quantidade de cal, que é exportada tanto rio acima como águas abaixo. Esta formação calcária é das mais curiosas e oferece feições muito particulares. A base do terreno, até um ou dois metros acima do nível das águas do rio na ocasião de nossa passagem, é constituída de xistos argilosos, cinzentos e quase horizontais, ou com mergulho muito leve para o norte. A camada superior destes xistos contém nódulos brilhantes que parecem de natureza calcária. Acima dos xistos ergue-se uma muralha de pedra branca, que parece formada de um calcário compacto e silicífero. Na contextura mesma dessa rocha é que se encontra o calcário fétido, em grandes blocos empastados e semelhantes a pedras roladas. Este calcário é por conseguinte um pudingue, podendo afirmar-se que a sua posição não é a mesma em que foi primitivamente depositado. Tem cor preta e fratura cristalina, afirmando os habitantes do lugar que tanto mais escuro é ele, tanto melhor se presta para o fabrico da cal. Garantiram-nos também que nunca se encontram nele vestígios de fósseis. De resto, tem ele a aparência do mármore negro. A ganga que o contém é formada de elementos muito diferentes no que diz respeito à dureza e à composição; pois sendo exposta ao contato da água e do ar ela se decompõe, dividindo-se em fragmentos da mais extravagante maneira. Os habitantes de Corumbá utilizaram-se da ação daqueles dois elementos para explorar o material em apreço. Eles deixam que os blocos desmoronados da colina se fragmentem por si mesmos, esperando que fique fácil a extração dos nódulos calcários envolvidos pela ganga, os quais são submetidos à ação do fogo em pequenos fornos redondos. Afora o calcário, a ganga encerra ainda pedaços de quartzo e camadas avermelhadas, de mistura com outras mais brancas. Parte da escarpa que domina essa singular formação é recoberta por uma espessa vegetação de piteiras de longas hastes, e por gigantescos cactos, entremeados de arbustos, entre os quais se alçam os caules prateados das embaúbas. Na ocasião em que fazíamos as nossas observações geológicas vimos na margem do rio uma dúzia de urubus a se disputarem os pedaços de um magnífico peixe, conhecido na terra pelo nome de dourado; das escamas brilhantes, ainda molhadas, partiam verdadeiras cintilações. Com o sol voltaram os mosquitos, pondo-nos num estado de excitação febril, difícil de descrever.

A uma hora da tarde deixamos Corumbá, prosseguindo em nossa viagem. Passamos sucessivamente pelas duas bocas de um pequeno braço situado no lado direito, depois, à esquerda, pelas embocaduras do Paraguai-Mirim e do Formigueiro, que é, este último, o braço do rio Taquari pelo qual os paulistas entravam no rio Paraguai. A margem direita só nos mostrava uma terra constantemente chata, ao passo que a esquerda era acidentada, mostrando uma série de colinas, formadas provavelmente de grés e subordinadas à Serra Dourada. Nossa jornada foi nesse dia de nove léguas e meia.

No dia 8, como de costume, viajamos rio abaixo a noite toda. Pela manhã, o Sr. d'Osery, tendo saído a caçar na canoinha que tínhamos para esse fim, avistou de repente uma onça, escondida no meio do capinzal alto. O bicho, assim que o viu, levantou-se, fugindo. Nosso piloto, cuja vida se tinha passado toda naquele rio, contou-nos que estando certa noite a pescar sozinho em sua canoa, saltou certa hora em terra para descansar. Tendo caído no sono, apareceram perto duas onças, que o fizeram dar logo um pulo para a canoa, assustando com isso e fazendo recuar as feras: estas, porém, passado o primeiro susto, voltaram à carga. Contudo, conseguiu nosso homem dar violenta paulada com o remo na cabeça de uma delas e pôr a canoa a flutuar. As onças, porém, jogaram-se no rio, perseguindo-o a nado, até o momento em que ele conseguiu pegar da espingarda e balear o macho, matando-o. A fêmea achou então melhor voltar para terra. Disseram-me os índios que é freqüente serem as canoas atacadas pelas onças, e que nesta espécie a variedade que mais temem é a preta, capaz de alcançar enorme tamanho.

Passando em frente de algumas pequenas ilhas, alcançando às onze horas a barra do rio Taquari, que neste ponto tem quase cento e cinqüenta metros de largura. Estávamos ocupados em determinar a posição geográfica do lugar, quando avistamos uma canoa vindo em direção a nós; viajava nela o cura de Albuquerque, que ia para Cuiabá. Nas proximidades da embocadura do Taquari, vimos nos troncos das árvores a marca das grandes enchentes do ano de 1833. Na ocasião em que passamos, o nível das águas do rio, embora já tivesse subido cerca de um metro, ainda estava quatro metros e meio abaixo da referida marca. Durante aquela enchente, uma das maiores que se tinha visto desde que o rio foi descoberto, os campos da margem esquerda ficaram inundados até uma distância de mais de cinco léguas. Prosseguimos em nossa viagem às três horas e meia da tarde, perlongando a princípio várias ilhotas, passando em seguida pela foz do rio Miranda, ou Mondego, e chegando a Albuquerque às onze horas da noite. Tínhamos feito ao todo, neste dia, quase doze léguas.

Na manhã do dia 9, ao sair dos nossos mosquiteiros, verificamos que estávamos no fundo de uma estreita e pantanosa baía, pois o porto de Albuquerque, que na época das secas fica à margem do próprio rio Paraguai, na estação das águas aproxima-se de mais de um quarto de légua do povoado. Já o nosso excelente furriel tinha ido de noite levar ao comandante de Albuquerque os nossos passaportes e as nossas cartas de recomendação. Assim, mandados por aquele oficial, cedinho já estavam a nossa espera os cavalos que nos levariam ao posto, e bem assim um lugar-tenente, para nos servir de guia. No momento em que íamos partir para a povoação, fomos rodeados por mulheres índias, que em nossa honra entoaram um curioso concerto. O capitão comandante era um homem magríssimo, de semblante horrivelmente triste; estava de luto, pelo fato de haver contraído pela manhã um casamento *in extremis*. Era aliás boa pessoa, e tratou-nos o melhor que pôde. Levou-nos para a casa que havia mandado arranjar para nós e onde não tardou que fôssemos rodeados por uma multidão de índios, pertencentes às numerosas tribos que habitam a redondeza. Alguns destes índios não tinham visto senão muito poucos homens brancos; nunca haviam saído do Grão-Chaco e tinham chegado ao povoado poucos dias antes. Contaram-nos ainda que tinham massacrado a população de uma aldeia espanhola e que, sentindo-se perseguidos, vieram pôr-se sob a proteção da guarnição brasileira. Pertenciam esses índios a raça dos Guaicurus, nação cavaleira, que leva vida errante nas vastas planícies da região.

Albuquerque, que até 1810 não era mais do que uma fazenda real, guardada por quatro soldados comandados por um cabo, passou a povoação em 1826, e a freguesia em 1833. Possui cerca de setenta casas, quase todas de barro. Algumas são caiadas e duas ou três são cobertas de telhas. Estão quase todas alinhadas dos dois lados de uma rua muito larga, que é antes uma praça, com uma capela numa das extremidades. No meio do largo fica uma grande cruz e, debaixo de um barracão, vêem-se dois canhões. O número de moradores brasileiros é apenas de setenta e seis, incluída a guarnição, que é de quarenta soldados. Vêm todavia visitar constantemente a cidade mais de dois mil índios moradores das cercanias; alguns fixaram até residência no povoado. Albuquerque fica encostada nos morros do mesmo nome, os quais são provavelmente ramificações da Serra Dourada, fazendo embora parte da cadeia chamada pelos bolivianos de Santa Luzia. Albuquerque centraliza o comando da defesa fronteira do Brasil com o Paraguai, ficando a ela subordinados os comandantes de Nova Coimbra e de Miranda. Esses três pontos, como aliás todos os estabelecimentos militares de fronteira, são presídios para onde se mandam os condenados.

O aldeamento mais próximo de Albuquerque fica situado perto de uma linda montanha, no meio de um grande bananal; é habitado por uma tribo de índios Guaicurus, conhecida pelo nome de Uaitiadeus. Toda indústria destes índios resume-se em redes e tangas de tecido de algodão, cuja fabricação aprenderam com os brancos. Os tecidos que fazem são tingidos de pardo, ou de cinza, por meio da casca de certas árvores, e as plantas que cultivam são as mesmas dos brasileiros. Na sua maioria, acham-se estes índios convertidos ao catolicismo; andam quase nus, usando apenas, à volta do corpo, um pedaço de pano de algodão. Há nesse aldeamento vinte e cinco casas, todas em forma de barracões sem paredes laterais e cobertas de palha. Estão dispostas em semicírculo, em cujo centro se vê uma cruz, junto à qual são enterrados os defuntos, envoltos numa esteira. As palhoças têm mais ou menos dez metros de comprido e são sustentadas por troncos de palmeira; há no seu interior e estendido ao longo de todo o seu comprimento, uma espécie de tablado, alto de um metro acima do solo. Este tablado serve de cama e é forrado com esteiras. Pendurados aos esteios do barracão, vêem-se as armas pertencentes aos moradores, tais como lanças, arcos, flechas, bordunas, etc., além de grande balaios de vime e cabaças. A cozinha resume-se num fogão feito de algumas pedras amontoadas no meio da casa. Vimos a pastar nos arredores os cavalos pertencentes à tribo, aliás magríssimos.

Quando chegamos a Albuquerque, achava-se aí de passagem uma outra tribo da mesma nação de que estamos tratando, a dos Cadiueus, muito mais selvagem do que a precedente. Tinha ela vindo pouco antes do Grão-Chaco, fugindo à perseguição dos Inimás, tribo contra a qual haviam praticado alguns atos de hostilidade. Os Cadiueus pintam o corpo com genipapo, desenhando nele figuras muito regulares, feitas de linhas concêntricas e de bonitos arabescos. Por singular capricho, os Cadiueus nunca pintam da mesma cor os dois lados do corpo, sendo muito comum verem-se indivíduos com um lado vermelho e o outro branco. Isso lhes dá uma aparência diabólica. E' também freqüente pintarem as mãos de preto, dando a impressão de estarem de luvas. As mulheres usam mais ou menos os mesmos desenhos, mas as tatuagens de sua pele são indeléveis, nunca mais podendo ser removidas.

A mulher do principal da tribo, chamada Etacadauana (a agulhinha) tinha o rosto enfeitado de figuras regulares, mas não incrustadas; o corpo era todo malhado como o da pantera e usava os cabelos presos com um pente muito parecido com os das mulheres espanholas, mas encimado de uma cabeça de cavalo. A maioria das mulheres ostentava no peito um desenho muito curioso, que também era visto, com grande espanto de nossa parte, nas ancas dos cavalos e nos lados do corpo dos cachorros. Soubemos depois que se tratava da insígnia do chefe da família, o qual a imprime em tudo quanto lhe pertença. Todos os índios dessa tribo traziam no pescoço colares de prata, feitos de cilindros enfiados e produto de roubos cometidos sobre os espanhóis.

Os Guaicurus são ótimos cavaleiros, acostumados à vida errante no Grão-Chaco, e refratários à fixação em qualquer morada permanente. Na vastidão do deserto estão eles em contínua movimentação, um minuto bastando para montarem nos cavalos as mulheres e crianças, juntamente com as esteiras, os couros e os próprios cães, e partir logo todo o bando a galope. Não vivem senão do saque e dos assaltos que praticam, cometendo não raro espantosos morticínios. Nas épocas de abundância desperdiçam em poucos dias o que lhes poderia servir para meses inteiros. Acontece-lhes às vezes não ter outra coisa para comer senão reptis e insetos, sendo muito felizes quando em suas extensas excursões encontram nos matos alguns frutos agrestes e algumas gotas d'água escondidas da evaporação na concavidade de certas folhas coriáceas.

Subsiste entre os dessa tribo tradição muito curiosa. Quando criou o mundo, o grande espírito deu a cada povo uma certa particularidade, cabendo aos brancos o gênio comercial e a outros o instinto da agricultura. Os Guaicurus, sentindo-se esquecidos, procuraram então o grande espírito, para levar-lhe as suas queixas; percorreram assim as vastas solidões do Grão-Chaco, interpelando todos os animais e plantas que encontravam pelo caminho. Encontraram finalmente o Caracará, que dirigindo-se a um deles, disse: Tu te queixas, e entretanto recebeste o melhor quinhão; pois uma vez que nada te coube na partilha, tens o direito de tomar tudo quanto tiverem os outros; foste esquecido, e portanto poderás matar todos que encontrares. Não esperou o Guaicuru para seguir essas instruções, pegando logo de uma pedra e com ela matando o Caracará. Gabam-se os Guaicurus de ter depois daí seguido fielmente aquela lição. Parece que estes índios tiveram sempre a crença na imortalidade da alma: acreditam que a dos chefes, como a dos feiticeiros, uma vez desprendida do corpo, passa a voltear em torno da lua, ao passo que a das outras pessoas fica vagando pelas planícies e campos.

Vimos no meio desses selvagens alguns escravos feitos por eles entre os índios Caioás. Era fácil reconhecer estes ultimos pela cor comparativamente mais clara; muitos tinham até cabelos louros, embora fossem, segundo nos disseram, de sangue puro.

Os Caioás, que, como já dissemos, habitam a região das cabeceiras do rio

Branco, são inofensivos; falam língua completamente diversa da dos Guanás e dos Guaicurus; vivem nus, dormem no chão e andam a pé.

Alguns Guaicurus possuíam rédeas muito curiosas, feitas com o cabelo das mulheres. Não demonstravam nenhuma estima por estes objetos, vendendo-os em troca de facas.

Há, na imediata vizinhança de Albuquerque um outro aldeamento, que pertence aos Guanás ou Uanás. Compõe-se de sessenta casas dispostas em quadrado e contíguas umas às outras, de modo que cada lado do quadrilátero forma uma só construção. No meio do quadrado ergue-se uma cruz. As casas, de paredes, de barro e teto de palha, são entretanto bem feitas; copiam na forma a dos brasileiros e contêm razoável mobiliário, como sejam camas feitas de um couro esticado entre paus, cabaças, utensílios de tecelagem, armas, etc. Os Guanás são trabalhadores e ocupam-se da agricultura; plantam cana-de-açúcar, arroz, algodão, mandioca, feijão, banana, milho, cará e batata-doce; constroem engenhocas para moer cana, fabricam rapadura e distilam aguardente em alambiques de barro, com um cano de espingarda servindo de pescoço. Fabricam também vasilhas de barro. As mulheres fiam o algodão, com que fazem lindos ponchos, tingidos com anil ou curcuma. Utilizam ainda uma tinta parda, que tiram da casca de uma árvore chamada maiqué. As outras cores que às vezes se vêem nos seus tecidos provêm de panos europeus, desmanchados especialmente para esse fim. Todos os Uanás sabem falar o português. Estando desde muito tempo em contato com os brancos, perderam o velho costume de arrancar as pestanas, como fazem várias outras tribos; também deixaram de borrar o corpo com pinturas e tatuagens. Dão inúmeras aplicações ao couro de boi. Muitos possuem escravos, que aliás tratam geralmente com doçura; são prisioneiros de guerra feitos aos Xamacocos, tribo selvagem que habita mais abaixo a margem direita do rio. O casamento é de uso corrente entre estas diferentes nações; mas, se porventura algum homem se cansa de viver com uma mulher, ele pode abandoná-la, sob a condição de não ter mais de uma ao mesmo tempo.

Não cremos que nenhuma destas nações seja antropófaga; entretanto, os outros índios acusam os Inimás de se entregarem às vezes a essa horrível espécie de banquete.

Desde que esses índios se tornaram cristãos e fixaram moradia junto dos brasileiros, os seus costumes se modificaram muito, aproximando-se bastante dos destes últimos. Houve também muito cruzamento entre as duas raças; mas como os mestiços preferem geralmente acompanhar os pais a ficar com as suas mães índias, não é por isso menos puro o sangue que corre, nas veias dos moradores dos aldeamentos.

Têm os Guanás o costume de usar, afora o pedaço de pano passado à volta da cintura, um poncho muito curto sobre os ombros; além disso muitos deles usam camisa. Trazem o cabelo amarrado atrás da cabeça, como se fosse uma cauda, e usam um chapéu de palha, alto e pontudo. Suas armas são a seta pequena e a flecha; muitos têm espingarda. Perto do aldeamento ficava o cemitério, onde os defuntos são enterrados na superfície da terra, completamente vestidos e deitados numa esteira. Fecham a sepultura com uma coberta de madeira, erguendo sobre ela uma cruz quando o morto era cristão, como é o caso mais freqüente.

As pequenas lavouras que há em torno das habitações não são mais do que jardins, as grandes plantações ficando distantes da aldeia. É grande a criação de carneiros. Os Guanás não cristianizados têm muito respeito pelo deus que dizem existir por trás do sol, incumbido de fazê-lo andar; bem maior entretanto é o que têm pela pequena constelação que eles chamam das sete estrelas e cuja aparição em determinado ponto do céu é motivo de uma festa anual.

Três léguas a nordeste de Albuquerque fica a aldeia dos Quiniquinaus, tribo pertencente à mesma nação dos Guanás, porém menos civilizada do que a destes últimos. Esta aldeia fica assente na borda de uma baía formada pelo Paraguai e é bastante grande; é ela rodeada de dois lados por lindas montanhas e disposta em quadrado, como a dos Guanás. No meio do largo fica um espaçoso barracão, que serve de sala de conselho.

O aldeamento dos Quiniquinaus é composto de setecentas ou oitocentas pessoas. Estes índios são muito laboriosos e entretêm com os brasileiros um grande comércio de farinha de mandioca e de arroz. Suas lavouras são extensas e muito bem plantadas.

Os terrenos de Albuquerque pertencem evidentemente aos mesmos calcários pardos e pretos muito ricos em sílex e entremeados de grés cristalizado, que dão origem à curiosa formação encontrada em Corumbá e já referida por nós. Todos estes calcários, depois de se formarem, experimentaram, seguramente, transformações. Encontram-se fragmentos deles com geodes de quartzo.

CAPÍTULO XXIV

VIAGEM AO PARAGUAI. – FORTE BOURBON.

Enquanto estivemos em Albuquerque ocupamo-nos ativamente com a organização de nossa viagem ao Paraguai. Tamanho é o zelo com que as autoridades brasileiras guardam esta fronteira, que nos víamos obrigados a guardar o maior sigilo sobre as nossas intenções. Proclamando embora que a nossa excursão não iria além do Forte Bourbon, eu estava decidido a prolongá-la até Assunção, assim encontrasse franca a passagem. A mais leve indiscrição seria capaz de impedir a realização de meu projeto. Ficamos assim muito contentes quando soubemos que o capitão Jacinto, chefe do aldeamento dos Guanás, vinha desde muito desejando visitar uma aldeia de índios de sua nação situada no interior da república paraguaia, sem todavia ter para isso conseguido a autorização do comandante de Albuquerque. Oferecendo-se para nos acompanhar com mais quatro parentes seus, ele começou logo os preparativos para a viagem, aprestando o seu uniforme de gala, que lembrava singularmente o de um guarda campestre.

Para não comprometer as embarcações que o governo brasileiro nos tinha confiado, aluguei uma canoa, deixando para trás a do Império, bem como um dos companheiros de viagem, o Sr. Deville, a quem forneci os meios de voltar à costa e reclamar em nosso favor junto às autoridades francesas, caso o governo do Paraguai resolvesse prender-nos, para fazer companhia a Bompland. Às cinco da tarde reuniu-se todo o mundo no porto, fazendo os índios as suas despedidas das mulheres e das filhas. Para impedir alguma indiscrição, mandei que todos os soldados ficassem na minha canoa, enquanto a equipagem dos Srs. d'Osery e Weddell era constituída exclusivamente de índios. Breve punham-se em movimento os varejões e, com um tempo magnífico, começávamos a navegar. Progredimos com rapidez a noite toda, de modo que às seis da manhã já nos achávamos a nove léguas e um quarto de Albuquerque. Às três e meia da tarde do dia 11 chegávamos ao Forte de Coimbra, depois de um trajeto de sete léguas. Tomamos pelo chamado Braço de Cima, que não tem mais de 15 a 24 metros de largura, deixando à nossa direita o Braço de Baixo, cujo comprimento é apenas de um quarto de légua. Antes de chegar ao forte, que fica numa encosta, vêem-se as altas montanhas da serra, cobertas de mata. Ao desembarcar fomos recebidos pelo alferes comandante, que nos disse ter ordem para não permitir que visitássemos a praça e nos levou para uma das cinco ou seis miseráveis choupanas de barro existentes à beira do rio. Pouco acostumados ao luxo, contentamo-nos com o que nos deram, acomodando-nos como era possível dentro de nosso rancho, de onde aliás se descortinava uma vista magnífica. Aos nossos pés corria o rio Paraguai, que aqui era estreitado por uma língua de terra onde os índios Guaicurus haviam construído uma quinzena de casas temporárias, e defronte da qual se erguia elevada montanha, vestida da mais luxuriante vegetação. As canoas dos índios, passando incessantemente para cima e para baixo, dão animação ao quadro.

O forte de Nova Coimbra foi construído na margem direita do rio para servir de barreira contra os espanhóis do Paraguai. Várias pessoas nos garantiram que é por um erro que ele ocupa a posição onde está atualmente; o lugar escolhido pelo governo de Portugal tinha sido o Fecho dos Morros, que fica abaixo de Bourbon. Ao que parece, o engenheiro incumbido da construção, mal informado a esse respeito, não desceu o rio quanto devera, dando assim tempo aos espanhóis para ocupar a região. O forte está construído regularmente a uns quinze metros acima do nível do rio, que domina completamente, sendo capaz de resistir a um ataque em que não fossem empregados outros meios além dos que o país pode fornecer no estado atual. Não obstante ele necessitaria de reparos consideráveis, pois de todos os lados as paredes ameaçam cair. Começado em 1775, o forte só foi concluído em 1801, tendo sido a partir deste ano atacado doze vezes pelos espanhóis, sem nenhum resultado. Em frente ao forte o rio Paraguai não tem mais de 350 metros de largura. Por ocasião de nossa passagem, a guarnição era de vinte e seis soldados. No que toca ao material de guerra, pareceu-nos ver apenas dois ou três canhões pequenos, no alto dos muros.

Cumprem pena em Nova Coimbra uns tantos condenados.

Informou-nos o comandante que existia um caminho direto de Nova Coimbra a Miranda, povoação e posto militar situado vinte e seis minutos de latitude ao sul do ponto em que nos achávamos. A direção geral desta estrada é mais ou menos de este-sudoeste, sendo necessários uns três dias para cobrir a distância que separa os dois estabelecimentos.

Pode-se ir também por terra a Albuquerque, seguindo uma estrada que acompanha a margem direita do Paraguai; dizem que a distância por este caminho é de dez léguas. Informou-nos ainda o mesmo oficial que ele tinha ido em dez dias de Miranda a Campará, lugar situado na rota fluvial entre São Paulo e Cuiabá. Todos estes caminhos ficam péssimos na estação das chuvas.

Depois do meio-dia, fomos visitar o aldeamento dos Guaicurus, o qual é formado simplesmente de palhoças cobertas com esteiras e abertas dos lados. Os índios, em sinal de cortesia, fizeram para nós uma representação de sua maneira de guerrear. Os homens, quase nus, com o corpo pintado de preto e branco, armaram-se de longas lanças com ponta aguda de ferro, ou senão de fuzis, montando céleres nos cavalos tão selvagens quanto eles próprios e que partiram a todo galope, governados apenas por meio de uma corda presa ao lábio inferior. As mulheres, de seu lado, se reuniram, juntando as mãos e pulando, por entre cantigas tristes e monótonas. Os cavaleiros, depois de terem percorrido certa distância, deram meia-volta, carregando para frente aos tiros e flechadas; depois, alcançando o largo do aldeamento, apearam com agilidade, precipitando-se sobre os homens que ali se encontravam, derrubando-os no chão e fazendo menção de lhes cortar o pescoço. Esta cena era acompanhada de urros horrorosos e gelava o sangue pela sua selvageria. Os índios que representaram esta cena pertenciam à tribo dos Cadiueus; suas fisionomias e seus modos eram ainda mais terrificantes do que os de seus irmãos de Albuquerque. A aparência das mulheres Guaicurus é das mais desagradáveis, o que em grande parte se deve atribuir ao sentimento de repulsa que produz o enorme pedaço de fumo que nunca tiram da boca, segurando-o por detrás do lábio inferior e deixando-o em parte à mostra, em cima dos dentes. Não é preciso mais para impedir que um sorriso possa ter qualquer encanto. A este hábito que, digam o que disserem, é mais uma faceirice do que uma necessidade, aliam elas outros indícios de uma grande depravação de costumes, especialmente o de praticarem o aborto até a idade de trinta anos, favorecendo desta maneira o desaparecimento de sua própria raça. O fim visado é conservarem a aparência de juventude durante mais tempo. O meio usado pelas raparigas para chegar a tal fim é, desde o momento em que se apercebem de seu estado, comprimir o gérmen através das paredes do ventre, até a sua final expulsão.

O sábio geógrafo Ricardo Franco de Almeida Serra distribuía da seguinte maneira as nações indígenas que em seu tempo habitavam as cercanias de Nova Coimbra (*Revista trimensal do Instituto Histórico e Geográfico Brasileiro*): "Em 1799 havia oitocentos Guaicurus ou Uaicurus e quatrocentos Guanás, num total de mil e duzentos indivíduos. Em 1803 este número tinha-se elevado a dois mil e seiscentos, quatrocentos dos quais pertenciam à nação dos Xamacocos. A maior parte dos imigrantes procediam das terras espanholas [1]. Ricardo dividia os Guaicurus nas três grandes tribos dos Uatedeus, Ejueus e Cadiueus, e em várias tribos menores, tais como os Pacajudeus, Cotogudeus, Xaguteus, Oleus, etc."

Informou-nos o comandante que os Xamacocos visitavam o forte com muita frequência. Estes índios andam geralmente nus; só alguns passam à volta da cintura um tecido feito de casca de árvore; habitam as margens do rio Preto, andam a pé e, de armas, usam só o arco e a flecha.

Entre o forte e os estabelecimentos da Bolívia fica uma extensa mata, muito espessa e sem água, que os próprios Guaicurus não tinham conseguido atravessar.

Em Cuiabá tínhamos ouvido falar numa gruta muito curiosa existente nas proximidades de Nova Coimbra. Assim, desde que aí chegamos, procuramos obter as informações necessárias para ir conhecê-la. Disse-nos o comandante que a empresa era inexeqüível naquela estação, pois a gruta devia estar debaixo d'água. Entretanto, como fossem contraditórias as informações dadas por várias pessoas presentes, tomamos a resolução de, fosse como fosse, fazer na manhã do dia seguinte uma tentativa. O comandante, depois de esgotar todos os meios para nos demover do nosso intento, ofereceu-se para ser ele próprio o nosso guia.

(1) Há no tomo XIII da Revista do Inst. Histórico Brasileiro, págs. 348 a 395, longa dissertação sobre os índios, da autoria de Ricardo A. Serra; não me foi possível todavia encontrar ali a passagem citada. (Nota do trad.).

No dia 12, às seis da manhã já nos achávamos a caminho, montados em pequenos cavalos índios e acompanhados por uma dúzia de soldados. Com essa escolta, marchamos rapidamente em direção ao Buraco do Inferno, nome que dão na zona à caverna que nos ocupa e que não fica mais de meia légua a nor-noroeste de Coimbra. Chegando a poucas centenas de metros da entrada, deixamos os cavalos e galgamos uma colina de muito difícil acesso e coberta de mata virgem onde se destacavam muitos cactos espinhosos. A entrada da gruta fica a meia encosta da colina e a um tiro de canhão do rio. Logo acima dela, uma figueira intrometeu pelas pedras as suas raízes possantes. Este outeiro faz parte da serra que desde a boca do rio São Lourenço até o Forte de Coimbra se vê acompanhando a margem direita do rio Paraguai, a maior ou menor distância. A pedra em que se abre a gruta é um calcário de grande dureza, fétido, sedimentar, de grãos salinos, e contendo traços de ferro e de quartzo. Tem cor vermelho-escura e a aparência do grés. O local era bem conhecido de muitos dos homens que nos acompanhavam. Traziam quase todos fachos que antes de entrar foram logo acesos, enquanto alguns empunhavam armas, para a defesa contra as onças que às vezes procuram refugiar-se na escuridão da gruta, como no-lo atestavam os rastos existentes na areia. Entra-se na gruta por um buraco quadrado que tem pouco mais de um metro de lado. Achamo-nos imediatamente debaixo de uma abóbada muito irregular; o solo nesta parte é muito inclinado, a ponto de ser necessário nos agarrarmos às anfratuosidades das rochas e às pedras que juncam o chão. Tem-se de evitar com cuidado um profundo buraco existente à esquerda da entrada; mais adiante a passagem se alarga, mas o chão se torna muito escorregadio, ao mesmo tempo que o calor e a humidade produzem uma sensação muito incômoda. A uns trinta metros de profundidade, ou seja mais ou menos ao mesmo nível dos campos que ladeiam o Paraguai, entramos numa galeria espaçosa, alta, e decorada de estalactites do mais extravagante aspecto. Estendiam-se estas estalactites em lençóis denteados, umas com a forma de imensos cogumelos, outras direitas e lisas, semelhantes a grandes círios. Aqui eram colunas caneladas e carregadas de enfeites parecidos com os das nossas igrejas medievais; acolá eram lindos pingentes, que faziam lembrar ainda mais a arquitetura elegante e caprichosa destes templos. Segurando sempre nas pedras, em certo lugar passa-se por uma abertura estreita embaixo de uma magnífica cortina de estalactites, que dir-se-ia imitar, em posição invertida, estas imensas pias batismais de alabastro encontradas em muitas velhas catedrais. Do chão escabroso do salão das colunas erguem-se estalagmites, cujos topes ameaçam unir-se às aguas da abóbada, as quais, sob a luz dos fachos, brilhavam com todas as cores do arco-íris. Arrastando-nos sobre enormes blocos de pedra, ou escorregando por cima de superfícies lisas, muitas vezes sem conseguir, no meio da escuridão, encontrar apoio nas pedras que cediam sob o nosso esforço, é que chegamos finalmente a outro salão, ainda maior do que o anterior. Estendia-se aqui à nossa frente uma cortina de estalactites magnificamente recortadas, enquanto por toda parte se erguiam do solo troncos de colunas e mamilos. No fundo, entre gigantescos blocos de rocha, estende-se um lençol de água pura e límpida, onde entraram logo muitos de nossos homens. Queixaram-se todos do frio que sentiam;

mas, conforme verificamos mergulhando na água o termômetro, a temperatura ali era apenas de 3 graus abaixo da caverna (temperatura da água 23°8, do ar ambiente 27 graus).

Nunca esquecerei a curiosa cena que representavam nossos soldados pretos a se debaterem nessas águas subterrâneas, nadando com um dos braços e suspendendo com o outro as tochas acesas. A completa escuridão que não nos permitia ver senão pequena parte da tenebrosa galeria, os trechos que surgiam à nossa vista iluminados pelo clarão dos archotes, os gritos que ecoavam por aqueles corredores desconhecidos, o ruído que ali ouvíamos, tudo isso evocava os quadros concebidos pela imaginação para representar as regiões infernais. A profundidade do lago subterrâneo parece ser bastante grande, mas varia muito, obedecendo ao nível das águas no rio Paraguai, de modo a fazer que estas águas subterrâneas sejam alimentadas por canais subterrâneos provenientes das infiltrações do rio. Elas continuam por entre as rochas, cobrindo o chão de uma galeria que parece muito extensa, mas cuja entrada é interceptada pela cortina de estalactites, que desce até abaixo do nível da água. Ligadas a esse salão há ainda outras galerias, mas estas se achavam inundadas na ocasião de nossa visita. Há na gruta vários buracos onde nunca ninguém entrou, mas que parece serem bastante fundos, a julgar pelo tempo que gastam as pedras para chegar ao fundo.

A direção geral dessa caverna parece-me norte e noroeste. Os guias nos contaram que na água da lagoa, uma vez, foi encontrado um pequeno jacaré. Quanto a nos, só vimos dentro da gruta uma perereca, alguns morcegos e muitos mosquitos.

Nesse mesmo dia, à uma hora da tarde, deixamos Nova Coimbra. Quase logo abaixo do forte o rio se divide, formando uma ilha, que deixamos a nossa direita. As margens aqui saem muito baixas e quase sem árvores. Campinas se vêem de um lado e de outro do rio Paraguai, que se torna muito mais largo. Durante, a noite, aliás deliciosa e sem mosquitos, passamos pela boca do rio Preto. Descíamos agora velozmente, de maneira que às 6 horas da manhã de 13 já nos achávamos a dez léguas e meia do forte. A princípio a Serra dos Dourados nos acompanhava sempre, na margem direita; a partir de dado momento porém ela se afastou para o interior, acabando por desaparecer completamente.

Nesta latitude a vegetação muda a olhos vistos. Vêem-se de todos os lados extensas planícies cobertas de palmeiras, todas da espécie chamada carandá (Coperniciaz cerífera), que tem o porte do buriti, mas cujo tronco é mais delgado, e cujas folhas são menores e de cor cinzenta. É a custo que se pode ver moitas de qualquer outra planta no meio destes carandazais. A esta região natural, e muito principalmente à que se estende a oeste do rio, é que se dá o nome de Grão-Chaco. Estas vastas planuras são incessantemente percorridas pelas hordas dos índios cavaleiros, que votam ódio de morte aos espanhóis. Também, é com pavor que se lhes pronuncia o nome em qualquer parte da América do Sul. Assim como os Pampas del Sacramento, nessa parte do Chaco não se vê outra coisa senão indícios de devastação e das cenas de carnificina.

Durante a jornada vimos ainda várias ilhas, fazendo ao todo, até às 6 horas da manhã de 14, um percurso de dezesseis léguas e meia. Às duas horas e três quartos a temperatura da água do rio era de 29°,7; mais tarde, às cinco e um quarto, ela era de 29°,8, ao mesmo tempo que a do ar, à sombra, era de 31°,2 e, ao sol, de 33 graus.

De ontem para hoje o Paraguai tinha-se alargado muito, parecendo haver um quarto de légua de uma margem à outra. Tivemos à tardinha magnífico pôr-do-sol; estendiam-se ao longe, admiravelmente tranqüilas, as águas do grande rio e o céu, cuja cor acima de nossas cabeças era perfeitamente azul, à medida que se aproximava do horizonte ia adquirindo tonalidades violáceas, amarelas e alaranjadas, sobre as quais se projetavam magnificamente os últimos raios vermelho-alaranjados do sol poente. Dentro de pouco tudo se perdia na escuridão, vendo-se apenas, os graciosos leques das palmeiras a se destacarem sobre um fundo palidamente iluminado pelo astro que acabava de desaparecer. Da canoinha de pesca foram vistas nesse dia duas onças pintadas.

No dia 14, pela manhã, pastando em liberdade, avistamos muitos bandos de cavalos pertencentes aos selvagens. Havia já dias que se não via mais nenhuma ave: Pelo meio-dia passamos em frente à embocadura do rio Branco, que é antes um córrego de 5 ou 6 metros de largura, mas bastante fundo. Este ribeiro deságua na margem direita do Paraguai; não tem mais de catorze ou quinze léguas de curso e nasce numa serra situada ao sul de Miranda e habitada pelos índios Caioás. Tem havido muitas vezes confusão entre este rio e o que serve de limite entre o Brasil e o Paraguai. Este último, também conhecido por rio Branco entre os brasileiros, recebeu dos espanhóis o nome de rio Apa e é muito maior do que o precedente. As patrulhas de Miranda têm muitas vezes encontrado espanhóis por estas alturas; parece contudo que ultimamente eles desistiram de chegar até aí. O governo do Paraguai reconhece como limites incontestáveis o rio Paraguai e o rio Apa, seu afluente pela margem esquerda; mas do lado da margem direita ele reclama não só Nova Coimbra, como até Albuquerque. Desde as primeiras horas do dia avistávamos um morro coberto de mata; é num dos contrafortes deste montículo que está edificada a fortaleza de Bourbon ou Olimpo. O doutor tinha ido na frente, para avisar o comandante de minha chegada, que se deu à uma hora da tarde, após uma jornada de seis léguas. Encontramos o forte no mais absoluto silêncio; ninguém nos veio receber, parecendo até não ser habitado por ninguém. Finalmente porém descobrimos um soldado que estava a lavar roupa no meio do capinzal e nem ao menos se dignava voltar a cabeça para o nosso lado. Só quando nos viu pôr o pé em terra é que resolveu dar-se conta de nossa presença, perguntando-nos com ar carrancudo se sabíamos lavar a nossa. Como não aparecesse ninguém que nos pudesse servir de guia, procuramos durante algum tempo o caminho para chegar à curiosa praça de guerra. Minha, emoção era grande ao pensar que estávamos em terras do Paraguai, essa China americana onde não havia penetrado nenhum europeu, ou de onde, pelo menos, nenhum havia conseguido sair, sem ter sofrido longa detenção. Alimentava assim mesmo a esperança de chegar à capital dentro de poucos dias. Neste interior encontramo-nos com o doutor, que nos contou ter sido recebido por um incrível comandante, quase mudo, pois não pôde arrancar dele nenhuma resposta sobre aquilo que mais precisávamos saber, isto é, se podíamos prosseguir em nossa viagem. Enquanto atordoávamos o nosso companheiro de perguntas que ele nem tempo tinha de responder, subimos uma tosca escadaria talhada na rocha, alcançando a plataforma em que o edifício está construído. Subimos por uma porta estreita, perto da qual havia duas cruzes, chegando depois a um espaçoso pátio cercado por quatro ou cinco compridas palhoças tendo no meio destas um barracão, onde se viam amontoados muitos balázios. Dos esteios do barracão pendiam muitos arreios. Vários soldados andavam para aqui e para acolá, sem nos prestarem a mínima atenção; eram homenzarrões de bela aparência, fisionomia aberta e expressiva. Quase todos vestiam ponchos de lã tingidos de cores berrantes sobre calças brancas e largas, muito curtas e providas de franjas. Tinham na cabeça curioso chapéu de palha, de forma cônica e desmedida altura, com vértice um pouco alargado e as beiras excessivamente estreitas.

Morava o comandante no casebre mais próximo da porta, ocupando nele um cômodo de aspecto singularíssimo, pois se nele escasseavam mesas e cadeiras, havia em compensação uma enorme quantidade de carne-seca pendurada nas paredes. Apoiados num comprido girau viam-se os fuzis da guarnição, os quais, verdade seja dita, estavam em bem melhores condições do que quantos vínhamos vendo desde muito tempo. O ocupante deste suntuoso cômodo era um velho sargento de cara medonhamente enrugada e maneiras bruscas, mas alto de estatura e semelhante a algum tambor mal alimentado de regimento. Este personagem a muito custo fez menção de levantar-se quando entramos; mas dignou-se apesar de tudo a nos estender a mão. Como única resposta às nossas perguntas, mandou ele vir mate em pequenas cabaças, oferecendo-nos ao mesmo tempo uns objetos de prata para aspirá-lo: eram uns pequenos canudos, com a extremidade inferior dilatada e cheia de orifícios, à maneira de um crivo. Tal era o meu desejo de conquistar as boas graças do comandante que ao aspirar a detestável bebida fiz quando muito uma careta, levando até a minha amabilidade a ponto de dizer que o tinha achado excelente. Parece-me que ele ficou bastante sensibilizado com este gesto de polidez, esboçando um sorriso, que não foi todavia capaz de desenrugar-lhe a fisionomia. Tendo o momento como oportuno, tratei de lhe fazer a minha principal pergunta: Dar-nos-á o senhor licença de entrar? De sua garganta escapou então um grunhido surdo; depois, fechando os olhos, deixou-se inclinar para trás e permaneceu imóvel. Com o olhar e na maior ansiedade nos interrogávamos uns aos outros sobre o significado daquele grunhido. Seria ele amistoso ou demonstraria hostilidade? Nossa sorte estava na dependência da resposta a esta pergunta. Foi então que eu descobri um outro personagem no escuro recinto: era um homenzinho de maneiras simples e afáveis, olhos azuis e cabelos claros, com que entrei logo em conversação, para disfarçar a ansiedade de que me achava possuído. Com o mais puro sotaque de Frankfurt, disse-me ser espanhol. Soube mais tarde que se tratava de Dom Maurício Bach, ou melhor Mauritz, cidadão adotivo da Bolívia, o qual, na qualidade de secretário do consulado desta república no Paraguai, vinha desde muito tempo solicitando a sua admissão no país. Enquanto isso ia eu observando os trajes do nosso hospedeiro. As calças, de pano azul-claro, com largos riscos, estavam amarradas na cintura por uma corda vermelha; por cima da camisa de grosseiro pano azul não havia nenhum paletó. A gravata que usava era também azul. Estava de pés descalços e de barba por fazer, havia muitos meses; as espantosas suíças concorriam para realçar a simplicidade dessa vestimenta. Além disso trazia ao pescoço uma cruz grande de cobre, semelhante às que se viam em todos os seus soldados. Tomou nas mãos os documentos que lhe apresentamos a título de passaportes, inclusive papéis sem importância, que juntamos para aumentar-lhes o número, na persuasão de que ele não seria muito versado no conhecimento da língua francesa. Percebi com satisfação que ele os segurava de cabeça para baixo, demonstrando portanto não saber ler. Com efeito, dando um grande gemido, ele mos restituiu, declarando que estavam perfeitamente em ordem, mas que não nos era possível ir mais adiante sem ordem expressa do presidente da ilustre República. Ficamos todos chocados com a notícia, mas era inútil nos insurgirmos contra ela. O mais que pude obter foi a promessa de que ele mandaria imediatamente um portador à capital para tratar do assunto. "Não havendo nenhum contratempo, os senhores terão a resposta dentro de dois meses", acrescentou o comandante, caindo outra vez no sono. Resolvi então mandar de volta para Albuquerque a canoa e os soldados brasileiros, deixando comigo somente os índios e a canoa que eu tinha adquirido naquele estabelecimento. Passei parte da noite a escrever ao presidente da república do Paraguai e aos meus amigos do Brasil. Ficamos sabendo que enquanto estivéssemos no forte seríamos hospedados à custa dos cofres da República, pois a hospitalidade era uma das virtudes de que era mais cioso o governo do Paraguai. Fomos então levados para o nosso quarto, um cubículo ladrilhado, mais parecido com uma estrebaria e iluminado apenas por uma porta. O comandante no-lo apresentou como sendo muito agradável e isento de mosquitos, contanto que mantivéssemos a porta sempre fechada, pois aqueles incômodos insetos são mantidos à distância pela escuridão. No cômodo não existia nenhum móvel; armamos nele as nossas redes, dispusemos os caixões vazios para nos servirem de armários e transformamos as malas em mesas e cadeiras. À noite os soldados se reuniram, dançando fandangos, ao som da harpa e do violino. Havia uma graça particular nos movimentos dos homens, que indicavam um grande senso da medida. Era grande o interesse com que contemplávamos estas cenas, novas para nós. Desde o momento em que fomos admitidos como hóspedes do forte, toda aquela gente demonstrava a melhor boa vontade para conosco, tratando-nos com benevolência e delicadeza, e demonstrando a propósito de tudo uma ingenuidade de criança. No dia seguinte ao de nossa chegada descarregaram o nosso barco; os índios, que não podiam ser recolhidos na fortaleza, armaram o seu acampamento perto da margem do rio. Tivemos nesse mesmo dia a satisfação de ver descer o rio Paraguai uma canoa com sete soldados vigorosos armados de lanças e fuzis, que iam levar minha carta ao presidente da República.

Todas as manhãs, muito cedo, vinha o cozinheiro, de nome Mendoza, buscar entre os nossos mantimentos feijão, arroz, toucinho, farinha, etc., pois, conforme logo verificamos, tirando a carne-seca, o mate e a sua boa vontade, nada possuía o comandante em matéria de provisões. Desde então éramos nós que o alimentávamos, como também uma parte da guarnição.

Ocupamo-nos, eu e o Sr. d'Osery, com trabalhos de geografia, ao passo que o Sr: Weddell, a despeito do muito propalado perigo dos índios, percorria sem descanso os arredores, à procura de plantas e animais. Conseguiu assim colecionar algumas lindas aves de rapina, tais como águias, falcões, gaviões, caracarás, etc.

À noite, reunidos no interior do forte, distraíamo-nos em discutir com o Sr. Mauritz, nosso companheiro de infortúnio, que se enchia de singular entusiasmo ao exprimir o seu horror pelos conquistadores do passado, do presente e do futuro. Alexandre, César, Luís XIV e Napoleão eram indistintamente confundidos num mesmo sentimento de execração. Afirmava que só os médicos e dentistas deveriam ser os marechais da França. Seu espírito exaltado queria revestir desta dignidade, antes de qualquer outro, um célebre oculista. Ninguém admira mais do que eu a capacidade do Dr. Sichell, pois nunca me hei de esquecer a dedicação e desinteresse com que me tratou da terrível doença de olhos que sofri depois de minha volta da viagem; mas não posso furtar-me à convição de que esse hábil profissional se sentirá muito melhor na chefia de um hospital do que à frente de um exército, sendo-lhe certamente muito mais agradável curar aos males da humanidade do que contribuir para aumentá-los. Afora estes pequenos ridículos e uma dose realmente exagerada de liberalismo voltaireano, o Sr. Mauritz era pessoa muito estimável, dotada de boa instrução e bastante viajada.

Quando as nuvens de mosquitos nos tangiam do alto dos muros, onde gozávamos de esplêndida vista da paisagem, íamos assistir aos divertimentos da guarnição, que entremeava o brinquedo de grandes gargalhadas, tais como as que só se podem ouvir no Paraguai em pessoas de qualquer idade, ou em qualquer outro país entre as crianças de 10 anos. A algazarra de alegria era depois abafada pelo ruído ensurdecedor de um enorme tambor pintado de três cores, cuja função habitual era despertar-nos todos às primeiras horas da manhã.

Esqueci-me de dizer que pela ave-maria toda a guarnição se punha em linha, não cessando de fazer o "pelo sinal" enquanto não desaparecia o último rufo do tambor.

Não se pode deixar de admirar a mansidão desta boa gente; nunca se ouvia a menor discussão ou palavra de cólera. Atribuo esta harmonia perfeita à falta de mulheres. Todos falavam com tocante ênfase em sua capital, que, segundo pensavam, possuía todas as maravilhas do mundo. Quando se lhes falava sobre qualquer objeto, diziam logo ser abundante naquela cidade. Certa vez perguntei ao comandante se havia lobos na redondeza; ele me respondeu que existiam alguns, mas que eram muito mais abundantes, na capital.

Tínhamos vontade de aprender um pouco de língua espanhola; mas o lugar, era mal escolhido para este fim, porque a maioria das pessoas, embora de puro sangue castelhano, só falavam a língua geral, isto é, a língua dos Guaranis, a qual é no Paraguai a única usada pelo povo.

O forte Olimpo, chamado no começo Bourbon ou Borbotiy foi construído em 1798 ou 1799, por ordem do rei da Espanha. Tinha como fim proteger a fronteira do Paraguai contra os ataques dos portugueses de Mato Grosso e dos índios do Grão-Chaco. O forte é formado de um vasto quadrado, com um bastião em cada ângulo. As muralhas têm quatro metros e meio de altura e 82 centímetros de grossura; são construídas de uma pedra dura, tirada do próprio lugar e igual à de que é formado o contraforte em que está situada a fortaleza. Esta iminência se prende a três pequenos morros escalonados ao longo da margem direita do Paraguai e conhecidos pelo nome de Três Irmãos. À volta destes últimos há uma muralha de 1 metro e 80 centímetros de altura e 82 de grossura, mandada construir pelo ditador Frância. A área fechada por esse muro tem um perímetro de mais de três quartos de légua e tinha como fim defender o gado das depredações dos Guaicurus; mas de nada tinha servido a construção do muro, que aliás estava em bom estado.

Em cada um dos quatro bastiões do forte, os quais coincidem com os quatro pontos cardeais, há um canhão, em tão bom estado quanto o das armas que acima mencionamos. Consta que as peças correspondentes ao norte e ao ocidente têm o calibre quatro; mas, da medida do diâmetro tomada pelo Sr. d'Osery resulta que as balas pesam nada menos de 2 quilos e 645 gramas (ou seja, em medida francesa antiga, 5 libras, 6 onças, 5 oitavas e 13 grãos), o que faz crer que as peças são de seis, calibre espanhol. Quanto à peça que olha para o sul, dizia o comandante que ela era de calibre três, mas o peso da bala, calculado pelo mesmo processo usado com as primeiras, é de 2 quilos. Há ainda um canhãozinho de emboscada, cujo calibre parece ser de dois. Todas estas peças ali estão desde os primeiros tempos da dominação espanhola. No interior do forte, ao longo de três lados, vêem-se pequenos ranchos de barro e folha-de-flandres, cobertos de palha de coqueiro. Os soldados dormem nestes ranchos, deitados em redes feitas de tiras de couro cru dispostas em losangos, para maior elasticidade. A guarnição era de cinqüenta e uma pessoas, a saber, dois sargentos, um dos quais é o comandante, cinco cabos e quarenta e quatro soldados. Um dos cabos e cinco soldados pertenciam à artilharia; os outros eram da infantaria. Dentro do forte ninguém usa uniforme. Como já dissemos, a vestimenta comum desta gente consiste em calças largas, de bainha franjada, e camisa, tudo de lã, ou de algodão. Só usam o fuzil quando estão de sentinela. No forte Olimpo a guarda é muito bem feita, tanto de dia, como de noite. Durante toda a noite, de quarto em quarto de hora, as sentinelas dão sinal umas às outras, a fim de se manterem despertas. Os soldados se levantam às quatro e meia ou cinco da madrugada, fazem uma sesta durante o dia e se deitam às nove da noite; são muito obedientes aos chefes e vivem em boa harmonia uns com os outros. Portam-se com alegria e parecem felizes, despendendo em trabalhos de agricultura os lazeres deixados pelo serviço na guarnição. Perto dos muros do forte viam-se pequenas plantações de milho, de feijão e, principalmente, de fumo.

Foi-nos muito difícil obter informes precisos sobre o montante do soldo recebido pelas tropas e bem assim sobre o modo de pagamento das quantias a isso destinadas. Dou a seguir os dados que me parecem mais exatos. Nos tempos do ditador Frância os soldados recebiam onze piastras em cada dois meses; mas só as tropas sediadas na capital recebiam o seu soldo com regularidade. Hoje há mais ordem nesse pagamento, que obedece às seguintes normas: os soldados recebem doze piastras, os cabos treze, os sargentos dezesseis a dezoito e os capitães cinqüenta, todos de dois em dois meses. Como, pelo menos no forte Olimpo, os soldados se alimentam e vestem à custa deste dinheiro, vejamos agora como se arranjam eles para atender a essas necessidades. Metade do soldo, ou sejam seis piastras cada dois meses, é deixada em mãos de um administrador nomeado pelo governo e chamado ministro ou tesoureiro, que reside em Assunção. Mediante esta delegação encarrega-se esse funcionário de atender às despesas com a alimentação e vestuário da tropa. Uma vez em cada dois meses sobe da capital ao forte Olimpo uma falua (grande embarcação a vela), trazendo para a guarnição os artigos de primeira necessidade, como sejam, no que se refere à alimentação, carne-seca, arroz, feijão, raízes secas de mandioca e mate, e no que toca ao vestuário, camisas, calças de lã e de algodão, e ponchos de lã. Além destes artigos principais, vêm ainda muitas miudezas, como lamparinas. Cada homem consome por dia cinco peças de carne-seca e uma boa porção de raiz seca de mandioca, a que freqüentemente se acrescenta feijão cozido, abóbora d'água e angu de milho. Enorme é o consumo de mate, artigo de que, de dois em dois meses, é trazido um carregamento de dezesseis arrobas, as quais são inteiramente gastas nesse curto intervalo. A distribuição do mate entre os soldados é feita de doze em doze dias. No fim do ano, se sobra algum saldo na caixa militar, ele deve ser recolhido ao tesouro. Em compensação, parece que no caso de haver dívidas provenientes da penúria de alimentos ou de qualquer outra razão, o Estado vem em socorro dos soldados. Dizem que no tempo do doutor Frância o exército se compunha de cinco ou seis mil homens, comandados por quatro capitães, pois no Paraguai não havia patente mais elevada. Hoje, todavia, parece que essas forças estão reduzidas a dois mil homens, sob as ordens de um único capitão. A metade destas tropas é constituída pela cavalaria, arma sob que preferem servir os paraguaios, que são sempre bons cavaleiros. Há casos em que os soldados permanecem catorze ou quinze anos destacados numa mesma fortaleza; mas, depois da morte do primeiro ditador, parece que a permanência dos soldados em cada posto foi fixada em três anos, aproximadamente. Os paraguaios gostam de servir como soldados, ficando contentes quando são escolhidos para o futuro. O exército pode considerar-se como sendo inteiramente formado de voluntários. Os soldados nunca sabem quanto tempo ficarão engajados; acreditam que seja de sete ou oito anos, mas parece não ser raro que tenham de servir durante toda a vida. Existem na república cinco regimentos de cavalaria, os quais são chamados de hussardos, lanceiros, etc.; mas que só se podem diferenciar pelo fardamento. O regimento de lanceiros é formado exclusivamente de mulatos. Os habitantes do Paraguai se distribuem de maneira a não poderem ser confundidos uns com os outros; os índios moram em povoados (pueblos), onde cultivam o mate e o algodão, ou tecem panos grosseiros de lã, muito usados no país. A cidade de Tevego ou San Salvador é habitada exclusivamente por negros e mulatos. São proibidos os casamentos entre indivíduos das três principais cores.

Há no Paraguai escravos africanos, mas custam muito barato (cinqüenta a cem piastras) e sua importação é proibida; além disso, uma lei, datada de 1843, estabeleceu a liberdade de todas as crianças por nascer. Darei agora os informes que enquanto estive no forte Olimpo pude obter sobre a história do Paraguai, desde que é nação independente: Quando, em 1810, os espanhóis foram expulsos de Buenos Aires, as tropas que ocupavam o Paraguai, sentindo-se isoladas abandonaram o país. A guerra estalou quase imediatamente entre os habitantes daquela cidade e os do Paraguai, que havia instituído como governo uma junta de cinco membros. Este governo não durou mais do que um ano, consumando-se em 1811 a separação entre os dois países.

Em 1812, um congresso depôs a referida junta, nomeando para sucedê-la dois magistrados, um dos quais era o doutor Frância. Este último, em começos de 1814, com o título de ditador, apossou-se do poder, governando da maneira mais despótica e mandando fuzilar todos os inimigos que lhe caíam nas mãos. Começou também por fechar de modo absoluto o país aos estrangeiros, proscrevendo em toda a república o uso do título espanhol de Dom, que ainda hoje nenhum paraguaio se atreve a empregar. O único título admitido era o de Excelência, usado para com o presidente. Quis também Frância impedir o uso da língua guarani, não o conseguindo todavia. Esta é a língua falada no Paraguai por toda gente, havendo não poucas pessoas de vinte e cinco ou trinta anos que desconhecem qualquer outra. Parece que no interior do país as mulheres em geral não sabem falar nem entender o castelhano. Frância manteve-se no poder até sua morte, em 25 de dezembro de 1840. Tal era o terror que infundia que ninguém o chamava senão el Supremo ou el Perpetuo; também, nos campos do interior, todos tiravam o chapéu ao pronunciar o seu nome. Atualmente é conhecido apenas por el Defunto. Parecia haver soldados que não acreditavam que ele tivesse de fato morrido, pois ao se referirem a ele nunca se esqueciam de correr os olhos em torno, como para se certificarem de que não havia por ali algum agente secreto capaz de denunciá-los ao terrível ditador. Uma palavra, por pouco imprudente que fosse, podia custar a vida a qualquer pessoa.

Desde 1824 os brasileiros do Rio Grande do Sul vinham em Itapuã trocar com os paraguaios café, açúcar e diversos artigos europeus, por mate, burros e tabaco; este comércio era porém uma simples troca, pois o ditador proibira a saída do ouro e da prata, para fora do país. Itapuã era o único lugar onde podiam os paraguaios receber mercadorias européias.

Com a morte do ditador, tomou conta do governo uma junta provisória, composta de cinco membros, a saber o alcaide da cidade e os comandantes dos quatro quartéis (um tenente e três subtenentes). Essa junta governou durante os quatro primeiros meses de1841; passado esse tempo, como ela tivesse sido instalada somente para convocar um congresso e entretanto desse mostras de querer conservar-se no poder sem se preocupar com o desempenho de seus compromissos, o povo levantou-se de armas na mão, marchando sobre o palácio e forçando-a a evacuá-lo. Os comandantes das tropas nomearam então outra junta, formada agora apenas de dois membros, que eram o alcaide e um secretário. Ao cabo de dez dias, reuniu-se um congresso extraordinário composto de quatrocentos membros. Um dos atos desta assembléia foi a nomeação de dois cônsules: Carlo Solano Lopez, primeiro cônsul, e Mariano Roque Alonzo, segundo cônsul. Esses dois magistrados entraram em função em 1841. Outro congresso, instalado em novembro de 1842, aprovou todos os atos emanados desses cônsules, cujos honorários foram fixados em quatro mil piastras fortes anuais para o primeiro e três mil para o segundo. Foi-lhes concedido também o título de *Excelentíssimo Senhor*. Estabeleceu o mesmo congresso que a bandeira da República seria formada de três faixas horizontais de cores azul, branca e vermelha, ficando num dos lados as armas nacionais, representadas por uma palmeira e uma oliveira entrelaçadas, de modo a circunscrever uma estrela, com a seguinte inscrição - *Republica del Paraguay*; no outro lado ficava um círculo, com a inscrição -*Paz y Juzticia*; finalmente, no centro, um leão, tendo em cima o símbolo da liberdade. Foi também decidido qual seria o selo da República. O dia 25 de dezembro foi escolhido para celebrar o aniversário da independência do país, determinando-se que no mencionado dia do ano de 1842 seria prestado em toda a República o solene juramento de defender para sempre a sua integridade e independência.

Em março de 1845, novo congresso decidiu que o governo consular seria substituído pelo de um presidente nomeado por um número determinado de anos. O primeiro consul, Carlos Antônio Lopes, subiu então à presidência, sendo empossado a 13 de março, com os subsídios correspondentes a oito mil piastras. O mandato do presidente ficou fixado em dez anos, devendo o congresso reunir-se cada cinco anos.

Tal era o sistema de governo existente no Paraguai na época em que nele estivemos. Tinha-se a impressão de que a administração do presidente era branda e humana. A julgar pelas circulares por ele enviadas às potências vizinhas, dir-se-ia que era desejo seu entabular com elas boas relações; entretanto, até o presente, só o Brasil possui ministro reconhecido em Assunção. O país continua fechado aos estrangeiros, sendo necessária uma autorização especial para nele ingressar. Contaram-nos que o governo paraguaio tinha instalado na fronteira com o Brasil, dos lados de Miranda, um forte chamado São Carlos; todavia, os soldados do forte Olimpo nos garantiram que a referida fortaleza está quarenta léguas a su-sudoeste do referido ponto.

Já vimos que a guarda do forte se mantinha sempre alerta, acompanhando atentamente os movimentos dos Guaicurus, cujos bandos chegam às vezes à distância de um tiro de canhão. Nestas ocasiões, também nunca se deixa de lhes enviar alguns tiros de peça. Ficamos sabendo, com grande espanto, que já por duas vezes aqueles índios se tinham apoderado do forte, trucidando-lhe toda a guarnição. Da primeira vez eles abandonaram logo a conquista; mas, da segunda, aí se fixaram, só a entregando à guarnição portuguesa de Coimbra, que a restituiu aos espanhóis. Dá-se aqui à nação dos Inimás o nome de Línguas. Estes índios habitam as margens do Paraguai, do lado direito, abaixo de Bourbon e, particularmente, nos arredores de São Salvador. São considerados como os mais valentes de toda a região.

No forte Olimpo o tempo para nós custava muito a passar, custando-nos enormemente vencer o tédio que nos acabrunhava. Por meio de jóias falsas e quinquilharias que muito apreciavam, consegui interessar os soldados da guarnição na procura de reptis, peixes, aumentando assim as nossas coleções. Mais de uma vez assistimos a um fato que muita admiração nos causou. As emas atravessavam a nado o rio Paraguai, sendo então perseguidas pelas canoas do forte, que a custo conseguiam alcançá-las. Sete foram assim mortas em nossa presença, sendo logo depenadas e preparadas para a mesa. A carne delas é preta e coriácea. Logo abaixo do forte, observamos, na superfície do rio, fenômeno bastante curioso. Por influência da correnteza e do redemoinho dela resultante, girava em círculo uma grande ilha de plantas flutuantes. No forte a temperatura média era de 28 graus; o máximo de temperatura era verificado entre duas e três da tarde, quando o termômetro à sombra subia às vezes a 40 graus e exposto ao sol chegava a 49 graus.

Embora fossem bastante inteligentes, o pessoal do forte era de uma ignorância inacreditável, coisa de que são prova as curiosas perguntas que a nós formulavam. O comandante nunca tinha ouvido falar em Napoleão, vulto a respeito do qual muito conosco conversaram os índios do Lago Superior. A existência da França só lhes era conhecida pelo fato de Bompland ser filho deste país. Quase todos os soldados me perguntavam se a França não ficava do lado das cabeceiras do rio Paraguai, de cuja direção nos tinham visto chegar. Houve um que quis saber se nosso soberano não era o imperador da China. Dos ingleses tinham ouvido falar que não eram cristãos e espalhavam forte cheiro de enxofre. Certo dia, vendo-me a manejar o teodolito, aproximou-se de mim o comandante, pedindo-me permissão para mandar que um soldado desenhasse para ele o referido instrumento. Pois, disse-me, ele tinha ordem do governo para dar parte de tudo quanto lhe parecesse extraordinário e nunca lhe havia acontecido pôr os olhos em coisa mais singular do que aquela máquina. O artista pôs imediatamente mãos à obra; conseguindo com muita felicidade figurar uma roda de carro na ponta de uma régua quadrada. Nosso sargento tinha tal medo de comprometer-se que quando pela primeira vez lhe perguntei quais eram as cores da República, ele me disse que não se julgava autorizado a mostrá-la a estrangeiros, visto não ter recebido do governo nenhuma ordem neste sentido. Foi a muito custo que consegui satisfazer a este respeito minha curiosidade. Era comum que se referisse à autoridade como se se tratasse de uma pessoa. Assim, quando nos mostrávamos sem esperanças de receber resposta da capital, ele nos dizia: "A resposta não tardareis a recebê-la, pois o meu governo é um homem muito educado" (um hombre muy político).

No Grão-Chaco, no meio dos lindos coqueirais, viam-se alguns amontoados de pedras, cobertos de cactos gigantescos, de 5 a 6 metros de altura. Pouco tempo porém depois de nossa chegada, o aspecto da região mudou completamente em conseqüência do fogo ateado no capim alto que a cobria. Durante longas horas via-se uma extensa linha de fogueira, caminhando para longe e deixando atrás de si uma superfície desolada, cheia de destroços e de troncos carbonizados. Acompanhando esta cena de destruição era curioso ver-se a quantidade prodigiosa de gaviões que rodopiavam nos ares por sobre o incêndio, ora pousando nos galhos das árvores circunjacentes, ora se lançando por entre as labaredas para pegar reptis e insetos expulsos de seus esconderijos pelo calor. Como sempre acontece nestas circunstâncias, abundavam entre eles os caracarás, de parceria com um outro gavião, grande e pardo, que é conhecido entre os brasileiros por gavião-da-queimada.

Finalmente, a 5 de março, depois do meio-dia, avistamos uma canoa que vinha em direção ao forte. Sabendo que com ela devia vir a resposta ao nosso pedido, corremos todos ansiosos para o parapeito, à espera que a embarcação atracasse, coisa que aconteceu dentro de alguns minutos. Vimos logo pular do barco um soldado vestido com um gibão escarlate e trazendo um grande sabre: era um mensageiro do governo. Sem dizer palavra, fez entrega de um despacho ao sargento, que o mandou ler ali mesmo; a seguir, no mesmo silêncio, passou-me às mãos outro despacho a mim endereçado. Este era assinado pelo primeiro ministro da República, e continha uma absoluta recusa ao nosso pedido de descer até a capital. Eis aqui o teor da aludida carta:

"Por ordem do excelentíssimo senhor presidente da república, tenho a honra de vos comunicar que Sua Excelência recebeu com prazer a vossa carta datada de Olimpo a 15 do corrente, e na qual comunicais que sois encarregado pelo governo francês de dirigir uma comissão científica, destinada a explorar as partes centrais da América do Sul, e que, por esse motivo, solicitais a permissão de vir, com vossa comitiva, até a capital desta república.

É muito a contragosto que Sua Excelência deu-me a ordem de vos informar que o nosso país se acha em circunstâncias tais, que não seria possível vos oferecer as comodidades e facilidades necessárias à execução dos trabalhos da comissão, visto o miserável estado de nossos campos, estado devido a uma peste que foi introduzida do exterior, atacando o gado cornígero e todos os outros animais, e que começava apenas a desaparecer quando fomos atormentados por uma seca de mais de doze meses. Por outro lado, não seria praticável o vosso regresso pelo rio Paraná, visto como o governo de Buenos Aires tomou a deliberação de suspender a navegação por aquele rio, fechando os seus portos no Paraguai, e tomando como pretexto a guerra de Corrientes contra a Confederação. Diante de tal estado de coisas, o governo supremo da república, coerente com a declaração feita relativamente à abertura dos portos ao comércio estrangeiro, julgou não ser oportuno revogar ordens existentes e abrir caminho do forte Olimpo, a menos que se trate de agentes diplomáticos estrangeiros, os quais podem tentar abrir a todas as nações a navegação pelo Paraná, garantindo assim as relações políticas e comerciais. Sua Excelência, o senhor presidente, está convencido de que havereis de compreender a gravidade de todas estas razões, as quais, desta vez, o impedem de satisfazer o vosso pedido. O abaixo assinado aproveita a ocasião para saudar-vos com respeito e consideração.

Deus vos guarde por muitos anos.

Assunção, 22 de fevereiro de 1845.

Assinado ANDREAS GILL.

Durante a leitura desta missiva nossas fisionomias se transformavam da mais cômica maneira; o mais curioso porém era o ar de triunfo de nosso amigo Mauritz, que não só tinha entendido que a nossa entrada havia sido negada, como ainda se supunha incluído no número dos agentes diplomáticos mencionados na carta, e assim antegozava a sua entrada triunfal na capital. Por consequência, foi com um movimento de altivez que ele pediu ao comandante que lhe dissesse o que constava a seu respeito. Fitando-o então do alto de sua importância, respondeu-lhe o comandante, ao cabo de alguns minutos: "O supremo deu-me ordem para mandá-lo ir-se embora daqui dentro do prazo de três dias". Desconcertados embora à vista deste quiproquó diplomático, não pudemos sufocar uma risada.

O comandante nos pintou como honra extraordinária a ordem que tinha de nos fazer acompanhar, de uma escolta até a fronteira do Brasil, com o fim de nos defender contra os Guaicurus. Para nós, havia nisso apenas o desejo muito sincero de ter a certeza de que estávamos de fato longe dos limites da república. Resolvi partir, logo no dia imediato pela manhã, e não foi sem pesar que nos separamos daqueles bons soldados paraguaios; os quais, quase todos, ao se despedirem de nós tinham lágrimas nos olhos.

CAPITULO XXV

VOLTA PARA ALBUQUERQUE. – MIRANDA.

Deixamos o forte Olimpo na manhã de 6 de março de 1845. Iam em nossa embarcação, afora os índios da equipagem, o Sr. Mauritz, o seu filho e as monstruosas bagagens de ambos. Queria o nosso companheiro pôr também no barco um carregamento de quinhentas ou seiscentas libras de mate, que contava vender na Bolívia; mas, como a embarcação estava prestes a soçobrar de peso, fomos forçados a deixar na praia aquele interessante artigo de comércio. Nossa escolta se compunha de cinco soldados e um cabo, que viajavam numa canoa pertencente ao forte. Não podia essa brava gente imaginar que fosse realmente sair das fronteiras da república, motivo pelo qual estava tomada de uma extrema curiosidade, muito embora outra coisa não fossem ver senão matas em tudo semelhantes às da vizinhança do forte. Desde a implantação da ditadura, era esta a segunda vez que uma embarcação paraguaia passava além dos limites da república. Desta feita não passamos pela foz do rio Branco; tomamos por um braço de cerca de duas léguas de comprimento, o qual começava logo abaixo do forte e cortava o cotovelo do rio em que fica a referida embocadura. Este trajeto nos fazia encurtar, enormemente o caminho, com a vantagem de ser o rio aí menos profundo, facilitando assim o trabalho dos varejões utilizados para vencer a força da correnteza. Era já noite quando fizemos alto, após uma viagem de quatro léguas. A despeito de todo o esforço despendido, não tínhamos conseguido fazer mais do que meia légua por hora, ou seja mais ou menos a metade do que fazíamos na descida. Espetáculo curioso era o dos soldados paraguaios, os quais acampavam separadamente e, como nunca haviam dormido senão ao abrigo das muralhas do forte, sempre se imaginavam ameaçados de grandes perigos. Por isso, destacou o cabo dois soldados para fazer sentinela, encarregando-se ele próprio de preparar a comida enquanto os outros dois dormiam, sem nunca tirar o sabre da mão. A cada momento davam sinal de alerta e em cada moita de capim do Chaco, parecia-lhes ver um Guiacuru pronto para o ataque. A perfeita tranquilidade dos nossos índios Guanás, que dormiam profundamente, formava singular contraste, aliás bem pouco lisongeiro para a raça branca.

No dia seguinte antes mesmo de amanhecer, retomamos a marcha, conseguindo fazer sete léguas. Depois do meio-dia, avistamos uma canoa que, mal nos viu, ficou hesitante em prosseguir, a princípio parando, e voltando depois caminho atrás, para decidir-se finalmente a vir em direção a nós. A canoa dos paraguaios encostou-se imediatamente na nossa, vindo ao meu encontro o cabo, para me comunicar, presa de grande agitação, que era ordem secreta voltar ele para o forte com os seus soldados, assim que pressentisse qualquer perigo. Por este motivo, sem mais demora, ia deixar-nos. Com o óculo de alcance, verifiquei que na terrível máquina lançada em nossa direção não vinham mais de três homens. Procurei então sossegar o nosso cabo, fazendo-o refletir que éramos quinze homens bem armados; mas ele só se tranquilizou um pouco quando viu que os três canoeiros vinham vestidos e per-tenciam à nossa raça. Alcançou-nos finalmente a canoa, onde não tardamos a avistar um nosso conhecido de Cuiabá; era um coronel colombiano, que tinha estado ao serviço de uma meia dúzia de repúblicas e que se dizia nessa ocasião agente da Bolívia no Paraguai. Tinha ele, por sinal, acompanhado o libertador em todas as suas campanhas, passado por mil aventuras, uma das quais lhe custara a perda de seus papéis, que caíram num rio de nome ignorado. Esta última circunstância fez com que o presidente de Cuiabá não lhe pudesse dar o passaporte. Contudo, ele não parecia homem capaz de embaraçar-se com dificuldades desta ordem, o que de fato não duvido, pois fiquei mais tarde sabendo que ele havia passado pelo forte de Coimbra sem ser visto. Esperava certamente fazer o mesmo no forte Bourbon. Tinha por equipagem um alfaiate e um sapateiro, ambos muito queixosos de que, desde a saída da Bolívia, se tivesse esquecido o pagamento de seus ordenados.

No dia 8 fizemos seis léguas, parando às três da tarde em frente à embocadura da baía dos Xamacocos, situada na margem direita e larga de 600 metros. Tem, esta baia umas dez léguas de extensão e apresenta muito pequena correnteza na estação das águas. Ela avança para o interior do Grão-Chaco e durante muito tempo foi tida como a embocadura do rio Otuquis, da província boliviana do mesmo nome.

No dia 9 o trajeto percorrido foi de seis léguas e meia, findas as quais chegamos à Baía Negra, assim chamada pela cor escura de suas águas. Acompanhados da canoa dos paraguaios, enfiamos por esta baía, afundando nela mais ou menos uma légua. Também se pensava que nela desaguasse algum rio, mas nada vimos que pudesse justificar esta suposição. No ponto até onde subimos, as águas eram divididas em dois braços por uma ilha; mas, destes braços, um pelo menos não parecia ter grande extensão. Alguns moradores de Coimbra, que numa excursão a cavalo pelo Grão-Chaco tinham chegado muito ao sul desse ponto, nenhum rio também encontraram.

Aqui vão alguns pormenores a respeito dessa expedição, conforme a narrativa do nosso furriel, que dela tinha tomado parte. Em 1830, a convite de um dos caciques dos Terenos, partiram do forte de Coimbra oito soldados, a fim de visitar os aldeamentos daqueles índios. Passaram pelo forte Olimpo e depois viajaram durante sete dias através do Grão-Chaco. Imagino que deverão ter chegado até 22 graus de latitude sul, visto que faziam umas sete ou oito léguas por dia, percorrendo extensas planícies cobertas de carandazais. Chegaram depois a uma mata muito fechada, onde só a muito custo conseguiram penetrar. Dentro desta mata estava situado o aldeamento, onde foram bem recebidos. Duas léguas adiante, dentro ainda da mesma mata, havia um outro aldeamento, muito maior que o primeiro e cujo chefe mandara presentes aos excursionistas, com o convite para que fossem até lá. Durante a noite, porém, foram traiçoeiramente atacados, havendo um morto e dois gravemente feridos. Os outros foram salvos pelo cacique da primeira aldeia; mas foram desarmados e despojados de tudo quanto possuíam, só com muita dificuldade lhes sendo possível retornar a Coimbra. Entretanto, como pouco depois da sua chegada, tivesse vindo descansar nas proximidades do forte um grande bando de índios Guaicurus, os cinco soldados brasileiros imaginaram um plano para se vingarem e arrancarem do cativeiro dois de seus companheiros. Tendo obtido a permissão do comandante, não lhes foi difícil arrastar os Guaicurus a tomar parte numa outra expedição semelhante à primeira. Atravessaram então de novo o Chaco, cercando durante a noite, escondidos nos matos, o aldeamento dos Terenos e investindo contra ele às primeiras horas da madrugada, para praticar horrível massacre em todos os seus habitantes. Nenhum prisioneiro foi poupado, com exceção apenas do capitão, que tinha protegido os soldados brasileiros. Os poucos Terenos que conseguiram escapar, foram buscar asilo entre os Inimás, que os reduziram ao cativeiro. Voltaram os valentes soldados ao forte em companhia dos índios seus aliados, reconduzindo os dois companheiros e trazendo consigo enorme presa de guerra. Soubemos depois que os Guaicurus nos tinham espreitado por ocasião de nossa passagem pela Baía Negra e que, como nos disseram em Albuquerque, só por causa de nossa presença os soldados do Paraguai não foram por eles, então, atacados a flechadas. O certo é que o comandante do posto acima referido, antes mesmo de nossa volta, estava inteiramente a par de todos os pormenores de nossa viagem. Os Guaicurus atravessam o rio Paraguai a nado, agarrados à cauda dos cavalos.

Às três horas da madrugada a temperatura do ar era de 35°,2 e a da água era de 31°,1. Exposto ao sol marcava o termômetro 39 graus.

No dia 10 fizemos seis léguas e um quarto, ultrapassando a zona dos carandazais. A região era agora completamente desnuda e era já noite quando armamos o nosso acampamento. No momento em que eu ia saltar em terra, fui vivamente empurrado para dentro da canoa pelo nosso velho chefe índio; estive por alguns momentos sem atinar com a significação daquele gesto, mas depois fiquei sabendo que, graças a singular instinto, aquele homem tinha acabado de pressentir, com o olfato, a presença de alguma cobra venenosa perto de nós. De fato, lançando fogo no capim, descobrimos sem tardança um grande trigonocéfalo, da espécie chamada jararaca.

No dia 11, ao raiar o dia, deixaram-nos os paraguaios, alegando que íamos avistar o forte. Fiz tudo para retê-los conosco, persuadidos que estávamos de que seriam bem recebidos pelos brasileiros, mas tudo foi em vão, diante das ordens que traziam em contrário.

Durante a subida do Paraguai passamos por muitos pontos em que as barrancas do rio estavam desmoronadas, deixando a descoberto ninhadas de jacarés em que se viam juntos de dez a quinze indivíduos. Às nove da manhã alcançamos Coimbra, onde estivemos parados umas duas horas, a fim de tomar dois soldados que reforçassem a nossa equipagem, insuficiente para subirmos o rio com facilidade. Vamos dar alguns informes sobre o trecho do rio Paraguai compreendido entre Bourbon e o ponto em que estamos.

Em Coimbra o rio passa apertado entre dois morros e não tem mais do que 500 metros de largura. À medida porém que, na descida, nos distanciamos deste ponto, a largura do rio aumenta rapidamente, a ponto de alcançar 1.800 metros na Guarda Velha. A partir daí a largura varia muito até o forte Bourbon, mas raramente fica abaixo de 1.000 metros. Quando subimos o Paraguai, ele nos pareceu muito mais cheio, ao mesmo tempo que maior era a sua correnteza, por nós calculada em três milhas por hora. Aliás, como a largura se mantivesse a mesma, era só através desta maior velocidade da corrente e do aumento de profundidade que nos apercebemos da enchente, só notada por nós a partir dos primeiros dias de março.
A temperatura das águas do Paraguai é ordinariamente muito alta, pois, em diversas observações, acusou o termômetro as temperaturas de 29, 30 e até 31 graus centígrados.

Em Coimbra a formação geológica parece ser a mesma do forte Olimpo. Embora as barrancas do rio só nos apresentassem cortes muito imperfeitos, pudemos verificar que ela é geralmente constituída de um lençol pouco espesso (10 a 12 centímetros de espessura) de terra vegetal fofa na superfície, superposto a uma camada de areia amarela, de espessura variável, mas nunca superior a 1 metro e meio. Por fim, logo abaixo da camada de areia, encontram-se argilas pardas e brancas, com inclusões de sílex.

Não há nenhum monte em todo esse espaço, exceção feita dos que lhe ficam nos dois pontos extremos, como já referimos. A formação geológica de ambos não é a mesma, mas haverá talvez transição de uma rocha a outra.

No trecho de que estamos tratando, nenhum afluente possui o Paraguai em sua margem direita. O rio Negro e o dos Xamacocos são, como já dissemos, verdadeiras baías. Duas léguas abaixo de Bourbon, abre-se na margem direita larga embocadura que se diria pertencer a algum grande rio; todavia, conforme informações que nos foi dado colher, trata-se ainda aqui de uma vasta baía, a qual afunda pelas matas de carandás. Pela margem esquerda, o Paraguai recebe apenas o rio Branco.

Partimos de Coimbra às duas horas da tarde, depois de fazer algumas observações. À noite, violento temporal fez cair no rio a mala onde ia tudo que era meu e que não pôde mais ser encontrada. Só conseguimos fazer duas léguas e meia.

Nas duas margens do rio viam-se morros, de formação idêntica aos de Albuquerque; os da margem direita ficavam todavia mais próximos do rio do que os da esquerda.

Gastamos boa parte do dia 12 em contornar um grande outeiro chamado Morro do Conselho e não avistado por nós na descida do rio, por causa da escuridão. O sopé deste morro fica no Paraguai. A formação geológica é a mesma de Albuquerque, sendo constituídas, nas partes planas, de argilas recobertas por uma camada de areia. Os morros, estes, são formados de calcário branco, o qual constitui o grosso da formação entre Albuquerque e Coimbra.

A 13, pelo meio-dia, após uma jornada de três léguas e meia, entrávamos pela segunda vez no porto de Albuquerque. Nesta ocasião, estavam de saída três grandes canoas cheias de índios Guanás, que iam em busca de ipecacuanha. As embarcações sobem o Paraguai até vila Maria, seguindo daí para os rios em cujas margens cresce a referida planta. Momentos depois fomos recebidos pelo capitão Rufo, indo ocupar o nosso antigo domicílio.

Aos Guaicurus moradores dos arredores de Albuquerque vieram juntar-se os que tínhamos encontrado em Coimbra. Preparavam-se todos para celebrar no dia seguinte uma festa solene. De fato, já na manhã de 14 o grande lago da aldeia estava coalhado de índios, indo nós tomar os lugares que nos tinham sido reservados. Os Guaicurus fizeram um grande círculo em torno de nós. Ao cabo de poucos minutos, vimos duas mulheres sair de extremos opostos e se aproximarem uma da outra de punhos fechados e com os braços colados de encontro ao corpo; caminhavam lentamente, com os olhos enfurecidos e, de repente, atracaram-se violentamente, aos socos. Como não tardasse a correr sangue do rosto de uma das contendoras, um dos chefes se interpôs com uma vareta na mão, separando-as e dando a cada qual, com uma cabaça, um trago de cachaça. Vieram então os maridos consolar suas esposas, bebendo por sua vez. Sucederam-se vários combates semelhantes, ficando nós sabedores de que surgindo alguma disputa entre as mulheres do aldeamento, a solução do caso era deixada para a ocasião destas festas. Enquanto isso outras mulheres assumiram ares belicosos, entrando também na liça. Depois, dir-se-ia que o gosto pelos murros se tinha tornado epidêmico, a ponto de vermos meninos de sete anos realizarem façanhas capazes de fazer inveja aos jogadores de box ingleses. Os festejos continuaram no dia seguinte, talvez com menos originalidade; porém com maior graça do que no dia anterior. Um bando de índios montados a cavalo, quase nus e enfeitados de penas, tentavam arrebatar no galope com uma espécie de sabre de pau, um anel pendurado a três metros de altura, na ponta de uma corda. Os que conseguiam triunfar nesse exercício eram cuidadosamente saudados pelos companheiros, vindo receber, vitoriosos, o seu prêmio em aguardente. Os menos felizes fugiam para o mato, por entre os apupos da assembléia. Enquanto tudo isso se passava, veio sentar-se ao nosso lado um personagem muito singular, que outro não era senão, o chefe principal dos Guaicurus. Trazia sobre a guedelhuda cabeça, cobrindo o rosto pintado, um chapéu de três bicos; envergava um fato preto que pertencera ao avô do capitão Rufo e que só havia perdido um pano em seu século de serviço. Outra peça de seu vestuário, as calças brancas com atilhos nos pés, parece-me ter pertencido a algum dos membros da expedição. Pouco habituado aos trajes dos europeus, seu atual dono os tinha vestido com as costas voltadas para a frente. Desnecessário dizer que não usava nenhuma espécie de calçado. Via-se, pela gravidade de sua fisionomia, como o chefe estava satisfeito de usar tão imponente vestimenta.

Empregamos todos os esforços para arranjar uma equipagem para subir o rio Paraguai. Mas, como a maioria dos índios Guanás estava ocupada na extração da ipecacuanha, nada pudemos conseguir. Resolvemos então, como era nosso desejo, fazer uma excursão a Miranda e lá procurar, entre os índios da região, os homens de que necessitávamos: Ao empreender essa viagem, movia-me principalmente o desejo de estudar a região habitada mais próxima da fronteira do Brasil com o Paraguai.

Resta-me agora dizer alguma coisa com referência a certos produtos manufaturados pelos moradores da zona, a começar pelo azeite de peixe, em cuja extração muitos braços se ocupam durante a estação das secas, e especialmente no mês de setembro. O referido óleo é extraído principalmente de duas espécies de peixes, o piquiri e o lambari, ambos de tamanho nunca maior que o do dedo. A pequenez do porte é todavia compensada neles pela riqueza e abundância de óleo, que é obtido mediante simples cozimento na água. Quando chega a época da pesca, os fabricantes de azeite se instalam nas praias em pequenas barracas, com as suas panelas. Assim que cai a noite, todos se dispersam pelo rio, em canoinhas cuja borda fica rente quase com a água e em cuja parte dianteira vai um fogareiro. Tudo estando sossegado, milhares de peixes se reunem em torno das canoas; o pescador bate então devagar na borda da canoa, e instantâneamente ela se enche de piquiris e lambaris, que são levados depressa para terra. Esta pesca singular é praticada no rio Paraguai e seus grandes afluentes, tais como o São Lourenço e, principalmente, o Cuiabá. Em certos lugares extrai-se também o óleo de jacaré, à semelhança do que se observa em várias partes da América do Norte. Finalmente, em quase todo o Brasil o povo da roça extrai o óleo de certas cobras, atribuindo a ele grandes virtudes medicinais.

O sabão é fabricado na terra adicionando gordura de ossos de boi e de porco a um soluto quente de cinzas de mamoeiro.

Deixamos Albuquerque na manhã de 16; tivemos porém que esperar no porto até o meio-dia, a fim de serem carregadas as embarcações onde iam os soldados a nós concedidos pelo comandante Rufo.

Continuamos a subir o Paraguai, passando quase a seguir pela embocadura da Baía Grande, onde fica o aldeamento dos Quiniquinaus, já por nós referido. Fica este aldeamento três léguas a nordeste de Albuquerque e a igual distância do Paraguai, em linha reta. Depois de navegar mais uma légua e meia, entramos no rio Mondego, chamado pelos índios Mbotetei ou Mbotetin e muitas vezes conhecido por rio Miranda, nome do posto fundado em 1797 na sua margem direita. A correnteza era grande e a marcha das embarcações por isso muito vagarosa. Tão cheio estava o rio que os varejões não alcançavam mais o fundo, o que nos levou a lançar mão das longas varas com ganchos na ponta chamadas forquilhas e destinadas a utilizar como ponto de apoio as árvores marginais. O rio Miranda, que desemboca na margem esquerda do Paraguaio tem nesse ponto cerca de 150 metros de largura. Vimos no fundo do rio raias de enormes dimensões; mas, como sempre, mostraram os brasileiros a maior repugnância pela carne deste peixe, cuja picada é extraordinariamente temida. Subimos mais uma légua de rio, indo acampar, no meio de uma verdadeira nuvem de mosquitos. Num enorme tronco de árvore existente neste lugar descobrimos lindos insetos da família dos carábidas, entre os quais grandes Helluos pretos e Galeritas da mesma cor.

No dia seguinte, trabalhando porfiadamente o dia todo, conseguimos fazer quatro léguas e um quarto. No dia 18, não fizemos mais do que isso. Ao meio-dia o termômetro marcava 34 graus ao sol; uma hora mais tarde acusava 32 graus à sombra. Nesta ocasião a temperatura da água era de 30°,8. À noite caiu uma violenta tempestade, que começou à meia-noite e continuou com a mesma fúria, até às nove da manhã. Em poucos instantes a água varou a rala coberta de nossa embarcação, deixando-nos encharcados e tiritantes durante a noite toda. No dia 19 o trajeto do rio ficou tão tortuoso que tínhamos de dar voltas continuamente em torno de nós mesmos, a ponto muitas vezes de, em dois dias de viagem, não conseguirmos distanciar-nos mais de uma légua do ponto de partida. Fizemos neste dia quatro léguas e meia. A mata era sempre espessa, mas as aves pouco numerosas. Entre estas últimas, a que se via com mais frequência era uma espécie de tântalo preto, pousado não raro nos arbustos dos brejos. Nossa alimentação era em grande parte constituída pelo peixe chamado pacu. A vegetação era representada quase sempre de matas mais ou menos fechadas, mas pouco notáveis do ponto de vista da beleza ou da variedade dos produtos vegetais. Atravessávamos às vezes grandes brejos cobertos de espessa trama de arbustos entrelaçados e de plantas trepadeiras. Estas últimas avançavam às vezes sobre a superfície do rio, formando cortinas ou berços arredondados entre os galhos das árvores a que se prendiam. No meio destas verdadeiras muralhas de vegetação destacavam-se as flores brilhantes de muitas espécies de convolvuláceas. Nos dois dias seguintes não fizemos mais do que cinco léguas e um quarto.

No dia 20, passamos finalmente o Morro do Azeite, que vínhamos contornando, havia quatro dias. É um pequeno monte coberto de mata, situado na margem esquerda.

A 22, passamos pela barra do rio Aquidauana, que vem de leste. O nosso furriel piloto já o havia subido até as nascentes, gastando nesta viagem um mês, desde Albuquerque. Ela parece ter a mesma largura do Mondego, o qual, acima da confluência com o Aquidauana, tem cerca de 45 metros. O rio de repente ficou mais baixo, perdendo também a correnteza, o que tornou a nossa marcha mais rápida e nos permitiu fazer cinco léguas. À tardinha caiu forte temporal e tão forte era a chuva no momento em que paramos para pernoitar, que o nosso pessoal não conseguiu acender fogo. Não tivemos outro remédio senão nos deitarmos no fundo das canoas, renunciando à refeição da tarde e procurando esquecer a fome, a despeito da chuva que caía de todos os lados sobre nós. Era cerca de onze horas da noite quando nos vieram avisar de que um de nossos homens tinha sido picado por uma serpente venenosa. Ao descer em terra um dos soldados se afastou do grupo. Como ele tardasse a voltar, os companheiros se puseram a chamá-lo, mas sem resultado. Aflitos com isso, trataram de ir em sua procura e apesar da completa escuridão conseguiram descobri-lo, a uns doze passos apenas do lugar onde se tinham deitado, mas apoiado a uma árvore e imóvel. Às perguntas que lhe fizeram pôde apenas responder mostrando o pé, em que se via uma pequena ferida. O homem dava mostras de sofrer horrivelmente, tendo perdido o uso da palavra. Indo imediatamente em seu socorro, o doutor Weddell cauterizou o ferimento com a ponta de uma baioneta aquecida ao rubro no fogo que finalmente se tinha conseguido acender. Duas horas depois, as violentas dores que sofria o doente haviam já diminuído consideravelmente e dentro de dois dias o paciente apresentava apenas certa rigidez numa das pernas. Ficamos sem saber qual o animal de que havia ele quase sido vítima. Contou-nos ele que de repente sentiu uma picada no pé, e que a dor sentida foi tão instantânea, que não pôde chamar os companheiros, nem tampouco ir ao encontro deles. Petenceria o animal à classe dos Reptis, ou dos Aracnóides? Seja como for é difícil explicar que um veneno tão sutil não tenha acarretado consequências mais graves.

No dia 23 fizemos cinco léguas. Às duas horas da tarde chegamos a uma ilha, que divide o rio em dois braços, dos quais subimos o esquerdo. Neste ponto, moradores de Miranda tinham acabado de fundar um pequeno sítio, com a primeira habitação humana encontrada desde que começamos a subida do rio. Na ocasião não havia nele moradores. Tornaram-se mais comuns as aves; o martim-pescador grande era visto a cada passo. Ele voa com rapidez, mas empoleira-se muito a miúdo. Tem um grito agudo, que lembra muito o do francelho europeu. Colecionamos também uns lindos periquitos. Vimos ainda alguns sabacus. Assim como no Araguaia, essa ave parece viver aqui em sociedade com duas espécies de garças. Avistavam-se de quando em quando araras vermelhas e azuis. Foi aqui também que vimos pela primeira vez, voando em grandes bandos, o papagaio amazona, que levam frequentemente para a Europa e existe em grande abundância no Pará. A vegetação das margens adquiria um aspecto cada vez mais tropical: as matas eram fechadas e cheias de palmeiras e bambus. Encontramos algumas pequenas praias cuja areia está cheia de monédulas, insetos que se viam também voar, em quantidade, à luz do sol. Nos galhos das árvores, observei muitas vezes macacos, das duas espécies mais comuns, que são o guariba preto e o saí de topete. O primeiro é conhecido na região por bugio. Tanto tem ele de triste e bravio, quanto o último de engraçado, com as suas caretas e cambalhotas. Esses bandos de macacos eram o que mais nos distraía durante a longa monotonia da viagem fluvial.

Como acabamos de ver, a fauna subitamente se tornou mais numerosa. Nas noites de luar então, era-nos impossível conciliar o sono. Em contraste com o absoluto silêncio do crepúsculo, toda a natureza parecia animar-se. Os animais noturnos, uma vez certos de que se haviam recolhido os que só aparecem à luz do dia, saíam de seus esconderijos, ensurdecendo-nos com os seus gritos. De cada árvore e de cada moita de capim partiam os sons mais desencontrados, enquanto do fundo das águas brotava o grunhido esquisito dos acarás. As rãs e os sapos faziam retinir nos ares as mais curiosas e variadas notas. Ora era como se ouvíssemos as pancadas de um martelo sobre a bigorna, ora eram assobios ou coaxados longos. Mas, sobressaindo a estas vozes da solidão, ouvia-se a voz forte das aves noturnas e, principalmente, o grito triste do tântalo, muito parecido com o vagido de uma criança recém-nascida. A este vozerio juntava-se o zumbido dos insetos, ao mesmo tempo que não era raro ouvir-se o rugido distante da onça, o mugido do jacaré, ou as pancadas, semelhantes a descargas de mosquetaria, que davam estes grandes brutos, ao se precipitarem do alto das barrancas no leito do tranqüilo rio. Milhões de insetos fluorescentes aumentavam ainda mais a claridade dessas lindas noites. O concerto só cessava aos primeiros albores do dia, cujo despontar era saudado pelos berros retumbantes dos bugios.

A 24 fizemos cinco léguas e um quarto, e no dia seguinte quatro léguas e meia. A jornada do dia imediato foi de três léguas e três quartos, e a do dia 27 foi de cinco. Foram feitas neste dia as observações termométricas que passo a relatar. Às oito horas da manhã, a temperatura ao ar livre era de 29 graus e a das águas do rio era de 27; ao meio dia o termômetro marcava 28°,8 no ar e 27°, na água; às duas da tarde, 32° no ar e 27°,2 na água; às quatro 28°,4 no ar e 27°,2 na água; às cinco e meia, 27°,8 no ar e 27°,1 na água; finalmente, às seis e meia da tarde, 26° no ar e 27° na água.

Passamos a noite de 27 num pequeno sítio chamado Porto Salubre, e no dia 28 chegávamos a Miranda, depois de uma jornada de quatro léguas e meia. Pode-se avaliar em cinquenta e três léguas a distância total percorrida na subida do rio. Fomos recebidos pelo comandante, moço muito alto, que nos conduziu ao povoado, ou melhor, ao forte, como aqui é chamado. A pequena praça foi construída a alguma distância do rio, para evitar as inundações e também os mosquitos. Ao nos aproximarmos, fomos saudados a tiros de canhão, indo logo ocupar uma casinha bastante limpa, onde nos cercaram de todas as atenções.

Foi em 1797, sob o governo do general Caetano Pinto de Miranda, que os portugueses lançaram na margem direita do Mondego os fundamentos do primeiro forte. Mas, como este fortim foi anos depois arrasado por uma enchente extraordinária, reconstruíram-no no lugar em que está, a um tiro de canhão das margens do rio.

O povoado, cuja maior extensão é perpendicular ao curso do Mondego, contém cerca de duzentos moradores brasileiros. As casas são quase todas cobertas de palha mas separadas umas das outras por quintais cheios de laranjeiras e cercados com estacas de taquaruçu. Isso torna bastante grande a área habitada, cujo tamanho aliás é difícil de apreciar à primeira vista porque o campo visual é limitado em todas as direções pelos verdejantes pomares a que acabo de me referir. O forte é constituído de um cercado feito de estacas, dito de pau-a-pique. As estacas são fincadas no chão pela ponta aguda, umas ao lado das outras, de maneira a formar uma paliçada de 2 a 3 metros de altura. Esta espécie de fortificação era outrora protegida exteriormente por um fosso e tinha no seu interior um espaldão de cerca de 0m,80 de altura, feito de terra. Não teve nunca alguma utilidade senão contra os ataques dos índios selvagens, cuja arte guerreira ainda se acha na infância. Hoje ele não aguentaria a investida de qualquer inimigo; as estacas caíram quase todas, o fosso está cheio de terra e o espaldão quase inteiramente destruído. No interior estão os alojamentos da guarnição e dos oficiais, além de uma capela servida por um cura, o qual, como a maioria de seus colegas brasileiros, é muito dado aos prazeres deste mundo. É no entanto excelente caçador e a ele ficamos devendo alguns espécimes interessantes de História Natural. Debaixo de um alpendre há duas pequenas peças calibre três, ao passo que no armazém geral do forte existem duas de seis, afora grande número de fuzis e de sabres, de todos os modelos possíveis.

Até pouco tempo atrás a guarnição de Miranda era constituída de setenta homens, comandados por um major; na época de nossa passagem, porém, ela não contava mais de quarenta soldados, sem falar no estado-maior, composto de um tenente, um subtenente e três cadetes com funções de sargento. O restante da guarnição tinha sido distribuído para diversos pontos. Havia ainda no forte, cumprindo pena, uns quinze galés. Na estação das secas, o comandante do forte de Miranda envia mensalmente uma patrulha até as fronteiras do Paraguai. Estes destacamentos gastam quinze a vinte dias na viagem de ida e volta, e são constituídos de sete soldados, comandados por um suboficial (cadete ou sargento). Os homens vão a cavalo e levam consigo animais de carga, sendo o rio Apa o ponto extremo da jornada.

Estas patrulhas não têm por objetivo, como se seria levado a crer, observar os espanhóis do Paraguai, mas sim defender a região contra os ataques dos índios. Em apoio desta asserção, que poderia parecer um pouco arriscada, vou citar um trecho do roteiro de uma destas expedições, a qual, tendo-se perdido nos campos em julho de 1814, foi dar ao posto espanhol de Bustos:

"O segundo cadete, José da Silva Albuquerque, acompanhado de um guia e sete soldados, irá percorrer os campos até a margem do rio Apa; durante o trajeto, observará se os índios que residem nos limites de nosso território se acham presentes nos referidos campos. Se no desempenho desta incumbência verificar a possibilidade de encontrar facilmente os nossos vizinhos da república limítrofe, deverá pôr-se em comunicação com eles. Havendo por parte de alguns súditos da mesma república o desejo de vir visitar o Presídio, deverá acompanhá-los, defendendo-os e auxiliando-os de todos os modos e, em qualquer circunstância, tratando-os com polidez e da maneira mais amical.

Quartel do Comando de Miranda, 3 de julho de 1844.

Assinado FELICIANO PEREIRA GUIMARÃES".

A tão benévolo documento o chefe do posto espanhol respondeu lançando em baixo o seu visto no tom desafiador e seco que aqui transcrevo:

"O oficial brasileiro voltará com seus homens, sendo-lhe fornecidos os socorros necessários até o rio Apa, em direção ao qual deverá seguir o mesmo caminho utilizado na vinda. Previne-se que nenhuma excursão desta espécie poderá repetir-se deste lado do rio Apa, até que sejam definitivamente resolvidas as relações da república com o império.

Posto de Bustos Aquadabanigi, 26 de Julho de 1844.

Assinado Manuel Concha.

Comandante militar de Concepción."

Há em Miranda, para o serviço destas patrulhas, cerca de quarenta cavalos e umas vinte selas.

Em 1801, quando os espanhóis vieram, segundo nos contaram, com duzentos homens armados de canhões, atacar o forte de Coimbra, cuja guarnição era apenas de vinte e oito soldados, o comandante de Miranda, tendo sabido dessa expedição, partiu imediatamente por terra em direção ao Paraguai, transpondo a fronteira e arrasando o forte de São José, que ficava a dois dias de viagem mais a leste do que o atual forte de São Carlos. Sabe-se, de resto, que os espanhóis foram batidos em Coimbra. Eram eles comandados por um tal D. Lázaro, provavelmente o governador do Paraguai, sob o reinado de Carlos IV. De Miranda irradiam várias estradas, destinadas a atravessar as zonas mais desconhecidas do Brasil. Vamos dizer algo com respeito às mais importantes.

A primeira é a estrada direta para Cuiabá. Ela atravessa os pantanais da margem esquerda do Paraguai, costeando os pontos em que eles são intransponíveis; dá uma ramificação, que passando pelo povoado de Piquiri, vai entroncar com a estrada de Goiás a Cuiabá, pouco antes do rio Aricá. Este caminho é bom no tempo da seca, e continua a ser praticável, embora com dificuldade, mesmo na estação das águas. Não havendo animais cargueiros, a distância entre Miranda e Cuiabá pode ser percorrida em doze ou treze dias; mas havendo animais de carga é necessário o dobro deste tempo. Na passagem dos rios mais importantes, como o Aquidauana, o Negro, o Taquari e o São Lourenço, há sempre fazendas em que se encontram canoas para o transbordo das mercadorias.

A segunda é a estrada de Miranda a Camapuã sede de uma fazenda a que já nos referimos, como sendo o porto de embarque na rota fluvial de Cuiabá a São Paulo. Depois de atravessar as pantanais que ladeiam a rio Paraguai, essa estrada galga o planalto de Camapuã, passando abaixo das nascentes do Aquidauana. É péssima durante os meses de chuva, parecendo até que em qualquer estação o transporte nela só pode ser feito em lombo de burro. Uma tropa carrregada gasta dez dias para ir de Miranda a Camapuã; mas, viajando sozinho, um cavaleiro pode fazer o mesmo trajeto em seis dias, constando até que alguns o têm conseguido fazer em quatro.

A terceira estrada liga os mesmos pontos extremos que a anterior, com a diferença de ser muito mais longa. No começo ela segue francamente para leste, acompanhando o curso do Aquidauana, até o pequeno povoado de São João. Neste ponto ela se volta bruscamente para o norte, tomando pela crista do alto platô de onde saem os rios Aquidauana, Anhanduí e Sanguessuga. Esse caminho tem a grande vantagem de ser utilizável em qualquer tempo, mesmo pelos carros de boi.

A quarta é o caminho de Miranda para São Paulo. Passa a princípio pela antiga sede de uma fazenda do governo (fazenda da nação); situada umas duas léguas e meia a sudeste de Miranda, e depois pelo sítio da Vacaria. Para chegar a este ponto, o caminho ruma a princípio para sudeste e passa geralmente pela crista de um planalto. Neste primeiro trecho o caminho é muito bom e praticável em todas as estações pelos animais de carga. A partir do pequeno povoado de que acabamos de falar, o caminho costeia quase sempre o rio Paraná, dirigindo-se para o arraial de Sant'Ana, cuja importância parece ter aumentado de algum tempo para cá e que é o último lugar habitado de Mato Grosso, do lado de Minas Gerais. Entre os dois pontos precitados, o caminho segue por um planalto de crista bastante elevada, afastando-se pouco do divisor das águas. Também, exceção feita dos rios Anhanduí e Pardo, a estrada só atravessa córregos insignificantes. Depois de Sant'Ana, a estrada atravessa o Paranaíba, cortando a pequena porção da província de Minas Gerais que se intromete entre Mato Grosso e São Paulo. Entra então nesta última província, atravessando para isso o rio Paraná. As regiões que atravessa a partir daí são cada vez mais habitadas até Vila Franca, que é já uma localidade importante de São Paulo. Depois desta localidade, a estrada passa pela cidade de Campinas, atravessa a vila de Jundiaí e daí segue para a capital da província. Desde Vacaria até a cidade de São Paulo a estrada é boa, até para os carros de boi.

A quinta é a estrada que vai de Miranda à fronteira do Paraguai, e daí a Assunção. Bem defronte do forte de Miranda, depois de atravessar o rio Mondego, entra-se num caminho que segue para o sul e leva em cinco dias às margens do rio Apa, limite entre o Brasil e o Paraguai. Atravessado o Apa, passa-se perto do lugar em que ficava o forte de São José, destruído pelos portugueses em 1801; com mais dois dias de marcha, chega-se ao posto de Bustos que também dista apenas dois dias de Concepción, de onde se tem ainda três dias de viagem para chegar a Assunção.

Assim, uma vez restabelecidas as relações comerciais entre o Brasil e o Paraguai, elas poderiam facilmente se desenvolver através desta estrada.

De Miranda a Albuquerque existe ainda um último caminho, aliás muito ruim durante o tempo das águas. Ele acompanha a princípio a margem esquerda do Mondego, atravessa depois este rio a um quarto de légua da embocadura do Aquidauana, rumando a partir daí diretamente para Albuquerque, através dos pantanais da margem esquerda do primeiro destes rios. O rio Paraguai é então atravessado a nado.

Quando os paulistas procuravam, pela primeira vez, uma comunicação fluvial entre São Paulo e Mato Grosso, subiram o Anhanduí e depois transportaram por terra suas canoas para o Aquidauana. Mas esta rota foi abandonada depois da abertura da estrada de Camapuã, donde quase nada se sabe a seu respeito. Tentaram reabri-la em 1838, quando o major João José Gomes, comandante de Miranda, subiu em canoa o braço grande do Anhanduí, arrastando depois as embarcações através de um varadouro de oito léguas, para alcançar o Aquidauana no lugar de nome São João, situado no caminho de Miranda a Camapuã. Por ocasião de nossa passagem, pensava-se na abertura de um varadouro de apenas três léguas, entre o braço pequeno do Anhanduí e um afluente do Aquidauana, ambos procedentes do planalto que se estende entre São João e Vacaria. Isso, porém, estava ainda apenas em projeto. Pode-se ir diretamente de São João a Vacaria fazendo três a quatro léguas pela estrada do varadouro do Anhanduí, e deixando-a depois para seguir pelo platô existente entre aqueles dois pontos. Esta estrada é boa em qualquer estação e acompanha o espigão que divide as águas que vão para o Anhanduí das que correm para o Aquidauana. Entre Vacaria e São João há cerca de trinta léguas.

Ultimamente foi aberto um caminho de Camapuã à estrada de São Paulo a Cuiabá pelo Piquiri. Pode-se assim ir de Camapuã à Cuiabá por terra.

Finalmente, há vinte anos que alguns soldados de Goiás, com destino a Miranda, fizeram em cerca de dez dias a viagem desta cidade a Camapuã, sem encontrar dificuldades. Se se abrisse uma estrada ao longo do trajeto feito por aqueles milicianos, coisa aliás fácil porque toda a região é de campos, poder-se-ia muito comodamente fazer a viagem de Miranda a Goiás.

Como as cercanias de Miranda são em geral pantanosas ou alagadas, foi muito difícil estudar a estrutura geológica do terreno. Contudo, vou dar o resumo do que penso a respeito deste assunto, com base no resultado de algumas observações. A formação fundamental parece ser o calcário muito rico em sílica, já encontrado em Corumbá e Albuquerque. Podemos observá-lo muito distintamente em dois lugares, a começar pelo caminho que vai de Miranda à grande aldeia dos Terenos a que teremos de voltar, quando nos referirmos ao ponto em que a estrada atravessa umas pequenas colinas. O calcário forma ali pequenas massas arredondadas, atravessadas de veios pretos e brancos muito contornados, a ponto de parecer que estas rochas sofreram uma remodelação posterior à época em que tiveram origem. Vimo-la de novo numa outra localidade, muito próxima de Miranda. Ainda aqui, podemos estudá-la nos flancos de pequenos morros. O calcário tinha neste lugar a aparência de camadas solevadas, ao contrário do que acontece no caminho da referida aldeia, onde ele é antes amorfo. Este calcário se parte facilmente em placas, de superfície muito unida; tem cor preta, com veios brancos, e contém, evidentemente, uma boa porção de sílex. As camadas parecem correr de norte a sul, com mergulho de 42° para leste; mas é provável, embora não o possamos assegurar, que na outra vertente dos morros o mergulho seja em sentido contrário. Nas anfratuosidades apresentadas por estes calcários encontram-se pequenas camadas de uma espécie de grés muito vizinho do itacolumito e extremamente friável. Na superfície de todos estes terrenos encontram-se, geralmente cangas, as quais, como sempre, formam intumescências rugosas, particularmente visíveis no tope dos morros. Há lugares em que esta canga contém quartzo, em grossos fragmentos. Nos campos dos arredores de Miranda, às vezes mesmo muito perto desta localidade encontram-se pequenas lagoas cujo fundo é formado de uma terra argilosa, de cor avermelhada. Durante a seca esta terra se cobre de eflorescências salinas, muito alvas, de onde extraem o sal os habitantes da zona. Salinas deste genero são encontradas também perto de Albuquerque na Baía Negra, abaixo de Coimbra e no Grão-Chaco, quase junto de Bourbon.

Os habitantes de Miranda são na sua maioria mulatos ou caburés; os restantes são negros, com exceção talvez de uns dois ou três brancos muito duvidosos. O que constitui porém o grosso da população são os índios, que em número de quatro ou cinco mil vivem espalhados pela redondeza. Parece que os primitivos moradores das margens do Mondego e do lugar em que está situada Miranda foram os índios chamados Guaxis, hoje quase completamente extintos, em consequência do costume que tinham de destruir a prole. Vimos atrás que entre os Guaicurus havia o mesmo hábito. Hoje não resta daquela nação mais do que algumas famílias dispersas, entre as quais se poderá contar os Guatôs, apesar da incerteza que temos deste parentesco.

A julgar pelo que dizem os Guaxis, os seus antepassados ocupavam essa região desde o mais remoto passado quando dela vieram apossar-se os Guaicurus; só muito posteriormente é que, por sua vez, vieram os Guanás ou Uanás bater-se contra estes últimos. Ainda pudemos ver em Miranda o último chefe dos Guaxis; era um mancebo de aproximadamente vinte e cinco anos e notável pela inteligência. Interessei-me vivamente pela sorte deste índio, que havia mais de um ano fora preso e estava à espera de ser levado para responder a júri em Cuiabá. Teria ele assassinado um soldado brasileiro, mas em tais circunstâncias que me pareceu de justiça interceder em seu favor junto ao presidente da província. Estava certa tarde sentado tranqüilamente com suas mulheres à porta da cabana, quando repentinamente lhe entrou pela casa a dentro um soldado bêbado, que se pôs a destruir tudo que ia encontrando. O índio conseguiu expulsá-lo, mas o soldado voltou à carga e maltratou uma das mulheres. Entraram então os dois em luta, até que num dado momento o índio, sentindo-se ferido com o sabre, tomou de um cacete, matando com ele o negro. Toda a população de índios se interessava grandemente pelo Guaxi, pedindo-me por intermédio de seus chefes para interceder em seu favor. Senti-me no dever de atender a essas instâncias.

Quando em Miranda, fizemos várias excursões às aldeias de índios que existem espalhadas pelos arredores. A primeira foi ao aldeamento dos Laianos, situado a menos de meia légua de Miranda e composto de umas doze ou quinze casas alinhadas em círculo. Estas casas ou melhor, estas choças são muito grandes e cobertas de enormes tetos de coqueiro, cujas beiras encostam às vezes quase no chão e são sustentados por esteios tirados da mesma planta. Estes tetos se elevam a 5 metros de altura. Há em volta grandes plantações e no momento em que lá estivemos quase todos os índios se ocupavam no fabrico da farinha de mandioca. Viam-se, dentro das casas, lindas peles de onça e de gato do mato. Distraímo-nos vendo o brinquedo de alguns meninos a andar com grandes pernas de pau, feitas de bambu, e tendo um pedaço de madeira pregado como suporte para os pés. São os Laianos uma tribo da nação dos Guanás; montam a cavalo e andam em nudez quase completa, cobrindo apenas as partes inferiores do corpo com um pedaço de pano, conforme é de uso em todas as tribos da zona. Somente algumas mulheres traziam o rosto pintado. Esse aldeamento está lindamente situado numa extensa planície; cercam-no vários palmeirais e corre não muito longe uma cadeia de morros pouco elevados.

A 5 de abril fomos visitar o aldeamento dos Terenos, índios que pertencem à mesma nação dos precedentes, mas que até aqui têm tido muito poucas relações com os brancos. É uma nação guerreira que conserva em toda integridade os costumes de seus antepassados. Partimos às sete da manhã, escoltados por uma dúzia de soldados e de vários moradores, entre os quais se achava o cura da povoação, montado como os outros a cavalo e bem armado. O aldeamento que íamos visitar fica, em linha reta, duas léguas e um terço a nordeste de Miranda. Passamos pelo aldeamento dos Laianos, onde já tínhamos estado na véspera. Fizemos uma parada aí, a fim de ver se era possível contratar alguns dos moradores para subir conosco o rio Paraguai. Nada conseguimos, entretanto. Prosseguimos a nossa viagem através de um belo trecho de campo e, uma légua mais adiante, alcançamos uma pequena aldeia de Guaicurus, composta de umas oito ou dez casas, mas que nada nos ofereceu de interessante a observar. Depois de uns momentos de descanso, cavalgamos de novo, fazendo mais uma hora de marcha para chegar a uma mata fechada à beira de uma grande lagoa, por trás da qual ficava um aldeamento indígena de vastas proporções. Era grande a animação do quadro com que nos defrontávamos: algumas centenas de homens, mulheres e crianças, completamente nus, brincavam dentro d'água; com a aproximação dos cavaleiros, fugiram todos, aos gritos. Pouco depois, porém, os homens vieram ter conosco, saudando-nos com um "adeus", palavra que pronunciavam com extrema doçura. Compõe-se o aldeamento de umas cem ou cento e dez casas, unidas umas às outras. Estas palhoças formam um imenso rancho coberto de folhas de palmeira e estão dispostas em círculo, à volta de uma grande praça central. Toda a população, constituída de mil e quinhentos a mil e oitocentos habitantes, ocupava-se ativamente nos preparativos de uma grande festa. Não têm estes índios por vestuário mais do que o pedaço de pano amarrado na cintura. Trazem os cabelos levantados sobre a cabeça e amarrados atrás, como se fosse uma cauda. Os indivíduos de ambos os sexos costumam pintar o corpo, a semelhança dos Guaicurus. Os desenhos que fazem na pele são de extraordinária delicadeza e é impossível dar idéia perfeita da harmonia de seus traços. As armas usadas por estes índios são a lança com ponta de ferro, a borduna, o arco e a flecha, e o bodoque. Este último tem a aparência de um arco, mas com duas cordas, ligadas no meio por um pedaço de couro, onde é colocada a pedra que se deve arremessar. Dentro de cada casa há uma espécie de cama ou tablado, feito de bambu e sustentado por quatro esteios.

Por cima estendem um couro de boi. Na próxima vizinhança deste aldeamento, há três outros menores, formados havia pouco tempo por índios vindos do sertão. Traziam estes últimos ainda consigo os objetos pilhados aos espanhóis que haviam massacrado. A população total destas quatro aldeias é de cerca de três mil índios.

Essa gente é bastante industriosa; cria muito gado e possui muitos cavalos. Fazem grandes lavouras de cana-de-açúcar, de milho, de feijão e de mandioca. Cultivam também bastante algodão, com que as mulheres fazem lindos tecidos, para vender aos brasileiros. Finalmente, sabem fabricar bonita louça de barro. Assim que chegamos os chefes nos receberam num grande alpendre, que faz as vezes de sala do conselho. A cena desta recepção era digna do pincel de um hábil pintor. Enquanto estávamos sentados em esteiras, mais de mil índios se comprimiam em torno de nós, ostentando no corpo as pinturas mais berrantes. Do outro lado, veio acocorar-se uma longa fila de caciques, ao mesmo tempo que as crianças se esgueiravam entre as pernas dos espectadores, procurando acercar-se de nós o mais possível, com o fim de tocar as nossas roupas e satisfazer assim a sua ávida curiosidade. Não tardou também que as mulheres, que se haviam escondido por ocasião de nossa chegada não resistissem ao desejo de conhecer os estrangeiros, aparecendo em multidão compacta, umas debaixo do alpendre, outras nas suas proximidades.

Tínhamos arranjado intérpretes em Miranda, pelo que nos foi fácil, explicar aos chefes indígenas o fim principal de nossa visita e que outro não era senão arranjar remadores para as nossas embarcações. O semblante destes selvagens era frio e circunspeto; suas maneiras, cheias de dignidade. Durante dez minutos conservaram-se silenciosos; depois, começaram a confabular uns com os outros. Um velho, tomando a palavra, fez uma proclamação, explicando em voz alta o que desejávamos e convidando os índios que quisessem nos acompanhar a se apresentarem. A princípio ninguém se animou, mas, depois, tomaram a frente dois ou três rapazes que, depois de muito hesitar, disseram que estavam dispostas a nos acompanhar. Não tardou muito porém a que se desdissessem, ficando patente que seus chefes não tinham nenhuma vontade de deixá-los partir. Desfez-se então o conselho, indo nós percorrer o aldeamento para apreciar os preparativos da festa, a qual deveria começar no dia seguinte e prolongar-se por três dias. Fazia um mês que os homens tinham batido a mata à procura do mel com que todas as famílias agora se ocupavam em fabricar um licor espirituoso, alma de todas estas festas. A este licor dão o nome de chichi, que lembra a palavra chicha, usada pelos Quíchuas, para designar também uma bebida fermentada. As mulheres preparam o referido licor da seguinte maneira. Começam por esmagar os favos de mel dentro de uma certa quantidade de água, de modo a fazer uma espécie de calda. Esta é colocada em grandes vasilhas bem fechadas e mantida numa temperatura moderada, com o auxílio do fogo. Desenvolve-se então no líquido uma fermentação ácida e alcoólica, que se completa pela adição de aguardente. Quando fica pronta para ser usada, a bebida tem uma cor amarelo-opaca, e gosto parecido com o da cerveja azeda. À porta de todas as casas viam-se as mulheres, ocupadas nos trabalhos mais diversos, mas sempre tendentes ao mesmo fim. Umas cosem pequenas contas de vidro em panos raiados de algodão; outras cortam e arranjam as penas vermelhas com que fazem os ornatos para cabeça; outras ainda desenham no corpo de seus maridos delicadas pinturas, quando eles próprios não se encarregam de se sarapintar. Nesta operação utilizam pauzinhos molhados numa mistura de carvão e suco de genipapo; às vezes, porém, servem-se de verdadeiros carimbos, com que imprimem na pele uma figura qualquer. Entre os nossos companheiros houve um que não pôde resistir à insistência das índias, que, segundo elas diziam, queriam fazer dele um índio. Em pouco tempo vimo-lo com o braço enfeitado de lindos desenhos triangulares, reunidos em quadrados de tamanho decrescente. Os homens, por sua vez, penteavam o cabelo, arranjavam as armas ou se ocupavam na construção de uma porção de barracões de palha, cujo piso era guarnecido de uma esteira. Em alguns destes ranchos já concluídos, aparecia de vez em quando um singular personagem, homem ou mulher, porém sempre mais vistosamente pintado do que os outros índios. Estes, ora tinham o corpo inteiramente coberto de garatujas brancas, ora apresentavam o aspecto suposto dos animais mais ferozes. Havia alguns com o corpo literalmente revestido de vidraria, ao passo que todos empunhavam numa das mãos o maracá, espécie de cabaça enfeitada de contas, e de penas, e contendo uma porção de seixos. Os índios agitavam muito sérios este instrumento, fazendo com ele grande ruído e obedecendo a uma cadência especial. Com a outra mão, seguravam um grande feixe de penas de ema, descrevendo com ele no espaço figuras regulares. Ficamos sabendo que estes indivíduos eram feiticeiros e que para se apresentarem naquela cerimônia são obrigados a guardar completo jejum durante vários dias. Pareceu-nos contudo não lhes ser interdito o uso de bebidas, visto como nos davam a impressão de ter feito largo consumo de sua beberagem predileta. Os trejeitos que faziam com o corpo eram acompanhados de lúgubres cantilenas. As representações duravam cerca de meia hora, recomeçando depois noutra direção. Conseguimos curiosos informes sobre a posição que desfrutam na comunhão estes feiticeiros, ficando cientes de que é geral o respeito que lhes votam. Absorvidos inteiramente nos seus colóquios com o grande Espírito, admitem todos que não lhes sobra tempo para os afazeres comuns, razão pela qual cabe aos outros índios atender às suas necessidades. Ouvem-nos como a oráculos e seguem invariavelmente os seus conselhos. Assim, não se empreende a menor expedição, sem prévia consulta a eles. Desgraçadamente, porém, vida tão suave tem também o seu lado mau. Obrigados que são a tratar os doentes, quando acontece que algum destes lhes morra nas mãos, podem os pais do defunto reclamar o médico, que lhes é entregue pelo povo, sob fundamento de que era um falso feiticeiro. É então muito difícil que escapem de ser mortos, a golpes de tacape, mormente se o finado era algum dos chefes da tribo. Em Miranda tivemos o ensejo de ver um desses infelizes, que ali havia procurado refugiar-se; mas ele tratou logo de deixar o lugar, sabendo que a sua vida ali estaria sempre em perigo. Vimos numa das choças um homem que tinha sido picado por uma serpente venenosa e ao qual um daqueles bruxos cercava de solícitos cuidados. O tratamento, aliás muito racional, por ele empregado, consistira em praticar uma forte sucção no lugar do ferimento. Tal método é largamente empregado na medicina dos índios; reconhecida a necessidade de uma sangria fazem-se na pele algumas incisões com a ponta de uma faca, e depois aplica-se no lugar a boca, como uma ventosa, para extrair a quantidade de sangue desejada. O sentimento da vaidade deve estar muito profundamente arraigado no coração dos homens, para que eles venham em busca de honrarias tão perigosas. Segundo nos disseram, esses médicos morrem todos de morte violenta.

Para felicidade deles, porém, os índios gozam geralmente muito boa saúde, muitos deles alcançando a idade de cem anos. É notável a perfeição de seus dentes. Como os outros Guanãs não têm eles mais que uma mulher de cada vez, mas podem trocar de esposa quando queiram. Acreditam na existência de um grande espírito encarregado de mover o sol.

No aldeamento grande o Sr. Weddell observou o cultivo de várias plantas provenientes de sementes trazidas de excursões feitas contra os Inimás, seus inimigos. Uma delas, chamada Nicaiá, é uma árvore de elegante porte, parecendo pertencer, segundo o nosso botânico, ao gênero Cássia; seu fruto, dizem os índios, tem forma alongada e encerra uma polpa adocicada, de que eles são muito gulosos. Outra é uma Arácea de folhas compridas, chamada Uaiaré e cuja raiz é comida depois de cozimento em várias águas, com o fim de lhe tirar a acidez. Depois de termos passado várias horas no aldeamento, voltamos a Miranda. Ao atravessar a mata de Taquaral, próxima da aldeia vimos uma grande árvore que o raio havia reduzido a uma espécie de estopa.

No dia 6 alguns de nossos companheiros voltaram à aldeia, na esperança de assistir à festa; mas tiveram a decepção de saber que ela tinha sido adiada, sob o pretexto de não ter a bebida ficado pronta a tempo. Todavia, é crível que os chefes, suspeitando a visita de estrangeiros, houvessem preferido aguardar nossa saída de Miranda.

Em todas essas tribos há o hábito de acender à noite uma grande fogueira em frente da cabana dos chefes, a fim de que seja fácil reconhecê-la de longe. Nossa última excursão foi ao aldeamento dos Quiniquinaus, situado um terço da légua a leste de Miranda. Verificamos que ele se assemelhava aos outros, sendo formado de vários ranchos grandes de palha, dispostos em círculo em torno de uma praça, sem apresentar mais nada de notável.

Antes de sair de Miranda, vamos dizer algo sobre o grupo de tribos localizadas na região.

Os Guaicurus e os Guanás são duas grandes nações que, anteriormente à vinda dos portugueses, se haviam apoderado, como já dissemos, das margens do Mondego, travando guerra com os Guaxis, seus primitivos habitantes.

Embora falem línguas distintas, parece que os últimos pertencem à mesma raça dos primeiros; uns e outros são bons cavaleiros e procedem das planícies do Grão-Chaco. Os hábitos, as pinturas que usam, as festas que celebram, são ainda hoje exatamente semelhantes.

Os Guaicurus, ou Uaicurus, repartem-se nas seis grandes tribos que abaixo enumeramos.

Os Uaitiadeus, que, como já foi dito, moram nas imediações de Albuquerque. Os Cadiueus, que habitam ordinariamente o Grão-Chaco, onde estão em guerra constante com os espanhóis do Paraguai e da Bolívia; fugindo aos Inimás, seus inimigos, se tinham retirado de sua residência habitual, refugiando-se nas proximidades de Albuquerque. Os Apacatchudeus, que moravam a princípio nas proximidades de Miranda, e depois se transferiram para as terras do Paraguai, não se sabe bem onde. Os Echocudeus, ou Cotogeus, habitantes do Grão-Chaco, de onde só raramente parece saírem. Os Edjieus, que povoam várias aldeolas em torno de Miranda. Os Beaquiechós, que moram na fronteira do Paraguai, mas ultimamente se passaram para as proximidades de Miranda, na direção do caminho de São Carlos, com o fim de se porem sob a proteção dos Inimás.

De todas essas tribos, só a dos Edjieus e a dos Uaiüadeus são agricultoras.

Não é sem espanto que na obra dos Srs. Rengger e Longchamp sobre o Paraguai (pág. 72), lê-se que a tribo dos Guaicurus se acha extinta desde muito tempo, em consequência das contínuas guerras com as suas vizinhas. Nada exprime melhor o pouco que se conhece sobre a região de que nos estamos ocupando.

Os Guanás ou Uanás dividem-se em quatro tribos principais:

1°) Os Guanás propriamente ditos, ou Chualas, os quais, em sua maioria, residem perto de Albuquerque, mas possuem uma pequena ramificação nas proximidades de Miranda.

2°) Os Terenos, que possuem quatro aldeias perto de Miranda, uma das quais, como vimos antes, muito grande. São índios cavaleiros, agricultores e hábeis canoeiros.

3°) Os Laianos, instalados com três ou quatro aldeamentos nas vizinhanças de Miranda e com hábitos muito parecidos com os dos precedentes.

4°) Finalmente, os Quiniquinaus, cuja principal taba, nas proximidades de Albuquerque, foi visitada por nós. Possuem eles ainda um aldeamento perto de Miranda.

Parece que todos os índios dessa parte da América têm o costume de praticar o infanticídio. Nos Guaxis essa horrorosa praxe parece provir de um preconceito religioso e, uma vontade deliberada de extinguir a própria tribo; mas, entre os Guaicurus, os Guanás e principalmemte entre os Terenos, dir-se-ia resultar da faceirice das mulheres, empenhadas em fugir ao sacrifício da amamentação e conservar, pelo maior tempo possível, a aparência de juventude. As crianças são geralmente mortas antes de nascer; mas é também frequente matarem-nas depois. Entre os Guaicurus, muito particularmente, haveria o hábito de abandonar os recém-nascidos à sua própria sorte, quando estes os estorvam em suas longínquas excursões.

A permanência em Miranda deu-nos a oportunidade de enriquecer muito as coleções zoológicas. Figuram entre os animais aí colecionados várias espécies curiosas de morcegos; uma delas, completamente preta, singulariza-se pela presença de um feixe de pêlos brancos, formando uma nódoa, debaixo de cada asa; outra é um morcego orelhudo de porte gigantesco. Merece reparo o fato de que quase todos os animais dessa ordem têm cor escura. É muito raro, por exemplo, que haja quaisquer cambiantes no colorido das asas; entretanto, em época ulterior, encontrei nos arredores da Bahia uma espécie inteiramente alva, e outra com as pontas das asas dessa mesma cor.

Entre as aves, contavam-se várias espécies de jaçanãs, alguns mergulhões, narcejas, maçaricos, garças. Conseguimos também vários exemplares de uma linda ararinha de coleira amarela. Observamos muitas vezes duas espécies de cucos, aliás comuníssimos em quase todo Brasil. Sabe-se que, a espécie européia deste grupo possui o hábito singular de pôr os ovos nos ninhos de outras aves insetívoras; o guira, ou anum branco, e o alma-de-gato, pelo contrário, constroem eles próprios o seu ninho e chocam os ovos, cujo número é em geral de três. A última espécie é tida entre todas as tribos, desde o Paraguai até a Guiana, como ave de mau agouro. Por isso, os vários nomes que lhe têm dado as diferentes línguas têm relação com os do Espírito Mau.

Tínhamos visto já, mais de uma vez, estas enormes aranhas correntemente chamadas Mygales, mas foi só em Miranda que as vi aparecer freqüentemente no interior das habitações. As picadas deste animal são em geral pouco temidas, não obstante ocasionarem acessos de febre alta.

Há na região, em enorme quantidade, o pau roxo e o jacarandá, ambos utilizados como combustível. Uma tábua do primeiro, medindo dois a três metros de comprimento, meio metro de largura e dois a três centímetros de grossura, vale cerca de dois francos e cinquenta cêntimos; mas o transporte destas pranchas, cujo peso médio é de duas arrobas e meio, custa cerca de quarenta e oito francos.

O preço do jacarandá não vai além de três francos por tábua de quatro a cinco metros de comprimento, por um metro, quase, de largura e cinco ou seis centímetros de grossura. Essa madeira pode ser embarcada no Aquidauana e viajar por água até Porto Feliz, na província de São Paulo.

A 12 de abril deixamos o posto de Miranda, voltando para Albuquerque. A descida do Mondego foi feita em cinco dias. Nos lugares descampados vimos várias vezes emas; é costume porém algumas fêmeas os ovos no mesmo ninho, escondido no capim alto. É assim freqüente acharem-se ninhadas de vinte ou vinte e cinco ovos; na generalidade dos casos, porém, o número de ovos varia de doze a quinze. Avistamos muitos bandos de araras e quantidade notável da espécie pequena de juburu, a qual é conhecida localmente pelo nome de cabeça-seca. Quando voam, estas aves se alinham em duas filas convergentes, formando um ângulo. O Sr. Deville matou a fêmea de um grande veado, que atravessava o rio a nado. De seu lado, o Sr. d'Osery, quando fazia uma caçada no pantanal, deu um tiro numa onça que lhe apareceu de repente no caminho; mas o animal conseguiu fugir, embrenhando-se no mato, onde não foi mais possível persegui-lo. Ao armar dos nossos acampamentos, de tarde, encontrei no capim grande quantidade de lindos cassídidas azuis, que faziam o efeito de flores; observei também várias espécies de Darnis recentemente saídas do invólucro ninfal e rodeadas de grandes formigas, que sugavam com avidez o líquido viscoso por elas secretado. Surpreendidos pela noite no meio do pantanal, fomos muitas vezes forçados a dormir nas próprias embarcações, e sem jantar. Não era possível nestas ocasiões prosseguir a viagem, pois a carta que tínhamos do rio só nos permitia navegar à luz do dia. Um belo dia fui vítima de um acidente que, por felicidade, não teve outra consequência afora momentos desagradáveis. Estávamos dormindo em terra, nas nossas redes quando, pela madrugada, eu quis ir para o nosso barco. Como, por causa de seu tamanho, ele tivesse, como sempre, ficado um pouco longe da margem, utilizei-me, para embarcar, de nossa canoinha de caça. Para não incomodar ninguém, resolvi pegar eu mesmo do remo; mas, como estivesse ainda estremunhado, no momento de subir na embarcação meu pé resvalou e eu caí em cheio no rio. Penso já ter falado na minha completa ignorância na arte da natação; é portanto fácil de calcular o meu susto ao dar este involuntário mergulho, sabendo que todos dormiam e não havia assim nenhuma probabilidade de que alguém viesse em meu socorro. Por sorte, porém, houve quem ouvisse o barulho de minha queda, de maneira que, quando me debatia na água, agora mais desperto, senti-me seguro por um homem, que me içou a bordo, já meio asfixiado.

Em Miranda, o Mondego é muito sinuoso, estreito e de forte correnteza. Sua largura não excede a quinze ou dezesseis metros. Durante a cheia, como aconteceu na ocasião em que o subimos, ele é bastante profundo e corre com a velocidade de três milhas por hora; varas de seis a oito metros nem sempre lhe atingem o fundo. Por ocasião da nossa descida as águas tinham baixado e a correnteza oscilava entre uma milha e uma milha e meia. As enchentes dão-se quase bruscamente, outro tanto acontecendo com a vasante, de modo que no espaço de dois ou três dias vêmo-lo extravasar do leito e a este voltar novamente. Quase todos os afluentes do Mondego, desde Miranda até a foz, são apenas córregos sujeitos a secar em certa fase do ano. Fazem, todavia, exceção o rio Saba, próximo à embocadura do qual há uma fazenda de igual nome, e o rio Aquidauana.

O estudo geológico do Mondego era impraticável, por falta de cortes; na superfície vêem-se apenas terrenos argilosos, mas devemos admitir que há calcário por baixo. No lugar chamado Barranco Vermelho observam-se, quase à flor da terra, xistos argilosos, vermelhos, veiados de branco. Finalmente, quase por toda parte, sobre o chão, encontram-se grandes blocos de quartzo leitoso, às vezes impregnados de pirita ferruginosa.

CAPITULO XXVI

SUBIDA DO RIO PARAGUAI, ATÉ VILA MARIA. MAR DE XARAIES.

No dia 17 chegamos a Albuquerque. Enquanto estivemos ausentes, a aldeia dos Guaicurus Cadiueus tinha aumentado de modo considerável à custa de índios vindos das regiões mais longínquas do sertão. Espetáculo deveras interessante era o dessa gente, que, acostumada à vida errante, se esforçava agora por imitar as construções grosseiras, mas permanentes, das outras tribos; infelizmente, porém, já a paixão pela aguardente dela se havia apoderado, chegando a ponto de fazer com que esses índios vendessem até os cavalos e as armas para saciar a sua funesta inclinação. Só os ministros da religião são capazes de civilizar os povos selvagens sem recorrer ao engodo ilusório da desmoralização. As paredes das choças e os troncos das árvores da redondeza estavam cheios de inscrições singulares, semelhantes a hieróglifos de formas muito curiosas. Foi-nos impossível saber se eles formavam uma espécie de escritura mística, ou se, como nô-lo garantiram, significavam apenas as marcas encontradas na pele dos animais que tinham roubado. Viam-se sempre índios ocupados em desenhar estas imagens com a ponta das facas. Já tivemos ocasião de dizer que a anhuma é objeto de uma superstição entre os grosseiros habitantes das regiões em que é encontrada; mas especialmente em Miranda lhe atribuem as mais singulares virtudes, dando até lugar a que dela se faça um comércio regular. Extraio do diário do Sr. Weddell os seguintes informes, obtidos do subdelegado: "A ave inteira vale trinta mil réis (cerca de noventa francos), podendo apurar-se muito mais na venda a retalho, de tal modo são preciosas certas partes, não só para a cura das febres mais violentas, como ainda de uma infinidade de doenças outras. O chifre é de todas as partes a mais ativa, vindo em segundo lugar a unha da asa esquerda, em terceiro, a unha da asa direita. A banha e as penas, embora igualmente prestadias, têm valor muito secundário."

O bom magistrado acrescentava ainda um traço da vida da anhuma muito digno de referência; vem a ser o hábito que tem ela de nunca beber qualquer água antes de benzê-la.

Quando íamos sair de Miranda, mandei na frente uma canoa, com o furriel Pais; assim, quando chegamos encontramos tudo arranjado, inclusive uma bonita equipagem de índios. Graças a isso, a 18 podíamos já partir de Albuquerque. Como fosse intenção minha subir o Paraguai até a passagem da estrada de Mato Grosso, e explorar também os grandes pântanos denominados nas velhas cartas Xaraies, fiz preparativos para uma viagem de quarenta dias. Sabíamos que o perigo mais real que nos ameaçava eram as febres endêmicas na região, as quais não só se estendem por todo o alto Paraguai, mas ainda fazem sentir os seus efeitos até em Albuquerque. Procuravam-nos amedrontar com a dificuldade que teríamos para achar o verdadeiro leito do rio no meio da vasta região inundada. Fizemos nesse dia quatro léguas e três quartos, acampando em frente à embocadura do rio Negro, que é o mesmo que se atravessa no caminho de Miranda a Cuiabá, e que, depois de perder-se nos banhados da região, deles sai para derramar no rio Paraguai. No cimo das árvores, vimos muitos ninhos do grande jaburu.

No dia 19, nossa jornada foi de seis léguas. O rio tinha 500 a 600 metros de largura e a correnteza era de uma milha e um terço a uma milha e meia por hora.

A 20 fizemos marcha semelhante, mas a 21 não conseguimos fazer mais de quatro léguas e meia, ao cabo das quais chegamos a Corumbá. A praga dos mosquitos tinha-se tornado insuportável; conseguimos, porém, até certo ponto, nos defendermos dela por meio de grandes chumaços de penas de ema, que nos emprestaram os índios.

A 22 fizemos um trajeto de cinco léguas e meia. As margens do rio estavam completamente inundadas. Vimos, atravessando o rio a nado, uma cobra de 6 a 7 pés de comprimento ao passar pela canoa, acelerou a marcha, mantendo fora d'água apenas a cabeça. No dia seguinte a jornada foi um pouco mais curta. A largura do rio continuava a ser, mais ou menos, 600 metros.

A 24, com tempo muito bom, fizemos cerca de cinco léguas. Em certo lugar o Paraguai passa entre morros calcários, semelhantes aos de Corumbá. Nesta formação, escavou o rio sua passagem, apertado entre paredões a pique. Os pacus que entravam como parte importante de nossa alimentação, desde alguns dias se tinham tornado muito ressequidos e magros; segundo os índios, isso decorria do fato de não haver ainda no pantanal profundidade suficiente para que aqueles peixes pudessem buscar ali o necessário sustento. Os mosquitos que tanto nos molestavam pertenciam a cinco ou seis espécies diferentes. Um deles tem as patas de cor azul-celeste e, ao pousar, mantém sempre verticalmente levantadas as patas do segundo par; a picada desta espécie deixa um prurido insuportável. Outro, conhecido pelo nome popular de mosquito branco, tem o corpo muito alongado; é cinzento, ou sarapintado de pardo; sua ferroada é bastante incômoda, produzindo dor aguda, semelhante à de uma picada de agulha, mas de efeito muito passageiro. Uma terceira espécie singulariza-se pelo seu porte avantajado e colorido escuro, ao passo que a quarta é muito pequena e quase preta. A última, finalmente, difere apenas da primeira pela sua cor pardacenta. Na noite deste dia, acampamos junto à entrada de uma pequena baía cheia de espesso ervaçal, onde dois jacarés dir-se-ia estarem montando guarda. Estes animais esperaram calmamente que nos aproximássemos, abrindo então a goela desmedida. Viam-se por toda parte rastos de onça e, espalhados aqui e ali alguns ossos de suas vítimas. Com a nossa chegada, levantou vôo um bando de urubus que se aproveitavam destes restos sanguinolentos, indo pousar nas árvores da vizinhança. Parecia abundarem neste lugar toda espécie de animais, pois no curto espaço de tempo em que fazíamos a nossa refeição, vimos passar uma cobra sobre o couro de boi que nos servia de mesa. Durante toda a noite ouvimos do outro lado do rio os roncos das onças.

No dia 25, detivemo-nos na entrada do rio Paraguai-Mirim, com o fito de determinar a posição geográfica do lugar. Este rio é muito sinuoso e tem somente 20 a 25 metros de largura na foz; mas é bastante fundo e de grande correnteza. O furriel Miguel Pais, que já o tinha subido, disse-nos que ele é navegável até boa distância da embocadura. Ao fazer as nossas observações verificamos que muitas bolhas de ar tinham penetrado no barômetro, tornando-se assim necessário ferver o mercúrio, operação relativamente fácil para nós, que dispúnhamos dos instrumentos de Ernst. Apesar de tudo, não nos foi possível concluir a operação no mesmo dia, pelo que, após diversas tentativas infrutíferas, resolvemos prosseguir a viagem sem barômetro, deixando o resto para a primeira oportunidade favorável. Por culpa deste atraso, só conseguimos fazer três léguas e um quarto.

A 26 soprou um golpe de vento tão forte que espantou quase completamente os mosquitos. Vimos, mais de uma vez, cobras atravessando o rio; de uma das embarcações foi morta uma serpente venenosa com 6 pés de comprimento. Acompanhamos, do lado de oeste, lindas montanhas pertencentes à Serra dos Dourados, indo, à tardinha, acampar em frente de dois picos, conhecidos entre os índios pelo nome de Chané. O trajeto percorrido foi de cinco léguas.

No dia 27 passamos pelas primeiras moradas de índios Guatós, situadas pitorescamente no sopé de colinas cobertas de mata. Dentro da floresta, viam-se colunas de fumaça ganhando as alturas. O trajeto feito foi de quatro léguas e três quartos.

A 28, fomos escoltados durante toda a manhã pelas canoas dos Guatós, circunstância que aproveitamos para aprender uma parte do vocabulário daqueles índios. Às três e meia, passamos em frente do primeiro braço do rio São Lourenço, e, meia hora depois, fomos acampar na entrada do segundo, para fazer as nossas observações. À nossa frente estendia-se a cadeia dos montes Dourados, chamados pelos índios de Marapó. Esta serra, que na porção baixa do rio é constituída de montes isolados e geralmente truncados em platôs, e que, depois, nos Chanés, apresenta-se sob a forma de picos arredondados, toma aqui o aspecto de uma cordilheira contínua e de encostas talhadas a pique do lado do rio. Fizemos neste dia quatro léguas e um quarto.

A 29, depois de termos passado toda a manhã em consertar o barômetro, operação que nos custou dois tubos, quebrados um depois do outro, partimos à uma hora da tarde, tendo tomado antes as alturas circum-meridianas. Ficamos sabendo, pelas informações dadas pelo furriel, que o rio Paraguai entrava outrora no São Lourenço por um braço único, chamado hoje Barra Velha, e que só de uns quarenta anos a esta parte tinha ele rasgado o segundo braço. Continuando a subir o rio, alcançamos a cerca de uma légua do acampamento um ponto em que o Paraguai adquire enorme largura. Aí, o leito do rio é obstruído por uma quantidade de ilhas submersas, reconhecíveis apenas pelos topes das árvores que ultrapassavam a superfície das águas. Formava uma linda paisagem este imenso lençol líquido, perfeitamente, tranqüilo e semeado de bosquetes virentes. Depois de passarmos alguns trechos muito difíceis, em que o rio era obstruído por um sem número de árvores tombadas e de espessos ervaçais, alcançamos ao cabo de quatro horas de navegação as faldas dos montes Dourados, sem que pudéssemos descobrir qualquer passagem. Verificamos então que nos tínhamos perdido numa dessas mil baías que forma o rio Paraguai na época das enchentes, espraiando-se até onde a vista alcança. Achávamo-nos finalmente nos pantanais de Xaraies. Tinha eu trazido de Albuquerque um guia, que dizia conhecer bem a região. Por muito tempo ele nos garantiu que estávamos no caminho certo; mas, por fim, vendo que para sair do lago não havia outro caminho senão aquele mesmo por onde tínhamos entrado, não teve outro remédio senão confessar que nos tínhamos perdido. Sabendo que só os indios Guatós seriam capazes de nos indicar a boa trilha, mandei tocar a buzina e dar tiros de espingarda. Mas toda a redondeza se manteve no silêncio mais profundo. Por fim, vendo que os nossos esforços não faziam outra coisa senão nos afundarmos cada vez mais no emaranhado de lagos e baías desconhecidos, tomei a resolução de voltar para o acampamento de onde tínhamos partido pela manhã. A muito custo conseguimos alcançá-lo, já noite alta. Mandei incontinente o furriel, numa canoa, à procura das choças de índios Guatós avistadas na véspera, a fim de tudo fazer com que eles viessem servir-nos de pilotos. Era meia-noite quando partiu aquele companheiro.

Gastamos a manhã do dia seguinte em fazer novos reparos no barômetro, com que não estávamos ainda satisfeitos. Tínhamo-nos aproximado da confluência do Paraguai e do São Lourenço o bastante para nos certificarmos, de que a formação aí é a mesma do Morro de Amolar. Depois do meio-dia, voltava o furriel com duas canoas de índios Guatós, cada uma com um homem, uma mulher e algumas crianças. Sabedor da fama de que gozam estes índios como manejadores do arco, apontei-lhes um urubu, pedindo que o derrubassem. Entretanto, estas aves, que para conosco se mostravam tão familiares, pareciam conhecer os índios, visto como voaram assim que um dos últimos deles se aproximou; mas o projetil já fora lançado; atingindo com a sua ponta de osso a ave no peito, e fazendo-a vir abaixo em poucos segundos. Partimos à tardinha, concordando os Guatós em nos guiar até o lago Guaíva, em troca de algumas facas. Disseram-nos que aí procurariam outros guias para nos conduzirem adiante. Estávamos dentro de pouco rodeados de sete ou oito canoas, cada uma com um remador à proa, e uma mulher acocorada à popa, no governo.

A nação a que pertenciam os novos convivas, já referida rapidamente por nós, merece mais alguma atenção da nossa parte. Ela parece descender de um tipo bastante diferente do dos outros índios. Os homens têm barba, por vezes espessa, e o corpo não raro cabeludo; possuem olhos grandes, de aspecto caucásico, nariz aquilino e traços singularmente perfeitos. Andam nus, com exceção do pequeno pedaço de pano que trazem pendurado à cintura. Segundo observei, a inteligência neles é maior do que a comum entre os indígenas. Crêem em Deus, e pensam que vão até este as almas dos que foram bons, ao passo que a dos maus é aniqüilada. O sistema de numeração que usam é bem ordenado e muito semelhante ao nosso. Os selvagens, em, sua maioria, não contam além de cinco ou dez, servindo-se dos dedos; a partir daí dizem *muito*, expressão que se aplica a qualquer quantidade. Só algumas nações têm o costume de alongar a última ou a penúltima sílaba, em proporção com a quantidade maior ou menor que se tem em vista. É assim que entre os Xavantes a palavra *ka-oki* significa mais de cinco, enquanto *ka-oooo-ki* quer dizer muito. Os Botocudos, por outro lado, dão igual sentido à palavra uruju, que, para exprimir um número muito elevado, pronunciam como que cantando a última sílaba. Muitos selvagens empregam o mesmo sistema para exprimir a distância; assim é que entre esse mesmo povo a palavra *amaronê* designa um objeto distante, enquanto que *amaro-ô-ône* significa um afastamento ainda maior, dando-se a essa palavra uma espécie de cadência difícil de imitar. Quando falam de um caminho ou do curso de um rio, as curvas e os acidentes são expressados imprimindo a algumas dessas vogais repetidas um movimento brusco que traduz fielmente o pensamento neles contido. Ouvi os Carajaís descreverem-me assim, numa única palavra e com a maior clareza, o curso do Araguaia, com as suas cachoeiras. Os Xerentes contam apenas até cinco; depois daí mostram com os dedos os números suplementares. Todavia, tem de repetir tantas vezes a palavra *nierapeu* (cinco) quantas estiver o número cinco contido no que desejam exprimir. Por curiosa exceção, os Apinajés não contam além de quatro (*agoutad-aeroudo*), dizendo depois quatro e um, quatro e dois, quatro e três, quatro e quatro. Assim, para exprimir o número doze, dirão quatro, quatro, quatro. Os Craós, que não são senão um desmembramento da referida nação, adotam o mesmo sistema, com a diferença de usarem nomes outros para os números. Os Apiacás do rio Arinos vão até seis (*coivete*), dizendo depois daí simplesmente muito (*eporimo*). Os Caioás parece-me que não contam senão até três; mas esta informação foi colhida de alguns indivíduos escravizados pelos Guaicurus desde muito tempo, e talvez já esquecidos da língua própria. Não obstante, o fato se observa entre os Bororos. A maioria dos outros índios sabe contar até cinco. Acostumado com a imperfeição dos sistemas de numeração usados pelos indígenas, esperava ver também os Guatós parar no mesmo número; mas, com espanto, vimos que eles continuam a contar indefinidamente. Analisando as palavras que eles me davam para exprimir os números, vi que a partir de cinco eles recomeçavam a empregar as mesmas palavras, acrescentando-lhes porém um segundo vocábulo, sempre invariável. Assim, um diz-se *tchenai*; dois, *duuni*; cinco, *to-erá*, já seis se dirá tchenai-caicaíra; sete, *duuni-caicaíra*. É preciso porém notar que neste sistema quinário as palavras correspondentes aos números 5, 10, 15, 20, 25, etc., não se repetem, usando um termo novo para exprimir a série que a eles se segue. Portanto, para exprimir 6, não se dirá *tchenai toerá*, como seria se tal se desse.

Os Guatós apresentam exemplo raro de um povo sem nenhum liame nacional e que nunca se concentra em povoados; cada família leva vida isolada e constrói a sua moradia nos lugares mais inacessíveis. No meio de vastos pantanais ou de terras inundadas, avista-se uma pequena clareira em plena mata. Ali, sob tosco barracão, instala o Guató a sua morada; por mobiliário apenas algumas cabaças e peles de onça, animal que abunda na região e é alvo de encarniçada guerra. Não conhecem outra diversão afora a caça deste terrível animal, que é atacado corpo a corpo, por meio de uma comprida lança, que o índio nunca abandona. Passam quase toda a vida em suas canoas, onde se refugiam com a família inteira quando as enchentes lhes alagam os ranchos, forçando-os a passar semanas inteiras sem descer em terra. O ciúme é a paixão que mais atormenta esses selvagens, que vivem constantemente absorvidos com a guarda de suas muitas mulheres. Também nunca existe mais do que um homem em cada casa, e assim que o filho atinge a puberdade, procura as mulheres com quem passará a levar vida independente. Duas vezes por ano, em época certa, os homens se reúnem em lugares previamente indicados pelos chefes; porque estes republicanos, por excelência, não deixam de ter os seus caciques hereditários. Essas reuniões não duram, mais de dois dias e ocorrem geralmente em sítios particulares a que parece votarem respeito religioso, tais como certos picos da Serra dos Dourados e a entrada da lagoa de Uberava. A força física destes índios pode ser avaliada pela fortaleza e peso das armas que usam. Principalmente os arcos, têm dimensões enormes; o lenho de que são feitos, aparece muitas vezes revestido pelos restos da casca. As flechas têm dois metros e meio de comprimento e as lanças chegam a ter quatro. As várias peças de que é formada a flecha são coladas umas às outras com cola de peixe (1), ao passo que as cordas dos arcos são feitas com a tripa dos bugios ou das fibras da palmeira tucum.

A língua destes índios, é extremamente doce, principalmente nos lábios das mulheres. Já vimos que estas estão muito longe de possuir com exclusividade o amor de seus maridos, visto como cada homem possui várias esposas. O número delas em cada família varia de três a doze. São muito bonitas de feições e é impossível deixar de admirar os longos cabelos pretos que lhes caem livremente sobre os ombros. Há porém em seu semblante uma profunda expressão de melancolia; uma escrava não seria mais triste do que elas. Quase todos estes índios trazem à volta do pescoço colares, de dentes deste ou daquele animal, e mais particularmente de jacaré.

No dia 30 não fizemos mais do que duas léguas, e se não fosse o conhecimento da região por parte dos selvagens, certamente não encontraríamos no meio do pantanal um lugar onde pudéssemos acampar. Nossos homens se instalaram nos ramos de uma dúzia de figueiras gigantescas, muito comuns em toda essa região inundada, e conhecidas pelo nome de gameleiras. Os Guatós tiveram o cuidado de ficar o mais longe possível uns dos outros. Uma das famílias se acomodou nos seus couros de onça, de um lado e de outro do acampamento; as outras foram amarrar as canoas em árvores distantes.

No dia 1° de maio de 1845, fizemos quatro léguas e três quartos para subir

(1) Há erro provável do autor neste pormenor. Não é incrível usassem os índios cola animal que é muito sensível à umidade; alguma resina vegetal seria o material indicado e muito mais acessível ao índio. (Nota do trad.).

o trecho do rio Paraguai que nos separava do lago Guaíva, na boca do qual acampamos. Os pantanais em volta estavam cheios de vegetação, dando a aparência de uma campina salpicada de flores. O rio passa mesmo junto à base da serra, a qual, nesta ponta, é constituída de rochas talcosas, com veios de quartzito. As montanhas eram todas cobertas de vegetação viçosa. Os índios Guatós não saíam de junto de nós; dos largos canais que cortam o imenso banhado surgiam a cada momento novas canoas, para vir em nossa direção. A brandura e a infantil curiosidade destes índios faziam-me lembrar sempre dos Caraíbas, tais como os descreveram os primeiros viajantes. Havia no meio deles uma criança doente, a quem os pais prodigalizavam os cuidados mais solícitos. Tinham amarrado à volta de seu pescoço guizos de cascavel e uma garganta seca de guariba.

A 2, deixamos à nossa direita o rio Paraguai, penetrando na lagoa de Guaíva, a qual, em rigor, não é senão uma grande baía formada pelo rio, que nesse lugar forma um cotovelo. Tem esta laguna cerca de duas léguas e meia de comprimento e um terço de légua de largura. No fundo, ela se estende muito nesta última dimensão. Sua direção geral é para sudoeste, mas a forma é arqueada. Obstruindo-lhe a entrada, há uma ilha, dividida em duas por um braço do rio. Este braço, que representa o caminho mais curto, está sujeito a secar-se durante os meses de outubro, novembro e dezembro, que são aqueles em que o rio está mais baixo. Por esta razão, os tiradores de ipecacuanha se vêem então forçados a seguir pelo braço principal e fazer, uma curta travessia de um quarto de légua no Guaíva. Esta passagem é extremamente temida, porque é sempre possível serem surpreendidos no largo por alguma ventania. Gastamos o dia quase todo a contornar a lagoa e estudar-lhe a configuração. Nossos olhos deleitavam-se a cada passo com os cenários mais arrebatadores. Na espessa mataria que sombreava todas as margens, viam-se as palmeiras carandá e acuri, bem como mandacarus de formas as mais extravagantes. Por trás destas lindas árvores, erguiam-se formosas montanhas cobertas de mata, de modo a fechar o lago numa vasta ferradura, mas, no fundo, deixando sempre um espaço considerável entre as suas abas e o Guaíva. O solo é completamente plano, coberto de sarças e pontilhado de carandás. Nesta parte há uma laguna de pequenas dimensões, que comunica com o lago.

Enquanto costeávamos de canoa estas belas margens, avistamos uma pequena pintada, provavelmente tirada ao sono por nós; o animal se levantou espantado, desaparecendo num relance pela floresta a dentro. A leste, as montanhas de que falamos chegavam mesmo até a borda do lago; a oeste, porém, elas ficam muito mais distantes e são também mais baixas. No fundo a serra se intromete pelo interior da Bolívia. É pela extremidade desta baía que brasileiros e bolivianos parecem concordar em fazer passar a fronteira entre os dois países.

Da fala dos selvagens pudemos compreender que existia um braço ligando o Guaíva ao grande lago de Uberava. Com efeito eles nos fizeram entrar nele e seguir viagem até uma hora antes do pôr-do-sol, quando armamos o nosso acampamento, junto a uma mata fechada, cheia de cipós entrelaçados. Vimos aí uma árvore, que o Sr. Weddell reconheceu como pertencente à família das rubiáceas. O lenho desta planta, cortado de fresco, lembra o do choupo; mas, depois da exposição à luz, adquire a princípio uma cambiante rósea e passa depois a carmim intenso. Há tanto mais razão para se supor que ela teria utilidade em tinturaria, quanto faz parte da mesma família da garança. A distância, em linha reta, entre o acampamento de hoje e o de ontem é de légua e meia.

A largura do canal em que estávamos variava entre 200 e 300 metros; seu trajeto era sinuoso e com ele se comunicavam muitas baías. De cada lado corria uma cadeia de montanhas. A vegetação das margens era muito densa e viam-se no meio da mata várias choças de índios Guatós. Esse braço não seca nunca, e, durante a estação pluviosa, ele corre lentamente do lago Uberava para o Guaíva.

Passada uma ilha, o rio adquire 500 metros de, largura, voltando adiante à sua largura ordinária. Depois, em certos pontos onde ele é estreitado por pontas de terra, sua largura não excede a 60 metros. Ladeiam-no, à direita e à esquerda, pantanais imensos. Dão os selvagens a este curso d'água o nome de Jequié. Como não o encontrássemos mencionado em nenhuma carta geográfica, felicitei-me por achar uma oportunidade para testemunhar meu reconhecimento a Sua Majestade o Imperador do Brasil, dando-lhe o nome de rio Pedro Segundo. Estava longe de esperar que essa homenagem tão natural viesse motivar críticas amargas da parte de um coronel brasileiro, através da *Jornal do Comércio*, do Rio de Janeiro. Nesta folha, declara o referido oficial que o curso d'água de que tratamos se acha indicado num manuscrito existente nos arquivos de Cuiabá. O autor do artigo estava todavia no dever de saber que só os fatos publicados se têm como adquiridos pela ciência, verificando assim que, por meio de alegações daquela espécie, ele vinha demonstrar a toda evidência que o rio era de fato até aqui desconhecido. Não foi sem espanto que vi um homem sério dirigir sarcasmos sobre estrangeiros que outra coisa não queriam senão se instruírem, e cujas pretensões nunca chegaram a ponto de querer conhecer melhor o Brasil do que os brasileiros. Visto que aquele oficial se ocupa de geografia, não poderá ignorar que pelo menos um quarto do país é ainda hoje completamente desconhecido e que quase todas as descobertas que nele se têm feito são devidas aos europeus. A verdade é que toda a documentação que se possui sobre essa bela região foi fornecida por alemães, como Spix e Martius, Eschwege e Neuwied; por, franceses, como La Condamine e Auguste Saint-Hilaire; por ingleses, como Mawe, Smith e Lowe, e finalmente pelos ilustres astrônomos portugueses encarregados da demarcação dos limites.

Às três da tarde chegamos na entrada do lago Uberava, que se nos afigurou um oceano sem limites. Até o limite último da visão nada mais aparecia senão a imensa superfície das águas tranqüilas, a se confundir com as nuvens na linha do horizonte. A direção geral do lago parecia ser para oeste; durante algum tempo, avistava-se uma parte da margem norte-ocidental, mas não tardou que ela também desaparecesse. Tínhamos o maior desejo de levantar a carta desta enorme lagoa, mas nada foi capaz de induzir os índios a nos acompanhar nem mesmo o oferecimento que lhes fizemos de nossas espingardas, tão cobiçadas, por eles. Falavam no perigo dos grandes temporais que parece varrerem frequentemente o vasto lençol líqüido.

De mais a mais, acrescentavam, no fundo não existe nenhuma praia. Um dos índios contava ter navegado três dias, sempre na mesma direção sem chegar à outra extremidade. Contaram-nos também que às vezes se viam ao longe colunas de fumaça, e a nós nos pareceu ver de fato, uma a noroeste do ponto em que nos encontrávamos. Estas fogueiras eram acendidas, diziam, por homens de outra raça, só raramente eram vistos, e tinham aparência muito diferente da deles. Calculamos que devia tratar-se dos índios Chiquitos.

Ficamos sabendo depois que um distinto engenheiro português, o coronel Ricardo Franco, tinha enviado uma expedição para explorar a Uberava, mas que ao chegar a uma ponta terra, ela se vira detida por grandes vagalhões, sendo forçada a abandonar as canoas e seguir por terra, rompendo mato. Nesta caminhada os infelizes membros expedicionários acabaram por se perder, ficando a errar sem direção por campos e banhados durante noventa dias, ao cabo dos quais alcançaram um sítio em terras espanholas. Bem recebidos, e depois de fazer o necessário descanso, foram reconduzidos em oito dias pelos índios Chiquitos ao ponto onde haviam deixado as suas canoas. É provável que a povoação boliviana de Santo Corazón fique a pequena distância do fundo da lagoa.

Bem à nossa frente e na entrada mesmo do lago, erguia-se uma ilhota, formada por um morro coberto de magnífica vegetação. Vendo não ser possível fazer com que os índios obedecessem a nossa vontade, resolvemos partir antes que caísse, a noite. Penetramos então num canal que estabelece comunicação com o rio Paraguai. Na entrada, por trás da ilha a que há pouco nos referimos, tinha ele uma meia légua de largura; mas, pouco além ele ficava tão estreito, a ponto de não medir mais do que 30, ou mesmo 20 metros de largura. No meio do pantanal, por causa das inúmeras baías, é muito difícil de seguir o curso principal; há mesmo lugares em que a passagem fica inteiramente interrompida pelas aglomerações densas de plantas aquáticas. Foi assim preciso muito esforço para conseguirmos passar com as nossas canoas. Ao pôr-do-sol contemplamos espetáculo inesquecível; milhares de garças alvejavam a copa de uma floresta magnífica de magnólias, em plena floração por esta época. À medida que nos aproximávamos, espantadas com o barulho dos remos, aquelas lindas aves voavam em bandos numerosos, que giravam durante algum tempo em nuvem por cima de nossas cabeças, soltando gritos ensurdecedores. Todas estas águas se acham de tal modo infestadas de piranhas, que muitos Guatós, conforme eles próprios nos contaram, já tinham sido devorados por esses peixes. Passamos em frente de muitas moradas de índios, os quais, despertados pelo latido dos cães, vinham ao nosso encontro, em suas canoas. Eram nove da manhã quando armamos o acampamento, no meio do mato. As plantas que nos trancavam a passagem eram aguapés (Pontederia) e várias espécies do gênero Polygonium. Em certos lugares havia uma grande e interessante gramínea, muito semelhante ao arroz e conhecida entre os brasileiros pela denominação de arroz do pantanal (*Oryza paraguayensis* Wedd., manuscr.). À noite, ouvimos o ronco das onças. Como desabasse violento temporal, os nossos guias se felicitaram ruidosamente pelo fato de se acharem bem longe da grande lagoa. Disseram-nos os Guatós que em sua língua o lago Uberava tinha o nome de *Torequê-Bacó*. O percurso total, neste dia, foi de cinco léguas e meia.

No dia seguinte, 4 de maio, depois de fazermos três quartos de légua no canal onde tínhamos entrado na véspera, alcançamos o rio Paraguai; a custo podíamos acreditar que o curso d'água em que agora nos encontrávamos, de largura não excedente a 60 ou 80 metros, era aquele mesmo rio imponente que vimos em Coimbra e em Bourbon. Aqui nos despedimos dos nossos bons Guatós; com os pequenos presentes que todos lhes distribuímos, voltaram eles muito contentes para os misteriosos páramos em que residem. É provável que a nossa passagem lhes fique para todo sempre na lembrança, como uma variante à monotonia da existência que levam. Nossa jornada de hoje foi de cinco léguas. Durante todo o trajeto o rio se mostrou muito tortuoso. Desde algum tempo, o Sr. Deville estava atacado de um reumatismo articular que quase lhe tinha paralisado uma perna. Seu estado nos inspirava cada dia mais cuidados e motivava apreensões.

No dia 5, conseguimos fazer maior percurso do que no anterior. Toda a região estava de tal maneira alagada, que nos foi impossível descobrir um canto para instalar nossa cozinha. À noite, amarramos as embarcações às árvores próximas e ali mesmo dormimos; todavia, o pessoal da equipagem preferia armar as suas redes nos galhos suspensos sobre a superfície do rio. A lembrança provou, porém, pouco feliz, pois à noite desabou violenta tempestade, acompanhada de chuva torrencial.

No dia 6, fizemos três léguas e três quartos. Estávamos ainda no meio de florestas inundadas, de modo que os nossos homens, não achando terreno enxuto, tiveram de mergulhar para buscar a lama do fundo e fazer com ela, depois de secada ao sol, um fogão, dentro das próprias canoas. Em muitos pontos a vegetação marginal era constituída da palmeira espinhosa conhecida pelo nome de tucum. O rio aqui tinha-se tornado um pouco mais largo.

A 7, fizemos um trajeto de cinco léguas e no dia seguinte meia légua menos. Este era o dia da passagem de Mercúrio. Tínhamos enorme interesse em observar este fenômeno, uma vez que ele nos seria de muita utilidade na determinação da longitude do ponto; mas, tal como nos dias anteriores, foi-nos de todo impossível descobrir um ponto para instalar os instrumentos. Perdemos assim a oportunidade com que contávamos de fazer uma observação importante. Havia tempo que era projeto meu aproveitar o primeiro ensejo para ir a Vila Maria; vendo a impossibilidade de fazê-lo, pensei em esperar por esse dia na boca da Uberava; mas as doenças que começaram a surgir entre os nossos, e o receio de ficar sem mantimento fizeram-me muito a contragosto renunciar àquele projeto.

Fizemos cinco léguas e três quartos no dia 9 e cinco léguas e meia no dia 10. Em todo esse percurso, o Paraguai manteve uma largura de 200 metros; mas a região continuava inundada como dantes e cheia de ilhotas flutuantes. Nas árvores eram comuns os guaribas, tendo sido morta uma fêmea, com um filhote nos braços. A mãe tinha as costas pardas, ao passo que o filho tinha uma cor cinzento-clara, com a cara e as extremidades pretas. Na testa deste último via-se uma nódoa escura tinha o pêlo sedoso e longo, orelhas longas e membros enormemente compridos. Embora só tivesse 16 centímetros de longura, trazia os olhos abertos e possuía já quase todos os dentes. Seus movimentos eram vivos e seus gritos, não muito fortes, pareciam mais às vezes pequenos urros. Num lugar em que a profundidade da água não passava de meio metro, vimos choças de índios Guatós, feitas de folhas de bananeiras. À noitinha vimos certa fosforescência em alguns galhos de árvores, sem contudo descobrir nenhum inseto a que ela pudesse ser atribuída; ao contato das mãos, eles conservam a luminosidade ainda por algum tempo, mas logo a perdiam se eram atritados um contra o outro. Encontramo-nos com algumas canoas de índios Guatós. Dois deles traziam guitarras de sua própria fabricação e copiadas provavelmente dos civilizados. Os sons que produziam com estes instrumentos não eram mais desagradáveis do que os que conseguem os brasileiros com os seus. Como sempre, as canoas eram providas de couros de onça e das duas espécies de lontra. Entre estes índios havia um rapaz de dezessete ou dezoito anos que nos disse não haver ainda se casado porque lhe faltava matar onças. Tivemos ocasião de observar um enorme ninho feito de gravetos com quatro ou cinco entradas; morava nele um pequeno bando do lindo periquito de barriga cinzenta que é comum em toda a região inundada e é conhecido entre o povo de Albuquerque pelo nome de periquito do pantanal. As pobres avezitas mantinham-se aconchegadas umas às outras, como se estivessem fascinadas pela presença de um grande gavião pardo que, sobre o galho de uma árvore próxima, nelas tinha os olhos fitos e de quando em quando soltava balidos semelhantes aos de um cordeirinho. Quando alguns dos periquitos, vindos de fora, fazia menção de entrar no ninho, o rapineiro dava um vôo, perseguindo-os durante alguns instantes, para voltar ao seu posto de observação. Derrubamos esse gavião com certeiro tiro, libertando assim a indefesa colônia de um vizinho temeroso. Na noite do dia 9 desabou uma tempestade tão violenta, que foi preciso arrastar as canoas sobre a lama, para evitar que fossem arrastadas pela torrente.

A 10, fizemos cinco léguas e meia, sempre através de florestas inundadas.

No correr do dia 11, em que fizemos cinco léguas, o rio continuou a alargar-se chegando a 300 metros. Encontrando-se sempre no meio de pantanais, a comitiva, não achou nada melhor do que passar a noite em cima de uma grande figueira. Convém notar que no lugar em que estávamos os ventos que trazem chuva são os de oeste, ao passo que até Goiás as nuvens pluviosas provinham de leste.

Vimos grande quantidade de bugios, dependurados nos ramos e nos cipós; à noitinha, quando paramos, estávamos rodeados de grandes jacarés da espécie preta, que apontam para fora da água as cabeças e uma parte do corpo. Soltavam mugidos semelhantes ao de um touro; porém mais breves e mais fortes. Um cardume de dourados andava à perseguição dos peixes pequenos, dando saltos incríveis fora d'água, fazendo tal barulho que era impossível dormir. Só os do rio Miranda têm boa carne. Pescou-se nesse dia um enorme peixe da família dos Silurídeos, conhecido pelo nome de jaú; vive no fundo dos grandes rios.

No dia 12 fizemos uma jornada igual à da véspera, chegando, finalmente a colinas de pequeno porte, mas que já há vários dias vínhamos avistando, tão plano é o chão em toda a zona. Aí, com grande alegria, esperávamos nos ver livres dos pantanais. De fato o chão era agora muito mais firme e não tardou que avistássemos na margem esquerda sinais de gado. Supunha nossa gente tratar-se de animais transviados dos rebanhos de Poconé. As colinas verdejantes que sombreiam as duas margens do rio parece correrem de NNO para SSE. Vimos outros jacarés gigantescos, os quais, como na noite passada, nos impediram de dormir com seus berros, junto com os das onças. Encontrei numa árvore um inseto hemíptero muito comum nas coleções; refiro-me a uma *Flata* de cor branco-amarelada com pequeninas manchas pretas na base das asas. Muitos indivíduos tinham acabado de experimentar a metamorfose, sendo inteiramente brancos aqueles em que o fenômeno era de data mais recente. Os galhos estavam ainda cheios de larvas, que muito se assemelham às fêmeas de *Dorthesia* e são, como estas, recobertas por uma penugem branca, alongada na parte de trás à maneira de cauda; no corselete possuem como que dois chifres. As plantas dos arredores estavam cheias da penugem amiantóide desprendida dos insetos perfeitos.

A 13 de maio saímos finalmente dos pantanais. As margens do rio tinham ficado mais altas e viam-se alguns morros de pedra. Embora a vegetação não houvesse mudado propriamente, já alguns cactos apareciam na anfractuosidade das pedras. Encontramos várias vezes com colhereiros cor-de-rosa, jaburus e gaivotas. A jornada foi ainda desta vez de cinco léguas.

No dia 14 não víamos mais o rio espraiar-se em vastos alagados. Seu leito, porém, adquiriu considerável largura, chegando a ter em alguns pontos 500 ou 600 metros. Viam-se, de quando em quando, margens com um metro, metro e meio, ou mesmo dois metros de altura; ao longo da margem esquerda avistava-se uma serra, que, conforme nos disseram, começa em Vila Maria.

Alcançamos este dia um ponto interessante: o marco de Jauru, que assinala a fronteira que outrora separava as terras pertencentes à coroa da Espanha, das de Portugal. Esse monumento, perdido no deserto, é um bloco de mármore branco talhado na Europa; tem a forma de uma pirâmide de quatro lados, truncada; é suportado por um pedestal e termina numa cruz. O lado brasileiro olha para nordeste e traz as armas de Portugal, menos a coroa, que tinha sido tirada e mais a seguinte inscrição: "*Sub Joanne V Lusitanorum rege fidelissimo*". A face espanhola, dirigida para o Paraguai e para as demais possessões da Espanha, mostra as armas deste país, ao lado da legenda "*Sub Ferdinando VI rege catholico*". Os outros lados são divididos por uma linha vertical; no que olha para o rio lê-se: "*Justitia ex pax osculatae sunt*"; no outro: "*Ex pactis finium regendorum conventis Madriti. Ibid. Januar. MDCCL*". A altura total do monumento é de cinco metros. Como o rio Paraguai avança incessantemente em sua direção, é provável que um dia ele venha a derrubar o elegante marco divisório, o qual, originariamente, fora construído a uns dez metros da margem e agora só dista desta última uns três ou quatro. Convém notar que nenhuma das duas potências reconheceu jamais os limites assim demarcados, mas que, pelo contrário, se os brasileiros estão sempre a invadir terras da Bolívia, por outro lado os descendentes de espanhóis chegam a reclamar até a própria cidade de Mato Grosso. Fomos acampar a um tiro de canhão rio acima, junto à foz do Jauru. Este rio é estreito, mas de grande correnteza; é ladeado de florestas e consta que de trajeto muito sinuoso; na sua junção com o Paraguai mede 80 metros de largura. Matamos uma iguana, cuja cabeça, inclusive a papada, bem como a crista dorsal, apresentavam, em vida do animal, um colorido azul claro.

Gastamos a manhã do dia 15 em fazer as observações necessárias à determinação da posição geográfica da foz do Jauru, trabalho que foi feito com grande dificuldade por causa da densidade da mata, cujas copas tapavam o sol. Só às quatro da tarde pudemos estar de partida, indo acampar depois de duas léguas de percurso em plena floresta.

Durante a noite surgiu entre nós uma anta, que vinha certamente dessedentar-se no rio. O alerta foi geral, mas ela conseguiu, ainda assim, pôr-se a salvo.

O lindo pavãozinho-do-pará é bastante comum nessa região; seu grito é um silvo agudo, mas bastante melodioso. Vive aos casais e mora dentro da mata fechada, perto dos brejos. Certa formiga, chamada "novato" pelo povo da terra, era aí muito abundante; sua picada era mais dolorosa do que a do maribondo. Vive sempre essa formiga no caule de uma árvore, que por isso é conhecida pelo nome de formigueira (1).

A 16, fizemos cinco léguas. Em certos lugares o rio está encaixado entre margens a prumo, semelhantes a um cais. Tínhamos entrado na zona dos campos. Passamos a noite na primeira habitação que víamos desde muito tempo. O dono da casa, que estava completamente despido quando chegamos, pôs uma camisa para nos receber. Disse-nos ele que, por terra, estávamos apenas a três léguas de Vila Maria.

O homens da nossa comitiva mataram nesse dia uma espécie de porco-espinho, que é conhecida na região pelo nome de ouriço (*Hystrix preensilis, Linn.*). Este animal vive sobre as árvores, onde se agarra fortemente aos ramos. Em certos lugares, as barrancas do rio apareciam cheias de buracos, feitos, segundo nos contaram, pelos martins-pescadores.

Vimos mais de uma vez os índios fazer fogo atritando dois paus secos, um no outro; nossos canoeiros nos deram até uma lição, a respeito deste processo. A única dificuldade real está em procurar o pau que sirva. Usam de preferência o pedúnculo dos grandes cachos do acuri. Cortam-se dois pedaços, talhando um em ponta e desbastando o outro em quatro faces, numa das quais se abre um furo pouco fundo. Apóia-se na cavidade deste buraco a ponta do outro pau e de uma ranhura que desce verticalmente ao longo de uma das faces laterais, fazendo comunicar a borda do orifício com a lâmina de uma faca ou qualquer outra matéria dura, que se coloca em baixo, durante a operação. Terminados estes preparos, basta, para obter fogo, fazer girar rapidamente entre as mãos o pau de ponta, apoiando esta última no buraco existente no outro. Ao cabo de um ou dois minutos, o pó desprendido ao longo da ranhura sobre a lâmina da faca começa a fumegar, pegando fogo.

No dia 17 fizemos uma jornada de cinco léguas, e a 18, depois de um percurso de uma légua e um quarto, chegamos finalmente a Vila Maria.

(1) Pau-de-novato é como costumam chamar hoje os mato-grossenses à planta em cujo caule fistuloso vive a formiga referida pelo Autor. O nome fez alusão ao engano em que freqüentemente incorrem os recém-vindos ao lugar, quando procuram utilizar como estacas, a haste direita e lisa em que moram os terríveis insetos. (Nota do trad.).

CAPÍTULO XXVII

DE VILA MARIA A MATO GROSSO (VILA BELA)

Chegamos a Vila Maria a 18 de maio de 1845, desembarcando no sopé de uma barranca íngreme, onde o rio Paraguai descreve um grande cotovelo. Fomos muito bem recebidos pelo velho comandante da praça, o qual era velho veterano das guerras de Espanha e Portugal. Aqui estava à nossa espera a tropa que nos deveria levar a Mato Grosso, juntamente com a escolta militar, comandada por um tenente. Muitos animais tinham morrido, ou se perderam pelos campos; dois haviam sucumbido à mordedura de serpentes venenosas. Examinando a bagagem, logo verificamos que ela tinha sido saqueada. Ao sair de Cuiabá, tomando o conselho do presidente, nós a tínhamos confiado a um mulato, espécie de grande capitão, que desempenhava as funções de chefe de polícia municipal. Conforme pudemos averiguar, assim que partíramos, esse digno magistrado abrira as nossas malas, apropriando-se de uma grande parte do conteúdo e vendendo uma porção de objetos aos mercadores da cidade. O Sr. Weddell tomou a peito não deixar impune tal abuso de confiança, pelo que resolveu voltar a Cuiabá, a fim de proceder contra o culpado. Imaginava também o nosso botânico que os seus estudos tirariam algum proveito dessa excursão por itinerário diferente do que eu pretendia seguir, ficando então assentado que haveríamos novamente de nos encontrar em Lima. Chegando a Cuiabá, pôde reunir todas as provas do roubo. Os nossos objetos foram encontrados em várias lojas, garantindo os negociantes tê-los adquirido de pessoas chegadas ao capitão, mas não foi possível obter a punição do responsável pelo crime.

Quando passamos por Vila Maria estavam sendo celebradas as festas do Pentecostes. Afora as cerimônias religiosas, houve espetáculo, em que foi representada a *Inês de Castro* e algumas outras peças mais ou menos interessantes. O fim da festa foi assinalado por uma grande representação de que fez parte, entre outras coisas dignas de nota, uma pantomima em que Caim desancava Abel a cacetadas, invocando contudo a cada momento o nome de Nosso Senhor.

Toda a população do lugar corria a ver essas coisas, o que nos deu ensejo de apreciar a enorme desproporção existente entre o número de pessoas dos dois sexos. Havia nada menos de duas mulheres para cada homem.

Vila Maria tomou este nome por ter sido fundada sob o reinado de D. Maria I. A cidade parece destinada a rápido crescimento; mas o descaso do governo, e também dos próprios habitantes, de par com a falta de comunicação, com o baixo Paraguai, tem impedido que ela se desenvolva como era de esperar. Sua população não vai além de quinhentas ou seiscentas pessoas e toda a freguesia de que é ela centro não possui mais de mil e oitocentos habitantes de todos os matizes, inclusive cerca de duzentos escravos. Contam-se entre os habitantes uns seiscentos descendentes, diz-se dos Chiquitos da Bolívia. Vila Maria está situada na margem esquerda do rio Paraguai, num lugar em que a barranca não tem menos de uns dez metros de altura. Apesar da situação em que está, toda a região em volta não raro se acha inundada, pois o Paraguai, recuando sempre para o lado esquerdo, tende a destruir o terreno em que está construída a cidade. Já várias casas desabaram no rio, enquanto outras se acham de tal modo em risco de cair, que foi preciso abandoná-las. Vila Maria é a principal cidade de Mato Grosso, do lado da fronteira boliviana. O comandante da praça, como já dissemos, é um capitão, que tem debaixo de suas ordens de setenta a oitenta soldados. O destacamento de Jauru, composto de oitenta e quatro homens comandados por um alferes, está subordinado ao posto de Vila Maria, bem como o das Onças, que é constituído de uma quinzena de soldados, comandados por um sargento e um cabo. Vêem-se na caserna quatro peças de artilharia, duas de calibre dezoito e as outras de doze. Estes canhões foram trazidos até Diamantino pelo rio Arinos, em 1825. O atual comandante de Vila Maria, que naquele tempo estava empregado em Diamantino, fê-los arrastar por terra até Buriti, de onde foram transportados rio Paraguai abaixo até o seu destino, onde chegaram em 1827. As autoridades deste estabelecimento são um subdelegado e um juiz de paz. O principal, para não dizer o único comércio do lugar, é o da ipecacuanha, planta que cresce em abundância nas margens do alto Paraguai, do Vermelho, do Sepotuba e do Cabaçal. A colheita desta planta é praticada geralmente durante os meses de seca, ou seja desde março até setembro; mas há ocasiões em que ela é igualmente praticada mesmo na estação das águas, por isso que é muito mais fácil arrancar a planta quando o chão está amolecido pela humidade. As canoas que saem de Cuiabá, descem o rio do mesmo nome e sobem o Paraguai, entretendo assim um comércio que atinge por ano milhares de arrobas do produto a que nos estamos referindo. Foi em 1814 que o Desembargador José Francisco Leal anunciou a existência da ipecacuanha nessa região, onde tinha sido enviado pelo governo, com o fito de procurar terrenos auríferos no distrito de Vila Maria e nas margens do rio Cabaçal. Estes, apesar de não serem nada raros, lhe pareceram muito menos ricos em mineral do que havia calculado. Durante muitos anos ninguém se importou de utilizar a descoberta; mas, em 1830, um negociante de nome José da Costa Leite, tendo conseguido juntar duas arrobas da planta, remeteu-as para o Rio de Janeiro, onde a acharam de boa qualidade e a pagaram à razão de 1.600 réis a libra. Negócio tão vantajoso deu logo origem a uma exploração considerável do produto, que continuou até 1837, quando a sua cotação começou a baixar, em consequência da enorme quantidade que dele se oferecia no mercado. Avalia-se em nada menos de vinte e cinco mil arrobas a quantidade de ipecacuanha lançada no comércio entre os anos de 1830 e 1837. Por fim, a extração da planta foi abandonada, até o ano de 1844. Por esta época, tendo sido vendidas no Rio de Janeiro algumas arrobas de ipeca à razão de 850 e 900 réis, preço que embora muito inferior ao que ela alcançava no princípio ainda deixava boa margem de lucro, voltou-se a explorá-la regularmente, com a probabilidade de que não mais se terão de temer as bruscas oscilações de preço verificadas no começo. A ipecacuanha, a julgar pelo que dizem os nativos, só ao cabo de dezesseis anos atinge completo desenvolvimento; sendo assim, não é crível que os mercados fiquem jamais tão abarrotados que o preço do produto venha a baixar demasiadamente.

A ipecacuanha cresce naturalmente nos lugares de mata fechada e úmida, onde o solo é arenoso e horizontal. É fácil de achar, visto como nas matas em que é encontrada não há outra planta que se lhe assemelhe. A região de onde tem sido extraída mede umas doze léguas no sentido norte-sul e se estende até trinta léguas a oeste de Vila Maria. Além das pessoas necessárias à navegação, as canoas dos poaieiros levam um certo número de indivíduos, contratados à razão de 6 a 7 mil réis por mês, com direito à comida; são os chamados *camaradas*, nome que no interior se dá a todas os assalariados. Estas expedições levam ainda um ou dois práticos, pessoas experimentadas neste gênero de trabalho e que fazem jus a maior ordenado. Assim que a canoa chega ao ponto em que devem começar os trabalhos, o prático desce à terra em companhia de um ou dois camaradas, armados de foice e facão, para abrir uma picada, cujo comprimento atinge às vezes légua e meia. Outras picadas menores são abertas depois, a partir da trilha principal e em todas as direções, a fim de facilitar a volta dos trabalhadores que por acaso se percam. É costume exigir de cada homem, como tarefa diária, doze libras de planta, que uma vez secas, se reduzem a cinco. É fácil juntar esta quantidade, visto não ser necessário muita força para executar o trabalho, que só se torna verdadeiramente penoso por causa da perseguição incessante movida pelos insetos. Uma vez levadas ao Rio de Janeiro, as cinco libras de ipecacuanha garantem ao chefe da expedição um lucro líqüido de 4.000 réis por dia e por trabalhador. Apesar do pouco cuidado com que é praticada a extração, não é provável que a planta venha a escassear, visto como de cada pé arrancado nascem outras plantinhas, provenientes das raízes que ficaram no solo.

A baunilha é abundante nos arredores de Vila Maria; mas só se começou a tirar partido de sua existência em 1893. Por ocasião de nossa passagem ela era vendida à razão de 3 francos a libra.

Várias estradas saem de Vila Maria, ligando-a a Mato Grosso, ao destacamento das Onças, a Chiquitos, a Diamantino, a Cuiabá e a Poconé. Nas imediações de Vila Maria, nos lugares em que não existe pântano, aparece a cana com o seu aspecto ordinário. A serra que se avista a leste, a cerca de uma légua e meia, tem provavelmente a mesma composição que o Morro Vermelho, de Diamantino; pois é esta a mesma cadeia que acompanha a estrada que vai de Vila Maria a Diamantino, e que se tem também sempre à vista quando se sobe o Paraguai.

Vamos dar aqui algumas observações termométricas feitas durante a nossa subida do alto Paraguai:

Horas das observações	Temperatura da água	Temperatura do ar
A 3 de maio (no canal de comunicação entre o Guaíva e o Uberava)		
11 hs. e 40 m. da manhã	30°,3	29°,5
3 hs. da tarde	33°,5 - 32°,6 - 31°,7 (conforme a profundidade da água e a distância das margens)	30°,6
4 hs. da tarde	33°	30°,4
A 4 de maio (no rio Paraguai)		
7 hs. 1/2 da manhã	29°,8 (no ponto em que o canal do Uberava entra no Paraguai)	29°
6 hs. da tarde	29°,95	28°,9
A 6 de maio (no rio Paraguai)		
9 hs. 1/2 da manhã	29° (depois de uma tempestade)	25°,15
A 10 de maio (rio Paraguai)		
6 hs. e 15 m. da manhã	28°,2	24°
9 hs. da manhã	28°	27°,1
11 hs. 1/2 da manhã	28°,2	29°,4
11 de maio (rio Paraguai)		
6 hs. da manhã	27°,7	25°,9
7 hs. da manhã	27°,7	26°
8 hs. 1/2 da manhã	27°,7	27°,2
9 hs. 1/2 da manhã	28°	28°,2
Meio-dia	28°,2	31°,3
1 h. da tarde	28°,3	27°,7 (nuvens e ventania)
2 hs. 15 m. da tarde	28°,4	31°,8
3 hs. da tarde	28°,35 a 28°,4	32°,1
4 hs. da tarde	28°,4	29°,7
5 hs. da tarde	28°,2	28°,4
6 hs. da tarde	28°,1	27°,9
A 12 de maio (rio Paraguai)		

6 hs. 1/2 da manhã	27°	24°
8 hs. da manhã	27°	25°,8
	A 17 de maio (rio Paraguai)	
6 hs. da manhã	26°,8	22°,2
7 hs. da manhã	26°,8	23°
8 hs. da manhã	26,9°	26,4°
9 hs. da manhã	26,9°	26,3°
11 hs. 1/2 da manhã	27,1°	28,4
5 hs. da tarde	27,3°	26,4°
	A 18 de maio (rio Paraguai)	
6 hs. da manhã	26,8°	21,8°
9 hs. da manhã	26,8°	24,7°

Na península formada entre os rios Cuiabá, São Lourenço e Paraguai, à beira de uma das estradas que vão para Mato Grosso, há uma povoação bastante digna de nota: é a vila de Poconé, lugar mais importante do que Vila Maria e habitado por uma das populações mais ricas do interior do Brasil. Moram aí os grandes criadores de gado, quase todos abastados e donos, segundo dizem, de oito a dez mil cabeças cada um. Suas pastagens se estendem por todo o espaço compreendido entre os três rios que acabamos de mencionar. Possui Poconé um delegado, um juiz de direito, um juiz de paz e uma guarnição composta de vinte homens, comandados por um alferes.

A 27 de maio, depois de alguns dias de permanência utilizados em observar o magnetismo terrestre, determinar a posição do lugar e colher as informações dadas há pouco, saímos de Vila Maria, com destino a Mato Grosso. Tinha sido necessário reorganizar a tropa, comprar novos animais para preencher o claro deixado pelos que tinham morrido, ou que íamos deixar para o Dr. Weddell, de acordo com o que havíamos combinado. Aproveitei a volta das embarcações para enviar a Cuiabá as coleções feitas durante a viagem pelo rio Paraguai, endereçando-as ao bispo, que tomou a seu cargo despachá-las para o Rio de Janeiro, de onde elas afinal seguiram para a França.

O estado de saúde do Sr. Deville continuava dos piores. Entretanto, embora lhe fosse muito difícil montar a cavalo, não quis ele motivar qualquer atraso ou embaraço para a expedição. Diante disso, deixamos Vila Maria, rumando diretamente para a fazenda Caiçara. Em lugar de escolher a via terrestre, que atravessa o pantanal e só é praticável na estação da seca, seguimos por água, utilizando uma balsa feita de um estrado de madeira apoiado sobre duas canoas. Descemos assim o rio Paraguai, até a boca do braço chamado da Caiçara, a qual fica distante da vila uma légua e um quarto. Fizemos depois daí um meio quarto de légua por aquele braço, cuja largura é de uns 50 metros, através de plantas altas que nos obstruíam a passagem e debaixo das quais estavam escondidos muitos bandos de capivaras. Nosso pessoal conseguiu derrubar alguns destes animais. Prosseguindo, entramos numa baía a que dão o mesmo nome da fazenda e cuja largura oscila entre 200 e 250 metros.

A fazenda Caiçara pertence ao Governo e serve para a criação de cavalos para a cavalaria, e de bois que se vendem aos habitantes da zona. Durante o domínio português ela chegou a possuir doze mil cabeças de gado vacum; hoje, porém, não tem ela mais de dois mil, enquanto o número de cavalos ascende a cerca de trezentos. O diretor da fazenda é um alferes idoso, que tem sob suas ordens uns vinte empregados, todos livres. As pastagens deste estabelecimento se estendem pelo espaço compreendido entre os rios Jauru e o Paraguai. Em toda essa redondeza há grande quantidade de onças, sendo rara a semana em que não se matam algumas.

A fazenda fica situada um tiro de canhão a nor-noroeste da baía. Conhecemos aí uma negra albina, de pele cor-de-rosa e cabelos louros como os de uma européia muito embora fosse filha de um negro da Costa d'África, com uma preta da terra. Fenômenos desta espécie não são raros no Brasil.

Partimos a 28, às onze horas da manhã, acompanhados pelo alferes, diretor da fazenda, chegando depois de uma caminhada de quatro léguas e meia a outro estabelecimento do governo, chamado Pau-Seco e hoje quase completamente abandonado. O terreno chato em que viajávamos não nos mostrava, outra coisa senão areias brancas, provavelmente superpostas à canga que começávamos já a encontrar nos arredores de Pau-Seco. O alferes, que resolvera vir na frente, teve a amabilidade de mandar preparar um aposento para nós. À boca da noite, como fizesse muito frio, acendeu-se dentro mesmo do quarto uma fogueira. Apesar da grossa fumaça que dela se desprendia, nós nos felicitávamos pela idéia, quando fortes e numerosas picadas nos advertiram da presença de um enorme ninho de maribondos preso a um dos caibros do teto. Incomodados com esta atmosfera para eles tão estranha, os insetos tinham saído em enxame, para se vingarem, dos culpados pelo seu mal-estar. Fomos forçados a deixar a sala, e a ela só pudemos voltar depois de apagado o fogo.

Às dez da manhã do dia 29 deixamos a fazenda, caminhando duas léguas e meia através de areões semelhantes aos do dia anterior, para chegar no lugar chamado Cachimbo, onde paramos para descansar os animais e dar-lhes de beber, pois restava-nos ainda para percorrer uma distância de quatro léguas, através de cerrado espesso, e já sabíamos que não íamos achar água no ponto onde tínhamos de parar para passar a noite. A última légua é feita numa escura garganta ladeada por duas filas de morros, situadas uma à direita outra à esquerda do caminho. Aparece aqui a descoberto a formação geral de toda a zona: camadas calcárias em lâminas chatas e nas elevações que cobrem o calcárias massas de rochas destacadas. O caminho é juncado de detritos calcários e quartzosos.

No dia 30 fizemos uma jornada de quatro léguas e um quarto e a 31 três léguas, sempre sobre terreno montuoso. Da formação geológica viam-se apenas uma crosta superficial de canga e, em alguns pontos, fragmentos de quartzo, sob a forma de seixos. Os principais cursos d'água, que se atravessam nos campos cortados pela estrada desde Caiçara, são afluentes do rio Jauru; deles os mais importantes são o Caeté e o das Pitas. A largura de ambos é de uns oito metros, e a profundidade apenas de alguns centímetros; parece, todavia, que durante a estação das águas eles se convertem em verdadeiras torrentes, ocasionando inundações. O Caeté nasce cinco ou seis léguas ao norte da estrada e despeja no Jauru ao sul do mesmo caminho. O ribeirão das Pitas, este, parece nascer nas mesmas vertentes e possuía análoga direção, tendo haviado erro em supor que ele nascesse no mesmo lugar de onde sai o rio Cabaçal, nos campos de Tapirapuã. Depois de acompanhar o rio Jauru pelo espaço mais ou menos de uma légua, chegamos no dia 31 ao ponto chamado Registro do Jauru. Há um posto militar na margem direita do rio, que neste ponto deve medir uns 150 metros de largura, sendo necessário canoa para atravessá-lo. Esse lugar, que noutros tempos era habitado por cerca de seiscentos brasileiros, hoje não tem mais do que setenta moradores, isso por culpa dos ataques repetidos dos índios Cabaçais, que são uma tribo de Bororós. Convém saber que o Registro nunca chegou a constituir uma povoação regular; mesmo no tempo de sua maior prosperidade, as casas estavam espalhadas numa extensão de um quarto de légua, ao longo da margem do rio. O destacamento existente no local é comandado por um alferes. Outrora era ele formado de vinte a vinte e cinco homens; por ocasião, porém de nossa passagem, não havia ali mais do que nove.

Os índios cabaçais habitavam antigamente as margens do rio do mesmo nome, ou as de seus principais afluentes, o que tornava muito perigoso o caminho de Vila Maria a Mato Grosso. Há, porém, cerca de cinco anos o cônego José da Silva Fraga veio de Mato Grosso para catequizá-los, começando por congregá-los num aldeamento à margem esquerda do Jauru, em situação maravilhosa e no meio de um grande bananeiral. Este estabelecimento foi oficialmente reconhecido pelo governo provincial de Mato Grosso em 1845, sendo estipulados os fundos necessários à continuação dos trabalhos iniciados pelo padre, diretor da missão. Contam-se cerca de cento e dez índios, distribuídos por umas vinte casinhas de palha, dispostas em quadrado, e muitas delas agora em ruínas. Estes índios são bem constituídos, mas ninguém pode calcular até que ponto vai a sua sordície; pintam-se de vermelho por meio do urucum e vivem cheios de feridas e outras doenças repugnantes. Os homens andam nus, exceção feita de um cordel de acuri passado à volta da cintura (1). As armas que usam são pesadas e consistem num arco de mais de dois metros de comprimento e flechas de tamanho quase equivalente, terminadas em agudíssima ponta, feita de bambu. As mulheres trazem geralmente um pequeno pedaço de pau no lábio inferior e, como única vestimenta, usam em torno dos rins uma espécie de colete, feito de jatobá. Essa peça é pintada de preto, com exceção de uma faixa muito estreita que passa debaixo das pernas, e à qual se conserva a cor natural. Quando o Sr. Weddell os visitou pouco tempo depois (em agosto), encontrou o aldeamento assolado pela fome. Ao afastar, diz ele, as folhas que fechavam a entrada de uma

(1) Indigenae, cognomine Bororos, mentulam inserunt in annulum ligneum, qui eorum caulem sustinet et tenet semper erectum; quo fit ut appellentur vulgo Porrudos, id est, mentulati.

das choças que formam o aldeamento, penetrei no seu interior, descortinando o mais lancinante espetáculo que jamais viram meus olhos. Nunca tinha imaginado que a miséria pudesse chegar àquele ponto; miséria tenebrosa, de fazer tremer. No chão cheio de lixo, de pedaços de osso, de cocos e raízes, via-se deitada uma rapariga ainda moça, mas reduzida a um estado de magreza que é impossível imaginar; todo seu corpo estava na mais espantosa sujeira; as pernas não tinham mais movimento, mas ela ergueu um pouco a cabeça quando ao entrar eu lhe dirigi o *adeus* do costume, palavra portuguesa que os índios aprendem antes de qualquer outra. Movendo o braço, como que aos estremeções, ela ergueu uma das pontas da esteira para me mostrar o estado em que estava; depois, quis juntar os tições de um pequeno fogo, de onde saía a fumaça que eu tinha visto de fora e cuja necessidade era premente com o frio que fazia. Só então é que me apercebi de que em cima da palha existia ainda outro ser vivo: era uma criancinha, acocorada por trás de um rolo de casca, imóvel e de olhos postos no chão.

Houve um instante em que refleti com espanto sobre o contraste representado por aquelas duas criaturas, mãe e filha, uma tão acabada, e a outra tão florescente; mas foi só um instante, porque logo me apercebi de que o que se me afigurara robustez não passava de inchação doentia. Uma e outra estavam a morrer de fome. "Comer não tem", articulou a desventurosa mulher; "marido já morreu, columi já morreu, columi morreu, comer não tem" (não existe nada para comer; meu marido já morreu e morreram dois de meus filhos, por falta de que comer). Depois como o vento e a chuva entrassem pela porta que eu tinha deixado aberta, ela se encolheu toda debaixo da esteira, para se proteger.

Entrei numa segunda cabana, para presenciar cena semelhante. Agora era um homem em plena flor da idade, a lutar também contra o inimigo comum. Seu estado físico era o mesmo. Tinha acabado de quebrar uma porção de cocos e de moer-lhes a amêndoa em cima de uma pedra, para fazer a farinha com que procurava matar a fome de uma criança, cuja alimentação, pelo que se via, desde muito tempo não podia ser outra. Este homem e essa criança eram tudo quanto restava de uma numerosa família dizimada pela fome. Cheguei à choça do capitão Imi, que morrera dois dias antes, deparando à sua soleira com o mesmo espectro. Entretanto, apesar da situação de miséria em que se encontrava, a gente moça da casa vestira-se de penas para chorar a morte do pai. No rancho vizinho outro capitão tinha morrido na véspera; mas aqui não haveria outra vítima, pois com a morte do chefe a casa ficara vazia. Dentro de pouco tempo, talvez mesmo de alguns dias, da aldeia dos Cabaçais não restará mais que o nome".

Entre as feridas de que eram portadores esses infelizes índios, reconhecemos os tumores produzidos por uma espécie de mosca do gênero *Oestrus*. As larvas destes dípteros desenvolvem-se frequentemente no corpo dos cães e de outros quadrúpedes; mas, embora só raramente ataquem as pessoas, tivemos ocasião de observar vários casos durante a viagem, especialmente em velhos pertencentes à raça negra. Estas larvas alcançam quatro centímetros de comprimento; têm forma navicular e cor branco-amarelada; o corpo mole, contráctil, é composto de doze segmentos, dos quais os oito primeiros possuem espinhos recurvos. Esses bichos produzem fortes picadas por meio de dois ferrões divergentes, que lhes saem da boca; começam a crescer a partir do dia seguinte àquele em que o ovo foi posto nos tecidos, mas são necessários dois meses para atingirem pleno desenvolvimento. A extração deste parasito é de regra muito dolorosa, a ponto de, segundo me informaram alguns infelizes por ele atacados preferirem deixar-se morrer, a se sujeitar àquela operação (1).

Soubemos da existência, no caminho de Vila Maria para Salinas, de outro aldeamento de Cabaçais; este se encontraria em situação próspera, pois de Vila Maria vão lá adquirir produtos das culturas feitas pelos seus habitantes.

Observamos nas cercanias de Registro um calcário pardacento, usado no fabrico da cal com que pintam as casas da região. Em Registro, a formação no meio da qual corre o rio Bauru é composta de xistos talcosos pertencentes à época dos xistos micáceos, e outras de transição antiga. Foi no meio deste terreno, uma légua mais ou menos a oeste-sudoeste de Registro, que se descobriu, andando à busca de ouro, uma mina de carbonato de cobre verde. O metal acha-se ali quase sempre misturado numa pasta talcosa e só raramente se apresenta sob a forma de lâminas transparentes, de bela cor verde.

O filão metálico não tem mais do que uma polegada de espessura nos pontos em que pudemos observá-lo; há porém lugares em que ele adquire maior possança. Sua direção é de nordeste para sudoeste e sua posição faz com a vertical um ângulo de 18 graus, com mergulho para noroeste. As paredes do filão são de xisto talcoso, que neste lugar é esbranquiçado e dividido em lâminas paralelas ao plano do veio. Há ainda, na massa xistosa, veios de talco puro, contendo prismas de anfibólio cruzados uns sobre os outros. No sopé da colina em que fica o filão corre um regato, que pode ser utilizado para a lavagem do minério, no caso de ser tentada a sua exploração. Entretanto, para que o trabalho fosse lucrativo, seria necessário que a jazida aumentasse de espessura à medida que se distancia da superfície do solo. Tem-se já, segundo se conta, feito alguns ensaios de exploração nesta mina, conseguindo-se retirar cobre de boa qualidade. Para ir do Registro à mina anda-se meia légua pela estrada de Mato Grosso; toma-se depois para sudoeste, transpondo uma série de morros que se estendem entre a estrada e a mina.

Passamos em registro os dias 1° e 2 de junho, aproveitando este tempo para fazer observações astronômicas, recolher os vocabulários dos índios, tomar medidas cronométricas, etc. Aliás, o estado de saúde do Sr. Deville estava a exigir um pouco de repouso. Também de minha parte, com o auxílio do referido companheiro, prossegui no preparo de um grande trabalho sobre os órgãos digestivos das aves, trabalho em que me ocupei durante todo o curso da viagem de modo que tenho atualmente nas mãos os desenhos e as descrições do tubo gastrintestinal de várias espécies pertencentes a cada um dos gêneros que representam aquela classe na América tropical. A temperatura das águas do rio Jauru era de 24°,2 na manhã do dia 1° de Junho de 1845.

*(1) _ O **berne**, uma das pragas mais molestas com que se defronta a criação em muitas zonas, ataca de preferência o gado bovino. É a larva de uma mosca do gênero **Dermatobia**, comum nas matas e regiões recentemente desbravadas. Sua curiosa biologia é hoje bem conhecida, graças, em parte, aos estudos de distintos médicos e biologistas brasileiros.*

A 3 de junho deixamos Registro, gratos ao seu excelente comandante, o qual durante o tempo que ali passamos tudo fez para nos ser agradável. Fizemos quatro léguas e três quartos de marcha, encontrando durante este trajeto apenas uma fazenda, chamada Pindaíba e composta de cinco ou seis casas. Essa jornada nos levou às margens do ribeirão do Santíssimo, afluente do Jauru, e a cuja margem esquerda acampamos. Possui a fazenda Pindaíba alguns escravos. O terreno percorrido é cheio de ondulações e coberto de cerrados espessos. A formação geral era sempre o xisto talcoso, muito revolvido; via-se, porém, à superfície do solo, grande quantidade de seixos de quartzo leitoso, veiado de róseo.

No dia 4 a jornada foi de quatro léguas. Atravessamos um lindo bosque de palmeiras em que a maioria das plantas se achava coberta de parasitos. A zona era toda de campo, e o terreno levemente ondulado. Armamos o acampamento na margem de um riacho chamado córrego Fundo, ladeado de matas e onde, no dizer dos moradores, costuma aparecer um espírito. Nas margens do ribeirão das Larvinhas vêem-se granitos de fina granulação e colorido-róseo, os quais provavelmente formam a base de todos os morros encontrados depois do Jauru. É de crer que a estes granitos se deve o solevanto dos xistos talcosos observados no dia anterior. Os morros a que nos referimos, há pouco, prendem-se à crista divisora das águas do Guaporé das do Jauru. Os riachos das Laginhas e dos Poços d'Água despejam no ribeiro do Santíssimo. Os outros ribeiros atravessados por nós até Lages derramam, no córrego deste nome, ou então no das Areias, o qual, além disso, recebe o das Lages, antes de entrar no Jauru, um pouco acima de Registro.

No dia 5 a formação geológica encontrada era a mesma da véspera. O caminho continuava a cortar zonas de campo, com espessos capões de mato espalhados aqui e ali. O terreno, de resto, conservava também o mesmo aspecto. Logo ao sair atravessamos o córrego Fundo, afluente do Jauru, ele conforme soubemos, se presta à navegação nos períodos de cheia. Assim sendo, poder-se-ia estabelecer uma comunicação entre o Jauru e o Guaporé, utilizando apenas, além do caminho fluvial, um pequeno varadouro.

Nesse trajeto de cinco léguas e um quarto, o curso d'água mais importante que encontramos foi o córrego da Estiva. A estrada corta dois braços deste rio, capitando as águas de todos os filetes existentes no caminho, até o lugar chamado Estiva Velha. O ribeirão que corre na Estiva Velha, e em cujas proximidades armamos o nosso acampamento, é o formador principal do rio Cágado, que é o primeiro afluente do Guaporé encontrado no caminho por onde viajávamos. Estiva Velha fica, por conseguinte, no divisor entre as águas que vão para o norte e as que correm para o sul.

No dia 6, após uma meia légua de marcha através do campo, entramos numa magnífica mata virgem de que só sairíamos a cerca de oito léguas de Mato Grosso. Foi essa mata que deu nome à província. Com mais de seis léguas e um quarto chegávamos a Lavrinhas, onde houve noutros tempos uma próspera exploração aurífera. É bom o traçado desta estrada, mas ela é estreita e muitas vezes osbstruída por troncos de árvores caídas, o que obriga o viajante a pequenos rodeios. Durante o trajeto o terreno ia baixando sempre. O caminho dá a impressão de seguir uma garganta e é acompanhado a pequena distância, do lado esquerdo, ou do norte, por uma cadeia de montanhas. A formação, durante aproximadamente os primeiros dois terços da viagem, é o mesmo granito cor-de-rosa, observado na véspera. A partir daí, começa a aparecer um grés branco talcífero, que se apresenta às vezes sob a forma de grandes placas verticais. Este grés, que parecer ser o itacolumito, forma provavelmente a massa da cadeia há pouco mencionada. Não é improvável que o granito observado no primeiro trecho da jornada também se encontre embaixo desse grés. Nas proximidade de Lavrinhas, e dentro do próprio arsenal, o que por toda parte se vê é a canga, parecida com a de Cuiabá. Ela encerra, empastados, fragmentos grossos de quartzo, os quais contrastam, nitidamente com a cor pardo-avermelhada da massa de pudingue.

Todas as águas que atravessamos durante o trajeto do dia 6 correm para o rio Guaporé. O ribeirão do Cágado, que, como ficou dito atrás, nasce perto da Estiva Velha, corre sempre ao sul da estrada. O ribeirão das Pedras, que recebe o das Pitas e o de Lavrinhas, passa a noroeste do caminho, e entra no Guaporé mais ou menos uma légua acima da ponte da estrada de Mato Grosso. Lavrinhas é uma aldeola formada de casinhas esparsas à beira da estrada, numa extensão de um quarto de légua, ao longo das margens do córrego do mesmo nome. Em tempos passados, esta aldeia era muito populosa, graças ao ouro que se extraía dos riachos da redondeza; hoje, porém, visto que os trabalhos de mineração, apesar da abundância do mineral, tiveram de ser suspensos por falta de escravos, ela está em completa decadência. Faz uns cento e quatro anos que o ouro foi descoberto na região, dando lugar à fundação do povoado, o qual é o centro da freguesia a que pertence o Registro do Jauru. Tem Lavrinhas cerca de quarenta e cinco casas e cento e vinte moradores; possui também uma capela, mas sem padre. A autoridade civil é representada por um delegado do juiz de paz, chamado inspetor. Em toda a freguesia, conforme nos contaram, não há mais do que uns duzentos e quarenta habitantes.

Tínhamos acabado de montar o teodolito e começávamos a fazer as nossas observações, quando, de repente, um dos mulatos que nos rodeavam gritou que tínhamos parte com o demônio, fazendo com que todo o mundo corresse para longe aos berros.

Como já o dissemos, a formação geológica em que assenta o arraial é a canga com granulações grosseiras de quartzo.

A gente de Lavrinhas distingue no ouro três qualidades, conforme o lugar de onde o extraem. Assim, temos em primeiro lugar o ouro de córrego, que é tirado de um cascalho que margeia os riachos e vem misturado com seixos de quartzo ou de grés. A profundidade em que se encontra a camada de cascalho varia de doze a trinta palmos. Temos em segundo lugar o ouro de guapiara, que vem misturado com a terra vermelha, ou mais raramente preta, da superfície. A extração deste ouro, por ser muito fácil, deu a princípio grandes lucros; hoje, todavia, a terra está quase completamente esgotada. Em terceiro lugar fica o ouro de pedreiro, que é extraído da serra situada ao sul do arraial; o metal está contido nos pequenos veios ramificados de certa rocha que, conforme a descrição que dela nos fizeram, parece ser um grés. Os filões em que está o ouro são provavelmente de quartzo. A mina, segundo dizem, é bastante rica, mas para ser explorada exigiria muitos braços e água em grande quantidade.

Vamos dar algumas informações geográficas colhidas durante o tempo que passamos em Lavrinhas.

O rio Aguapeí tem suas nascentes mais ou menos dezoito léguas ao sul de Lavrinhas. O ponto em que ele mais se aproxima do povoado fica a sudoeste e dista ainda onze léguas deste último. As nascentes do rio Alegre ficam muito para sudoeste. As cabeceiras do rio Aguapeí distam apenas uma légua do rio Alegre; mas os dois rios não tardam em rumar para direções muito diferentes. Contaram-nos que uns sessenta anos atrás tentou-se fazer passar canoas de um destes rios para o outro. O varadouro era de quatro léguas, e não de 1.200 metros, como dão a supor as cartas; todavia, essa via de comunicação não foi utilizada depois, por causa da pouca água que tem o Aguapeí.

As nascentes, tanto do Jauru, como do Guaporé, ficam nos campos dos Parecis, cerca de vinte léguas , a les-nordeste de Lavrinhas. Os pontos em que estes dois rios estão mais próximos distam quatro léguas um do outro.

A 7, saímos de Lavrinhas, entrando de novo em grandes matas; aqui vimos pela primeira vez muitas palmeiras, algumas bastante curiosas, como a que é conhecida na região pelo nome de castiçal [1]. O caule desta palmeira, a dois metros do chão, divide-se numa porção de ramificações, dando a impressão de ser sustentado por escoras. O palmito mole é outra espécie peculiar à região. Existe também o indaiá-açu e um ou outro pé de ipecacuanha. Pela manhã, como me achasse muito na dianteira da caravana, seguindo em silêncio o estreito caminho que ondeia pela mata, avistei um animal muito parecido em seus movimentos com um macaco, e que desceu de uma árvore, para atravessar a estrada. Estaquei imediatamente; o bicho, que era um coati, vendo-me imóvel, não teve medo e se aproximou de mim. Daí a pouco apareceu outro, e mais outro, até que se reunissem no meio da estrada mais de quarenta, a contemplar o que seguramente era para eles coisa inteiramente nova. Aconteceu porém que meu cavalo fez de repente um pequeno movimento, que espantou o bando, fazendo-o desaparecer num ápice por entre o cipoal. Passamos pelo Engenho do Gama, outrora muito florescente. Este estabelecimento foi fundado há uma centena de anos e hoje se acha quase completamente arruinado. Entretanto, possui ainda sessenta escravos. Os Srs. d'Osery e Deville, tendo feito aí uma parada à instância dos proprietários, que também encontramos pela ocasião de nossa passagem, perderam-se no mato. Era grande a minha vontade de alcançar o Guaporé antes da noite. Este rio que é o principal formador do Madeira, de muito vinha excitando a minha curiosidade. Tomei por isso a dianteira, seguindo na frente só com meu índio Catama. O mato por onde íamos estava cheio de reptis, vendo-se a cada

(1) Trata-se da palmeira mais geralmente chamada ***paxiúba Iriartea exorrhiza****, Mart.), que se apóia ao solo por meio de um feixe de raízes adventícias. (Nota do trad.).*

passo cobras atravessarem a estrada. Uma delas mordeu o meu cavalo; mas, por felicidade, os dentes só alcançaram o casco do animal, que assim não sofreu o menor prejuízo. Ao anoitecer viam-se nas árvores bandos de macacos, ao mesmo tempo que as nuvens de periquitos, recolhendo das peregrinações do dia, quase nos ensurdeciam com o seu vozerio estridente. A mata era muito fechada, havendo lugares em que as touceiras de bambus trancavam completamente a passagem; mas a vista de meu indiozinho era bastante aguda para descobrir a trilha no meio da escuridão. Íamos andando muito devagar, até que, por fim, tive a alegria de avistar a clareira que denunciava o rio. Em poucos instantes, a ele efetivamente chegamos. À nossa frente estava uma ponte de madeira. Chegados ao meio dela apeamos, debruçando-nos sobre o parapeito, para contemplar o rio que corria pacificamente aos nossos pés, levando as suas águas através de regiões desconhecidas até o Amazonas, esse rio gigantesco que era então o objeto de nossos sonhos constantes. Reinava em tudo a mais completa quietude; o calor era abafadiço e nem o mais leve sopro movia os ramos da sombria mata que nos cercava. De súbito, por cima das copas alterosas surgiu o disco da lua, para alterar com a claridade de seus raios o aspecto da paisagem. Do meio dos ervaçais, à beira do rio, começaram logo a ecoar as vozes mais variadas dos sapos e pererecas; do fundo da mata, os grandes felinos faziam ouvir os seus roncos, ao mesmo tempo que, dentro da água, os jacarés soltavam grandes urros, perseguindo os cardumes de peixes; os vagalumes iluminavam a cena, e a superfície do rio, que até então mal se destacava pela sua brancura, dourou-se repentinamente, refletindo os raios oblíquos da lua. Enquanto isso, entoavam as aves noturnas o seu concerto e enormes morcegos voejavam em torno de nossas cabeças. O mundo animado, que por um momento silenciara ao pôr-do-sol, punha-se de novo em movimento celebrando a aparição do astro da noite. Alguma coisa impressionante havia nessa súbita transformação. É diante de cenas como essa que o homem se compenetra de sua mesquinhez em face das maravilhas infinitas da natureza. Estávamos a sós nessa região selvagem e os sons que ouvíamos de tal modo nos pareciam estranhos, que os nossos próprios cavalos relincharam, dando mostras de desassossego; o menino, amedrontado, pôs-se a chorar, chegando-se estreitamente a mim. Passada uma hora, ouvimos os gritos dos tropeiros que se aproximavam; então, no quadro que tanta impressão nos tinha causado, não víamos mais do que uma dessas cenas comuns da vida nos sertões.

A formação geral é a canga e, por cima, camadas de areia branca. A ponte sobre o Guaporê tem 40 metros de comprimento e três de largura; é de madeira e muito bem construída. É grande a correnteza do rio. Há na margem esquerda um barracão com quatro bonitos canhões de bronze; foram trazidos de Portugal nos fins do século passado e eram destinados ao forte de Coimbra. De Belém, foram transportados águas acima, através do Amazonas, do Madeira e do Guaporé, de onde deveriam seguir por terra até o Japuru. Na culatra destas peças lê-se a seguinte inscrição: *Arsenal real do Exército 1797*. Uma delas traz o nome de Maria I, com as armas de Portugal.

Existem ainda na extremidade ccidental da ponte dois barracões; tomamos conta de um para passar a noite.

No dia 8 continuamos a nossa viagem por dentro da mata; o caminho era muito bom, bastante seco, e por conseguinte muito diferente do que deve ser durante a estação das águas, quando as viagens por aí se tornam impossíveis, ou pelo menos muito demoradas, e penosas. Nestas ocasiões a cada momento se depara com trechos inundados, que só é possível transpor a nado ou de pelota, espécie de barquinha feita de um couro de boi amarrado nas duas pontas. O viajante se senta no fundo, enquanto um homem a nado vai puxando a frágil embarcação. Adiante, a estrada se mete por uma garganta, atravessando uma serra formada de grés quartzoso muito duro. Esta serra parece correr de sudeste para noroeste (1). Passado o desfiladeiro, deixa-se a floresta, mas um dos galhos da serra continua a acompanhar de longe a estrada, que corre para o norte. Na planície só o que se vê são cangas, tendo por cima camadas de areia branca. Nossa marcha foi de oito léguas e o nosso acampamento armou-se à beira de uma lagoa, chamada do Buriti.

No dia 9 fizemos quatro léguas e meia, e a 10 três léguas e um quarto, para chegar finalmente em Mato Grosso. O terreno era sempre constituído de cangas cobertas de areias. Durante a caminhada encontramos diversas lagoas; os campos, em que entramos no dia 8, depois de sair da garganta a que nos referimos, continuaram até uma meia légua além do nosso acampamento do dia 9, depois do que, com mais uma caminhada de três quartos de légua, chegamos a uma casa, chamada Sítio do Craveiro. Conheci aí um preto muito velho, mas que nos deu provas de possuir conhecimentos que eu nunca imaginei encontrar num morador daquele recanto. Esse homem era filho de Angola e havia acompanhado, quando moço, um missionário português numa grande viagem através da África meridional. Contou-me ele que todos tinham passado por muitas privações; mas ao mesmo tempo me disse que, os negros costumavam fazer com muita frequência essa viagem. Do que ele me disse eu depreendi que depois de terem atravessado vasta região desértica, embarcaram num grande rio que os levou à costa oriental. Esse homem foi depois com o seu patrão para Portugal, onde foi conferida ao último a ordem de Cristo.

Essa viagem deveria ter ocorrido entre 1785 e 1790.

Tempos depois encontrei no Brasil uma pessoa que durante muito tempo se havia ocupado no comércio de escravos da Costa d'África; informou-me ele ter muitas vezes comprado no Congo, para levá-los a Havana, negros de Moçambique, que eram levados por terra para Angola.

Como eu tinha remetido por intermédio do Sr. Deville cartas para as autoridades de Mato Grosso, fomos recebidos pelo filho do comandante da praça e logo conduzidos à casa que nos tinham preparado.

(1) *"Cette chaîne paraît courir sud-est et nord-est"*, diz o Autor, provavelmente por descuido na redação.

CAPÍTULO XXVIII

DA VILA DE MATO GROSSO À FRONTEIRA DA BOLÍVIA

Mato Grosso, também chamada Vila Bela, foi fundada em 1754 pelo conde de Azambuja, primeiro governador da província. Sua situação é tão próxima das margens do Guaporé que algumas de suas casas chegam à beira mesmo do rio.

As ruas de Vila Bela são muito mais bem alinhadas do que as de Cuiabá; mas nenhuma delas é calçada nem iluminada. Entre os edifícios mais notáveis conta-se o palácio dos antigos governadores, hoje ocupado pelo tenente-coronel, comandante superior da fronteira; é uma grande casa térrea, bem construída, e onde ainda se vêem os restos do antigo esplendor. No largo do palácio ficam ainda as casernas, e a câmara municipal, pegada à cadeia. Outros edifícios importantes são: a catedral da Santíssima Trindade, traçada sob largo plano, porém inacabada; a pequena igreja do Carmo, que é a menor da cidade e fica num quarteirão quase abandonado; a antiga Casa de Fundição, onde se faziam lingotes com o ouro extraído das minas; finalmente, a casa da pólvora, situada na margem do Guaporé, não longe da bonita capela de Santo Antônio, de cujo terraço tem-se uma vista magnífica dos arredores. Do outro lado do rio, em frente do povoado, ergue-se o morro de Grão Pará.

As casas de Mato Grosso não têm mais que um andar terreo; uma única possui um segundo piso, mas que não passa de um sótão. Conta-se que nos tempos do domínio português, certo morador rico, de nome Manuel Alves, quis mandar construir um sobrado no largo do palácio, mas que fora impedido de fazê-lo por uma ordem do presidente, a quem não parecia admissível que um particular tivesse uma habitação mais alta do que o palácio governamental. Tal construção ainda existe, no seu estado incompleto.

Tendo gozado durante algum tempo de grande prosperidade por causa da extração do ouro, esta cidade não tardou a entrar em decadência, por causa da insalubridade do clima. Já a havia abandonado uma parte da população quando, em 1820, o presidente Francisco de Paula Magessi Tavares lhe deu o tiro de misericórdia transferindo para Cuiabá a sede do governo, com todas as dependências. Em Mato Grosso ficou desde então apenas o comandante superior da fronteira.

Hoje, embora tenha diminuído a freqüência e a intensidade das doenças epidêmicas que despovoaram a cidade, é muito pouco provável, segundo dizem as pessoas mais velhas da zona, que ela venha gozar de melhor situação em próximo futuro. Pois o outro já se tornou mais raro nos arredores e não há braços para entreter a exploração. No período de maior prosperidade trabalhavam na vila cerca de mil e duzentos escravos; hoje sua população não excede a oitocentos ou mil habitantes livres e quase não há mais escravos. O comandante superior da fronteira hoje não tem sob suas ordens mais do que trezentos e dez homens, um capitão e um tenente. Havia outrora em Vila Bela mais de oitocentos soldados. Os dois destacamentos que dependem imediatamente de Mato Grosso são: o do Forte do Príncipe da Beira, situado no Guaporé e composto de trinta soldados, comandados por um tenente, e o de Casalvasco, constituído de cinqüenta homens, sob as ordens de um capitão.

Sempre tinha ouvido falar nos arquivos desta antiga capital como repositório de documentos geográficos de grande interesse. Por isso, eu esperava encontrar ali os roteiros dos ousados aventureiros de São Paulo, aqueles que penetraram na região antes de quaisquer outros, e arrostando com perigos incríveis. Eu sabia, por exemplo, que Ricardo Franco, Lacerda e Almeida e os outros sábios portugueses que formaram a comissão tinham depositado ali uma cópia de seus belos trabalhos.

Não foi sem dificuldade que obtive a autorização para fazer um estudo aprofundado dos documentos contidos naqueles arquivos; quando finalmente me dirigi ao lugar em que estavam guardados, muito me custou descobrir a pessoa por eles responsável. Disseram-me depois que as chaves tinham sido perdidas e que desde muitos anos ninguém ali havia penetrado. Afinal, quando conseguimos entrar, estava-me reservada a decepção de verificar que os ratos e os cupins haviam destruído todos os papéis, e que as pastas se desfaziam em pó mal eram tocadas. Achei vários fragmentos de trabalhos geográficos, mas eles na sua maioria estavam imprestáveis. Soube mais tarde que por ocasião da transferência da sede do governo para Cuiabá, para lá tinham sido levados todos os documentos administrativos, ficando todavia em Mato Grosso tudo quanto se referia especialmente a essa parte da província.

Conhecendo há longo tempo a insalubridade da zona, e sabedor de que quase todos os brancos que nela quiseram permanecer muito tempo tinham sido atacados pelas doenças reinantes, resolvi não permanecer naquela cidade pestífera mais do que o tempo absolutamente necessário. Tratamos assim de montar quanto antes o nosso observatório magnético e de determinar a posição geográfica de Vila Bela. Neste trabalho fomos, aliás, favorecidos pelo tempo.

Tive numa visita à catedral uma nova prova do risco que correm os europeus nessa região. Lá estavam, com efeito, nas lájeas em que nos ajoelhamos, os nomes dos altos funcionários que, mandados pela corte de Lisboa, ali foram encontrar morte prematura muitas vezes poucos dias após a chegada. Entre eles estava o do ilustre Coronel Ricardo Franco de Almeida Serra, um dos engenheiros portugueses incumbidos da delimitação das fronteiras. Este sábio, depois de ter passado grande parte da vida nos sertões mais inóspitos, voltou a Mato Grosso para fazer os preparativos da volta para a Europa, onde pensava ir gozar das recompensas a que tinha feito jus, quando foi atacado pela febre e em poucas horas morreu. Esta doença, diz o Sr. Weddell, que é conhecida na zona pelo nome de corrupção, é uma febre ataxo-adinâmica. Manifesta-se principalmente no começo e no fim da estação chuvosa, atacando de preferência a classe miserável da população; passa por um período de incubação longo de oito a quinze dias, após o qual subitamente se manifesta, pelos seguintes caracteres:forte dor na região occipital, febre contínua, pulso duro e cheio, sintomas a que finalmente se segue uma profunda letargia que pode ir até à perda dos sentidos e de qualquer capacidade de movimento. Durante esta fase final o esfíncter anal se relaxa de tal maneira, que é possível introduzir a mão dentro do intestino. Nos casos fatais estes sintomas persistem, sobrevindo a morte do paciente geralmente no terceiro dia de moléstia.

O tratamento usado é exclusivamente local, consistindo em introduzir no reto excitantes enérgicos. Se durante a aplicação destes últimos, o doente não dá mostras de sensibilidade, tem-se a morte como certa; mas, se, pelo contrário, durante uma das três primeiras aplicações, o paciente mostra algum sinal de dor, pode-se garantir a sua cura. Começa-se por administrar um clister de cozimento de erva-de-bicho (*Polygonum hydnopiper*), a que se adicionou um pouco de pimenta esmagada, suco de limão e açúcar; introduz-se depois, pela mesma via, vários quartos de limão mergulhados numa mistura de pólvora e cachaça. Os negros e mulatos resistem muito melhor do que os brancos a esta moléstia epidêmica. Também não havia então em Mato Grosso mais do que umas três ou quatro pessoas que não eram de cor, e todas elas funcionários públicos. Atribuem a existência deste flagelo aos pantanais que rodeiam a cidade.

Diante da exposição que acabamos de fazer sobre o estado sanitário da região, não causará admiração que eu me tivesse contrariado com o convite oficial para tomar parte na procissão do dia de Santo Antônio. Nos países tropicais é uso celebrar estas festas depois do sol posto; em Mato Grosso, porém, por singular exceção, escolhia-se para tais cerimônias as horas justamente em que o sol é mais quente. Assim, fomos logo cedinho despertados pelo tremendo barulho de sinos, tambores, cornetas, bombas, etc., acompanhamento infalível de todas as festas brasileiras. Pouco depois vieram buscar-nos para almoçar em palácio e daí seguir para a capela de Santo Antônio, que é pequena, mas, pelo menos, despida da infinidade de ornamentos de péssimo gosto, que atravancam geralmente as igrejas da terra. Quatro eram os padres, dois brancos, um preto e um mulato. A capela estava cheia de mulheres, pretas na sua grande maioria; de tudo porém, o que me pareceu mais extraordinário era a música, mais parecida com a que fazem os gatos nas suas expansões amorosas. A procissão saiu da igreja ao meio-dia. Por uma fatal distinção, tínhamos sido, eu e o Sr. d'Osery, escolhidos para carregar o pálio, segurando cada qual um enorme pé de prata maciça. Tão grande era o peso destes últimos que só com as duas mãos conseguíamos suportá-los. De tudo, porém, o que nos causava maior medo era termos de andar de cabeça descoberta, sob o sol quente, pelas ruas da cidade mais insalubre do mundo. O povo da terra chegava a dizer, falando sério, que bastava só um raio daquele sol para matar um branco nos dias comuns, mas que graças à intervenção de Santo Antônio poderíamos estar certos de que nada nos aconteceria. Sentimos muito magro consolo com esta prédica, tanto mais quanto já começávamos, a sentir dor de cabeça. Tínhamos era pressa de dar conta de nossa tarefa, reprimindo a muito custo os movimentos de impaciência que nos provocavam as frequentes paradas da procissão, aliás, para nós muito necessárias, à vista do cansaço. Nestas paradas, uma menina, vestida de alvo, subia numa cadeirinha trazida por um negro; e recitava versos em honra ao santo, por entre o barulho dos tambores e das trombetas. Ia à nossa frente o Sr. Devïlle, levando nas mãos, com toda gravidade, um enorme facho, enquanto a multidão de pretos entoava em volta os cânticos próprios do dia. Só depois de duas horas de marcha pudemos ir para casa, quase contrariados por não estarmos doentes. Às quatro horas da tarde fomos à procura do comandante-chefe, onde tinha sido preparado, um jantar de gala. Uns, após outros vinham chegando os convidados ao salão do palácio, quase todos estavam de uniforme e variavam na cor entre o negro retinto ao chocolate claro. Nossa, atenção foi atraída particulamente por um negro, já velho e de movimentos inteiramente parecidos com os de um macaco; seus olhos sanguíneos faziam tenebroso contraste com a cor da pele; alguns raros dentes, de enorme tamanho, acentuavam-lhe ainda mais a proeminência dos lábios; nas maçãs do rosto viam-se-lhe os restos da tatuagem que trouxera da terra natal e nas mãos enormes notava-se aquela contração particular que se encontra muitas vezes nas dos babuínos (1). Esta curiosa personagem trazia o uniforme de capitão; era, de resto, um homem bastante devotado, e que em várias circunstâncias tinha dado provas notáveis de bravura. Isso lhe valera o comando da cidade fronteiriça de Casalvasco. Era bem difícil ficar sério diante das genuflexões e das demonstrações de extraordinário respeito que ele tinha para com um subtenente branco, seu subordinado. Tínhamos sabido que, por uma consideração muito especial do nosso hospedeiro, deveríamos jantar ao lado das principais damas da localidade. Esta exceção aos costumes dos brasileiros era em parte também devida ao fato de ser a esposa do comandante, homem superior sob todos os pontos de vista, natural de Buenos Aires. Estávamos bastante impacientes pelo momento de sermos apresentados às senhoras, quando o dono da casa, tomando-me pelo braço, disse-me que o jantar estava na mesa. Levou-nos então para uma grande sala de refeições onde, em cima de uma comprida mesa, estavam todos os produtos da zona. Num dos lados da mesa estavam agrupadas umas doze mulheres muito bem vestidas, quase todas mulatas e com a aparência de grande acanhamento em face dos estrangeiros. Os convidados tomaram os seus lugares, depois de ter mudado de roupa; mas não havia proporção entre o número deles e o das cadeiras e pratos, de modo que muitos tiveram de ficar de pé, enquanto outros se sentavam dois no mesmo assento. A parte feminina da assembléia era neste particular a mais desprotegida; às vezes três mulheres sentavam-se numa mesma cadeira, ao passo que outras se utilizavam dos joelhos de suas companheiras. Três e até mesmo quatro co-

(1) Nome aplicado aos macacos africanos do gênero ***Cynocephalus*** *e afins.*

miam no mesmo prato, ao mesmo tempo que os mesmos copos tinham de fazer a volta e servir a várias pessoas. No que se refere aos garfos, os que não logravam possuí-los, sabiam arranjar-se muito bem com os próprios dedos. Espetáculo curioso foi o da sobremesa. Em cima da mesa foram postas enormes melancias, cortadas simplesmente em duas metades; cada conviva tomava conta de um desses enormes pedaços, que lhes tapava a cara como uma máscara e de cujo fundo saiam estranhos ruídos produzidos pela sucção. Finda a refeição, todos pareciam ressentir-se ainda dessa manobra, visto como o ar ingerido escapava então violentamente do estômago dos que nela haviam tomado parte. As damas tinham-se conservado em silêncio durante toda a refeição e, esta acabada, desapareceram para não mais voltar. Foi a única vez, desde que tínhamos saído do Rio de Janeiro, que vimos as mulheres tomarem lugar à mesa.

Na viagem que fizemos de Vila Maria a Mato Grosso tínhamos sido acompanhados de um oficial que ia assumir o comando do Forte da Beira. Levava em sua companhia a esposa, uma jovem com quem se casara havia pouco e que, segundo se dizia, ele só conhecera no dia mesmo do casamento. Todos os dias ele armava o seu acampamento um pouco longe do nosso e assim que saíamos o marido vinha para a nossa companhia, deixando sempre a mulher de lado, cercada dos escravos. Durante toda a viagem não tivemos o ensejo de lhe dirigir uma única palavra, não obstante ser ele um mancebo bastante instruído e capaz de falar correntemente várias línguas da Europa. Era o primeiro a rir-se dos costumes da terra, mas não parecia disposto a sair deles. Por ele soubemos que nestas regiões do país tomava-se como insulto qualquer pergunta referente às mulheres, ainda que fosse sobre sua saúde.

Mato Grosso está situada numa planície cuja superfície é formada quase exclusivamente de canga, rocha utilizada nas construções.

Além de Lavrinhas, há nas proximidades de Mato Grosso duas outras localidades de onde se extrai ouro; são elas São Vicente e Pilar, aldeolas de que vamos dizer algumas palavras.

São Vicente tem uma população de cerca de quatrocentas pessoas, das quais apenas vinte são escravas. Não há um só branco neste meio. Há no povoado umas cento e cinqüenta a cento e sessenta casinhas de palha, e uma capela. As minas de ouro que atraíram esta gente para o lugar foram descobertas pouco depois da fundação de Mato Grosso. O arraial foi fundado no lugar chamado Chapada, que está abandonado desde uns vinte anos, por falta de braços para a exploração. O ouro extraído desta chapada é contido em filões de quartzo existentes no meio de um grés muito duro e quartozoso, semelhante ao que observáramos no dia 8, na floresta do rio Guaporé. No atual arraial de São Vicente há duas minas em exploração. O terreno das lavras parece formado, a julgar pelas informações que obtivemos, de uma crosta superficial de canga, espessa mais ou menos de 12 metros; de uma camada sotoposta de cascalho formado de seixos de quartzo e de grés itacolumítico, camada que tem uns 3 metros de possança e onde já existe um pouco de ouro, muito disseminado; finalmente, em baixo do cascalho, a piçarra, argila de três cores (violeta, amarelo e branco), contendo ouro em maior quantidade, sob a forma de palhetas. Destas argilas a mais rica é a violeta; em segundo lugar vem a amarela e em terceiro a branca. Deve ainda notar-se que foi no cascalho que se encontraram as maiores pepitas. A água surge a um metro de profundidade, na argila. Na exploração começa-se por remover a canga, depois o cascalho e finalmente a argila, que se lava com todo cuidado. Nas colinas próximas a São Vicente existem ricos veios de cascalho aurífero, mas eles se metem pela montanha, acompanhando o curso de um antigo córrego. A dificuldade que há em cavar o solo ali fez com que se abandonasse a exploração. São Vicente fica quinze léguas a nor-noroeste da cidade de Mato Grosso.

A duas léguas e meia desta última, a estrada corta o rio Sararé que deságua no Guaporé duas léguas abaixo da cidade, cinco léguas mais adiante passa-se o ribeirão da Graça, afluente do mesmo rio; por fim, três léguas e meia para lá do ribeirão da Graça, o caminho atravessa o córrego da Lapa, que também corre para o Guaporé, a que chega depois de haver confundido as suas águas com as de uma pequena baía.

A três léguas de São Vicente, na direção de Pilar, abriu-se no cascalho uma lavra de ouro; hoje está porém abandonada.

Pilar fica onze léguas a leste de Mato Grosso e igual distância a sudeste de São Vicente. Este povoado possui uma capelinha e é formado de umas cem casinhas miseráveis, habitadas por cerca de duzentas pessoas, das quais somente, seis são escravos. Também neste lugar não vive uma só pessoa de cor branca. O terreno é o mesmo de São Vicente e o processo utilizado na exploração das lavras também não difere; apenas merece reparo a fato de ser o solo nos arredores de Pilar ligeiramente montuoso, o que torna a espessura da camada superficial de canga bastante variável. Hoje há muito pouca atividade nas minas de Pilar a custo sendo extraídas delas umas duzentas oitavas de ouro ao passo que em São Vicente são tiradas nada menos de quinhentas durante o mesmo período. Esse ouro é vendido em Mato Grosso à razão de três mil réis a oitava.

Essas duas povoações são continuamente fustigadas pelos índios Parecis e Cabixis, cujos aldeamentos demoram nos planaltos que tiraram os seus nomes daquelas duas tribos. Nos campos que vestem aqueles planaltos é que estão as cabeceiras dos rios Juruema e Sumidouro. Os índios Parecis fazem em cinco ou seis dias a viagem de São Vicente à Vila Diamantino, por terra. Afirmam eles que durante esta viagem só têm necessidade de atravessar dois rios importantes. Serão provavelmente os mesmos de que há pouco nos ocupamos. O caminho, seguido pelos índios passa acima das cabeceiras dos rios Jauru, Gabaçal e Sepotuba. O comércio de Mato Grosso é muito pequeno; várias caravanas fazem todavia permanentemente viagens de ida e volta a Cuiabá, e é por meio delas que vêm quase todos os artigos europeus. Outrora fizeram-se muitas expedições pelo rio Madeira; mas, depois que foi aberta a navegação pelo Arinos, que não é mais perigosa do que a por aquele, e encurta muito a distância, a antiga rota foi quase completamente abandonada. Passam-se hoje anos inteiros sem que uma só embarcação apareça no rio Madeira, por onde em média não transitam mais de duas canoas por ano, se tanto. São também quase nulas as relações comerciais com a Bolívia; entretanto, importa-se das províncias de Moxos e de Chiquitos uma pequena quantidade de sal, farinha de trigo, açúcar, além de algumas boiadas pequenas. A região chegou a tal estado de abandono que, a despeito da extraordinária fertilidade de seu solo, ela não faz mais do que exportar uma pequena quantidade de pó de ouro e alguns couros de onça. O que nela se produz chega apenas para o consumo dos habitantes.

Quando estávamos em Pilar recebemos a visita de um homem que havia adquirido no Brasil uma certa celebridade; refiro-me ao revolucionário de nome Sabino, chefe de uma conspiração cujo resultado foi a revolta da Bahia e o estabelecimento nesta cidade, durante algum tempo de um governo republicano, com ele à frente. Era um mulato bem constituído, baixote e cabeçudo, com uma funda cicatriz na testa. Sabino tinha-se deixado arrebatar por uma imaginação ardente; tudo nele denunciava pendores sanguinários, e a exaltação a que chegou com os sofrimentos experimentados depois que se sentiu isolado avizinhava-se da loucura. Esse homem, cuja morte se deu faz pouco tempo, não deixava de ter o seu merecimento; possuía notável instrução e passava por ser muito bom médico; tinha até sido professor na Faculdade de Medicina da Bahia.

Meu plano era descer o Guaporé até o Forte da Beira e dirigir-me daí para Cuzco, atravessando a província de Moxos, via San Juan del Oro e Paucartambo. Mas o comandante da fronteira me informou que a única via de comunicação com a Bolívia deixada aberta pelo governo era por Casalvasco. Vi-me por conseguinte na contingência de tomar o caminho de Chiquitos, embora fosse ele muito menos interessante do ponto de vista geográfico.

Até 17 de junho estivemos ocupados nos preparativos para a viagem. No momento de fazer os pagamentos surgiu séria dificuldade: havia-se esgotado a nossa provisão de papel-moeda brasileiro e, para meu grande espanto, ninguém queria receber em piastras espanholas, ainda que fosse em ouro. Foi preciso grande luta para conseguir que recebessem espécies metálicas, e assim mesmo com uma majoração de quarenta por cento. Em consequência disso, quando, alguns meses depois, o Sr. Weddell passou pela cidade, foi-lhe fácil obter, por muito menos do que o seu valor real, as piastras que eu me vira forçado a sacrificar. Nada poderá exprimir melhor o atraso em que estão as idéias comerciais do país. Só as moedas de cobre são objeto de grande procura.

Há duas vias para ir de Mato Grosso a Casalvasco: uma era a estrada por onde tinha de seguir a nossa tropa, e a outra era o caminho fluvial, escolhido pelo pessoal da expedição. Indo-se pela estrada, depois de atravessar o Guaporé em canoa no porto mesmo de Mato Grosso, acompanha-se a margem esquerda, ou ocidental, do rio, numa extensão de duas léguas e meia; chega-se então à barra do rio Alegre, que se atravessa de canoa; segue-se depois pela margem direita do último rio, até o Sítio do Bastos, distante mais ou menos uma légua; daí, uma caminhada de três léguas e meia na direção sudeste leva de novo às margens do rio Alegre, que se atravessa ainda uma vez. Deste ponto até Casalvasco há umas duas léguas, visto como a distância total entre Mato Grosso e a última localidade é de oito léguas e meia a nove.

Embarcamos numa grande canoa tripulada por soldados, que nos tinham sido cedidos pelo comandante da fronteira, o tenente-coronel Anselmo Barros, assim como uma canoinha de caça.

Depois de subir mais ou menos uma légua e um quarto pelo Guaporé, entramos no rio Alegre, que tem pouca largura e é de aspecto muito pitoresco, com a sua infinidade de plantas aquáticas e o número sem conta de troncos derrubados que lhe obstruem a passagem. Em certos pontos os cipós atravessam por cima do rio de um para o outro lado, de modo que era preciso nos curvarmos todos dentro do barco, para passar. Isso era particularmente notável junto à foz do rio, que seria impossível descobrir sem o auxílio de guias experimentados. Havia já bastante tempo que andávamos à procura de um pássaro daquelas regiões, o curioso Cefalóptero. Ele se parece muito com o corvo; mas tem as penas do alto da cabeca dispostas à maneira de um verdadeiro guarda-chuva natural. Várias vezes nos tinham falado dele em Vila Maria, onde é conhecido pelo nome de "pavão preto". É encontrado no rio Cabaçal e em alguns outros afluentes do alto Paraguai. Em Vila Bela de Mato Grosso todos o conheciam, dizendo que era quase certo o encontrarmos no rio Alegre. Com efeito, certa tarde, ouvimos um grito forte, comparável ao mugido de um boi, e não tardou que víssemos passar pelo rio o pássaro que tanto procurávamos; mas ele entrou logo dentro do mato, pondo-se a salvo dos nossos caçadores. Mais tarde fomos encontrar esta espécie no Alto Amazonas ficando também sabedores de que ali os índios lhe dão o nome que significa em quíchua pássaro-touro (1). Durante minha permanência em La Paz, disseram-me, que ele não era raro em Yungas, ou seja nos vales quentes que se estendem a leste do Ilimani. Vimos também fragmentos da ave nos enfeites usados pelos selvagens do Ucaiale. Posso pois dizer, com toda segurança, que ele habita toda região tropical situada entre o sexagésimo grau de longitude e a cordilheira dos Andes; em latitude ele parece habitar entre o segundo e o décimo sexto graus sul.

Depois de subir o rio Alegre numa extensão de três léguas, paramos para passar a noite no Sítio do Bastos. No dia 18, fizemos uma jornada de cinco léguas, para atingirmos a boca do rio dos Barbados. Neste trecho o rio Alegre varia muito de largura, ora alcançando 150 metros, ou descendo a menos de 10. As mesmas variações na largura e o mesmo aspecto apresenta o rio Barbados, em que agora navegávamos. Ao cabo de uma jornada de cinco léguas e meia rio acima chegamos a Casalvasco, onde fomos muito bem recebidos pelo nosso amigo, o comandante preto, que tinha viajado a noite toda para chegar ao posto antes de nós. Pouco depois avistamos a nossa tropa, verificando que ela estava desfalcada de três cargueiros, os quais se haviam afogado nos vários rios atravessados pela estrada. O pouco caso de nosso arrieiro era de tal maneira evidente que tomei a resolução de despedi-lo, confiando as suas funções a um tropeiro preto, de nome Alexandre, nosso companhei-

(1) O pássaro a que se refere Castelnau, ***Toropichi*** *dos índios, é hoje bastante raro em qualquer parte; não obstante, tive testemunho recente de sua ocorrência ainda no próprio rio Cabaçal (V. Pinto, "Catálogo das Aves do Brasil", 2ª parte, pag. 57, nota 1). O primeiro a descrevê-lo foi Et. Geoffroy Saint-Hilaire, em 1809, sob o nome de* ***Cephalopterus ornatus****. (Nota do trad.).*

ro fazia mais de um ano. O pessoal do lugar achou que eu agira com muita severidade, dizendo-me ser freqüente o naufrágio de animais no rio Guaporé, mesmo tomando-se o cuidado de manter-lhe a cabeça fora d'água; todos achavam que para matá-los bastava o pouco de água que lhes entrava pelas vias posteriores. Tinham até inventado um nome para exprimir essa causa de asfixia. De resto, o Guaporé fora fatal a um viajante francês, cuja prematura morte é das mais lamentáveis; refiro-me ao Sr. Taunay (1), irmão de nosso excelente cônsul no Rio de Janeiro, e companheiro então do Sr. Barão de Langsdorff na viagem que este fez no interior do Brasil.

Casalvasco é apenas um posto militar; foi fundado por Luís de Albuquerque, governador da província, e ainda hoje todas as suas construções pertencem ao Estado. A guarnição, que outrora se compunha de quinhentos homens, está hoje reduzida a cinqüenta. Destina-se à defesa da fronteira e a proteger o gado pertencente à nação. A fazenda nacional de Casalvasco, cujo administrador é o próprio comandante militar do posto, tem duas dependências: uma é o retiro de São Luís e a outra é o chamado Mangueiral, situados duas léguas a leste de Casalvasco. Em ambos não existe hoje mais do que duas mil cabeças de gado; mas, até 1831, havia ainda oito a nove mil. Esses rebanhos destinavam-se a atender às necessidades da guarnição de Mato Grosso.

Mangueiral e São Luís possuem cada um cinco soldados, comandados por um cabo. Há ainda dois postos da mesma categoria, um em Salinas, que é a última localidade brasileira existente na estrada da Bolívia, e outra em Ramada, cerca de duas léguas a oeste de Salinas. Todos estes destacamentos estão sob as ordens do comandante de Casalvasco.

O estabelecimento de Casalvasco é constituído por um vasto quadrado, um de cujos lados é fechado pelo rio Barbados e os outros por edifícios bem construídos, cobertos de telhas, mas já em começo de ruína, por falta de conservação.

No lado sul do quadrado ficam o alojamento do comandante, bonita casinha de dois andares com uma varanda em volta, uma igreja grande demais para o tamanho do povoado, e a caserna. No lado oposto está situada a chamada Missão, onde se concentram os índios Chiquitos convertidos ao cristianismo. A parte de leste é ocupada pelos soldados e por várias famílias de índios da mesma nação. Por trás desta última construção vê-se um grupo de cerca de vinte cabanas, habitadas por mulatos e índios. Cifra-se nisso a população de Casalvasco, que orça por duzentos habitantes pretos ou mulatos e número aproximadamente igual de índios. Não existe em Casalvasco outra autoridade além da militar. O rio dos Barbados tem no lugar cerca de 150 metros de largura; suas nascentes ficam no Morro Alegre, a umas oito léguas, segundo dizem, das do rio Alegre.

O Sr. Weddell, alguns meses depois de nossa passagem, teve a ocasião de ver

(1) Amado Adriano Taunay fazia parte da Expedição do Barão de Langsdorff como desenhista naturalista. Morreu afogado na tarde do dia 5 de março de 1828, quando de volta de Casalvasco, e sob violenta tempestade, pretendia atravessar as águas torrentosas do Guaporé, para alcançar a cidade de Mato Grosso. Seu companheiro L. Riedel deixou-nos em carta patética a narrativa da trágica ocorrência. (Nota do trad.).

nos arredores do posto a magnífica Vitória régia, que é a mais esplêndida das plantas aquáticas. Na estação das águas ela cobre com as suas folhas enormes as baías formadas pelo rio, fazendo ver de longe suas grandes flores cor-de-rosa. Essa planta é encontrada na maioria dos rios da região; ela difere talvez especificamente da que Schomburgk descobriu na Guiana Inglesa.

A 20 partimos de Casalvasco, acompanhados de uma escolta incumbida de nos levar ao primeiro posto espanhol. O terreno por nós percorrido era perfeitamente plano; também, na estação das águas ele fica inteiramente inundado . Por ocasião de nossa passagem, viam-se ainda à direita e à esquerda da estrada pequenas lagoas, restos das últimas chuvas.

A formação geológica acha-se invariavelmente oculta aos olhos do observador; na superfície só se vêem terras argilosas. Com uma légua e meia de marcha chegamos ao rio Barbados, que atravessamos numa barquinha. Sua largura é neste ponto de cerca de 80 metros. Durante a seca sobe-se o rio até um pouco mais além, e atravessa-se a vau.

A vegetação destes campos varia pouco; predominavam nela as Tuívas, árvores que se carregam de flores cor-de-rosa claro. Em quantidade quase igual vêem-se também Caraíbas, cujas flores são amarelas, e uma outra bignoniácea de flores alvas, notáveis pelo perfume delicioso que exalam. Finalmente, os Uauaçus balouçam o elegante penacho acima das ilhas de mato que se vêem espalhadas pelo campo.

Esta região, parcialmente inundada, alimenta grande quantidade de animais; eram muito abundantes as aves palmípedes, bem como várias conchas fluviais e alguns crustáceos. O lobo vermelho (Canis jubatus) parece ser muito abundante na zona; avistei-me certa vez com um, mas foi inútil o tiro que lhe dei com a minha pistola, única arma de que no momento dispunha. Esse carnívoro tem o tamanho de um lobo pequeno; é de cor ruiva e tem uma crina escura. É muito temido pelos naturais e parece habitar quase todo o Brasil, sem ser comum em parte alguma. Falaram-me também de uma outra espécie de cachorro selvagem, cujo tamanho seria igual ao de um cão de pastor pequeno. Parece provável tratar-se de uma raposa.

À noite chegamos ao retiro de São Luis, que é construído sobre uma elevação formada de canga, estando assim a salvo das inundações. Essa colina é coberta de mato. O percurso feito durante o dia foi de cinco léguas e meia.

A 21 fizemos três léguas e um quarto, para chegar a Salinas, último ponto pertencente ao Brasil. O terreno era o mesmo do dia anterior. Atravessamos o córrego de São Luis, que despeja numa baía situada a oeste da estrada. O rio Barbados só comunica com a baía na época das águas.

Houve antigamente um posto fortificado por uma paliçada; hoje porém esta fortificação está destruída, nada mais existindo do que uma pequena guarnição de cinco homens, que aí estão, segundo nos contaram, para impedir que o gado do governo seja roubado pelos índios.

O nome Salinas parece indicar que houve outrora no lugar eflorescência salinas aproveitadas pelos habitantes, como é de costume em outros pontos do Brasil; mas se isso aqui também se deu, não há mais do fato nenhuma recordação.

O dia 22 de junho tornou-se memorável para nós. Depois de havermos percorrido o interior do Brasil durante mais de dezessete meses, devíamos, usando a expressão dos naturais, penetrar na Espanha. A fronteira fica a duas léguas de Salinas e é indicada por dois pontos, situados de um e de outro lado da estrada. No tempo do domínio espanhol havia nas proximidades um posto, de cuja paliçada ainda se vêem restos. O solo da região é constituído de areia branca. Na superfície vêemse, esparsos, capões de mato. Ao sul da estrada avista-se, correndo para leste até o Jauru, uma cadeia de morros. Paramos alguns instantes nesse interessante lugar, seguindo depois, através de uma mata fechada, para o sítio de Purubio, situado a três léguas e meia da fronteira. É o primeiro estabelecimento boliviano existente naquela direção. Pertence ao Estado e é constituído por uma casa coberta de palha, mas de boa construção. Aí vive apenas uma família de índios Chiquitos, encarregados de administrar, por conta da nação.

A presente edição de EXPEDIÇÃO ÀS REGIÕES CENTRAIS DA AMÉRICA DO SUL de Francis Castelnau é o volume número 217 da coleção Reconquista do Brasil (2ª série). Capa Claúdio Martins. Impresso na Líthera Maciel Ltda., Rua Simão Antônio, 1.070 - Contagem, para Editora Itatiaia, à Rua São Geraldo, 67 - Belo Horizonte. No catálogo geral leva o número 929/9B. ISBN. 85-319-0312-2.

COLEÇÃO RECONQUISTA DO BRASIL - 2ª SÉRIE

1. DOCUMENTÁRIO ARQUITETÔNICO — José Wasth Rodrigues
2. VIAGEM PITORESCA ATRAVÉS DO BRASIL — João Maurício Rugendas
3/4. PROVÍNCIA DE SÃO PAULO — 2 vols. — M. E. Azevedo Marques
5/7. NOBILIARQUIA PAULISTANA HISTÓRICA E GENEALÓGICA — 3 vols. — P. Tacques A. Paes Leme
8. VIDA E MORTE DO BANDEIRANTE — Alcântara Machado
9. ARRAIAL DO TIJUCO CIDADE DIAMANTINA — Aires da Mata Machado Filho
10. VIAGEM À TERRA DO BRASIL — Jean de Léry
11. MEMÓRIAS DE UM COLONO NO BRASIL — Thomas Davatz
12. TRATADO DA TERRA DO BRASIL — HIST. DA PROVÍNCIA DE SANTA CRUZ — P. M. Gândavo
13. TRATADOS DA TERRA E GENTE DO BRASIL — Padre Fernão Cardim
14. VIAGEM ÀS PROVÍNCIAS DO RIO DE JANEIRO E SÃO PAULO — J. J. Tschudi
15. REM. DE VIAGENS E PERMANÊNCIAS NAS PROV. DO SUL DO BRASIL — Daniel P. Kidder
16. REM. DE VIAGENS E PERMANÊNCIAS NAS PROV. DO NORTE DO BRASIL — Daniel P. Kidder
17. VIAGEM PELA PROVÍNCIA DO RIO GRANDE DO SUL (1858) — Robert Avé-Lallement
18. VIAGENS PELAS PROV. DE SANTA CATARINA, PARANÁ E SÃO PAULO (1858) — R. Avé-Lallement
19. VIAGENS PELAS PROV. DA BAHIA, PERNAMBUCO, ALAGOAS E SERGIPE — R. Avé-Lallement
20. NO RIO AMAZONAS — Robert Avé-Lallement
21. VIAGEM ÀS MISSÕES JESUÍTICAS E TRABALHOS APOSTÓLICOS — Padre Antônio Sepp, S. J.
22. IMAGENS DO BRASIL — Carl von Koserits
23. VIAGEM AO BRASIL — Herrnann Burmeister
24. DEZ ANOS NO BRASIL — Carl Seidler
25. SÃO PAULO DE OUTRORA — Paulo Cursino de Moura
27. NOT. DAS MINAS DE SÃO PAULO E DOS SERTÕES DA MESMA CAPITANIA — P. T. A. Paes Leme
28. NA CAPITANIA DE SÃO VICENTE — Washington Luis
29/30. BRASIL PITORESCO — 2 vols. — Charles Ribeyrolles
31. VIAGEM DE UM NATURALISTA INGLÊS AO RJ E MINAS GERAIS — Charles James Fox Bumbury
33. RELATOS MONÇOEIROS — Afonso d'E. Taunay
34. RELATOS SERTANISTAS — Afonso d'E. Taunay
35. MEMORÁVEL VIAGEM MARÍTIMA E TERRESTRE AO BRASIL — Joan Nieuhof
36/37. MEMÓRIAS PARA SERVIR À HISTÓRIA DO REINO DO BRASIL — 2 vols. — Luis. G. dos Santos
38. DESCRIÇÃO DOS RIOS PARNAÍBA E GURUPI — Gustavo Dodt
39/40. HISTÓRIA DO IMPÉRIO — A ELABORAÇÃO DA INDEPENDÊNCIA — 2 vols. — Tobias Monteiro
41/42. HISTÓRIA DO IMPÉRIO — O PRIMEIRO REINADO — 2 vols. — Tobias Monteiro
43. VIAGEM MILITAR AO RIO GRANDE DO SUL — Conde d'Eu
44. HISTÓRIA DO RIO TIETÊ — Mello Nóbrega
45. HISTÓRIA DO BRASIL — João Armitage
46/48. VIAGEM PELO BRASIL — 3 vols. — Spix e Martius
49. HISTÓRIA DO BRASIL — Frei Vicente do Salvador
50/55. HISTÓRIA GERAL DO BRASIL — 3 vols. — Francisco Adolfo de Varnhagen
56. O DIABO NA LIVRARIA DO CÔNEGO — Eduardo Frieiro
57. VIAGEM AO INTERIOR DO BRASIL — G. W. Freireyss
58. ESTADO DO DIREITO ENTRE OS AUTÓCTONES DO BRASIL — C. F. von Martius
59. OS CIGANOS NO BRASIL e CANCIONEIRO DOS CIGANOS — Mello Moraes Filho
60. PESQUISAS E DEPOIMENTOS PARA A HISTÓRIA — Tobias Monteiro
61/62. COROGRAFIA HISTÓRICA DA PROVÍNCIA DE MINAS GERAIS — 2 vols. — Cunha Matos
63/64. HISTÓRIA DO BRASIL REINO E BRASIL IMPÉRIO — 2 vols. — Mello Moraes
65/66. HISTÓRIA DO BRASIL — 2 vols. — H. Handelmann
67/69. HISTÓRIA DO BRASIL — 3 vols. — Robert Southey
70. CULTURA E OPULÊNCIA NO BRASIL — André João Antonil
71. VILA RICA DO PILAR — Frits Teixeira de Sales
72. FEIJÃO, ANGU E COUVE — Eduardo Frieiro
73. ÍNDIOS CINTA-LARGAS (OS) — Richard Chapelle
74/75. NOTÍCIAS DO BRASIL (1828-1829) — 2 vols. — R. Walsh
76. O PRESIDENTE CAMPOS SALLES NA EUROPA — Tobias Monteiro

77. HISTÓRIA DA SIDERURGIA BRASILEIRA — Francisco A. Magalhães Gomes
78. GEOGRAFIA DOS MITOS BRASILEIROS — Luís da Camara Cascudo
79/80. HISTÓRIA DA ALIMENTAÇÃO NO BRASIL — 2 vols. — Luís da Camara Cascudo
81. VAQUEIROS E CANTADORES — Luís da Camara Cascudo
82. O COMÉRCIO PORTUGUÊS NO RIO DA PRATA (1580-1640) — Alice Piffer Canabrava
83. EPISÓDIOS DA GUERRA DOS EMBOABAS E SUA GEOGRAFIA — Eduardo C. Barreiro
84. LITERATURA ORAL NO BRASIL — Luís da Camara Cascudo
85. O MARQUÊS DE OLINDA E O SEU TEMPO — Costa Porto
86. CANTOS POPULARES DO BRASIL — Sílvio Romero
87. CONTOS POPULARES DO BRASIL — Sílvio Romero
88. O NEGRO E O GARIMPO EM MINAS GERAIS — Aires da Mata Machado Filho
89. TIRADENTES — Oiliam José
90. GONZAGA E A INCONFIDÊNCIA MINEIRA — Almir de Oliveira
91. SUPERSTIÇÃO NO BRASIL — Luís da Camara Cascudo
92. TRADIÇÕES E REMINISCÊNCIAS PAULISTANAS — Afonso A. de Freitas
93. LOCUÇOES TRADICIONAIS NO BRASIL — Luís da Camara Cascudo
94. ESTUDOS — Literatura Popular em Verso — Manuel Diegues Júnior
95. ANTOLOGIA — Literatura Popular em Verso — M. Cavalcanti Proença
96. CONTOS TRADICIONAIS DO BRASIL — Luís da Camara Cascudo
97. IDÉIAS FILOSÓFICAS E POLÍTICAS EM MINAS GERAIS NO SÉCULO XIX — José C. Rodrigues
98. IDÉIAS FILOSÓFICAS NO BARROCO MINEIRO — Joel Neves
99. GETÚLIO VARGAS E O TRIUNFO DO NACIONALISMO BRASILEIRO — Ludwig Lauerhass Jr.
100/01. RÉPLICA — Anexos à República — 2 vols. — Rui Barbosa
102/03. O VALEROSO LUCIDENO — 2 vols. — Frei Manuel Calado
104. HISTÓRIA DOS NOSSOS GESTOS — Luís da Camara Cascudo
105/06. INSTITUIÇÕES POLÍTICAS BRASILEIRAS — Oliveira Vianna — 2 vols.
107/08. POPULAÇÕES MERIDIONAIS DO BRASIL — Oliveira Vianna — 2 vols.
109/10. HISTÓRIA SOCIAL DA ECONOMIA CAPITALISTA NO BRASIL — Oliveira Vianna — 2 vols.
112. NA PLANÍCIE AMAZÔNICA — Raymundo de Moraes
113. AMAZÔNIA — A Ilusão de um Paraíso — Betty Meggers
115. ADAGIÁRIO BRASILEIRO — Leonardo Mota
116/18. HISTÓRIA CRÍTICA DO ROMANCE BRASILEIRO — 3 vols. — Temístocles Linhares
119. CAPÍTULOS DE HISTÓRIA COLONIAL — J. Capistrano de Abreu
120. MIRANDA AZEVEDO E O DARWINISMO NO BRASIL — Terezinha Alves Ferreira Collichio
121. JOSÉ BONIFÁCIO — Octávio Tarquínio de Sousa
122/24. A VIDA DE D. PEDRO I — Octávio Tarquínio de Sousa — 3 vols.
125. BERNARDO PEREIRA DE VASCONCELOS — Octávio Tarquínio de Sousa
126. EVARISTO DA VEIGA — Octávio Tarquínio de Sousa
127. DIOGO ANTÔNIO FEIJÓ — Octávio Tarquínio de Sousa
128. TRÊS GOLPES DE ESTADO — Octávio Tarquínio de Sousa
129. FATOS E PERSONAGENS EM TORNO DE UM REGIME — Octávio Tarquínio de Sousa
130. MACHADO DE ASSIS (Estudo Crítico e Biográfico) — Lúcia Miguel Pereira
131. PROSA DE FICÇÃO (De 18702 1920) — Lúcia Miguel Pereira
132. MEMÓRIAS DA CIDADE DO RIO DE JANEIRO — Vivaldo Coaracy
133. O CONFLITO CAMPO CIDADE — Joaquim Ponce Leal
135. CAMINHOS ANTIGOS E POVOAMENTO DO BRASIL — J. Capistrano de Abreu
136. UMA COMUNIDADE AMAZÔNICA — Charles Wagley
137. LÁGRIMAS DE BOAS VINDAS — Charles Wagley
140. A VIDA DE LIMA BARRETO — Francisco de Assis Barbosa
143. MINHAS RECORDAÇÕES — Francisco de Paula Resende
146. CARTAS JESUÍTICAS I — Cartas do Brasil (1549-1560) — Manoel da Nóbrega
147. CARTAS JESUÍTICAS II — Cartas Avulsas (1560) — Azpilcueta Navarro e Outros
148. CARTAS JESUÍTICAS III — Cartas, Informações e Fragmentos Históricos — J. Anchieta
149. EVOLUÇÃO DO PENSAMENTO POLÍTICO BRASILEIRO — Vicente Barreto
150. DICIONÁRIO DO FOLCLORE BRASILEIRO — Luís da Camara Cascudo
151. RECONHECIMENTO DO RIO JURUÁ — General Belmiro Mendonça
153. POLÍTICA GERAL DO BRASIL — José Maria Santos

154. O MOVIMENTO DA INDEPENDÊNCIA 1821-1892 — Oliveira Lima
155. O IMPÉRIO BRASILEIRO — 1821-1889 — Oliveira Lima
156. VIAGEM AO BRASIL — Maximiliano Pierre de Wied Neuwied
157. DIARIO DE UMA VIAGEM AO BRASIL — Maria Graham
159. O MARQUÊS DE PARANÁ — Aldo Janotti
161. UM SERTANEJO E O SERTÃO — Ulisses Lira de Albuquerque
162. DICIONÁRIO MUSICAL BRASILEIRO — Mário de Andrade
163. CRÔNICA DE UMA COMUNIDADE CAFEEIRA — Paulo Mercadante
164. DA MONARQUIA À REPÚBLICA — George C. A. Boehrer
165. QUANDO MUDAM AS CAPITAIS — J. A. Meira Penna
166. CORRESPONDÊNCIA ENTRE MARIA GRAHAM E A IMPERATRIZ DONA LEOPOLDINA — Américo Jacobina Lacombe
167. HEITOR VILLA—LOBOS — Vasco Mariz
168. DICIONÁRIO BRASILEIRO DE PLANTAS MEDICINAIS — J. A. Meira Penna
169. A AMAZÔNIA QUE EU VI — Gastão Cruls
170. HILÉIA AMAZÔNICA — Gastão Cruls
171. AS MINAS GERAIS — Miran de Barros Latif
172. O BARÃO DE LAVRADIO E A HIGIENE NO RIO DE JANEIRO IMPERIAL — Lourival Ribeiro
173. NARRATIVAS POPULARES — Oswaldo Elias Xidieh
174. O PSD MINEIRO — Plínio de Abreu Ramos
175. O ANEL E A PEDRA — Pe. Hélio Abranches Viotti
176. AS IDÉIAS FILOSÓFICAS E POLÍTICAS DE TANCREDO NEVES — J. M. de Carvalho
177/178. FORMAÇÃO DA LITERATURA BRASILEIRA — 2 vols. — Antônio Candido
179. HISTÓRIA DO CAFÉ NO BRASIL E NO MUNDO — José Teixeira de Oliveira
180. CAMINHOS DA MORAL MODERNA; A EXPERIÊNCIA LUSO-BRASILEIRA — J. M. de Carvalho
182. A REVOLUÇÃO DE 1817 E A HISTÓRIA DO BRASIL — Um estudo de história diplomática — Gonçalves de Barros Carvalho e Mello Mourão
183. HELENA ANTIPOFF — Sua Vida/Sua Obra — Daniel L. Antipoff
184. HISTÓRIA DA INCONFIDÊNCIA DE MINAS GERAIS — Augusto de Lima Júnior
185/86. A GRANDE FARMACOPÉIA BRASILEIRA — 2 vols. — Pedro Luiz Napoleão Chernoviz
187. O AMOR INFELIZ DE MARILIA E DIRCEU — Augusto de Lima Júnior
188. HISTÓRIA ANTIGA DE MINAS GERAIS — Diogo de Vasconcelos
189. HISTÓRIA MÉDIA DE MINAS GERAIS — Diogo de Vasconcelos
190/191. HISTÓRIA DE MINAS — Waldemar de Almeida Barbosa
192. INTRODUÇÃO À HISTÓRIA SOCIAL ECONÔMICA PRÉ-CAPITALISTA NO BRASIL — Oliveira Vianna
193. ANTOLOGIA DO FOLCLORE BRASILEIRO — Luis da Camara Cascudo
194. OS SERMÕES — Padre Antônio Vieira
195. ALIMENTAÇÃO INSTINTO E CULTURA — A. Silva Melo
196. CINCO LIVROS DO POVO — Luis da Camara Cascudo
197. JANGADA E REDE DE DORMIR — Luis da Camara Cascudo
198. A CONQUISTA DO DESERTO OCIDENTAL — Craveiro Costa
199. GEOGRAFIA DO BRASIL HOLANDÊS — Luis da Camara Cascudo
200. OS SERTÕES Campanha de Canudos — Euclides da Cunha
201/210. HISTÓRIA DA COMPANHIA DE JESUS NO BRASIL — Serafim Leite. S. I. 10 vols
211. CARTAS DO BRASIL E MAIS ESCRITOS — P. Manuel da Nóbrega
212. OBRAS DE CASIMIRO DE ABREU — (Apuração e revisão do texto, escorço biográfico, notas e índices)
211. UTOPIAS E REALIDADES DA REPÚBLICA (Da Proclamação de Deodoro à Ditadura de Floriano) Hildon Rocha
214. O RIO DE JANEIRO NO TEMPO DOS VICE-REIS — Luiz Edmundo
215. TIPOS E ASPECTOS DO BRASIL — Diversos Autores
216. O VALE DO AMAZONAS — A. C. Tavares Bastos
217. EXPEDIÇÃO ÀS REGIÕES CENTRAIS DA AMÉRICA DO SUL — Francis Castelnau